中國國家圖書館編

# 國家圖書館藏敦煌遺書

第一百二十一册　北敦一四〇七八號——北敦一四一一〇號

北京圖書館出版社

**圖書在版編目(CIP)數據**

國家圖書館藏敦煌遺書·第一百二十一册/中國國家圖書館編;任繼愈主編. —北京:北京圖書館出版社,2009.12

ISBN 978-7-5013-3683-8

Ⅰ.國… Ⅱ.①中…②任… Ⅲ.敦煌學-文獻 Ⅳ.K870.6

中國版本圖書館 CIP 數據核字(2009)第 216180 號

**書　　名** 國家圖書館藏敦煌遺書·第一百二十一册
**著　　者** 中國國家圖書館編　任繼愈主編
**責任編輯** 徐　蜀　孫　彦
**封面設計** 李　璀

**出　　版** 北京圖書館出版社　(100034　北京西城區文津街 7 號)
**發　　行** 010-66139745　66151313　66175620　66126153
66174391(傳真)　66126156(門市部)
**E-mail** btsfxb@nlc.gov.cn(郵購)
**Website** www.nlcpress.com → 投稿中心
**經　　銷** 新華書店
**印　　刷** 北京文津閣印務有限責任公司

**開　　本** 八開
**印　　張** 56
**版　　次** 2009 年 12 月第 1 版第 1 次印刷
**印　　數** 1-250 册(套)

**書　　號** ISBN 978-7-5013-3683-8/K·1646
**定　　價** 990.00 圓

# 編輯委員會

主　編　任繼愈
常務副主編　方廣錩
副　主　編　李際寧　張志清
編委（按姓氏筆畫排列）　王克芬　王姿怡　吳玉梅　周春華　陳　穎　黄　霞（常務）　黄　建　程佳羽　劉玉芬

# 出版委員會

主　任　詹福瑞
副主任　陳　力
委　員（按姓氏筆畫排列）　李　健　姜　紅　郭又陵　徐　蜀　孫　彦

# 攝製人員（按姓氏筆畫排列）

于向洋　王富生　王遂新　谷韶軍　張　軍　張紅兵　張　陽　曹　宏　郭春紅　楊　勇　嚴　平

# 原件修整人員（按姓氏筆畫排列）

朱振彬　杜偉生　李　英　胡玉清　胡秀菊　張　平　劉建明

# 目錄

BD14078 號背　現代護首　　（1–1）

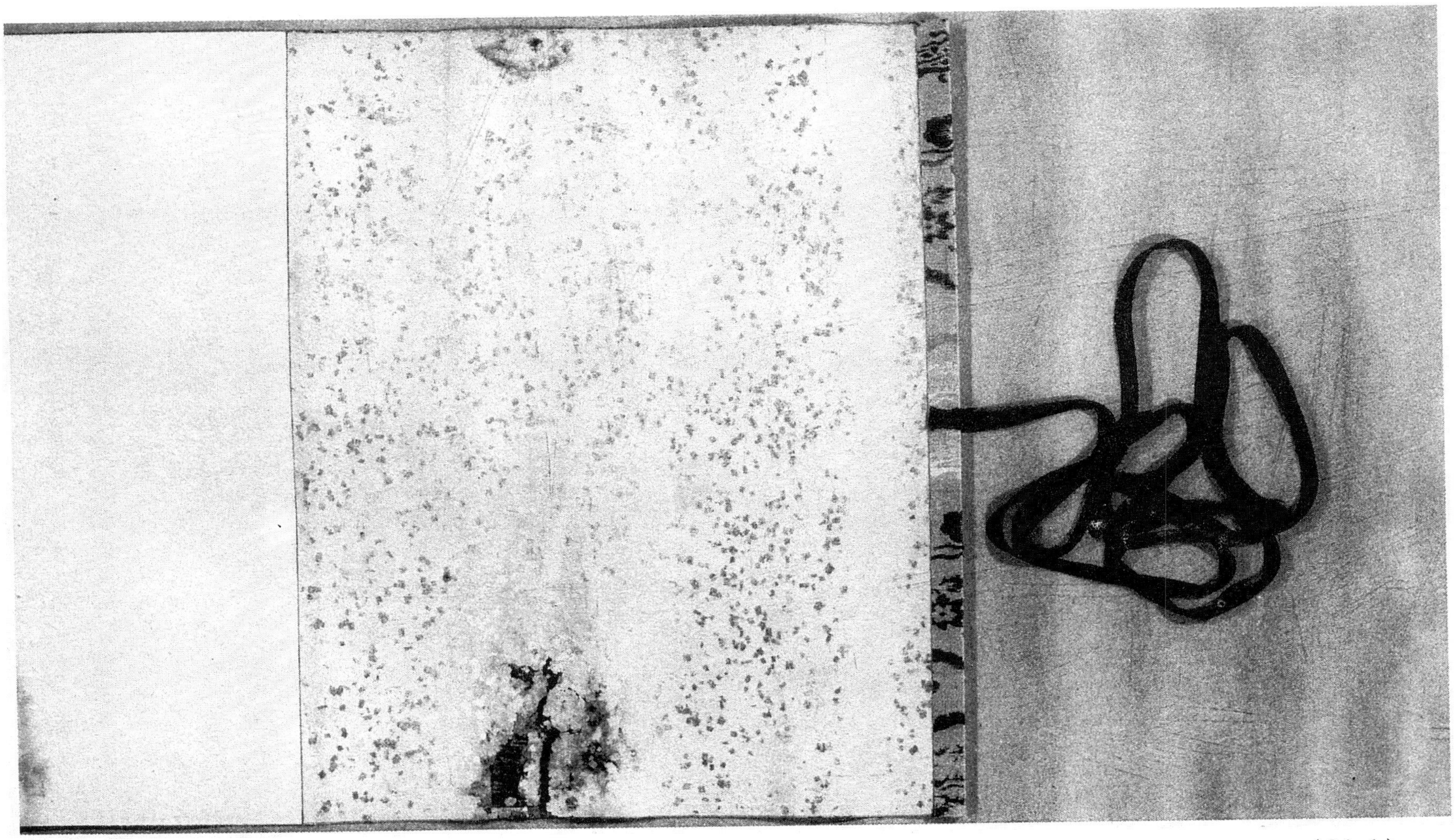

BD14078 號　維摩詰所說經卷下　　（24–1）

維摩詰經香積佛品第十
於是舍利弗心念日時欲至此諸菩薩當於
何食時維摩詰知其意而語言佛說八解脫
仁者受行豈雜欲食而聞法乎若欲食者且
待須臾當令汝得未曾有食時維摩詰即入
三昧以神通力示諸大眾上方界分過四十二
恒河沙佛土有國名眾香佛号香積今現在
其國香氣比於十方諸佛世界人天之香最
為第一彼土无有聲聞辟支佛名唯有清
淨大菩薩眾佛為說法其界一切皆以香作



三昧以神通力示諸大眾上方界分過四十二
恒河沙佛土有國名眾香佛号香積今現在
其國香氣比於十方諸佛世界人天之香最
為第一彼土无有聲聞辟支佛名唯有清
淨大菩薩眾佛為說法其界一切皆以香作
樓閣經行香地苑園皆香其食香氣周流
十方无量世界時彼佛與諸菩薩方共坐食有
諸天子皆号香嚴悉發阿耨多羅三藐三菩
提心供養彼佛及諸菩薩此諸大眾莫不目
見時維摩詰問眾菩薩諸仁者誰能致彼佛
飯以文殊師利威神力故咸皆默然維摩詰
言仁者此諸大眾无乃可耻文殊師利曰如
佛所言勿輕未學於是維摩詰不起于座於
居眾會前化作菩薩相好光明威德殊勝蔽於
眾會而告之曰汝往上方界分度如四十二恒
河沙佛土有國名眾香佛号香積與諸菩薩
方共坐食汝往到彼如我辭曰維摩詰稽首
世尊足下致敬无量問訊起居少病少惱氣力
安不願得世尊所食之餘當於娑婆世界施
作佛事令此樂小法者得弘大道亦使如來
名聲普聞時化菩薩即於會前昇于上方
舉眾皆見其去到眾香界礼彼佛足又聞其
言維摩詰稽首世尊足下致敬无量問訊起
居少病少惱氣力安不願得世尊所食之餘
欲於娑婆世界施作佛事使此樂小法者得
弘大道亦使如來名聲普聞彼諸大士見化
菩薩歎未曾有今此上人從何所來娑婆世
界為在何許云何名為樂小法者即以問佛佛

居少病少惱氣力安不願得世尊所食之餘
欲於娑婆世界施作佛事使此樂小法者得
弘大道亦使如来名聲普聞彼諸大士見化
菩薩歎未曾有今此上人從何所来娑婆世
界為在何許云何名為樂小法者即以問佛佛
告之曰下方度如四十二恒河沙佛土有世界
名娑婆佛号釋迦牟尼今現在於五濁惡世為
樂小法衆生敷演道教彼有菩薩名維摩詰
住不可思議解脫為諸菩薩說法故遣化来
稱揚我名并讚此土令彼菩薩增益功德彼
菩薩言其人何如乃作是化德力无畏神足
若斯佛言甚大一切十方皆遣化往施作佛
事饒益衆生於是香積如来以衆香鉢盛滿
香飯與化菩薩時彼九百万菩薩俱發聲言我
欲詣娑婆世界供養釋迦牟尼佛并欲見維
摩詰等諸菩薩衆佛言可往攝汝身香无
令彼諸衆生起惑著心又當捨汝本形勿使彼國
求菩薩道者而自鄙恥又汝於彼莫懷輕賤而
作礙想所以者何十方國土皆如虛空又諸
佛為欲化諸樂小法者不盡現其清淨土
耳時化菩薩既受鉢飯與彼九百万菩薩俱
承佛威神及維摩詰力於彼世界忽然不現
須臾之間至維摩詰舍維摩詰即化作九百
万師子之座嚴好如前諸菩薩皆坐其上時化
菩薩以滿鉢飯與維摩詰飯香普薰毗耶離
城及三千大千世界時毗耶離婆羅門居士
等聞是香氣身意快然嘆未曾有於是長
者主月蓋從八万四千人来入維摩詰舍見其室



須臾之間至維摩詰舍維摩詰即化作九百
万師子之座嚴好如前諸菩薩皆坐其上時化
菩薩以滿鉢飯與維摩詰飯香普薰毗耶離
城及三千大千世界時毗耶離婆羅門居士
等聞是香氣身意快然嘆未曾有於是長
者主月蓋從八万四千人来入維摩詰舍見其室
中菩薩甚多諸師子座高廣嚴好皆大歡
喜礼衆菩薩及大弟子却住一面諸地神虛
空神及欲色界諸天聞此香氣亦皆来入維
摩詰舍時維摩詰語舍利弗等諸大聲聞仁
者可食如来甘露味飯大悲所薰无以限意
食之使不消也有異聲聞念是飯少而此大
衆人人當食化菩薩曰勿以聲聞小德小智
稱量如来无量福慧四海有竭此飯无盡使
一切人食摶若須弥乃至一劫猶不能盡所
以者何无盡戒定智慧解脫解脫知見功德
具足者所食之餘終不可盡於是鉢飯悉飽
衆會猶故不賜其諸菩薩聲聞天人食此
飯者身安快樂譬如一切樂莊嚴國諸菩薩也
又諸毛孔皆出妙香亦如衆香國土諸樹之
香尒時維摩詰問衆香菩薩香積如来以何
說法彼菩薩曰我土如来无文字說但以衆
香令諸天人得入律行菩薩各各坐香樹下
聞斯妙香即獲一切德藏三昧得是三昧者
菩薩所有功德皆悉具足彼諸菩薩問維
摩詰今世尊釋迦牟尼以何說法維摩詰言此
土衆生剛強難化故佛為說剛強之語以調伏
之言是地獄是畜生是餓鬼是諸難處是愚

聞斯妙香即獲一切德藏三昧得是三昧者
菩薩所有功德皆悉具足彼諸菩薩問維
摩詰今世尊釋迦牟尼以何說法維摩詰言此
土衆生剛强難化故佛為說剛强之語以調伏
之言是地獄是畜生是餓鬼是諸難處是愚
人生處是身邪行是身邪行報是口邪行
是口邪行報是意邪行是意邪行報是煞
生是煞生報是不與取是不與取報是邪婬
是邪婬報是妄語是妄語報是兩舌是兩舌報
是惡口是惡口報是无義語是无義語報是
貪嫉是貪嫉報是瞋惱是瞋惱報是邪見是
邪見報是慳悋是慳悋報是毀戒是毀戒報
是瞋恚是瞋恚報是懈怠是懈怠報是亂意
是亂意報是愚癡是愚癡報是結戒是持戒
是犯戒是應作是不應作是鄣礙是不鄣礙
是得罪是離罪是淨是垢是有漏是无漏是
邪道是正道是有為是无為是世間是涅槃
以難化之人心如猨猴故以若干種法制御其
心乃可調伏譬如象馬㦛悷不調加諸楚毒
乃至徹骨然後調伏如是剛强難化衆生故
以一切苦切之言乃可入律彼諸菩薩聞說
是已皆曰未曾有也如世尊釋迦牟尼佛隱其
无量自在之力乃以貧所樂法度脫衆
生斯諸菩薩亦能勞謙以无量大悲生是佛
佛土維摩詰言此土菩薩於諸衆生大悲堅
固誠如所言然其一世饒益衆生多於彼國
百千劫行所以者何此娑婆世界有十事善

BD14078 號　維摩詰所說經卷下

（24–6）

聞斯妙香即獲一切德藏三昧得是三昧者
菩薩所有功德皆悉具足彼諸菩薩問維
摩詰今世尊釋迦牟尼以何說法維摩詰言此
土衆生剛强難化故佛為說剛强之語以調伏
之言是地獄是畜生是餓鬼是諸難處是愚
人生處是身邪行是身邪行報是口邪行
是口邪行報是意邪行是意邪行報是煞
生是煞生報是不與取是不與取報是邪婬
是邪婬報是妄語是妄語報是兩舌是兩舌報
是惡口是惡口報是无義語是无義語報是
貪嫉是貪嫉報是瞋惱是瞋惱報是邪見是
邪見報是慳悋是慳悋報是毀戒是毀戒報
是瞋恚是瞋恚報是懈怠是懈怠報是亂意
是亂意報是愚癡是愚癡報是結戒是持戒
是犯戒是應作是不應作是鄣礙是不鄣礙
是得罪是離罪是淨是垢是有漏是无漏是
邪道是正道是有為是无為是世間是涅槃
以難化之人心如猨猴故以若干種法制御其
心乃可調伏譬如象馬㦛悷不調加諸楚毒
乃至徹骨然後調伏如是剛强難化衆生故
以一切苦切之言乃可入律彼諸菩薩聞說
是已皆曰未曾有也如世尊釋迦牟尼佛隱其
无量自在之力乃以貧所樂法度脫衆
生斯諸菩薩亦能勞謙以无量大悲生是佛
佛土維摩詰言此土菩薩於諸衆生大悲堅
固誠如所言然其一世饒益衆生多於彼國
百千劫行所以者何此娑婆世界有十事善

BD14078 號　維摩詰所說經卷下

（24–7）

生斯諸菩薩亦能勞謙以无量大悲生是佛
佛土維摩詰言此土菩薩於諸衆生大悲堅
固誠如所言然其一世饒益衆生多於彼國
百千劫行所以者何此娑婆世界有十事善
法諸餘淨土之所无有何等為十以布施攝
貧窮以淨戒攝毀禁以忍辱攝瞋恚以精進
攝懈怠以禪定攝亂意以智慧攝愚癡說除
難法度八難者以大乘法度樂小乘者以諸
善根濟无德者常以四攝成就衆生是為十
彼菩薩曰菩薩成就幾法於此世界行无瘡
疣生于淨土維摩詰言菩薩成就八法於此
世界行无瘡疣生于淨土何等為八饒益衆
生而不望報代一切衆生受諸苦惱所作功
德盡以施之等心衆生謙下无礙於諸菩薩
視之如佛所未聞經聞之不疑不與聲聞而
相違背不嫉彼供不高己利而於其中調伏
其心常省己過不訟彼短恒以一心求諸功
德是為八維摩詰文殊師利於大衆中說是
法時百千天人皆發阿耨多羅三藐三菩提
心十千菩薩得无生法忍

菩薩行品第十一

是時佛說法於菴羅樹園其地忽然廣博嚴
事一切衆會皆作金色阿難白佛言世尊以
何因緣有此瑞應是處忽然廣博嚴事一切
衆會皆作金色佛告阿難是維摩詰文殊
師利與諸大衆恭敬圍遶發意欲來故先為此



事一切衆會皆作金色阿難白佛言世尊以
何因緣有此瑞應是處忽然廣博嚴事一切
衆會皆作金色佛告阿難是維摩詰文殊
師利與諸大衆恭敬圍遶發意欲來故先為此
瑞應於是維摩詰語文殊師利可共見佛與
諸菩薩礼事供養文殊師利言善哉行矣今
正是時維摩詰即以神力持諸大衆并師子
座置於右掌往詣佛所到已著地稽首佛足
右繞七匝一心合掌在一面立其諸菩薩即
皆避座稽首佛足亦繞七匝於一面立諸大
弟子釋梵四天王等亦皆避座稽首佛足在
一面立於是世尊如法慰問諸菩薩已各各復
座即皆受教衆生已定佛語舍利弗汝見菩
薩大士自在神力之所為乎唯然已見於汝
意云何世尊我覩其為不可思議非意所圖
非度所測尒時阿難白佛言世尊今所聞香
自昔未有是為何香佛告阿難是彼菩薩毛
孔之香於是舍利弗語阿難言我等毛孔亦
出是香阿難言此所從來曰是長者維摩詰
從衆香國取佛餘飯於舍食者一切毛孔皆
香若此阿難問維摩詰是香氣住當久如維
摩詰言至此飯消曰此飯久如當消曰此飯
勢力至于七日然後乃消又阿難若聲聞人
未入正位食此飯者得入正位然後乃消已
入正位食此飯者得心解脫然後乃消若未
發大乘意食此飯者至發意乃消已發意食

摩詰言至此飯消曰此飯久如當消曰此飯
勢力至于七日然後乃消又阿難若聲聞人
未入正位食此飯者得入正位然後乃消已
入正位食此飯者得心解脫然後乃消若未
發大乘意食此飯者至發意乃消已發意食
此飯者得无生忍然後乃消已得无生忍食
此飯者至一生補處然後乃消譬如有藥名
曰上味其有服者身諸毒滅然後乃消此飯
如是滅除一切諸煩惱毒然後乃消阿難白
佛言未曾有也世尊如此香飯能作佛事佛
言如是如是阿難或有佛土以佛光明而作
佛事有以諸菩薩而作佛事有以佛所化人
而作佛事有以菩提樹而作佛事有以佛衣
服卧具而作佛事有以飯食而作佛事有以
園林臺觀而作佛事有以三十二相八十隨
形好而作佛事有以佛身而作佛事有以虛
空而作佛事衆生應以此緣得入律行有以
夢幻影響鏡中像水中月熱時焰如是等喻
而作佛事又以音聲語言文字而作佛事或
有清淨佛土寂漠无言无說无示无識无作
无為而作佛事如是阿難諸佛威儀進止諸
所施為无非佛事阿難有此四魔八万四千諸
煩惱門而諸衆生為之疲勞諸佛即以此法
而作佛事是名入一切諸佛法門菩薩入此
門者若見一切淨妙佛土不以為喜不貪不
高若見一切不淨佛土不以為憂不礙不沒
但於諸佛生清淨心歡喜恭敬未曾有也諸



而作佛事是名入一切諸佛法門菩薩入此
門者若見一切淨妙佛土不以為喜不貪不
高若見一切不淨佛土不以為憂不礙不沒
但於諸佛生清淨心歡喜恭敬未曾有也諸
佛如來功德平等為教化衆生故而現佛土
不同阿難汝見諸佛國土地有若干而虛空
无若干也如是見諸佛色身有若干耳其
无礙慧无若干也阿難諸佛色身威德種姓戒
定智慧解脫解脫知見力无所畏不共之法大
慈大悲威儀所行及其壽命說法教化成
就衆生淨佛國土具諸佛法悉皆同等是故
名為三藐三佛陀名為多陀阿伽度名為佛
陀阿難若我廣說此三句義汝以劫壽不能
盡受正使三千大千世界滿中衆生皆如阿
難多聞第一得念總持此諸人等以劫之壽
亦不能受如是阿難諸佛阿耨多羅三藐三
菩提无有限量智慧辯才不可思議阿難白
佛言我從今已往不敢自謂以為多聞佛告
阿難勿起退意所以者何我說汝於聲聞中
為最多聞非謂菩薩且止阿難其有智者
不應限度諸菩薩也一切海淵尚可測量菩
薩禪定智慧總持辯才一切功德不可量也
阿難汝等捨置菩薩所行是維摩詰一時
所現神通之力一切聲聞辟支佛於百千劫
盡力變化所不能作
尒時衆香世界菩薩來者合掌白佛言世尊
我等初見此土生下劣想今自悔責捨離是心

[illegible]
阿難汝等捨置菩薩所行是維摩詰一時
所現神通之力一切聲聞辟支佛於百千劫
盡力變化所不能作
爾時眾香世界菩薩來者合掌白佛言世尊
我等初見此土生下劣想今自悔責捨離是心
所以者何諸佛方便不可思議為度眾生故
隨其所應現佛國異唯然世尊願賜少法
還於彼土當念如來佛告諸菩薩有盡无盡
解脫法門汝等當學何謂為盡謂有為法何
謂无盡謂无為法如菩薩者不盡有為不住
无為何謂不盡有為謂不離大慈不捨大悲
深發一切智心而不忽忘教化眾生終不猒倦
於四攝法常念順行護持正法不惜軀命
種諸善根无有疲猒志常安住方便迴向求
法不懈說法无悋勤供諸佛故入生死而无
所畏於諸榮辱心无憂喜不輕未學敬學如
佛墮煩惱者令發正念於遠離樂不以為貴
不著己樂慶於彼樂在諸禪定如地獄想於
生死中如園觀想見來求者為善師想捨諸
所有具一切智想見毀戒人起救護想諸波
羅蜜為父母想道品之法為眷屬想發行善
根无有齊限以諸淨國嚴飾之事成己佛土
開門大施具足相好除一切惡淨身口意淨生
死无數劫意而有勇聞佛无量德志而不倦
以智慧劍破煩惱賊出陰界入荷負眾生永
使解脫以大精進摧伏魔軍常求无念實
相智慧行於世間法少欲知足而不捨世間法



開門大施具足相好除一切惡淨身口意淨生
死无數劫意而有勇聞佛无量德志而不倦
以智慧劍破煩惱賊出陰界入荷負眾生永
使解脫以大精進摧伏魔軍常求无念實
相智慧行於世間法少欲知足而不捨世間法
於出世間法求之无猒不壞威儀而能隨
俗起神通慧引導眾生得念總持所聞
不忘善別諸根斷眾生疑以樂說辯演法
无礙淨十善道受天人福脩四无量開梵天道
勸請說法隨喜讚善得佛音聲身口意
善得佛威儀深脩善法所行轉勝以大乘教成
菩薩僧心无放逸不失眾善行如此法是名
菩薩不盡有為何謂菩薩不住无為謂脩學
空不以空為證脩學无相无作不以无相无
作為證脩學无起不以无起為證觀於无常
而不猒善本觀世間苦而不惡生死觀於无
我而誨人不倦觀於寂滅而不永寂滅觀於遠
離而身心脩善觀无所歸而歸趣善法觀於
无生而以生法荷負一切觀於无漏而不斷
諸漏觀无所行而以行法教化眾生觀於空
无而不捨大悲觀正法位而不隨小乘觀諸法
虛妄无牢无人无主无相本願未滿而不虛
福德禪定智慧脩如此法是名菩薩不住
无為又具福德故不住无為具智慧故不盡
有為大慈悲故不住无為滿本願故不盡有
為集法藥故不住无為隨授藥故不盡有為
知眾生病故不住无為滅眾生病故不盡有

福德不住智慧修如此法是名菩薩不住
无為又具福德故不住无為具智慧故不盡
有為大慈悲故不住无為滿本願故不盡有
為集法藥故不住无為隨授藥故不盡有為
知衆生病故不住无為滅衆生病故不盡有
為諸正士菩薩已脩此法不盡有為不住无
為是名盡无盡解脫法門汝等當學尒時彼
諸菩薩聞說是法皆大歡喜以衆妙華若干
種色若干種香遍散三千大千世界供養於
佛及此經法并諸菩薩已稽首佛足歎未
曽有言釋迦牟尼佛乃能於此善行方
便言已忽然不現還到彼國
見阿閦佛品第十二
尒時世尊問維摩詰汝欲見如来為以何等
觀如来乎維摩詰言如自觀身實相觀佛
亦然我觀如来前際不来後際不去今則不住
不觀色不觀色如不觀色性不觀受想行識
不觀識如不觀識性非四大起同於虛空六
入无積眼耳鼻舌身心已過不在三界三垢
已離順三脫門三明與无明等不一相不異
相不自相不他相非无相非取相不此岸不
彼岸不中流而化衆生觀於寂滅亦不永滅
不此不彼不以此不以彼不可以智知不可
以識識无晦无明无名无相无强无弱非淨
非穢不在方不離方非有為非无為无示无
說不施不慳不戒不犯不忍不恚不進不怠
不定不亂不智不愚不誠不欺不来不去不
出不入一切言語道斷非福田非不福田非

BD14078 號　維摩詰所說經卷下

（24–14）

不此不彼不以此不以彼不可以智知不可
以識識无晦无明无名无相无强无弱非淨
非穢不在方不離方非有為非无為无示无
說不施不慳不戒不犯不忍不恚不進不怠
不定不亂不智不愚不誠不欺不来不去不
出不入一切言語道斷非福田非不福田非
應供養非不應供養非取非捨非有相非
无相同真際等法性不可稱不可量過諸稱量
非大非小非見非聞非覺非知離衆結縛等諸
智同衆生於諸法无分別一切无失无濁无
惱无作无起无生无滅无畏无憂无喜无猒
无著无已有无當有无今有不可以一切言
說分別顯示世尊如来身為若此作如是
觀以斯觀者名為正觀若他觀者名為耶觀
尒時舍利弗問維摩詰汝於何没而来生此
維摩詰言汝所得法有没生乎舍利弗言无
没生也若諸法无没生相云何問言汝於何
没而来生此於意云何譬如幻師幻作男女寧
没生耶舍利弗言无没生也汝豈不聞佛說
諸法如幻相乎荅曰如是若一切法如幻相
者云何問言汝於何没而来生此舍利弗
没者為虛誑法壞敗之相生者為虛誑法相
續之相菩薩雖没不盡善本雖生不長諸惡
是時佛告舍利弗有國名妙喜佛号无動
是維摩詰於彼國没而来生此舍利弗言未曽
有也世尊是人乃能捨清淨佛土而来樂此多
怒害處維摩詰語舍利弗於意云何日光出

BD14078 號　維摩詰所說經卷下

（24–15）

是時佛告舍利弗有國名妙喜佛号无動
是維摩詰於彼國沒而來生此舍利弗言未曾
有也世尊是人乃能捨清淨佛土而來樂此多
怒害處維摩詰語舍利弗於意云何日光出
時與冥合乎荅曰不也日光出時則无衆冥
維摩詰言夫日何故行閻浮提荅曰欲以明
照為之除冥維摩詰言菩薩如是雖生不淨
佛土為化衆生不與愚闇而共合也但滅衆
生煩惱闇耳是時大衆渴仰欲見妙喜世界
不動如來及其菩薩聲聞之衆佛知一切衆
會所念告維摩詰言善男子為此衆會現妙
喜國不動如來及諸菩薩聲聞之衆衆皆欲
見於是維摩詰心念吾當不起于座接妙喜
國鐵圍山川溪谷江河大海泉源須弥諸山
及日月星宿天龍鬼神梵天宮等并諸菩薩
聲聞之衆城邑聚落男女大小乃至无動如
來及菩提樹諸妙蓮華能於十方作佛事者
三道寶階從閻浮提至忉利天以此寶階
諸天來下悉為礼敬无動如來聽受經法閻浮
提人亦登其階上昇忉利見彼諸天妙喜世
界成就如是无量功德上至阿迦膩吒天下至
水際以右手斷取如陶家輪入此世界猶持
華鬘示一切衆作是念已入於三昧現神通
力以其右手斷取妙喜世界置於此土彼得
神通菩薩及聲聞衆并餘天人俱發聲言
唯然世尊誰取我去願見救護无動佛言非
我所為是維摩詰神力所作其餘未得神通

BD14078號　維摩詰所說經卷下　（24–16）

力以其右手斷取妙喜世界置於此土彼得
神通菩薩及聲聞衆并餘天人俱發聲言
唯然世尊誰取我去願見救護无動佛言非
我所為是維摩詰神力所作其餘未得神通
者不覺不知己之所往妙喜世界雖入此土而
不增減於是世界亦不迫隘如本无異尒時
釋迦牟尼佛告諸大衆汝等且觀妙喜世界
无動如來其國嚴飾菩薩行淨弟子清白
皆曰唯然已見佛言若菩薩欲得如是清淨
佛土當學无動如來所行之道現此妙喜國
時娑婆世界十四那由他人發阿耨多羅三
藐三菩提心皆願生於妙喜佛土釋迦牟尼
佛即記之曰當生彼國時妙喜世界於此國土
所應饒益其事訖已還復本處舉衆皆見佛
告舍利弗汝見此妙喜世界及无動佛不唯
然已見世尊願使一切衆生得清淨土如无
動佛獲神通力如維摩詰世尊我等快得
善利得見是人親近供養其諸衆生若今現
在若佛滅後聞此經者亦得善利況復聞已
信解受持讀誦解說如法脩行若有手得是
經典者便為已得法寶之藏若有讀誦解釋
其義如說脩行則為諸佛之所護念其有供
養如是人者當知則為供養於佛其有書持
此經卷者當知其室則有如來若聞是經能
隨喜者斯人則為取一切智若能信解此經
乃至一四句偈為他說者當知此人即是受
阿耨多羅三藐三菩提記　法供養品第十三

BD14078號　維摩詰所說經卷下　（24–17）

養如是人者當知則為供養於佛其有書持
此經卷者當知其室則有如來若聞是經能
隨喜者斯人則為取一切智若能信解此經
乃至一四句偈為他說者當知此人即是受
阿耨多羅三藐三菩提記　法供養品第十三
尒時釋提桓因於大眾中白佛言世尊我雖
從佛及文殊師利聞百千經未曾聞此不可
思議自在神通決定實相經典如我解佛所
說義趣若有眾生聞是經法信解受持讀誦
之者必得是法不疑何況如說修行斯人則
為閉眾惡趣開諸善門常為諸佛之所護念
降伏外學摧滅魔怨修治菩提安處道場履
踐如來所行之跡世尊若有受持讀誦如說
修行者我當與諸眷屬供養給事所在聚落
城邑山林曠野有是經處我亦與諸眷屬聽
受法故共到其所其未信者當令生信其已
信者當為作護佛言善哉善哉天帝如汝所
說吾助尒喜此經廣說過去未來現在諸佛
不可思議阿耨多羅三藐三菩提是故天帝
若善男子善女人受持讀誦供養是經者則
為供養去來今佛天帝正使三千大千世界
如來滿中譬如甘蔗竹葦稻麻叢林若有善
男子善女人或一劫或減一劫恭敬尊重讚
歎供養奉諸所安至諸佛滅後以一一全身
舍利起七寶塔縱廣一四天下高至梵天表
剎莊嚴以一切華香瓔珞幢幡妓樂微妙第

BD14078號　維摩詰所說經卷下　（24–18）

男子善女人或一劫或減一劫恭敬尊重讚
歎供養奉諸所安至諸佛滅後以一一全身
舍利起七寶塔縱廣一四天下高至梵天表
剎莊嚴以一切華香瓔珞幢幡妓樂微妙第
一若一劫若減一劫而供養之於天帝意云
何其人植福寧為多不釋提桓因言多矣世
尊彼之福德若以百千億劫說不能盡佛告
天帝當知是善男子善女人聞是不可思議
解脫經典信解受持讀誦修行福多於彼所
以者何諸佛菩提皆從是生菩提之相不可
限量以是因緣福不可量佛告天帝過去无
量阿僧祇劫時世有佛號曰藥王如來應供
正遍知明行足善逝世間解无上士調御丈
夫天人師佛世尊世界曰大莊嚴劫曰莊嚴
佛壽二十小劫其聲聞僧三十六億那由他
菩薩僧有十二億天帝是時有轉輪聖王名
曰寶蓋七寶具足主四天下王有千子端正
勇健能伏怨敵尒時寶蓋與其眷屬供養
藥王如來施諸所安至滿五劫過五劫已告其
千子汝等亦當如我皆以深心供養於佛於是
千子受父王命供養藥王如來復滿五劫一
切施安其王一子名曰月蓋獨坐思惟寧有
供養殊過此者以佛神力空中有天曰善男
子法之供養勝諸供養即問何謂法之供養
天曰汝可往問藥王如來當廣為汝說法之
供養即時月蓋王子行詣藥王如來稽首

BD14078號　維摩詰所說經卷下　（24–19）

供養殊過此者以佛神力空中有天曰善男
子法之供養勝諸供養即問何謂法之供養
天曰汝可往問藥王如來當廣為汝說法之
供養即時月蓋王子行詣藥王如來稽首
佛足却住一面白佛言世尊諸供養中法供
養勝云何為之法供養佛言善男子法供養者
諸佛所說深經一切世間難信難受微妙難
見清淨无染非但分別思惟之所能得菩薩
法藏所攝陀羅尼印印之至不退轉成就六
度善分別義順菩提法眾經之上入大慈悲
離眾魔事及諸邪見順因緣法无我无人
眾生无壽命空无相无作无起能令眾生坐
於道場而轉法輪諸天龍神乾闥婆等所共
嘆譽能令眾生入佛法藏攝諸賢聖一切智慧
說眾菩薩所行之道依於諸法實相之義明宣
无常苦空无我寂滅之法能救一切毀禁眾
生諸魔外道及貪著者能使怖畏諸佛賢
聖所共稱嘆背生死苦示涅槃樂十方三世
諸佛所說若聞如是等經信解受持讀誦以
方便力為諸眾生分別解說顯示分明守護
法故是名法之供養又於諸法如說脩行隨
順十二因緣離諸邪見得无生忍決定无我
无有眾生而於因緣果報无違无諍離諸我
所依於義不依語依於智不依識依了義經
不依不了義經依於法不依人隨順法相无
所入无所歸无明畢竟滅故諸行亦畢竟滅
乃至生畢竟滅故老死亦畢竟滅作如是觀十

BD14078 號　維摩詰所說經卷下　（24–20）

无有眾生而於因緣果報无違无諍離諸我
所依於義不依語依於智不依識依了義經
不依不了義經依於法不依人隨順法相无
所入无所歸无明畢竟滅故諸行亦畢竟滅
乃至生畢竟滅故老死亦畢竟滅作如是觀十
二因緣无有盡相不復起見是名最上法之
供養佛告天帝王子月蓋聞如是法得柔
順忍即解寶衣嚴身之具以供養佛白佛言
世尊如來滅後我當行法供養守護正法願
以威神加哀建立令我得降魔怨脩菩薩行
佛知其深心所念而記之曰汝於末後守護法
城天帝時王子月蓋見法清淨聞佛授記
以信出家脩集善法精進不久得五神通具菩
薩道得陀羅尼无斷辯才於佛滅後以其所
得神通揔持辯才之力滿十小劫藥王如來
所轉法輪隨而分布月蓋比丘以護持法勤
行精進即於此身化百万億人於阿耨多羅
三藐三菩提立不退轉十四那由他人深發聲
聞辟支佛心无量眾生得生天上天帝時
王寶蓋豈異人乎今現得佛號寶焰如來其
王千子即賢劫中千佛是也從迦羅鳩孫大為
始得佛最後如來号曰樓至月蓋比丘即我
身是也如是天帝當知此要以法供養於諸
供養為上為最第一无比是故天帝當以法
之供養供養於佛
囑累品第十四
於是佛告弥勒菩薩言弥勒我今以是无量

BD14078 號　維摩詰所說經卷下　（24–21）

供養為上為最第一无比是故天帝當以法
之供養供養於佛
嘱累品第十四
於是佛告弥勒菩薩言弥勒我今以是无量
億阿僧祇劫所集阿耨多羅三藐三菩提法
付嘱於汝如是輩經於佛滅後末世之中汝等
當以神力廣宣流布於閻浮提无令斷絕所
以者何未來世中當有善男子善女人及天
龍鬼神乾闥婆羅剎等發阿耨多羅三藐三
菩提心樂于大法若使不聞如是等經則失善
利如此輩人聞是等經必多信樂發希有
心當以頂受隨諸衆生所應得利而為廣說
弥勒當知菩薩有二相何謂為二一者好於
雜句文飾之事二者不畏深義如實能入若
好雜句文飾事者當知是為新學菩薩若於
如是无染无著甚深經典无有恐畏能入
其中聞已心淨受持讀誦如說修行當知是為
久修道行弥勒復有二法名新學者不能決
定於甚深法何等為二一者所未聞深經聞
之驚怖生疑不能隨順毀謗不信而作是言
我初不聞從何所來二者若有護持解脫如
是深經者不肯親近供養恭敬或時於中說
其過惡有此二法當知是新學菩薩為自毀
傷不能於深法中調伏其心弥勒復有二法
菩薩雖信解深法猶自毀傷而不能得无生
法忍何等為二一者輕慢新學菩薩而不教
誨二者雖解深法而取相分別是為二法弥勒

BD14078號　維摩詰所說經卷下

（24–22）

其過惡有此二法當知是新學菩薩為自毀
傷不能於深法中調伏其心弥勒復有二法
菩薩雖信解深法猶自毀傷而不能得无生
法忍何等為二一者輕慢新學菩薩而不教
誨二者雖解深法而取相分別是為二法弥勒
菩薩聞說是已白佛言世尊未曾有也如
佛所說我當遠離如斯之惡奉持如來无數
阿僧祇劫所集阿耨多羅三藐三菩提法若
未來世中善男子善女人求大乘者當令手得
如是等經與其念力使受持讀誦為他廣說
世尊若後末世有能受持讀誦為他說者當
知是弥勒神力之所建立佛言善哉善哉弥
勒如汝所說佛助尒喜於是一切菩薩合掌
白佛言我等亦於如來滅後十方國土廣宣流
布阿耨多羅三藐三菩提復當開導諸說法
者令得是經尒時四天王白佛言世尊在在
處處城邑聚落山林曠野有是經卷讀誦解
說者我當率諸官屬為聽法故往詣其所擁
護其人面百由旬令无伺求得其便者是時
佛告阿難受持是經廣宣流布阿難言唯我
已受持要者世尊當何名斯經佛告阿難是
經名為維摩詰所說亦名不可思議解脫法
門如是受持佛說是經已長者維摩詰文殊
師利舍利弗阿難等及諸天人阿修羅等
一切大衆聞佛所說皆大歡喜作礼而去

維摩詰經卷下

BD14078號　維摩詰所說經卷下

（24–23）

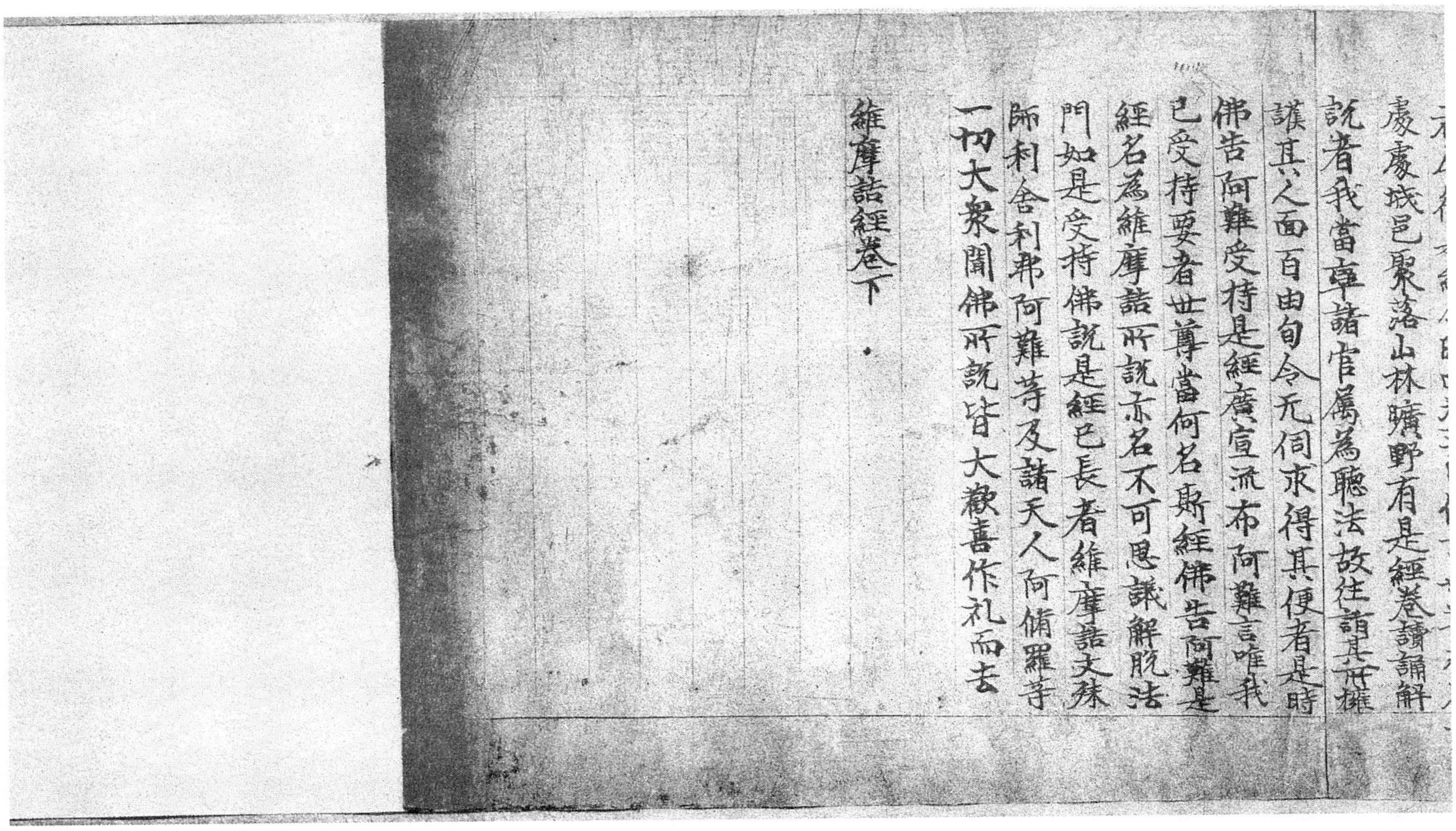

處處城邑聚落山林曠野有是經卷讀誦解
說者我當與諸官屬為聽法故往詣其所擁
護其人面百由旬令无伺求得其便者是時
佛告阿難受持是經廣宣流布阿難言唯我
已受持要者世尊當何名斯經佛告阿難是
經名為維摩詰所說亦名不可思議解脫法
門如是受持佛說是經已長者維摩詰文殊
師利舍利弗阿難等及諸天人阿脩羅等
一切大衆聞佛所說皆大歡喜作礼而去

維摩詰經卷下

BD14078 號　維摩詰所說經卷下　　（24–24）

BD14079 號背　現代護首　　（1–1）

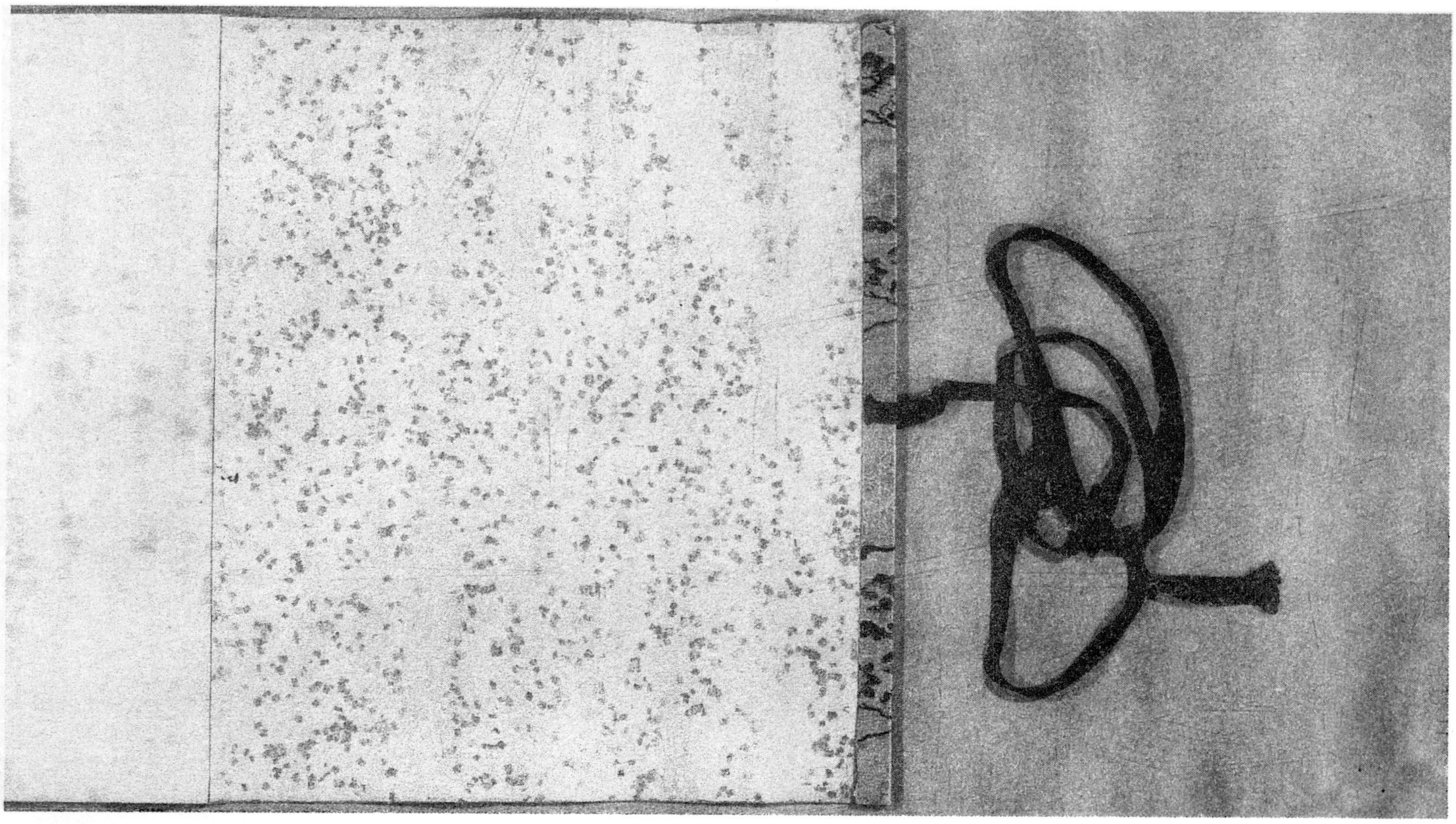

BD14079 號　維摩詰所說經卷下　　（15–1）

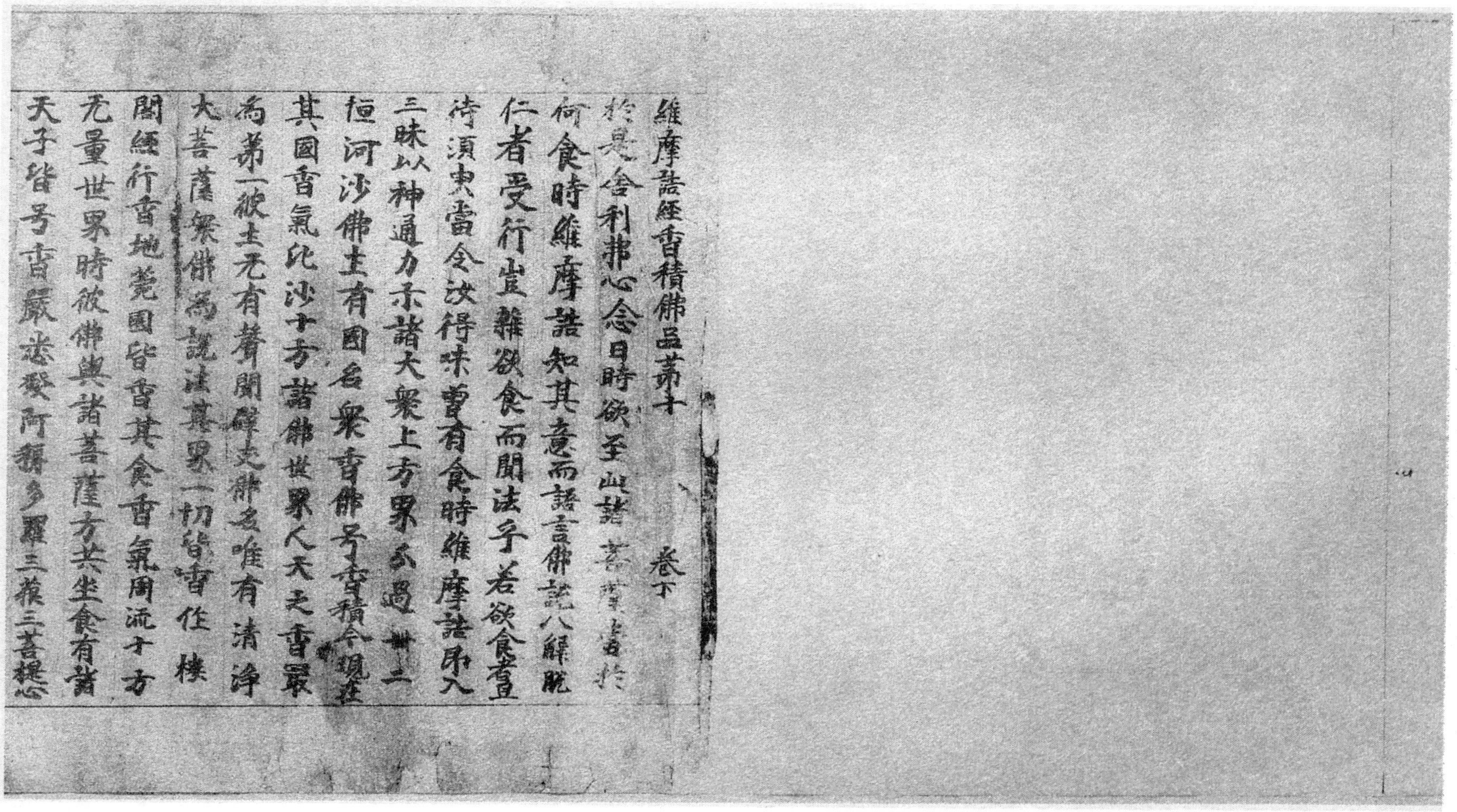
維摩詰經香積佛品第十　卷下
於是舍利弗心念日時欲至此諸菩薩當於
何食時維摩詰知其意而語言佛說八解脫
仁者受行豈雜欲食而聞法乎若欲食者且
待須臾當令汝得未曾有食時維摩詰即入
三昧以神通力示諸大衆上方界分過卌二
恒河沙佛土有國名衆香佛號香積今現在
其國香氣比於十方諸佛世界人天之香最
為第一彼土无有聲聞辟支佛名唯有清淨
大菩薩衆佛為說法其界一切皆以香作樓
閣經行香地苑園皆香其食香氣周流十方
无量世界時彼佛與諸菩薩方共坐食有諸
天子皆號香嚴悉發阿耨多羅三藐三菩提心

BD14079 號　維摩詰所說經卷下　　（15–2）

為第一彼土无有聲聞辟支佛名唯有清淨
大菩薩衆佛為說法其界一切皆香作樓
閣經行香地菀園皆香其食香氣周流十方
无量世界時彼佛與諸菩薩方共坐食有諸
天子皆号香嚴悉發阿耨多羅三藐三菩提心
供養彼佛及諸菩薩此諸大衆莫不目見
時維摩詰問衆菩薩諸仁者誰能致彼佛飯
以文殊師利威神力故咸皆嘿然維摩詰言仁
者此諸大衆无乃可恥文殊師利曰如佛所言
勿輕未學於是維摩詰不起于座於衆會前
化作菩薩相好光明威德殊勝蔽於衆會
而告之曰汝往上方界分度如卌二恒河沙佛
土有國名衆香佛号香積與諸菩薩方共坐
食汝往到彼如我辝曰維摩詰稽首世尊足
下致敬无量問訊起居少病少惱氣力安不
願得世尊所食之餘當於娑婆世界施作佛
事令此樂小法者得弘大道亦使如來名聲
普聞時化菩薩即於會前昇于上方舉衆皆
見其去到衆香界礼彼佛足又聞其言維摩
詰稽首世尊足下致敬无量問訊起居少病
少惱氣力安不願得世尊所食之餘欲於娑
婆世界施作佛事使此樂小法者得弘大道
亦使如來名聲普聞彼諸大士見化菩薩歎
未曾有今此上人從何所來娑婆世界為在
何許云何名為樂小法者即以問佛佛告之曰下
方度如卌二恒河沙佛土有世界名娑婆
佛号釋迦牟尼今現在於五濁惡世為樂小
法衆生敷演道教彼有菩薩名維摩詰住



何許云何名為樂小法者即以問佛佛告之曰下
方度如卌二恒河沙佛土有世界名娑婆
佛号釋迦牟尼今現在於五濁惡世為樂小
法衆生敷演道教彼有菩薩名維摩詰住
不可思議解脫為諸菩薩說法故遣化來稱揚
我名并讃此土令彼菩薩增益功德彼菩薩
言其人何如乃作是化德力无畏神足若斯
佛言甚大一切十方皆遣化往施作佛事饒益
衆生於是香積如來以衆香鉢盛滿香飯與
化菩薩時彼九百萬菩薩俱發聲言我欲詣
娑婆世界供養釋迦牟尼佛并欲見維摩詰
等諸菩薩衆佛言可往攝汝身香无令彼諸
衆生起惑著心又當捨汝本形勿使彼國求菩
薩道者而自鄙恥又汝於彼莫懷輕賤而作礙
想所以者何十方國土皆如虛空又諸佛為欲化
諸樂小法者不盡現其清淨土耳時化菩薩
既受鉢飯與彼九百萬菩薩俱承佛威神
及維摩詰力於彼世界忽然不現須臾之間
至維摩詰舍維摩詰即化作九百万師子之座
嚴好如前諸菩薩皆坐上其時化菩薩以滿鉢
香飯與維摩詰飯香普熏毗耶離城及三千
大千世界時毗耶離婆羅門居士等聞是香氣
身意快然歎未曾有於是長者主月蓋從八
萬四千人來入維摩詰舍見其室中菩薩甚
多諸師子座高廣嚴好皆大歡喜礼衆菩薩
及大弟子却住一面諸地神虛空神及欲色界
諸天聞此香氣亦皆來入維摩詰舍時維摩詰
語舍利弗等諸大聲聞

萬四千人來入維摩詰舍見其室中菩薩甚
多諸師子座高廣嚴好皆大
及大弟子各住一面諸地神虛空神及欲色界
諸天聞此香氣亦皆來入維摩詰舍時維摩詰
語舍利弗等諸大聲聞仁者可食如來甘露
味飯大悲所熏无以限意食之使不消也有
異聲聞念是飯少而此大衆人人當食化菩薩
曰勿以聲聞小德小智稱量如來无量福
慧四海有竭此飯无盡使一切人食摶若須弥
乃至一劫猶不能盡所以者何无盡戒
定慧解脫解脫知見功德具足者所食之
餘終不可盡於是鉢飯悉飽衆會猶故不賜
其諸菩薩聲聞天人食此飯者身安快樂譬
如一切樂莊嚴國諸菩薩也又諸毛孔皆出
妙香亦如衆香國土諸樹之香尒時維摩詰
問衆香菩薩香積如來以何說法彼菩薩曰
我土如來无文字說但以衆香令諸天人得入
律行菩薩各各坐香樹下聞斯妙香即獲一切
德藏三昧得是三昧者菩薩所有功德皆悉
具足彼諸菩薩問維摩詰今世尊釋迦牟尼
以何說法維摩詰言此土衆生剛強難化故
佛為說剛強之語以調伏之言是地獄是畜生
是餓鬼是諸難處是愚人生處是身邪行是
身邪行報是口邪行是口邪行報是意邪行
是意邪行報是殺生是殺生報是不與取是
不與取報是邪婬是邪婬報是妄語是妄語報
是兩舌是兩舌報是惡口是惡口報是无義
語是无義語報是貪嫉是貪嫉報是瞋惱

BD14079號　維摩詰所說經卷下　（15–5）

身邪行報是口邪行是口邪行報是意邪行
是意邪行報是殺生是殺生報是不與取是
不與取報是邪婬是邪婬報是妄語是妄語報
是兩舌是兩舌報是惡口是惡口報是无義
語是无義語報是貪嫉是貪嫉報是瞋惱
是瞋惱報是邪見是邪見報是慳悋是慳悋
報是毀戒是毀戒報是瞋恚是瞋恚報是懈
怠是懈怠報是亂意是亂意報是愚癡是愚
癡報是結戒是持戒是犯戒是應作是不
應作是鄣礙是不鄣礙是得罪是離罪是
淨是垢是有漏是无漏是邪道是正道是有為
是无為是世間是涅槃以難化之人心如猨猴
故以若干種法制御其心乃可調伏譬如象
馬𢤱悷不調加諸楚毒乃至徹骨然後調伏
如是剛強難化衆生故以一切苦切之言乃可
入律彼諸菩薩聞說是已皆曰未曾有也如
世尊釋迦牟尼佛隱其无量自在之力乃以
貧所樂法度脫衆生斯諸菩薩亦能勞謙
以无量大悲生是佛土維摩詰言此土菩薩於
諸衆生大悲堅固誠如所言然其一世饒益
衆生多於彼國百千劫行所以者何此娑婆
世界有十事善法諸餘淨土之所无有何等
為十以布施攝貧窮以淨戒攝毀禁以忍辱
攝瞋恚以精進攝懈怠以禪定攝亂意以智
慧攝愚癡說除難法度八難者以大乘法度
樂小法者以諸善根濟无德者常以四攝成
就衆生是為十彼菩薩曰菩薩成就幾法於此
世界行无瘡疣生于淨土維摩詰言菩薩

BD14079號　維摩詰所說經卷下　（15–6）

慧攝愚癡說除難法度八難者以大乘法度
樂小法者以諸善根濟无德者常以四攝成
就衆生是為彼菩薩曰菩薩成就幾法於此
世界行无瘡疣生于淨土維摩詰言菩薩
成就八法於此世界行无瘡疣生于淨土何等
為八饒益衆生而不望報代一切衆生受諸
苦惱所作功德盡以施之等心衆生謙下无礙
於諸菩薩視之如佛所未聞經聞之不疑不與
聲聞而相違背不嫉彼供不高己利而於其
中調伏其心常省己過不訟彼短恒以
一心求諸功德是為八維摩詰文殊師利於
大衆中說是法時百千天人皆發阿耨多
羅三藐三菩提心十千菩薩得无生法忍

維摩詰經菩薩行品第十一

是時佛說法於菴羅樹園其地忽然廣博嚴
事一切衆會皆作金色阿難白佛言世尊以
何因緣有此瑞應是處忽然廣博嚴事一切
衆會皆作金色佛告阿難是維摩詰文殊師
利與諸大衆恭敬圍繞發意欲來故先為此
瑞應於是維摩詰語文殊師利可共見佛與
諸菩薩礼事供養文殊師利言善哉行矣今
正是時維摩詰即以神力持諸大衆并師子
座置於右掌往詣佛所到已着地稽首佛足
右繞七帀一心合掌在一面立其諸菩薩即
皆避座稽首佛足亦繞七帀於一面立諸大
弟子釋梵四天王等亦皆避座稽首佛足在
一面立於是世尊如法慰問諸菩薩已各令

BD14079 號　維摩詰所說經卷下　（15–7）

右繞七帀一心合掌在一面立其諸菩薩即
皆避座稽首佛足亦繞七帀於一面立諸大
弟子釋梵四天王等亦皆避座稽首佛足在
一面立於是世尊如法慰問諸菩薩已各令
復坐即皆受教衆坐已定佛語舍利弗汝見
菩薩大士自在神力之所為乎唯然已見於汝
意云何世尊我覩其為不可思議非意所圖非
度所測尒時阿難白佛言世尊今所聞香自
昔未有是為何香佛告阿難是彼菩薩毛
孔之香於是舍利弗語阿難言我等毛孔亦
出是香阿難言此所從來曰是長者維摩詰
從衆香國取佛餘飯於舍食者一切毛孔皆
香若此阿難問維摩詰是香氣住當如久維
摩詰言至此飯消曰此飯久如當消曰此飯
勢力至于七日然後乃消又阿難若聲聞人
未入正位食此飯者得入正位然後乃消已入
正位食此飯者得心解脫然後乃消若未發
大乘意食此飯者至發意乃消已發意食此
飯者得无生忍然後乃消已得无生忍食此飯
者至一生補處然後乃消譬如有藥名曰上
味其有服者身諸毒滅然後乃消此飯如是
滅除一切諸煩惱毒然後乃消阿難白佛言未
曾有也世尊如此香飯能作佛事佛言如是如
是阿難或有佛土以佛光明而作佛事有以
諸菩薩而作佛事有以佛所化人而作佛事
有以菩提樹而作佛事有佛衣服臥具而作
佛事有以飯食而作佛事有以園林臺觀

BD14079 號　維摩詰所說經卷下　（15–8）

是阿難或有佛土以佛光明而作佛事有以
諸菩薩而作佛事有以佛所化人而作佛事
有以菩提樹而作佛事有佛衣服卧具而作
佛事有以飯食而作佛事有以園林臺觀
而作佛事有以卅二相八十随形好而作佛事
有以佛身而作佛事有以虚空而佛作事衆
生應以此縁得入律行有以夢幻影響鏡中
像水中月熱時焰是如等喻而作佛事有以
音聲語言文字而作佛事或有清淨佛土寂
漠无言无說无示无識无作无為而作佛事
如是阿難諸佛威儀進止諸所施為无非佛
事阿難有此四魔八萬四千諸煩惱門而諸衆
生為之疲勞諸佛即以此法而作佛事是名入
一切諸佛法門菩薩入此門者若見一切淨妙
佛土不以為喜不貪不高若見一切不淨
佛土不以為憂不礙不沒但於諸佛生清
淨心歡喜恭敬未曾有也諸佛如來功德平
等為教化衆生故而現佛土不同阿難汝見
諸佛國土地有若干而虚空无若干也如是
見諸佛色身有若干耳其无礙慧无若干也
阿難諸佛色身威相種姓戒定慧智解脫解
脫知見力无所畏不共之法大慈大悲威儀
所行及其壽命說法教化成就衆生淨佛國
土具諸佛法悉皆同等是故名為三藐三菩
提佛陁名為多陁阿伽度名為佛陁阿難若我
廣說此三句義汝以劫壽不能盡受正使三
千大千世界滿中衆生皆如阿難多聞第一
得念總持此諸人等以劫之壽亦不能受如



提佛陁名為多陁阿伽度名為佛陁阿難若我
廣說此三句義汝以劫壽不能盡受正使三
千大千世界滿中衆生皆如阿難多聞第一
得念總持此諸人等以劫之壽亦不能受如
是阿難諸佛阿耨多羅三藐三菩提无有限
量智慧辯才不可思議阿難白佛言我從今
已往不敢自謂以為多聞佛告阿難勿起退意
所以者何我說汝於聲聞中為最多聞非謂
菩薩且止阿難其有智者不應限度諸菩薩
也一切海淵尚可測量菩薩禪定智慧總持
辯才一切功德不可量也阿難汝等舍置菩
薩所行是維摩詰一時所現神通之力一切聲
聞辟支佛於百千劫盡力變化所不能作
尒時衆香世界菩薩來者合掌白佛言世尊
我等初見此土生下劣想今自悔責捨離是
心所以者何諸佛方便不可思議為度衆生
故隨其所應現佛國異唯然世尊願賜少法
還於彼土當念如來佛告諸菩薩有盡无盡
解脫法門汝等當學何謂為盡謂有為法何
謂无盡謂无為法如菩薩者不盡有為不住
无為何謂不盡有為謂不離大慈不捨大悲
深發一切智心而不忽忘教化衆生終不厭
惓於四攝法常念順行護持正法不惜軀命
種諸善根无有疲厭志常安住方迴向求法
不懈說法无悋勤供諸佛故入生死而无所
畏於諸榮辱心无憂喜不輕未學敬學如
佛墮煩惱者令發正念於遠離樂不以為貴
不著己樂慶於彼樂在諸禪定如地獄想於

不懈說法无㤼勸供諸佛故入生死而无所
畏於諸榮辱心无憂喜不輕未學敬學如
佛墮煩惱者令發正念於遠離樂不以為貴
不著己樂慶於彼樂在諸禪定如地獄想於
生死中如園觀想見來求者為善師想捨諸
所有具一切智想見毀戒人起救護想諸波
羅蜜為父母想道品之法為眷屬想發行善
根无有齊限以諸淨國嚴飾之事成己佛土
行不限施具足相好除一切惡淨身口意淨故
生死无數劫意而有勇聞佛无量德志而不
惓以智慧劒破煩惱賊出陰界入荷負衆生永
使解脫以大精進摧伏魔軍常求无念實相
智慧於世間法行少欲知足而不捨世法於出
世間法求之无猒不壞威儀而能隨俗起神通
慧引導衆生得念總持所聞不忘善別諸根
斷衆生疑以樂說辯演法无礙淨十善道受
天人福修四无量開梵天道勸請說法隨喜
讚善得佛音聲身口意善得佛威儀深修
善法所行轉勝以大乘教成菩薩僧心无放逸
不失衆善行如此法是名菩薩不盡有為何謂
菩薩不住无為謂修學空不以空為修證學
无相无作不以无相无作為證修學无起不以无
起為證觀於无常而不猒善本觀世間苦而
不惡生死觀於无我而誨人不惓觀於寂滅
而不永寂滅觀於遠離而身心修善觀无所
歸而歸趣善法觀於无生而以生法荷負一切
觀於无漏而不斷諸漏觀无所行而以行法

BD14079 號　維摩詰所說經卷下　（15–11）

起為證觀於无常而不猒善本觀世間苦而
不惡生死觀於无我而誨人不惓觀於寂滅
而不永寂滅觀於遠離而身心修善觀无所
歸而歸趣善法觀於无生而以生法荷負一切
觀於无漏而不斷諸漏觀无所行而以行法
教化衆生觀於空无而不捨大悲觀正法位
而不隨小乘觀諸法虛妄无牢无人无主无
相本願未滿而不虛福德禪定智慧修如此
法是名菩薩不住无為又具福德故不住无
為具智慧故不盡有為大慈悲故不住无為
滿本願故不盡有為集法藥故不住无為隨
授藥故不盡有為知衆生病故不住无為滅
衆生病故不盡有為諸正士菩薩已修此法不
盡有為不住无為是名盡无盡解脫法門汝
等當學尒時彼諸菩薩聞說是法皆大歡喜
以衆妙華若干種色若干種香散遍三千大
千世界供養於佛及此經法并諸菩薩已稽
首佛足歎未曾有言釋迦牟尼佛乃能於此
善行方便言已忽然不現還到彼國
維摩詰經見阿閦佛品第十二
尒時世尊問維摩詰汝欲見如來為以何等觀
如來乎維摩詰言如自觀身實相觀佛亦
然我觀如來前際不來後際不去今則不住
不觀色不觀色如不觀色性不觀受想行識
不觀識如不觀識性非四大起同於虛空六入无
積眼耳鼻舌身心已過不在三界三垢已離
順三脫門三明與无明等不一相不異相不

BD14079 號　維摩詰所說經卷下　（15–12）

不觀色不觀色如不觀色性不觀受想行識
不觀識如不觀識性非四大起同虛空六入无
積眼耳鼻舌身心已過不在三界三垢已離
順三脫門三明與无明等不一相不異相不
自相不他相非无相非取相不此岸不彼
岸不中流而化衆生觀於寂滅亦不永滅不
此不彼不以此不以彼不可以智知不可以
識識无晦无明无名无相无強无弱非淨
非穢不在方不離方非有為非无為无示无
說不施不慳不戒不犯不忍不恚不進不怠不
定不亂不智不愚不誠不欺不来不去不出不
入一切言語道斷非福田非不福田非應供養非
不應供養非取非捨非有相非无相同真際
等法性不可量不可稱過諸稱量非大非小非
見非聞非覺非知離衆結縛等諸智同衆生
於諸法无分別一切无失无濁无惱无作无
起无生无滅无畏无憂无喜无厭无著无已
有无當有无今有不可以一切言說分別顯
示世尊如来身為若此也作如是觀以斯觀
者名為正觀若他觀者名為邪觀
介時舍利弗問維摩詰汝於何沒而来生此維
摩詰言汝所得法有沒生乎舍利弗言无沒
生也若諸法无沒生相云何問言汝於何沒
而来生此於意云何譬如幻師幻作男女寧
沒生耶舍利弗言无沒生也汝豈不聞佛
說諸法如幻相乎荅曰如是若一切法如幻相者
云何問言汝於何沒而来生此舍利弗沒
者為虛誑法壞敗之[illegible]

BD14079號　維摩詰所說經卷下　（15–13）

[illegible]非大非小非
見非聞非覺非知離衆結縛等諸智同衆生
於諸法无分別一切无失无濁无惱无作无
起无生无滅无畏无憂无喜无厭无著无已
有无當有无今有不可以一切言說分別顯
示世尊如来身為若此也作如是觀以斯觀
者名為正觀若他觀者名為邪觀
介時舍利弗問維摩詰汝於何沒而来生此維
摩詰言汝所得法有沒生乎舍利弗言无沒
生也若諸法无沒生相云何問言汝於何沒
而来生此於意云何譬如幻師幻作男女寧
沒生耶舍利弗言无沒生也汝豈不聞佛
說諸法如幻相乎荅曰如是若一切法如幻相者
云何問言汝於何沒而来生此舍利弗沒
者為虛誑法壞敗之相生者為虛誑法相
續之相菩薩雖沒不盡善本雖生不長諸惡
是時佛告舍利弗有國名妙喜佛号无動是
維摩詰於彼國沒而来生此舍利弗言未曾
有也世尊是人乃能捨清淨佛土而来樂此
多怒害處維摩詰語舍利弗於意云何日光
出時與冥合乎荅曰不也日光出時則无衆
冥維摩詰言夫日何故行閻浮提荅曰欲以
明照為之除冥維摩詰言菩薩如是雖生不
淨佛土為化衆生不與愚闇而共合也但滅
衆生煩惱闇耳
是時大衆渴仰欲見妙喜世界不動如来及

BD14079號　維摩詰所說經卷下　（15–14）

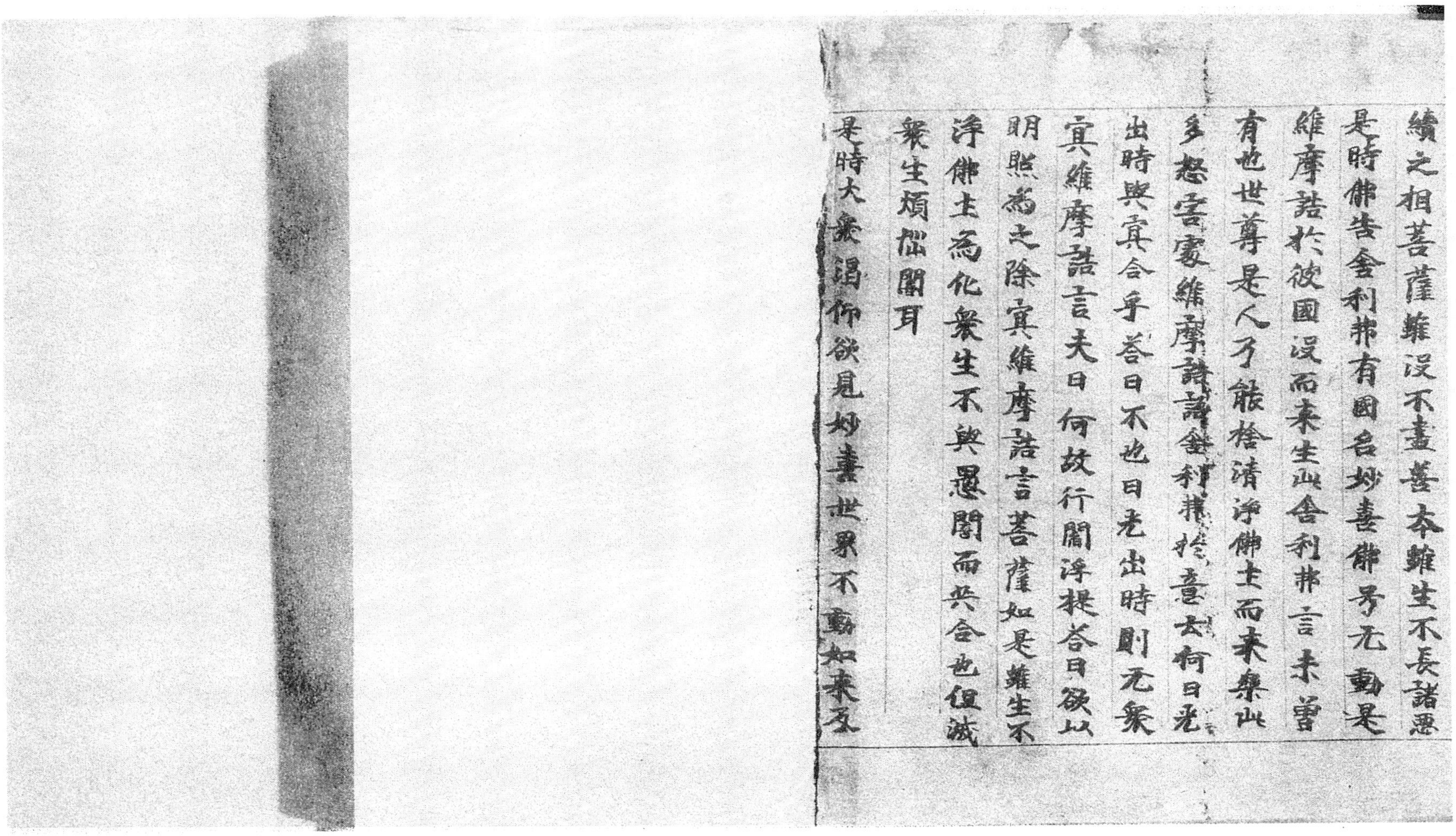
續之相菩薩雖沒不盡善本雖生不長諸惡
是時佛告舍利弗有國名妙喜佛号无動是
維摩詰於彼國沒而來生此舍利弗言未曾
有也世尊是人乃能捨清淨佛土而來樂此
多怒害處維摩詰謂舍利弗於意云何日光
出時與冥合乎荅曰不也日光出時則无衆
冥維摩詰言夫日何故行閻浮提荅曰欲以
明照為之除冥維摩詰言菩薩如是雖生不
淨佛土為化衆生不與愚闇而共合也但滅
衆生煩惱闇耳
是時大衆渴仰欲見妙喜世界不動如來及

BD14079 號　維摩詰所說經卷下　　（15–15）

BD14080 號背　現代護首　　（1–1）

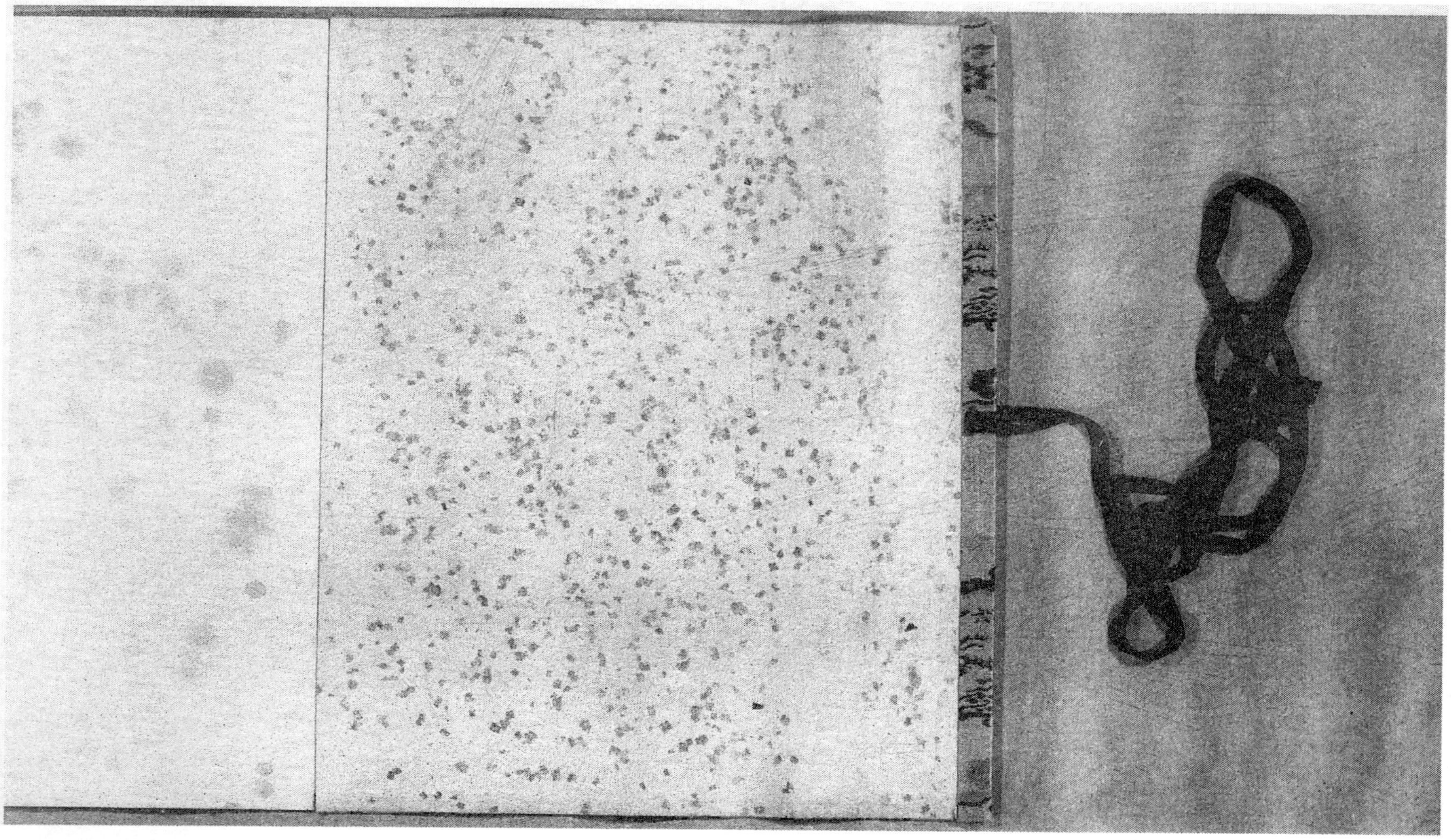

BD14080 號　維摩詰所說經卷下　（20–1）

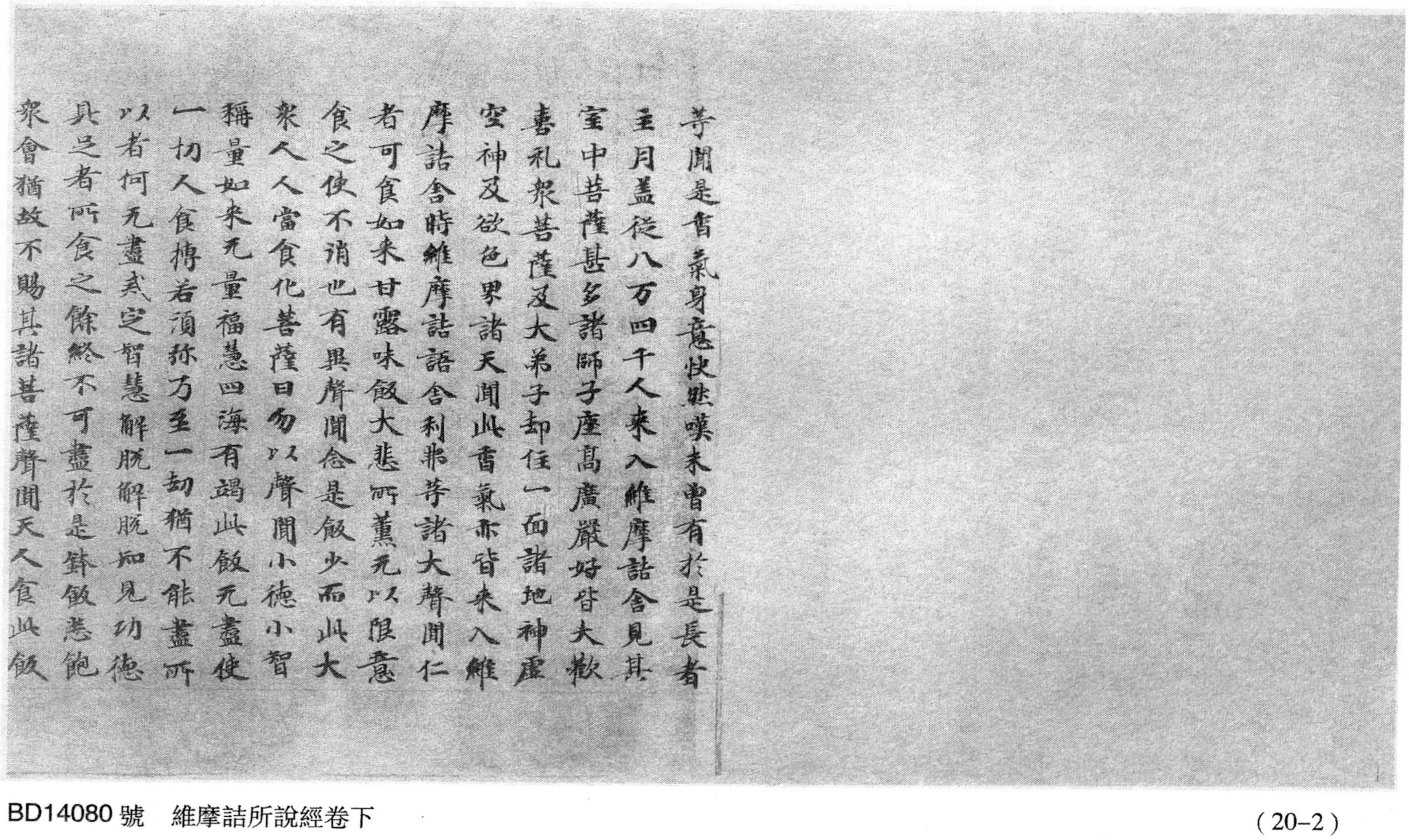

等聞是香氣身意快然歎未曾有於是長者
主月蓋從八万四千人來入維摩詰舍見其
室中菩薩甚多諸師子座高廣嚴好皆大歡
喜礼衆菩薩及大弟子却住一面諸地神虛
空神及欲色界諸天聞此香氣亦皆來入維
摩詰舍時維摩詰語舍利弗等諸大聲聞仁
者可食如來甘露味飯大悲所薰无以限意
食之使不消也有異聲聞念是飯少而此大
衆人人當食化菩薩曰勿以聲聞小德小智
稱量如來无量福慧四海有竭此飯无盡使
一切人食摶若須弥乃至一劫猶不能盡所
以者何无盡戒定智慧解脫解脫知見功德
具足者所食之餘終不可盡於是鉢飯悉飽
衆會猶故不賜其諸菩薩聲聞天人食此飯

BD14080 號　維摩詰所說經卷下　（20–2）

一切人食揣若須弥乃至一劫猶不能盡所
以者何无盡戒定智慧解脫解脫知見功德
具足者所食之餘終不可盡於是鉢飯悉飽
衆會猶故不賜其諸菩薩聲聞天人食此飯
者身安快樂譬如一切樂莊嚴國諸菩薩也
又諸毛孔皆出妙香亦如衆香國土諸樹之
香尒時維摩詰問衆香菩薩香積如來以何
說法彼菩薩曰我土如來无文字說但以衆
香令諸天人得入律行菩薩各各坐香樹下
聞斯妙香即獲一切德藏三昧得是三昧者
菩薩所有功德皆悉具足彼諸菩薩問維摩
詰今世尊釋迦牟尼以何說法維摩詰言此
土衆生剛强難化故佛爲說剛强之語以調
伏之言是地獄是畜生是餓鬼是諸難處是
愚人生處是身耶行是身耶行報是口耶行
是口耶行報是意耶行是意耶行報是煞生
是煞生報是不與取是不與取報是耶婬是
耶婬報是妄語是妄語報是兩舌是兩舌報
是惡口是惡口報是无義語是无義語報是
貪嫉是貪嫉報是瞋惱是瞋惱報是耶見是
耶見報是慳悋是慳悋報是毀戒是毀戒報
是瞋恚是瞋恚報是懈怠是懈怠報是亂意
是亂意報是愚癡是愚癡報是結戒是持戒
是犯戒是應作是不應作是鄣礙是不鄣礙
是得罪是離罪是淨是垢是有漏是无漏是
耶道是正道是有爲是无爲是世間是涅槃
以難化之人心如猨猴故以若干種法制御

BD14080號　維摩詰所說經卷下　（20–3）

是犯戒是應作是不應作是鄣礙是不鄣礙
是得罪是離罪是淨是垢是有漏是无漏是
耶道是正道是有爲是无爲是世間是涅槃
以難化之人心如猨猴故以若干種法制御
其心乃可調伏譬如象馬㒂悷不調加諸楚
毒乃至徹骨然後調伏如是剛强難化衆生
故以一切苦切之言乃可入律彼諸菩薩聞
說是已皆曰未曾有也如世尊釋迦牟尼佛
隱其无量自在之力乃以貧所樂法度脫
衆生斯諸菩薩亦能勞謙以无量大悲生是
佛土維摩詰言此土菩薩於諸衆生大悲堅
固誠如所言然其一世饒益衆生多於彼國
百千劫行所以者何此娑婆世界有十事善
法諸餘淨土之所无有何等爲十以布施攝
貧窮以淨戒攝毀禁以忍辱攝瞋恚以精進
攝懈怠以禪定攝亂意以智慧攝愚癡說除
難法度八難者以大乘法度樂小乘者以諸
善根濟无德者常以四攝成就衆生是爲十
彼菩薩曰菩薩成就幾法於此世界行无瘡
疣生于淨土維摩詰言菩薩成就八法於此
世界行无瘡疣生于淨土何等爲八饒益衆
生而不望報代一切衆生受諸苦惱所作功
德盡以施之等心衆生謙下无礙於諸菩薩
視之如佛所未聞經聞之不疑不與聲聞而
相違背不嫉彼供不高己利而於其中調伏
其心常省己過不訟彼短恒以一心求諸功
德是爲八維摩詰

BD14080號　維摩詰所說經卷下　（20–4）

覩之如佛所未聞經聞之不疑不與聲聞而
相違背不嫉彼供不高己利而於其中調伏
其心常省己過不訟彼短恒以一心求諸功
德是為八維摩詰文殊師利於大衆中說是
法時百千天人皆發阿耨多羅三藐三菩提
心十千菩薩得无生法忍

菩薩行品第十一

是時佛說法於菴羅樹園其地忽然廣博嚴
事一切衆會皆作金色阿難白佛言世尊以
何因緣有此瑞應是處忽然廣博嚴事一切
衆會皆作金色佛告阿難是維摩詰文殊師
利與諸大衆恭敬圍遶發意欲来故先為此
瑞應於是維摩詰語文殊師利可共見佛與
諸菩薩礼事供養文殊師利言善哉行矣今
正是時維摩詰即以神力持諸大衆并師子
座置於右掌往詣佛所到已著地稽首佛足
右繞七匝一心合掌在一面立其諸菩薩即
皆避座稽首佛足亦繞七匝於一面立諸大
弟子釋梵四天王等亦皆避座稽首佛足在
一面立於是世尊如法慰問諸菩薩已各令
復座即皆受教衆坐已定佛語舍利弗汝見
菩薩大士自在神力之所為乎唯然已見汝
意云何世尊我覩其為不可思議非意所圖
非度所測尒時阿難白佛言世尊今所聞香
自昔未有是為何香佛告阿難是彼菩薩毛
孔之香於是舍利弗語阿難言我等毛孔亦
出是香阿難言此所從来曰是長者維摩詰



自昔未有是為何香佛告阿難是彼菩薩毛
孔之香於是舍利弗語阿難言我等毛孔亦
出是香阿難言此所從来曰是長者維摩詰
從衆香國取佛餘飯於舍食者一切毛孔皆
香若此阿難問維摩詰是香氣住當久如維
摩詰言至此飯消曰此飯久如當消曰此飯
勢力至于七日然後乃消又阿難若聲聞人
未入正位食此飯者得入正位然後乃消已
入正位食此飯者得心解脫然後乃消若未
發大乘意食此飯者至發意乃消已發意食
此飯者得无生忍然後乃消已得无生忍食
此飯者至一生補處然後乃消譬如有藥名
曰上味其有服者身諸毒滅然後乃消此飯
如是滅除一切諸煩惱毒然後乃消阿難白
佛言未曾有也世尊如此香飯能作佛事佛
言如是如是阿難或有佛土以佛光明而作
佛事有以諸菩薩而作佛事有以佛所化人
而作佛事有以菩提樹而作佛事有以佛衣
服卧具而作佛事有以飯食而作佛事有以
園林臺觀而作佛事有以三十二相八十隨
形好而作佛事有以佛身而作佛事有以虛
空而作佛事衆生應以此緣得入律行有以
夢幻影響鏡中像水中月熱時焰如是等喻
而作佛事又以音聲語言文字而作佛事或
有清淨佛土寂漠无言无說无示无識无作无
為而作佛事如是阿難諸佛威儀進止諸所
施為无非佛事阿難有此四魔八万四千諸

夢幻影響鏡中像水中月熱時焰如是等喻
而作佛事又以音聲語言文字而作佛事或
有清淨佛土寂漠无言无說无示无識无作无
為而作佛事如是阿難諸佛威儀進止諸所
施為无非佛事阿難有此四魔八万四千諸
煩惱門而諸衆生為之疲勞諸佛即以此法
而作佛事是名入一切諸佛法門菩薩入此
門者若見一切淨妙佛土不以為喜不貪不
高若見一切不淨佛土不以為憂不礙不沒
但於諸佛生清淨心歡喜恭敬未曾有也諸
佛如來功德平等為教化衆生故而現佛土
不同阿難汝見諸佛國土地有若干而虛空
无若干也如是見諸佛色身有若干耳其无
礙慧无若干也阿難諸佛色身威德種姓戒
定智慧解脫解脫知見力无所畏不共之法
大慈大悲威儀所行及其壽命說法教化成
就衆生淨佛國土具諸佛法悉皆同等是故
名為三藐三佛陁名為多陁阿伽度名為佛
陁阿難若我廣說此三句義汝以劫壽不能
盡受正使三千大千世界滿中衆生皆如阿
難多聞第一得念總持此諸人等以劫之壽
亦不能受如是阿難諸佛阿耨多羅三藐三
菩提无有限量智慧辯才不可思議阿難白
佛言我從今已往不敢自謂以為多聞佛告
阿難勿起退意所以者何我說汝於聲聞中
為最多聞非謂菩薩且止阿難其有智者不
應限度諸菩薩也一切海淵尚可測量菩薩
禪定智慧總持辯才一切功德不可量也阿

BD14080號　維摩詰所說經卷下　（20–7）

佛言我從今已往不敢自謂以為多聞佛告
阿難勿起退意所以者何我說汝於聲聞中
為最多聞非謂菩薩且止阿難其有智者不
應限度諸菩薩也一切海淵尚可測量菩薩
禪定智慧總持辯才一切功德不可量也阿
難汝等捨置菩薩所行是維摩詰一時所現
神通之力一切聲聞辟支佛於百千劫盡力
變化所不能作
尒時衆香世界菩薩來者合掌白佛言世尊
我等初見此土生下劣想今自悔責捨離是
心所以者何諸佛方便不可思議為度衆生
故隨其所應現佛國異唯然世尊願賜少法
還於彼土當念如來佛告諸菩薩有盡无盡
解脫法門汝等當學何謂為盡謂有為法何
謂无盡謂无為法如菩薩者不盡有為不住
无為何謂不盡有為謂不離大慈不捨大悲
深發一切智心而不忽忘教化衆生終不猒
倦於四攝法常念順行護持正法不惜軀命
種諸善根无有疲猒志常安住方便迴向求
法不懈說法无悋勤供諸佛故入生死而无
所畏於諸榮辱心无憂喜不輕未學敬學如
佛墮煩惱者令發正念於遠離樂不以為貴
不著己樂慶於彼樂在諸禪定如地獄想於
生死中如園觀想見來求者為善師想捨諸
所有具一切智想見毀戒人起救護想諸波
羅蜜為父母想道品之法為眷屬想發行善
根无有齊限以諸淨國嚴飾之事成己佛土

BD14080號　維摩詰所說經卷下　（20–8）

生死中如園觀想見來求者為善師想捨諸
所有具一切智想見毀戒人起救護想諸波
羅蜜為父母想道品之法為眷屬想發行善
根无有齊限以諸淨國嚴飾之事成已佛土
行不限施具足相好除一切惡身口意淨生
死无數劫意而有勇聞佛无量德志而不倦
以智慧劒破煩惱賊出陰界入荷負衆生永
使解脫以大精進摧伏魔軍常求无念實相
智慧行少欲知足而不捨世間法不壞威儀
而能隨俗起神通慧引導衆生得念揔持所
聞不忘善別諸根斷衆生疑以樂說辯演法
无礙淨十善道受天人福脩四无量開梵天
道勸請說法隨喜讚善得佛音聲身口意善
得佛威儀深脩善法所行轉勝以大乘教成
菩薩僧心无放逸不失衆善行如此法是名
菩薩不盡有為何謂菩薩不住无為謂脩學
空不以空為證脩學无相无作不以无相无
作為證脩學无起不以无起為證觀於无常
而不猒善本觀世間苦而不惡生死觀於无
我而誨人不倦觀於寂滅而不永滅觀於遠
離而身心脩善觀无所歸而歸趣善法觀於
无生而以生法荷負一切觀於无漏而不斷
諸漏觀无所行而以行法教化衆生觀於空
无而不捨大悲觀正法位而不隨小乘觀諸
法虛妄无牢无人无主无相本願未滿而不
虛福德禪定智慧脩如此法是名菩薩不住
无為又具福德故不住无為具智慧故不盡

BD14080號　維摩詰所說經卷下　（20–9）

无而不捨大悲觀正法位而不隨小乘觀諸
法虛妄无牢无人无主无相本願未滿而不
虛福德禪定智慧脩如此法是名菩薩不住
无為又具福德故不住无為具智慧故不盡
有為大慈悲故不住无為滿本願故不盡有
為集法藥故不住无為隨授藥故不盡有為
知衆生病故不住无為滅衆生病故不盡有
為諸正士菩薩已脩此法不盡有為不住无
為是名盡无盡解脫法門汝等當學尒時彼
諸菩薩聞說是法皆大歡喜以衆妙華若干
種色若干種香遍散三千大千世界供養於
佛及此經法并諸菩薩已稽首佛足歎未曾
有言釋迦牟尼佛乃能於此善行方便言已
忽然不現還到彼國

見阿閦佛品第十二

尒時世尊問維摩詰汝欲見如來為以何等
觀如來乎維摩詰言如自觀身實相觀佛亦
然我觀如來前際不來後際不去今則不住
不觀色不觀色如不觀色性不觀受想行識
不觀識如不觀識性非四大起同於虛空六
入无積眼耳鼻舌身心已過不在三界三垢
已離順三脫門三明與无明等不一相不異
相不自相不他相非无相非取相不此岸不
彼岸不中流而化衆生觀於寂滅亦不永滅
不此不彼不以此不以彼不可以智知不可
以識識无晦无明无名无相无強无弱非淨
非穢不在方不離方非有為非无為无示无

BD14080號　維摩詰所說經卷下　（20–10）

彼岸不中流而化衆生觀於寂滅亦不永滅
不此不彼不以此不以彼不可以智知不可
以識識无晦无明无名无相无强无弱非淨
非穢不在方不離方非有為非无為无示无
說不施不慳不戒不犯不忍不恚不進不怠
不定不亂不智不愚不誠不欺不来不去不
出不入一切言語道斷非福田非不福田非
應供養非不應供養非取非捨非相非无相
同真際等法性不可稱不可量過諸稱量非
大非小非見非聞非覺非知離衆結縛等諸
智同衆生於諸法无分別一切无失无濁无
惱无作无起无生无滅无畏无憂无喜无猒
无著无已有无當有无今有不可以一切言
說分別顯示世尊如来身為若此作如是觀
以斯觀者名為正觀若他觀者名為耶觀
尒時舍利弗問維摩詰汝於何沒而来生此
維摩詰言汝所得法有沒生乎舍利弗言无
沒生也若諸法无沒生相云何問言汝於何
沒而来生此於意云何譬如幻師幻作男女
寧沒生耶舍利弗言无沒生也汝豈不聞佛
說諸法如幻相乎荅曰如是若一切法如幻
相者云何問言汝於何沒而来生此舍利弗
沒者為虛誑法壞敗之相生者為虛誑法相
續之相菩薩雖沒不盡善本雖生不長諸惡
是時佛告舍利弗有國名妙喜佛号无動是
維摩詰於彼國沒而来生此舍利弗言未曾
有也世尊是人乃能捨清淨土而来樂此多



續之相菩薩雖沒不盡善本雖生不長諸惡
是時佛告舍利弗有國名妙喜佛号无動是
維摩詰於彼國沒而来生此舍利弗言未曾
有也世尊是人乃能捨清淨土而来樂此多
怒害處維摩詰語舍利弗於意云何日光出
時與冥合乎荅曰不也日光出時則无衆冥
維摩詰言夫日何故行閻浮提荅曰欲以明
照為之除冥維摩詰言菩薩如是雖生不淨
佛土為化衆生不與愚闇而共合也但滅衆
生煩惱闇耳是時大衆渴仰欲見妙喜世界
不動如来及其菩薩聲聞之衆佛知一切衆
會所念告維摩詰言善男子為此衆會現妙
喜國不動如来及諸菩薩聲聞之衆衆皆欲
見於是維摩詰心念吾當不起于座接妙喜
國鐵圍山川溪谷江河大海泉源須弥諸山
及日月星宿天龍鬼神梵天宮等并諸菩薩
聲聞之衆城邑聚落男女大小乃至无動如
来及菩提樹諸妙蓮華能於十方作佛事者
三道寶階從閻浮提至忉利天以此寶階諸
天来下悉為礼敬无動如来聽受經法閻浮
提人亦登其階上昇忉利見彼諸天妙喜世
界成就如是无量功德上至阿迦膩咤天下
至水際以右手斷取如陶家輪入此世界猶
持華鬘示一切衆作是念已入於三昧現神
通力以其右手斷取妙喜世界置於此土彼
得神通菩薩及聲聞衆并餘天人俱發聲言

至水際以右手斷取如陶家輪入此世界猶
持華鬘示一切衆任是念已入於三昧現神
通力以其右手斷取妙喜世界置於此土彼
得神通菩薩及聲聞衆并餘天人俱發聲言
唯然世尊誰取我去願見救護无動佛言非
我所為是維摩詰神力所作其餘未得神通
者不覺不知已之所往妙喜世界雖入此土
而不增減於是世界亦不迫隘如本无異尒
時釋迦牟尼佛告諸大衆汝等且觀妙喜世
界无動如来其國嚴餝菩薩行淨弟子清白
皆曰唯然已見佛言若菩薩欲得如是清淨
佛土當學无動如来所行之道現此妙喜國
時娑婆世界十四那由他人發阿耨多羅三
藐三菩提心皆願生於妙喜佛土釋迦牟尼
佛即記之曰當生彼國時妙喜世界於此國
土所應饒益其事訖已還復本處舉衆皆見
佛告舍利弗汝見此妙喜世界及无動佛不
唯然已見世尊願使一切衆生得清淨土如
无動佛獲神通力如維摩詰世尊我等快得
善利得見是人親近供養其諸衆生若今現
在若佛滅後聞此經者亦得善利況復聞已
信解受持讀誦解說如法脩行若有手得是
經典者便為已得法寶之藏若有讀誦解說
其義如說脩行則為諸佛之所護念其有供
養如是人者當知則為供養於佛其有書持
此經卷者當知其室則有如来若聞是經能
隨喜者斯人則為取一切智若能信解此經





其義如說脩行則為諸佛之所護念其有供
養如是人者當知則為供養於佛其有書持
此經卷者當知其室則有如来若聞是經能
隨喜者斯人則為取一切智若能信解此經
乃至一四句偈為他說者當知此人即是受
阿耨多羅三藐三菩提記

法供養品第十三

尒時釋提桓因於大衆中白佛言世尊我雖
從佛及文殊師利聞百千經未曾聞此不可
思議自在神通決定實相經典如我解佛所
說義趣若有衆生聞是經法信解受持讀誦
之者必得是法不疑何況如說脩行斯人則
為閉衆惡趣開諸善門常為諸佛之所護念
降伏外學摧滅魔怨脩治菩提安處道場履
踐如来所行之跡世尊若有受持讀誦如說
脩行者我當與諸眷屬供養給事所在聚落
城邑山林曠野有是經處我亦與諸眷屬聽
受法故共到其所其未信者當令生信其已
信者當為作護佛言善哉善哉天帝如汝所
說吾助尒喜此經廣說過去未来現在諸佛
不可思議阿耨多羅三藐三菩提是故天帝
若善男子善女人受持讀誦供養是經者則
為供養去来今佛天帝正使三千大千世界
如来滿中譬如甘蔗竹葦稻麻叢林若有善
男子善女人或一劫或減一劫恭敬尊重讚
嘆供養奉諸所安至諸佛滅後以一一全身
舍利起七寶塔縱廣一四天下高至梵天表

如來滿中辟如甘蔗竹葦稻麻叢林若有善
男子善女人或一劫或減一劫恭敬尊重讚
嘆供養奉諸所安至諸佛滅後以一一全身
舍利起七寶塔縱廣一四天下高至梵天表
剎莊嚴以一切華香瓔珞幢幡妓樂微妙第
一若一劫若減一劫而供養之於天帝意云
何其人殖福寧為多不釋提桓因言多矣世
尊彼之福德若以百千億劫說不能盡佛告
天帝當知是善男子善女人聞是不可思議
解脫經典信解受持讀誦脩行福多於彼所
以者何諸佛菩提皆從是生菩提之相不可
限量以是因緣福不可量佛告天帝過去无
量阿僧祇劫時世有佛号曰藥王如來應供
正遍知明行足善逝世間解无上士調御丈
夫天人師佛世尊世界曰大莊嚴劫曰莊嚴
佛壽二十小劫其聲聞僧三十六億那由他
菩薩僧有十二億天帝是時有轉輪聖王名
曰寶蓋七寶具足主四天下王有千子端正
勇健能伏怨敵尒時寶蓋與其眷屬供養藥
王如來施諸所安至滿五劫過五劫已告其
千子汝等亦當如我以深心供養於佛於是
千子受父王命供養藥王如來復滿五劫一
切施安其王一子名曰月蓋獨坐思惟寧有
供養殊過此者以佛神力空中有天曰善男
子法之供養勝諸供養即問何謂法之供養
天曰汝可往問藥王如來當廣為汝說法之
供養即時月蓋王子行詣藥王如來稽首佛

BD14080 號　維摩詰所說經卷下　（20–15）

切施安其王一子名曰月蓋獨坐思惟寧有
供養殊過此者以佛神力空中有天曰善男
子法之供養勝諸供養即問何謂法之供養
天曰汝可往問藥王如來當廣為汝說法之
供養即時月蓋王子行詣藥王如來稽首佛
足却住一面白佛言世尊諸供養中法供養
勝云何為法供養佛言善男子法供養者謂
諸佛所說深經一切世間難信難受微妙難
見清淨无染非但分別思惟之所能得菩薩
法藏所攝陁羅尼印印之至不退轉成就六
度善分別義順菩提法衆經之上入大慈悲
離衆魔事及諸耶見順因緣法无我无衆生
无壽命空无相无作无起能令衆生坐於道
場而轉法輪諸天龍神乾闥婆等所共嘆譽能
令衆生入佛法藏攝諸賢聖一切智慧說衆
菩薩所行之道依於諸法實相之義明宣无
常苦空无我寂滅能救一切毀禁衆生諸魔
外道及貪著者能使怖畏諸佛賢聖所共稱
嘆背生死苦示涅槃樂十方三世諸佛所說
若聞如是等經信解受持讀誦以方便力為
諸衆生分別解說顯示分明守護法故是名
法之供養又於諸法如說脩行隨順十二因
緣離諸耶見得无生忍決定无我无有衆生
而於因緣果報无違无諍離諸我所依於義
不依語依於智不依識依了義經不依不了
義經依於法不依人隨順法相无所入无所
歸无明畢竟滅故諸行亦畢竟滅乃至生畢

BD14080 號　維摩詰所說經卷下　（20–16）

而於因緣果報无違无諍離諸我所依於義
不依語依於智不依識依了義經不依不了
義經依於法不依人隨順法相无所入无所
歸无明畢竟滅故諸行亦畢竟滅乃至生畢
竟滅故老死亦畢竟滅作如是觀十二因緣
无有盡相不復起見是名最上法之供養佛
告天帝王子月蓋從藥王佛聞如是法得柔
順忍即解寶衣嚴身之具以供養佛白佛言
世尊如來滅後我當行法供養守護正法願
以威神加哀建立令我得降魔怨脩菩薩行
佛知其深心所念而記之曰汝於末後護持
法城天帝時王子月蓋見法清淨聞佛授記以
信出家脩集善法精進不久得五神通通菩
薩道得陁羅尼无斷辯才於佛滅後以其所
得神通揔持辯才之力滿十小劫藥王如來
所轉法輪隨而分布月蓋比丘以護持法勤
行精進即於此身化百万億人於阿耨多羅
三藐三菩提立不退轉十四那由他人深發
聲聞辟支佛心无量衆生得生天上天帝時
王寶蓋豈異人乎今現得佛号寶焰如來其
王千子即賢劫中千佛是也從迦羅鳩村馱
為始得佛最後如來号曰樓至月蓋比丘則
我身是也如是天帝當知此要以法供養於
諸供養為上為最第一无比是故天帝當以
法之供養供養於佛
囑累品第十四
於是佛告祢勒菩薩言祢勒我今以是无量

BD14080 號　維摩詰所說經卷下

（20–17）

諸供養為上為最第一无比是故天帝當以
法之供養供養於佛
囑累品第十四
於是佛告祢勒菩薩言祢勒我今以是无量
億阿僧祇劫所集阿耨多羅三藐三菩提付
囑於汝如是輩經於佛滅後末世之中汝等
當以神力廣宣流布於閻浮提无令斷絕所
以者何未來世中當有善男子善女人及天
龍鬼神乾闥婆羅剎等發阿耨多羅三藐三
菩提心樂于大法若使不聞如是等經則失
善利如此輩人聞是等經必多信樂發希有
心當以頂受隨諸衆生所應得利而為廣說
祢勒當知菩薩有二相何謂為二一者好於
雜句文飾之事二者不畏深義如實能入若
好雜句文飾事者當知是為新學菩薩若於
如是无染无著甚深經典无有恐畏能入其
中聞已心淨受持讀誦如說脩行當知是為
久脩道行祢勒復有二法名新學者不能決
定於甚深法何等為二一者所未聞深經聞
之驚怖生疑不能隨順毀謗不信而作是言
我初不聞從何所來二者若有護持解說如
是深經者不肯親近供養恭敬或時於中說
其過惡有此二法當知是新學菩薩為自毀
傷不能於深法中調伏其心祢勒復有二法
菩薩雖信解深法猶自毀傷而不能得无生
法忍何等為二一者輕慢新學菩薩而不教

BD14080 號　維摩詰所說經卷下

（20–18）

其過惡有此二法當知是新學菩薩為自致
傷不能於深法中調伏其心弥勒復有二法
菩薩雖信解深法猶自毀傷而不能得无生
法忍何等為二一者輕慢新學菩薩而不教
誨二者雖解深法而取相分別是為二法弥
勒菩薩聞說是已白佛言世尊未曾有也如
佛所說我當遠離如斯之惡奉持如來无數
阿僧祇劫所集阿耨多羅三藐三菩提法若
未來世善男子善女人求大乘者當令手得
如是等經與其念力使受持讀誦為他廣說
世尊若後末世有能受持讀誦為他說者當
知是弥勒神力之所建立佛言善哉善哉弥
勒如汝所說佛助尒喜於是一切菩薩合掌
白佛我等亦於如來滅後十方國土廣宣流
布阿耨多羅三藐三菩提復當開導諸說法
者令得是經尒時四天王白佛言世尊在在
處處城邑聚落山林曠野有是經卷讀誦解
說者我當率諸官屬為聽法故往詣其所擁
護其人面百由旬令无伺求得其便者是時
佛告阿難受持是經廣宣流布阿難言唯我
已受持要者世尊當何名斯經佛言阿難是
經名為維摩詰所說亦名不可思議解脫法
門如是受持佛說是經已長者維摩詰文殊
師利舍利弗阿難等及諸天人阿脩羅一切
大眾聞佛所說皆大歡喜

維摩詰經卷下

BD14080 號　維摩詰所說經卷下　（20–19）

佛告阿難受持是經廣宣流布阿難言唯我
已受持要者世尊當何名斯經佛言阿難是
經名為維摩詰所說亦名不可思議解脫法
門如是受持佛說是經已長者維摩詰文殊
師利舍利弗阿難等及諸天人阿脩羅一切
大眾聞佛所說皆大歡喜

維摩詰經卷下

BD14080 號　維摩詰所說經卷下　（20–20）

BD14081 號背　現代護首　　　　　　　　　　　　　　　　　　　　　　　（1–1）

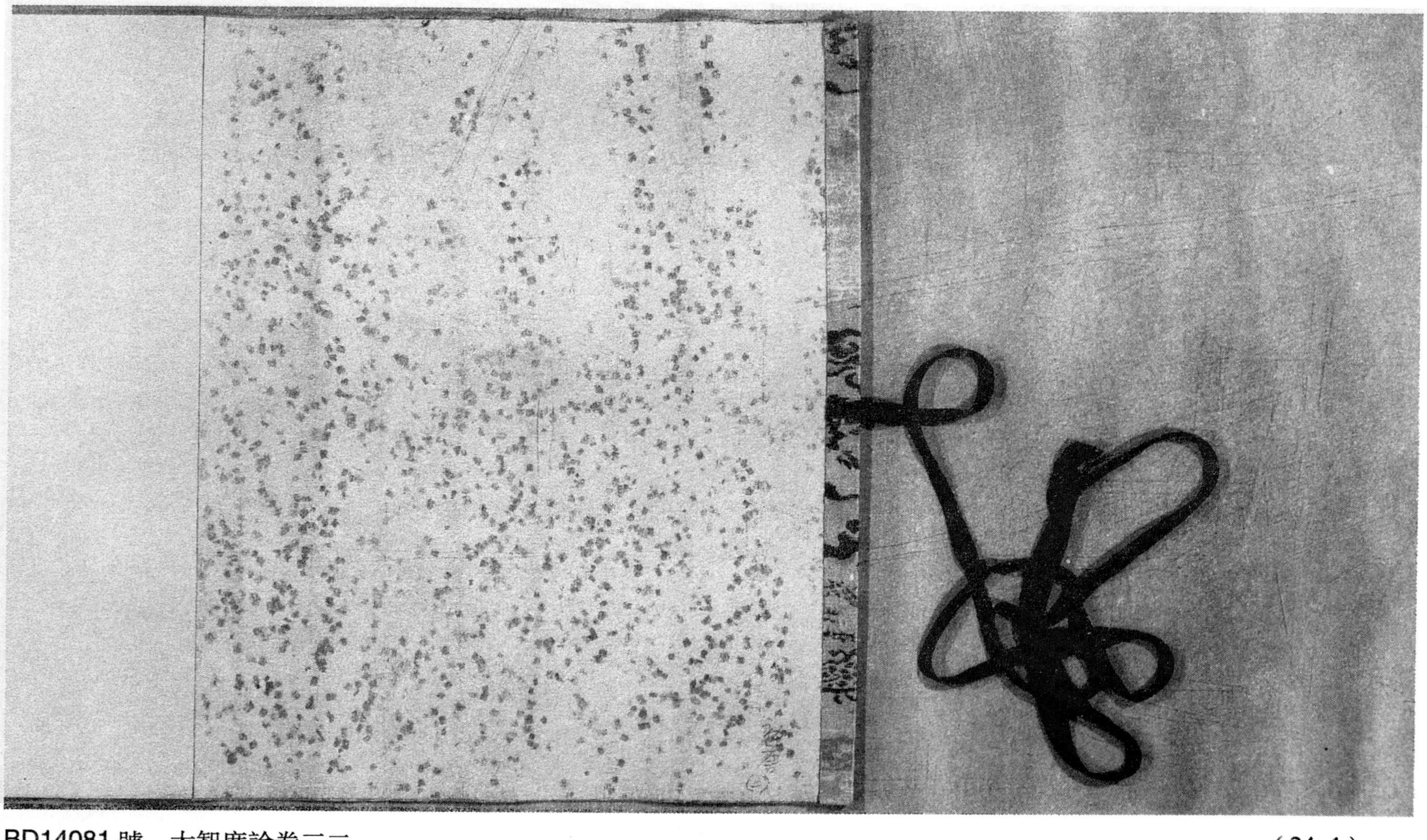

BD14081 號　大智度論卷三二　　　　　　　　　　　　　　　　　　　　　　（24–1）

佛說有四緣但以少智之人著於四緣而生
耶論爲破著故說言諸法實空无所破如心
法從内外處因緣和合生是心如幻如夢虛
誑无有定性心數法亦如是是心共生心數
法所謂受想思等是心數法同相同緣故名
爲相應心以心數法相應爲因心數法以心
相應爲因是名相應因相應因者辟如親友
知識和合成事共生因者一切有爲法各有
共生因以共生故更相佐助辟如兄弟同生
故互相成濟自種因者過去善種現在未來
善法因過去現在善種未來善法因不善无
記亦如是如是一切法各有自種因遍因者
苦諦集諦所斷結使一切垢法因是名遍因
報因者行業因緣故得善惡果報是爲報因

BD14081號　大智度論卷三二　（24–2）

故互相成濟自種因者過去善種現在未來
善法因過去現在善種未來善法因不善无
記亦如是如是一切法各有自種因遍因者
苦諦集諦所斷結使一切垢法因是名遍因
報因者行業因緣故得善惡果報是爲報因
是五因名爲因緣心心數法次第相續无間
故名爲次第緣心心數法緣塵故生是名緣
緣諸法生時不相鄣导是爲无鄣復次心心
數法從四緣生无想滅盡定從三緣生除緣
緣諸餘心不相應諸行及色從二緣生除次
第緣緣緣有爲法性羸故无有從一緣生報
生心心數法從五因生不隱沒无記非垢法
故除遍因諸煩惱亦從五因生除報因何以
故諸煩惱是隱沒報是不隱沒故除報因
生色及心不相應諸行從四因生非心心數
法故除相應因不隱沒无記法故除遍因染
汙色及心不相應諸行亦從四因生非心心
數法故除相應因垢故除報因諸餘心心數
法除初无漏心皆從四因生除報因遍因所
以者何非无記故除報因非垢故除遍因諸
餘不相應法所謂色心不相應諸行若有自
種因則從三因生除相應因報因遍因若无
自種因則從二因生共生因无鄣因初无漏
心心數法從三因生相應因共生因无鄣因
是初无漏心中色及心不相應諸行從二因
生共生因无鄣因无有法從一因生若六因
生是名四緣菩薩行般若波羅蜜如是觀四

BD14081號　大智度論卷三二　（24–3）

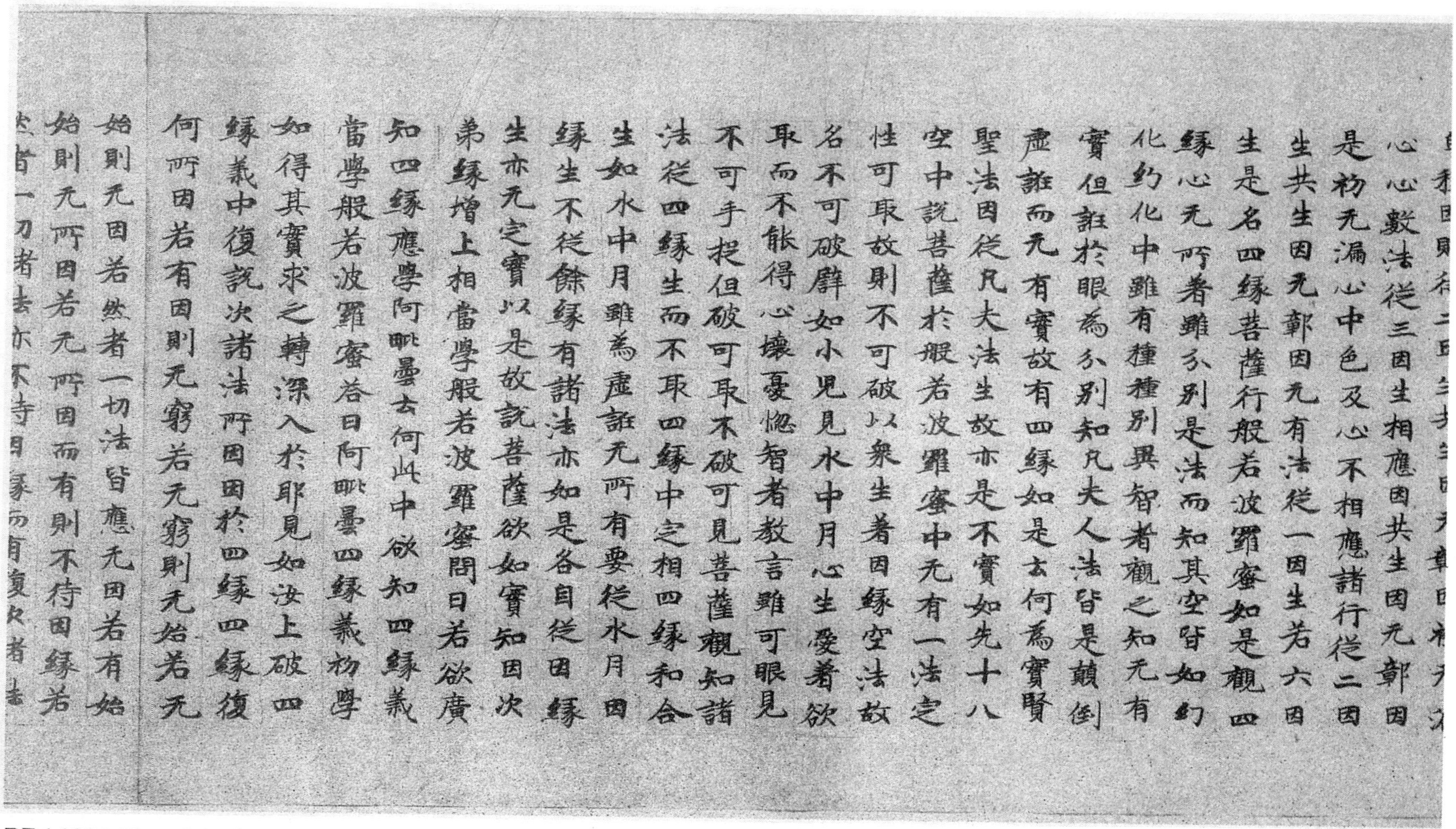
心心數法從三因生相應因共生因无鄣因
是初无漏心中色及心不相應諸行從二因
生共生因无鄣因无有法從一因生若六因
生是名四緣菩薩行般若波羅蜜如是觀四
緣心无所著雖分別是法而知其空皆如幻
化幻化中雖有種種別異智者觀之知无有
實但誑於眼爲分別知凡夫人法皆是顛倒
虛誑而无有實故有四緣如是云何爲實賢
聖法因從凡夫法生故亦是不實如先十八
空中說菩薩於般若波羅蜜中无有一法定
性可取故則不可破以衆生着因緣空法故
名不可破辟如小兒見水中月心生愛着欲
取而不能得心懷憂惱智者教言雖可眼見
不可手捉但破可取不破可見菩薩觀知諸
法從四緣生而不取四緣中定相四緣和合
生如水中月雖爲虛誑无所有要從水月因
緣生不從餘緣有諸法亦如是各自從因緣
生亦无定實以是故說菩薩欲如實知因次
第緣增上相當學般若波羅蜜問曰若欲廣
知四緣應學阿毗曇云何此中欲知四緣義
當學般若波羅蜜荅曰阿毗曇四緣義初學
如得其實求之轉深入於耶見如汝上破四
緣義中復說次諸法所因因於四緣四緣復
何所因若有因則无窮若无窮則无始若无
始則无因若然者一切法皆應无因若有始
始則无所因若无所因而有則不待因緣若

BD14081 號　大智度論卷三二

（24–4）

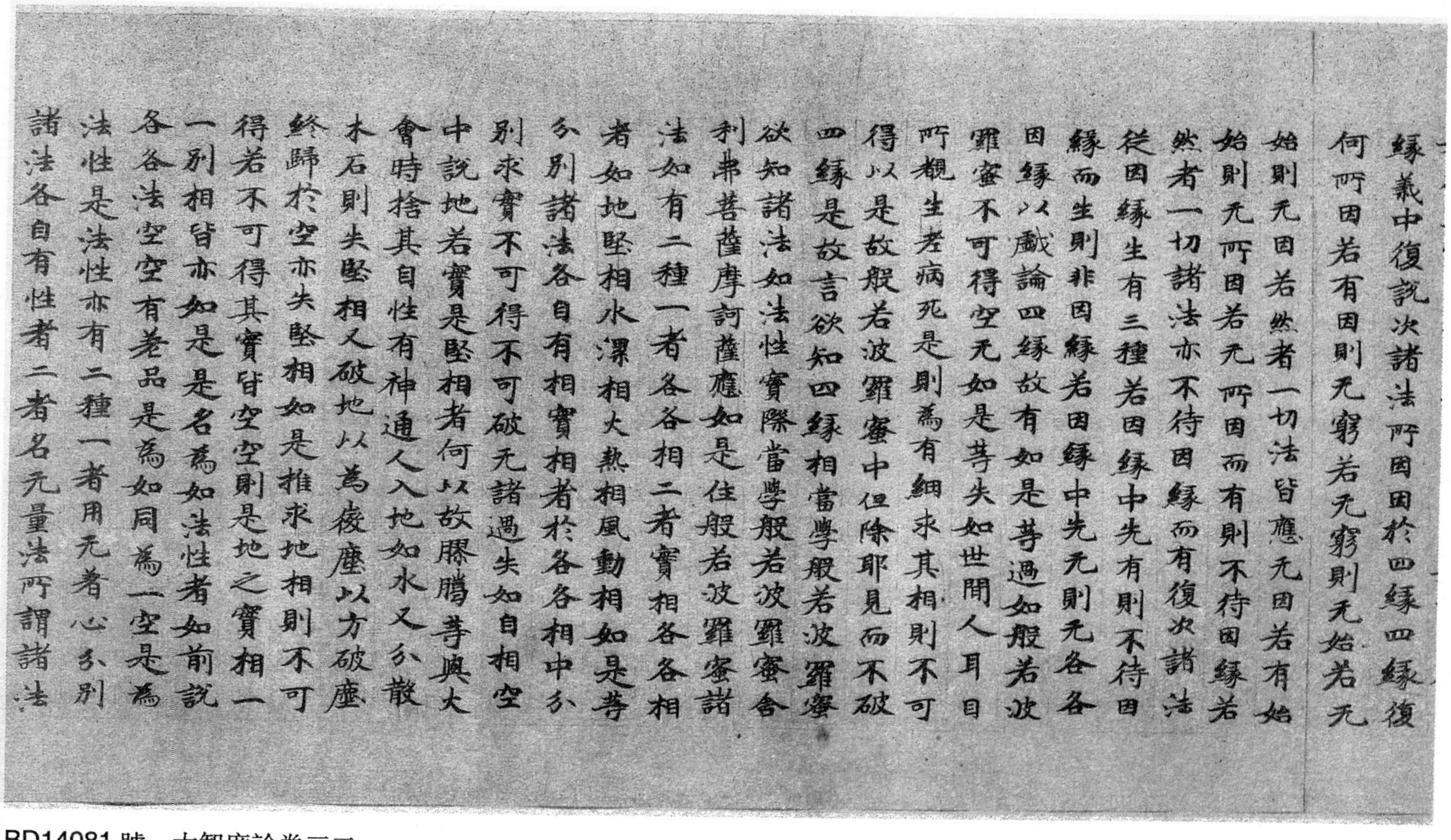
緣義中復說次諸法所因因於四緣四緣復
何所因若有因則无窮若无窮則无始若无
始則无因若然者一切法皆應无因若有始
始則无所因若无所因而有則不待因緣若
然者一切諸法亦不待因緣而有復次諸法
從因緣生有三種若因緣中先有則不待因
緣而生則非因緣若因緣中先无則无各各
因緣以戲論四緣故有如是等過如般若波
羅蜜不可得空无如是等失如世間人耳目
所覩生老病死是則爲有細求其相則不可
得以是故般若波羅蜜中但除耶見而不破
四緣是故言欲知四緣相當學般若波羅蜜
欲知諸法如法性實際當學般若波羅蜜舍
利弗菩薩摩訶薩應如是住般若波羅蜜諸
法如有二種一者各各相二者實相各各相
者如地堅相水濕相火熱相風動相如是等
分別諸法各自有相實相者於各各相中分
別求實不可得不可破无諸過失如自相空
中說地若實是堅相者何以故膠臘等與火
會時捨其自性有神通人入地如水又分散
木石則失堅相人破地以爲微塵以方破塵
終歸於空亦失堅相如是推求地相則不可
得若不可得其實皆空空則是地之實相一
一別相皆亦如是是名爲如法性者如前說
各各法空空有差品是爲如同爲一空是爲
法性是法性亦有二種一者用无著心分別
諸法各自有性二者名无量法所謂諸法

BD14081 號　大智度論卷三二

（24–5）

[illegible]
得若不可得其實皆空空則是地之實相一
一別相皆亦如是是名為如法性者如前說
各各法空空有差品是為如同為一空是為
法性是法性亦有二種一者用无著心分別
諸法各自有性者二者名无量法所謂諸法
實相如持心經說法性无量聲聞人雖得法
性以智有量故不能无量說如人雖到大海
以器小故不能取无量水是為法性實際者
以法性為實證故為際如阿羅漢名為住於
實際問曰如法性實際是三事為一為異若
一云何說三若三今應當分別說答曰是三
皆是諸法實相異名所以者何凡夫无智於
一切法作耶觀所謂常樂淨實我菩佛弟子
如法本相觀是時不見常不見樂
是名苦不見淨是名不淨不見實是名空不
見我是名无我若不見常而見无常者是則
妄見見苦空无我不淨亦如是是名為如如
者如本无能敗壞以是故佛說三法為法印
所謂一切有為法无常印一切法无我印涅
槃寂滅問曰是三法印般若波羅蜜中悉皆
破壞如佛告須菩提若菩薩摩訶薩觀色常
不行般若波羅蜜觀色无常不行般若波羅
蜜苦樂我无我寂滅非寂滅亦如是如是去
何名法印答曰二經皆是佛說如般若波羅
蜜經中了了說諸法實相有人著常顛倒故捨
常見不著无常相是名法印非謂捨常著
无常者以為法印我乃至寂滅亦如是般若

BD14081 號　大智度論卷三二

（24–6）

蜜苦樂我无我寂滅非寂滅亦如是如是去
何名法印答曰二經皆是佛說如般若波羅
蜜經中了了說諸法實相有人著常顛倒故捨
常見不著无常相是名法印非謂捨常著
无常者以為法印我乃至寂滅亦如是般若
波羅蜜中破著无常等見非謂破不受不著
得是諸法如已則入法性中滅諸觀不生異
信性自尒故譬如小兒見水中月入水求之
不得便愁智者語言性自尒莫生憂惱善入
法性是為實際問曰聲聞法中何以不說是
如法性實際而摩訶衍法中處處說答曰聲
聞法中亦有說處但少耳如雜阿含中說有
一比丘問佛十二因緣法為是佛作為是餘
人作佛告比丘我不作十二因緣亦非餘人
作有佛无佛諸法如法相法位常有所謂是
事有故是事有是事生故是事生如无明因
緣故諸行諸行因緣故識乃至老死因緣故
有憂悲苦惱是事无故是事无是事滅故是
事滅如无明滅故諸行滅諸行滅故識滅乃
至老死滅故憂悲苦惱滅如是生滅法有佛无
佛常尒是處說如如離向舍舍利弗師子
吼經中說佛問舍利弗一句義三問三不能
答佛少開示舍利弗已入於靜室舍利弗集
諸比丘語諸比丘言佛未示我事端未即能
答今我於此法七日七夜演說其事而不窮
盡復有一比丘白佛佛入靜室後舍利弗作
師子吼而自讚嘆佛語比丘舍利弗語實不

BD14081 號　大智度論卷三二

（24–7）

諸比丘語諸比丘言佛未示我事端未即能
荅今我於此法七日七夜演說其事而不窮
盡復有一比丘白佛佛入靜室後舍利弗住
師子吼而自讚嘆佛語比丘舍利弗語實不
虛所以者何舍利弗善通達法性故聲聞法
中觀諸法生滅相是為如滅一切諸觀得諸
法實相是處說法性問曰是處但說如法性
何處復說實際荅曰此二事有因緣起故說
實際无因緣故不說問曰實際即是涅槃為
涅槃故佛說十二部經云何言无因緣荅曰
涅槃種種名字說或名為離或名為妙或名
為出如是等則為說實際但不說名字故言
无因緣復次諸法如者如諸法未生時生時
亦如是生已過去現在亦如是諸三世法中
等是為如問曰若未生法名為未有生法現
在則有法可用因現在法有事用相故追憶
在則有法可用曰現在法有事用相故追憶
過去是名過去三世各異不應如實為一云
何言三世平等是名為如荅曰諸法實相中
三世等一无異如般若波羅蜜如品中說過
去如未來如現在如如來如一如无有異復
次先論議中已破生法若无生者未來現在
亦无生去何不等又復過去世无始未來世
无復現在世无住以是故三世平等名為如
行是如已入无量法性中法性者法名涅槃
不可壞不可戲論法性名本分種如黃石中
有金性白石中有銀性如是一切世間法中



亦无生去何不等又復過去世无始未來世
无復現在世无住以是故三世平等名為如
行是如已入无量法性中法性者法名涅槃
不可壞不可戲論法性名本分種如黃石中
有金性白石中有銀性如是一切世間法中
皆有涅槃性諸佛賢聖以智慧方便持戒禪
定教化引導令得是涅槃法性利根者即知
是諸法皆是法性辟如神通人能變瓦石皆
使為金鈍根者方便分別求之乃得法性辟
如大冶鼓石然後得金復次如水性下流故
會歸於海合為一味諸法亦如是一切揔相
別相皆歸法性同為一相是名法性如金對
在山頂漸漸穿下至金對地際到自性乃止
諸法亦如是智慧分別推求已到如中從如
入自性如本末生滅諸戲論是名為法性又
如犢子周章鳴吁得母乃止諸法亦如是種
種別異取捨不同得到自性乃止无復過處
是名法性實際者如先說法性名為實入處
名為際復次一一法有九種一者有體二者
各各有法如眼耳雖同四大造而眼獨能見
耳无見功又如火以熱為法而不能潤三者
諸法各有力如火以燒為力水以潤為力四
者諸法各自有因五者諸法各自有緣六者
諸法各自有果七者諸法各自有性八者諸
法各有限㝵九者諸法各各有開通方便諸
法生時體及餘法凡有九事知此法各各有
體法具足是名世間下如知此九法終歸變

諸法各自有性八者諸
法各有限尋九者諸法各各有開通方便諸
法生時體及餘法凡有九事知此法各各有
體法具足是名世間下如知此九法終歸變
異盡滅是名中如辟如此身生從不淨出雖
復湌浴嚴餝終歸不淨是法非有非无非生
非滅諸觀法究竟清淨是名上如復次有
人言是九事中有法者是名如辟如地法堅
重水法泠濕火法熱照風法輕動心法識觧
如是等法名為如如經中說有佛无佛如法
相法位常住世間所謂无明因緣諸行常如
本法法性者是九法中性實際者九法中得
果證復次諸法實相常住不動衆生以无明
等諸煩惱故於實相中轉異耶曲諸佛賢聖
種種方便說法破无明等諸煩惱令衆生還
得實性如本不異是名為如實性與无明合
故變異則不清淨若除却无明等得其真性
是名法性清淨實際名入法性中知法性无
量无邊𡨥為微妙更无有法勝於法性出法
性者心則滿足更不餘求則便作證辟如行
道日月發引而不止息到所至處无復去心
行者住於實際亦復如是如羅漢辟支佛住
於實際絕復恒沙諸佛為其說法亦不能更
有增進又不復生三界若菩薩入是法性中
玄知實際若未具足六波羅蜜教化衆生尒
時若證妙成佛道是時菩薩以大悲精進力
故還脩諸行復次知諸法實相中无有常法

BD14081號　大智度論卷三二　（24–10）

於實際絕復恒沙諸佛為其說法亦不能更
有增進又不復生三界若菩薩入是法性中
玄知實際若未具足六波羅蜜教化衆生尒
時若證妙成佛道是時菩薩以大悲精進力
故還脩諸行復次知諸法實相中无有常法
无有樂法无有我法无有實法亦捨是觀法
如是等一切觀法皆滅是為諸法實如涅槃
不生不滅如本未生辟如水是泠相假火故
熱若火滅熱盡還泠如本用諸觀法如水得
火若滅諸觀法如火滅水泠是名為如如實
常住何以故諸法性自尒辟如一切色法皆
有空分諸法中皆有涅槃性是名法性得涅
槃種種方便法中皆有涅槃性若得證時如
法性則是實際復次法性者无量无邊非心
心數法所量是名法性妙極於此是名真際
復次舍利弗菩薩摩訶薩欲數知三千大千
世界中大地諸山微塵當學般若波羅蜜菩
薩摩訶薩拆一毛為百分欲以一分毛盡舉
三千大千世界中大海江河池泉諸水而不
擾水性當學般若波羅蜜三千大千世界中
諸火一時皆燃辟如劫盡燒時菩薩摩訶薩
欲一吹令滅者當學般若波羅蜜三千大千
世界中諸大風起欲吹破三千大千世界及
諸須弥山如摧腐草菩薩摩訶薩欲以一指
鄣其風力令不起者當學般若波羅蜜問曰
佛何以不讃嘆諸菩薩六度等諸功德而讃
嘆此大力荅曰衆生有二種一者樂善法二

BD14081號　大智度論卷三二　（24–11）

世界中諸大風起欲吹破三千大千世界及
諸須弥山如摧腐草菩薩摩訶薩欲以一指
鄣其風力令不起者當學般若波羅蜜問曰
佛何以不讃嘆諸菩薩六度等諸功德而讃
嘆此大力答曰衆生有二種一者樂善法二
者樂善法果報為樂善法者讃嘆諸功德為
樂善法果報者讃嘆大神力復次有人言四
大之名其實亦无邊无盡常在世故无能悉
動量其多少人雖造作城郭臺殿所用甚少
地之廣大載有万物寔為牢固為是故佛說
三千大千世界中地及須弥諸山微塵皆欲
盡知其數及微塵中衆生業因緣各各有分
欲知其多少當學般若波羅蜜問曰一石土
之微塵尚難可數何況三千大千世界地及
諸山微塵之數是不可信答曰聲聞辟支佛
智惠尚不能知何況凡夫是事諸佛及大菩
薩所知如法華經說譬喻三千大千世界地
及諸山末以為塵東方過千世界下一塵如
是過千世界復下一塵如是盡三千世界諸
塵佛告比丘是塵數世界竿數籌量可得知
不諸比丘言不可得知佛言所可著微塵不
著微塵諸國盡皆末以為塵大通智佛出世
已來劫數如是如是无量恒河沙等世世微
塵佛大菩薩皆悉能知何況一恒河等世界
復次无量者隨人心說如大海水名為无量
而深八万由旬大身羅睺阿脩羅王量其多
少不以為難問曰云何行般若波羅蜜得是

BD14081 號　大智度論卷三二

(24–12)

已來劫數如是如是无量恒河沙等世世微
塵佛大菩薩皆悉能知何況一恒河等世界
復次无量者隨人心說如大海水名為无量
而深八万由旬大身羅睺阿脩羅王量其多
少不以為難問曰云何行般若波羅蜜得是
智慧答曰有人般若波羅蜜滅諸煩　惱及
耶見戲論入菩薩甚深禪定念智清淨增廣
故則能分別一切諸色微塵知其量數復次
諸佛及大菩薩得无㝵解脫故過於是事尚
不以為難何況於此復次有人謂地為牢堅
心无形質皆是虛妄以是故佛說心力為大
行般若波羅蜜故散此大地以為微塵以地
有色香味觸重故自无所作水少香故動作
勝地火少香味故熱勝於水風少色香味故
動作勝火心无四事故所為力大又以心多
煩惱結使繫縛故令心力微少有漏善心雖
无煩惱以心取諸法相故其力亦少二乘无
漏心雖不取相以智慧有量及出无漏道時
六情隨俗分別取諸法相故不盡心力諸佛
及大菩薩智慧无量无邊常處禪定於世間
涅槃无所分別諸法實相其實不異但智有
優劣行般若波羅蜜者畢竟清淨无所罣㝵
一念中能數十方一切如恒河沙等三千大
千世界大地諸山微塵何況十方各一恒河
沙世界復次若離般若波羅蜜雖得神通則
不能如上所知以是故說欲知是大神力當
學般若波羅蜜復有人言一切諸物中水為

BD14081 號　大智度論卷三二

(24–13)

一念中能數十方一切如恒河沙等三千大
千世界大地諸山微塵何况十方各一恒河
沙世界復次若離般若波羅蜜雖得神通則
不能如上所知以是故說欲知是大神力當
學般若波羅蜜復有人言一切諸物中水為
最大所以者何大地上下四邊无不有水若
護世天主不節量天龍雨又无消水珠者則
天地漸沒又以水因緣故世間衆生數非衆
生數皆得生長以是可知水為最大是故佛
說菩薩欲知水渧多少渧渧分散令无力者
當學般若波羅蜜復有人言火為最大所以
者何除香味故又以水出處甚多而火能滅
之大火之力能燒万物能照諸闇以是故知
火為最大是故佛說菩薩欲吹滅火者當
學般若波羅蜜問曰火因於風乃得燃熾云
何相滅答曰雖復相因遇則相滅問曰若尒
者火多无量口風甚少何能滅之答曰菩薩
行般若波羅蜜因禪定得神通能變身令大
口風亦大故能滅之又以神力小風能滅辟
如小金剛能摧破大山以是故諸世天人見
此神力皆卷宗伏復次菩薩以火為害處廣
憐愍衆生故以神力滅之又以三千世界成
立甚難菩薩福德智慧故力能制之復有人
言於四大中風力最大无色香味故動相最
大所以者何如虛空无邊風亦无邊一切生
有成敗皆由於風大風之勢摧碎三千大千
世界諸山以是故佛說能以一指鄣其風力當

BD14081 號　大智度論卷三二　（24–14）

大所以者何如虛空无邊風亦无邊一切生
有成敗皆由於風大風之勢摧碎三千大千
世界諸山以是故佛說能以一指鄣其風力當
學般若波羅蜜所以者何般若波羅蜜實相
无量无邊能令指力如是菩薩摩訶薩欲一
跏趺坐遍滿三千大千世界中虛空者當學
般若波羅蜜問曰菩薩以何因緣故如是結
跏趺坐答曰以梵天王主三千世界生耶見
心自以為大見菩薩結跏趺坐遍滿虛空則
憍慢心息又於神通力中巧方便故一能為
多多能為一小能作大大能作小亦為欲現
希有難事故坐遍虛空亦為遮諸鬼神龍王
惱亂衆生故坐滿虛空令衆生安隱如難陀
婆難陀龍王兄弟欲破舍婆提城雨諸兵仗
毒虵之屬是時目連端坐遍滿虛空變諸害
物皆成華香瓔珞以是故說菩薩摩訶薩欲
一結跏趺坐遍滿三千大千世界虛空當學
般若波羅蜜菩薩摩訶薩欲以一毛舉三千
大千世界中諸須弥山王擲過他方无量阿
僧祇諸佛世界不擾衆生問曰菩薩何以故
舉須弥山及諸山過著他方无量世界答曰
不必有舉者此明菩薩力能舉之耳復次諸
菩薩為佛當說法故先莊嚴三千大千世界
除諸山令地平整如法華經中說佛欲集諸
化佛故先平治地亦欲現希有事令衆生見
故所以者何一須弥山高八万四千由旬若
舉此一山已為希有何况三千大千世界百

BD14081 號　大智度論卷三二　（24–15）

菩薩為佛當說法故先莊嚴三千大千世界
除諸山令地平整如法華經中說佛欲集諸
化佛故先平治地亦欲現希有事令衆生見
故所以者何一須弥山高八万四千由旬若
舉此一山已為希有何况三千大千世界百
億須弥山若以一毛舉三千大千世界百億
須弥山尚難何况以一毛頭擲百億須弥山
過无量阿僧祇世界衆生見菩薩希有事皆
發阿耨多羅三藐三菩提心作念言是菩薩
未成佛道神力乃尔何况成佛以是故如是
說欲以一食供養十方各如恒河沙等諸佛
及僧當學般若波羅蜜欲以一衣華香瓔珞
末香塗香燒香燈燭幢幡華蓋等供養諸佛
及僧當學般若波羅蜜問曰菩薩若以一食
供養一佛及僧尚是難事何况十方如恒河
沙等諸佛及僧答曰供養功德在心不在事
也若菩薩以一食大心悉供養十方諸佛及
僧亦不以遠近為导是故諸佛皆見皆受問
曰諸佛有一切智故皆見皆受僧无一切智
云何得見云何得受答曰僧雖不見不知而
其供養施者得福譬如有人遣使供養彼人
彼人雖不得而此人已獲施福如慈三昧於
衆生雖无所施而行者功德无量復次諸菩
薩无量无盡功德成就以一食供養十方諸
佛及僧皆悉充足而亦不盡譬如涌泉出而
不竭如文殊師利以一鉢歡喜丸供養八万
四千僧皆悉充足而亦不盡復次菩薩於此



薩无量无盡功德成就以一食供養十方諸
佛及僧皆悉充足而亦不盡譬如涌泉出而
不竭如文殊師利以一鉢歡喜丸供養八万
四千僧皆悉充足而亦不盡復次菩薩於此
以一鉢食供養十方諸佛而十方佛前飲食
之具具足而出譬如鬼神得人一口之食而
千万倍出復次菩薩行般若波羅蜜得无量
禪定門及得无量智慧方便門以是故无所
不能以般若波羅蜜无导故是菩薩心所住
亦无导是菩薩能供養十方千万恒河沙等
諸佛及僧何况各如一恒河沙衣服華香瓔
珞末香塗香燒香燈燭幢幡華蓋等亦如是
復次舍利弗菩薩摩訶薩欲使十方各如恒
河沙等世界中衆生悉具於戒三昧智慧解
脫解脫知見令得須陁洹果斯陁含果阿那
含果阿羅漢果乃至令得无餘涅槃當學般
若波羅蜜五衆義如先說須陁洹果有二種
一者佛說三結斷得无為果又如阿毗曇說
八十八結斷得无為須陁洹果二者信行法
行人住道比智中得須陁洹果證者復次是
須陁洹名流即是八聖道分那般名入入是
八聖道分流入涅槃是名初觀諸法實相得
入无量法性分墮聖人數中息忌名一伽弥
名来是人從此死生天上天上一来得盡衆
告阿那名不伽弥名来是名不来相是人欲
界中死生色界无色界中於彼漏盡不復来
生問曰今世臧阿那伽弥中臧阿那伽弥此

名来是人從此死生天上天上一来得盡衆
苦向那名不伽弥名来是名不来相是人欲
界中死生色界无色界中於彼漏盡不復来
生問曰今世滅阿那伽弥中滅阿那伽弥此
亦不生色无色界何以名爲阿那伽弥荅曰阿
那伽弥多生色无色界中現在滅者少以
少從多故中間滅者亦欲生色界見後身可
患即取涅槃以是故因多羅名阿羅漢盡一
切煩惱故應受一切天龍鬼神供養是阿羅
漢有九種退法不退法死法護法住法勝進
不壞法慧解脫共解脫九種義如先說及八
背捨八勝處十一切處滅盡定无諍三昧願
智善向羅漢諸妙德及得无餘涅槃无餘涅
槃名阿羅漢捨此五衆更不復相續受有五
衆身心苦皆悉永滅後三道果如初道說復
次舍利弗菩薩摩訶薩行般若波羅蜜布施
時應作是分別如是布施得大果報如是布
施生刹利大姓婆羅門大姓居士大家如是
布施生四天王天處卅三天夜摩天兜率陀
天化樂天他化自在天因是布施得入初禪
二禪三禪四禪无邊空處无邊識處无所有
處非有想非无想處因是布施能生八聖道
分因是布施能得須陁洹道乃至佛道當學
般若波羅蜜菩薩摩訶薩知諸法實相无取
无捨无所破壞行不可得般若波羅蜜以大
悲心還脩福行福行初門先行布施菩薩行
般若波羅蜜智慧明利能分別施福施物雖

BD14081號　大智度論卷三二

（24–18）

分因是布施能得須陁洹道乃至佛道當學
般若波羅蜜菩薩摩訶薩知諸法實相无取
无捨无所破壞行不可得般若波羅蜜以大
悲心還脩福行福行初門先行布施菩薩行
般若波羅蜜智慧明利能分別施福施物雖
同福德多少隨心優劣如舍利弗以一鉢飯
上佛佛即迴施狗而問舍利弗汝以飯施我
我以飯施狗誰得福多舍利弗言如我解佛
法義佛施狗得福多舍利弗者於一切人中
智慧最上而佛福田最爲第一不如佛施狗
惡田得福極少以是故知大福從心不在田也
如舍利弗千万億倍不及佛心問曰如汝說
福田妙故得福多而舍利弗施佛不得大福
荅曰良田雖復得福多而不如心所以者何
心爲内主田爲外事故或時布施之福在於
福田如億耳阿羅漢昔以一華施於佛塔九
十一劫人天中受樂餘福德力得阿羅漢又
如阿輸迦王小兒時以土施佛王閻浮提起
八万塔最後得道施物至賤小兒心薄但以
福田妙故得大果報當知大福從良田生若
大中之上三事都具心物福田三事皆妙如
般若波羅蜜初品中說佛以好華散十方佛
復次又如以般若波羅蜜心布施无所著故
得大果報復次爲涅槃故施亦得大報以大
悲心爲度一切衆生故布施亦得大報復次
大果報者如是中說生刹利家乃至得佛者
是問曰云何布施得生刹利家乃至得佛荅

BD14081號　大智度論卷三二

（24–19）

得大果報復次為涅槃故施亦得大報以大
悲心為度一切衆生故布施亦得大報復次
大果報者如是中說生剎利家乃至得佛者
是問曰云何布施得生剎利家乃至得佛答
曰若有人布施及持戒故得人天中富貴如
有人至心布施持戒故生剎利家剎利者王
及大臣若著於智慧經書而不惱衆生布施
持戒故生婆羅門家若布施持戒減少而樂
著世樂生居士大家居士者小人而巨富若
布施持戒清淨小勝猒患家業好樂聽法供
養善人生四天王處所以者何在彼有所須
欲心生皆得常見此聞賢聖善人心生供養
以近脩福處故若布施持戒清淨供養父母
及其所尊心欲求勝生世三天若布施持戒
清淨而好學問其心柔和生夜摩天若布施
持戒清淨令二事轉勝好樂多聞分別好醜
愛樂涅槃心著功德生兜率天若布施深心
持戒多聞好樂學問自力生活生化樂天若
布施時清淨持戒轉深好樂多聞自貴情多
不能自苦從他求樂生他化自在天他所思
惟難心方便化作女色五欲奪而自在辟如
庶民苦身自業強力奪之復次布施時以願
因緣故生天上如經說有人少行布施持戒
不知禪定是人聞有四天王天心常志願佛
言是人命終生四天上必有是處乃至他化
自在天亦如是復次有人布施持戒脩布施
時其心得樂若施多樂亦多如是思惟捨五
欲除五蓋入初禪乃至非有想非无想亦如

BD14081 號　大智度論卷三二

（24–20）

不知禪定是人聞有四天王天心常志願佛
言是人命終生四天上必有是處乃至他化
自在天亦如是復次有人布施持戒脩布施
時其心得樂若施多樂亦多如是思惟捨五
欲除五蓋入初禪乃至非有想非无想亦如
是四禪四无色定義如上說復次有人布施
佛及佛弟子從其聞說道法是人因此布施
故心得柔濡智慧明利即生八聖道分斷三
結得須陁洹果乃至佛道亦如是因是布施
聞其說法便發阿耨多羅三藐三菩提心復
次未離欲布施生人中富貴及六欲天中若
離欲心布施生梵世天上乃至廣果天若離
色心布施生无色天中離三界布施為涅槃
故得聲聞道布施時惡猒憒鬧好樂閑靜喜
深智慧得辟支佛布施時起大悲心欲度一
切第一甚深畢竟清淨智慧得成佛道
復次舍利弗菩薩摩訶薩行般若波羅蜜布
施時以慧方便力故能具足檀波羅蜜尸羅
波羅蜜羼提波羅蜜毗梨耶波羅蜜禪波羅
蜜般若波羅蜜舍利弗白佛言世尊菩薩摩
訶薩云何布施時以慧方便力故具足檀波
羅蜜乃至般若波羅蜜佛告舍利弗施人受
人財物不可得故能具足檀波羅蜜罪不罪
不可得故具足尸羅波羅蜜心不動故具足
羼提波羅蜜身心精進不懈息故具足毗梨
耶波羅蜜不亂不味故具足禪波羅蜜知一
切法不可得故具足般若波羅蜜具足義先
已廣說慧方便今此中說所謂三事不可得

BD14081 號　大智度論卷三二

（24–21）

不可得故具足尸羅波羅蜜心不動故具足
羼提波羅蜜身心精進不懈息故具足毗梨
耶波羅蜜不亂不味故具足禪波羅蜜知一
切法不可得故具足般若波羅蜜具足義先
已廣說慧方便今此中說所謂三事不可得
若是問曰慧方便者能成就其事无所破壞
更无所作今破此三事應墮斷滅云何言慧
方便荅曰有二種不可得一者得不可得二
者不得不可得得不可得者墮於斷滅若不
得不可得者是為慧方便不墮斷滅若无慧
方便布施者取三事相若以三事空則取无
相有慧方便者從本已來不見三事相以是
故慧方便者不墮有无中復次布施時壞諸
煩惱是名慧方便復次於一切衆生起大悲
心布施是名慧方便復次過去未來无量世
所脩福德布施迴向阿耨多羅三藐三菩提
亦名慧方便復次於一切十方三世諸佛及
弟子所有功德憶念隨喜布施迴向阿耨多
羅三藐三菩提是名慧方便如是等種種力
是為慧方便義乃至般若波羅蜜慧方便亦
如是
復次舍利弗菩薩摩訶薩欲得過去未來現
在諸佛功德當學般若波羅蜜問曰過去佛
功德已滅未來佛功德未有現在佛功德不
可得又三世中他功德皆不可得云何言欲
得三世佛功德當學般若波羅蜜荅曰不言
欲得三世佛功德自欲得如三世佛功德无

BD14081號　大智度論卷三二　（24-22）

在諸佛功德當學般若波羅蜜問曰過去佛
功德已滅未來佛功德未有現在佛功德不
可得又三世中他功德皆不可得云何言欲
得三世佛功德當學般若波羅蜜荅曰不言
欲得三世佛功德自欲得如三世佛功德无
所減少耳所以者何一切佛功德皆等无多
无少問曰若尒者何以言阿弥陁佛壽命无
量光明千万億由旬无量劫度衆生荅曰諸
佛世界種種有淨不淨有雜如世三天品經
說佛在卅三天安居自恣時至四衆久不見
佛愁思不樂遣目連白佛言世尊云何捨此
衆生住彼天上時佛告目連汝觀三千世界
目連以佛力故觀或見諸佛為大衆說法或
見坐禪或見乞食如是種種施作佛事目連
即時五體投地是時須弥山王踧踖大動諸
天皆大驚怖目連涕泣稽首白佛佛有大悲
不捨一切作如是種種化度衆生佛告目連
汝所見甚少過汝所見東方有国純以黃金
為地彼佛弟子皆是阿羅漢六通无㝵復過
是東方有国純以白銀為地彼佛弟子皆學
辟支佛道復過是東方有国純以七寶為地
其地常有无量光明彼佛所化弟子純諸菩
薩皆得陁羅尼諸三昧門住阿毗跋致地目
連當知彼諸佛者皆是我身如是等東方恒
河沙等无量世界有莊嚴者不莊嚴者皆是
我身而作佛事如東方南方西北方四維上
下亦復如是以是故當知釋迦文佛更有清

BD14081號　大智度論卷三二　（24-23）

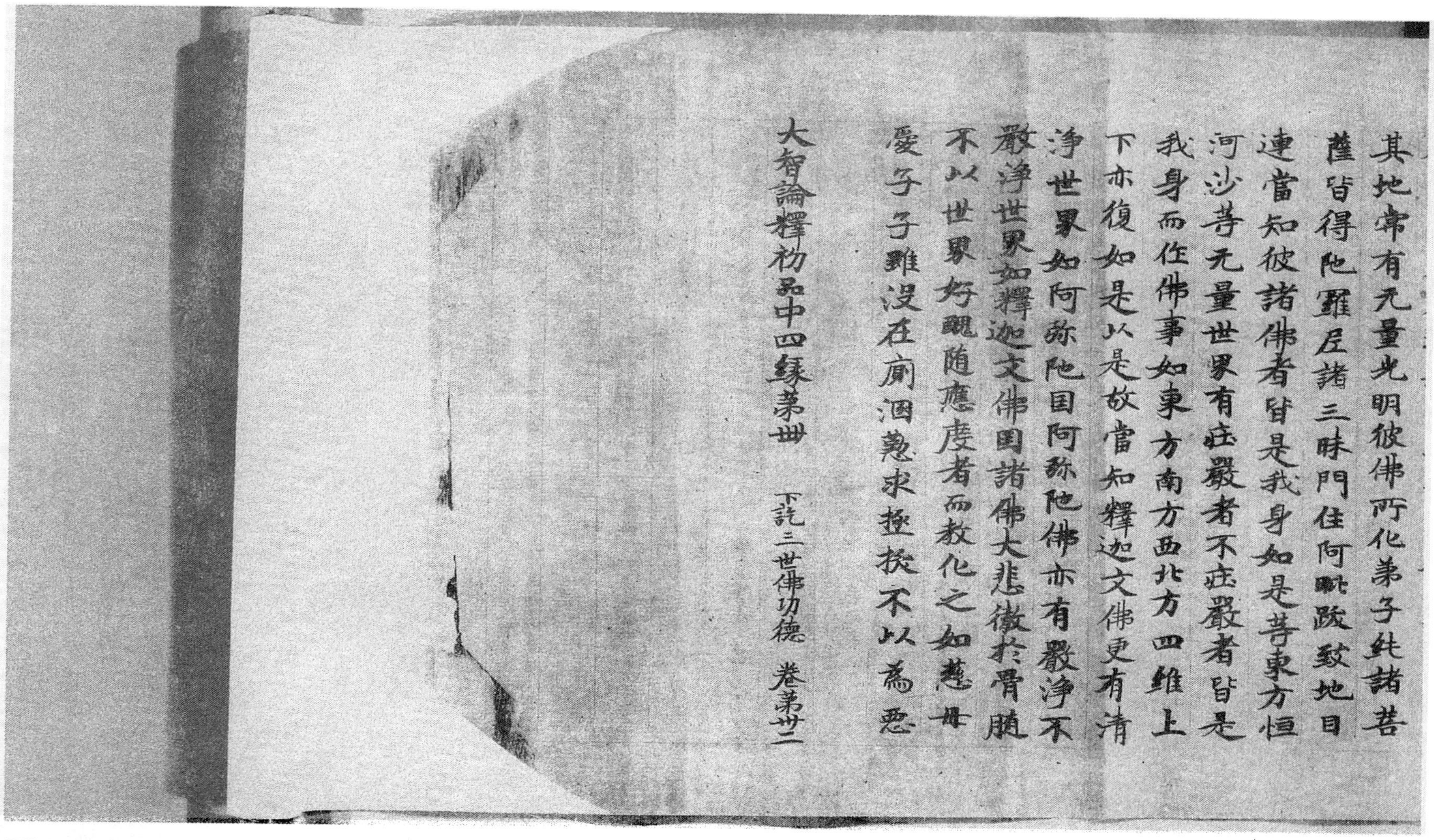


BD14081 號　大智度論卷三二

（24–24）

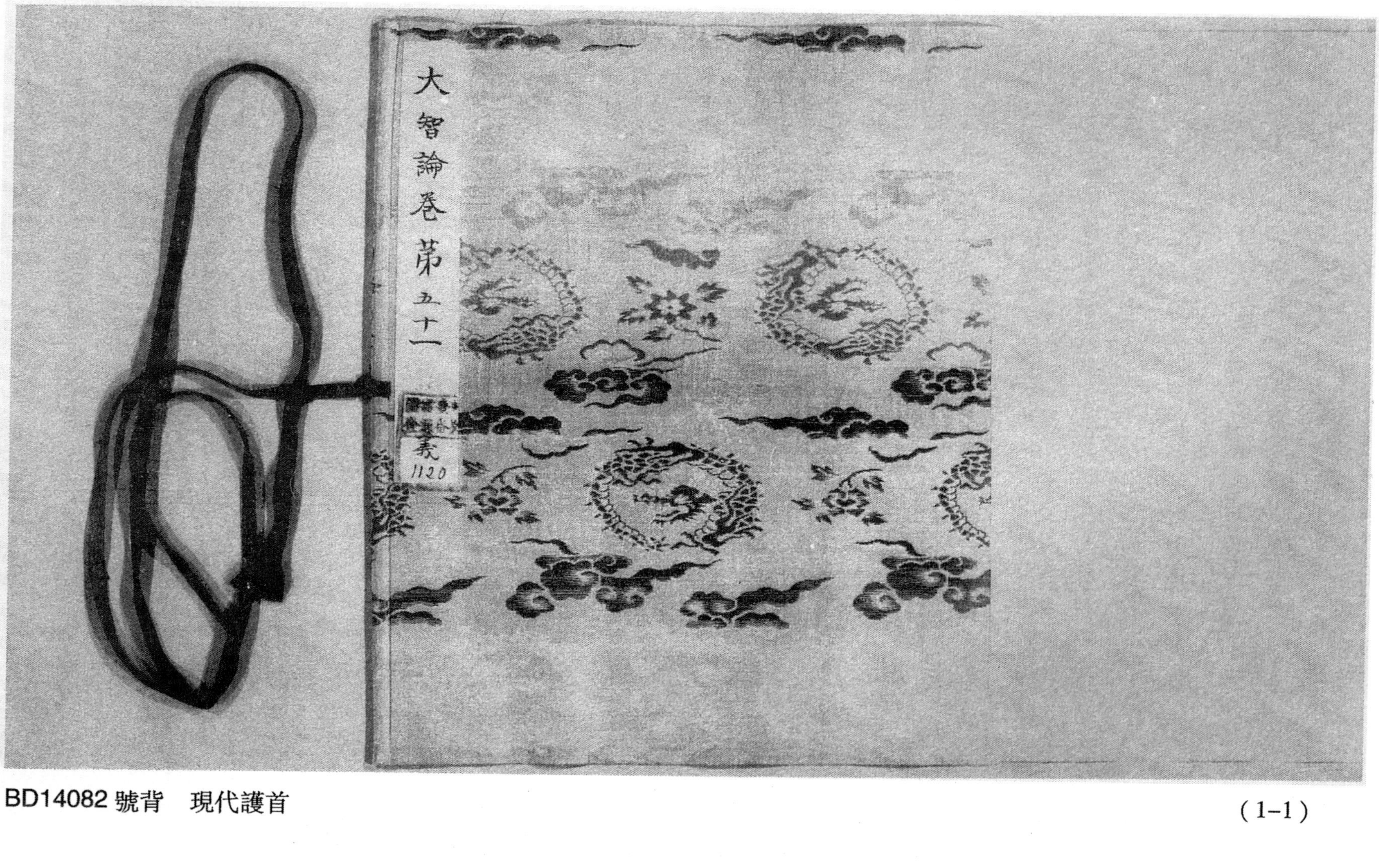


BD14082 號背　現代護首

（1–1）

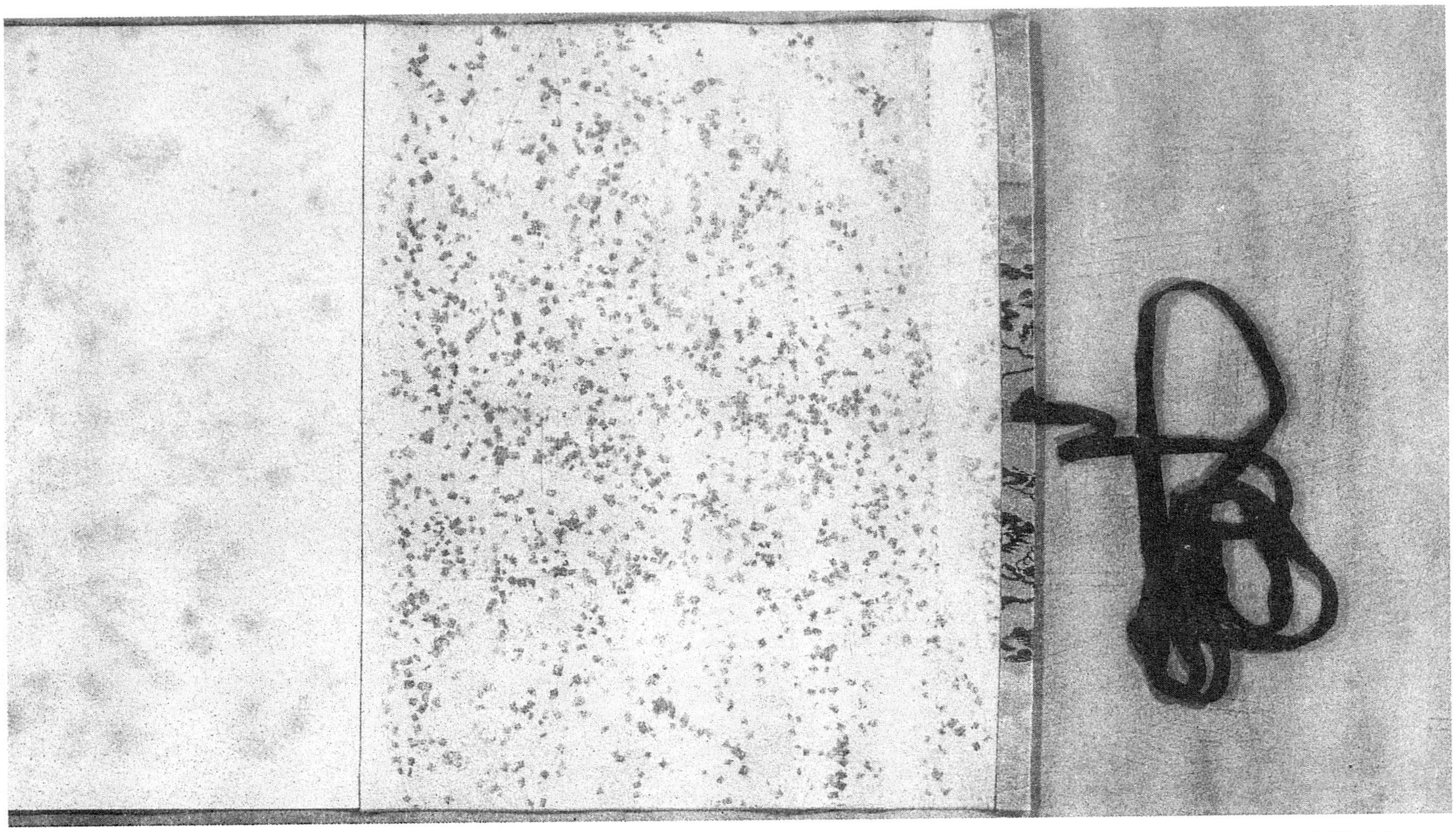

BD14082號　大智度論卷五一　　（27–1）

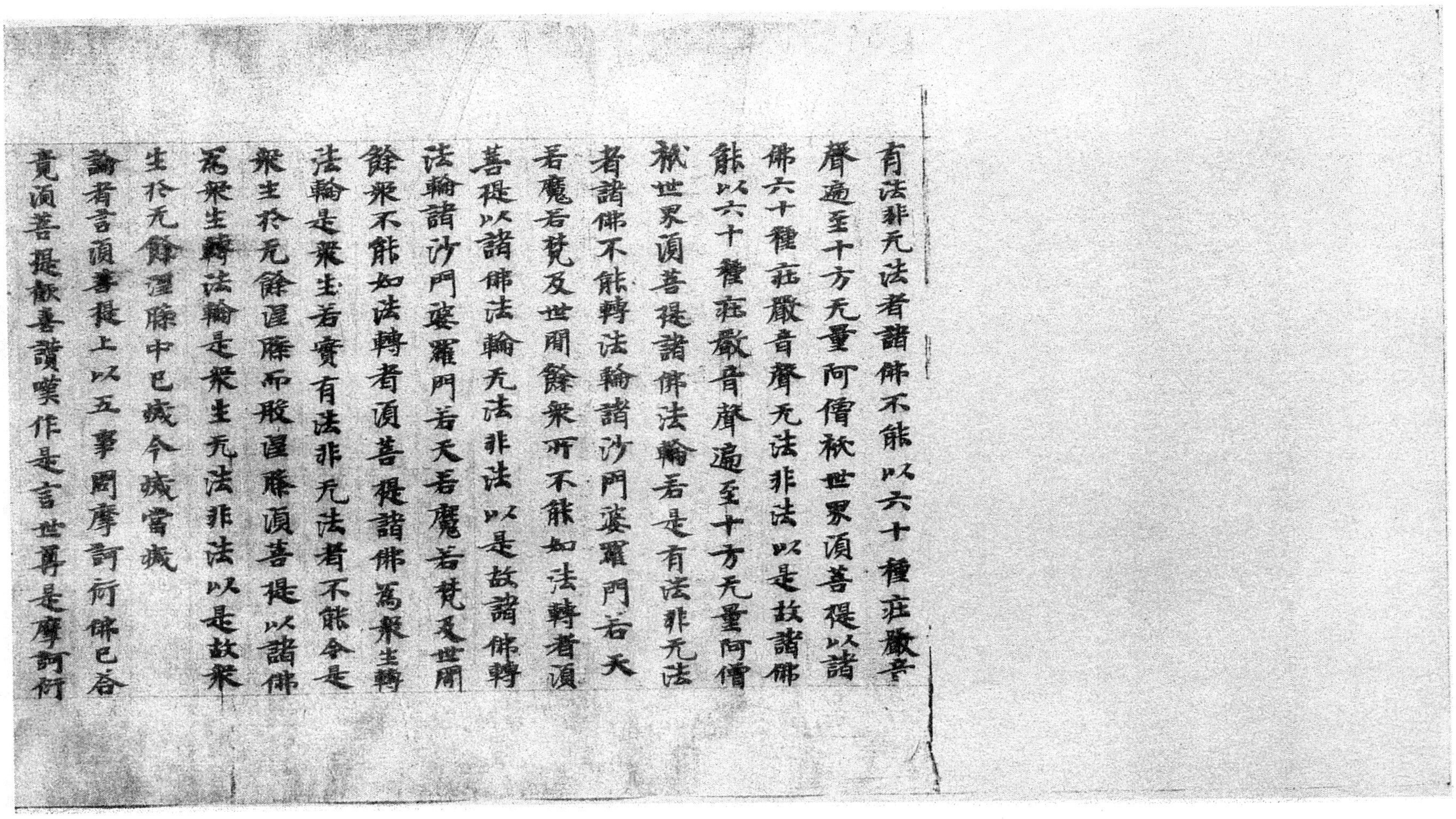

有法非无法者諸佛不能以六十種莊嚴音
聲遍至十方无量阿僧祇世界須菩提以諸
佛六十種莊嚴音聲无法非法以是故諸佛
能以六十種莊嚴音聲遍至十方无量阿僧
祇世界須菩提諸佛法輪若是有法非无法
者諸佛不能轉法輪諸沙門婆羅門若天
若魔若梵及世間餘衆所不能如法轉者須
菩提以諸佛法輪无法非法以是故諸佛轉
法輪諸沙門婆羅門若天若魔若梵及世間
餘衆不能如法轉者須菩提諸佛為衆生轉
法輪是衆生若實有法非无法者不能令是
衆生於无餘涅槃而般涅槃須菩提以諸佛
為衆生轉法輪是衆生无法非法以是故衆
生於无餘涅槃中已滅今滅當滅
論者言須菩提上以五事問摩訶衍佛已答
竟須菩提歡喜讚嘆作是言世尊是摩訶衍

BD14082號　大智度論卷五一　　（27–2）

爲衆生轉法輪是衆生无法非法以是故衆
生於无餘涅槃中已滅今滅當滅
論者言須菩提上以五事問摩訶衍佛已荅
竟須菩提歡喜讚嘆作是言世尊是摩訶衍
有大力勢破壞人天世間已能於中勝出辟
如三人度惡道一者於夜逃逭獨脫其身二
者以錢求免三者如大王將大軍衆摧破冦
賊舉軍全濟无所畏難三乘亦如是如阿羅
漢不能知一切總相別相亦不能破魔王又
不能降伏外道猒老病死直趣涅槃如辟支
佛入諸法實相深於聲聞少有悲心神通
力化度衆生能破煩惱不能破魔人及外道
如菩薩從初發心於一切衆生起大慈悲雖
未得佛於其中間利益无量衆生决定知諸
法實相具足六波羅蜜故破諸魔王及壞外
道斷煩惱習具足一切種智總相別相悉知
悉了成阿耨多羅三藐三菩提三人雖俱勉
生死然方便道各異是故須菩提讚嘆摩訶
衍摧破一切世間勝出人天阿脩羅上辟如
虛空含受一切國土而虛空故不盡摩訶衍
亦如是含受三世諸佛及諸弟子摩訶衍亦
不滿又如虛空常相故无入相无出相无住
相是乘亦如是无未來世入處无過去世出
處无現在世住處破三時故三世等名摩訶
衍問曰佛應讚須菩提所嘆言善哉何以更
[illegible]

BD14082號　大智度論卷五一

（27–3）

不滿又如虛空常相故无入相无出相无住
相是乘亦如是无未來世入處无過去世出
處无現在世住處破三時故三世等名摩訶
衍問曰佛應讚須菩提所嘆言善哉何以更
說摩訶衍荅曰佛欲將順須菩提所嘆而讚
說以上說摩訶衍遠故今略說摩訶衍相次
後廣述須菩提所讚摩訶衍所謂六波羅蜜
諸陁羅尼門三昧門十八空四念處乃至十
八不共法等如須菩提所說摩訶衍破壞一
切世間勝出人天阿脩羅上者是事實尒何
以故是三界虛誑如幻如夢无明虛妄因緣
故有因果无有定實一切无常破壞磨滅皆
是空相以摩訶衍與三界相違故能摧破勝
出若三界定實常不虛妄是摩訶衍不能摧
破勝出何以故力等故五衆十二入十八界
六觸生諸受亦如是若法性是有法非无法
者摩訶衍不能破世間得勝出須菩提以法
性非有故摩訶衍能得勝出世間問曰有爲
法因緣和合虛誑故言无如法性實際不思
議性是无爲實法名爲實際云何言无荅曰
无爲空故言无復次佛說離有爲无爲法不
可得有爲法實相即是无爲法復次觀是有
爲法虛誑如如法性實際是實以人於法
性取相起諍故言无法性或說有或說无各
有因緣故无咎如實際不可思議性亦如是

BD14082號　大智度論卷五一

（27–4）

无為空故言无復次佛説離有為无為法不
可得有為法實相即是无為法復次觀是有
為法虚誑如如法性實際是實以人於法
性取相起諍故言无法性或説有或説无各
有因緣故无咎如實際不可思議性亦如是
世間檀波羅蜜著故有出世間檀波羅蜜无
故空為破慳貪故言有檀波羅蜜破耶見故
言檀波羅蜜无為度初學者説言有若聖人
心中説言无如檀波羅蜜乃至若衆生實有
非是无法不應令强滅入无餘涅槃問曰從
卅二相已後何以不説言摩訶衍勝出答曰
應當説直文煩故不説復次卅二相乃至爲衆
生轉法輪二是摩訶衍但名字異耳復次
上總相説摩訶衍勝出不知云何勝出今別
相説所謂佛卅二相莊嚴身故勝一切衆生
佛光明勝日月諸天一切光明佛音聲勝一
切音樂世界妙聲諸天梵音佛法輪勝轉輪
聖王寶輪及諸外道一切法輪无鄣无礙餘
法輪所利益微淺或一世二世極至千万世
佛法輪能令永入无餘涅槃不復還入生死
復次若衆生實有者佛不應令衆生入涅槃
永使其根此過於煞一身有如是大咎以衆
生顛倒心見我故佛破其顛倒説言涅槃无
衆生可滅故无咎有如是功德故摩訶衍能
勝出一切世間問曰一切世間者十方六道

BD14082 號　大智度論卷五一　（27–5）

復次若衆生實有者佛不應令衆生入涅槃
永使其根此過於煞一身有如是大咎以衆
生顛倒心見我故佛破其顛倒説言涅槃无
衆生可滅故无咎有如是功德故摩訶衍能
勝出一切世間問曰一切世間者十方六道
衆生何以獨説勝出諸天人阿脩羅答曰六
道中三是善道三是惡道摩訶衍尚能破三
善道勝出何況惡道問曰龍王經中説龍得
菩薩道何以説是惡道答曰衆生无量无邊
龍得道者少復次有人言大菩薩變化身教
化故作龍王身
大智論釋第廿二品
佛告須菩提汝所言衍與空等如是如是須
菩提衍與空等須菩提如虚空无東方无南
方西方北方四維上下須菩提摩訶衍亦如
是无東方无南方西方北方四維上下須菩
提如虚空非長非短非圓須菩提摩訶衍亦
如是非長非短非圓須菩提如虚空非青非
黄非赤非白非黑摩訶衍亦如是非青非黄
非赤非白非黑以是故説摩訶衍與空等須
菩提虚空非過去非未來非現在摩訶衍亦
如是非過去非未來非現在以是故説摩訶
衍與空等須菩提如虚空不增不減摩訶衍
亦如是不增不減須菩提如虚空无垢无淨
摩訶衍亦如是无垢无淨須菩提如虚空无
生无滅无住无異摩訶衍亦如是无生无滅

BD14082 號　大智度論卷五一　（27–6）

衍與空等須菩提如虛空不增不減摩訶衍
亦如是不增不減須菩提如虛空无垢无淨
摩訶衍亦如是无垢无淨須菩提如虛空无
生无滅无住无異摩訶衍亦如是无生无滅
无住无異須菩提如虛空非善非不善非記
非无記摩訶衍亦如是非善非不善非記非
无記以是故說摩訶衍與空等如虛空无見
无聞无覺无識摩訶衍亦如是无見无聞无
覺无識如虛空不可知不可識不可見不可
斷不可證不可脩摩訶衍亦如是不可知不
可識不可見不可斷不可證不可脩以是故
說摩訶衍與空等如虛空非染相非離相摩
訶衍亦如是非染相非離相如虛空不繫欲
界不繫色界不繫无色界摩訶衍亦如是不
繫欲界不繫色界不繫无色界如虛空无初
發心亦无二三四五六七八九第十心摩訶
衍亦如是无初發心乃至无第十心如虛空无
乾慧地姓人地八人地見地薄地離欲地已
作地摩訶衍亦如是无乾慧地乃至已作地
如虛空无須陁洹果无斯陁含果无阿那含
果无阿羅漢果摩訶衍亦如是无須陁洹果
乃至阿羅漢果如虛空无聲聞地无辟支佛
地无佛地摩訶衍亦如是无聲聞地乃至无
佛地以是故說摩訶衍與空等如虛空非色
非无色非可見非不可見非有對非无對非



乃至阿羅漢果如虛空无聲聞地无辟支佛
地无佛地摩訶衍亦如是无聲聞地乃至无
佛地以是故說摩訶衍與空等如虛空非色
非无色非可見非不可見非有對非无對非
合非散摩訶衍亦如是非色非无色非可見
非不可見非有對非无對非合非散以是故
說摩訶衍與空等須菩提如虛空非常非无
常非樂非苦非我非无我摩訶衍亦如是非
常非无常非苦非樂非我非无我以是故說
摩訶衍與空等須菩提如虛空非空非不空
非相非无相非作非无作摩訶衍亦如是非
空非不空非相非无相非作非无作以是故
說摩訶衍與空等須菩提如虛空非寂滅非
不寂滅非離非不離摩訶衍亦如是非寂滅
非不寂滅非離非不離以是故說摩訶衍與
空等須菩提如虛空非闇非明摩訶衍亦如
是非闇非明以是故說摩訶衍與空等須菩
提如虛空非可得非不可得摩訶衍亦如是
非可得非不可得以是故說摩訶衍與空等
須菩提如虛空非可說非不可說摩訶衍亦
如是非可說非不可說以是故說摩訶衍與
空等須菩提以是諸因緣故說摩訶衍與空
等
論者須菩提讚衍如虛空佛即廣述成其事
如虛空无十方是摩訶衍亦无十方无長短

空等須菩提以是諸因緣故說摩訶衍與空
等
論者須菩提讚衍如虛空佛印廣述成其事
如虛空无十方是摩訶衍亦无十方无長短
方圓青黃赤白等是摩訶衍亦如是問曰虛
空應尒是无爲法无色无方摩訶衍是有爲
法是色法所謂布施持戒等云何言與虛
空等答曰六波羅蜜有二種世間出世間世
間者是有爲法色法不同虛空出世間者與
如法性實際智慧和合故似如虛空從得无
生忍已後无所分別如虛空復次如佛以无
等智觀實相如虛空餘人則不然智慧未畢
竟清淨故復次佛前後說諸法畢竟空如无
餘涅槃相如虛空不應致疑餘法亦如是乃
至如虛空非說不說亦如是問曰如虛空
言无所有使是故以說无種種相答曰初發
心菩薩於內外種種因緣法中著心以是故
佛說如虛空无是種種相摩訶衍亦如是須
菩提如汝所言如虛空受无量无邊阿僧祇
衆生摩訶衍亦受无量无邊阿僧祇衆生如
是如是須菩提衆生无有故當知虛空无有
虛空无有故當知摩訶衍亦无有以是因緣
故摩訶衍受无量无邊阿僧祇衆生何以故
是衆生虛空摩訶衍是法皆不可得故復次
須菩提摩訶衍无所有故當知阿僧祇无所

BD14082號　大智度論卷五一　（27–9）

故摩訶衍受无量无邊阿僧祇衆生何以故
是衆生虛空摩訶衍是法皆不可得故復次
須菩提摩訶衍无所有故當知阿僧祇无所
有阿僧祇无所有故當知无量无所有无量
无所有故當知无邊无所有无邊无所有故
當知一切諸法无所有以是因緣故須菩提
是摩訶衍受无量无邊阿僧祇衆生何以故
是衆生虛空摩訶衍阿僧祇无量无邊是一
切法不可得故復次須菩提我无所有乃至
知者見者无所有故當知如法性實際无所
有如法性實際无所有故當知乃至无量无
邊阿僧祇无所有无量无邊阿僧祇无所有
故當知一切法无所有以是因緣故須菩提
摩訶衍受无量无邊阿僧祇衆生何以故是
衆生乃至知者見者實際乃至无量无邊阿
僧祇是一切法不可得故復次須菩提我无
所有乃至知者見者无所有故當知不可思
議性无所有不可思議性无所有故當知色
受想行識无所有色受想行識无所有故當
知虛空无所有虛空无所有故當知摩訶衍
无所有摩訶衍无所有故當知阿僧祇无所
有阿僧祇无所有故當知无量无所有无量
无所有故當知无邊无所有无邊无所有故
當知一切諸法无所有以是因緣故須菩提

BD14082號　大智度論卷五一　（27–10）

有阿僧祇无所有故當知无量无所有无量
无所有故當知无邊无所有无邊无所有故
當知一切諸法无所有以是因緣故須菩提
當知摩訶衍受无量无邊阿僧祇衆生何以
故須菩提我乃至知者見者等一切法皆不
可得故復次須菩提我无所有乃至知者見
者无所有故當知眼无所有耳鼻舌身意无
所有眼乃至意无所有故當知虚空无所有
虚空无所有故當知摩訶衍无所有摩訶衍
无所有故當知阿僧祇无所有阿僧祇无所
有故當知无量无所有无量无所有故當知
无邊无所有无邊无所有故當知一切諸法
无所有以是因緣故須菩提摩訶衍受无量
无邊阿僧祇衆生何以故須菩提我乃至一
切諸法皆不可得故復次須菩提我无所有
乃至知者見者无所有故當知檀波羅蜜无
所有尸羅波羅蜜羼提波羅蜜毗梨耶波羅
蜜禪波羅蜜般若波羅蜜无所有般若波羅
蜜无所有故當知虚空无所有虚空无所有
故當知摩訶衍无所有摩訶衍无所有故當
知无量无邊阿僧祇无所有无量无邊阿僧
祇无所有故當知一切諸法无所有以是因
緣故須菩提摩訶衍受无量无邊阿僧祇衆
生何以故我衆生乃至一切諸法皆不可得
故復次須菩提我无所有乃至知者見者无



祇无所有故當知一切諸法无所有以是因
緣故須菩提摩訶衍受无量无邊阿僧祇衆
生何以故我衆生乃至一切諸法皆不可得
故復次須菩提我无所有乃至知者見者无
所有故當知内空无所有乃至无法有法空
无所有无法有法空无所有故當知虚空无
所有虚空无所有故當知摩訶衍无所有摩
訶衍无所有故當知阿僧祇无量无邊无所
有阿僧祇无量无邊无所有故當知一切諸
法无所有以是因緣故須菩提是摩訶衍受
无量无邊阿僧祇衆生何以故我衆生乃至
一切諸法皆不可得故復次須菩提我衆生
乃至知者見者无所有故當知四念處无所
有四念處无所有故乃至十八不共法无所
有十八不共法无所有故當知虚空无所有
虚空无所有故當知摩訶衍无所有摩訶衍
无所有故當知阿僧祇无量无邊无所有阿
僧祇无量无邊无所有故當知一切諸法无
所有以是因緣故須菩提摩訶衍受无量无
邊阿僧祇衆生何以故我衆生乃至一切諸
法皆不可得故復次須菩提我衆生无所有
乃至知者見者无所有故當知性法无所有
乃至已作地无所有已作地无所有故當知
虚空无所有虚空无所有故當知摩訶衍无
所有摩訶衍无有所故當知阿僧祇无量无

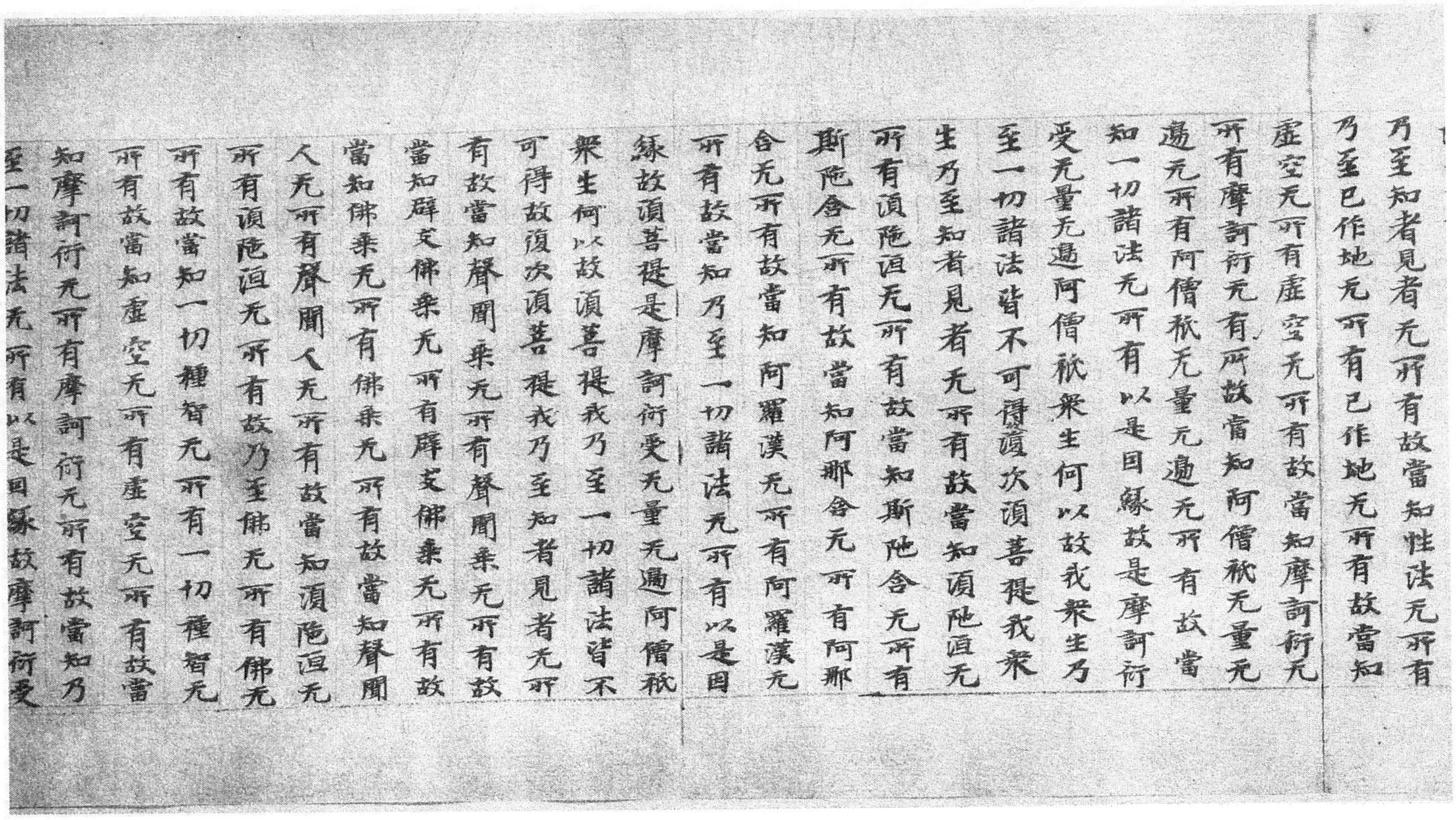

乃至知者見者无所有故當知性法无所有
乃至已作地无所有已作地无所有故當知
虛空无所有虛空无所有故當知摩訶衍无
所有摩訶衍无有所故當知阿僧祇无量无
邊无所有阿僧祇无量无邊无所有故當
知一切諸法无所有以是因緣故是摩訶衍
受无量无邊阿僧祇衆生何以故我衆生乃
至一切諸法皆不可得復次須菩提我衆
生乃至知者見者无所有故當知須陁洹无
所有須陁洹无所有故當知斯陁含无所有
斯陁含无所有故當知阿那含无所有阿那
含无所有故當知阿羅漢无所有阿羅漢无
所有故當知乃至一切諸法无所有以是因
緣故須菩提是摩訶衍受无量无邊阿僧祇
衆生何以故須菩提我乃至一切諸法皆不
可得故復次須菩提我乃至知者見者无所
有故當知聲聞乘无所有聲聞乘无所有故
當知辟支佛乘无所有辟支佛乘无所有故
當知佛乘无所有佛乘无所有故當知聲聞
人无所有聲聞人无所有故當知須陁洹无
所有須陁洹无所有故乃至佛无所有佛无
所有故當知一切種智无所有一切種智无
所有故當知虛空无所有虛空无所有故當
知摩訶衍无所有摩訶衍无所有故當知乃
至一切諸法无所有以是因緣故摩訶衍受

BD14082 號　大智度論卷五一　　（27–13）

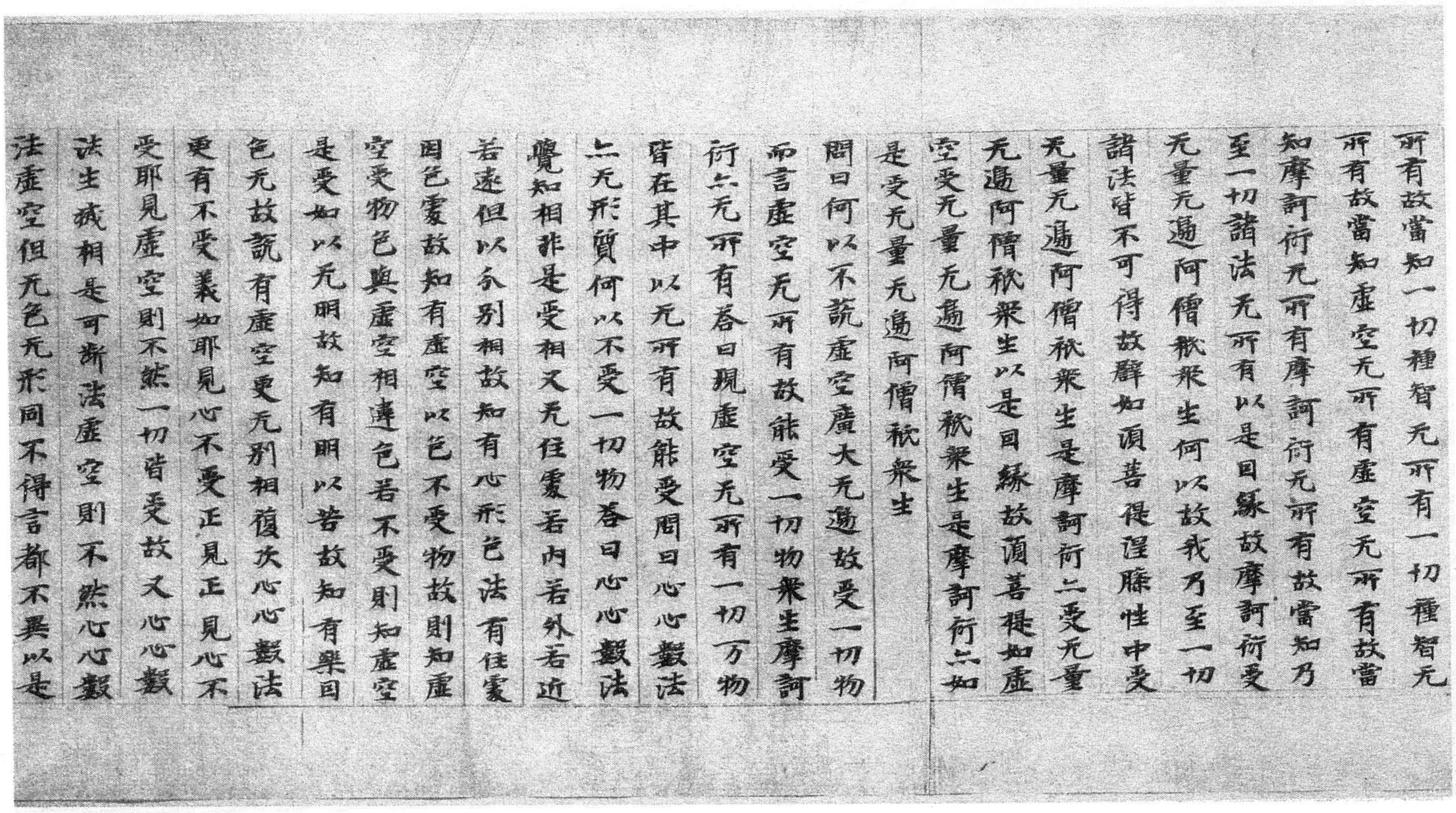

所有故當知一切種智无所有一切種智无
所有故當知虛空无所有虛空无所有故當
知摩訶衍无所有摩訶衍无所有故當知乃
至一切諸法无所有以是因緣故摩訶衍受
无量无邊阿僧祇衆生何以故我乃至一切
諸法皆不可得故譬如須菩提涅槃性中受
无量无邊阿僧祇衆生是摩訶衍亦受无量
无邊阿僧祇衆生以是因緣故須菩提如虛
空受无量无邊阿僧祇衆生是摩訶衍亦如
是受无量无邊阿僧祇衆生
問曰何以不說虛空廣大无邊故受一切物
而言虛空无所有故能受一切物衆生摩訶
衍亦无所有答曰現虛空无所有一切万物
皆在其中以无所有故能受問曰心心數法
亦无形質何以不受一切物答曰心心數法
覺知相非是受相又无住處若內若外若近
若遠但以分別相故知有心形色法有住處
因色處故知有虛空以色不受物故則知虛
空受物色與虛空相違色若不受則知虛空
是受如以无明故知有明以苦故知有樂因
色无故說有虛空更无別相復次心心數法
更有不受義如耶見心不受正見正見心不
受耶見虛空則不然一切皆受故又心心數
法生滅相是可斷法虛空則不然心心數
法虛空但无色无形同不得言都不異以是

BD14082 號　大智度論卷五一　　（27–14）

更有不受義如耶見心不受正見正見心不
受耶見虛空則不然一切皆受故又心心數
法生滅相是可斷法虛空則不然心心數
法虛空但无色无形同不得言都不異以是
故諸法中說虛空能受一切問曰我先問意
不然何以不言虛空无量无邊能受一切物
而言无所有受一切物荅曰我說虛空无自
相待色相說虛空若无自相則无虛空云何
言无量无邊問曰汝言受相則是虛空云何
言无荅曰受相即是无色相色不到處名爲
虛空以是故无虛空若實有虛空未有色時
應有虛空若未有色有虛空虛空則无相何
以故以未有色故因色故知有虛空有色故
使有无色若先有色後有虛空虛空則是作
法作法不名爲常若有无相法是不可得以
是故无虛空問曰常有虛空因色故虛空相
現然後相在虛空荅曰若虛空先无相後相
亦无所住若虛空先有相相无所相若先无
相相亦无所住若離相无相已相无住處若
相无住處所相處亦无所相處无故相亦无
離相及相處更无有法以是故虛空不名爲
相不名爲所相不名爲法不名爲非法不名
爲有不名爲无斷諸語言寂滅如无餘涅槃
餘一切法亦如是問曰若一切法如是者即
是虛空何以復以虛空爲喻荅曰諸法因緣

BD14082 號 大智度論卷五一 (27–15)

相不名爲所相不名爲法不名爲非法不名
爲有不名爲无斷諸語言寂滅如无餘涅槃
餘一切法亦如是問曰若一切法如是者即
是虛空何以復以虛空爲喻荅曰諸法因緣
背是虛誑因无明故有誑衆生心衆生於法
中生著而不於虛空生著六塵法誑衆生心
虛空雖復誑則不尒以是故以虛空爲喻以
塵現事破微細事如虛空因色故但有假名
无有定法衆生亦如是因五衆和合故但有
假名亦无定法摩訶衍亦如是以衆生空无
佛无菩薩以有衆生故有佛有菩薩若无佛
无菩薩則无摩訶衍以是故摩訶衍能受无
量无邊阿僧祇衆生若是有法不能受无量
諸佛及弟子問曰若實无虛空云何能受无
量无邊阿僧祇衆生荅曰以是故佛說摩訶
衍无故阿僧祇无阿僧祇无故无量亦无无
量无故无邊亦无无邊无故一切法亦无以
是故能受阿僧祇者僧祇秦言數阿秦言无
衆生諸法各各不可得邊故名无數數虛空
十方遠近不可得邊故名无數分別數六波
羅蜜種種布施種種持戒等无有數數衆
生已上乘當上乘今乘不可數是名无數
復次有人言初數爲一但有一一一故言二
如是等皆一更无餘數法若皆是一則无數

BD14082 號 大智度論卷五一 (27–16)

羅蜜種種布施種種持戒等无有數數衆
生已上乘當上乘今乘不可數是名无數
復次有人言初數爲一但有一一故言二
如是等皆一更无餘數法若皆是一則无數
有人言一切法和合故有名字如輪輞輻轂
和合故名爲車无有定實法一法无故多亦
无先一後多故復次以數事數事无故數亦
无无量者如以斗稱量物以智慧量諸法亦
如是諸法空故无數无數故无量无邊无有
實智云何能得諸法空相无量故无邊量名
總相邊名別相量爲初始邊名終竟復次我
乃至知者見者无故實際亦无實際无故无
數亦无无數无故无量亦无无量无故无邊
亦无无邊无故一切法亦无以是故一切法
畢竟清淨是摩訶衍能舍受一切衆生及法
二事相因若无衆生則无法若无法則无衆
生先總相一切法空後一一別說諸法空實
際是末後妙法此若无者何況餘法從不可
思議性乃至如實際亦如是
須菩提汝所言是摩訶衍不見來處不見去
處不見住處如是如是須菩提是摩訶衍不
見來處不見去處不見住處何以故須菩提
一切諸法不動相故是法无來處无去處无
住處何以故須菩提色无所從來亦无所去
亦无所住受想行識无所從來亦无所去亦

BD14082號　大智度論卷五一　（27–17）

處不見住處如是如是須菩提是摩訶衍不
見來處不見去處不見住處何以故須菩提
一切諸法不動相故是法无來處无去處无
住處何以故須菩提色无所從來亦无所去
亦无所住受想行識无所從來亦无所去亦
无所住須菩提色法无所從來亦无所去亦
无所住受想行識法无所從來亦无所去亦
无所住須菩提色如无所從來亦无所去亦
无所住受想行識如无所從來亦无所去亦
无所住須菩提色性无所從來亦无所去亦
无所住受想行識性无所從來亦无所去亦
无所住須菩提色相无所從來亦无所去亦
无所住受想行識相无所從來亦无所去亦
无所住須菩提眼眼法眼如眼性眼相无所
從來亦无所去亦无所住耳鼻舌身意意法
意如意性意相无所從來亦无所去亦无所
住色聲香味觸法亦如是須菩提地種地種
法地種如地種性地種相无所從來亦无所
去亦无所住水火風空識種識種法識種如
識種性識種相亦如是須菩提如法如如如
如性如相无所從來亦无所去亦无所住須
菩提實際實際法實際如實際性實際相无
所從來亦无所去亦无所住須菩提不可思
議不可思議法不可思議如不可思議性不
可思議相无所從來亦无所去亦无所住須

BD14082號　大智度論卷五一　（27–18）

所從来亦无所去亦无所住須菩提不可思
議不可思議法不可思議如不可思議性不
可思議相无所從来亦无所去亦无所住須
菩提檀波羅蜜檀波羅蜜法檀波羅蜜如檀
波羅蜜性檀波羅蜜相无所從来亦无所去
亦无所住尸羅波羅蜜羼提波羅蜜毗梨耶
波羅蜜禪波羅蜜般若波羅蜜般若波羅蜜
法般若波羅蜜如般若波羅蜜性般若波羅
蜜相无所從来亦无所去亦无所住須菩提
四念處四念處法四念處如四念處性四念
處相无所從来亦无所去亦无所住乃至十
八不共法亦如是須菩提菩薩菩薩法菩薩
如菩薩性菩薩相无所從来亦无所去亦无
所住佛佛法佛如佛性佛相无所從来亦无
所去亦无所住阿耨多羅三藐三菩提阿耨
多羅三藐三菩提法如性相无所從来亦无
所去亦无所住須菩提有爲法有爲法有
爲法如有爲法性有爲法相无所從来亦无
所去亦无所住須菩提无爲法无爲法法无
爲法如无爲法性无爲法相无所從来亦无
所去亦无所住以是因緣故須菩提是摩訶
衍不見来處不見去處不見住處
論者言佛謂須菩提汝何以但讚摩訶衍无
来无去无住一切法亦如是无来无去无住

BD14082 號　大智度論卷五一

（27–19）

所去亦无所住以是因緣故須菩提是摩訶
衍不見来處不見去處不見住處
論者言佛謂須菩提汝何以但讚摩訶衍无
来无去无住一切法亦如是无来无去无住
一切法實相不動故問曰諸法現有来去可
見云何言不動相无来无去答曰来去相先
已破今當更說一切佛法中无我无衆生乃
至无知者見者故来者去者无来者去者无
故来去相亦應无復次三世中求去相不可
得所以者何以去中无去未去中亦无去離
已去未去去時亦无去問曰有身動處是名
爲去已去未去中无身動以是故去時身動
即應有去答曰不然離去相去時不可得離
去時去相不可得云何言去時去復次若去
時有去相應離去相有去時何以故汝說去
時有去故復次若去時去應有二去一者知
去時二者知去時去問曰若尒有何咎答曰
若尒有二去者何以故離去者无去相若離
去者无去相離去相无去者是故去者不去
不去者亦不去離去不去亦无有去来者住
者亦如是以是故佛說凡夫人法虛誑无實
雖復肉眼所見與畜生无異是不可信是故
說諸法无来无去无住處亦无動何者是所
謂色色法色如色性色相色名眼見者未分
別好醜實不實自相他相色法名无常生滅

BD14082 號　大智度論卷五一

（27–20）

雖復肉眼所見與畜生无異是不可信是故
說諸法无来无去无住處亦无動何者是所
謂色色法色如色性色相色名眼見者求分
別好醜實不實自相他相色法名无常生滅
不淨等色如名色和合有如水沫未牢固離
散則无虛僞无實但誑人眼色現在如是過
去未来亦尒如現在大熱比知過去未来亦
如是復次如諸佛觀色相畢竟清淨空菩薩
亦應如是觀色法色如何因緣不如凡夫人
所見性自尒故此性深妙云何可知以色相
力故可知如火以烟爲相見烟則知有火見
今色无常破壞苦惱羸忽相知其性尒此五
法不去不来不住如先說乃至无爲无爲法
如性相不来不去不住亦如是
須菩提汝所言是摩訶衍前際不可得後際
不可得中際不可得是衍名三世等以是故
說名摩訶衍如是須菩提是摩訶衍前
際不可得後際不可得中際不可得是衍名
三世等以是故說名摩訶衍何以故須菩提
過去世過去世空未来世未来世空現在世
現在世空三世等三世等空摩訶衍摩訶衍
空菩薩菩薩空何以故須菩提空是非一非二
非三非四非五非異以是故說名三世等
是菩薩摩訶薩摩訶衍是衍中等不等相不

BD14082號　大智度論卷五一　（27-21）

空菩薩菩薩空何以故須菩提空是非一非二
非三非四非五非異以是故說名三世等
是菩薩摩訶薩摩訶衍是衍中等不等相不
可得故染不染不可得瞋不瞋不可得癡不
癡不可得慢不慢不可得乃至一切善法不
善法不可得是衍中常不可得无常不可得
樂不可得苦不可得實不可得空不可得我
不可得无我不可得欲界不可得色界不可
得无色界不可得度欲界不可得度色界不
可得度无色界不可得何以故是摩訶衍自
法不可得故須菩提過去色過去色空未来
現在色未来現在色空過去受想行識過去
受想行識空未来現在受想行識未来現在
受想行識空中過去色不可得何以故空中
空亦不可得何況空中過去色可得空中未
来現在色不可得何以故空中空亦不可
得何況空中未来現在色可得空中過去受
受想行識不可得 何以故空中空亦不可得
何況空中過去受想行識可得空中未来現
在受想行識不可得何以故空中空亦不可
得何況空中未来現在受想行識可得須菩
提過去檀波羅蜜不可得未来檀波羅蜜不
可得現在檀波羅蜜不可得三世等中檀波
羅蜜亦不可得何以故等中過去世不可得
未来世不可得現在世不可得等中等亦不可

BD14082號　大智度論卷五一　（27-22）

提過去檀波羅蜜不可得未來檀波羅蜜不
可得現在檀波羅蜜不可得三世等中檀波
羅蜜亦不可得何以故等中過去世不可得
未來世不可得現在世不可得等中等亦不可
得何況等中過去世未來世現在世可得尸
羅波羅蜜羼提波羅蜜毗梨耶波羅蜜禪波
羅蜜般若波羅蜜亦如是復次須菩提過去
世中四念處不可得乃至過去世中十八不
共法不可得未來世現在世亦如是復次須
菩提三世等中四念處不可得三世等中乃
至十八不共法亦不可得何以故等中過去
世四念處不可得等中未來世四念處不可
得等中現在世四念處不可得等中等亦不
可得何況等中過去世四念處未來現在世
四念處可得等中等亦不可得何況等中過
去乃至十八不共法可得未來現在世亦如
是復次須菩提過去世凡夫人不可得未來
世現在世中凡夫人不可得三世等中凡夫
人亦不可得何以故衆生不可得乃至知者
見者不可得故過去世中聲聞辟支佛菩薩
佛不可得未來現在世聲聞辟支佛菩薩佛
不可得三世等中聲聞辟支佛菩薩佛不可
得何以故衆生不可得乃至知者見者不可
得故如是須菩提菩薩摩訶薩住般若波羅
蜜中學三世等相當具足一切種智是名菩



得何以故衆生不可得乃至知者見者不可
得故如是須菩提菩薩摩訶薩住般若波羅
蜜中學三世等相當具足一切種智是名菩
薩摩訶薩摩訶衍所謂三世等相菩薩摩訶
薩住是中勝一切世間及諸天人阿脩羅成
就薩婆若尒時須菩提白佛言世尊善哉善
哉是菩薩摩訶薩摩訶衍何以故過去諸菩
薩是衍中學得一切種智未來世諸菩薩摩
訶薩亦是衍中學當得一切種智世尊
方无量阿僧祇世界中諸菩薩摩訶薩亦是
衍中學得一切種智以是故世尊是衍實是
菩薩摩訶薩摩訶衍佛告須菩提如是如是
過去未來現在諸佛是摩訶衍中學已得一
切種智當得今得
論者言須菩提略讚說是摩訶衍前際後際
中際俱不可得三世等故名摩訶衍今佛廣
演須菩提所讚是三世云何不可得所
去世過去世空未來世未來世空現在世現
在世空故不可得三世等等者空摩訶衍摩
訶衍自空菩薩菩薩自空是三世中三世相
空義如先說此中佛自說空因緣所謂空
空相非一非二非三非四非五等不異不合
不散无有分別是故三世等空相无所有故
是等亦空菩薩能如是解諸法三世等不以

空義如先說此中佛自說空因緣所謂空
空相非一非二非三非四非五等不異不合
不散无有分別是故三世等空相无所有故
是等亦空菩薩能如是解諸法三世等不以
无始世來爲疲猒不以未來世无邊故
是爲菩薩三世等名摩訶衍是摩訶衍中等
相不可得不等相亦不可得得是三世等三
昧破是不等相不等相待故有等不等畢竟
无故等亦无欲不欲乃至三界度三界是相
待法亦如是此中佛自說是諸法皆從因緣
和合故无自性自性无故空復次過去色過
去色相空未來現在亦如是如色餘四衆亦
如是所以者何空中空相不可得何況々
有三世五衆相菩薩觀五衆空斷貪欲入道
行所謂檀波羅蜜等亦如五衆三世中不可
得三世等故等即是空是等中檀波羅蜜不
可得問曰何以故三世及三世等中檀波羅
蜜不可得答曰諸法等中无三世等中等相
亦不可得何況三世五波羅蜜乃至十八不
共法亦如是復次三世中凡夫相不可得聲
聞乃至佛亦不可得以衆生空故菩薩住般
若波羅蜜能如是學三世等空集諸善
便具足一切種智佛說菩薩能如是三世等
中住則能勝出一切世間及諸天人阿脩羅

BD14082號　大智度論卷五一　　（27–25）

如是所以者何空中空相不可得何況々
有三世五衆相菩薩觀五衆空斷貪欲入道
行所謂檀波羅蜜等亦如五衆三世中不可
得三世等故等即是空是等中檀波羅蜜不
可得問曰何以故三世及三世等中檀波羅
蜜不可得答曰諸法等中无三世等中等相
亦不可得何況三世五波羅蜜乃至十八不
共法亦如是復次三世中凡夫相不可得聲
聞乃至佛亦不可得以衆生空故菩薩住般
若波羅蜜能如是學三世等空集諸善
便具足一切種智佛說菩薩能如是三世等
中住則能勝出一切世間及諸天人阿脩羅
是時須菩提讚言世尊善哉善哉是摩訶衍
利益諸菩薩所以者何過去諸菩薩學是
摩訶衍得一切種智未得今得亦如是有人言
得清淨无因緣染垢穢亦无因緣大小好醜
縛解皆无主所與有人言好醜縛解至時節
自得有人言福德成就故得佛道有人言是
得清淨實智慧得佛道如是等說皆
因緣少因緣須菩提所不讚嘆今佛捨
緣亦捨不具足因緣說具足因緣所謂六
波羅蜜三世菩薩學是乘具足得成佛道
佛亦可須菩提所嘆言如是如是

大智論卷第五十一

BD14082號　大智度論卷五一　　（27–26）

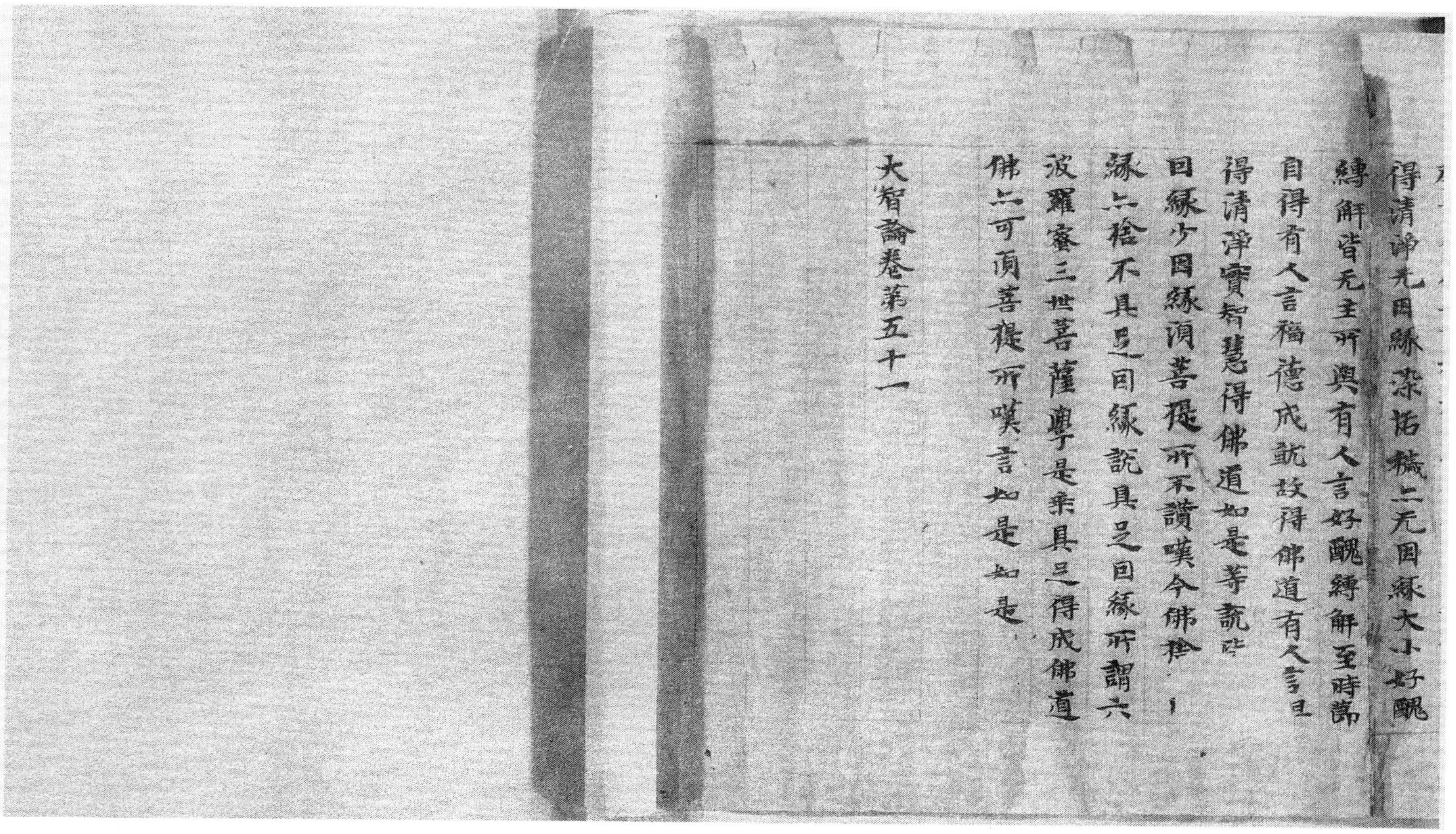

得清淨无因緣染垢穢二无因緣大小好醜
縛解皆无主所與有人言好醜縛解至時節
自得有人言福德成就故得佛道有人言旦
得清淨實智慧得佛道如是等說非
因緣少因緣須菩提所不讚嘆今佛捨
緣二捨不具足因緣說具足因緣所謂六
波羅蜜三世菩薩學是乘具足得成佛道
佛二可須菩提所嘆言如是如是

大智論卷第五十一

BD14082 號　大智度論卷五一

(27–27)

BD14083 號背　現代護首

(1–1)

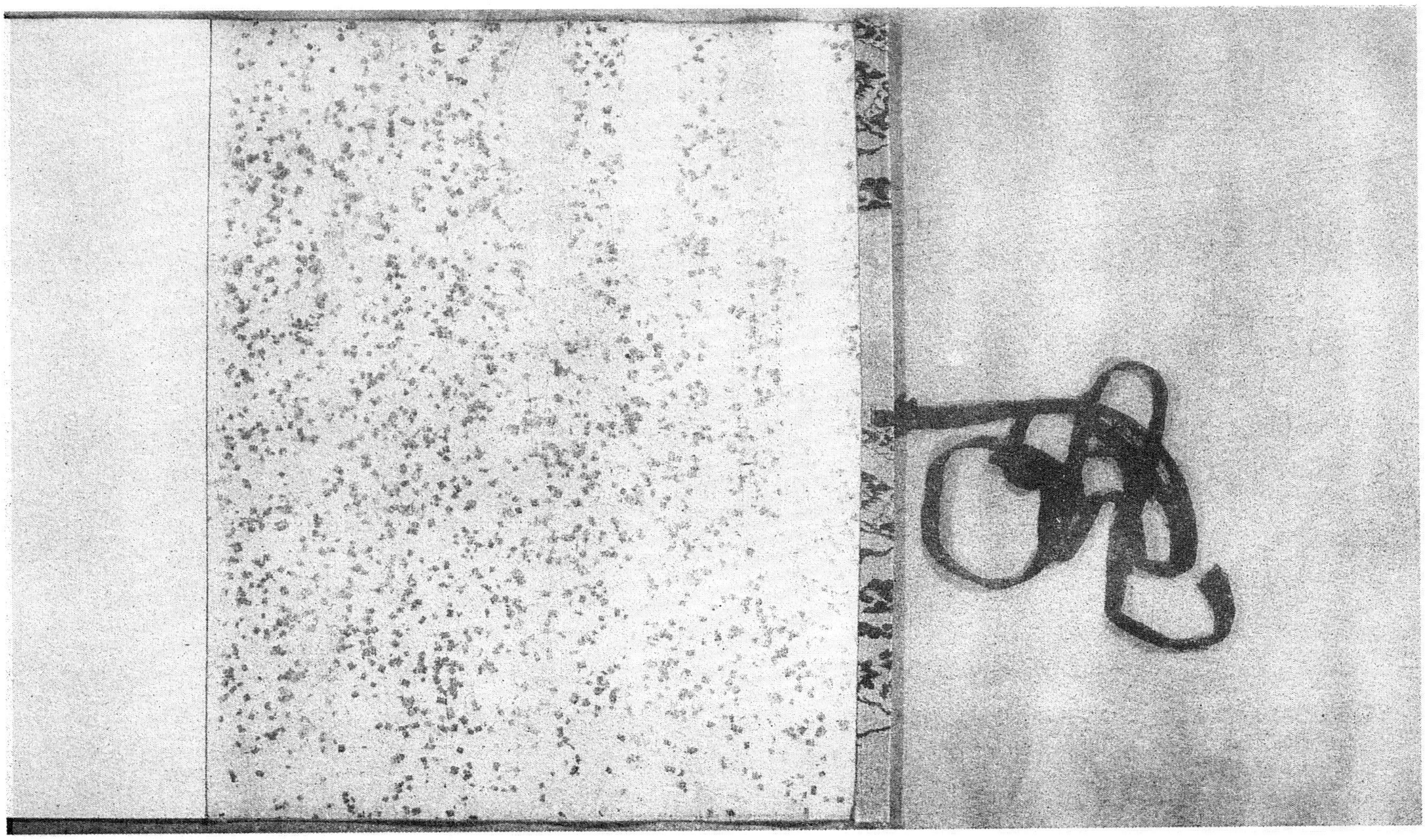

BD14083號　大智度論卷五四　（8–1）

富承順佛意承佛神力為諸菩薩摩訶薩
說般若波羅蜜如菩薩摩訶薩所應住般
若波羅蜜如諸天子念未發阿耨多羅三
藐三菩提心者應當發諸天子若入聲聞
正位是不能發阿耨多羅三藐三菩提心
何以故與生作障隔故是人若阿耨多羅
三藐三菩提心者我亦隨喜所以者何上
人應更求上勝法不斷其功德憍尸迦何
等是般若波羅蜜菩薩摩訶薩應住若心
念色無常念色苦念色空念色無我念色

BD14083號　大智度論卷五四　（8–2）

三藐三菩提心普為亦隨喜所以普向上
人應更求上法於不斷其功德憍尸迦何
等是般若波羅蜜菩薩摩訶薩應若心
念色无常念色苦念色空念色无我念色
如病如敗癰創如箭入身痛惱衰壞憂畏
不安以无所得故受想行識亦如是眼耳
鼻舌身意地種水種及風空識種觀无常
乃至憂畏不安是亦无所得故觀色有滅
離不生不滅不垢不淨受想行識亦如是
觀地種乃至識種有滅離不生不滅不垢
不淨亦无所得故復次憍尸迦菩薩摩訶
薩應薩婆若心觀无明緣諸行乃至老死
因緣大苦聚集亦无所得故觀无明滅故
諸行滅乃至生滅故老死、滅故憂悲苦
惱大苦聚滅以无所得故復次憍尸迦菩
薩摩訶薩應薩婆若心脩四念處以无所
得故乃至脩佛十力十八不共法以无所
得故復次憍尸迦菩薩摩訶薩應薩婆若
心行檀波羅蜜以无所得故行尸波羅蜜
羼提波羅蜜毗梨耶波羅蜜禪波羅蜜以
无所得故復次憍尸迦菩薩摩訶薩行般
若波羅時作是觀但諸、法、共相因緣潤益
增長分別校計是中无我、我、所菩薩回向心
不依阿耨多羅三藐三菩提心中阿耨多
羅三藐三菩提心不依回向心中回向心

BD14083 號　大智度論卷五四

（8–3）

若波羅時作是觀但諸、法、共相因緣潤益
增長分別校計是中无我、我、所菩薩回向心
不依阿耨多羅三藐三菩提心中阿耨多
羅三藐三菩提心不依回向心中回向心
於阿耨多羅三藐三菩提心不依回向心中不可得阿
耨多羅三藐三菩提心於回向心中不可
得菩薩雖觀一切法亦无法可得是名菩
薩摩訶薩般若波羅蜜釋提因問大德須
菩提云何菩薩回向心不依阿耨多羅三
藐三菩提心中々阿耨多羅三藐三菩
提心不依回向心中云何回向心於阿耨
多羅三藐三菩提心中不可得云何耨多
羅三藐三菩提心於回向心中不可得須
菩提語釋提桓因言憍尸迦回向心阿耨
多羅三藐三菩提心非心是非、心、相、中不
可回向是非心相常非心相不可思議相
常不可思議相是名菩薩摩訶薩般若波
羅蜜尒時佛讚須菩提言善、哉、須菩提汝
為諸菩薩摩訶薩說般若波羅蜜安慰諸
菩薩摩訶薩心須菩提白佛言世尊我應
報恩不應報恩過去諸佛及諸弟子為、
菩薩說六波羅蜜示教利喜世尊尒時亦
依中學得阿耨多羅三藐三菩提我今亦
當為諸菩薩說六波羅蜜示教利喜令得
阿耨多羅三藐三菩提問曰初品中佛放

BD14083 號　大智度論卷五四

（8–4）

菩薩說六波羅蜜示教利喜世尊亦時亦
於中學得阿耨多羅三藐三菩提亦令亦
當為諸菩薩說六波羅蜜示教利喜令得
阿耨多羅三藐三菩提問曰初品中佛放
殊勝光明諸天大集此間何以更說答曰
有人言此是後會有人言即是前會天以
須菩提善能說深般若波羅蜜諸天歡喜
以是故佛微笑常光益更殊明天光日
復現如日出時星月燈燭光復無
雄桂於閻浮提金色四天王天者東方
提多羅吒秦言治國主乾闥婆及毗舍
南方名毗流離秦言增長主弓槃荼
荼西方名毗流波叉秦言雜語主諸龍
王及富多那方北名鞞沙門秦言多聞主
夜叉羅剎釋提桓因釋迦秦言能提婆秦
言天因提秦言主合而言之釋提婆那
須夜摩天名乞秦言妙善附真見□陀
王名乞秦言妙足須涅蜜陀秦□
舍跋提秦言他化自在天此間一□
名尸棄秦言火從梵天乃至首陀□
淨居天業報生身光普諸界天□
等施及布施持戒禪定等清淨故□
明不須日月色界天行禪離欲滿壽火三
味故身常出妙光勝於日月及諸果報光
明離諸天耶要言之總諸天光明皆由心

BD14083 號　大智度論卷五四　（8–5）

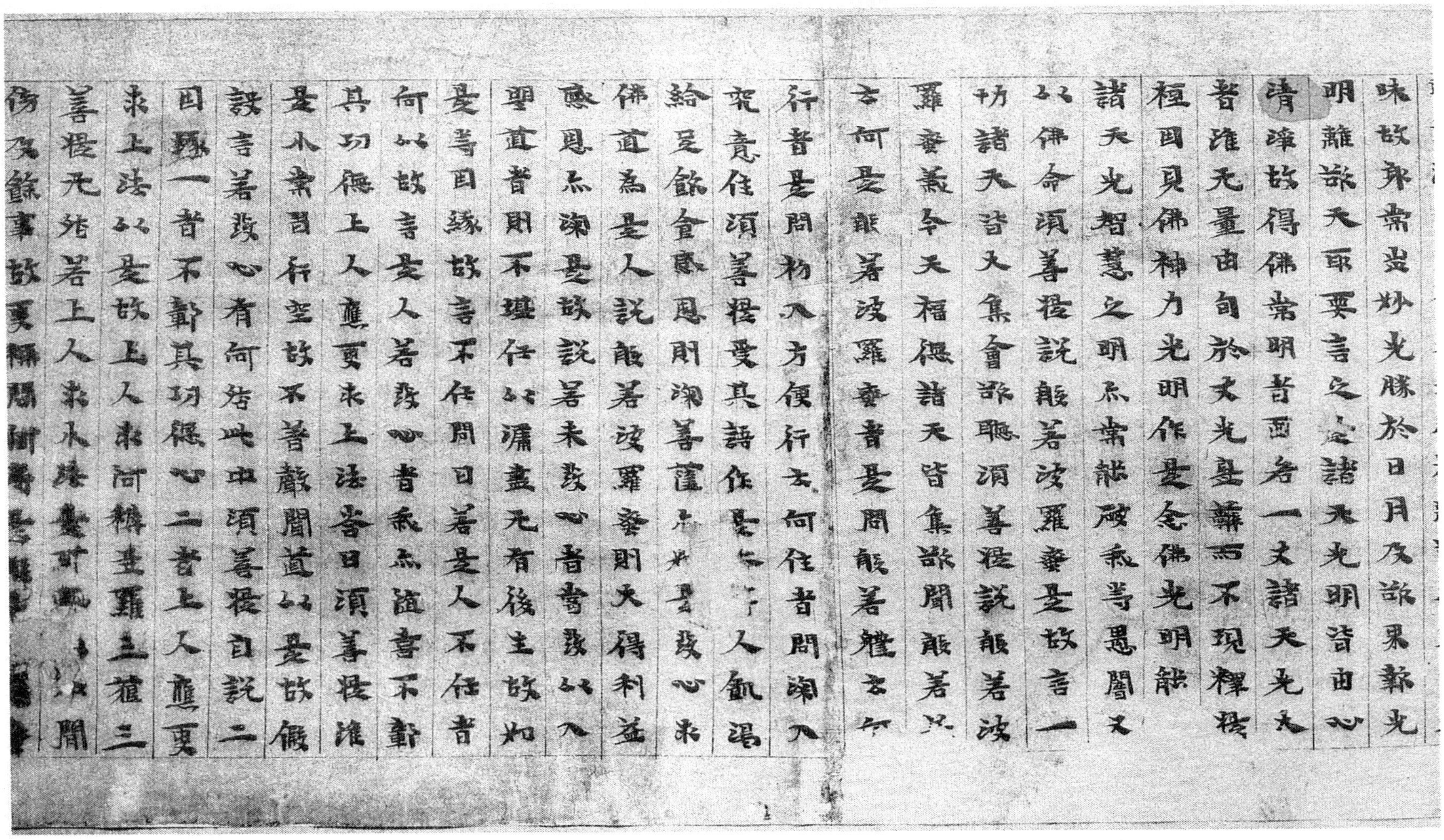
味故身常出妙光勝於日月及諸果報光
明離諸天耶要言之總諸天光明皆由心
清淨故得佛常明普照者一丈諸天光亦
普照無量由旬於丈光邊蔽而不現釋提
桓因見佛神力光明作是念佛光明能
諸天光智慧之明亦常能破我等愚闇又
以佛命須菩提說般若波羅蜜是故言一
切諸天皆又集會諸聽須菩提說般若波
羅蜜義今天福德諸天皆集諸聞般若只
云何是般若波羅蜜者是問般若體云何
行者是問初入方便行云何住者問深入
究竟住須菩提受其語作是言今了人飢渴
給足飲食感恩則深菩薩亦如是發心來
佛直為是人說般若波羅蜜則大得利益
感恩亦深是故說若未發心者當發以入
聖道者則不堪任以漏盡無有後生故如
是等因緣故言不任問曰若是人不任者
何以故言是人若發心者我亦隨喜不斷
其功德上人應更求上法答曰須菩提誰
是小乘習行空故不善觀闇道以是故饑
誠言若發心有何咎此中須菩提自說二
因緣一者不斷其功德心二者上人應更
求上法以是故上人求阿耨多羅三藐三
菩提無咎若上人求小乘□□□□聞
傷及餘事故更□□□□□□□□

BD14083 號　大智度論卷五四　（8–6）

因緣一者不訶其功德心二者上人應更
求上法以是故上人求阿耨多羅三藐三
菩提无始若上人求小法是可恥[illegible]問
傷及餘事故更稱問何等是般若波羅蜜
者所謂應薩婆若心觀色无常苦空无我
如先說觀五衆能生惱故言如病有人聞
五衆如病謂為輕微故言癰疽難愈猶
或可差故言如箭鏃入體不可得出有人
以箭鏃在體雖沈深難拔直方妙術猶可
令出故言常痛惱如人著衰常有不吉五
衆亦如是若人隨逐則无安隱以有衰故
常怖憂怖是五衆如沸子常危共往常怖
憂衰是五衆无常壞敗等過故常不安隱
問曰五衆但有此十五種惡更有餘事答
曰略說則十五廣說則无量无邊如阿
含中呵五衆有百種罪過[illegible]以常說
苦空无我時說八事如癰等餘七事少有
說竟答曰人有上中下為利根故說四即
入苦諦中根者說四則不能生厭心說如
病如癰等八事則生厭心鈍根人聞是八
事由不生厭更為說痛惱等七事然後乃
厭利根易度故常是說四事鈍根人時有
可度者故希說餘事上八事名為聖行餘
七事凡夫聖人共行初四入十六无聖行
故般若中常說不說餘者為菩薩利根故

BD14083 號　大智度論卷五四

（8–7）

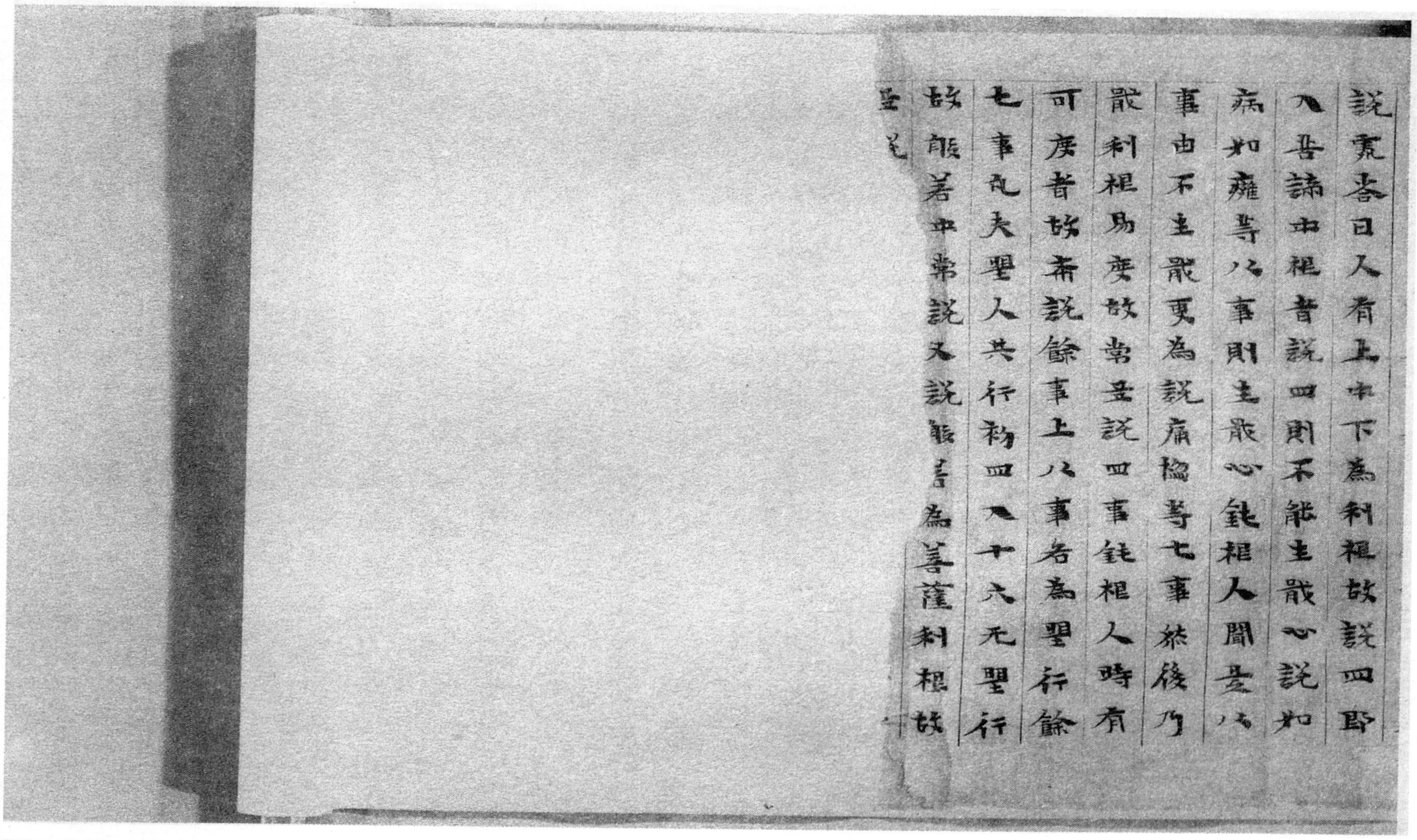
說竟答曰人有上中下為利根故說四即
入苦諦中根者說四則不能生厭心說如
病如癰等八事則生厭心鈍根人聞是八
事由不生厭更為說痛惱等七事然後乃
厭利根易度故常是說四事鈍根人時有
可度者故希說餘事上八事名為聖行餘
七事凡夫聖人共行初四入十六无聖行
故般若中常說不說餘者為菩薩利根故
是色

BD14083 號　大智度論卷五四

（8–8）

BD14084 號背　現代護首　　　　（1–1）

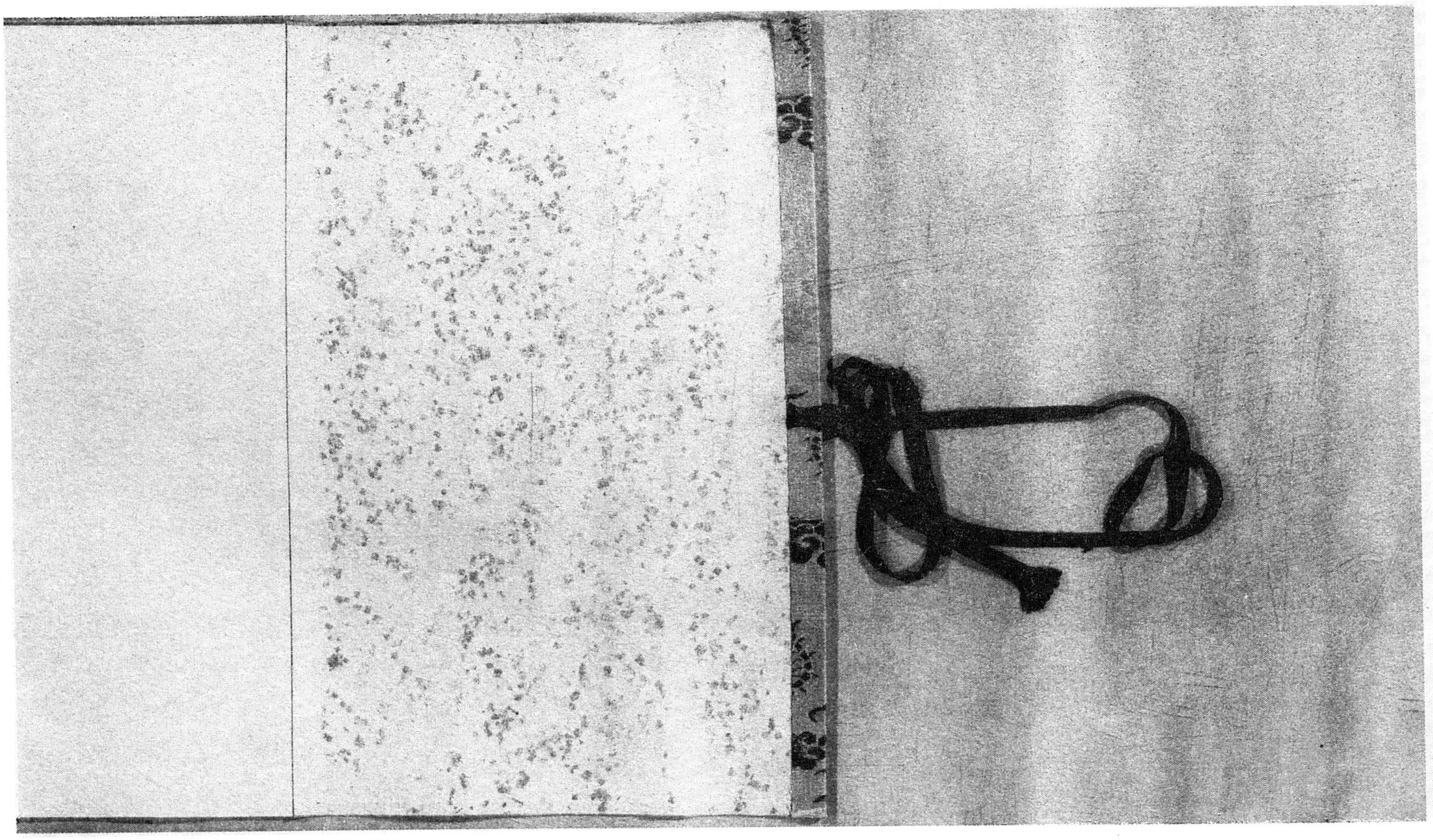

BD14084 號　大智度論卷五七　　　　（5–1）

人名遠離生死諸佛其心煩惱斷滅一心
直信善法无有疑悔從久遠以來脩集福
德智慧於一切衆生有慈悲心教化衆生
除去惡心如是善男子刀兵不傷命不中
盡如佛自說因緣長氣行大波羅蜜除已
衆及化人三界乃第五波羅蜜是福德般
若波羅蜜是智慧以廣集此二事故不中
失命毒藥水火害亦如是復次如外道神
仙呪術力故入水不濡入火不熱毒不
螫何况般若波羅蜜是十方諸佛所因成
就呪術問曰如上所說是事可信今此中
不能受持讀誦念般若書但書寫供養之
何得是功德答曰是人所得功德亦同於
上何以故有人先以聞佛說義深入愛樂

BD14084號　大智度論卷五七　（5–2）

就呪術問曰如上所說是事可信今此中
不能受持讀誦念般若書但書寫供養之
何得是功德答曰是人所得功德亦同於
上何以故有人先以聞佛說義深入愛樂
然不識文字遠離佛故不能讀誦而不捨
貯寶顧人書寫盡心恭敬種、供養意与誦
讀者同故亦得功德人不能得便者諸天
守護是事難信故佛以善提樹為喻佛以
般若力故於善提樹下成无、上、道、棄捐故
其氣猶有威德衆生入中惡不得其便
何况般若波羅蜜是諸佛之母善男子盡
心供養而无功德擇提桓因白佛言世尊
若善男子善女人書寫般若波羅蜜華香
瓔珞乃至伎樂供養若有人佛般涅槃後
若供養舍利若起塔供養恭敬尊重讚歎
華香瓔珞乃至伎樂供養是二何者得福
多佛告釋提桓因我還問汝隨汝意答我
於汝意云何如佛得一切種智及得是身
從何道學得是一切種智得是身釋提桓
因白佛從般若波羅蜜中學得一切種智
及相好身佛告釋提桓因如、是、憍尸迦從
般若波羅蜜中學得一切種智憍尸迦不
以是身名為佛得一切種智故名為佛憍
尸迦是佛一切種智從般若波羅蜜中生
以是故憍尸迦是佛身一切種智所依處

BD14084號　大智度論卷五七　（5–3）

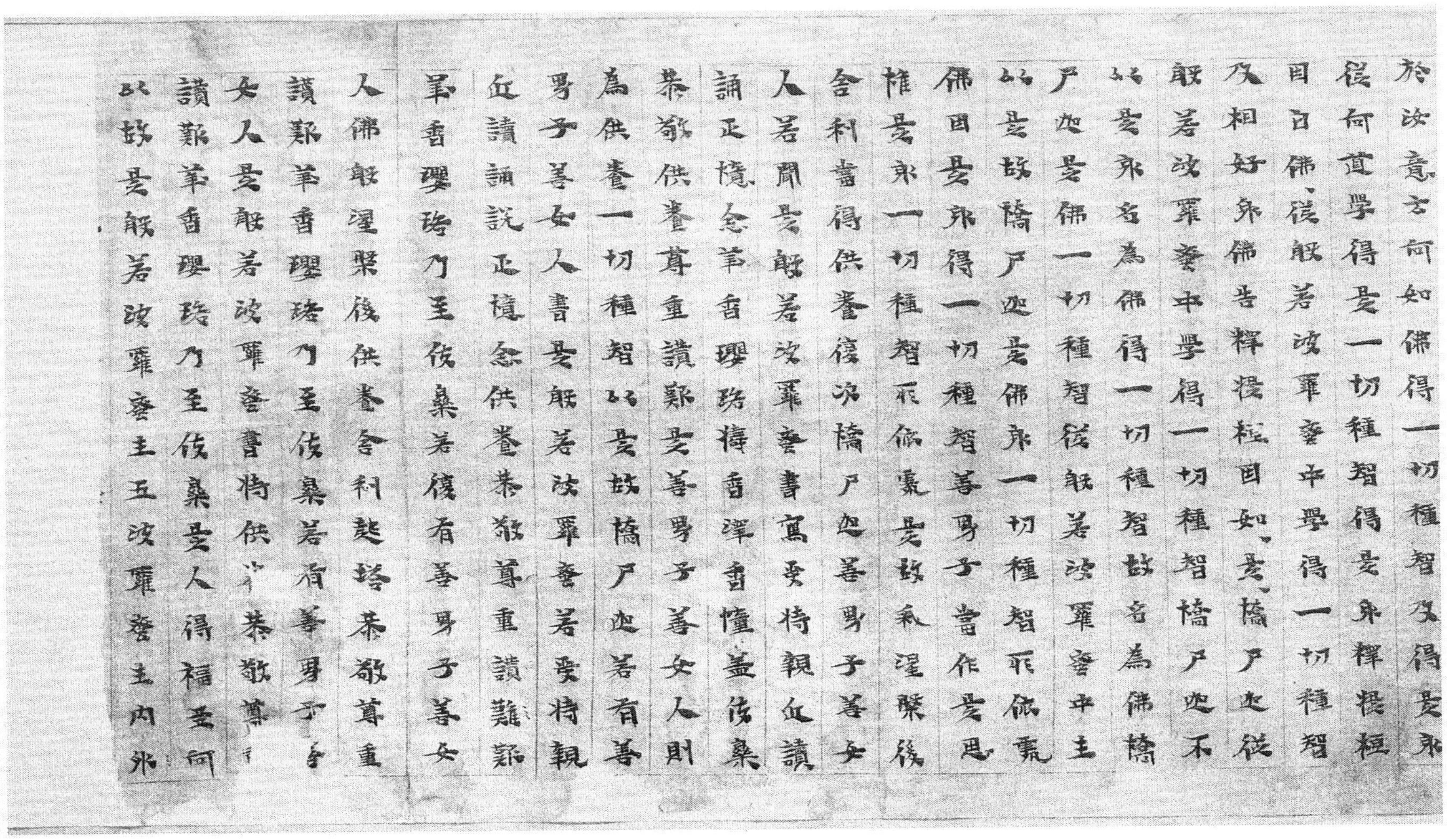
於汝意云何如佛得一切種智及得是身
從何道學得是一切種智得是身釋提桓
因白佛從般若波羅蜜中學得一切種智
及相好身佛告釋提桓因如是如是憍尸迦從
般若波羅蜜中學得一切種智憍尸迦不
以是身名為佛得一切種智故名為佛憍
尸迦是佛一切種智從般若波羅蜜中生
以是故憍尸迦是佛身一切種智所依處
佛因是身得一切種智善男子當作是思
惟是身一切種智所依處是故我涅槃後
舍利當得供養復次憍尸迦善男子善女
人若聞是般若波羅蜜書寫受持親近讀
誦正憶念華香瓔珞擣香澤香幢蓋伎樂
恭敬供養尊重讚歎是善男子善女人則
為供養一切種智以是故憍尸迦若有善
男子善女人書是般若波羅蜜若受持親
近讀誦說正憶念供養恭敬尊重讚難歎
華香瓔珞乃至伎樂若復有善男子善女
人佛般涅槃後供養舍利起塔恭敬尊重
讚歎華香瓔珞乃至伎樂若有善男子善
女人是般若波羅蜜書持供養恭敬尊重
讚歎華香瓔珞乃至伎樂是人得福多何
以故是般若波羅蜜生五波羅蜜生內外

BD14084號　大智度論卷五七　　（5–4）

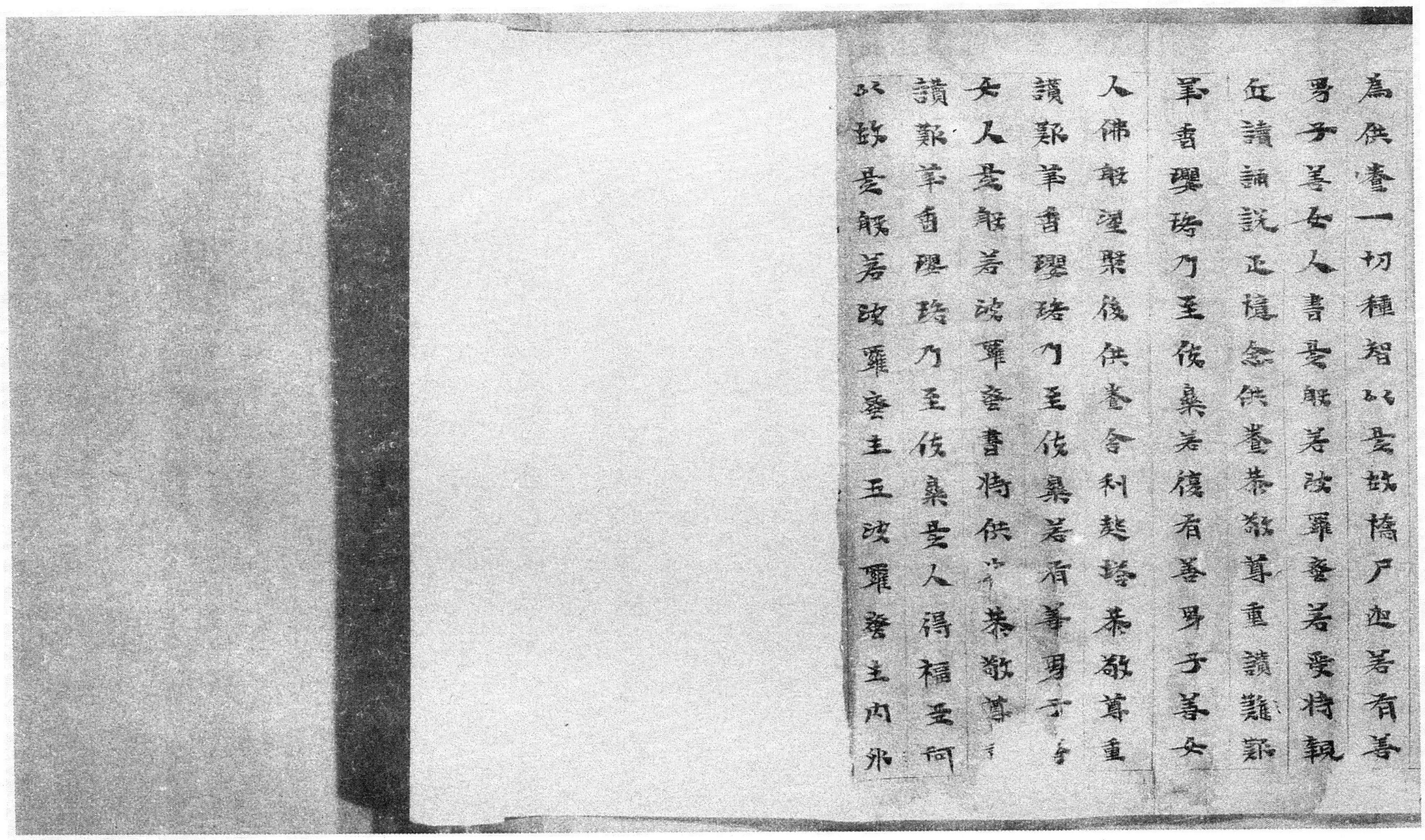
為供養一切種智以是故憍尸迦若有善
男子善女人書是般若波羅蜜若受持親
近讀誦說正憶念供養恭敬尊重讚難歎
華香瓔珞乃至伎樂若復有善男子善女
人佛般涅槃後供養舍利起塔恭敬尊重
讚歎華香瓔珞乃至伎樂若有善男子善
女人是般若波羅蜜書持供養恭敬尊重
讚歎華香瓔珞乃至伎樂是人得福多何
以故是般若波羅蜜生五波羅蜜生內外

BD14084號　大智度論卷五七　　（5–5）

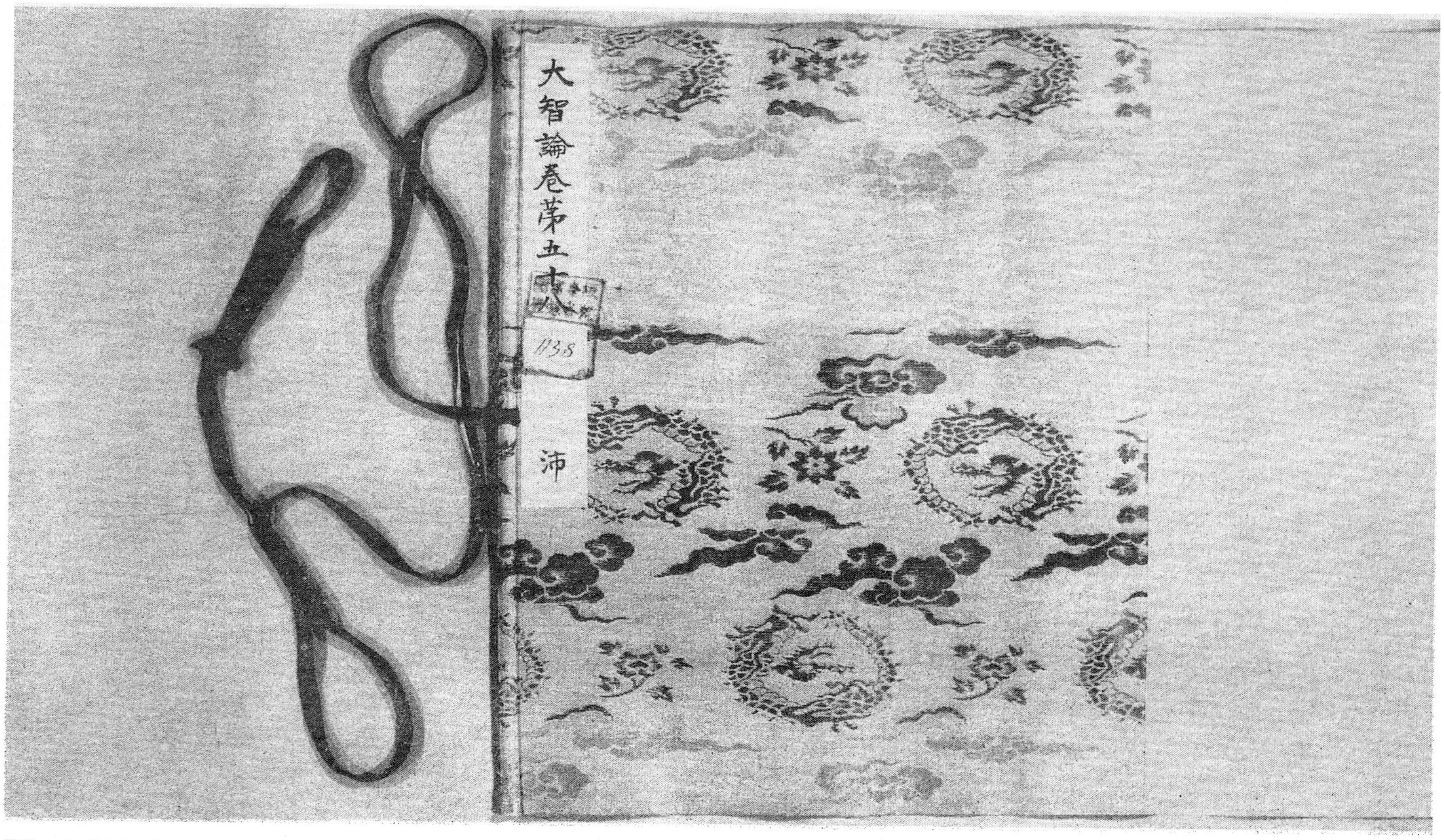


BD14085 號背　現代護首

（1–1）

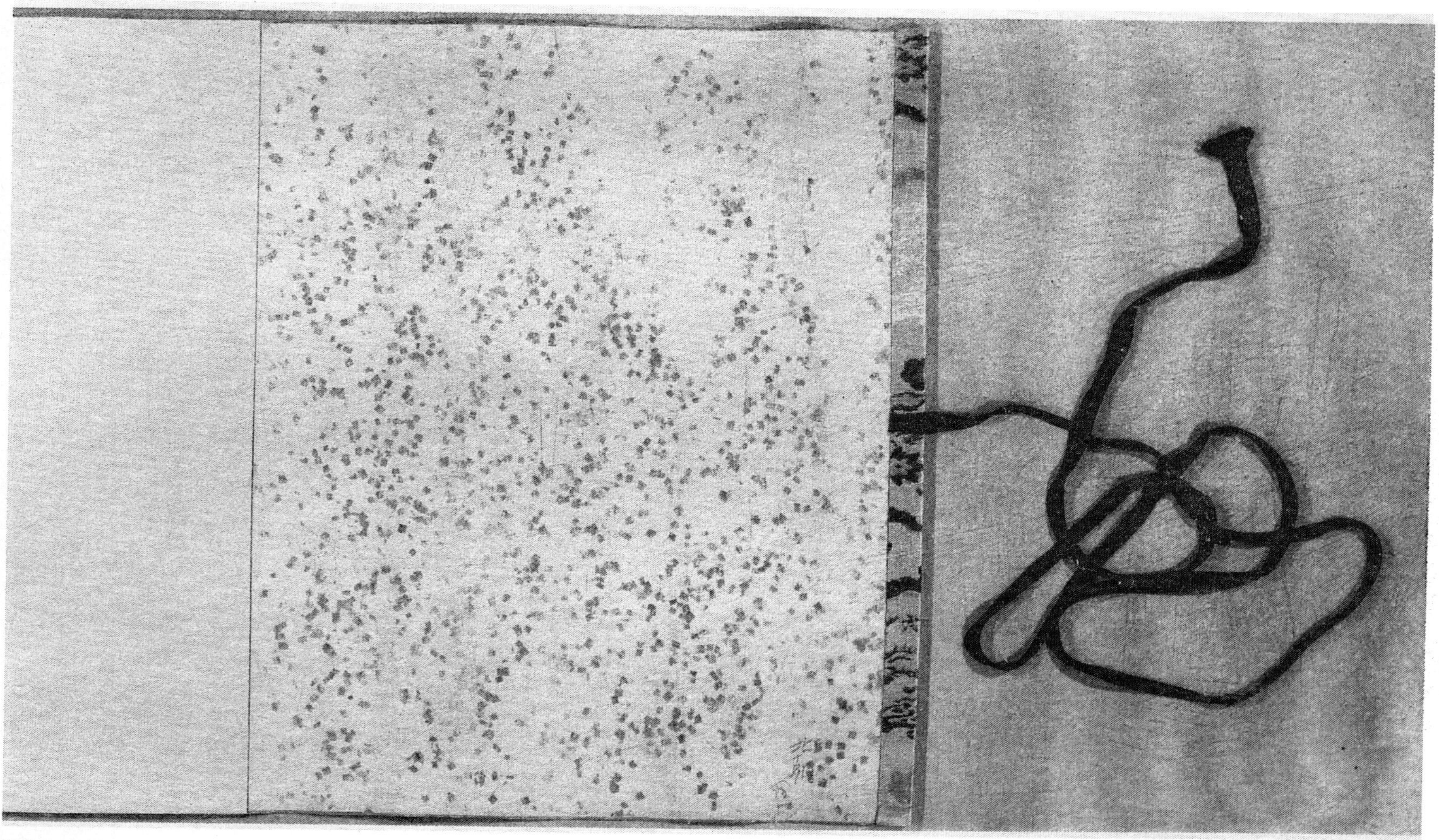

BD14085 號　大智度論卷五八

（22–1）

故受身身

淂變化身似佛有卅二相八十隨形

化生現在佛國者隨心所到十方世界供養

諸佛聽受諸法教化衆生漸漸淂成佛道是

故行者應聞受持乃至正憶念不離薩婆若

心如是得今世後世功德

……卌四品

尒時諸□道梵志來向佛所欲求佛短是時

釋提桓因心念是諸外道梵志來向佛所欲

求佛短我今當誦念從佛所受般若波羅蜜

是諸外道梵志等終不能中道作㝵斷般若

波羅蜜釋提桓因作是念已即誦般若波羅

蜜是時諸外道梵志遙遶佛復道還去時

舍利弗心念是中何因緣諸外道梵志遙遶佛

復道還去佛知舍利弗心念告舍利弗是釋提

桓因誦念般若波羅蜜以是因緣故諸外道

梵志遙遶佛復道還去舍利弗我不見是諸

外道梵志一念善心是諸外道梵志持惡心

來欲索佛短舍利弗我不見說般若波羅蜜

時一切世間若天若魔若梵若沙門婆羅



梵志遙遶佛復道還去舍利弗我不見是諸

外道梵志一念善心是諸外道梵志持惡心

來欲索佛短舍利弗我不見說般若波羅蜜

時一切世間若天若魔若梵若沙門衆婆

羅門衆中有持惡意來能淂短者何以故舍

利弗是三千大千世界中諸四天王天乃至

阿迦尼咤天諸聲聞辟支佛諸菩薩摩訶薩

守護是般若波羅蜜所以者何是諸天人皆

從般若波羅蜜中生故復次舍利舍弗十方如

恒河沙等世界中諸佛及聲聞辟支佛菩薩

摩訶薩諸天龍鬼神等皆守護是般若波羅

蜜所以者何是諸佛等皆從般若波羅蜜中

生故尒時惡魔心念今佛四衆現前集會亦

有欲界色界諸天子是中必有菩薩摩訶薩

受記當淂阿耨多羅三藐三菩提我寧可至

佛所破壞其意是時惡魔化作四種兵來至

佛所尒時釋提桓因心念是四種兵或是惡

魔化作欲來向佛何以故是四種兵嚴飾頻

婆娑羅王四種兵所不類波斯匿王四種兵

亦不類諸釋子四種兵諸梨唱四種兵皆作

亦不類是惡魔長夜索佛便欲惱衆生我寧

可誦念般若波羅蜜釋提桓因即時誦念般若

波羅蜜惡魔如所誦聞漸漸復道還去尒時

會中四天王諸天子乃至阿迦尼咤諸天子

化作天華於空虛中而散佛上作是言世尊

願令般若波羅蜜久住閻浮提所以者何閻

可謂念般若波羅蜜釋提桓因即時誦念般若
波羅蜜惡魔如所誦聞漸漸復道還去尒時
會中四天王諸天子乃至阿迦尼吒諸天子
化作天華於空虛中而散佛上作是言世尊
願令般若波羅蜜久住閻浮提所以者何閻
浮提人受持般若波羅蜜隨所住時佛寶不
滅法寶僧寶亦住不滅尒時十方如恒河沙
等世界中諸天亦散華作是言世尊願令般
若波羅蜜久住閻浮提若般若波羅蜜久住
佛法僧亦當久住亦分別知菩薩摩訶薩道
復次所在住處有善男子善女人書持般若
波羅蜜經卷是處則為照明已離衆冥佛告
釋提桓因等諸天子如是如是憍尸迦及諸
天子閻浮提人受持般若波羅蜜隨所住時
佛寶如是住法寶僧寶亦如是住乃至所在
住處善男子善女人有書持般若波羅蜜經卷
是處則為照明已離衆冥尒時諸天子化
作天華散佛上作是言世尊若有善男子善
女人受持般若波羅蜜乃至正憶念魔若魔
天不能得其便世尊我等亦當擁護是善男子
善女人何以故若善男子善女人受持般若
波羅蜜乃至正憶念我等視是人即是佛若
次佛是時釋提桓因白佛言世尊善男子善女
女人受持般若波羅蜜乃至正憶念者當知
是人先世於佛所作功德多親近供養諸佛
為善知識所護世尊諸佛一切智應當從般



次佛是時釋提桓因白佛言世尊善男子善女
女人受持般若波羅蜜乃至正憶念者當知
是人先世於佛所作功德多親近供養諸佛
為善知識所護世尊諸佛一切智應當從般
若波羅蜜中求般若波羅蜜亦當從一切智
中求所以者何般若波羅蜜不異一切智一
切智不異般若波羅蜜般若波羅蜜一切智
不二不別是故我等視是人即是佛若次佛
佛告釋提桓因如是如是憍尸迦諸佛一切
智即是般若波羅蜜般若波羅蜜即是一切
智何以故憍尸迦諸佛一切智從般若波羅
蜜中生般若波羅蜜不異一切智一切智不
異般若波羅蜜般若波羅蜜一切智不二不
別
釋曰上品中說聞受般若者魔若魔民外道
梵志不得其便今欲現證驗故以威神感致
衆魔及諸外道是以外道梵志作是念佛在
耆闍崛山中說般若波羅蜜所謂諸法畢竟
空无所有以引致十方衆生我等共往難問
破此空論其論若破佛則自退我等還得如
本是諸外道但有邪見惡心憍慢故來欲出
是畢竟清淨般若波羅蜜過罪譬如狂人欲
中傷虛空徒自疲苦尒時帝釋如佛教受持
般若外道不能得便今欲驗實令人信知故
帝釋无量福德成就以天利根深信般若即
時誦念得般若力故外道遙見遶佛復道而去

是畢竟清淨般若波羅蜜過罪譬如狂人欲
中傷虛空徒自疲苦尒時帝釋如佛教受持
般若外道不能得便令欲驗實令人信知故
帝釋无量福德成就以天利根深信般若即
時誦念得般若力故外道遥繞佛復道而去
問曰何以不直還方繞佛而去答曰以般若
神力故於遠處降伏作是念佛衆威德甚大
我等今往徒自困辱无所成辦我等今若遥
見直去人當謂我等法弱來而空去以是故
詐現供養繞佛復道而去舍利弗本是梵志
見諸外道遠處而去心少憐愍不能以小事
故入三昧求知作是念此諸外道何因緣來
竟不蒙度而空還去佛言是般若波羅蜜力
舍利弗意念佛以般若波羅蜜无事不濟云
何令此外道空來而去佛知舍利弗所念語
舍利弗是諸梵志乃至无一念善心但持惡
意耶見著心欲求諸法定相是故不中度譬
如必死之病雖有良醫神藥不能救濟舍利
弗說般若波羅蜜時非但此梵志一切世間
人持惡心來不能得便何以故一切諸佛及
諸菩薩諸天常守護般若故所以者何諸佛
菩薩天人作是念我等皆從般若生故魔來
欲難問破壞亦如是是時會中諸天子先聞
般若功德今見證驗心大懽喜化華供養作
是願令般若波羅蜜久住閻浮提是事如下



菩薩天人作是念我等皆從般若生故魔來
欲難問破壞亦如是是時會中諸天子先聞
般若功德今見證驗心大懽喜化華供養作
是願令般若波羅蜜久住閻浮提是事如下
廣說佛即印可諸天於佛前自誓言行者若
聞受般若波羅蜜乃至正憶念我等常當守
護所以者何我等視是人如佛若次佛如佛
者法性身住阿鞞跋致得无生法忍乃至十
地次佛者肉身菩薩能說般若波羅蜜及其
正義尒時帝釋以先世因緣所集功德智慧
讚是菩薩此中更說讚嘆因緣諸佛一切種
智應從般若中求者菩薩行般若波羅蜜具
足故得佛時般若變成一切種智故言一切
種智當從般若中求佛能說般若波羅蜜　故
言般若波羅蜜當從一切智中求譬如乳變
為酪離乳无酪亦不得言乳即是酪般若波
羅蜜變為一切種智離般若亦无一切種智
亦不得言般若即是一切種智般若與一切
種智作生因一切種智與般若作說因因果
不相離故言不二不別
大智論釋第卌五品
尒時慧命阿難白佛言世尊何以不稱譽檀
波羅蜜尸羅波羅蜜羼提波羅蜜毗梨耶波
羅蜜禪波羅蜜乃至十八不共法但稱譽般
若波羅蜜佛告阿難般若波羅蜜於五波羅
蜜乃至十八不共法為尊導阿難於汝意云

波羅蜜尸羅波羅蜜羼提波羅蜜毗梨耶波
羅蜜禪波羅蜜乃至十八不共法但稱譽般
若波羅蜜佛告阿難般若波羅蜜於五波羅
蜜乃至十八不共法為尊導阿難於汝意云
何不迴向薩婆若布施得稱檀波羅蜜不不
也世尊不迴向薩婆若尸羅羼提毗梨耶禪
智慧是般若波羅蜜不不也世尊以是故知
般若波羅蜜於五波羅蜜乃至十八不共法
為尊導是故稱譽阿難白佛言世尊云何布
施迴向薩婆若作檀波羅蜜乃至作般若波
羅蜜佛告阿難以无二法布施迴向薩婆若
是名檀波羅蜜以不生不可得迴向薩婆若
布施是名檀波羅蜜乃至以无二法智慧迴
向薩婆若是名般若波羅蜜以不生不可得
迴向薩婆若智慧是名般若波羅蜜阿難白
佛言世尊云何以不二法迴向薩婆若布施
是名檀波羅蜜乃至以不二法迴向薩婆若
智慧是名般若波羅蜜佛告阿難以色不二
法故受想行識不二法故乃至阿耨多羅三
藐三菩提不二法故世尊云何色不二法乃
至阿耨多羅三藐三菩提不二法佛言色色
相空何以故檀波羅蜜色不二不別乃至阿
耨多羅三藐三菩提檀波羅蜜不二不別五
波羅蜜亦如是以是故阿難但稱譽般若波
羅蜜乃至一切種智為尊導阿難譬如地以



相空何以故檀波羅蜜色不二不別乃至阿
耨多羅三藐三菩提檀波羅蜜不二不別五
波羅蜜亦如是以是故阿難但稱譽般若波
羅蜜乃至一切種智為尊導阿難譬如地以
種散中得因緣和合便生是諸種子依地而
生如是阿難五波羅蜜依般若波羅蜜得生
四念處乃至一切種智亦依般若波羅蜜得
生以是故阿難般若波羅蜜為五波羅蜜乃
至十八不共法尊導尒時釋提桓因白佛言
世尊佛說善男子善女人受持般若波羅蜜
乃至正憶念者功德未盡何以故受持般若
波羅蜜乃至正憶念則受三世諸佛无上道
所以者何欲得薩婆若當從般若波羅蜜中
求欲得般若波羅蜜當從薩婆若中求世尊
受持般若波羅蜜乃至正憶念故十善道現
於世間四禪四无量心四无色定乃至十八
不共法現於世間受持般若波羅蜜乃至正
憶念故世間便有剎利大姓婆羅門大姓居
士大家四天王天乃至阿迦尼吒諸天受持
般若波羅蜜乃至正憶念故便有須陁洹乃
至阿羅漢辟支佛菩薩摩訶薩受持般若波
羅蜜乃至正憶念故諸佛出於世間尒時佛
告釋提桓因憍尸迦善男子善女人受持般
若波羅蜜乃至正憶念我不說但有尒所功
德何以故憍尸迦是善男子善女人受持般
若波羅蜜乃至正憶念不離薩婆若心无量

羅蜜乃至正憶念故諸佛出於世間尒時佛
告釋提桓因憍尸迦善男子善女人受持般
若波羅蜜乃至正憶念我不說但有尒所功
德何以故憍尸迦是善男子善女人受持般
若波羅蜜乃至正憶念不離薩婆若心无量
戒衆成就定衆慧衆解脫衆解脫知見衆成
就復次憍尸迦是善男子善女人能受持般
若波羅蜜乃至正憶念不離薩婆若心當知
是人為如佛復次憍尸迦一切聲聞辟支佛
所有戒衆定衆慧衆解脫衆解脫知見衆不
及是善男子善女人戒衆乃至解脫知見衆
百分千分千憶万分乃至筭數譬喻所不能
及何以故善男子善女人於聲聞辟支佛地
中心得解脫更不求大乘法故復次憍尸迦
若有善男子善女人書持般若波羅蜜經卷
供養恭敬尊重華香瓔珞乃至伎樂亦得今
世後世功德尒時釋提桓因白佛言世尊是
善男子善女人受持般若波羅蜜乃至正憶
念不離薩婆若心供養般若波羅蜜恭敬尊
重華香乃至伎樂我常當守護是人
釋曰阿難雖多聞力能分別空而未離欲故
不能深入雖常侍佛不數問難空事今佛讚
嘆般若波羅蜜亦讚嘆行者是故阿難白佛
言世尊何以不稱嘆餘波羅蜜及諸法而獨
稱嘆般若波羅蜜問曰佛從初以來常說六
波羅蜜名今阿難何以言不稱說答曰雖說



言世尊何以不稱嘆餘波羅蜜及諸法而獨
稱嘆般若波羅蜜問曰佛從初以來常說六
波羅蜜名今阿難何以言不稱說答曰雖說
名字不為稱美皆為入般若中故說佛語阿
難一切有為法中智慧第一一切智慧中度
彼岸般若波羅蜜第一譬如行路雖有衆伴
道師第一般若亦如是雖一切善法各各有
力般若波羅蜜能示道出三界到三乘若无
般若波羅蜜雖行布施等善法隨受業行果
報有盡以有盡故尚不能得小乘涅槃何況
无上道若布施等善法能觀如佛道相不二
不生不滅不得不失畢竟空寂是名迴向薩
婆若是布施福世世常受果報而不盡後當
得一切種智如布施一切法亦如是相問曰
佛何以答不二因緣還以不二解答曰阿難
不問不二因緣但問何法不二是故佛答色
等諸法不二故般若波羅蜜能令五事等作
波羅蜜故但稱譽般若波羅蜜佛欲令是義
了了易解故作喻譬如大地能生万物般若
波羅蜜亦如是能持一切善法種子者從發
心来除般若波羅蜜餘一切善法是因緣和
合者是佛道中一心信忍精進不住不息欲
受通達不壞有如是等法事得成辦者是增
長者從發心起學諸波羅蜜從一地至一地乃
至佛地是問曰帝釋何以故言佛說行者受

心来除般若波羅蜜餘一切善法是因緣和
合者是佛道中一心信忍精進不休不息欲
受通達不壞有如是等法事得成辯者是增
長者從發心起學諸波羅蜜從一地至一地乃
至佛地是問曰帝釋何以故言佛說行者受
持般若功德亦未盡答曰般若波羅蜜无量无
邊功德亦无量无邊說未究竟中間外道梵
志及魔来故傍及異事今還欲續聞帝釋深
愛福德果報樂聞般若功德聽无猒是今更
欲聞說故自說因緣世尊若人受持般若波
羅蜜乃至正憶念則受三世諸佛无上道功
德智慧所以者何般若中應求一切種智一
切種智中應求般若如上品未說行者若受
持般若發心求阿耨多羅三藐三菩提為度
衆生故集般若波羅蜜等諸功德所謂十善
道乃至十八不共法現於世間是善法因緣
故有剎利大姓乃至諸佛佛告天帝是人不
但得如上功德亦得无量戒衆等功德戒衆
者是菩薩行般若波羅蜜於一切衆生中循
畢竟无畏施衆生十方中數无量无邊三世
中數亦无量无邊六道四生種類各各相亦
无量无邊於此无量无邊衆生中施第一所
愛樂物所謂壽命是故得无量戒衆果報如
是不䇿等戒但說名字則二百五十毗尼中
略說則八万四千廣說則无量无邊是戒凡
夫人或一日受或一世或百千万世菩薩世



愛樂物所謂壽命是故得无量戒衆果報如
是不䇿等戒但說名字則二百五十毗尼中
略說則八万四千廣說則无量无邊是戒凡
夫人或一日受或一世或百千万世菩薩世
世於一切衆生中施无畏乃至入无餘涅槃
是名无量戒衆乃至解脫知見衆亦如是隨
義分別是五衆功德勝於二乘不可計量若
人書寫供養般若波羅蜜得今世後世功德
問曰今世後世功德深重書持供養輕微云
何得二世功德答曰供養有二種一者勸他
供養二者深心供養知般若功德深心供養
故得二世功德是般若有種種門入若聞持
乃至正憶念者智慧精進門入書寫供養者
信及精進門入若一心深信則供養經㝡勝
若不一心雖受持而不如復次有如意寶珠
是无記色法无心无識以衆生福德因緣故
生有人供養者能令人隨意所得何況般若
波羅蜜是无上智慧諸佛之母諸法寶中是
第一寶若人如所聞一心信受供養云何不
得二世功德但人不一心供養又先世重罪
故雖供養般若而不得如上功德般若无咎
佛告釋提桓因憍尸迦是善男子善女人欲
讀誦說般若波羅蜜時无量百千諸天皆來
聽法是善男子善女人說般若波羅蜜法諸
天子益其膽力是諸法師若疲極不欲說法

佛告釋提桓因憍尸迦是善男子善女人欲
讀誦說般若波羅蜜時无量百千諸天皆来
聽法是善男子善女人說般若波羅蜜法諸
天子益其膽力是諸法師若疲極不欲說法
諸天益其膽力故便能更說善男子善女人
受是般若波羅蜜乃至正憶念供養華香乃
至伎樂故亦得是今世功德復次憍尸迦是
善男子善女人於四部衆中說般若波羅蜜
時心无怯弱若有論難亦无畏想何以故是
善男子善女人為般若波羅蜜所護持故般
若波羅蜜中亦分別一切法若世間若出世
間若有漏若无漏若善若不善若有為若无
為若聲聞法若辟支佛法若菩薩法若佛法
善男子善女人住内空乃至住无法有法空
故不見有能難般若波羅蜜者亦不見受難
者亦不見般若波羅蜜如是善男子善女人
為般若波羅蜜所護持故无有能難壞者復
次善男子善女人受持般若波羅蜜乃至正
憶念時不没不畏不怖何以故是善男子善
女人不見是法没者恐怖者憍尸迦善男子
善女人受持般若波羅蜜乃至正憶念華香
供養乃至幡蓋亦得是今世功德復次憍尸
迦善男子善女人受持般若波羅蜜乃至正
憶念書持經卷華香供養乃至幡蓋是人為
父母所愛宗親知識所念諸沙門婆羅門所

BD14085號　大智度論卷五八　（22–14）

供養乃至幡蓋亦得是今世功德復次憍尸
迦善男子善女人受持般若波羅蜜乃至正
憶念書持經卷華香供養乃至幡蓋是人為
父母所愛宗親知識所念諸沙門婆羅門所
敬十方諸佛及菩薩摩訶薩辟支佛阿羅漢
乃至須陁洹所愛敬一切世間若天若魔若
梵及阿脩羅等皆亦愛敬是人行檀波羅蜜
檀波羅蜜无有斷絶時尸羅波羅蜜羼提波
羅蜜毗梨耶波羅蜜禪波羅蜜般若波羅蜜
亦无有斷絶時脩内空不斷乃至脩无法有
法空不斷脩四念處不斷乃至脩十八不共
法不斷脩諸三昧門不斷脩諸陁羅尼門不
斷諸菩薩神通不斷成就衆生淨佛世界不
斷乃至脩一切種智不斷是人亦能降伏難
論毀謗善男子善女人受持般若波羅蜜乃
至正憶念不離薩婆若心書持經卷華香供
養乃至幡蓋亦得是今世後世功德復次憍
尸迦善男子善女人書持經卷在所處三千
大千世界中所有諸四天王天發阿耨多羅
三藐三菩提心者皆来到是處見般若波羅
蜜受讀誦說供養礼拜還去卅三天夜摩天
兜率陁天化樂天他化自在天梵衆天梵輔
天梵會天大梵天光天少光天无量光天光
音天淨天少淨天无量淨天遍淨天无蔭行
天福德天廣果天發阿耨多羅三藐三菩提

BD14085號　大智度論卷五八　（22–15）

兜率陀天化樂天他化自在天梵衆天梵輔
天梵會天大梵天光天少光天无量光天光
音天淨天少淨天无量淨天遍淨天无蔭行
天福德天廣果天發阿耨多羅三藐三菩提
心者皆來到是處見般若波羅蜜受讀誦說
供養礼拜還去淨居諸天所謂无誑天无熱
天妙見天喜見天色究竟天皆來到是處見
是般若波羅蜜受讀誦說供養礼拜還去復
次憍尸迦十方世界中諸四天王天乃至廣
果天發阿耨多羅三藐三菩提心及淨居天
并餘諸天龍鬼神揵闥婆阿脩羅迦樓羅緊
那羅摩睺羅伽亦來見般若波羅蜜受讀誦
說供養礼拜還去是善男子善女人應作是
念十方世界中諸四天王天乃至廣果天發
阿耨多羅三藐三菩提心及淨居天并餘諸
天龍鬼神揵闥婆阿脩羅迦樓羅緊那羅摩
睺羅伽來見般若波羅蜜讀誦說供養礼
拜我則法施已憍尸迦三千大千世界中所
有諸四天王天乃至阿迦尼吒天及十方世
界中諸四天王天乃至阿迦尼吒天發阿耨
多羅三藐三菩提心者護持是善男子善女
人諸惡不能得便除其宿命重罪憍尸迦是
善男子善女人亦得今世功德所謂諸天
子發阿耨多羅三藐三菩提心皆來到是處
何以故憍尸迦諸天子發阿耨多羅三藐三
菩提心欲救護一切衆生不捨一切衆生安

BD14085號　大智度論卷五八

（22–16）

人諸惡不能得便除其宿命重罪憍尸迦是
善男子善女人亦得今世功德所謂諸天
子發阿耨多羅三藐三菩提心皆來到是處
何以故憍尸迦諸天子發阿耨多羅三藐三
菩提心欲救護一切衆生不捨一切衆生安
樂一切衆生故尒時釋提桓因白佛言世尊
善男子善女人云何當知諸四天王天乃至
阿迦尼吒天及十方世界中諸四天王天
乃至阿迦尼吒天來見般若波羅蜜受讀誦
說供養礼拜時佛告釋提桓因憍尸迦若善
男子善女人見大淨光明必知有大德諸天來
見般若波羅蜜受讀誦說供養礼拜時復次
憍尸迦善男子善女人若聞妙香必知有
大德諸天來見般若波羅蜜受讀誦說供養
礼拜時復次憍尸迦善男子善女人行淨潔
故諸天來到其處見般若波羅蜜受讀誦說
供養歡喜礼拜是中有小鬼輩即時出去不
能堪任大德諸天威德故以是大德諸天來
故是善男子善女人當大心以是故般若波
羅蜜所住處四面不應有諸不淨應然燈燒
香散衆名華衆香塗地衆蓋幢幡種種嚴飾
復次憍尸迦善男子善女人說法時終无疲
極自覺身輕心樂隨法偃息臥覺安隱无諸
惡夢夢中見諸佛卅二相八十隨形好比丘
僧恭敬圍遶說法在諸佛邊聽受法教所
謂六波羅蜜四念處乃至十八不共法分別

BD14085號　大智度論卷五八

（22–17）

極自覺身輕心樂隨法偃息卧覺安隱无諸
惡夢夢中見諸佛卅∴丨丶隨形好比丘
僧恭敬圍遶說法在諸佛邊聽受法教所
謂六波羅蜜四念處乃至十八不共法分別
六波羅蜜義四念處乃至十八不共法亦分
別其義亦見菩提樹莊嚴見諸菩薩趣菩提
樹得阿耨多羅三藐三菩提見諸佛成已轉
法輪見百千万菩薩∴一丶說義應如是求
薩婆若應如是成就衆生應如是淨佛世界
亦見十方无數百千万億諸佛亦聞其名號
某方某界某佛若干百千万菩薩若干百千
万聲聞恭敬圍遶說法復見十方无數百千
万億諸佛般涅槃復見无數百千万億諸佛
七寶塔見供養諸塔恭敬尊重讚嘆華香乃
至幡蓋憍尸迦是善男子善女人見如是善
夢卧安覺安諸天益其氣力自覺身體輕便
不大貪著飲食衣服卧具湯藥於此四供養事
其心輕微譬如比丘坐禪從禪定起心與定
合不貪著食其心輕[illegible]可く[illegible]憍尸迦諸天
法應以諸味之精益其氣力故十方諸佛及
天龍鬼神阿脩羅揵闥婆迦樓羅緊那羅摩
睺羅伽亦益其氣力如是憍尸迦善男子善
女人欲得今世如是功德應當受持般若波
羅蜜親近讀誦說正憶念亦不離薩婆若心
憍尸迦善男子善く[illegible]持乃至正
憶念應當書持經卷恭敬供養尊重讚嘆華

BD14085 號　大智度論卷五八　　(22–18)

女人欲得今世如是功德應當受持般若波
羅蜜親近讀誦說正憶念亦不離薩婆若心
憍尸迦善男子善く[illegible]持乃至正
憶念應當書持經卷恭敬供養尊重讚嘆華
香瓔珞乃至幡蓋憍尸迦若善男子善女人
聞是般若波羅蜜受持讀誦說正憶念書經
卷恭敬供養尊重讚嘆華香乃至幡蓋是善
男子善女人功德甚多勝於供養十方諸佛
及弟子恭敬尊重讚[illegible]衣服飲食卧具湯藥
諸佛及弟子般涅槃後起七寶塔恭敬供養
尊重讚嘆華香乃至幡蓋
問曰天上自有般若何以來至說法人所益
其膳力答曰天上雖有般若諸天憐愍衆生
故來來則惡鬼遠去益去所舊力令其樂說
又使弟子益加信敬以是故來有人言天甘
露味微細沾洽能入毛孔使善男子四大諸
情柔濡輕利樂有所說問曰一切說般若者
皆得諸天甘露味令其樂說不答曰不也若
有行者一心求佛道折伏結使衣服淨潔所
說法處清淨華香幡蓋皆く[illegible]飾无諸不淨
是故諸天歡喜亦利益諸聽者說法者雖不
多讀內外經書深入般若波羅蜜義故心不
怯弱不沒不恐不畏何以故般若波羅蜜中
无有定法可執可難可破故復次是般若波
羅蜜中亦分別說諸法世間出世間常无常

BD14085 號　大智度論卷五八　　(22–19)

多讀内外經書深入般若波羅蜜義故心不
怯弱不没不恐不畏何以故般若波羅蜜中
无有定法可執可難可破故復次是般若波
羅蜜中亦分別說諸法世間出世間常无常
善不善等无法不有以有[illegible]故不怯不
畏若但有一法則多所關故有恐畏是菩薩
行般若波羅蜜煩惱折薄諸福德增長𢫫身
故威德可敬身是功德住處故雖形體醜陋
无所能作猶為人所愛重何況自然端政能
利益人問曰若諸佛沙門婆羅門所愛敬可
尒父母愛念何足攝答曰[illegible]父母所生不
慎父母孝順不愛念菩薩於恭慎之中倍復
殊勝供養恭敬尊重道德故沙門婆羅門愛
敬平實至誠口不妄言深愛後世功德不著
今世樂接養下人不自高大若見他有過尚
不說其實何況譏毀若必不得已終不盡說
給恤依[illegible]不私附[illegible]是般若波
羅蜜力是人功德遠聞故諸天世人皆所愛
敬是供養般若波羅蜜故世世常得六波羅
蜜等无有斷絕時是人福德智慧名聞故若
有問難毀謗悉能降伏復次諸天為供養般
若波羅蜜故來至般若所住處復次山海樹
木土地戒廟一切鬼神[illegible]王四天王
來故皆自從其來是諸鬼神中有不得般若
經卷者是故來至般若波羅蜜處供養誦讀
[illegible]



若波羅蜜故來至般若所住處復次山海樹
木土地戒廟一切鬼神[illegible]王四天王
來故皆自從其來是諸鬼神中有不得般若
經卷者是故來至般若波羅蜜處供養誦讀
礼拜亦為利益善男子故此亦是今世功德
以諸天善神來故天帝破肉眼人起故問云
何知大德天來時見大光明若聞殊異之香
亦以如是[illegible]身不淨内
充外[illegible]曰淨其住處及以衣服則外
无不淨外无不淨故諸天歡喜譬如國王大
人來處群細癡民避去諸大德天來小鬼去
亦如是大天威德重故舊住小鬼避去是諸
大天來近故是人心則清淨廣大行者若欲
令大德天來當如經所說[illegible]去故身心
輕[illegible]人身心漸惡譬
如近瞋人喜令人瞋近美色則令人好色情
欲是人内外惡因緣遠離故卧安覺安无諸
惡夢若夢但見諸佛如經所說問曰般若波
羅蜜在佛身中若供養一佛則供養般若波
羅蜜何以言供養十方佛不如供養般若波羅
[illegible]人畢竟
不可得以取相故福田雖大而功德薄少供
養般若波羅蜜者則如所聞般若中不取人
相不取法相用是心供養故福德大復次般
若波羅蜜是一切十方諸佛母亦是諸佛師
[illegible]

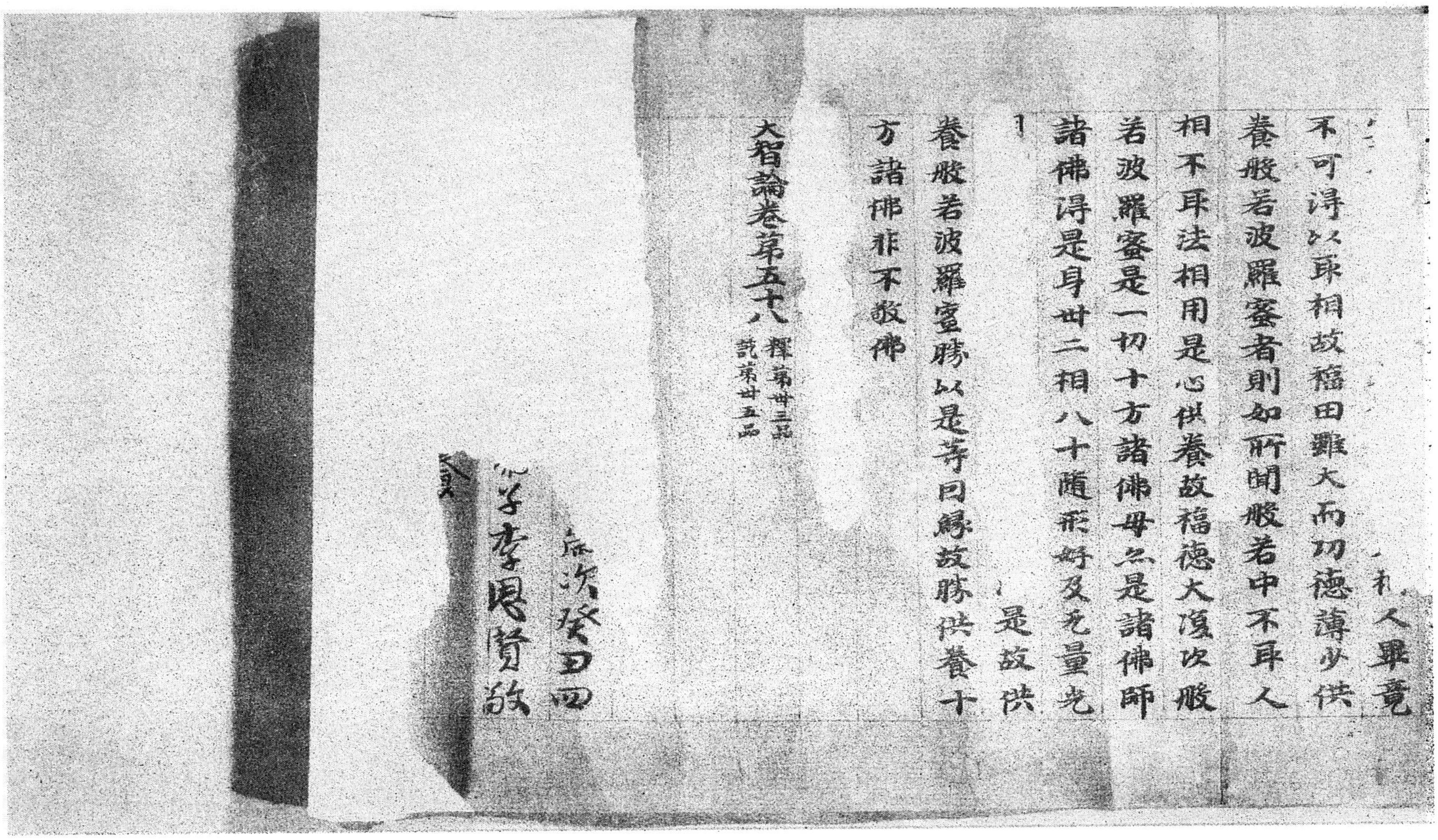


BD14085號　大智度論卷五八　　（22–22）

BD14086號背　現代護首　　（1–1）

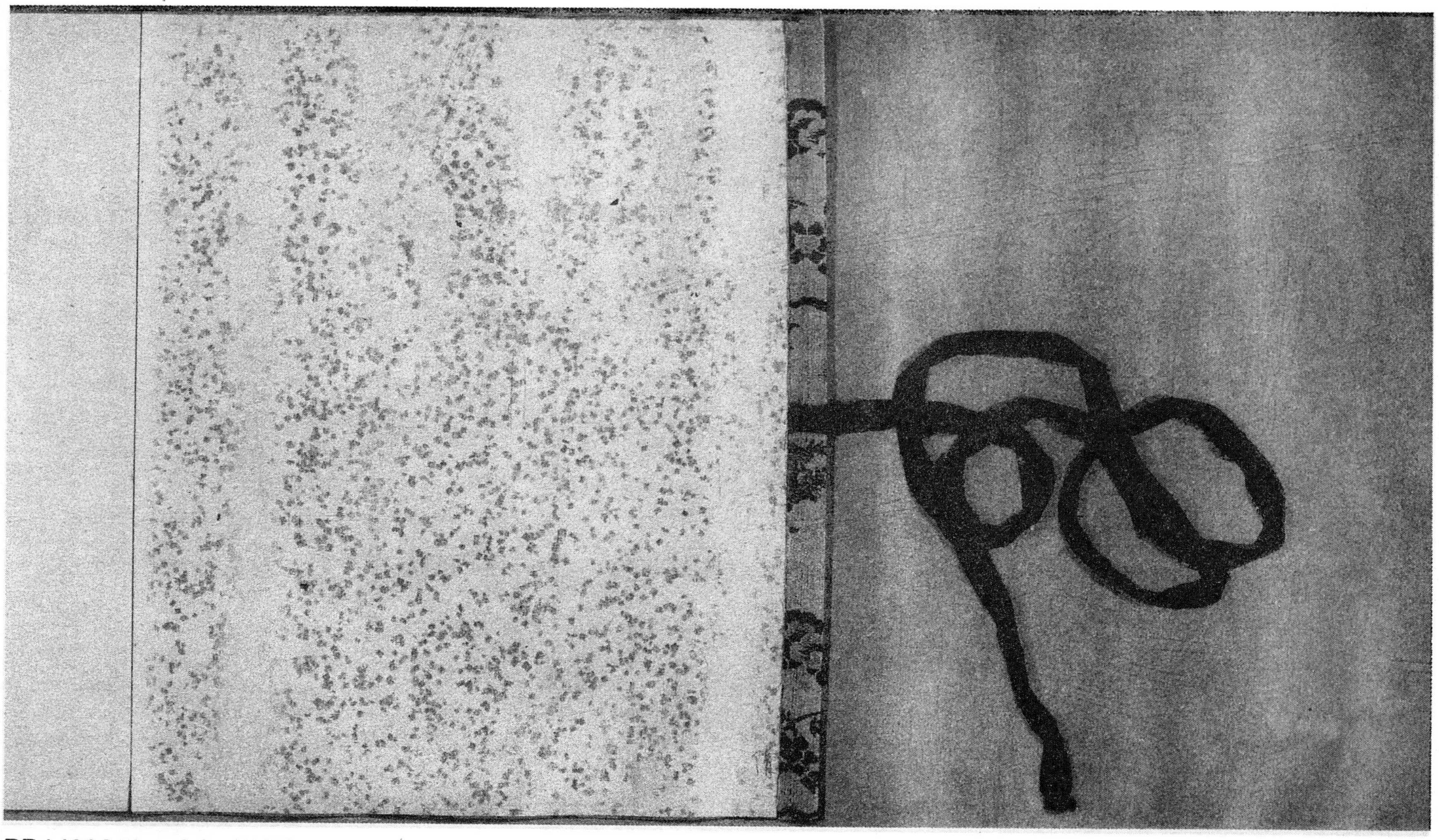

BD14086 號　大智度論（異卷）卷五一　　（15–1）

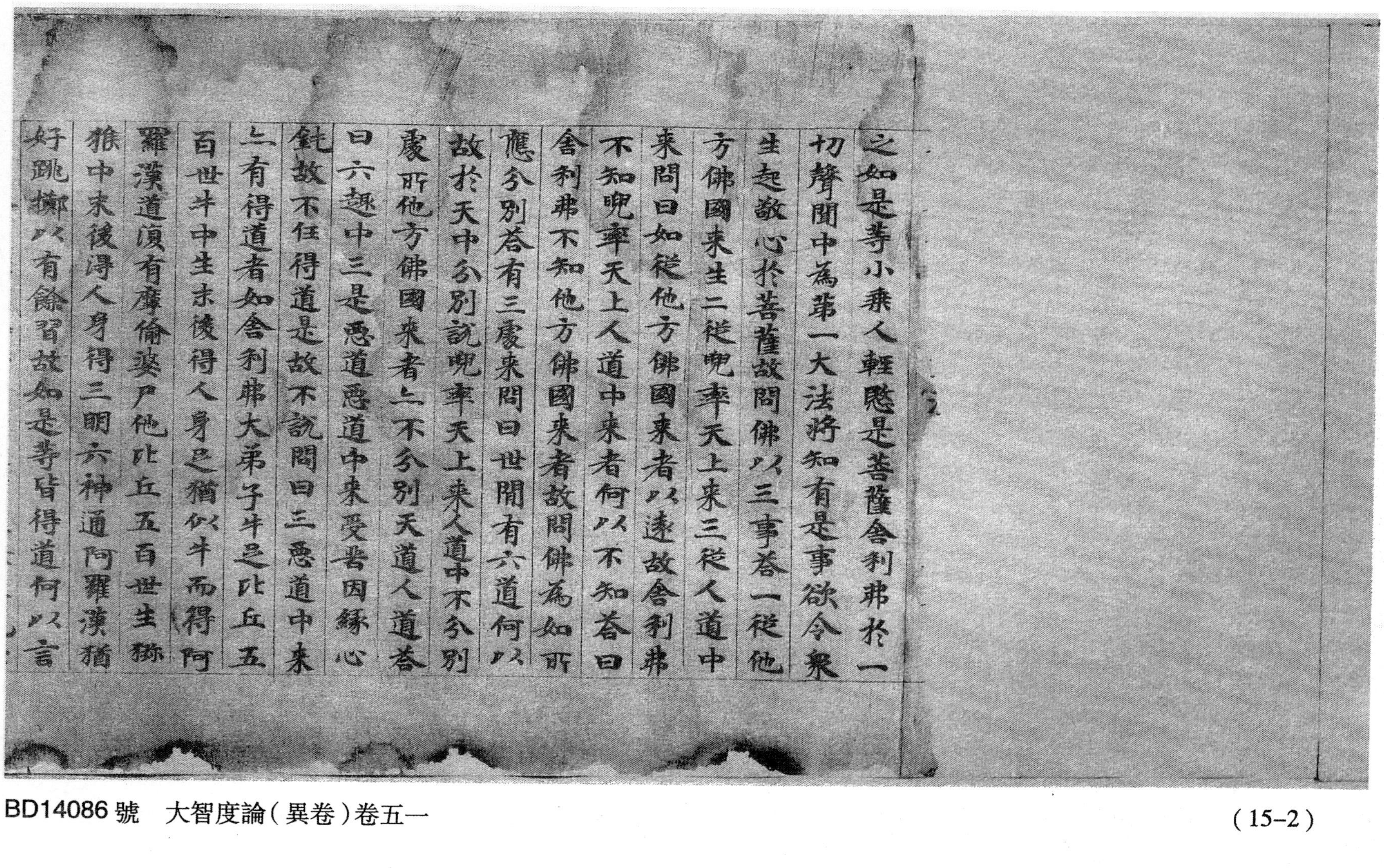

之如是等小乘人輕慜是菩薩舍利弗於一
切聲聞中為第一大法將知有是事欲令衆
生起敬心於菩薩故問佛以三事答一從他
方佛國来生二從兜率天上来三從人道中
来問曰如從他方佛國来者以遠故舍利弗
不知兜率天上人道中来者何以不知答曰
舍利弗不知他方佛國来者故問佛為如所
應分別答有三處来問曰世間有六道何以
故於天中分別說兜率天上来人道中不分別
處所他方佛國来者亦不分別天道人道答
曰六趣中三是惡道惡道中来受苦因緣心
鈍故不任得道是故不說問曰三惡道中来
亦有得道者如舍利弗大弟子牛呞比丘五
百世牛中生来後得人身已猶似牛而得阿
羅漢道須有摩偷婆尸他比丘五百世生獼
猴中来後得人身得三明六神通阿羅漢猶
好跳擲以有餘習故如是等皆得道何以言

BD14086 號　大智度論（異卷）卷五一　　（15–2）

百世牛中生末後得人身是猶似牛而得阿
羅漢道復有摩偷婆尸他比丘五百世生獼
猴中末後得人身得三明六神通阿羅漢猶
好跳擲以有餘習故如是等皆得道何以言
不任荅曰雖有得者少不足言又此人先世
深種涅槃善根小有謬錯故墮惡道中償罪
既畢涅槃善根熟故得成道果此中不說聲
聞道但為得阿耨多羅三藐三菩提前身後
身次第譬如從垢心起不得次第入无漏中
間必有善有漏心以无漏心貴故言於三惡
道出不任次第得阿耨多羅三藐三菩提心
天人阿脩羅則不然下三天結使利而深上
二天結使深而不利兜率天結使不深不利
所以者何常有菩薩說法故是故不說餘處
或有少故不說色界諸天得道者不復來下
未得道者樂著禪味故不下以著味故智慧
亦鈍是故不說阿脩羅同下二天故不說他
方佛國來者從諸佛前來生是間諸根猛利
所以者何除无量阿僧祇劫罪故又遇諸佛隨
心教導故如刀得好石則利常聞誦正憶念
般若波羅蜜故利如是等因緣則菩薩心利
人中來者此間佛弟子聽般若波羅蜜集諸
功德捨身還生是間或於異國土雖无有佛
值遇佛法聽受書寫正憶念隨力少多脩福
智慧是人諸根雖鈍堪受般若波羅蜜以不
見現在佛故心鈍他方佛國來者利根故脩行

BD14086 號　大智度論（異卷）卷五一　（15–3）

功德捨身還生是間或於異國土雖无有佛
值遇佛法聽受書寫正憶念隨力少多脩福
智慧是人諸根雖鈍堪受般若波羅蜜以不
見現在佛故心鈍他方佛國來者利根故脩行
般若波羅蜜疾得相應以相應故常值諸佛值
佛國因緣如先說問曰兜率天上何以但說一生
補處不說二生三生荅曰人身罪結煩惱處
所唯大菩薩處處則无染累如鵝入水不令
水濕如是菩薩一切世間法所不能著所以者
何佛自說因緣不失六波羅蜜諸陀羅尼門
諸三昧門疾現在前是菩薩於是國土應利
益衆生其餘菩薩分布十方譬如大智慧人
已在一處其餘大智則至餘處是故不說復
次有人言但說大者不限於小復次餘天中
來生者餘處當廣說人中死人中生者不如
上二處何以故以人身地大多故身重心鈍
以心心數法隨身强弱故又諸業結使因緣
生故彼二處來者是法身菩薩變身无量以
度衆生故來生是間人道中者皆是肉身問
曰阿毗跋致菩薩不以結業受身何以故人
道中說荅曰來生此間得阿毗跋致未捨肉
身故以鈍根故諸陀羅尼三昧門不疾現在
前不疾現在前故不疾與般若相應舍利弗
汝所問菩薩摩訶薩與般若波羅蜜相應從
此間終當生何處者舍利弗此菩薩從一佛
國至一佛國常值諸佛終不離佛舍利弗有

BD14086 號　大智度論（異卷）卷五一　（15–4）

前不疾現在前故不疾與般若相應舍利弗
汝所問菩薩摩訶薩與般若波羅蜜相應從
此間終當生何處者舍利弗此菩薩從一佛
國至一佛國常值諸佛終不離佛舍利弗有
菩薩摩訶薩不以方便入初禪乃至第四禪
〻行六波羅蜜是菩薩摩訶薩得禪故生長
壽天隨彼壽終來生是閒得人身值諸佛是
菩薩諸根不利舍利弗菩薩摩訶薩入初禪
乃至第四禪〻行般若波羅蜜不以方便故捨
諸禪生欲界是菩薩諸根〻鈍問曰舍利弗
今問前世後世佛何以故前世中三種荅後
世中廣分別荅曰人以肉眼不見過去未來
故而生耶疑雖疑二處而未來世當受故廣
分別辟如已滅之火不須求撲但多方便防
未來火又如治病已滅之病不須加療但治將
生之病須次佛无量辯才自資舍利弗所問
雖少佛廣為其說如問與般若相應一事而
佛種種分別如貧者從大富好施者乞所乞
雖少與甚多佛〻如是有无量无漏佛法
具足之富以大慈大悲好行惠施因舍利弗
少問故佛為大眾廣分別說須次是般若波
羅蜜中種種因緣辟喻多說空法有新發意
者取空相著是空法於生死業因緣中生疑
若一切法畢竟空无來无去无出无入相云
何死而有生現在眼見法尚不應有何況死
後餘處生不可見而有如是等種種耶疑顚



者取空相著是空法於生死業因緣中生疑
若一切法畢竟空无來无去无出无入相云
何死而有生現在眼見法尚不應有何況死
後餘處生不可見而有如是等種種耶疑顚
倒心為斷是故佛種種因緣廣說有死有生
問曰无有死生因緣何以故人死歸滅〻有
三種一者火燒為灰二者虫食為糞三者終
歸於土今但見其滅不見更有出者受於後
身以不見故則知為无荅曰若汝謂身滅便无
云何有眾生先世所習憂喜怖畏等如小兒
生時或啼或咲先習憂喜故今无人教而憂
喜續生又如犢子生知趣乳猪羊之屬其生
未幾便知有牝牡之合子同父母好醜貧富
聰明闇鈍各各不同若无先世因緣者不應
有異如是等種種因緣知有後世又汝先言
不見別有去者人身中非獨眼根能見身中
六情各有所知有法可聞可嗅可味可觸可
知者可聞法尚不可見何況可知者有生有
死法〻可見〻可知汝肉眼法故不見得天
眼者了了見如見人從一房出入一房捨此
身至後身〻如是若肉眼能見者何用求天
眼若尒者天眼肉眼愚聖无異汝以畜生同
見何能見後世可知者如人死生雖无來去
者而煩惚不盡故於身情意相續更生身情
意造業〻不生後世而從是因緣更生受後
世果報辟如乳中著毒乳變為酪〻變為穌

見何能見後世可知者如人死生雖无來去
者而煩惱不盡故於身情意相續更生身情
意造業ㄟ不生後世而從是因緣更生受後
世果報辟如乳中著毒乳變為酪ㄟ變為穌
乳非酪穌酪穌非乳酪乳雖變而皆有毒此
身ㄟ如是今世五衆因緣故更生後世五衆
行業相續不異故而受果報又如冬木雖未
有華葉菓實得時節會則次第而出如是因
緣故知有死生復次現世有知宿命者如人
行疲極睡卧覺已憶所有逕由又一切聖人
内外經書皆說後世復次現世不善法動發
過重生瞋恚嫉妬癡悔内惱故身則枯悴顔
色不悅惡不善法受害如是何況起身業口
業若生善法淨信業因緣心清淨得如實智
慧心則歡悅身得輕濡顔色和澤以有苦樂
因緣故有善有不善今定有善不善故當知
必有後世但衆生肉眼不見智慧薄故而生耶
疑雖脩福事所作淺薄辟如藥師為王療病王
密為起宅而藥師不知既歸見之乃悔不加意
盡力治王復次聖人說今現在事實可信故
說後世事ㄟ皆可信如人夜行嶮道導師授
手知可信故則便隨逐比智及聖人語可知定
有後世汝以肉眼重罪比智薄故又无天眼
既自无智又不信聖人語云何得知後世復
次佛法中諸法畢竟空ㄟ不斷滅生死雖相
續ㄟ不是常无量阿僧祇劫業因緣雖過去

BD14086 號　大智度論（異卷）卷五一　（15-7）

手知可信故則便隨逐比智及聖人語可知定
有後世汝以肉眼重罪比智薄故又无天眼
既自无智又不信聖人語云何得知後世復
次佛法中諸法畢竟空ㄟ不斷滅生死雖相
續ㄟ不是常无量阿僧祇劫業因緣雖過去
ㄟ能生果報而不滅是為微妙難知若諸法
都空者此品中不應說往生何有智者前後
相違若死生相實有云何言諸法畢竟空但
為除諸法中愛著邪見顛倒故說畢竟空不
為破後世故說汝无天眼明故疑後世欲自
陷罪惡邊是罪業因緣故說種種往生佛法
不著有不著无有无ㄟ不著非有非无非非
有非非无ㄟ不著不著ㄟ不著如是人則不
容難辟如以刀斫空終无所傷為衆生故隨
緣說法自无所著以是故中論中說
一切諸法實　一切法虚妄　諸法實ㄟ虚　非實ㄟ非虚
涅槃際為真　世間際ㄟ真　涅槃世无別　小異不可得
是為畢竟空相畢竟空不遮生死業因緣是
故說往生問曰般若波羅蜜一相所謂无相
云何與般若相應從一佛國至一佛國常值
諸佛荅曰般若波羅蜜攝一切法辟如大海
以是故不應作難復次汝自說般若波羅蜜
一相无相若无相云何有難汝則无相中取
相是事不然復次因般若波羅蜜故行念佛
三昧等諸善法生值諸佛復次行般若波羅蜜
者深入大悲如慈父見子為无所直物故死

BD14086 號　大智度論（異卷）卷五一　（15-8）

相是事不然復次因般若波羅蜜故行念佛
三昧等諸善法生值諸佛復次行般若波羅蜜
者深入大悲如慈父見子爲无所直物故死
父甚愍之此兒但爲虛誑故死諸佛亦如是
知諸法畢竟空不可得而衆生不知衆生不
知故於空法中深著著因緣故墮大地獄是
故深入大悲以大慈悲因緣故得无量福德
得无量福德故生值諸佛從一佛國至一佛國
是菩薩從此間死彼間生彼間死復至彼間
生如是乃至得佛終不離佛辟如有福之人
從一大會至一大會或有是間死彼間生於
彼以五神通力故從一佛國至一佛國供養
諸佛度脫衆生是初菩薩佛國者十方如恒
河沙等諸三千大千國土是名一佛土諸佛
神力雖能普遍自在无导衆生度者有局諸
佛現在者佛現在其佛國土中者第二菩薩
无方便入初禪乃至行六波羅蜜无方便者
入初禪時不念衆生住時起時亦不念衆生
但著禪味不能與初禪和合行般若波羅蜜
是菩薩慈悲心薄故功德少功德薄少功德薄
少故爲初禪果報所牽生長壽天復次不能以
初禪福德與衆生共迴向阿耨多羅三藐三菩
提如是等无量无方便義長壽天者非有相
非无相處壽八万大劫或有人言一切无色
定通名長壽天以无形不可化故不任得道
常凡夫處故或說无想天名爲長壽亦不任



非无相處壽八万大劫或有人言一切无色
之通名長壽天以无形不可化故不任得道
常凡夫處故或說无想天名爲長壽亦不任
得道故或說從初禪至四禪除淨居天皆名
長壽天以著味耶見不能受道者還生人間
值佛者以本發阿耨多羅三藐三菩提心故或
於禪中集諸福德所以者何彼間著味著心
難生故如經中說如佛問比丘甲頭土多地
上土多諸比丘言地土甚多不可爲喻佛言天
上命終還生人中者如甲頭土墮地獄中者
如地土問曰鈍根者廿二根中何者是答曰
有人言慧根能觀諸法以久受著禪味故鈍
有人言信等五根皆助成道法以受報著味
故鈍有人言菩薩清淨福德智慧因緣故十
八根皆利罪故則鈍根等六根如法華經說
命根不爲老病貧窮等所惱安隱受樂是爲
命根喜利樂等五根了了覺知故言利復次
受樂時樂无常等過隨逐不生貪欲故利餘
受亦如是信根牢堅深故難事能信故言利
亦如是隨相分別男根淨者得陰藏相不著
細滑故知不爲欲爲道是爲利復次三善根
利故名爲利菩薩或時於三无漏根不證實
際故利與利根相違故鈍問曰第三菩薩若
能捨禪云何言无方便答曰是菩薩命終時
入不善心捨諸禪定方便菩薩若入欲界繫
善心若无記心而捨諸禪入慈悲心憐愍衆

際故利與利根相違故鈍問曰第三菩薩若
能捨禪云何言无方便荅曰是菩薩命終時
入不善心捨諸禪定方便菩薩若入欲界繫
善心若无記心而捨諸禪入慈悲心憐愍衆
生作是念我若随禪定生不能廣利益衆生生
欲界者有十處四天下人六欲天三悪道菩
薩所不生鈍根者如第二菩薩說第四菩薩
入位得菩薩道脩三十七品能住十八空乃
至大慈大悲此名方便上二菩薩但有禪定
直行六波羅蜜以是故无方便第四菩薩方
便力故不随禪定无量心生所以者何行四
念處乃至大慈大悲故命終時憐愍衆生願
生他方現在佛國續與般若波羅蜜相應所
以者何憂樂随順般若波羅蜜故問曰此是
何等菩薩荅曰佛自說颰陁劫中菩薩或有
非颰陁劫中菩薩但取其大才㐌曰云何名
颰陁云何名劫荅曰如經中說有一比丘問
佛言世尊幾許名劫佛告比丘我雖能說汝
不能知當以譬喻可解有方百由旬城溢滿
芥子有長壽人過百歲持一芥子去芥子都
盡劫猶不賜又如方百由旬石有一人百歲
持迦尸羅衣輕濡疊衣一來拂之石盡劫猶
不賜時中𡨥小者六十念中〻一念大時名
劫劫有二種一爲大劫二爲小劫大劫者如
上譬喻劫欲盡時衆生自然心樂遠離樂遠



持迦尸羅衣輕濡疊衣一來拂之石盡劫猶
不賜時中𡨥小者六十念中〻一念大時名
劫劫有二種一爲大劫二爲小劫大劫者如
上譬喻劫欲盡時衆生自然心樂遠離樂遠
離故除五蓋入初禪是人離生喜樂從是起
已舉聲大唱言諸衆生甚可悪者是五欲第
一安隱者是初禪衆生聞是唱已一切衆生
心皆自然遠離五欲入於初障自然滅覺觀
入第二禪〻〻如是唱或離二稍三〻〻如是三
悪道衆生自然得善心命終皆生人中若重
罪者生他方地獄如泥犁品中說是時三千
大千國土无一衆生在者尒時二日出乃至
七日出三千大千國土地皆燒盡燒如十八
空中廣說劫生滅相復有人言四大中三大
有所動作故有三種劫或時〻〻刀起燒三千
大千國土乃至初禪四處或時水劫起澌壞
三千大千國土乃至二禪八處或時風劫起
吹壞三千大千國土乃至三禪十二住處是
名大劫小劫〻〻三種外三大發國土滅内三
毒發故衆生滅所謂飢餓刀兵疾病復有人
言時節歲數名爲小劫如法華經中說舍利
弗作佛時正法住世廿小劫〻〻注住世廿小
劫佛從三昧起於六十小劫中說法華經是
衆生小劫和合名爲大劫劫秦言分別時
節颰陁者秦言善有千万劫過去空无有佛

弗作佛時正法住世廿小劫亻法住世廿小
劫佛從三昧起於六十小劫中說法華經是
衆生小劫和合名爲大劫劫欺秦言分別時
節颰陀者秦言善有千万劫過去空无有佛
是一劫中有千佛興諸淨居天歡喜故名爲
善劫淨居天何以知此劫當有千佛前劫盡
已廓然都空後有大水水底涌出有千數七
寶光明蓮華是千佛之相泫、言天因是知
有千佛以是故說是菩薩於此劫中得阿耨
多羅三藐三菩提舍利弗有菩薩摩訶薩入
初禪乃至第四禪入慈心乃至捨入空處乃
至非有想非无想處以方便力故不隨禪生
欲生欲界若剎利大姓婆羅門大姓居士大
家爲成就衆生故問曰菩薩有二種一者隨
業生二者得法性身爲度衆、々種變化
身生三界求佛功德度脫衆生故二者之中
今是何者荅曰是菩薩是業因緣生身所以
者何入諸禪方便力故不隨禪生法身菩薩
變化自在則不大須方便入禪方便義先已
說問曰若不隨禪定何以生於欲界不生他
方清淨國土荅曰諸菩薩行各各不同或有
菩薩於禪轉心生他方佛國菩薩迴心生欲
界々如是

大智度經卷第五十一

BD14086 號　大智度論（異卷）卷五一　（15-13）


至非有想非无想處以方便力故不隨禪生
欲生欲界若剎利大姓婆羅門大姓居士大
家爲成就衆生故問曰菩薩有二種一者隨
業生二者得法性身爲度衆、々種變化
身生三界求佛功德度脫衆生故二者之中
今是何者荅曰是菩薩是業因緣生身所以
者何入諸禪方便力故不隨禪生法身菩薩
變化自在則不大須方便入禪方便義先已
說問曰若不隨禪定何以生於欲界不生他
方清淨國土荅曰諸菩薩行各各不同或有
菩薩於禪轉心生他方佛國菩薩迴心生欲
界々如是

大智度經卷第五十一


BD14086 號　大智度論（異卷）卷五一　（15-14）

BD14086 號　大智度論（異卷）卷五一　　（15–15）

BD14087 號背　現代護首　　（1–1）

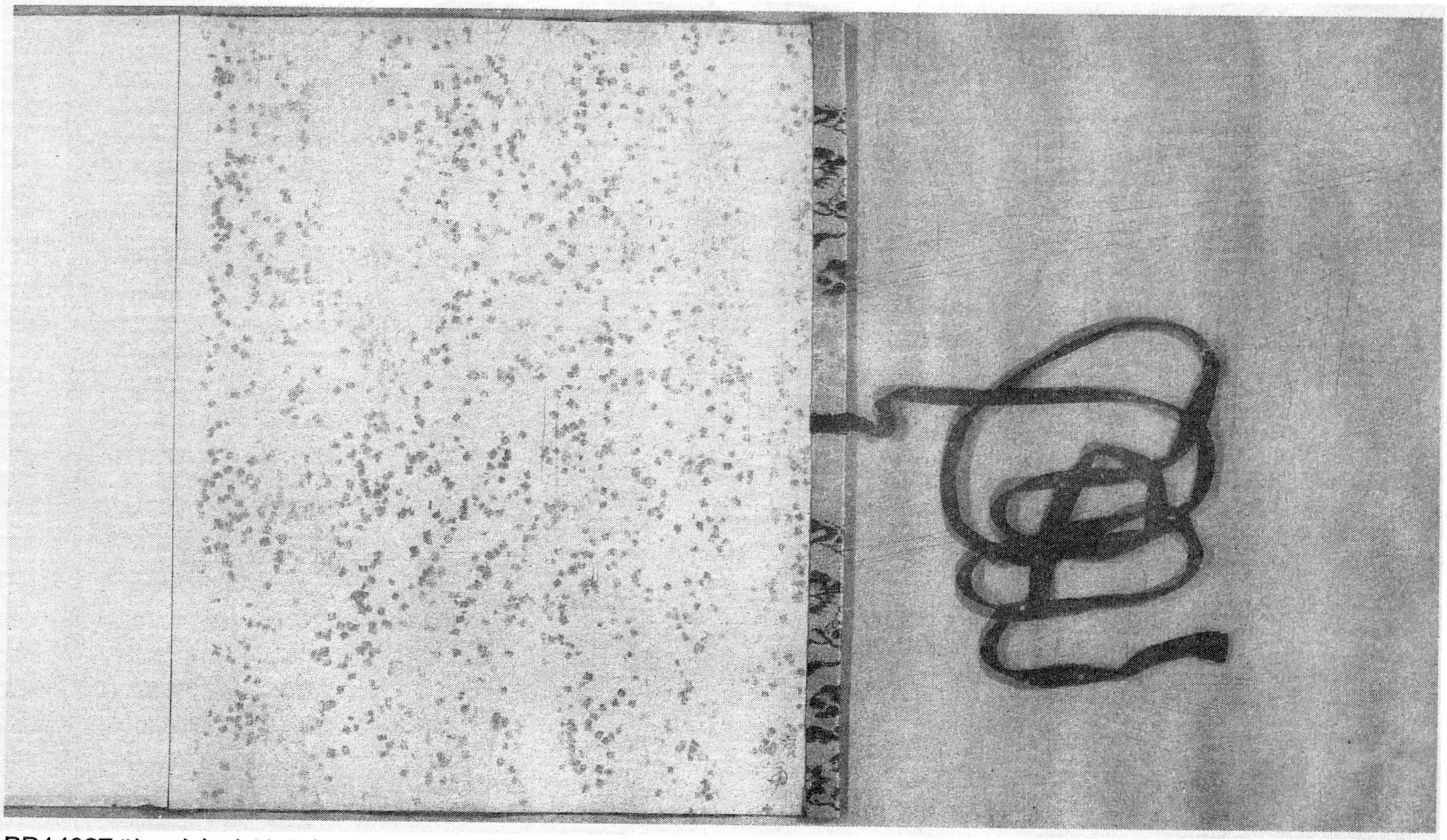

BD14087 號　大智度論卷九〇　（31–1）

大智度經實際品下第八十釋論　有取經文　卷第九十
經須菩提白佛言世尊若衆生畢竟不可得菩
薩爲誰故行般若波羅蜜佛告須菩提菩
薩爲實際故行般若波羅蜜須菩提實際衆
生際異者菩薩不行般若波羅蜜須菩提實際
衆生際不異以是故菩薩摩訶薩爲利益衆
生故行般若波羅蜜復次須菩提菩薩摩訶
薩行般若波羅蜜時以不壞實際法立衆生

BD14087 號　大智度論卷九〇　（31–2）

薩爲實際故行般若波羅蜜須菩提實際衆
生際異者菩薩不行般若波羅蜜須菩提實際
衆生際不異以是故菩薩摩訶薩爲利益衆
生故行般若波羅蜜復次菩提菩薩摩訶
薩行般若波羅蜜時以不壞實際法立衆生
於實際中須菩提白佛言世尊若實際即是
衆生際菩薩則爲建立實際於實際世尊若
建立實際於實際則爲建立自性於自性世
尊不得建立自性於自性世尊云何菩薩摩
訶薩行般若波羅蜜時建立衆生於實際
佛告須菩提實際不可建立於實際自性不可
建立於自性須菩提今菩薩摩訶薩行般若
波羅蜜時以方便力故建立衆生於實際實
際二不異衆生際實際衆生際无二无別須
菩提白佛言世尊何等是諸菩薩摩訶薩方
便力用是方便力菩薩摩訶薩行般若波羅
蜜時建立衆生於實際二不壞實際相佛告
須菩提若菩薩摩訶薩行般若波羅蜜時以
方便力故建立衆生於布施建立已說布施
先後際相作是言是布施前際空後際空中
際亦空施者亦空施報亦空受者亦空諸善
男子是一切法實際中不可得汝等莫念布
施異施者異施報異受者異若汝等不念
布施異施者異施報異受者異是時布施能
取甘露味得甘露味果汝善男子以是布施

BD14087號　大智度論卷九〇

（31–3）

男子是一切法實際中不可得汝等莫念布
施異施者異施報異受者異若汝等不念
布施異施者異施報異受者異是時布施能
取甘露味得甘露味果汝善男子以是布施
故莫著色莫著受想行識何以故是布施布
施相空施者施者空施報施報空受者受者
空空中布施不可得施者不可得施報不可
得受者不可得何以故是諸法畢竟自性空
故復次須菩提菩薩摩訶薩行般若波羅蜜
時以方便力故教衆生持戒諸衆生言汝善
男子除捨殺生法乃至除捨耶見何以故善
男子如汝所分別法无如是性汝善男子當
諦思惟何等是衆生而欲奪命用何等物奪
命乃至耶見二如是須菩提菩薩摩訶薩如
是方便力成就衆生是菩薩摩訶薩即爲衆
生說布施持戒果報是布施持戒果報自性
空知布施持戒果報自性空已是中不著不
著故心不散能生智慧以是智慧斷一切結
使煩惱入无餘涅槃是世俗法非第一實義
何以故空中无有戒亦无使戒者諸法畢竟空
即是涅槃復次須菩提菩薩摩訶薩見衆生
瞋恚惱心教言汝善男子來脩行忍辱作忍
辱人當樂忍辱汝所瞋者自性空汝來善男
子如是思惟我於何所法中瞋誰爲瞋者所

BD14087號　大智度論卷九〇

（31–4）

即是涅槃須次須菩提菩薩摩訶薩見衆生
瞋恚惱心教言汝善男子來脩行忍辱作忍
辱人當樂忍辱汝所瞋者自性空汝來善男
子如是思惟我於何所法中瞋誰爲瞋者所
瞋者誰是法皆空是性空法无不空時是空
非諸天鬼神龍王阿脩羅緊那羅摩睺羅伽
非四天王天乃至非他化自在天非梵衆天
乃至非淨居天非无邊空處乃至非有想非
无想諸天所作汝當如是思惟瞋誰誰是瞋
者何等是瞋事是一切法性空性空法无有
所瞋如是須菩提菩薩摩訶薩行般若波羅
蜜時以因緣建立衆生於性空次第漸漸亦
教利壽令得阿耨多羅三藐三菩提是世俗
法非第一實義何以故是性空中无有得者无
有得法无有得處須菩提是名實際性空法
菩薩摩訶薩爲衆生故行是法衆生亦不可
得何以故一切法離衆生相須次須菩提菩
薩摩訶薩行般若波羅蜜時方便力故見衆
生懈怠教令身精進心精進作是言諸善男
子諸法性空中无懈怠法无懈怠者无懈怠
事是一切法性皆空无過性空者汝等生身
精進心精進爲生善法故莫懈怠善法者若
布施若持戒若忍辱若精進若禪定若智慧
若諸禪定解脫三昧若四念處乃至八聖道
分若空解脫門无相无作解脫門乃至十八

BD14087 號　大智度論卷九〇

（31–5）

事是一切法性皆空无過性空者汝等生身
精進心精進爲生善法故莫懈怠善法者若
布施若持戒若忍辱若精進若禪定若智慧
若諸禪定解脫三昧若四念處乃至八聖道
分若空解脫門无相无作解脫門乃至十八
不共法莫懈怠諸善男子是一切法性空
中當知无㝵相无㝵法中无懈怠者无懈怠
法如是須菩提菩薩摩訶薩行般若波羅蜜
時教衆生令住性空不墮二法何以故是性
空无二无別故是无二法則无可瞋處須次
須菩提菩薩摩訶薩行性空般若波羅蜜時
教衆生令精進作是言諸善男子懃精進若
布施若持戒若忍辱若精進若禪定若智
慧若禪定解脫三昧若四念處乃至八聖道
分若空解脫門无相无作解脫門若佛十力
若四无所畏若四无㝵智若十八不共法若
大慈大悲是諸法汝等莫念二相莫念不二相
何以故是法性皆空是性空不應用二相念
不應用不二相念如是須菩提菩薩摩訶薩
行般若波羅蜜以方便力故成就衆生成就
衆生已次第教令得須陁洹果斯陁含果阿
那含果阿羅漢果辟支佛道菩薩位令得阿
耨多羅三藐三菩提須次須菩提菩薩摩訶
薩行般若波羅蜜時見衆生亂心以方便力
爲利益故作是言諸善男子當脩禪定汝莫

BD14087 號　大智度論卷九〇

（31–6）

那舍果阿羅漢果辟支佛道菩薩位令得阿
耨多羅三藐三菩提復次須菩提菩薩摩訶
薩行般若波羅蜜時見衆生乱心以方便力
爲利益故作是言諸善男子當脩禪定汝莫
生乱想當生一心何以故是法性皆空性空
中无有法可得若乱若一心汝等住是三昧
所有作業若身若口若意若布施若持戒若
行忍辱若懃精進若行禪定若脩智慧若行
四念處乃至若行八聖道分若諸解脫次第
定若行佛十力四无所畏四无导智十八不共
法大慈大悲卅二相八十隨形好若聲聞
道若辟支佛道若菩薩道若佛道若須陁洹
果斯陁含果阿那含果阿羅漢果辟支佛道
若一切種智若成就衆生若淨佛國土汝等
皆當應隨所願得行性空故如是須菩提若
菩薩摩訶薩行般若波羅蜜方便力爲利益
衆生故從初發意終不懈癈常求善法利益
衆生從一佛國至一佛國供養諸佛從諸佛
聞法捨身受身乃至阿耨多羅三藐三菩提
終不忘失是菩薩常得諸陁羅尼諸根具足
所謂身根語根意根何以故是菩薩摩訶薩
常脩一切智脩一切智故一切諸道皆脩若
聲聞道若辟支佛道若菩薩神通道行神通
道菩薩常利益衆生終不妄失是菩薩住報



終不忘失是菩薩常得諸陁羅尼諸根具足
所謂身根語根意根何以故是菩薩摩訶薩
常脩一切智脩一切智故一切諸道皆脩若
聲聞道若辟支佛道若菩薩神通道行神通
道菩薩常利益衆生終不妄失是菩薩住報
得神通利益衆生入生死五道終不耗减如
是須菩提菩薩摩訶薩行般若波羅蜜住性
空以禪定利益衆生復次須菩提菩薩摩訶
薩行般若波羅蜜住性空以方便力故利益
衆生作是言汝等諸善男子觀一切法性空
善男子汝等當作諸業若身業若口業若意
業取甘露味得甘露果性空中无有法退何
以故性空不退亦无退者以性空非法亦非
非法无所有法中云何當有退須菩提菩薩
摩訶薩行般若波羅蜜時如是教衆生常
不懈癈是菩薩自行十善亦教他人行十善
五戒八戒亦如是自行初禪亦教他人令行
初禪乃至第四禪亦如是常自行慈心亦教
他人令行慈心乃至捨心亦如是自行无邊
空處亦教他人令行无邊空處乃至非有想
非无想處亦如是自行四念處亦教他人令
行四念處乃至八聖道分佛十力乃至八十
隨形好亦如是自須陁洹果中生智慧亦不
住是中亦教他人令得須陁洹果乃至阿羅
漢亦如是自辟支佛道中生智慧亦不住是

[illegible]
隨形好〻〻如是自須陁洹果中生智慧〻不
住是中〻教他人令得須陁洹果乃至阿羅
漢〻如是自辟支佛道中生智慧〻不住是
中〻教他人令得辟支佛道自生阿耨多羅
三藐三菩提道〻教他人阿耨多羅三藐三
菩提道如是須菩提菩薩摩訶薩行菩薩
道時方便力故終不懈怠須菩提白佛言世尊
若諸法性常空〻中衆生不可得法非法
〻不可得菩薩摩訶薩去何求一切種智佛
告須菩提如是如是如汝所言諸法性皆空
空中衆生不可得法非法〻不可得須菩提若
一切法性不空菩薩摩訶薩不依性空成阿
耨多羅三藐三菩提爲衆生說性空法須菩
提色性空受想行識性空菩薩摩訶薩行般
若波羅蜜時說五陰性空法說十二入十八
界性空法說四禪四无量心四无色定四
念處乃至八聖道分性空法說三解脫門八
背捨九次第定佛十力四无所畏四无导智
十八不共法大慈大悲卅二相八十隨形好性
空法說須陁洹果斯陁含果阿那含果阿羅
漢果辟支佛道一切種智斷煩惱習性空法
須菩提若內空性不空外空乃至无法有法
空性不空者則壞空性是空不常不斷何
以故是性空无住處〻无所從來〻无所從

BD14087號　大智度論卷九〇

(31–9)

漢果辟支佛道一切種智斷煩惱習性空法
須菩提若內空性不空外空乃至无法有法
空性不空者則壞空性是空不常不斷何
以故是性空无住處〻无所從來〻无所從
去須菩提是名法住相是中无法无聚无散
无增无減无生无滅无垢无淨是爲諸法相
菩薩摩訶薩住是中發阿耨多羅三藐三菩
提心不見法有所發无發无住是名法住相
是菩薩摩訶薩行般若波羅蜜時見一切法
性空不轉阿耨多羅三藐三菩提何以故是
菩薩不見有法能鄣导當何處生疑是名阿
耨多羅三藐三菩提性空不得衆生不得我
不得人不得壽不得命乃至不得知者見者
性空中色不可得受想行識不可得乃至八
十隨形好不可得須菩提譬如佛化作四衆
比丘比丘尼優婆塞優婆夷常爲是諸衆說
法千万億劫不斷佛告須菩提是諸化衆當
得須陁洹果斯陁含果阿那含果阿羅漢果
得阿耨多羅三藐三菩提記不須菩提言不
也世尊何以故是諸化衆无有根本實
故一切諸法性空〻无根本實事何等是衆
生得須陁洹果　乃至阿羅漢果得阿耨多
羅三藐三菩提記須菩提菩薩摩訶薩〻如
是爲衆生說性空法是衆生實不可得以衆
生墮顛倒故拔衆生令住不顛倒顛倒即是

BD14087號　大智度論卷九〇

(31–10)

故一切諸法性空〻无相本實事何等是衆
生得須陁洹果　乃至阿羅漢果得阿耨多
羅三藐三菩提記須菩提菩薩摩訶薩〻如
是爲衆生説性空法是衆生實不可得以衆
生墮顛倒故拔衆生令住不顛倒顛倒即是
无顛倒顛倒不顛倒雖一相而多顛倒少不
顛倒无顛倒處中則无我无衆生乃至无知
者見者无顛倒處中〻无色受想行識无十
二入乃至无阿耨多羅三藐三菩提是爲諸
法性空菩薩摩訶薩住是中行般若波羅蜜
時於衆生相顛倒中拔出衆生所謂无衆生
有衆生相中拔出乃至知者見者相中拔出
捨无色色相中无受想行識受想行識相中
拔出衆生十二入十八界乃至一切有漏法
〻如是須菩提〻有諸无漏法所謂四念處四
正懃四如意足五根五力七覺分八聖道分
如是等法雖无漏亦不如第一義相第一義
（相有无作无爲无生无相无説是名第一義）
〻名性空〻名諸佛道是中不得衆生乃至
不得知者見者不得色受想行識乃至不得
八十隨形好何以故菩薩摩訶薩非爲道故
求阿耨多羅三藐三菩提心爲諸法實相性
空故求阿耨多羅三藐三菩提是性空前際
〻是性空後際〻是性空中際亦是性空常
性空无不性空時菩薩摩訶薩行是性空般
若波羅蜜爲衆生若衆生相欲拔出故求道



求阿耨多羅三藐三菩提心爲諸法實相性
空故求阿耨多羅三藐三菩提是性空前際
〻是性空後際〻是性空中際亦是性空常
性空无不性空時菩薩摩訶薩行是性空般
若波羅蜜爲衆生若衆生相欲拔出故求道
種智求道種智時遍行一切道若聲聞道若
辟支佛道若菩薩道是菩薩具足一切道拔
出衆生於耶想著淨佛國土已隨其壽命得
阿耨多羅三藐三菩提過去十方諸
佛道性空未來現在十方諸佛道〻性空離
性空世間无道无道果要從親近諸佛聞是
諸法性空行是法不失薩婆若須菩提白佛
言世尊甚希有諸菩薩摩訶薩有行是性空
法〻不壞性空相所謂色與性空異受想行
識與性空異乃至阿耨多羅三藐三菩提與
性空異須菩提色即是性空性空即是色乃
至阿耨多羅三藐三菩提阿耨多羅三藐三
菩提即是性空性空即是阿耨多羅三藐三
菩提佛告須菩提若色與性空異若受想行
識與性空異乃至阿耨多羅三藐三菩提與
性空異菩薩摩訶薩不能得一切種智須菩
提今色不異性空乃至阿耨多羅三藐三菩
提不異性空以是故菩薩摩訶薩知一切法
性空發意求阿耨多羅三藐三菩提何以故
是中无有法[illegible]

性空與菩薩摩訶薩不能得一切種智須菩
提今色不異性空乃至阿耨多羅三藐三菩
提不異性空以是故菩薩摩訶薩知一切法
性空發意求阿耨多羅三藐三菩提何以故
是中无有法若實若常但凡夫著色受想行
識凡夫取色相取受想行識相有我心著内
外物故受後身色受想行識故不得脫生老
病死愁憂苦惱往來五道以是事故菩薩
摩訶薩行性空波羅蜜不壞色等諸法相若
空若不空不壞受想行識若空若不空乃至
不壞阿耨多羅三藐三菩提相空若若不空
何以故色性空相不壞色所謂是色是空受
想行識乃至阿耨多羅三藐三菩提亦如是
須菩提辟如虚空不壞虚空内虚空不壞外
虚空外虚空不壞内虚空如是須菩提色不
壞色空相色空相不壞色何以故是二法无
有性能有所壞所謂是空是非空乃至阿耨
多羅三藐三菩提亦如是須菩提白佛言世
尊若一切法空无分別云何菩薩摩訶薩從
初發意已來作是願我當得阿耨多羅三藐
三菩提世尊若一切法无分別云何菩薩發
心言我當得阿耨多羅三藐三菩提世尊若
分別諸法不能得阿耨多羅三藐三菩提佛
告須菩提如是如是若菩薩摩訶薩行二相

BD14087號　大智度論卷九〇

(31-13)

初發意已來作是願我當得阿耨多羅三藐
三菩提世尊若一切法无分別云何菩薩發
心言我當得阿耨多羅三藐三菩提世尊若
分別諸法不能得阿耨多羅三藐三菩提佛
告須菩提如是如是若菩薩摩訶薩行二相
者无阿耨多羅三藐三菩提若分別作二分
者无阿耨多羅三藐三菩提若不二不分別諸
法則是阿耨多羅三藐三菩提菩提是不二相
不壞相須菩提是菩提不色中行不受想行
識中行乃至菩提亦不菩提中行何以故色即
是菩提菩提即是色不二不分別乃至十八不共
法亦如是是菩提非取故行非捨故行須菩
提白佛言世尊若菩薩摩訶薩菩提非取故
行非捨故行菩薩摩訶薩菩提何處行佛告
須菩提於汝意云何如佛所化人在何處行
若取中若捨中行須菩提言世尊非取中行
非捨中行佛言菩薩摩訶薩菩提亦如是非
取中行非捨中行須菩提於汝意云何阿羅
漢夢中菩提何處行若取中行若捨中行不世
尊非取中行非捨中行世尊阿羅漢畢竟不
眠云何夢中菩提若取中行若捨中行須菩
提菩薩摩訶薩阿耨多羅三藐三菩提亦如
是非取中行非捨中行所謂色中行乃至一切
種智中行世尊將无菩薩摩訶薩不行十地

BD14087號　大智度論卷九〇

(31-14)

眠云何夢中菩提若耶中行若捨中行須菩
提菩薩摩訶薩阿耨多羅三藐三菩提上如
是非耶中行非捨中行所謂色中行乃至一切
種智中行世尊將无菩薩摩訶薩不行十地
不行六波羅蜜不行卅七助道法不行十四
空不行諸禪定解脫三昧不行佛十力乃至
八十隨形好住五神通淨佛國土成就衆生
得阿耨多羅三藐三菩提佛告須菩提如是
如是如汝所言今菩薩離菩提无處行若不
具足十地六波羅蜜四禪四无量心四无色
定四念處乃至八聖道分空无相无作佛十
力乃至八十隨形好常捨法不錯謬法不具
足是諸法終不得阿耨多羅三藐三菩提是
菩薩摩訶薩住色相中住受想行識相中乃
至住阿耨多羅三藐三菩提相中能具足十地
乃至得阿耨多羅三藐三菩提是相常寂滅
无有法能增減能生能滅能垢能淨能得道
能得果世諦法故菩薩摩訶薩得阿耨多羅
三藐三菩提非第一實義何以故第一義中
无有色乃至无阿耨多羅三藐三菩提亦无
行阿耨多羅三藐三菩提者是一切皆以世
諦故說非第一義須菩提菩薩摩訶薩從
初發意已來行阿耨多羅三藐三菩提
菩提二不增衆生二不減菩薩亦无增減須
菩提於意云何若人初得道時住无間三昧

BD14087 號　大智度論卷九〇　（31–15）

行阿耨多羅三藐三菩提者是一切皆以世
諦故說非第一義須菩提菩薩摩訶薩從
初發意已來行阿耨多羅三藐三菩提
菩提二不增衆生二不減菩薩亦无增減須
菩提於意云何若人初得道時住无間三昧
得无漏根成就須陀洹果若斯陀含果阿那
含果阿羅漢果尒時有所得若夢若心若道
若道果不須菩提言世尊不得也佛告須菩
提云何當知得阿羅漢道者世尊世諦故說名
阿羅漢道佛言如是如是須菩提世諦故
說名菩薩說名色受想行識乃至一切種
智是菩提中无法可得若增若減以諸法
性空故諸法性空尚不可得何況得初地心
乃至十地心六波羅蜜卅七助道法空三昧
无相无作三昧乃至一切佛法當有所得无
有是處如是須菩提菩薩摩訶薩行阿耨多
羅三藐三菩提得阿耨多羅三藐三菩提利
益衆生

論

釋曰上品中須菩提種種因緣難若諸法空
云何有五道生死善不善法今難衆生作是
言世尊若衆生畢竟不可得菩薩為誰故行
般若先難法為衆生今難衆生為法故佛告
為實際故菩薩行般若波羅蜜須菩提意
謂菩薩為度衆生故行般若波羅蜜佛意衆
生假名虛誑畢竟不可得菩薩為一切實法故

BD14087 號　大智度論卷九〇　（31–16）

般若先難法為衆生今難衆生為法故佛告
為實際故菩薩行般若波羅蜜須菩提意
謂菩薩為度衆生故行般若波羅蜜佛意衆
生假名虛誑畢竟不可得菩薩為一切實法故
行般若波羅蜜實法即是實際　問曰一切菩
薩見衆生苦惱為度衆生故發大悲心今何
以言為實際　答曰初發意菩薩但為愍衆生
苦故發大悲心苦者所謂老病死等及身心
衆惱云何愍是苦尋苦因緣由生故如佛十
二因緣中說何因緣故有老病死以生故
問曰一切衆生皆知生因緣是苦菩薩有何
奇特　答曰衆生不知由生有苦若遭苦時
但恨人自不將適初不悪生以是故增長結使
重增生法不知真實苦因有人无鞭杖刀兵
諸悲惱苦而有死苦此從何來從生而有
復次鞭杖刀兵悲惱皆由生故有餘法或有
苦或无苦是生法必有苦正使大智及諸天
有生必有死有死必有苦是故知生定是苦
本如草木有生故必可焚燒若當不生雖有
猛火大風无所燒害菩薩既得苦因緣復推
生因緣生因緣者有有有三種欲有色有无
色有著是三有起善悪業是生因有因者四
種取取因緣者愛諸煩惱小者未能起業故
名為愛增長能起業故取欲取見取戒取我



生因緣生因緣者有有有三種欲有色有无
色有著是三有起善悪業是生因有因者四
種取取因緣者愛諸煩惱小者未能起業故
名為愛增長能起業故取欲取見取戒取我
語取取著是四事故能種種起業愛因緣三
種受受因緣者眼等六種觸觸名受等諸心
數法情塵識三事和合故心中生受等心數
法根本雖三事和合故生觸為六情依止住處
故但說六入六入因緣名色六入雖即是名
色分成就名六入未成就名名色成就名
五入名成就名一入是胎中時因緣次第名
名色因緣是識若識不入胎初胎則爛壞識
名中陰中五衆是五衆細故但名為識若識
不入而胎成者如一切和合時皆應成胎
問曰識何因緣故入胎　答曰行因緣行即
是過去三種業業將識入胎如風吹絕炎空中
而去炎則依止於風先世作人身時燃六識
故命終時業將識入胎　問曰上業何以名
有今業何以名行
答曰上是今世業為未來有故名為有今業
過去世以滅盡但有名名為行天竺語刪迦
羅秦言行是行因緣名无明一切煩惱雖是
過去業因緣无明是根本故但名无明今世
現在著愛取多故愛取愛名過去世中是疑

過去世以滅盡但有名名爲行天竺語删迦
羅秦言行是行因緣名无明一切煩惱雖是
過去業因緣无明是根本故但名无明今世
現在著愛取多故愛取愛名過去世中是疑
耶見處故但名无明今得一切苦惱根本是
无明　問曰无始生死展轉甚多何以正齊
无明　荅曰是事先已荅菩薩思惟爲人從苦
得脱故求苦因緣衆生過去未來現在老死等
苦不可得除爲除未來世老死苦斷相續不
令復生如良醫過去病不可治現在病亦不
可治服藥但能治應起病破其冷熱不復令
起又如失火燒舍不爲已過去火故熄滅亦
不爲現在火故熄滅但爲未來火不令更燒故
熄滅良醫滅大入熄方便亦尒不虛菩薩滅
衆生苦惱亦如是過去苦已滅无所復能現
在苦惱先世因緣成就故不可却但破未來
世老死等苦因緣故破是生法老死等苦自
然永滅是故菩薩欲滅未來世老死等苦因
緣生得現在有等八因緣一名有漏業二名
現在世諸煩惱所謂四取一愛是二種煩惱
從二心數法生所謂受及觸觸能生一切心
數法受前生故得名觸是受因緣受雖能生
三毒一切衆生愛是舊煩惱觸因緣是內六
入如先說雖有外六入內六入无故觸等心



現在世諸煩惱所謂四取一愛是二種煩惱
從二心數法生所謂受及觸觸能生一切心
數法受前生故得名觸是受因緣受雖能生
三毒一切衆生愛是舊煩惱觸因緣是內六
入如先說雖有外六入內六入无故觸等心
數法不生是故內六入得名名色是六入因
緣如此中說初入胎識是名色因緣識名色
在胎中此中雖有六入未成就未可用故未
得名字既生嬰孩未能有所作但有六入轉
大有六觸如小兒蹈火履冰但有觸未知苦
樂轉大受苦樂未深受著如小兒雖瞋未能
起煞等惡業雖善未能起施等善業年及成
人得苦生恚得樂生愛求樂具故取欲等四
取取時能起善惡業若知先一世无明業因
緣則億万世可知辟如現在火熱過去未來
火亦如是若无明因緣更求其本則无窮即
墮邊見失涅槃道是故不應求若更求則
墮戲論非是佛法菩薩欲斷无明故求无明體
相求時即入畢竟空何以故佛經說无明相
內法不知外法不知內外法不知菩薩以內
空觀內法內法即空以外空觀外法外法即
空以內外空觀內外法內外法即空如是等
一切是无明相如先品德女經中破无明廣
說復次菩薩求无明體即時是明所謂諸
法實相名爲實際觀諸法如幻化衆生顛倒

空觀內法內法即空以外空觀外法外法即
空以內外空觀內外法內外法即空如是等
一切是无明相如先品德女經中破无明廣
說復次菩薩求无明體即時是明所謂說諸
法實相名為實際觀諸法如幻化衆生顛倒
因緣故起諸煩惱作惡罪業輪轉五道受
生死苦辟如蚕出絲自裹縛入沸湯火炙凡
夫衆生亦如是初生時未有諸煩惱後自生
貪欲瞋恚等諸煩惱是煩惱因緣故還覆真
智慧轉身受地獄火燒湯煮菩薩知是法
本末皆空但衆生顛倒錯故受如是苦菩薩於
此衆生起大悲心欲破是顛倒故求於實法行
般若波羅蜜通達實際種種因緣教化衆生
令住實際是故住實際无咎須汱經中說若
衆生與實際異菩薩不應行般若波羅蜜異
者實際是畢竟空衆生際是決定有若尒者
應難若諸法實際相空菩薩云何為衆生故
捐此實際若衆生畢竟空實際定有无衆生
則无所利益為誰故行實際令衆生實際不
異實際故行般若波羅蜜欲覺悟狂惑顛倒
凡夫故行般若波羅蜜令衆生住實際中而不
壞實際是時須菩提更問若衆生際實際不
異云何以實際著實際自性不應自性中住
如指端不能自觸指端佛可其意菩薩以方

BD14087號　大智度論卷九〇　(31–21)

凡夫故行般若波羅蜜令衆生住實際中而不
壞實際是時須菩提更問若衆生際實際不
異云何以實際著實際自性不應自性中住
如指端不能自觸指端佛可其意菩薩以方
便故建立衆生於實際如衆生實際一異不
可得若是一則壞實際相所以者何得是一
性故菩薩知是二法非一不二亦不不一亦
不不二畢竟寂滅无戲論相菩薩生大悲心
但欲拔出衆生離顛倒故教化衆生又問云
何名方便佛答菩薩行般若時以方便力故
建立衆生於檀中說是檀先際後際空中際
亦尒如經中廣說菩薩知實際者到衆生邊
如先檀品中說衆生聞已發心折薄煩惱深
若布施菩薩愍衆生我從慳中拔出今復著
布施衆生若受布施福盡受諸苦惱又受福
得富貴因緣得作大罪則墮地獄是故愍此衆
生得少許時樂而受苦長久是故菩薩為說
布施實相所謂畢竟空作是言是布施過去
已滅不可見不可得不可用但可憶念如夢
所見无異未來生故亦无所有畢竟空是
布施先後際无故中際亦无如破六塵中破
色法中說現在布施雖自見分分破析乃至
微塵不可得布施三世空施者受者果報
亦如是菩薩語施者言布施等法是初入佛

BD14087號　大智度論卷九〇　(31–22)

布施先後際无故中際亦无如破六塵中破
色法中說現在布施雖自見分分破折乃至
微塵不可得布施三世空施者受者果報
亦如是菩薩語施者言布施等法是初入佛
法門實際中實際相亦无何況布施汝莫念
莫著布施等法若不念不著如布施體相如
是布施者則得甘露味甘露果甘露味者是
八聖道分甘露果者是涅槃菩薩雖住實際
中以方便力布施門度衆生餘波羅蜜亦如
是如經中廣說須菩提白佛世尊若一切法性
空性空中无法及非法亦无衆生菩薩云何
住是空中求一切種智佛答菩薩安立性空
中故能行是布施等諸法又問性空破一切
法悉盡无餘云何菩薩住性空中能行布
施等諸善法佛可須菩提意而說因緣菩薩
知諸法實相住是中能得阿耨多羅三藐三菩
提諸法實相者即是性空若一切法性不空
菩薩不應住是諸法性空中得阿耨多羅
三藐三菩提已爲衆生說性空法所謂色性空
受想行識性空乃至爲衆生說一切種智斷
煩惱習性空法復次須菩提十八空若性不
空是爲壞空體何以故十八空能令一切法空
若自不空則爲虛誑又若不空者則墮常過
著處能生煩惱性空无實住處无所從來
去无所至是名常住法相常住法相是性空之



煩惱習性空法復次須菩提十八空若性不
空是爲壞空體何以故十八空能令一切法空
若自不空則爲虛誑又若不空者則墮常過
著處能生煩惱性空无實住處无所從來
去无所至是名常住法相常住法相是性空之
異名亦名諸法實相是相中无生无滅无增
无減无垢无淨菩薩住是中見一切法性空
於阿耨多羅三藐三菩提不退不疑不悔何
以故不見諸法能障尋者以方便力故度衆
生方便力者畢竟无法亦无衆生而度衆生
問曰若衆生及法從本以來无爲誰作方便
爲度脫誰　答曰性空名空性亦无汝何以取
是空性相作難若有性空相應當作難復次
得諸法實相者知是性空是人則知諸法性
空无法无衆生凡人未得實相故種種憶想
分別譬如狂人妄有所見以爲實有爲度凡
夫狂人故言爲衆生說狂法中有是諸法分
別實法中則无菩薩欲滿本願故又不著性
空故有度衆生此中則不應難復次此經中
佛自說因緣性空中衆生不可得知者見者
亦不可得乃至八十隨形好亦如是而菩薩
立是法爲衆生說是世諦故非是實此中佛
說譬喻如佛作化人有化作四部衆而爲說
法可有得道者不須菩提言不也所以者何

立是法爲衆生説是世諦故非是實此中佛
説譬喻如佛作化人有化作四部衆而爲説
法可有得道者不須菩提言不也所以者何
无定根本實事何有得須陁洹乃至得佛者
菩薩説法度衆生亦如是衆生无有定實但
欲於顛倒中拔出衆生着无顛倒中无顛倒
法亦无處所是中无衆生乃至无知者見者
雖空性一相而顛倒多不顛倒少是故貴是
性空不顛倒法菩薩住此中但破衆生妄想
不破衆生又无漏法乃至八聖道分雖是无
漏以生滅故不如第一義須菩提是性空一
切諸佛唯有是道更无異道何以故諸佛皆
求實智不壞不異法雖有十力四无所畏諸
異法不名爲一道所以者何此皆是有爲法
轉變无常故是性空中无衆生亦无色等諸
法菩薩不爲菩薩道故求阿耨多羅三藐三
菩提但爲性空故　問曰何等是性空何等是
菩薩道　答曰第一義中无分別世諦中有分
別諸法實相名性空餘布施等乃至八十隨
形好是菩薩道離行是法不爲此法爲求性
空故是故説不爲菩薩道故行是性空先亦
性空中亦性空後亦性空從本以來常空无
有作者非是福德力故使空亦非智慧力故
使空但性自尒故諸佛賢聖以大福德智慧

BD14087號　大智度論卷九〇

(31–25)

空故是故説不爲菩薩道故行是性空先亦
性空中亦性空後亦性空從本以來常空无
有作者非是福德力故使空亦非智慧力故
使空但性自尒故諸佛賢聖以大福德智慧
力方便力故破衆生心中顛倒令知性空譬
如虛空性常清淨不着垢闇或時風雲闇翳
世人便言虛空不淨更有猛風吹除風雲便
言虛空清淨而虛空實无垢无淨諸佛亦如
是以説法猛風吹却顛倒雲翳令得清淨而
諸法性常自无垢无淨是菩薩知一切法性
空故能行一切種種道度衆生具足一切道
淨佛國土教化衆生得阿耨多羅三藐三菩
提時隨意壽命隨意壽命者菩薩得无生法
忍入如幻菩薩道能一時變化作千億万身
周遍十方具足行一切菩薩道處處國土中
隨衆生壽命長短而受其形如釋迦牟尼佛
於此國土壽命百年於莊嚴國土壽命七百
僧祇劫佛法於五不可思議中是第一不可
思議佛告須菩提一切法空是諸佛真道
若得是法則名爲佛若説此法名爲度衆生
三世佛皆亦如是離是性空則无道无果道
者八聖道分果者七種果所以者何若離性
空別有定法則取相生着着故亦无離欲无
離欲故則无道果若離性空雖行布施持戒

BD14087號　大智度論卷九〇

(31–26)

若得是法則名爲佛若說此法名爲度衆生
三世佛皆亦如是離是性空則无道无果道
者八聖道分果者七種果所以者何若離性
空別有定法則取相生著著故亦无離欲无
離欲故則无道果若離性空雖行布施持戒
行慈悲等善法力故雖不墮惡道生天果盡
還墮惡道如本不異行性空法亦不著性空即
是涅槃行餘法生著心有退失若行此法則无
退失須菩提歡喜白佛言甚希有菩薩行
是性空法亦不壞性空相佛荅若色等法與
性空異菩薩則不得阿耨多羅三藐三菩提
何以故有定法則不可得離須菩提今色等諸
法性實空菩薩知是已得阿耨多羅三藐三
菩提所以者何此中无有一法定是常但凡
夫生我心故著內外法不得脫生老病死是
故菩薩行是性空和合六波羅蜜不壞色等
諸法相所謂若空若不空若非空非不空不
作如是示諸法相是名不壞所以者何色實
相即是性空性空云何自壞性空乃至菩提
亦如是此中佛說譬喻如內虛空不壞外虛
空以同體故須菩提問世尊若諸法性空
无別異菩薩於何處得阿耨多羅三藐三菩提
佛可其意言如是若分別有二相則不得阿
耨多羅三藐三菩提向耨多羅三藐三菩提
名實智慧於色法中不得行所謂不著不染



空以同體故須菩提問世尊若諸法性空
无別異菩薩於何處得阿耨多羅三藐三菩提
佛可其意言如是若分別有二相則不得阿
耨多羅三藐三菩提向耨多羅三藐三菩提
名實智慧於色法中不得行所謂不著不染
所以者何是智慧不爲取色故行是故不行
色中須菩提復問若菩提不取中行不捨中
行當於何處行取名實法捨名空法取名著
行捨名不著行取名二行捨名不二行如是
等分別佛反問須菩提於汝意云何佛所化
人爲何處行須菩提言是化人无處行化人
爲何處行須菩提言是化人无處行化人无
心心數法故菩提亦如是復問於汝意云何
阿羅漢夢中菩提爲在何處行須菩提言阿
羅漢尚不眠何況夢中菩提有行處　問曰菩
提有三種阿羅漢菩提辟支佛菩提佛菩提
阿羅漢菩提不在有漏心中无記心中行但
在无漏心中行佛何以故問阿羅漢夢中菩
提何處行　荅曰阿羅漢是一切漏盡聖人
則无夢佛以必无處故問欲明了无行法
問曰乃至佛猶尚有眠何以知之佛常命阿難
汝四牒憂多羅僧敷我欲小眠汝爲諸比丘說
法又薩遮尼揵問佛佛自念晝日有眠不佛
言春末夏初以時熱故小眠息除食患故薩

問曰乃至佛猶尚有眠何以知之佛常命阿難
汝四辟憂多羅僧敷我欲小眠汝為諸比丘說
法又薩遮尼揵問佛佛自念晝日有眠不佛
言春末夏初以時熱故小眠息除食患故薩
遮尼揵白佛餘人有言晝日眠是眠癡相佛
言汝置汝不別癡相諸漏能生後身相續不
斷者是名癡相雖常不眠亦是癡諸漏永滅
无餘雖眠不名癡如是等經中處處說須菩
提何以言阿羅漢尚不眠　答曰眠有二種一
者眠而夢二者眠而不夢阿羅漢非為安隱
若不樂故眠但受四大身法應有食息眠覺
是故少許時息名為眠為夢眠故須菩提言
阿羅漢尚不眠有人言離欲者得禪定色界
繫四大入一身中身心歡樂則无有眠慧解
脫阿羅漢色界四大不入身中故有眠是故
須菩提言阿羅漢尚不眠是故阿羅漢有眠
不眠佛以方便力為度眾生受人法故現眠
須菩提復問若不行者云何菩薩從一地至
十地乃至得阿耨多羅三藐三菩提佛可其
意菩提雖无處行未具足六波羅蜜諸法
終不得阿耨多羅三藐三菩提是菩薩住色
相乃至菩提相中住得阿耨多羅三藐三菩
提不捨色等法亦不著菩提相知色等法即
是菩提常寂滅无法若增若減若垢若淨
若得道若得果但世諦故說菩薩得阿耨多



相乃至菩提相中住得阿耨多羅三藐三菩
提不捨色等法亦不著菩提相知色等法即
是菩提常寂滅无法若增若減若垢若淨
若得道若得果但世諦故說菩薩得阿耨多
羅三藐三菩提第一義中无有色乃至菩提
佛欲明是事故及問須菩提於汝意云何汝斷
煩惱得道時有所得不所謂如夢等五眾若
道若道果決定一法不須菩提言不得也所以
者何須菩提意住无相門中入道云何取相
佛言汝若乃至不得微細少法云何說汝為
阿羅漢須菩提言世諦法故說言阿羅漢凡
夫顛倒法中有得有失有眾生有法佛言菩
提亦如是世諦法故說有菩薩說有色等乃
至菩提菩提中无有定法亦有眾生亦无菩
提菩薩觀是菩提法中无有增无有減所以
者何諸法性如是菩薩亦不得是諸法性何
況有初發心乃至十地及六波羅蜜卅七品
乃至十八不共法當有所得无有是處所以
者何諸法性是一切法根本常不可得何況
六波羅蜜等是作法若法當有定實如是
菩薩行是諸法性得佛時能大利益眾生

大智度經釋論卷第九十

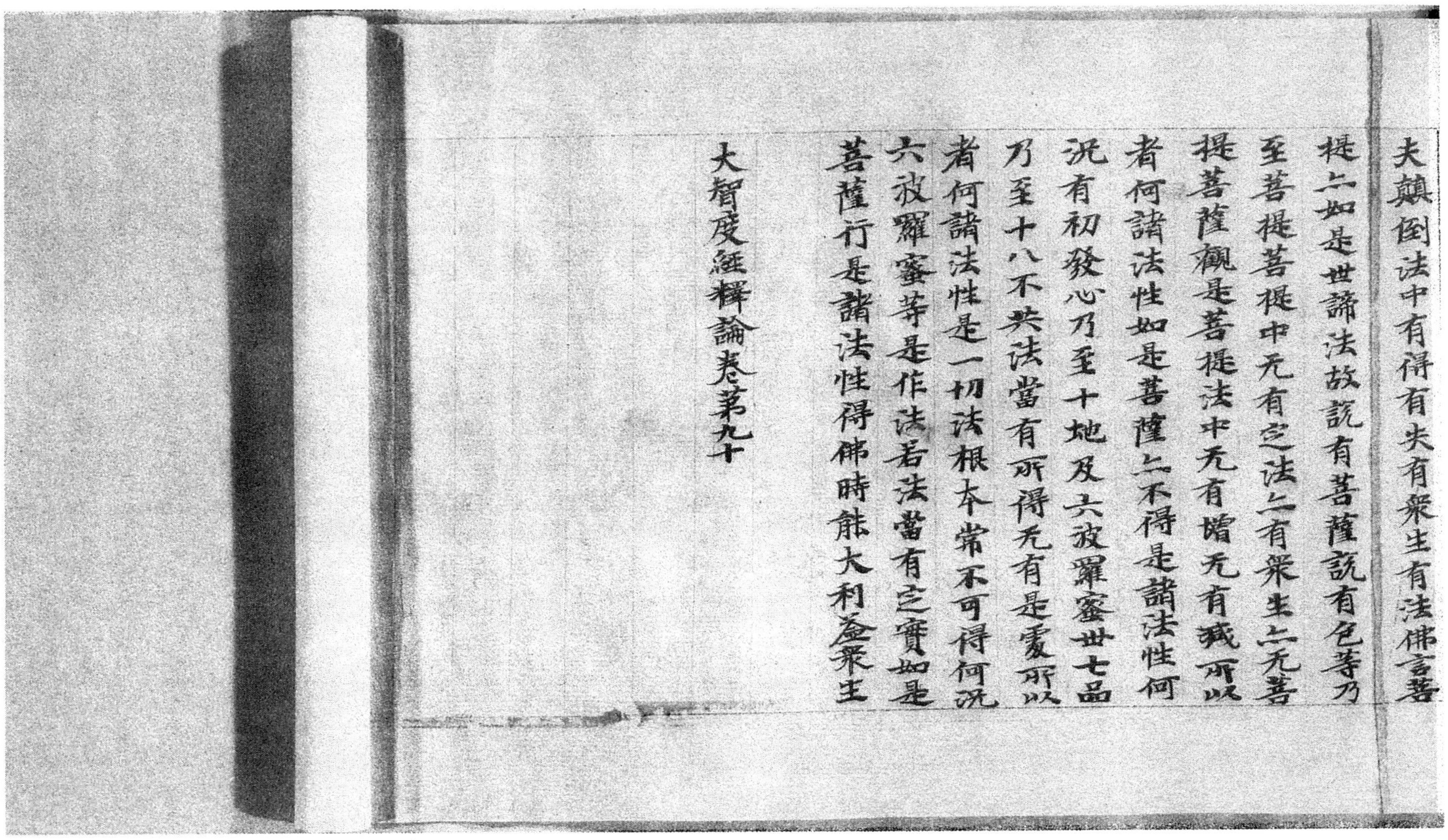


BD14087 號　大智度論卷九〇　　（31–31）

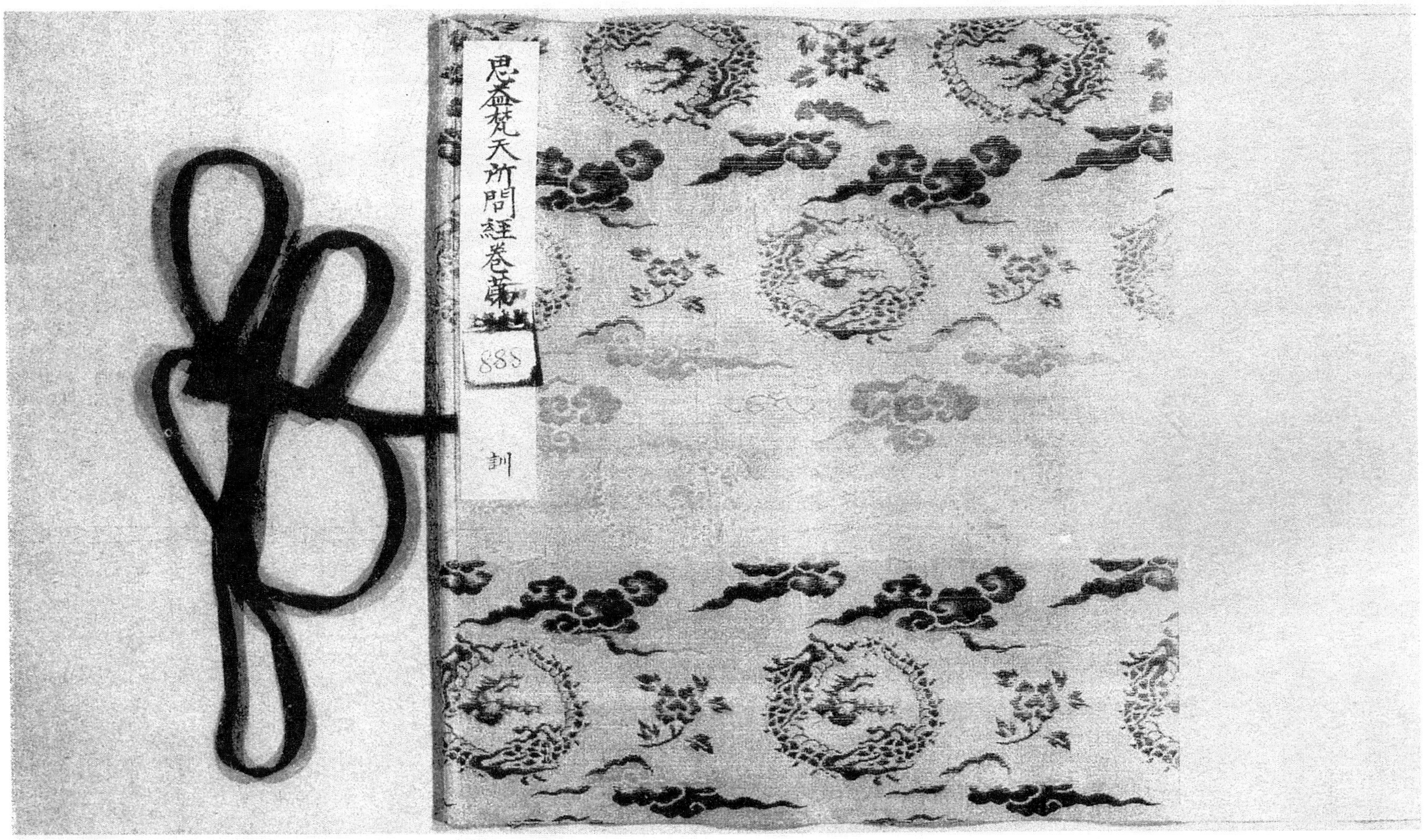


BD14088 號背　現代護首　　（1–1）

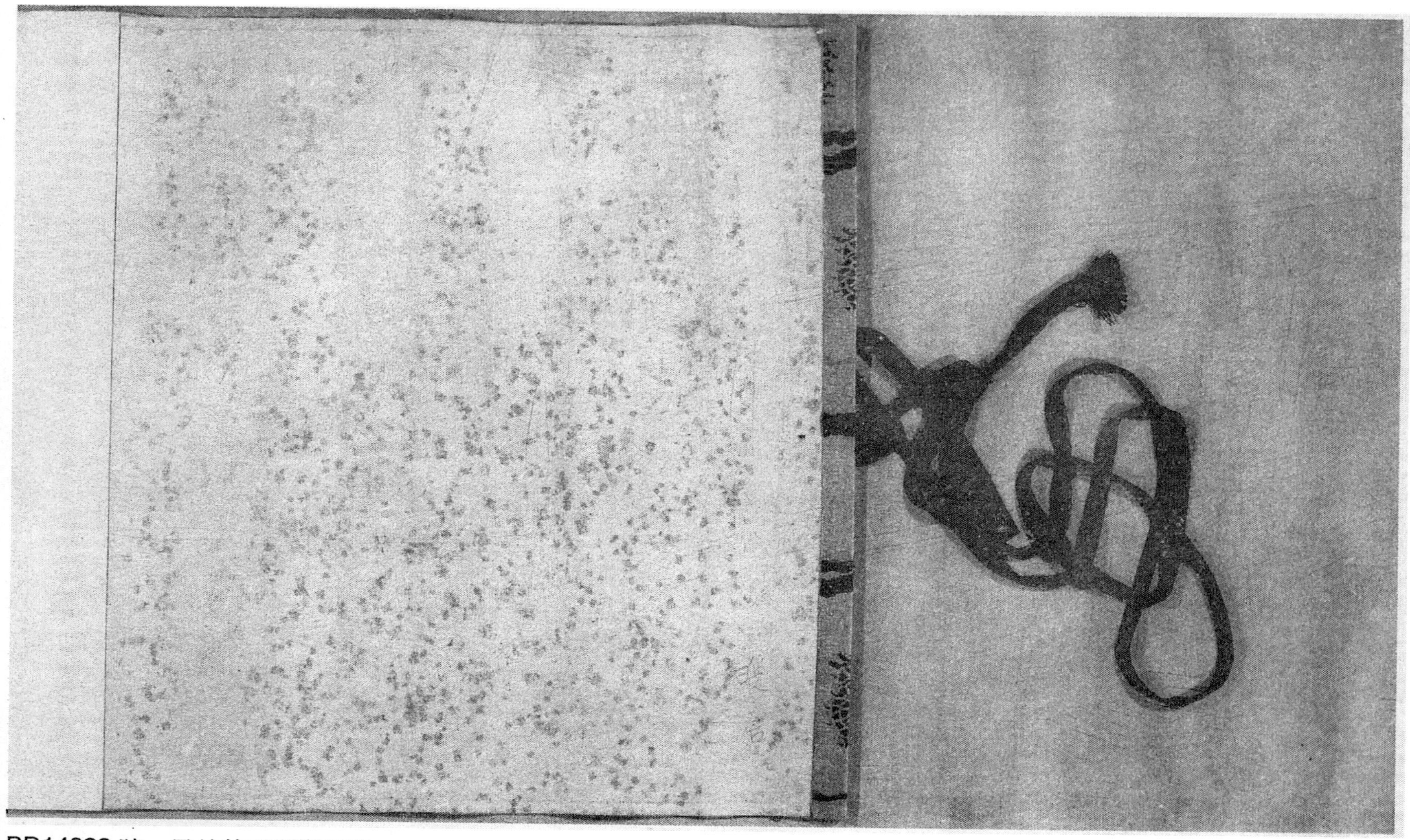

BD14088 號　思益梵天所問經卷一

（29–1）

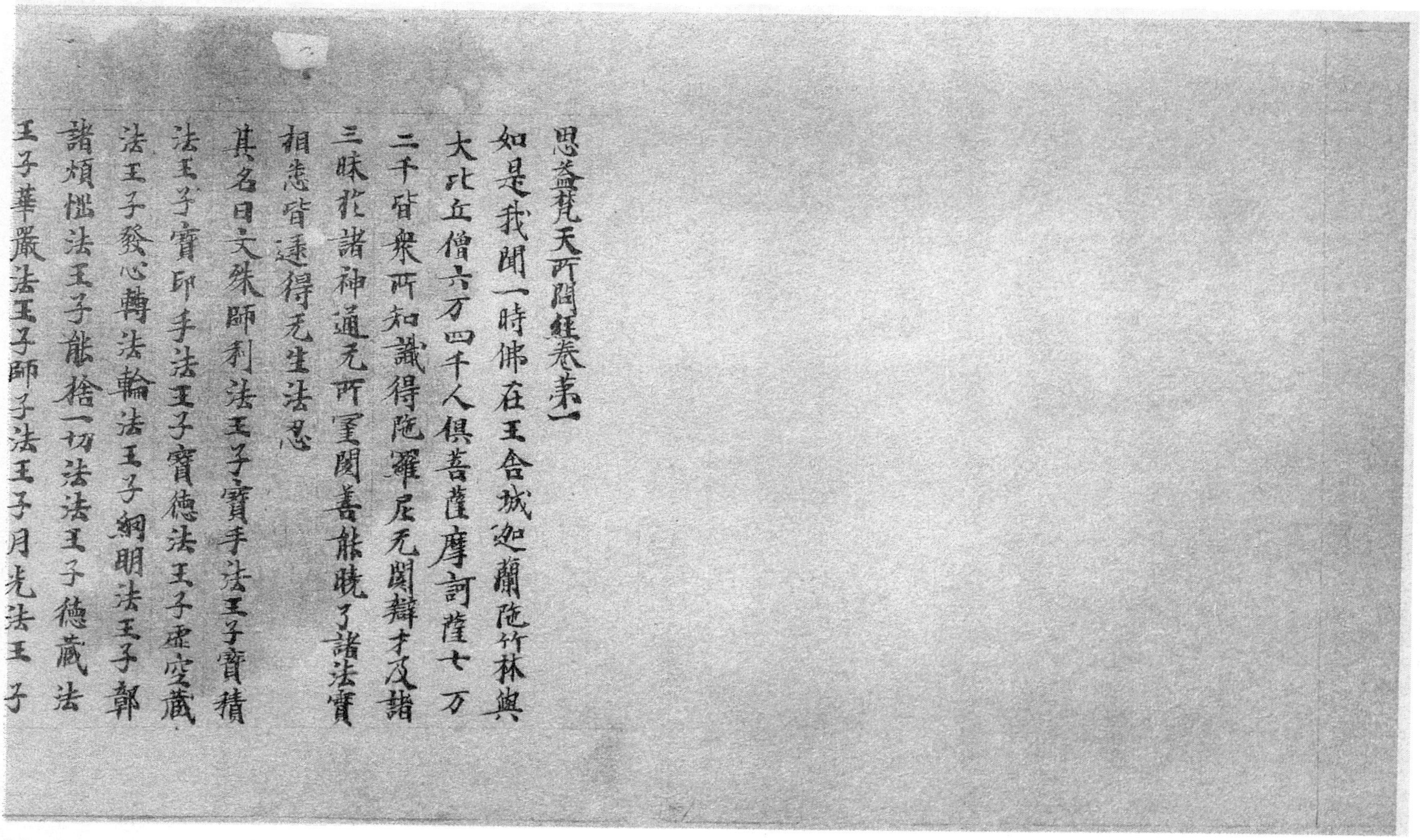

思益梵天所問經卷第一
如是我聞一時佛在王舍城迦蘭陀竹林與
大比丘僧六万四千人俱菩薩摩訶薩七万
二千皆衆所知識得陀羅尼无閡辯才及諸
三昧於諸神通无所罣閡善能曉了諸法實
相悉皆逮得无生法忍
其名曰文殊師利法王子寶手法王子寶積
法王子寶印手法王子寶德法王子虛空藏
法王子發心轉法輪法王子網明法王子鄣
諸煩惱法王子能捨一切法法王子德藏法
王子華嚴法王子師子法王子月光法王子

BD14088 號　思益梵天所問經卷一

（29–2）

法王子寶印手法王子寶德法王子虛空藏
法王子發心轉法輪法王子網明法王子鄣
諸煩惱法王子能捨一切法法王子德藏法
王子華嚴法王子師子法王子月光法王子
尊意法王子善莊嚴法王子及跋陀波羅
等十六賢士跋陀波羅菩薩寶積菩薩星
德菩薩帝天菩薩水天菩薩善力菩薩大意
菩薩殊勝意菩薩增意菩薩善發意菩
薩不虛見菩薩不休息菩薩不少意菩薩導
師菩薩日藏菩薩持地菩薩如是等菩薩摩
訶薩七万二千人及四天王釋提桓因等忉利諸
天夜魔天兜率陀天化樂天他化自在天及
梵天王等諸梵天并餘无量諸天龍鬼神夜
叉乾闥婆阿脩羅迦樓羅緊那羅摩睺羅
伽人與非人等普皆来集尒時世尊大衆恭敬
圍遶而為說法扵是網明菩薩即從坐起偏袒
右肩右膝著地頭面礼佛足合掌向佛震
動三千大千世界引道趣發一切大衆而白
佛言世尊我欲從佛少有所問若佛聽者
敢諮請佛告網明恣汝所問當為解說悅
可尒心扵是網明既蒙聽許心大歡喜即
白佛言世尊如来身相超百千万日月光明
我自惟念若有衆生能見佛身甚為
希有我復惟念若有衆生能見佛身皆
是如来威神之力佛告網明如是如是如

BD14088 號　思益梵天所問經卷一　（29–3）

白佛言世尊如来身相超百千万日月光明
我自惟念若有衆生能見佛身甚為
希有我復惟念若有衆生能見佛身皆
是如来威神之力佛告網明如是如是如
汝所言若佛不加威神衆生无有能見佛
身亦无能問網明當知如来有光名寂莊
嚴若有衆生遇斯光者能見佛身不壞
眼根又如来光名无畏辯若有衆生遇斯
光者能問如来其辯无盡又如来光名集
諸善根若有衆生遇斯光者能問如来
轉輪聖王行業因緣又如来光名淨莊嚴
若有衆生遇斯光者能問如来天帝釋
行業因緣又如来光名得自在若衆有生
遇斯光者能問如来梵天王行業因緣又如来
光名離煩惱若有衆生遇此光者能問如来聲
聞乘所行之道又如来光名善遠離若有
衆生遇斯光者能問如来辟支佛所行之
道又如来光名益一切智若有衆生遇斯
光者能問如来大乘佛事又如来光名曰住
益佛来去時是下光明衆生遇者命終生
天又如来光名一切莊嚴若佛入城放斯光
明衆生遇者得歡喜樂一切嚴飾之具莊
嚴其城城中寶藏從地涌出又如来光名
日震動佛以此光能動无量无邊世界又如
来光名曰生樂佛以此光能滅地獄衆生苦惱

BD14088 號　思益梵天所問經卷一　（29–4）

又如来光名一切莊嚴若佛入城放斯光
明眾生遇者得歡喜樂一切嚴飾之具莊
嚴其城城中寶藏從地涌出又如来光名
日震動佛以此光能動无量无邊世界又如
来光名日生樂佛以此光能滅地獄眾生苦惱
又如来光名日上慈佛以此光能令畜生不
相惱害又如来光名日涼藥佛以此光能滅餓
鬼飢渴熱惱又如来光名日明淨佛以此光
使盲者得視又如来光名日聽聽佛以此
光能令眾生聾者得聽又如来光名日慚
愧佛以此光能令眾生狂者得正又如来光
名日止息佛以此光能令眾生捨十不善道
安住十善道又如来光名日離惡佛以此
光能令邪見眾生皆得正見又如来光名
日能捨佛以此光能破眾生慳貪之心令行
布施又如来光名无悔熱佛以此光能令毀
禁眾生皆得持戒又如来光名日安利佛
以此光能令瞋恨眾生皆行忍辱又如来
光名日勲脩佛以此光能令懈怠眾生皆
行精進又如来光名日一心佛以此光能令忘
念眾生皆得禪定又如来光名日能解佛
以此光能令愚癡眾生皆得智慧又如来
光名日清淨佛以此光能令不信眾生皆得
淨信又如来光名日能持佛以此光能令少
聞眾生皆得多聞又如来光名日威儀佛以
此光能令无慚眾生皆得慙愧又如来光名

BD14088 號　思益梵天所問經卷一

（29–5）

以此光能令愚癡眾生皆得智慧又如来
光名日清淨佛以此光能令不信眾生皆得
淨信又如来光名日能持佛以此光能令少
聞眾生皆得多聞又如来光名日威儀佛以
此光能令无慚眾生皆得慙愧又如来光名
日安隱佛以此光能令多欲眾生斷除婬欲
又如来光名日歡喜佛以此光能令多怒眾
生斷除瞋恚又如来光名日照明佛以此光
能令多癡眾生斷除愚癡又如来光名日
遍行佛以此光能令等分眾生斷除等分
又如来光名示一切色佛以此光能令眾生皆
見佛身无量種色網明當知如来若以一劫若
減一劫說此光明力用名号不可窮盡
尒時網明菩薩白佛言未曾有也世尊如来
身者即是无量光明之藏說法方便亦不
可思議世尊我自昔来未曾聞此光明名号
如我解佛所說義若有菩薩聞斯光明名
号信心清淨皆得如是光明之身世尊唯願
今日放諸菩薩光令他方菩薩善問難者見
斯光已發心来此娑婆世界尒時世尊受網
明菩薩請已即放光明照於三千大千世界普及
十方无量佛土於是諸方无量百千万億菩
薩見斯光已皆来至此娑婆世界尒時東方
過七十二恒河沙佛土有國名清熱佛号日
月光如来應供正遍知今現在其佛土有菩

BD14088 號　思益梵天所問經卷一

（29–6）

明菩薩請已即放光明照於三千大千世界普及
十方无量佛土於是諸方无量百千万億菩
薩見斯光已皆來至此娑婆世界尒時東方
過七十二恒河沙佛土有國名清熱佛号日
月光如來應供正遍知今現在其佛土有菩
薩梵天名曰思益住不退轉見此光已到日
月光佛所頭面作礼白佛言世尊我欲詣娑
婆世界釋迦牟尼佛所奉覲供養親近諮
受彼佛亦復欲見我等其佛告言便往梵天
今正是時彼娑婆國有若干千億諸菩薩
集汝應以十法遊於彼土何等為十於毀於
譽心无增減聞善聞惡心无分別於諸愚
智等以悲心於上中下衆生之類意常平等
於輕毀供養心无有二於他闕失莫見其過
見種種乘皆是一乘聞三惡道亦勿驚畏於
諸菩薩生如來想佛出五濁生希有想梵
天汝當以此十法遊彼世界思益梵天白佛
言世尊我不敢於如來前作師子吼我所
能行佛自知之今當以此十法於彼世界
一心脩行尒時日月光佛國有諸菩薩
白佛言世尊我得大利不生如是惡
衆生中其佛告言善男子勿作是語所
以者何若菩薩於此國中百千劫淨脩梵行
不如彼土從旦至食无瞋㝵心其福為勝
即時有万二千菩薩與思益梵天俱共發來

BD14088 號　思益梵天所問經卷一　（29–7）

白佛言世尊我得大利不生如是惡
衆生中其佛告言善男子勿作是語所
以者何若菩薩於此國中百千劫淨脩梵行
不如彼土從旦至食无瞋㝵心其福為勝
即時有万二千菩薩與思益梵天俱共發來
而作是言我等亦欲以此十法遊彼世界見
釋迦牟尼佛於是思益梵天與万二千菩薩
俱於彼佛土忽然不現辟如壯士屈申臂頃
至娑婆世界釋迦牟尼佛所却住一面
尒時佛告網明菩薩汝見是思益梵天不
唯然已見網明當知思益梵天於諸正問菩
薩中為㝡第一於諸善分別諸法菩薩中為
㝡第一於諸說隨宜經意菩薩中為㝡第一
於諸慈心菩薩中為㝡第一於諸悲心菩薩中
為㝡第一於諸喜心菩薩中為㝡第一於諸
捨心菩薩中為㝡第一於諸耎語菩薩中為
㝡第一於諸不瞋㝵菩薩中為㝡第一於諸
先意問訊菩薩中為㝡第一於諸決疑菩
薩中為㝡第一尒時思益梵天與万二千菩薩
俱頭面礼佛足右繞三匝合掌向佛以偈讚曰
世尊大名稱　普聞於十方　所在諸如來　无不稱嘆者
有諸餘淨國　无三惡道名　捨如是妙土　慈悲故生此
佛智无減少　與諸如來等　以大悲本願　處斯穢惡土
若人於淨國　持戒滿一劫　此土須臾間　行慈為㝡勝
若人於此土　起身口意罪　應墮三惡道　現世受得除

BD14088 號　思益梵天所問經卷一　（29–8）

佛智无減少　與諸如來等　以大悲本願　處斯穢惡土
若人於淨國　持戒滿一劫　此土須臾間　行慈為最勝
若人於此土　起身口意罪　應墮三惡道　現世受得除
生此土菩薩　不應懷憂怖　設有惡道罪　頭痛則得除
此土諸菩薩　若能守護法　世世生生處　不失於正念
若人欲斷縛　滅煩惱業罪　於此土護法　增益一切智
淨土多億劫　受持法解說　於此娑婆界　從旦至食時
我見喜王國　及見安樂土　此中无苦惱　亦无苦惱名
於彼作功德　未足以為奇
於此煩惱事　能忍不可事　亦教他此法　其福為最勝
我禮无上尊　大悲救苦者　能為惡衆生　說法甚為難
佛集无量衆　十方世界中　名聞諸菩薩　聽法无厭足
佛集十方界　名聞諸菩薩　聽法无厭足　如海吞衆流
為如是人等　廣說於佛道
釋梵四天王　諸天龍神等　皆集欲求法　隨所信樂說
比丘比丘尼　及清信士女　是四衆普集　願時為演說
有學佛乘者　及緣覺聲聞　佛知其深心　悉皆為斷疑
不斷佛種者　能出生三寶　為是諸菩薩　我今請法王
名稱普流布　十方菩薩聞　皆悉共來集　為說无上道
此无上大法　二乘所不及　我等信敬故　得入如是法
不可思議慧　非我等所及
佛雖无疲倦　我今有所請　悔過於世尊　願說菩提道
尒時思益梵天說此偈已白佛言世尊何謂
菩薩其心堅固而无疲倦何謂菩薩所言決
定而不中悔何謂菩薩增長善根何謂菩



不可思議慧　非我等所及
佛雖无疲倦　我今有所請　悔過於世尊　願說菩提道
尒時思益梵天說此偈已白佛言世尊何謂
菩薩其心堅固而无疲倦何謂菩薩所言決
定而不中悔何謂菩薩增長善根何謂菩
薩无所恐畏威儀不轉何謂菩薩成就白法
何謂菩薩善知從一地至一地何謂菩薩於衆
生中善知方便何謂菩薩善化衆生何謂菩
薩世世不失菩提之心何謂菩薩能一其心而
无雜行何謂菩薩善求法寶何謂菩薩善
出毀禁之罪何謂菩薩善除煩惱何謂菩
薩善入諸大衆何謂菩薩善開法施何謂菩
薩得先因力不失善根何謂菩薩不由他教而
能自行六波羅蜜何謂菩薩能轉捨禪定還
生欲界何謂菩薩於諸佛法得不退轉何謂
菩薩不斷佛種
尒時世尊讚思益梵天善哉善哉能問如
來如此之事汝今諦聽善思念之唯世尊
願樂欲聞佛告思益梵天菩薩有四法堅
固其心而不疲倦何謂四一者於諸衆生起大
悲心二者精進不懈三者信解生死如夢四
者正思惟佛之智慧菩薩有此四法堅固其
心而不疲倦梵天菩薩有四法所言決定而不
中悔何等為四一者決定說諸法无我二者
決定說諸生處无可樂者三者決定常讚大
乘四者決定說罪福業不失是為四法梵天

心而不疲倦梵天菩薩有四法所言決定而不
中悔何等爲四一者決定說諸法无我二者
決定說諸生處无可樂者三者決定常讚大
乘四者決定說罪福業不失是爲四法梵天
菩薩有四法增長善根何等爲四一者持戒
二者多聞三者布施四者出家是爲四梵天
菩薩有四法無所怨畏威儀不轉何等四一
者失利二者惡名三者毀辱四者苦惱是爲
四梵天菩薩有四法成就白法何等四一者
教人令信罪福二者布施不求果報三者守
護正法四者以智慧教諸菩薩是爲四梵天
菩薩有四法善知從一地至一地何等爲四一
者久殖善根二者離諸過咎三者善知方便
迴向四者懃行精進是爲四梵天菩薩有四
法善知方便何等四一者順衆生者二者於
他功德起隨喜心三者悔過除罪四者勸請
諸佛是爲四梵天菩薩有四法善化衆生何
等四一者常求利安衆生二者自捨己樂三
者心和忍辱四者除捨憍慢是爲四梵天菩
薩有四法世世不失菩提之心何等四一者
常憶念佛二者所作功德常爲菩提三者親
近善知識四者稱揚大乘是爲四梵天菩薩
有四法能一其心而无雜行何等四者離聲聞
心二者離辟支佛心三者求法无猒四者如
所聞法廣爲人說是爲四梵天菩薩有四

BD14088 號　思益梵天所問經卷一　　(29-11)

近善知識四者稱揚大乘是爲四梵天菩薩
有四法能一其心而无雜行何等四者離聲聞
心二者離辟支佛心三者求法无猒四者如
所聞法廣爲人說是爲四梵天菩薩有四
法善求法寶何等四一者於法中生實想
以難得故二者於法中生藥想療衆病故三
者於法中生財利想以不失故四者於法中
生滅一切苦想至涅槃故是爲四梵天菩薩
有四法善出毀禁之罪何等四一者得無生
法忍以諸法无來故二者得无滅忍以諸法
无去故三者得因緣忍知諸法因緣生故四
者得无住忍无異心相續故是爲四梵天菩
薩有四法善除煩惱何等四一者正憶念二
者鄣諸根三者得善法力四者獨處遠離
是爲四梵天菩薩有四法善入諸大衆何等
四一者求法不求勝二者恭敬心无憍慢三者
唯求法利不自顯現四者教人善法不求名
利是爲四梵天菩薩有四法善開法施何等
四一者守護於法二者自益智慧亦益他人
三者行善人法四者示人垢淨是爲四梵天
菩薩有四法得先因力不失善根何等四一
者見他人闕不以爲過二者於瞋怒人常脩
慈心三者常說諸法因緣四者常念菩提
是爲四梵天菩薩有四法不由他教而能自
行六波羅蜜何等四一者以施導人二者不

BD14088 號　思益梵天所問經卷一　　(29-12)

菩薩有四法得先回力不失善根何等四一
者見他人闕不以為過二者於瞋怒人常脩
慈心三者常說諸法因緣四者常念菩提
是為四梵天菩薩有四法不由他教而能自
行六波羅蜜何等四一者以施導人二者不
說他人毀禁之罪三者善知攝法教化衆生
四者解達深法是為四梵天菩薩有四法能
轉捨禪定還生欲界何等四一者其心柔濡
二者得諸善根力三者不捨一切衆生四者善
脩智慧方便之力是為四梵天菩薩有四法
於諸佛法得不退轉何等四一者受无量生
死二者供養无量諸佛三者脩行无量慈心
四者信解无量佛慧是為四梵天菩薩有四
法不斷佛種何等四一者不退本願二者言必
施行三者大欲精進四者深心行於佛道是
為菩薩有四法不斷佛種說是諸四法時
二万二千天及人皆發阿耨多羅三藐三菩提
心五千人得無生法忍十方諸來菩薩供養
於佛所散天華周遍三千大千世界積至于膝
尒時網明菩薩問思益梵天言佛說汝於正
問菩薩中為最第一何謂菩薩所問為正問
耶梵天言網明若菩薩以彼我心問名為邪
問分別法問名為邪問若无彼我問名為正
問不分別法問名為正問又網明以生故問名
為邪問以滅故問名為邪問以住故問名為
邪問若不以生故問不以滅故問不以住故問



耶梵天言網明若菩薩以彼我心問名為邪
問分別法問名為邪問若无彼我問名為正
問不分別法問名為正問又網明以生故問名
為邪問以滅故問名為邪問以住故問名為
邪問若不以生故問不以滅故問不以住故問
名為正問又網明若菩薩為垢故問名為
邪問為淨故問名為邪問為生死故問名
為邪問為出生死故問名為邪問為涅槃故
問名為邪問若不為垢淨故問不為生死出
生死故問不為涅槃故問名為正問所以者何
法位中无垢无淨无生死无涅槃又網明若菩
薩為見故問為斷故問為證故問為脩故
問為得故問為果故問名為邪問若无見无
斷无證无脩无得无果故問名為正問又網
明是善是不善名為邪問是世間法是出
世間法是有罪法是无罪法是有漏法是
無漏法是有為法是无為法如是等二法隨
所依而問者名為邪問若不見二不見不二問
名為正問
又網明若菩薩分別佛問名為邪問分別法
分別僧分別衆生分別佛國分別諸乘問名
為邪問若於法不作一異問者為名正問又
網明一切法正一切法邪網明言梵天何謂一
切法正一切法邪梵天言於諸法性无心故一
切法名為正若於无心法中以心分別觀者

網明一切法正一切法邪網明言梵天何謂一
切法正一切法邪梵天言於諸法性无心故一
切法名爲正若於无心法中以心分別觀者
一切法名爲邪一切法離相名爲正若不
信解是離相是即分別諸法若分別諸法
則入增上慢隨所分別皆名爲邪網明言
何謂爲諸法正性梵天言諸法離自性離
欲際是名正性網明言少有能解如是正性
梵天言是正性不一不多網明若有善男子
善女人能如是知諸法正性若已知若今知
若當知是人无有法已得无有法今得无有
法當得所以者何佛說无得无分別名爲所
作已辦相若人聞是諸法正性懃行精進是
名如說脩行不從一地至一地若不從一地至
一地是不在生死不在涅槃所以者何諸佛
不得生死不得涅槃網明言佛不爲度生死
故說法耶梵天言佛所示法有度生死耶網
明言无耶梵天言以是因緣當知佛不令世
衆生出生死入涅槃但爲度妄想分別生死
涅槃二相者耳此中實无度生死至涅槃者
所以者何諸法平等无有往来生死无入涅
槃尒時世尊讚思益梵天言善哉善哉說
諸法正性應如汝所說說是法時二千比丘不
受諸法漏盡心得解脫佛告梵天我不得
生死不得涅槃如来雖說生死實无有人往

BD14088號　思益梵天所問經卷一

(29–15)

所以者何諸法平等无有往来生死无入涅
槃尒時世尊讚思益梵天言善哉善哉說
諸法正性應如汝所說說是法時二千比丘不
受諸法漏盡心得解脫佛告梵天我不得
生死不得涅槃如来雖說生死實无有人往
来生死雖說涅槃實无有人得滅度者若有
入此法門者是人非生死相非滅度相尒時會
中五百比丘從坐而起作是言我等空脩梵
行今實見有滅度者而言无有滅度我等
何用脩道求智慧爲
尒時網明菩薩白佛言世尊若有於法生
見則於其人佛不出世世尊若有決定見涅
槃者是人不度生死所以者何涅槃名爲除
諸相遠離一切動念戲論世尊是諸比丘於
佛正法出家而今墮於外道邪見見涅槃決
定相譬如從麻出油從酪出蘇世尊若人於
諸法滅相中求涅槃者我說是輩皆爲增上
慢人世尊正行道者於法不作生不作滅无
得无果網明謂梵天言是五百比丘從坐起
者汝當爲作方便引導其心入此法門令
得信解離諸邪見梵天言善男子縱使令
去至恒河沙劫不能得出如此法門譬如癡人
畏於虛空捨空而走在所至處不離虛空此
諸比丘亦復如是雖復遠去不出空相不出
无相相不出无作相又如一人求索虛空東西

BD14088號　思益梵天所問經卷一

(29–16)

去至恒河沙劫不能得出如此法門辟如癡人
畏於虚空捨空而走在所至處不離虚空此
諸比丘亦復如是雖復遠去不出空相不出
无相相不出无作相又如一人求索虚空東西
馳走言我欲得空我欲得空是人但說虚空
名字而不得空於中行而不見空此諸比丘
亦復如是求欲涅槃中而不得涅槃所以者
何涅槃者但有名字猶如虚空但有名字
不可得取涅槃亦復如是但有名字而不
可得尒時五百比丘聞說是法不受諸法
漏盡心得解脫得阿羅漢道作是言世
尊若人於諸法畢竟滅相中求涅槃者則於
其人佛不出世世尊我等今者非凡夫非學
非无學不在生死不在涅槃所以者何佛出故
名為遠離一切動念戲論
尒時長老舍利弗謂諸比丘汝今得正智為
已利耶五百比丘言長老舍利弗我等今者
得諸煩惱不可作而作舍利弗言何故說此
諸比丘言知諸煩惱實相故言得諸煩惱涅
槃是无作性我等已證故說不可作而作舍
利弗言善哉善哉汝等今者任於福田能
消供養諸比丘言大師世尊尚不能消諸供
養何况我等舍利弗言何故說此諸比丘言
世尊如見諸法性性常淨故於是思益梵天
白佛言世尊誰應受供養佛告梵天不為

BD14088 號　思益梵天所問經卷一　（29–17）

消供養諸比丘言大師世尊尚不能消諸供
養何况我等舍利弗言何故說此諸比丘言
世尊如見諸法性性常淨故於是思益梵天
白佛言世尊誰應受供養佛告梵天不為
世法之所牽者世尊誰能消供養佛言於
法无所者取世尊誰為世間福田佛言不壞菩
提性者世尊誰為衆生善知識佛言於一切
衆生不捨慈心者世尊誰知報恩佛言不斷佛
種者世尊誰能供養佛佛言能通達无生
際者世尊誰能親近於佛佛言乃至失命因
緣不毀禁者世尊誰能恭敬於佛佛言善覆
六根者世尊誰名財富佛言成就七財者世尊
誰名知足佛言得出世間智慧者世尊誰為遠
離佛言於三界中无所願者世尊誰為具足佛
言能斷一切諸結使者世尊誰為樂人佛言无
貪著者世尊誰无貪著佛言知見五陰者
世尊誰度欲河佛言能捨六入者世尊誰
住彼岸佛言能知諸道平等者世尊何謂
菩薩能為施主佛言菩薩能教衆生一切
智心世尊何謂菩薩能奉禁戒佛言常能
不捨菩提之心世尊何謂菩薩能行忍辱
佛言見心相念念滅世尊何謂菩薩能行精
進佛言求心不得世尊何謂菩薩能行禪定
佛言除身心麁相世尊何謂菩薩能行智慧
佛言於一切法无有戲論世尊何謂菩薩能行

BD14088 號　思益梵天所問經卷一　（29–18）

不捨菩提之心世尊何謂菩薩能行忍辱
佛言見心相念念滅世尊何謂菩薩能行精
進佛言求心不得世尊何謂菩薩能行禪定
佛言除身心麁相世尊何謂菩薩能行智慧
佛言於一切法无有戲論世尊何謂菩薩能行
慈心佛言不生衆生想世尊何謂菩薩能行悲心
佛言不生法想世尊何謂菩薩能行喜心佛言
不生我想世尊何謂菩薩能行捨心佛言不
生彼我想世尊何謂菩薩安住於信佛言信
解心淨无濁法世尊何謂菩薩安住於空佛言
不著一切語言世尊何謂菩薩名為有慚佛
言知見內法世尊何謂菩薩名為有愧佛言
捨於外法世尊何謂名為菩薩遍行佛言能
淨身口意業尒時世尊而說偈言
若身淨无惡　口淨常實語　心淨常行慈　是菩薩遍行
行慈无貪著　觀不淨无恚　行捨而不癡　是菩薩遍行
若在衆空野　及與處大衆　威儀終不轉　是菩薩遍行
知法名為佛　知離名為法　知无為名僧　是菩薩遍行
知多所欲行　知恚癡所行　善知轉此行　是菩薩遍行
不依止欲界　不住色无色　行如是禪定　是菩薩遍行
信解諸法空　及无相无作　而不盡諸漏　是菩薩遍行
善知聲聞乘　及辟支佛乘　通達於佛乘　是菩薩遍行
明解於諸法　不疑道非道　憎愛心无異　是菩薩遍行
於過去未來　及與現在世　一切无分別　是菩薩遍行
尒時思益梵天白佛言世尊何謂菩薩過世



信解諸法空　及无相无作　而不盡諸漏　是菩薩遍行
善知聲聞乘　及辟支佛乘　通達於佛乘　是菩薩遍行
明解於諸法　不疑道非道　憎愛心无異　是菩薩遍行
於過去未來　及與現在世　一切无分別　是菩薩遍行
尒時思益梵天白佛言世尊何謂菩薩過世
間法通達世間法通達世間法已度衆生於
世間法行於世間不壞世間尒時世尊以偈
荅言
說五陰是世　世間所依止　依止於五陰　不脫世間法
菩薩有智慧　知世間實性　所謂五陰如　世間法不染
利衰及毀譽　稱譏與苦樂　如此之八法　常牽於世間
大智慧菩薩　散滅世間法　見世變異相　處之而不動
得利心不高　失利心不下　其心堅不動　譬如須弥山
利衰及毀譽　稱譏與苦樂　於此世八法　其心常平等
知世間虛妄　皆從顛倒起　如是之人等　不行世間道
世間所有道　菩薩皆識知　故能於世間　度衆生苦惱
雖行於世間　如蓮花不染　亦不壞世間　通達法性故
世間行世間　不知是世間　菩薩行世間　明了世間相
世間虛空相　虛空亦无相　菩薩知如是　不染於世間
如所知世間　隨知而演說　知世間性故　亦不壞世間
五陰无自性　是即世間性　若人不知是　常住於世間
如所知世間　隨知而演說　知世間性故　亦不壞世間
五陰无自性　是即世間性　若人不知是　常住於世間
若見知五陰　无生亦无起　是人行世間　而不依世間
凡夫不知法　於世起諍訟　是實是不實　住是二相中

五陰无自性　是即世間性　若人不知是　常住於世間
如所知世間　隨知而演說　知世間性故　亦不壞世間
五陰无自性　是即世間性　若人不知是　常住於世間
若見知五陰　无生亦无滅　是人行世間　而不依世間
凡夫不知法　於世起諍訟　是實是不實　住是二相中
我常不與世　起於諍訟事　世間之實相　悉已了知故
諸佛所說法　皆悉无諍訟　知世平等故　非實非虛妄
若佛法决定　有實有虛妄　是即為貪著　與外道无異
而今實義中　无實无虛妄　是故我常說　出世法无二
若人知世間　如是之實性　於實於虛妄　不取此四見
如是知世間　清淨如虛空　是大名稱人　照世間如日
若人見世間　如我之所見　如斯之人等　能見十方佛
諸法從緣生　自无有定性　若知此因緣　則達法實相
若知法實相　是則知空相　若能知空相　則為見導師
若人有得聞　如是世間相　雖行於世間　而不住世間
依止諸見人　不能及此事　云何行世間　而不依世間
若佛滅度後　有樂是法者　佛則於其人　常現於法身
若人解達此　則守護我法　亦為供養我　亦是世導師
若人須臾聞　世間性如此　是人終不為　惡魔所得便
若能此達義　則為大智慧　清淨之施主　亦是真禁戒
若知世如此　忍辱力勇健　具足諸禪定　通達於智慧
所在聞此法　其方則有佛　如是諸菩薩　不久坐道場
若有深愛樂　如是世間性　則能降衆魔　疾得无上道
佛復告思益梵天如來出過世間亦說世間
苦世間集世間滅世間滅道梵天五陰名為
世間貪著五陰名為世間集五陰盡名為世

BD14088號　思益梵天所問經卷一　（29–21）

若有深愛樂　如是世間性　則能降衆魔　疾得无上道
佛復告思益梵天如來出過世間亦說世間
苦世間集世間滅世間滅道梵天五陰名為
世間貪著五陰名為世間集五陰盡名為世
間滅以二法求五陰名為世間滅道又梵天所
言五陰者但有言說於中取相分別生見而
說是名世間苦不捨是見是名世間集是
見自相是名世間滅隨以何道不取是見
是名世間滅道梵天以是因緣故我為外道
仙人說言仙人汝身中即為說世間苦世間
集世間滅世間滅道
介時思益梵天白佛言世尊所說四聖諦何
等是真聖諦梵天苦不名為聖諦苦集不
名為聖諦苦滅不名為聖諦苦滅道不名為
聖諦所以者何若苦是聖諦者一切牛驢畜
生等皆應有苦聖諦若集是聖諦者一
切在所生處衆生皆應有集聖諦所以者
何以集故生諸趣中若苦滅是聖諦者觀
滅者說斷滅者皆應有滅聖諦若道是聖
諦者緣一切有為道者皆應有道聖諦
梵天以是因緣故當知聖諦非苦非集非
滅非道聖諦者知苦无生是名苦聖諦知
集无和合是名集聖諦於畢竟滅法中知
无生无滅是名滅聖諦於一切法平等以二
法得道是名道聖諦梵天真聖諦者无

BD14088號　思益梵天所問經卷一　（29–22）

滅非道聖諦者知苦无生是名苦聖諦知
集无和合是名集聖諦於畢竟滅法中知
无生无滅是名滅聖諦於一切法平等以二
法得道是名道聖諦梵天真聖諦者无
有虛妄虛妄者所謂著我著衆生著人著
壽命者著養育者著有著无著生著滅
著生死著涅槃梵天若行者言我知見苦
是虛妄我斷集是虛妄我滅證是虛
妄我脩道是虛妄所以者何是人違失佛所
許念是故說爲虛妄何等是佛所許念
所謂不憶念一切諸法是爲佛所許念若
行者住是念中則不住一切相若不住一切
相則住實際若住實際是名不住心若不
住心是人名爲非實語非妄語者梵天是
故當知若非實非虛妄者是名聖諦梵天
實者終不作不實若有佛若无佛法性常
住所謂生死性涅槃性常實所以者何非離
生死得涅槃名爲聖諦若人證如是四聖諦
是名世間實語者梵天當來有比丘不脩
身不脩戒不脩心不脩慧是人說生相是
苦諦衆緣和合是集諦滅法是滅諦
以二法求相是道諦佛言我說此愚人
等是外道徒黨我非彼人師彼非我弟
子是人墮於邪道破失法故說言有諦梵
天且觀我坐道場時不得一法是實是虛



苦諦衆緣和合是集諦滅法是滅諦
以二法求相是道諦佛言我說此愚人
等是外道徒黨我非彼人師彼非我弟
子是人墮於邪道破失法故說言有諦梵
天且觀我坐道場時不得一法是實是虛
妄若佛不得法是法寧可於衆中有言
說有論議有教化耶梵天言也不世尊
梵天以諸法无所得故諸法離自性故我
菩提是无貪著相尒時思益梵天白佛
言世尊若如來於法无所得者有何利益
說如來得菩提名爲佛佛言梵天於汝
意云何我所說諸法若有爲若無爲是
法爲實爲虛妄耶梵天言是法虛妄
非實於汝意云何若法虛妄非實是法
爲有爲无梵天言世尊若法虛妄是
法不應有不應說无於汝意云何若法
非有非无是法有得者不梵天言无有得
者梵天如來坐道場時唯得虛妄顛倒所
起煩惱畢竟空性以无所得故以无所知
故所以者何我所得法不可見不可聞不
可覺不可識不可取不可著不可說不可難
出過一切法相无語无說无有文字无言
說道梵天此法如是猶如虛空汝欲於如
是法中得利益耶梵天言不也世尊諸佛
如來甚爲希有成就未曾有法深入大

出過一切法相无語无説无有文字无言
説道梵天此法如是猶如虚空汝欲於如
是法中得利益耶梵天言不也世尊諸佛
如来甚為希有成就未曾有法深入大
慈大悲得如是寂滅相法而以文字言説
教人令得世尊其有聞是能信解者當
知是人不從小功德来世尊是法一切世間
之所難信所以者世間貪著實而是法无
實无虚妄世間貪著法而是法无法无非
法世尊貪著涅槃而是法无生死无涅槃
世間貪著善法而是法无善无非善世
間貪著樂而是法无苦无樂世間貪著佛
出世而是法无佛出世亦无涅槃雖有説法
而是法非可説相雖讃説僧而僧即是无
為是故此法一切世尊之所難信譬如水中
出火火中出水難可得信如是煩惱中有
菩提菩提中有煩惱是亦難信所以
者何如来得是虚妄煩惱之性亦无法不
得有所説法亦无有形雖有所知亦无分
別證涅槃亦无滅者世尊若有善男子善
女人能信解如是法義者當知是人得
脱諸見當知是人已親近无量諸佛當知
是人已供養无量諸佛當知是人為善知
識所護當知是人志意曠大當知是人善
根深厚當知是人守護諸佛法藏當知是人
能善思量趣於善業當知是人種性尊貴

BD14088號　思益梵天所問經卷一

（29–25）

脱諸見當知是人已親近无量諸佛當知
是人已供養无量諸佛當知是人為善知
識所護當知是人志意曠大當知是人善
根深厚當知是人守護諸佛法藏當知是人
能善思量趣於善業當知是人種性尊貴
生如来家當知是人能行大捨諸煩惱當
知是人得持戒力非煩惱力當知是人得忍
辱力非嗔恚力當知是人得精進力无有疲
懈當知是人得禪定力滅諸惡心當知是人得
智慧力離惡耶見當知是人一切惡魔不能
得便當知是人一切怨賊不所能破當知是人
不誑世間當知是人是真語者善説法相
故當知是人實語者説第一義故當知是人
善為諸佛之所護念當知是人柔和濡善
同止安樂當知是人名為大富有聖財故當
知是人常能知足行聖種故當知是人易滿
易養離貪食故當知是人得安隱心到彼岸
故當知是人度未度者當知是人解未解者
當知是人安未安者當知是人滅未滅者當
知是人能示正道當知是人能説解脱當知
是人為大醫王善知諸藥當知是人猶如良
藥善療衆病當知是人智慧勇健當知是
人為有大力堅固究竟當知是人有精進力
不隨他語當知是人為如師子无所怖畏當
知是人為如鳥王其心調柔當知是人為如老
烏其心隨順當知是人為如牛王能導大衆

BD14088號　思益梵天所問經卷一

（29–26）

人為有大力堅固究竟當知是人有精進力
不隨他語當知是人為如師子无所怖畏當
知是人為如鳥王其心調柔當知是人為如老
鳥其心隨順當知是人為如牛王能導大衆
當知是人為大勇健能破魔怨當知是　人
為丈夫處衆无畏當知是人无所忌難得
无畏法故當知是人无所畏難說真諦法故
知是人具清白法如月盛滿當知是人智慧
光照猶如日明當知是人除諸闇冥猶如執
炬當知是人樂行捨心離諸憎愛當知是人
載育衆生猶如地當知是人洗諸塵垢猶
如水當知是人燒諸動念猶如火當知是人於
法无鄣猶如風當知是人其心不動猶如須彌
當知是人其心堅固如金剛山當知是人一切
外道贊勝論者所不能動當知是人一切聲
聞辟支佛所不能測當知是人多饒法當
知是人求法无猒當知是人以智慧知足當知
是人能轉法輪如輪轉王當知是人身色姝
妙如天帝釋當知是人心得自在如梵天王
當知是人說法音聲猶如雷震當知是人降
法甘露猶如時雨當知是人能增長无漏根力
覺分當知是人已度生死汙泥當知是人入佛智
慧當知是人近佛菩提當知是人能多學問未與等
者當知是人无有量已過量當知是人智慧辯
才无有鄣㝵當知是人憶念堅固得陀羅尼

BD14088號　思益梵天所問經卷一

（29–27）

法甘露猶如時雨當知是人能增長无漏根力
覺分當知是人已度生死汙泥當知是人入佛智
慧當知是人近佛菩提當知是人能多學問未與等
者當知是人无有量已過量當知是人智慧辯
才无有鄣㝵當知是人憶念堅固得陀羅尼
當知是人知諸衆生深心所行當知是行於正念
正觀諸法故解達義趣當知是人懃行精進
利安世間當知是人超出於世當知是人不可染
汙猶如蓮華當知是人不為世法所覆當知是
人利根者所愛當知是人多聞者所敬當知是
人知者所念當知是人天人供養當知是人禪者
所礼當知是人善人所貴當知是人聲聞辟
支佛之所貪慕當知是人不貪小行當知是
人不覆藏罪不顯功德當知是人威儀備具
生他深心當知是人身色端政見者悅樂當
知是人有大威德衆所宗仰當知是人以
三十二相莊嚴其身當知是人能紹佛種當
知是人能護法寶當知是人能供養僧當知
是人諸佛所見當知是人為得法眼當知是
人以佛智慧而得受記當知是人具足三忍
當知是人安住道場當知是人破壞魔軍當
知是人得一切種智當知是人轉於法輪當
知是人作无量佛事若人信解如是法義不
驚不怖畏者得如是功德是人於諸佛所稱
多羅三藐三菩提甚深難解難知難信難入

BD14088號　思益梵天所問經卷一

（29–28）

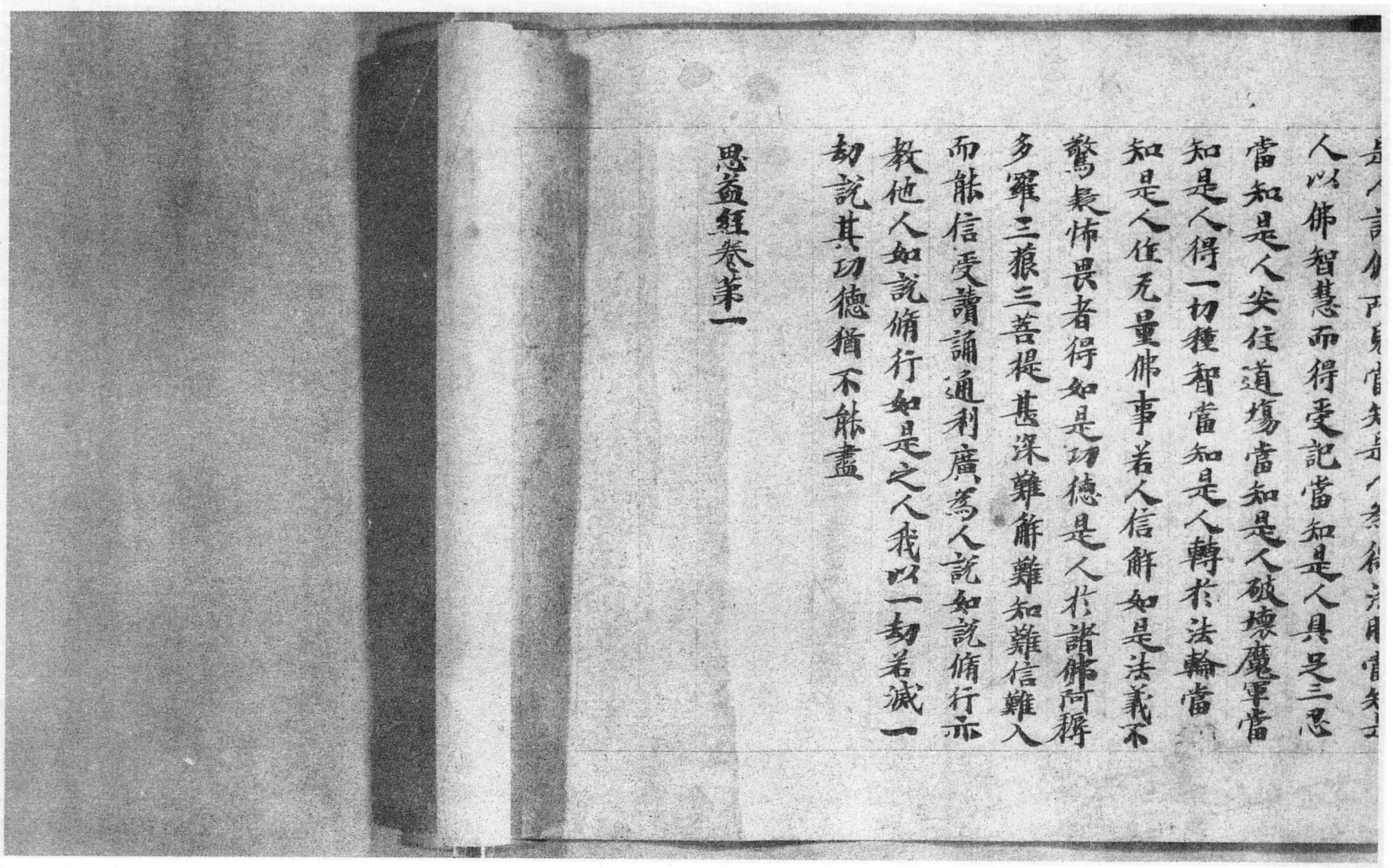


BD14088 號　思益梵天所問經卷一　（29–29）

BD14089 號背　現代護首　（1–1）

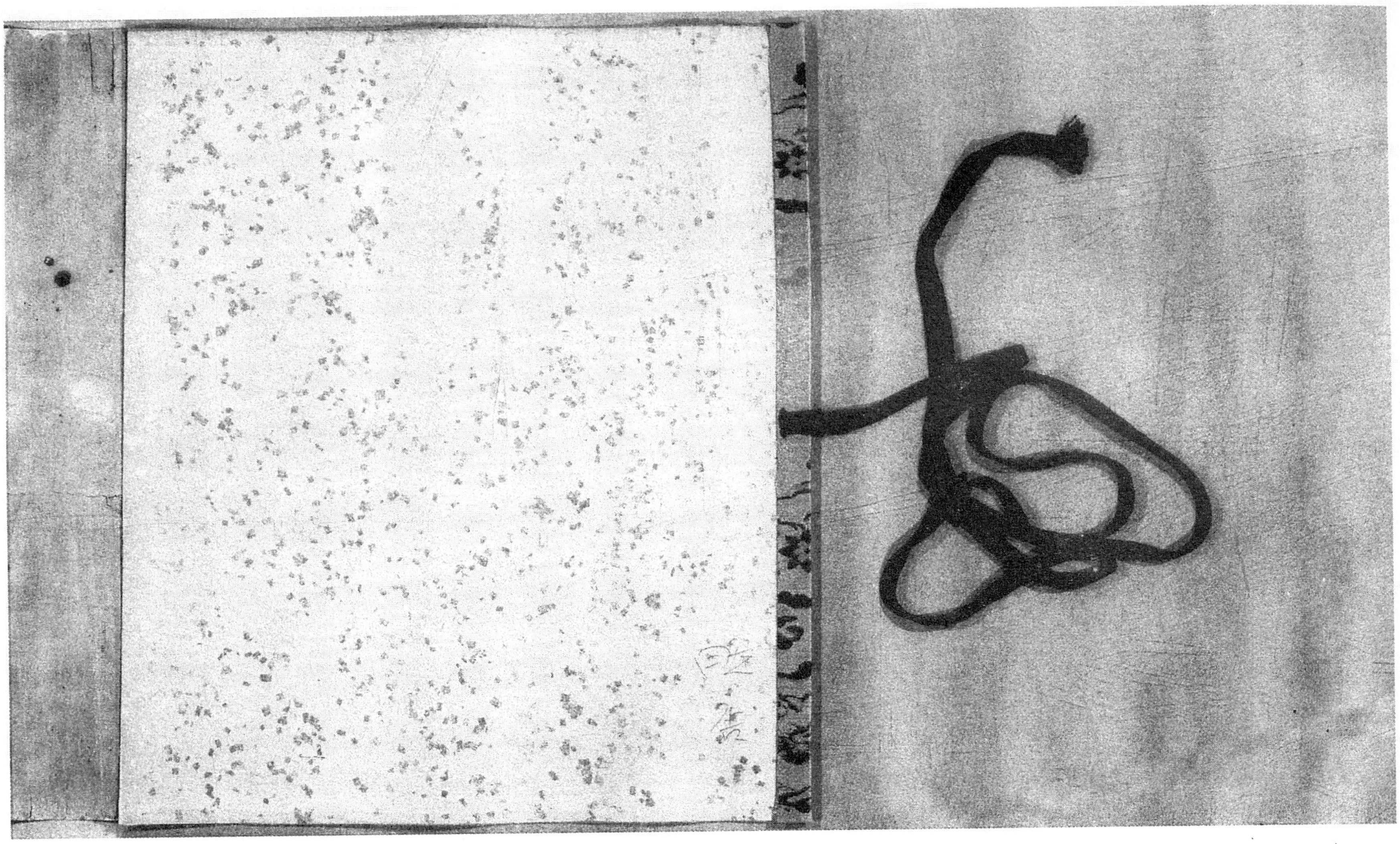

BD14089 號　思益梵天所問經（異卷）卷二　（26–1）

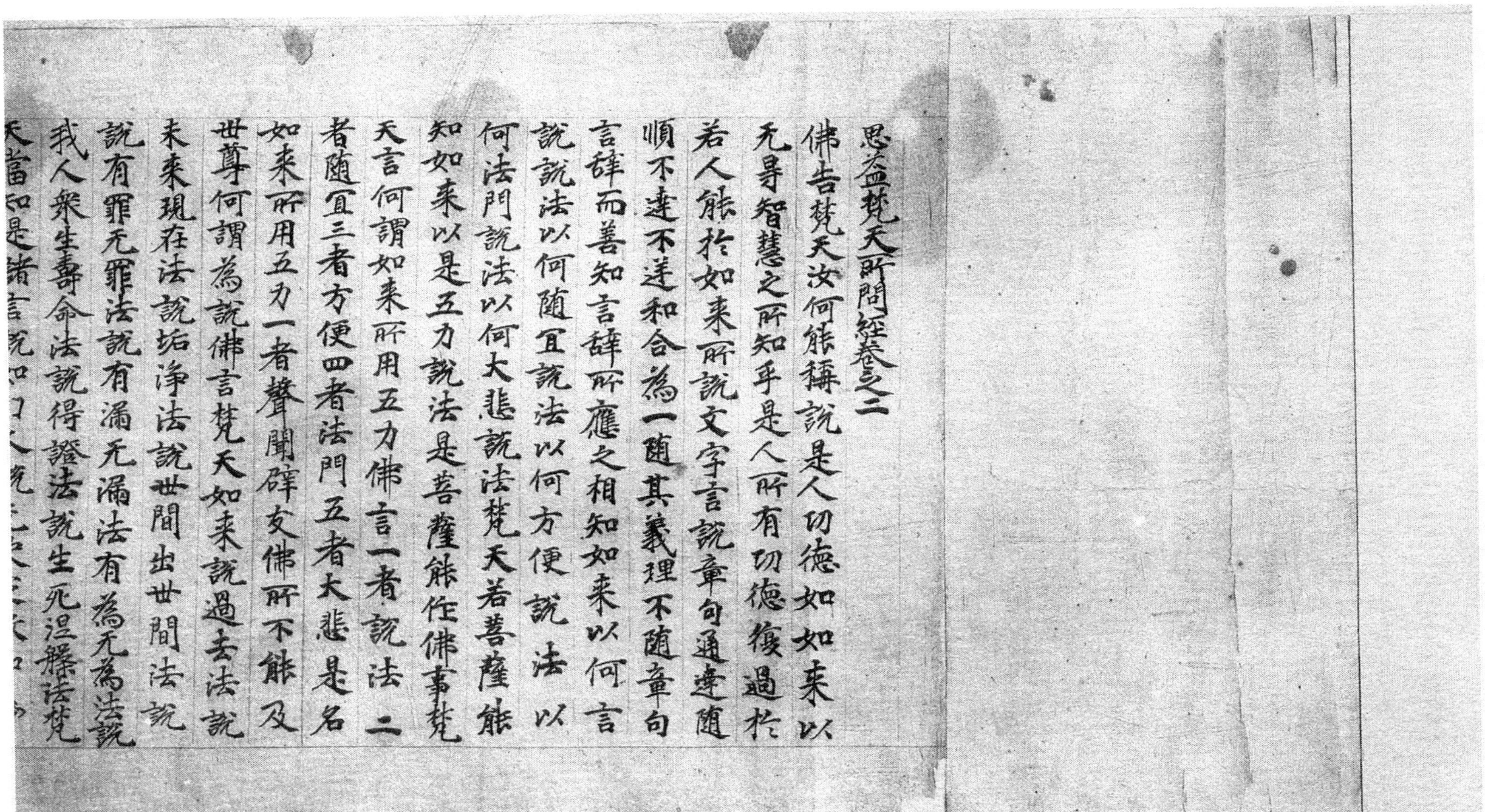

思益梵天所問經卷之二
佛告梵天汝何能稱說是人功德如如來以
无㝵智慧之所知乎是人所有功德復過於
若人能於如來所說文字言說章句通達隨
順不違不逆和合為一隨其義理不隨章句
言辭而善知言辭所應之相知如來以何言
說說法以何隨宜說法以何方便說法以
何法門說法以何大悲說法梵天若菩薩能
知如來以是五力說法是菩薩能作佛事梵
天言何謂如來所用五力佛言一者說法二
者隨宜三者方便四者法門五者大悲是名
如來所用五力一者聲聞辟支佛所不能及
世尊何謂為說佛言梵天如來說過去法說
未來現在法說垢淨法說世間出世間法說
說有罪无罪法說有漏无漏法有為无為法說
我人衆生壽命法說得證法說生死涅槃法梵
天當知是諸言說如

BD14089 號　思益梵天所問經（異卷）卷二　（26–2）

未來現在法說垢淨法說世間出世間法說
說有罪无罪法說有漏无漏法有為无為法說
我人衆生壽命法說得證法說生死涅槃法梵
天當知是諸言說如幻人說无决定故如夢
中說虛妄見故如響聲說從空出故說如影衆
緣和合故說如鏡中像因不入鏡故說如野
馬顛倒見故說如虛空无生滅故當知是
諸言說為无所說諸法相不可說故梵天若
菩薩能知此諸說者是菩薩雖有一切言說
而於說法无所貪著以不貪著故得无㝵辯才
以是辯才若恒河沙劫說法无盡无㝵諸有言
說不壞法性亦復不著不壞法性梵天是名如
來說也梵天言世尊何謂隨宜佛言如來或
垢法說淨淨法說垢菩薩於此應知如來隨宜
所說梵天何謂如來垢法說淨不得垢法性故何
謂淨法說垢貪著淨法故又梵天我說布施
即是涅槃凡夫无智不能善解隨宜所說菩薩
應如是思量布施後得大富此中无法可從
一念至一念若不從一念至一念即是諸法
實相諸法實相即是涅槃持戒是涅槃不住
不起故忍辱是涅槃念念滅故精進是涅槃
无所取故禪定是涅槃不貪味故智慧是涅
槃不得相故貪欲是實際法性无欲相故瞋
恚是實際法性无瞋想故愚癡是實際法性
无癡相故生死是涅槃无退无生故涅槃是
生死以貪著故實語是虛妄生語見故虛妄
是實語為增上慢人故又梵天如來以隨宜



槃不得相故貪欲是實際法性无欲相故瞋
恚是實際法性无瞋想故愚癡是實際法性
无癡相故生死是涅槃无退无生故涅槃是
生死以貪著故實語是虛妄生語見故虛妄
是實語為增上慢人故又梵天如來以隨宜
故或自說我是說常邊者或自說我是說斷
邊者或自說我是說无作者或自說我是邪
見者或自說我是不信者或自說我是不知
報恩者或自說我是食吐者或自說我是不
受者如來无有如此諸事而有此說當知是
為隨宜所說欲令衆生捨增上慢故若菩薩
善通達如來隨宜所說者若聞佛出世則便
信受亦衆生善業色身果報故若聞佛不出
世亦信受諸佛法性身故若聞佛說法亦信受
為喜樂文字衆生故若聞佛不說法亦信受諸
法位性以不可說若聞有涅槃亦信受滅顛
倒所起煩惱故若聞无涅槃亦信受諸法无
生滅相故若聞有衆生亦信受入世諦門故
若若聞无衆生亦信受入苐一義梵天菩
薩如是善知如來隨宜所說於諸音聲无
疑无畏亦能利益无量衆生
世尊何謂方便佛言如來為衆生說布施得
大富持戒得生天忍辱得端政精進得具足諸
功德禪定得法喜智慧得捨諸煩惱多聞得
智慧故行十善道得人天福樂故慈悲喜捨
得生梵世故禪定得如實智慧故如實智
慧得道果故學地得无學地故辟支佛地得

大富持戒得生天忍辱得端政精進得具足諸
功德禪定得法喜智慧得捨諸煩惱多聞得
智慧故行十善道得人天福樂故慈悲喜捨
得生梵世故禪定得如實智慧故如實智
慧得道果故學地得无學地故辟支佛地得
消諸供養故佛地得无量智慧故涅槃得滅
一切苦惱故梵天我如是方便為衆生讃說
是法如來實不得我人衆生壽命者亦不
得忍辱亦不得瞋恚亦不得精進亦不得懈
怠亦不得禪定亦不得亂心亦不得智慧亦不
得智慧果亦不得菩提亦不得涅槃亦不得
苦亦不得樂梵天若衆生聞是法者勤行精
進是人為何利故勤行精進不得是法若須
陁洹果斯陁含果阿那含果阿羅漢果辟支佛
道阿耨多羅三藐三菩提乃至无餘涅槃亦
復不得梵天是名如來方便說法菩薩於
此方便說法中應懃精進令諸衆生得於法
利世尊何謂法門佛言眼是解脫門耳鼻舌
身意是解脫門所以者何眼空无我无我所
性自離耳鼻舌身意空无我无我所性自離
梵天當知是諸入皆空是解脫門正行則不
虛誑故色聲香味觸法亦復如是一切諸法
皆入是門所謂空門无相門无作門无生門无
滅門无所從來門无所從去門无退門无起門
性常清淨門離自體門又梵天如來於一切
文字中亦是解脫門所以者何諸文字性无



滅門无所從來門无所從去門无退門无起門
性常清淨門離自體門又梵天如來於一切
文字中亦是解脫門所以者何諸文字性无
合無用性鈍故梵天當知如來於一切文字中
說聖諦說解脫門如來所說法无有垢一切諸
法皆入解脫令住涅槃是名如來說法入於
法門菩薩於此法門應當備學
世尊何謂大悲佛言如來以卅二種大悲救
護衆生何等卅二一切諸法无我而衆生不
信不解如來於此而起大悲一切法无衆生
而衆生說有衆生如來於此而起大悲一切
法无壽命者而衆生說有壽命者如來於此
而起大悲一切法无人而衆生說有人如來
於此而起大悲一切法无所有而衆生住於
有見如來於此而起大悲一切法无住而衆
生有住如來於此而起大悲一切法无歸處
而衆生樂於歸處如來於此而起大悲一切
法非我所而衆生著於我所如來於此而起
大悲一切法无所屬而衆生計有所屬如來
於此而起大悲一切法无取相而衆生有取
相如來於此而起大悲一切法无生而衆生
住於有生如來於此而起大悲一切法无退
生而衆生住於退生如來於此而起大悲一
切法无垢而衆生著垢如來於此而起大悲
一切法離染而衆生有染如來於此而起大
悲一切法離瞋而衆生有瞋如來於此而起

生而衆生住於退生如来於此而起大悲一
切法无垢而衆生着垢如来於此而起大悲
一切法離染而衆生有染如来於此而起大
悲一切法離瞋而衆生有瞋如来於此而起
大悲一切法離癡而衆生有癡如来於此而
起大悲一切法无所從来而衆生着有所從
来如来於此而起大悲一切法无所去而衆
生着於後生如来於此而起大悲一切法无所
起而衆生計有所起如来於此而起大悲一切
法戲論而衆生着於戲論如来於此而起
大悲一切法空而衆生墮於有見如来於
此而起大悲一切法无相而衆生着於有相
如来於此而起大悲一切法无作而衆生着
於有作如来於此而起大悲世間常共瞋恨
諍鬪如来於此而起大悲世間住於邪見顛倒
行於邪道欲令衆生住於正道如来於此而起
大悲世間貪餮无有猒足手相陵奪欲令衆
生住於聖財信戒聞施慧等如来於此而起大
悲衆生是産業妻子息愛之僕於依此危脆
之物生堅固想欲令衆生知悲无常如来於此
而起大悲衆生身為怨賊貪着養育以為親
友欲為衆生作真知識令畢衆苦究竟涅槃
如来於此而起大悲衆生好行欺誑邪命自
活欲令衆生行於正命如来於此而起大悲
衆生樂着衆苦不浄居家欲令衆生出於三
界如来於此而起大悲一切諸法從因緣有



友欲為衆生作真知識令畢衆苦究竟涅槃
如来於此而起大悲衆生好行欺誑邪命自
活欲令衆生行於正命如来於此而起大悲
衆生樂着衆苦不浄居家欲令衆生出於三
界如来於此而起大悲一切諸法從因緣有
而衆生於聖解脫生於解怠我當為說精
進令樂解脫如来於此而起大悲衆生棄捨
㝡上无㝵智慧求於聲聞辟支佛道引導之
令發大心緣於佛法如来於此而起大悲梵
天如来如是於諸衆生行此卅二種大悲是
故如来名為行大悲者若菩薩於衆生中常
能脩集此大悲心則為入阿惟越致為大福
田感德具足常能利益一切衆生說是大悲
法門品時三万二千人皆發阿耨多羅三藐
三菩提心八千菩薩得无生法忍
尒時網明菩薩摩訶薩白佛言世尊思益梵
天云何聞是大悲法門而不喜悅思益梵天言
善男子若識在二法則有喜悅若識在无二
實際法中則无喜悅辟如幻人見幻戲事无
所喜悅菩薩知諸法相如是則於如来若說
法若神通亦无喜悅又善男子如佛所化人
聞佛說法亦不喜不悅菩薩知諸法與化无
異於如来所不加喜悅於餘衆生无下劣相
網明言梵天汝令見諸法如幻相耶梵天言
若人分別諸法者汝當問之網明言汝今於
何處行梵天言一切凡夫行處吾於彼行網
明言凡夫人行貪欲瞋恚愚癡身見疑網我

異於如来所不加喜悅於餘衆生无下劣相
網明言梵天汝今見諸法如幻相耶梵天言
若人分别諸法者汝當問之網明言汝今於
何處行梵天言一切凡夫行處吾於彼行網
明言凡夫人行貪欲瞋恚愚癡身見疑網我
我所等行於邪道汝於是處行耶梵天言善
男子汝欲得凡夫法決定相耶網明言我尚
不欲決定得凡夫何況凡夫法善男子若是
法无決定者寧有貪欲瞋恚愚癡法取網明
言无也善男子一切法離貪恚癡相行相亦
如是善男子凡夫行賢聖行皆无二无差别
善男子一切行非行一切說非說一切道非
道網明言何為一切行非行梵天言善男子
若人千万億劫行道於法性不增不減是故
言一切行非行何謂一切說非說梵天言善
男子如来以不可說相說一切法是故言一切
說非說何謂一切道非道梵天言以无所至
故一切道非道
尒時世尊讚思益梵天言善哉善哉說諸法
相應當如是網明菩薩謂梵天言汝說一切
凡夫行處吾於彼行者則有行相梵天言若
我有所生處應有行相網明言汝若不生云何
教化衆生梵天言佛所化生吾如彼生網明
言佛所化生无有生處梵天言寧可見不
網明言以佛力故見梵天言我生亦如是以
業力故網明言汝於起業中行耶梵天言我
不起於業中行網明言云何言以業力故梵



教化衆生梵天言佛所化生吾如彼生網明
言佛所化生无有生處梵天言寧可見不
網明言以佛力故見梵天言我生亦如是以
業力故網明言汝於起業中行耶梵天言我
不起於業中行網明言云何言以業力故梵
天言如業性力亦如是二不出於如
尒時舍利弗白佛言世尊若有能入是菩薩
随宜所說法中者得大功德所以者何世尊乃
至聞是上人名字尚得大利何況聞其所說
譬如有樹不依於地在虛空中而現根莖枝
葉花菓甚為希有此人行相亦復如是不
住一切法而於十方現有行有生死亦有如是
智慧辯才世尊若有善男子善女人聞是
智慧自在力者其誰不發阿耨多羅三藐
三菩提心
尒時有一菩薩名曰普華在會中坐謂長老
舍利弗仁者已得法性佛亦稱汝汝於智慧人
中為最第一何以不能現如是智慧辯才自
在力耶舍利弗言普華佛諸弟子随其智力
能有所說普華言舍利弗法性有多少耶舍
利弗言无也普華言汝何以言佛諸弟子随
其智力能有所說舍利弗言随所得法而有
所說普華言汝證法性无量相耶舍利弗言
然普華言汝云何言随所得法而有所說如
法性无量相得亦如是如得說亦如是何以故
法性无量故舍利弗言法性非得相普華言
若法性非得相者汝出法性得解脫耶舍

所說普華言汝說法性无量相耶舍利弗言
然普華言汝云何言隨所得法而有所說如
法性无量相得亦如是如得說亦如是何以故
法性无量故舍利弗言法性非得相普華言
若法性非得相者汝出法性得解脫耶舍
利弗言不也普華言何故尒耶舍利弗言若
出法性得解脫者則壞法性普華言是故舍
利弗如仁者得道法性亦尒舍利弗言我為
聽來非為說也普華言一切法皆入法性此
中寧有說有聽者不舍利弗言不也普華言
若然者汝何故言我為聽來非為說耶舍利
弗言佛說二人得福无量一者專精說法二
者一心聽受是故汝今應說我當聽受普華
言汝入滅盡定能聽法耶舍利弗言入滅盡
定无有二行而聽法也普華言汝信佛說一切
法是滅盡相不舍利弗言然一切法皆滅盡
相我信是說普華言若然者舍利弗常不
能聽法所以者何一切法常滅盡相舍利弗
言汝能不起于定而說法耶普華言頗有一
法非是定耶舍利弗言无也普華言是故當
知一切凡夫常在於定舍利弗以何定故一
切凡夫常在定耶普華言以不壞法性三昧
故舍利弗言若然者凡夫聖人无有差別普
華言如是如是我不欲令凡夫聖人有差別
也所以者何聖人无所斷凡夫无所生是二
法不出法性平等之相舍利弗言何等是
諸法平等相普華言如舍利弗所得知見舍

BD14089 號　思益梵天所問經（異卷）卷二　（26–11）

故舍利弗言若然者凡夫聖人无有差別普
華言如是如是我不欲令凡夫聖人有差別
也所以者何聖人无所斷凡夫无所生是二
法不出法性平等之相舍利弗言何等是
諸法平等相普華言如舍利弗所得知見舍
利弗汝生賢聖法耶答言不也汝滅凡夫法
耶答言不也汝得賢聖法耶答言不也汝見
凡夫法耶答言不也舍利弗汝何知見說言
得道耶答言汝不聞凡夫如即是漏盡解脫
如漏盡解脫如即是无餘涅槃如舍利弗是
如名不異如不壞如應以是如知一切法
尒時舍利弗白佛言世尊譬如大火一切諸
炎皆是燒相如是諸善男子所說皆入法性
佛告舍利弗如汝所言是諸善男子所說法
皆入法性尒時綱明菩薩謂舍利弗佛說
仁者於智慧人中為最第一以何智慧得第
一耶舍利弗言所謂聲聞因緣得解以是智
慧說我於中為第一耳非謂菩薩綱明言智
慧是戲論相耶答言不也綱明言是智慧非
平等相耶答言是也綱明言令仁者得平等
智慧云何說智慧有量答言善男子以法性
相故智慧无量隨入法性多少故智慧有量綱
明言无量法終不作有量仁者何故說智
慧有量即時舍利弗嘿然不答
尒時長老大迦葉承佛聖旨白佛言世尊是
綱明菩薩以何因緣号綱明乎佛告綱明善
男子現汝福報光明因緣令諸天人一切世間皆

BD14089 號　思益梵天所問經（異卷）卷二　（26–12）

明言无量法湛然不作有量[illegible]者何故說　智
慧有量即時舍利弗嘿然不荅
尒時長老大迦葉承佛聖旨白佛言世尊是
網明菩薩以何因緣号網明手佛告網明善
男子現汝福報光明因緣令諸天人一切世間皆
得歡喜其有福德因緣者當發菩提心於是
網明即受佛教偏袒右肩從右手赤白莊嚴
抓指間放大光明普照十方无量无邊阿僧
祇佛國皆悉通達其中地獄畜生餓鬼盲聾
瘖瘂手足拘躄老病苦痛貪欲瞋恚愚癡裸
形醜陋貧窮飢渴囹圄繫閉困厄垂死慳貪
破戒瞋恚懈怠妄念无慧少於聞見无慚无
愧墮邪疑網如是等衆生遇斯光者皆得快
樂无有衆惱貪欲瞋恚愚癡憍慢憂悲懷
恨等之所惱也其在佛前大會之衆菩薩
摩訶薩天龍夜叉乹闥婆等及比丘比丘尼
優婆塞優婆夷衆諸衆生同一金色與佛
无異有卅二相八十隨形好无見頂者皆坐寶
絡蓮華坐寶交露蓋羅覆其上等无差别諸
會衆生皆得快樂譬如菩薩入發喜莊嚴三昧
時諸大衆得未曾有各各相見如佛无異不
見佛身爲大已身爲小又以光明力故尋時
下方有四菩薩從地踊出合掌而欲共礼佛
作是念言何者真佛我欲礼敬即聞空中聲
曰是網明菩薩光明之力一切大衆同一金色
與佛无異時四菩薩發希有心作如是言今
此衆會其色无異一切諸法亦復如是若

BD14089 號　思益梵天所問經（異卷）卷二　（26–13）

作是念言何者真佛我欲礼敬即聞空中聲
曰是網明菩薩光明之力一切大衆同一金色
與佛无異時四菩薩發希有心作如是言今
此衆會其色无異一切諸法亦復如是若
誠我此言實无虛世尊釋迦牟尼當現異相
令我今得供養礼事即時佛以蓮華寶師子
坐上昇虛空高一多羅樹於是四菩薩頭面
礼佛是作如是言如來智慧不可思議網　明
菩薩福德本願亦不可思議能放如是无量
光明
尒時佛告網明菩薩言善男子汝今已作佛
事令无量衆生住於佛道可攝光明於是網
明即受佛教還攝光明光明已此諸大衆
威儀色相還復如故見佛坐本師子坐上
尒時長老大迦葉白佛言世尊此四菩薩從
何所來四菩薩言我等從下方世界來大迦葉
言其國何名佛号何等四菩薩言國名現諸
寶莊嚴佛号一寶蓋今見在說法大迦葉　言
其佛國土去此幾何四菩薩言佛自知之　大
迦葉言汝等何故來此四菩薩言是網明菩
薩光明炤彼我等遇之即聞釋迦牟尼佛名
及網明菩薩是故我等今來見佛并網明上
人大迦葉白佛言世尊一寶蓋佛現諸寶莊
嚴世界去此幾何佛言去此七十二恒河沙
佛土大迦葉言世尊是四菩薩彼彼發來幾
時至此佛言如一念頃於彼不現忽然　而至

BD14089 號　思益梵天所問經（異卷）卷二　（26–14）

人大迦葉白佛言世尊一寶蓋佛現諸寶莊
嚴世界去此幾何佛言去此七十二恒河沙
佛土大迦葉言世尊是四菩薩彼彼發來幾
時至此佛言如一念頃於彼不現忽然　而至
大迦葉言世尊此諸菩薩光明遠照神通速
疾甚為希有今是綱明菩薩光明遠照是四
菩薩發來速疾佛言迦葉如汝所說菩薩摩
訶薩所行不可思議一切聲聞辟支佛所不
能及
尒時長老大迦葉謂綱明菩薩言善男子汝
現光明照此大會皆作金色以何因緣綱　明
言長老大迦葉可問世尊當為汝說即時大
迦葉以此白佛仏言迦葉是綱明菩薩成佛
時其會大衆同一金色咸共信樂一切智慧其
佛國土乃至无聲聞辟支佛名唯有清淨諸
菩薩摩訶薩會大迦葉白佛言世尊生彼菩
薩當知如佛佛言如汝所說生彼菩薩當　知
如佛於是會中四万四千人皆發阿耨多羅
三藐三菩提心已願生彼國白佛言世尊若
綱明菩薩得成佛時我等當生其國
尒時長老大迦葉白佛言世尊綱明菩薩幾
時當得阿耨多羅三藐三菩提佛言迦葉汝
自問綱明幾時當得阿耨多羅三藐三菩提
於是大迦葉問綱明菩薩言善男子仁者幾
時當得阿耨多羅三藐三菩提綱明言大迦葉
若有問幻所化人汝幾時當得阿耨多羅三
藐三菩提是幻人當云何答大迦葉言善男

BD14089號　思益梵天所問經（異卷）卷二　（26–15）

自問綱明幾時當得阿耨多羅三藐三菩提
於是大迦葉問綱明菩薩言善男子仁者幾
時當得阿耨多羅三藐三菩提綱明言大迦葉
若有問幻所化人汝幾時當得阿耨多羅三
藐三菩提是幻人當云何答大迦葉言善男
子幻所化人无決定相當何所答綱明言大
迦葉一切諸法亦如幻所化人无決定相誰可
問言汝幾時當成阿耨多羅三藐三菩提
大迦葉言善男子幻所化人離於自相无異
无別无所志願汝亦如是耶若如是者汝
云何能利益无量衆生綱明言阿耨多羅三
藐三菩提即是一切衆生性一切衆生性即
是幻性幻性即是一切法性於是法中我不
見有利不見无利大迦葉言善男子汝令不
令衆生住菩提耶綱明言諸佛菩提有住相
耶大迦葉言无也綱明言是故我不令衆生
住於菩提亦不令住聲聞辟支佛道大迦葉
言善男子汝令欲取何所綱明言我所趣如如
趣大迦葉言如无所趣亦无所轉綱明言　如
如无趣无轉一切法住如相故我无趣　无縛
大迦葉言若无趣无轉汝云何教化衆生　綱
明言大迦葉若人發願則是不能教化衆生
若人於法有轉是亦不能教化衆生大迦　葉
言善男子汝不轉衆生生死耶綱明言我尚
不得衆生生死何況於生死中而轉衆生大
迦葉言汝不令衆生得涅槃耶綱明言我尚
不見涅槃何況教化衆生令住涅槃大迦　葉

BD14089號　思益梵天所問經（異卷）卷二　（26–16）

若人於法有轉是亦不能教化衆生大迦葉
言善男子汝不轉衆生生死耶網明言我尚
不得衆生生死何況於生死中而轉衆生大
迦葉言汝不令衆生得涅槃耶網明言我尚
不見涅槃何況教化衆生令住涅槃大迦葉
言善男子若汝不得生死不得涅槃何故
令无量衆生行於菩提此豈不為滅度衆生
耶網明言若菩薩得生死分別涅槃因衆生
行菩提此則不應說為菩薩大迦葉言善男
子汝今於何處行網明言我非生死中行非
涅槃中行亦不以衆生相行大迦葉如汝所問
汝何處行者如佛所化人行處吾於彼行大
迦葉言佛所化人无有行處網明言當知一
切衆生所行亦如是相大迦葉言佛所化人
无貪无恚无癡若一切衆生所行如是相者
起衆生貪恚癡從何所網明言我今問汝隨
意荅我大迦葉汝今寧有貪恚癡不荅言
无也網明言是貪恚癡盡滅耶荅言不也
網明言若大迦葉今无貪恚癡亦不盡滅者
汝置貪恚癡於何所耶荅言善男子凡夫從
顛倒起妄相分別生貪恚癡耳賢聖法中善
知顛倒實性故无妄相分別是以无貪恚癡
大迦葉於汝意云何若法從顛倒起是法為
實為虛妄耶荅言是法虛妄非是實耶網明
言若法非實可令實耶荅言不網明言若
法非實仁者欲於是中得貪恚癡耶荅言不
也網明言若然者何所是貪恚癡能惱衆生



實為虛妄耶荅言是法虛妄非是實耶網明
言若法非實可令實耶荅言不網明言若
法非實仁者欲於是中得貪恚癡耶荅言不
也網明言若然者何所是貪恚癡能惱衆生
者荅言善男子若尒者一切法從本已來離
貪恚癡相網明言以是故我說一切法相如
佛所化說是法時四万四千菩薩得柔順法忍
尒時長老大迦葉白佛言世尊若網明菩薩
所見衆生不應復畏墮三惡道若聞網明所
說法者魔不得便若為網明所教化者不畏
墮聲聞辟支佛道世尊願說網明功德莊嚴
國土佛言迦葉是網明菩薩在在國土遊行之
處利益无量衆生迦葉汝見網明所放光
相不荅言已見佛言若三千大千世界滿中
芥子尚可筭數令網明光明令諸衆生信菩
提者不可數也迦葉是網明菩薩所放光明
饒益尚尒何況說法汝今諦聽我當粗略說
其功德迦葉是網明菩薩過七百六十万阿
僧祇劫當得作佛号普光自在王如來應正
遍知世界名日集妙功德其佛趣菩提樹時
國中諸魔魔民悉皆正定於阿耨多羅三藐
三菩提其佛國土以真琉璃寶為地地平如
掌柔濡細滑如迦陵伽衣處處皆以衆寶莊
嚴无三惡道亦八難其國廣長皆以妙寶
蓮花色香具好以為校飾普光自在王如來
有无量菩薩僧善脩无量法門得无量自在

掌柔濡細滑如迦陵伽衣處處皆以衆寶莊
嚴无三惡道亦八難其國廣長皆以妙寶
蓮花色香具好以為校飾普光自在王如来
有无量菩薩僧善脩无量法門得无量自在
神通皆以光明莊嚴其身得諸陁羅尼藏无
閡辯才善能說法光明神力皆悉通達能破
摩惡慚愧念慧諸妙功德以脩其心彼佛國
土无有女人其諸菩薩皆於寶蓮華中結跏
趺坐自然化生以禪樂為寶諸所須物經行
之處房舍林榆園林浴池應念即至迦葉是
普光自在王如来不以文字說法但放光明焰
諸菩薩光觸其身即得无生法忍復照十方
通達无㝵令諸衆生得離煩惱人其光明常
出卅二種清淨法音何等三十二謂諸法空
无衆生見故諸法无相離分别故諸无住出
三界故諸法離欲性寂滅故諸法離瞋无有
礙故諸法離癡无闇冥故諸法无所從来本
无性故諸法无所去无所至故諸法不住无
所依故諸法過三世去来現在无所有故諸法
无異其性一故諸法不生離於報故諸法
无業業報作者不可得故諸法不作无所起
故諸法无起无為性故諸法无為離生滅故
諸法真不從和合生故諸法實一道法門故諸
法无衆生衆生不可得故諸法无我第一義
故諸法鈍无所知故諸法捨離憎愛故諸法離
煩惱无有熱故諸法无垢性不汙故諸法一

BD14089 號　思益梵天所問經（異卷）卷二

（26–19）

法无衆生衆生不可得故諸法无我第一義
故諸法鈍无所知故諸法捨離憎愛故諸法離
煩惱无有熱故諸法无垢性不汙故諸法一
相離欲際故諸法離相常定故諸法住實際
性不壞故諸法如相不分别故諸法入法性遍
入法故諸法无緣諸緣不合故諸法是菩提
如實見故諸法是涅槃无因緣故迦葉是普光
自在王如来光明常出如是清淨法音亦能
令諸菩薩施作佛事其佛國土无有魔事
佛壽无量阿僧祇劫大迦葉白佛言世尊若人欲
得清淨佛土者應取如網明菩薩所脩一切
功德具足清淨國土如是迦葉是網明菩薩
於諸无量阿僧祇佛所隨願脩行功德具足故
尒時思益梵天謂網明菩薩仁者已得從佛
受記網明言一切衆生皆從佛受記梵天言
於何事中而得受記網明言隨業受報而得
受記梵天言汝作何業而得受記網明言若
業非身作非口作非意作是業可得亦不梵
天言不可亦也網明言菩提是起作相耶梵天
言不也何以故菩提是无為非起作相網
明言可以起作相得无為菩提不梵天言不
也梵天是故當知若无業无業報无諸行无
起諸行是名菩提如菩提性得亦如是如得
性受記亦如是不可以起作法而得受記梵天
言善男子汝不行六波羅蜜然後得受　記
耶網明言如汝所說菩薩行六波羅蜜而得
受記梵天若菩薩捨一切煩惱名為檀波羅

BD14089 號　思益梵天所問經（異卷）卷二

（26–20）

性受記亦如是不可以起作法而得受記梵天
言善男子汝不行六波羅蜜然後得受記
耶網明言如汝所說菩薩行六波羅蜜而得
受記梵天若菩薩捨一切煩惱名為檀波羅
蜜於諸法无所起名為尸波羅蜜於諸法
无所傷名為羼提波羅蜜於諸法離相名為
毗梨耶波羅蜜於諸法无所住名為禪波羅
蜜於諸法无戲論名為般若波羅蜜梵天若
菩薩如是行六波羅蜜於何處行梵天言无
處行也所以者何凡有所行皆是不行若行即
是不行若不行即是行梵天以是故當知无
所行是菩提如汝所問汝得受菩提記者如
如法性得受記我受記亦如是梵天言善男
子如如法性无受記網明言諸菩薩受記相
皆亦如是如如法性
尒時思益梵天白佛言世尊菩薩以何行諸
佛授阿耨多羅三藐三菩提記佛言若菩薩
不行生法不行滅法不行善不行不善不行
世間不行出世間不行有罪法不行无罪法
不行有漏法不行无漏法不行有為法不行
无為法不行脩道不行除斷不行生死不行
涅槃不行見法不行聞法不行覺法不行知
法不行施不行捨不行戒不行覆不行忍不
行善不行發不行精進不行禪不行三昧不
行慧不行行不行智不行得梵天若菩薩如
是行者諸佛則授阿耨多羅三藐三菩提記
所以者何諸所有行皆……

BD14089號　思益梵天所問經（異卷）卷二　（26–21）

法不行施不行捨不行戒不行覆不行忍不
行善不行發不行精進不行禪不行三昧不
行慧不行行不行智不行得梵天若菩薩如
是行者諸佛則授阿耨多羅三藐三菩提記
所以者何諸所有行皆有所是无所是是善
提諸所有行皆是分別无分別是菩提諸所
有行皆是起作无起作是菩提諸所有行皆
是戲論无戲論是菩提是故當知若菩薩過
諸所行則得受記唯然世尊受記者有何義
佛言離諸法二相是受記義不分別生滅是
受記義離身口意業相是受記義梵天我念
過去有劫名喜見我於此劫供養七十二那
由他佛是諸如來不見受記又過去劫劫名
善化我於此劫供養廿二億佛是諸如是
亦不見授記又過是劫劫名梵嘆我於此劫
供養万八千佛是諸如來亦不見授記又過
是劫劫名无咎我於此劫供養三万二千佛
是諸如來亦不見授又過是劫劫名莊嚴我
於此劫供養四百卅万佛我皆以一切供養
之具而供養之是諸如來亦不見授記梵天
我於往昔供養諸佛恭敬尊重讚歎淨脩梵
行一切布施一切持戒及行頭陀離於瞋
恚忍辱慈心如所說行懃脩精進一切所聞
皆能受持獨處遠離入諸禪定隨所聞慧讀
誦思問是諸如來亦不見授記何以故我依止
所行故以是當知若諸菩薩出過一切諸行
[illegible]

BD14089號　思益梵天所問經（異卷）卷二　（26–22）

行一切相於一切持戒及行頭陀離於瞋
恚忍辱慈心如所說行懃脩精進一切所聞
皆能受持獨處遠離入諸禪定隨所聞慧讀
誦思問是諸如来亦不見授記何以故我依心
所行故以是當知若諸菩薩出過一切諸行
則得授記我若以劫若減一劫說是諸佛
名号不可得梵天我於是後見然燈佛即
得无生法忍佛時授我記言汝於来世當得
作佛号釋迦牟尼如来應供正遍知我於尒
時出過一切諸行具足六波羅蜜所以者何若
菩薩能捨諸相名為檀波羅蜜能滅諸所受
持名為尸羅波羅蜜不為六塵所傷名為
羼提波羅蜜離諸所行名為毗梨耶波羅蜜
不憶念一切法名為禪波羅蜜能忍諸法无
生性名為般若波羅蜜我於然燈佛所具足
如是六波羅蜜梵天我從初發菩提心已来
所作布施於此五華布施百分不及一百千
分百千万億分乃至筭數譬喻所不能及我
從初發心已来受戒持戒及行頭陀於此常
滅戒百分不及一乃至筭數譬喻所不能及
我從初發心已来柔和忍辱於畢竟忍法百
分不及一乃至筭數譬喻所不能及我從初
發心已来發懃精進於此不取不捨精進百
分不及一乃至筭數譬喻所不能及我從初
發心已来禪定獨處於此无住禪定百分
不及一乃至筭數譬喻所不能及我從初發
心已来思惟籌量智慧於此无識論智慧百

BD14089號　思益梵天所問經（異卷）卷二　（26-23）

發心已来發懃精進於此不取不捨精進百
分不及一乃至筭數譬喻所不能及我從初
發心已来禪定獨處於此无住禪定百分
不及一乃至筭數譬喻所不能及我從初發
心已来思惟籌量智慧於此无識論智慧百
分不及一百千分百千万億分乃至筭數譬
喻所不能及梵天是故當知我尒時得具足
六波羅蜜世尊云何名具六波羅蜜梵天
若不念施不依心戒不分别忍不取精進
不住禪定不二於慧是名具足六波羅蜜
又問具足六波羅蜜已能滿足何法佛言具足
六波羅蜜已能滿足薩婆若世尊云何具足六
波羅蜜已能滿足薩婆若梵天布施平等
即是薩婆若平等持戒平等即是薩婆若
平等忍辱平等即是薩婆若平等精進平
等即是薩婆若平等定平等即是薩婆若
平等智慧平等即是薩婆若平等以是平等
等一切法名為薩婆若又梵天具足布施相
持戒相忍辱相精進相禪定相智慧相是名
薩婆若梵天如是具足六波羅蜜能滿足薩
波若世尊云何當知滿足薩婆若梵天若不
受眼若不受色不受耳不受聲不受鼻不受香
不受舌不受味不受身不受觸不受意不受法
若不受是內外入名為滿足薩婆若我得如是滿
足薩婆若於眼无所著於色耳聲鼻香舌味
身觸意法无所著是故如来名為无㝵知見
薩婆若梵天薩婆若於法无所受何以故以

BD14089號　思益梵天所問經（異卷）卷二　（26-24）

受眼若不受色不受耳不受聲不受鼻不受香
不受舌不受味不受身不受觸不受意不受法
若不受是內外入名為滿足薩婆若我得如是滿
足薩婆若於眼无所著於色耳聲鼻香舌味
身觸意法无所著是故如來名為无导知見
薩婆若梵天薩婆若於法无所受何以故以
无用故无用即是无所有義无有義即是
空如虛空義同虛空相即是薩婆若是故
於法无所受梵天譬如一切所作皆因虛空而虛
空无所依如是諸智慧皆從薩婆若出而薩
婆若无所依梵天白佛言世尊所說薩婆若
薩婆若者為何謂也梵天一切所行是智為
真智非諸聲聞辟支佛所及故名薩婆若諸
有所行皆能成就故名薩婆若能破一切耶
念戲論故名薩婆若諸所教勑諸所防衛如
此衆生所行之法皆從中出故名薩婆若得
諸聖智若學智若无學智若辟支佛智皆
從中出故名薩婆若正行故名薩婆若能分
別一切藥故名薩婆若滅一切衆生病故名
薩婆若能除一切煩惱習氣故名薩婆若常
在定故名薩婆若一切法中无疑故名薩婆
若一切世間出世間智慧皆從中出故名薩
婆若善知一切智慧方便相故名薩婆若
尒時思益梵天白佛言世尊未曾有也世尊
諸佛如來智慧甚深心无所緣而知一切衆生
心心所行世尊薩婆若得如是无量功德其
誰善男子善女人不發阿耨多羅三藐三

BD14089號　思益梵天所問經（異卷）卷二　　（26–25）

此衆生所行之法皆從中出故名薩婆若得
諸聖智若學智若无學智若辟支佛智皆
從中出故名薩婆若正行故名薩婆若能分
別一切藥故名薩婆若滅一切衆生病故名
薩婆若能除一切煩惱習氣故名薩婆若常
在定故名薩婆若一切法中无疑故名薩婆
若一切世間出世間智慧皆從中出故名薩
婆若善知一切智慧方便相故名薩婆若
尒時思益梵天白佛言世尊未曾有也世尊
諸佛如來智慧甚深心无所緣而知一切衆生
心心所行世尊薩婆若得如是无量功德其
誰善男子善女人不發阿耨多羅三藐三
菩提心

思益經卷第二

BD14089號　思益梵天所問經（異卷）卷二　　（26–26）

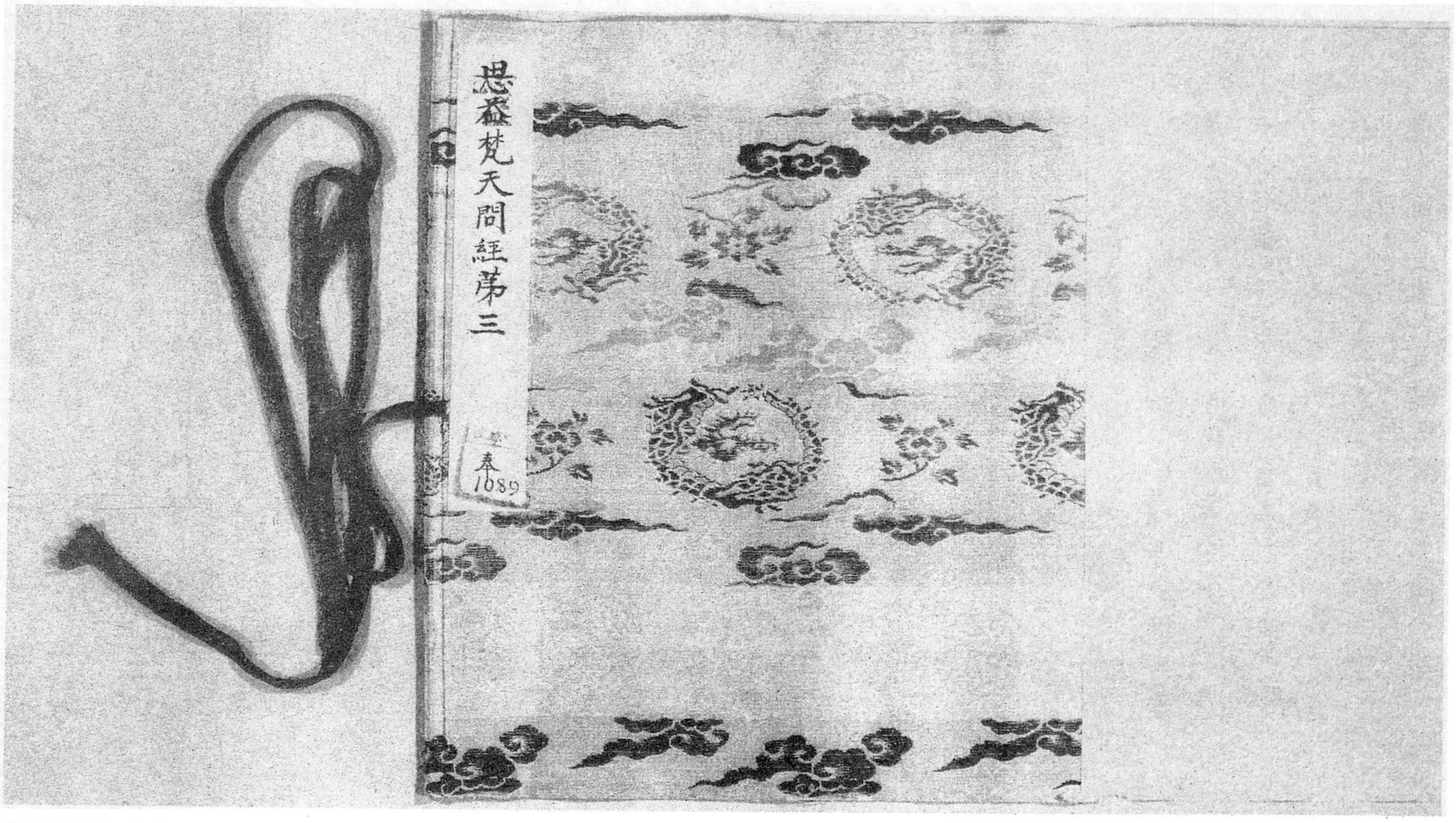


BD14090 號背　現代護首　（1–1）

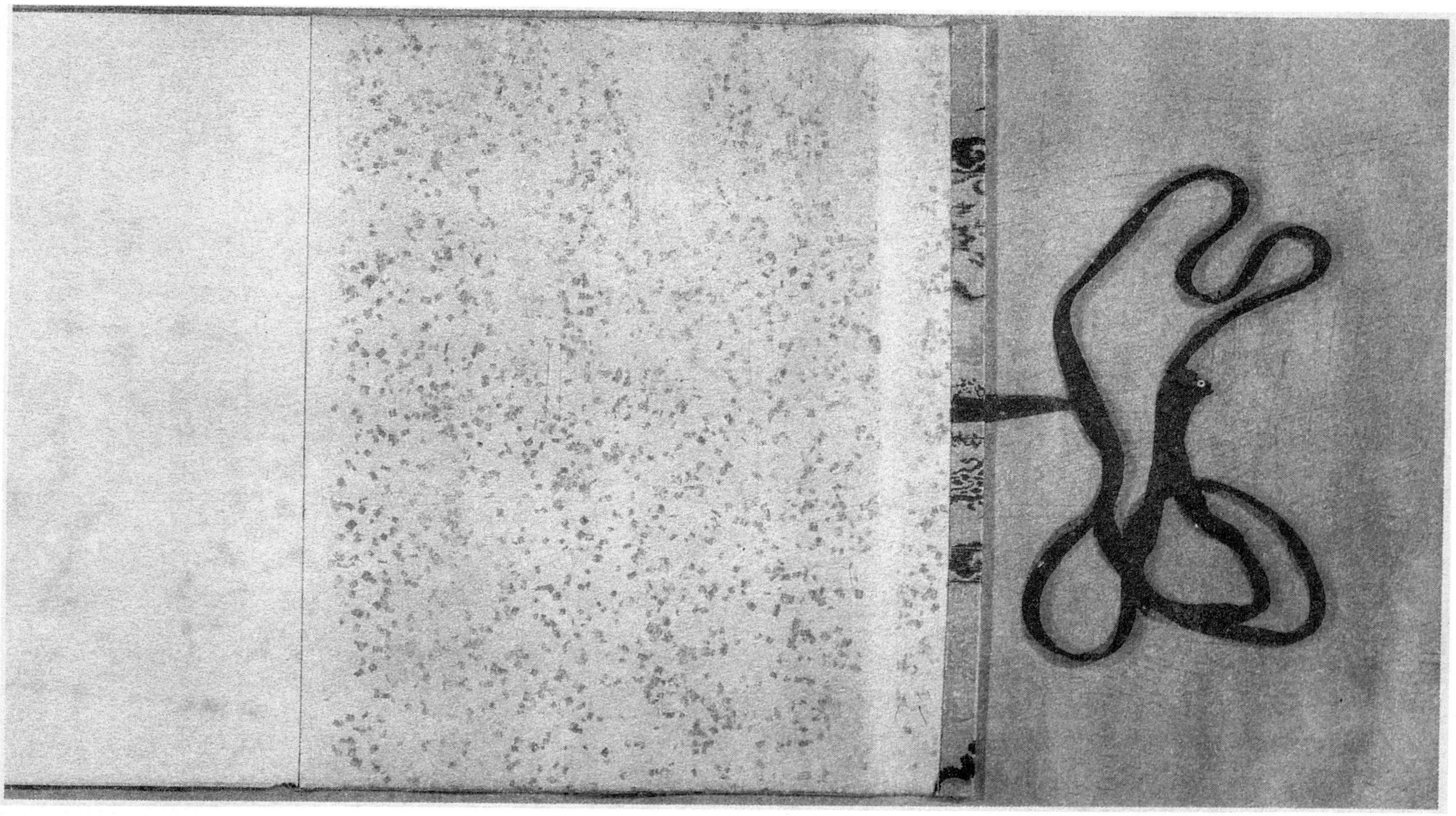

BD14090 號　思益梵天所問經（異卷）卷三　（25–1）

思益梵天問經第三
尒時思益梵天白佛言世尊是文殊師利法王
王子在此大會而无所說佛即告文殊師利
汝於此所說法中可少說之文殊師利白佛
言世尊佛所得法寧可識不佛言不可識也
世尊是法可說可演可論不佛言不可說不
可演不可論也世尊若是法不可說不可演
不可論者則不可示尒時思益梵天謂文殊
師利汝不為衆生演說法乎文殊師利言梵
天法性中有二相耶梵天言无也文殊師利
言一切法不入法性耶梵天言然文殊師利
言若法性是不二相一切法入法性中云何
當為衆生說法梵天言頗有說法亦无二耶
文殊師利言若決定得說者聽者可有說法

BD14090號　思益梵天所問經（異卷）卷三　（25–2）

言一切法不入法性耶梵天言然文殊師利
言若法性是不二相一切法入法性中云何
當為衆生說法梵天言頗有說法亦无二耶
文殊師利言若決定得說者聽者可有說法
亦无有二文殊師利如來不說法耶文殊師
利言佛雖說法不以二相何以故如來性无
二故雖有所說而无二也梵天言若一切法无
二其說為二文殊師利言凡夫貪著我故分
別二耳不二者終不為二雖種種分別為二
然其實際无有二相梵天言云何識无二法
文殊師利言若无二可識則非无二所以者
何无二相者不可識也梵天二即是識葉不
可識法佛所說也是法不二如所說何以故
是法无文字故文殊師利佛所說法終何所
至文殊師利言如來說法至无所至梵天言
佛所說法不至涅槃耶文殊師利言涅槃可
得至耶梵天言涅槃无來處无至處文殊
師利言如是佛所說法至无所至梵天言是
法誰聽荅言如所說法梵天言云何如所說
荅言如不識不聞梵天言誰能聽如來如是
法荅言不漏六塵者梵天言誰能知是法荅
言无識无分別无諍訟者梵天言云何比丘
名多諍訟荅言是好是惡是名諍訟是理是
非理此名諍訟是垢是淨此名諍訟是善是
不善此名諍訟是戒是毀戒此名諍訟是應
任是不應任此名諍訟以是法得道以是法
得果此名諍訟梵天若於法中有高下心貪

BD14090號　思益梵天所問經（異卷）卷三　（25–3）

非理此名諍訟是垢是淨此名諍訟是善是
不善此名諍訟是戒是毀戒此名諍訟是應
住是不應住此名諍訟以是法得道以是法
得果此名諍訟梵天若於法中有高下心貪
著取受皆是諍訟佛所說法无有諍訟梵天
樂戲論者无不諍訟樂諍訟者无沙門法樂
沙門法者无有忘想貪著梵天言云何比丘
隨佛語隨佛教答言若比丘稱讚毀辱其心
不動是名隨佛教若比丘不隨文字語言是
名隨佛語若比丘滅一切諸相是名隨佛教
不違於義是名隨佛語若比丘守護於法是
名隨佛教不違佛語是名隨佛語梵天言云
何比丘能守護法答言若比丘不違平等不
壞法性是名能守護法梵天言云何比丘親
近於佛答言若比丘於諸法中不見有法若近
若遠是名親近於佛梵天言云何比丘給
侍於佛答言若比丘身口意无所作是名給
侍於佛梵天言誰能供養佛答言不起福業
不起无動業者梵天言誰能見佛答言若不
著肉眼不著天眼不著慧眼是能見佛梵天
言誰能見法答言不違諸因緣法者梵天言
誰能順見諸因緣法答言不起平等不見平
等所生相者梵天言誰得真智答言不生不滅
諸漏者梵天言誰能隨學如來答言不起
不受不取不捨諸法者梵天言誰名正行答
言不隨三界者
梵天言誰為善人答言不受後身者梵天言



諸漏者梵天言誰能隨學如來答言不起
不受不取不捨諸法者梵天言誰名正行答
言不隨三界者
梵天言誰為善人答言不受後身者梵天言
誰為樂人答言无我无我所者梵天言誰為
得脫答言不壞縛者梵天言誰為得度答言
不住生死不住涅槃者梵天言漏盡比丘盡
何事耶答言若有所盡不名漏盡知諸漏空
相隨如是知名為漏盡梵天言誰為實語答
言離諸言論道者梵天言誰為入道答言凡夫
有入道聖行者知一切有為法无所從來无
所從去則无入道梵天言誰能見聖諦答言
无有見聖諦者所以者何隨所有見皆為虛
妄无所見者乃名見諦梵天言不見何法名
為見諦答言不見一切諸見名為見諦梵天
言是諦當於何求答言當於四顛倒中求梵
天言何故作是說答言求四顛倒不得淨不
得常不得樂不得我若不得淨是即不淨若
不得常是即无常若不得樂是即為苦若不
得我是即无我梵天言一切法空无我是為聖
諦若能如是求諦是人不見苦不斷集不證
滅不脩道梵天言云何為脩道答言若不分
別是法是非法離於二相名為脩道以是道
求一切法不得是名為道是道不令人離生
死至涅槃所以者何不離不至乃名聖道
尒時有摩訶羅梵天子名曰等行聞文殊師
利何謂優婆塞歸依佛歸依法歸依僧答言

求一切法不得是名為道是道不令人離生
死至涅槃所以者何不離不至乃名聖道
尒時有摩訶羅梵天子名曰等行問文殊師
利何謂優婆塞歸依佛歸依法歸依僧荅言
優婆塞不起二見不起我見不起彼見不起
我見不起佛見不起我見不起法見不起我
見不起僧見是名歸依佛歸依法歸依僧又
優婆塞不以色見佛不以受想行識見佛是
名歸依佛優婆塞於法无所分別亦不行非
法是名歸依法優婆塞不離有為法見无為
法不離无為法見有為法是名歸依僧又優
婆塞不得佛不得法不得僧是名歸依佛歸
依法歸依僧
尒時等行菩薩問文殊師利言是諸菩薩發
菩提心有為趣何所荅言趣於虛空所以者
何阿耨多羅三藐三菩提同於虛空故等行言
云何菩薩名發阿耨多羅三藐三菩提心荅
言若菩薩知一切發非發一切法非法一切
衆生非衆生是名菩薩發阿耨多羅三藐三
菩提心
尒時等行菩薩白佛言世尊所言菩薩菩薩
為何謂也佛言善男子若菩薩於邪定衆生
發大悲心於正定衆生不見殊異故言菩薩
所以者何菩薩不為正定衆生不為不定衆
生故發心但為度邪定衆生故而起大悲發
阿耨多羅三藐三菩提心故言菩薩尒時菩
提菩薩白佛言世尊我為樂說所以為菩薩

BD14090號　思益梵天所問經（異卷）卷三　（25–6）

所以者何菩薩不為正定衆生不為不定衆
生故發心但為度邪定衆生故而起大悲發
阿耨多羅三藐三菩提心故言菩薩尒時菩
提菩薩白佛言世尊我為樂說所以為菩薩
佛言便說菩提菩薩言譬如善男子善女人受
一日戒无毀无缺若菩薩如是從初發心乃
至成佛於其中間常脩淨行是名菩薩堅竟
菩薩言若菩薩成就深固慈心是名菩薩度
衆生菩薩言譬如橋船度人不惓无有分別
若心如是是名菩薩斷惡道菩薩言若菩薩
於諸佛國頭足之處即時一切惡道皆滅是
名菩薩觀世音菩薩言若菩薩衆生見者即
時畢定於阿耨多羅三藐三菩提又稱其名
得免衆苦是名菩薩得大勢菩薩言若菩薩
所投足處振動三千大千世界及魔宮殿是
名菩薩无疲惓菩薩言若恒河沙等劫為一日
一夜以是卅日為月十二月為歲以是歲數
若過百千万億劫得值一佛如是於恒河沙
等佛所行諸梵行脩集功德然後受阿耨多
羅三藐三菩提記心不休息无有疲惓是名
菩薩導師菩薩言若菩薩於墮邪道衆生生
大悲心令入正道不求恩報是名菩薩須彌
山菩薩言若菩薩於一切法无所分別如須
彌山一於衆色是名菩薩那羅延菩薩言若
菩薩不為一切煩惱所壞是名菩薩心力菩
薩言若菩薩以心思惟一切諸法无有錯謬
是名菩薩師子遊步自在菩薩言若菩薩於

BD14090號　思益梵天所問經（異卷）卷三　（25–7）

彌山一於衆色是名菩薩那羅延菩薩言若
菩薩不為一切煩惱所壞是名菩薩心力菩
薩言若菩薩以心思惟一切諸法无有錯謬
是名菩薩師子遊步自在菩薩言若菩薩於
諸論中不怖不畏得深法忍能伏一切外道怖
畏是名菩薩不可思議菩薩言若菩薩知心
不可思議无所思惟分別是名菩薩善解天
子言若菩薩能於一切天宮中生而无所染
亦不得是无染之法是名菩薩實語菩薩言
若菩薩有所發言常以真實乃至夢中亦无
妄語是名菩薩喜見菩薩言若菩薩能見一
切色皆是佛色是名菩薩常慘菩薩言若
菩薩見墮生死衆生其心不樂世間諸樂自
度己身亦度衆生是名菩薩心无閡菩薩言
若菩薩於一切煩惱衆魔而不瞋閡是名菩
薩常喜根菩薩言若菩薩常以善根自滿其願
亦滿他願所任皆辯是名菩薩散疑女菩薩言
若菩薩於一切法中不生疑悔是名菩薩
師子幢女菩薩言若菩薩无男法无女法而
現種種色身為成就衆生故是名菩薩寶女
菩薩言若菩薩於諸寶中不生愛樂但樂三
寶是名菩薩毗舍佉達多優婆夷言若菩薩
有所得者則无善根若不得一切法不生一切
法不滅一切法是名菩薩跋陀婆羅賢士言
若菩薩聞其名者必定於阿耨多羅三
藐三菩提是名菩薩寶月童子言若菩薩常
脩憧子梵行乃至不以心念五欲何况身受
[illegible]

BD14090號　思益梵天所問經（異卷）卷三　　（25–8）

[illegible]
法不滅一切法是名菩薩跋陀婆羅賢士言
若菩薩聞其名者必定於阿耨多羅三
藐三菩提是名菩薩寶月童子言若菩薩常
脩憧子梵行乃至不以心念五欲何况身受
是名菩薩忉利天子易陀羅華香菩薩言若
菩薩持戒薰心常流諸善法香不流餘香是
名菩薩住喜菩薩言若菩薩喜樂三法謂供
養佛演說於法教化衆生是名菩薩思益梵
天言若菩薩所見之法皆是佛法是名菩薩
彌勒菩薩言若菩薩衆生見者即得慈心三
昧是名菩薩文殊師利法王子言若菩薩雖
說諸法而不起法相不起非法相是名菩薩
網明菩薩言若菩薩光明能滅一切衆生煩
惱是名菩薩普華菩薩言若菩薩見諸如來
滿十方世界如林華敷是名菩薩如是諸菩
薩各各隨所樂說已尒時佛告等行菩薩若
菩薩能代一切衆生受諸苦惱亦復能捨一切
福事與諸衆生是名菩薩
尒時思益梵天問等行菩薩言善男子汝今
以何為行答言我以隨一切有為法衆生行
為行又問隨一切有為法衆生以何為行答
言諸佛所行是隨一切有為法衆生行也又問
諸佛以何為行答言諸佛以第一義空為行
又問凡夫所行諸佛亦以是行有何差別等
行言汝欲令空中有差別耶答言不也等行
言如來不說一切法空耶答言然是故梵天一
切法无有差別是諸行相亦復如是所以

BD14090號　思益梵天所問經（異卷）卷三　　（25–9）

諸佛以何為行答言諸佛以第一義空為行
又問凡夫所行諸佛亦以是行有何差別等
行言汝欲令空中有差別耶答言不也等行
言如來不説一切法空耶答言然是故梵天一
切法无有差別是諸行相亦復如是所以
者何如來不説諸法有差別也
尒時思益梵天問文殊師利言所言行行為
何謂也答言於諸行中有四梵行是名行處
行若人離四梵行不名行處行能行四梵行
是名行處行梵天若人成就四梵行雖於空
閑曠野中行是名行處行若不成就四梵行
雖於樓殿堂閣金銀床褥妙好被褥於此中
行不名行處行亦復不能善知行相又問菩
薩以何行知見清淨答言於諸行中能淨滅
見又問若得我實性即得實知見耶答言然
若見我實性即是實知見譬如國王典金藏
人因見出用知餘在者如是因知我實性故
得實知見又問云何得我實性答言若得无
我法所以者何我畢竟无根本无決定故若
能如是知者是名得我實性又問如我解文
殊師利所説義以見我故即是見佛所以者
何我性即是佛性文殊師利誰能見佛答言
不壞我見者所以者何我見即是法見以法
見能見佛又問頗有无所行名為正行答言
有若不行一切有為法是名正行又問云何
行名為正行答言若不為見故行不為斷不
為證不為脩故行是名正行又問慧眼為見
何法答言若有所見不名慧眼慧眼不見有



有若不行一切有為法是名正行又問云何
行名為正行答言若不為見故行不為斷不
為證不為脩故行是名正行又問慧眼為見
何法答言若有所見不名慧眼慧眼不見有
為法不見无為法所以者何有為法皆虛妄
分別无虛妄分別是名慧眼无為法空无所
有過諸眼道是故慧眼亦不見无為法又問
頗有因緣正行比丘不得道果答言有正行
中无道无果无行无得无有得果差別梵天
无所得故乃名為得若有所得當知是為增
上慢人正行者无增上慢增上慢則无行
无得又問得何法故名為得道答言若法不
自生不他生不衆緣生從本已來常无有
生得是法故説名得道又問若法不生為何
所得答言若知法不生即名為得是故佛説
若見諸有為法不生相即入正位又問云何
名正位答言我及涅槃等不起二是名正位
又行平等故名為正位以平等出諸苦惱故
名正位入了義中故名正位除一切憶念故
名正位尒時世尊讚文殊師利言善哉善哉
快説此言誠如所説説是法時七千比丘不受
諸法漏盡心得解脱三万二千諸天遠塵離
垢得法眼淨十千人離欲得定二百人發阿
耨多羅三藐三菩提心五百菩薩得无生法
忍
尒時思益梵天白佛言世尊是文殊師利法
王子能住佛事大饒益衆生文殊師利言佛

耨多羅三藐三菩提心五百菩薩得无生法
忍
尒時思益梵天白佛言世尊是文殊師利法
王子能作佛事大饒益衆生文殊師利言佛
出於世不為益法故出不為損法故出梵天
言佛豈不滅度无量衆生仁亦不利益无量
衆生耶文殊師利言汝欲於无衆生中得衆
生耶答言不也梵天汝欲得衆生定相耶
答言不也梵天汝欲得諸佛有出生相於世
間耶答言不也梵天何等是衆生為佛所滅
度者梵天言如仁所說義无生死无涅槃文
殊師利言如是諸佛世尊不得生死不得涅
槃佛諸弟子得解脫者亦不得生死不得涅
槃所以者何是涅槃生死但假名字有言說
耳實无生死往来滅盡涅槃又問誰能信是
法耶答言於諸法中无貪著者又問若貪著
者於何貪著答言貪著虛妄梵天言貪著
是實者終无无增上慢以貪著虛妄故行者
知之而不貪著若不貪著則无有流若无有流
則无往来生死若无往来生死是則滅度又
問何故說言滅度答言滅度者名為衆緣不
和合若无明不和合諸行因緣則不起諸行
若不起諸行是名為滅不起相是畢竟滅得
是道故則无生處如是名為四聖諦
尒時等行菩薩謂文殊師利如汝所說皆為
真實答言一切言說皆為真實又問虛妄言
說亦真實耶答言如是所以者何是諸言說

BD14090 號　思益梵天所問經（異卷）卷三　（25–12）

是道故則无生處如是名為四聖諦
尒時等行菩薩謂文殊師利如汝所說皆為
真實答言一切言說皆為真實又問虛妄言
說亦真實耶答言如是所以者何是諸言說
皆為虛妄无處无方若法虛妄无處无方是
故一切言說皆是真實善男子提婆達說如
来語无異无分別所以者何一切言說皆是
如来言說不出如故一切言說有所說事皆
以无所說故得有所說是以一切言說皆等
文字同故文字无念故文字空故等行言如
来不說凡夫語言賢聖語言耶文殊師利言
然以文字說凡夫語言亦以文字說賢聖語
言如是善男子諸文字有分別是凡夫語言
是賢聖語言耶等行言不也文殊師利言如
諸文字无分別一切賢聖亦无分別是故賢聖
无有言說所以者何賢聖不以文字相不以衆
生相不以法相有所說也譬如鍾鼓衆緣和合
而有音聲是諸鍾鼓亦无分別如諸賢聖善
知衆因緣故於諸言說无貪无閡等行言如
佛所說汝等集會當行二事若說法若聖
嘿然何謂說法何謂聖嘿然答言若說法不
違佛不違法不違僧是名說法若知法即是
佛離相即是法无為即是僧是名聖嘿然又
善男子因四念處有所說名為說法於一切法
无所憶念名聖嘿然因四正懃有所說名為
說法以諸法等不作等不作不等名聖嘿
然因四如意足有所說名為說法若不起身
[illegible]

BD14090 號　思益梵天所問經（異卷）卷三　（25–13）

善男子因四念處有所說名為說法於一切法
无所憶念名聖嘿然因四正懃有所說名為
說法以諸法等不住不等名聖嘿
然曰四如意足有所說名為說法若不起身
心名聖嘿然曰五根五力有所說名為說法
若不随他語有所信為不取不捨故部分諸
法一心安住无念念中解一切法常定往斷
一切戲論慧名聖嘿然曰七菩提分有所說
名為說法若常行捨心无所分別无增无減
名聖嘿然曰八聖道分有所說名為說法若
知諸法相如栰喻不依法不依非法名聖嘿
然善男子於是卅七助道法若能開解演說
名為說法若身證是法亦不離身見法亦不
離法見身於是觀中不見二相不見不二相
如是觀前知見而亦不見名聖嘿然
又善男子若不妄想著我不妄想著彼不妄
想著法有所說名為說法若丢不可說相能
離一切言說音聲得不動處入離相心名聖
嘿然又善男子若知一切衆生諸根利鈍而教
誨之名為說法常入於定心不散亂名聖嘿
然等行言如我解文殊師利所說義一切聲
聞辟支佛无有說法亦无聖嘿然所以者何
不能了知一切衆生諸根利鈍亦復不能常
在於定文殊師利若有真實問何等是世間
說法者何等是世間聖嘿然者則當為說諸
佛是也所以者何諸佛善能分別一切衆生
諸根利鈍亦常在定佛告文殊師利如是如
是如等行所說唯諸佛如來有此二法



說法者何等是世間聖嘿然者則當為說諸
佛是也所以者何諸佛善能分別一切衆生
諸根利鈍亦常在定佛告文殊師利如是如
是如等行所說唯諸佛如來有此二法
尒時須菩提白佛言世尊我親從佛聞汝等
集會當行二事若說法若聖嘿然世尊若聲
聞不能行者云何如来勅諸比丘行此二事
佛告須菩提於汝意云何若聲聞不從他聞
能說法能聖嘿然不須菩提言不也須菩提
是故當知一切聲聞辟支佛无有說法无聖
嘿然尒時文殊師利謂須菩提如來了知衆
生八万四千行汝於此中有智慧能隨其所
應為說法不荅言不也今須菩提能入觀一
切衆生心三昧住是三昧通達一切衆生心
心所行自心他心无所関不荅言不也須菩提
如來於衆生八万四千行隨其所應為說
法藥又常住定平等相中心不動搖而通達一
切衆生心心所行須菩提是故當知一切聲
聞辟支佛不及此事須菩提或有衆生多婬
欲者以觀不淨得解脫不以不淨唯佛能知或
有衆生多瞋恚者以觀過得解脫不以慈心
唯佛能知或有衆生多愚癡者以不共語得
解脫不以說法唯佛能知或有衆生等分行
不以觀淨不以不淨不以觀過不以慈心不
以不共語不以說法得解脫者隨其根性以
諸法平等而為說法使得解脫唯佛能知是
故如來於諸說法人中為最第一禪定人中

不以穢淨不以不淨不以穢過不以惹心不
以不共語不以說法得解脫者隨其根性以
諸法平等而為說法使得解脫唯佛能知是
故如來於諸說法人中為最第一禪定人中
亦最第一尒時須菩提問文殊師利若聲聞
辟支佛不能如是說法不能如是聖嘿然者
諸菩薩有成就如是功德能能說法能聖嘿然
不答言唯佛肯知於是佛告須菩提有三昧
名入一切語言心不散亂若菩薩成就此三
昧皆得如是功德
尒時文殊師利謂等行菩薩善男子為衆生
八万四千行故說八万四千法藏名為說法常
在一切滅受想定中名聖嘿然善男子我
若一劫若減一劫能說是義是說法相是聖
嘿然相猶不能盡於是佛告等行菩薩善男
子乃往過去无量无邊不可思議阿僧祇劫
時世有佛号日普光劫日名閻國名喜見彼
國嚴淨豐樂安隱天人熾盛其地皆以衆寶
莊嚴柔耎細滑生寶蓮華一切香樹充滿其
中常出妙香善男子喜見國土有四百億四
天下一一天下縱廣八万四千由旬其中諸
城縱廣一由旬皆以衆寶莊餝一一城有有
二万五千聚落村邑而圍繞之一一聚落村
邑无量百千人衆充滿其中所見色像心皆
喜悅无可憎惡亦悉皆得念佛三昧是以國土
名日喜見若他方世界諸來菩薩皆得快樂
餘國不尒善男子其普光佛以三乘法為弟

BD14090號　思益梵天所問經（異卷）卷三　（25–16）

喜悅无可憎惡亦悉皆得念佛三昧是以國土
名日喜見若他方世界諸來菩薩皆得快樂
餘國不尒善男子其普光佛以三乘法為弟
子說亦多樂說如是法言汝等比丘當行二
事若說法若聖嘿然善男子尒時上方醫王
佛土有二菩薩一名无盡意二名益意來詣
普光佛所頭面礼足右繞三匝恭敬合掌却
住一面時普光佛為二菩薩廣說淨明三昧
所以名淨明三昧者若菩薩入是三昧即得解
脫一切諸相及煩惱著亦於一切佛法得淨光
明是故名為淨明三昧又前際一切法淨後
際一切法淨現在一切法淨是三世畢竟淨
无餘令不淨性常淨故是以說一切諸法性
常清淨何謂諸法淨謂一切法空相離有所
得故一切法无相相離憶念分別故一切法
无作相不取不捨无求无願畢竟離自性故
是名性常清淨以是常淨相知生死性即是
涅槃涅槃性即是一切法性是故說心性常
明淨善男子譬如虛空若受垢汙无有是處
心性亦如是若有垢汙无有是處又如虛空
雖為烟塵雲霧覆翳不明不淨而不能染汙
虛空之性設染汙者不可復淨以虛空實不
染汙還見清淨凡夫心亦如是雖邪憶念起
諸煩惱然其心性不可垢汙設垢汙者不可
復淨以心相實不垢汙性常明淨是故心得
解脫善男子是名入淨明三昧門彼二菩薩聞
是三昧於諸法中得不可思議法光明尒時

BD14090號　思益梵天所問經（異卷）卷三　（25–17）

諸煩惱然其心性不可垢汙設垢汙者不可
復淨以心相實不垢汙性常明淨是故心得
觧脫善男子是名入淨明三昧門彼二菩薩聞
是三昧於諸法中得不可思議法光明尒時
无盡意白普光如來言世尊我等已聞入淨明
三昧門當以何行行此法門佛告无盡意善男
子汝等當行二行若說法若聖嘿然時二菩薩
從佛受教頭面禮佛足繞三匝而去趣一園
林自以神力化作寶樓於中脩行時有梵天
名曰妙光與七万二千梵俱來至其所頭面
禮足問二菩薩善男子普光如來說言汝等
比丘集會當行二事若說法若聖嘿然善男
子何謂說法何謂聖嘿然二菩薩言汝今善
聽我當少說唯有如來乃通達耳於是二菩
薩以二句義為諸梵衆廣分別說時七万二
千梵皆得无生法忍妙光梵天得普明三昧
是二菩薩於七万六千歲以无閡辯力荅其
所問不懈不息分別二句互相問荅而不窮
盡於是普光如來在虛空中住如是言善男
子勿於文字言說而起諍訟凡諸言說皆空
如響如所問荅亦如是汝等二人皆得无閡
辯才及无盡陁羅尼若於一劫若百劫說此
二句辯不可盡善男子佛法是寂滅相第一之
義此中无有文字不可得說諸所言說皆无
義利是故汝等當隨此義勿隨文字是二菩
薩聞佛教已嘿然而止佛告等行以是當
知菩薩若以辯才說法於百千万劫若

BD14090號　思益梵天所問經（異卷）卷三

（25–18）

義此中无有文字不可得說諸所言說皆无
義利是故汝等當隨此義勿隨文字是二菩
薩聞佛教已嘿然而止佛告等行以是當
知菩薩若以辯才說法於百千万劫若
過百千万劫不可窮盡又告等行於汝意云
何彼二菩薩豈異人乎勿造斯觀无盡意者
今文殊師利是益意菩薩者今汝身是妙光
梵天者今思益梵天是
尒時等行菩薩白佛言未曾有也世尊諸佛
菩提為大饒益如所說行精進衆生世尊其
懈怠不能如說行者雖值百千諸佛无能為
也當知從勤精進得岀菩提尒時文殊師利
謂等行菩薩善男子汝知菩薩云何行名勤
精進荅言若菩薩能得聖道名勤精進又問
云何行能得聖道荅言若於諸法无所分別
如是行者能得聖道又問云何名得聖道已
荅言若行者於平等中見諸法等是名得聖
道已又問平等可得見耶荅言不也若平等
可見則非平等思益梵天謂文殊師利若行
者於平等中不見諸法是名得聖道已文殊
師利言何故不見思益言離二相故不見不
見即是正見又問誰能正見世間荅言不壞
世間相者又問云何為不壞世間相荅言色
如无別无異受想行識如无別无異若行者
見五陰平等如相是名正見世間又問何等
是世間相荅言滅盡是世間相又問滅盡相
可復盡耶荅言滅盡相者不可盡也又問何

BD14090號　思益梵天所問經（異卷）卷三

（25–19）

如无別无異受想行識如无別无異若行者
見五陰平等如相是名正見世間又問何等
是世間相答言滅盡是世間相又問滅盡相
可復盡耶答言滅盡相者不可盡也又問何
故說言世間是盡相答言世間畢竟盡相是
相不可盡所以者何已盡者不復盡也又問
佛不說一切有為法是盡相耶答言世間是
盡相終不可盡是故佛說一切有為法是盡
相又問何故數名有為法答言以盡相故名
有為法又問有為法者為住何所答言无為
住中住又問有為法无為法有何差別答言
有為法无為法文字言說有差別耳所以者
何以文字言說是有為是无為若求有為无
為實相則无差別以實相无差別故又問何
等是諸法實相義答言一切法平等无有
差別是諸法實相義又問何等為義答言以
文字說令人得解故名為義所以者何實相
義者不如文字所說諸佛雖以文字有所言
說而於實法无所增減文殊師利一切言說皆
非言說是故佛語名不可說諸佛不可以言相
說故又問云何得說佛相答言諸佛如來不可
以色身說相不可以卅二相說相不可以諸功
德法說相又問諸佛可離色身卅二相諸功德法
而說相耶答言不也所以者何色身如卅二相如
諸功德法如諸佛不即是如亦不離如如是可
說佛相不失如故又問諸佛世尊得何等故号名
為佛答言諸佛世尊通達諸法性相如故說名
為佛正遍知者於是等行菩薩白佛言世尊

BD14090號　思益梵天所問經（異卷）卷三　（25–20）

而說相耶答言不也所以者何色身如卅二相如
諸功德法如諸佛不即是如亦不離如如是可
說佛相不失如故又問諸佛世尊得何等故号名
為佛答言諸佛世尊通達諸法性相如故說名
為佛正遍知者於是等行菩薩白佛言世尊
何謂菩薩行大乘尒時世尊以偈答言
菩薩不壞色　發行菩提心　知色即菩提　是名行菩提
如色菩提然　等入於如相　不壞諸法性　是名行菩提
不壞諸法性　則為菩提義　是菩提義中　亦无有菩提
正行第一義　是名行菩提
聚於陰界入　而發求菩提　陰界入即是　離是无菩提
若有諸菩薩　於上中下法　不取亦不捨　是名行菩提
若法及非法　不分別為二　亦不得不二　是名行菩提
若二則有為　非二則无為　離是二邊者　是名行菩提
是人過凡夫　亦不入法位　亦得果而證　是世間福田
行於世間法　處中若蓮花　遵脩无上道　是名行菩提
世間所行處　悉於是中行　世間所貪著　於中得解脫
菩薩无所畏　不沒生死河　无憂无疲惓　而行菩提道
斯人能善知　法性真實相　是故不分別　是法是非法
行於佛道時　无法可捨離　亦无法可受　是名菩薩相
一切无相法　猶若如虛空　終不作是念　是相是可相
善知世所行　遍知方便力　能充滿一切　衆生之所願
常住於平等　護持佛正法　一切无所念　是則如來法
若有佛无佛　是法常住世　能通達此相　是名護持法
諸法之實相　了達知其義　安住於此中　而為人演說
行於甚深法　度所不能測　是人於諸法　无所貪著故
願求諸佛慧　亦不著願求　是慧於十方　求之不可得
諸佛慧无閡　不著法非法　若能不著此　究竟得佛道

BD14090號　思益梵天所問經（異卷）卷三　（25–21）

[illegible]
諸法之實相 了達知其義 安住於此中 而為人演說
行於甚深法 廣所不能測 是人於諸法 无所貪著故
願求諸佛慧 亦不著願求 是慧於十方 求之不可得
諸佛慧无閡 不著法非法 若能不著此 疾竟得佛道
其諸樂善人 而施轉高尊 捨一切所有 而心不傾動
諸法不可捨 亦不可取一切世間法 根本不可得
能知一切法 非施非捨相 是名大施主 於法无所見
是等諸菩薩 不計我我所 是故行施時 不生貪惜心
諸所有布施 皆迴向佛道 而施及菩提 不住是二相
无作无起戒 常住於此中 亦不住念言 我住是持戒
智者知戒相 不生亦不住 是故戒清淨 猶若如虛空
觀身如鏡像 言說如響聲 心則如幻化 不以戒自高
其心常柔軟 安住寂滅性 悉滅一切惡 通達於善法
持戒及毀戒 不得此二相 如是見法性 則持无漏戒
已度忍辱岸 能忍一切惡 於諸衆生類 其心常平等
諸法念念滅 其性常不住 於中无罵辱 亦无有恭敬
若節節解身 其心終不動 知心不在內 亦復不在外
身忍及口忍 皆從四大起 於地水火風 未曾有傷損
通達於此事 常行忍辱法 菩薩行如是 衆生不能動
勇猛勤精進 安住於大乘 是人於身心 而无所依止
雖知生死本 其際不可得 為諸衆生故 莊嚴大誓願
法无有定生 何許有滅相 本際不可得 為顛倒故說
法性不可議 常住於世間 若能知如是 不生亦不滅
菩薩念衆生 不解是法相 為定勤精進 令得離顛倒
諸佛常不得 衆生及定相 而被弘本願 常勤精進力
思惟一切法 知皆如幻化 不得堅牢相 觀之如虛空

BD14090號　思益梵天所問經（異卷）卷三　（25–22）

法性不可議 常住於世間 若能知如是 不生亦不滅
菩薩念衆生 不解是法相 為定勤精進 令得離顛倒
諸佛常不得 衆生及定相 而被弘本願 常勤精進力
思惟一切法 知皆如幻化 不得堅牢相 觀之如虛空
從虛妄分別 貪著生苦惱 為斯開法門 令得入涅槃
為被行精進 而不壞於法 離法非法故 常行真精進
是等行遠離 了達无諍訟 獨處无憒閙 常畏於生死
樂住於閑居 猶如犀一角 遊戲衆禪定 明達諸神通
心常住平等 等處閑聚落 威儀无變異 恒樂於禪定
信解常定法 及寂滅无漏 其心得解脫 故說常定者
自住平等法 以此道衆生 不違平等行 故說常定者
志念常堅固 不忘菩提心 亦能化衆生 故說常定者
常念於諸佛 真實法性身 遠離色身相 故說常定者
常隨念於法 知諸法實相 亦无有憶念 故說常定者
常隨念於僧 僧即是无為 離數及非數 常入如是定
悉見十方國 一切羣生類 而於眼色中 終不生二相
諸佛所說法 一切能聽受 而於耳聲中 亦不生二相
能於一心中 知諸衆生心 自心及彼心 此二不分別
憶念過去世 如恒河沙劫 是先及是後 亦復不分別
能至无量土 現諸神通力 而於身心中 无有疲惓想
分別知諸法 樂說解无盡 於无數劫 開示法性相
智慧度彼岸 善解陰界入 常為衆生說 无取无戲論
善知因緣法 遠離二邊相 知是煩惱因 亦知是淨因
信解因緣法 則无諸邪見 法皆屬因緣 无有定根本
於見無佛見 空見生死見 涅槃之見等 皆无是諸見
无量有慧光 知諸法實相 无閡无節身 是行菩提道
是乘名大乘 不可思議乘 悉容諸衆生 猶不盡其量

BD14090號　思益梵天所問經（異卷）卷三　（25–23）

信解因緣法　則无諸邪見　法皆屬因緣　无有定根本
我見與佛見　空見生死見　涅槃之見等　皆无是諸見
无量有慧光　知諸法實相　无闇无所得　是行菩提道
是乘名大乘　不可思議乘　悉容諸衆生　猶不盡其量
一切諸乘中　是乘為第一　如此大乘者　能出生餘乘
餘乘有限量　不能受一切　唯此无上乘　能悉受衆生
若行此无量　虛空之大乘　於一切衆生　无有恨碍心
虛空无有量　亦无有形色　大乘亦如是　无量无邊身
若一切衆生　乘於此大乘　當觀是乘相　寬博多所容
无量无數劫　說大乘功德　及乘此乘者　不可得窮盡
若人聞是經　及於持一偈　永脫於諸難　得到安隱處
敬念此經者　捨是身已後　終不墮惡道　常生天人中
於後惡世時　若得聞是經　我皆與授記　究竟成佛道
若信此經者　佛法在是人　是人在佛法　亦能轉法輪
若人持是經　能轉无量劫　生死諸往來　得道於佛道
若能持是義　精進大智慧　是名極勇猛　能破魔軍衆
[illegible]燃燈佛　往得忍授記　若有樂是經　我授記亦然
若人作佛後　能解說是經　佛雖不在世　為能作佛事
佛說是偈時　五千天人皆發阿耨多羅三藐
三菩提心　二千菩薩得无生法忍　五千比丘
不受諸法　漏盡心得解脫　三万二千人　遠塵
離垢　於諸法中得法眼淨

思益經卷第三

BD14090 號　思益梵天所問經（異卷）卷三　（25–24）

三菩提心　二千菩薩得无生法忍　五千比丘
不受諸法　漏盡心得解脫　三万二千人　遠塵
離垢　於諸法中得法眼淨

思益經卷第三

[illegible]十六月十二日寫[illegible]記之也

BD14090 號　思益梵天所問經（異卷）卷三　（25–25）

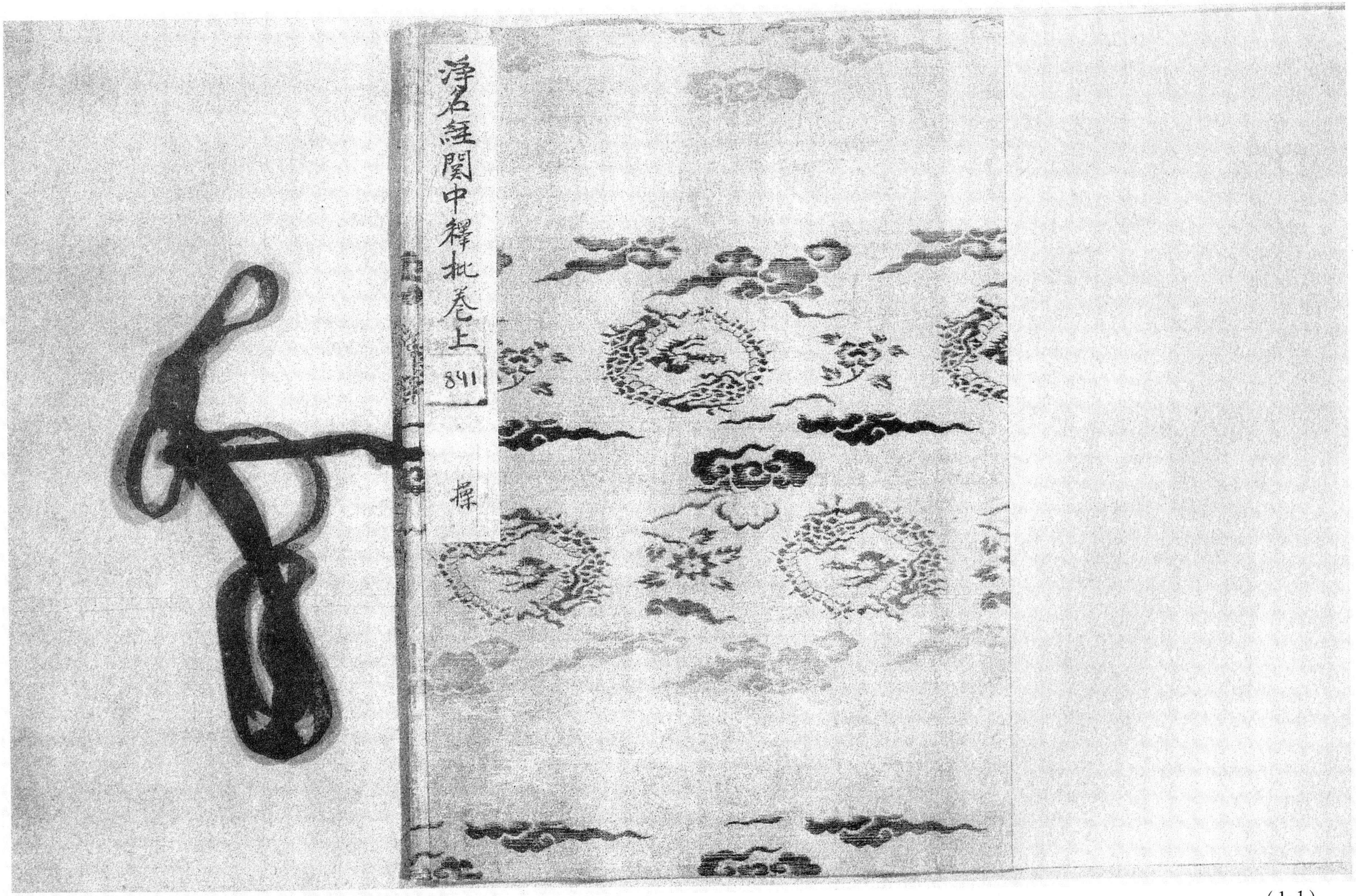


( 1–1 )

BD14091 號背　現代護首

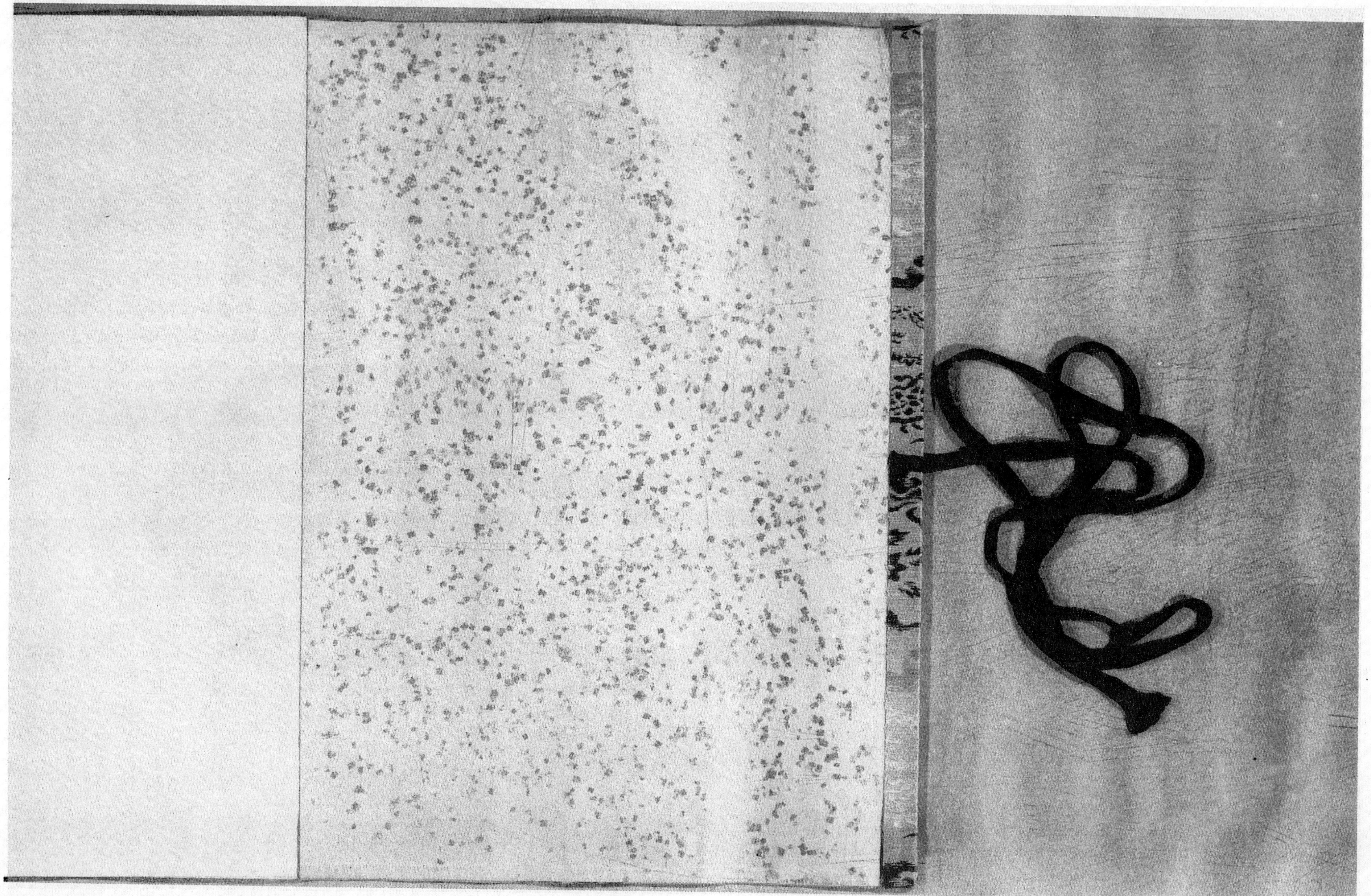

BD14091 號　淨名經關中釋批卷下

（29–1）

淨名關中釋批卷上　淨名經關中釋批卷下　沙門道液述
弟子品　宣律師云學在我後故稱為弟解從我生故稱為子并外化不常仏側
五戒暫來不常侍奉故弟子之名唯在聲聞非餘二也　天台云品來五意
一為顯淨名勝德若十大弟子稱不堪則偏顯淨名之德信仰心生文殊入室同行聽
法二令未入正位聲聞迴心向大若聞不堪之辭即捨小歸大　三成淨土行若聞菩薩
賓難恩即漸識諸仏真應二土　四為已入正位聲聞成生蘇教聲聞菩薩說花
嚴如聾凡夫不變色故於漸二乘如乳次聞阿含得四果如酪今聞淨名方等知果不
真如生蘇次聞般若許傳大乘未得受記故如熟蘇後說法華涅槃同歸仏乘為
醍醐此五味教漸次並對二乘為言非菩也　五為印定成經菩所說者皆不對仏今
對仏陳述如來印可皆成經也　注云懸心默通者謂聖心懸照前心默然通見何
待言也真機潛應者真然見機潛相應會故相忘也　不於三界者身子小乘八
定及滅盡定皆三界身心得也菩薩住實相定即法身真智證非三界法也如大論云
比丘離諸欲及惡不善法依未到地定得初禪有覺有觀喜樂一心以離欲火
故須覺觀復作是念覺觀燒動禪心如水中波如睡中喚如是種種可覺觀滅
內清淨繫心一處无覺无觀定生喜樂入二禪復次觀喜多過得喜失憂離喜行
捨念智受身樂入第三禪復次行者觀樂之失如喜求心不動不苦不樂捨念清
淨入第四禪復次觀色多過觀身中空外色亦余得无空處　復次行者觀
空无邊故識緣則多緣多散故捨虛空緣但緣於識名識處復次是識无邊

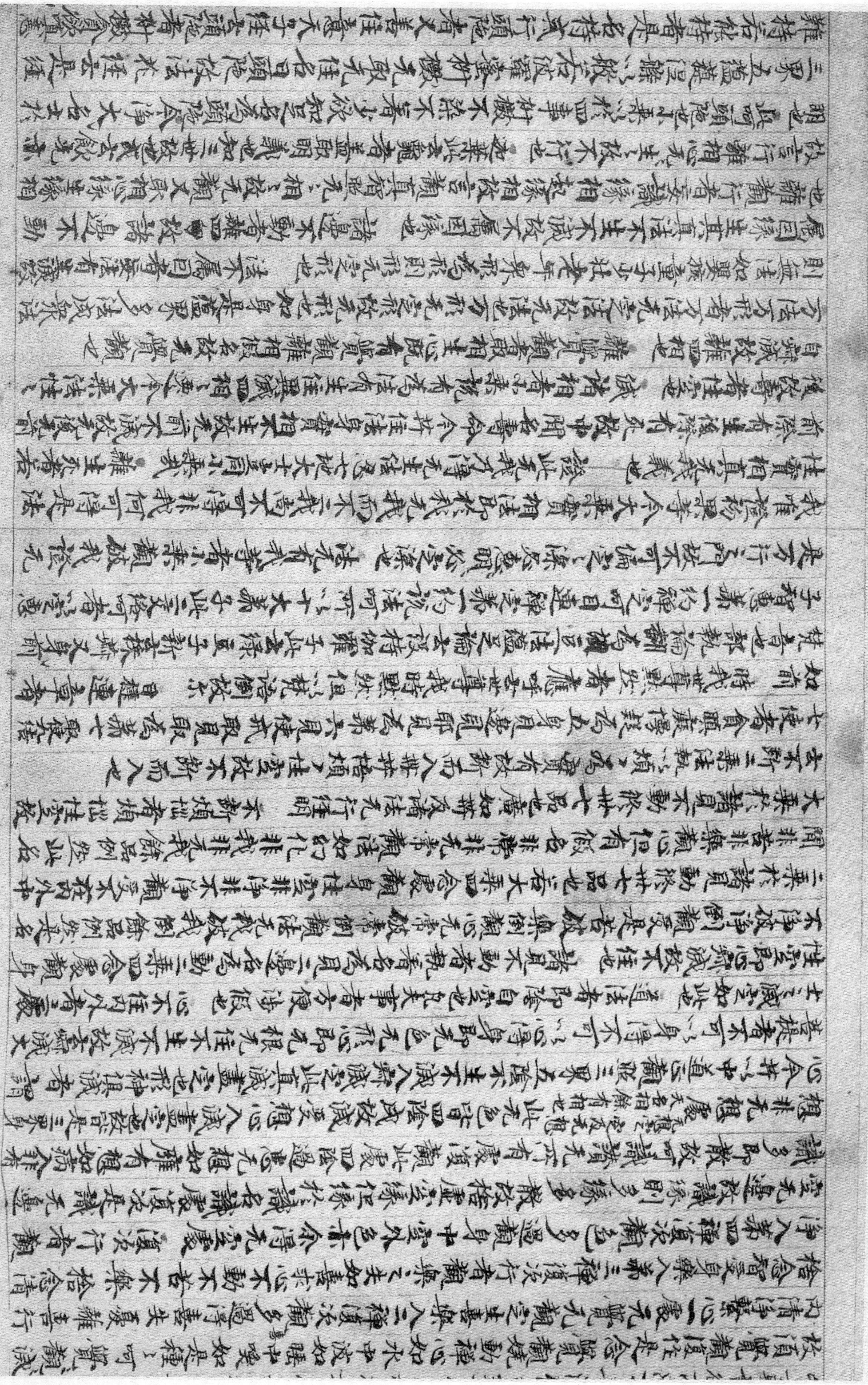

BD14091號　淨名經關中釋批卷下　（29–3）

屬因緣生其真法不生不滅故不屬因緣也　訥邊不重者 訥 言 遠 不重
也雜觀行者妄識緣相起緣相故言觀真智照无ミ相ミ故无觀又取相心緣生緣相
故言行雜相心无ミ生ミ故不行也　迦葉此云龜者蓋取明義也知三世故也或云飲光亦
明也　此呵頭陀也小乘以於四事抖擻不染不著少欲知足名為頭陀今淨大名士於
三界五蘊菩提涅槃以般若波羅蜜抖擻无取无住名曰頭陀故法花經云是經
難持若能持者是名持戒行頭陀者又善住意天子經云頭陀者抖擻貪欲瞋恚
愚癡三界六入我說此人能善抖擻如是抖擻不取不捨不修不著我說此人善能
頭陀ミミ者此云抖擻也　又行中頭陀有二一隨時如梵網經春秋各二月行也意如冬夏
極寒熱故安居春秋暄涼隨行也　二隨行者有十二亦云十一但三衣ニ重得三常乞食
不住餘食法五一坐六一團七(?)棟若此云无諠處八冢間九樹下十露坐十一隨坐十二常坐而不
能普者迦葉諸聲聞中有二行勝一慈悲二頭陀此總呵云有慈悲心而不能普呵
聲聞有緣ミミ慈故不普並无緣大慈故能普也次別呵云住平等法應次行乞食
呵聲聞頭陀乞食為養五陰但少欲耳不同菩薩為堅住正觀養食法身也法身即不食身
壞和合相身不受三界身也　空聚相者聚落有二一者外聚相村邑也二者內聚六根
也故金光明云六根聚落結賊所止也謂諸外聚若有人物士女則有可觀若空聚无
人唯有劫賊虎狼死屍毒蛇則不可樂也若菩薩六根如法花經八百功德或千二百功德則
如聚落有人物也今凡夫六根空无功德唯有三受毒蛇邪見劫賊妄念死屍故不可樂
也　不捨八邪者若捨八邪入八解脫是小乘禪悅食若不捨八邪入八解脫是大乘
禪悅食若捨八邪入八正道為小乘法喜食若不捨邪相入正法為大乘法喜食故今淨
名示大乘法喜禪悅呵迦葉小乘二食也　非有煩ミ等者大乘平等法喜食本性清淨
故非有非離心住寂滅平等禪悅食故空之非入出生死涅槃平等故二俱不住　不空食
人施者小乘中犯四重為盜食不惣三業謂上根不坐禪中根不讀誦下根不營理僧
事為負債食初果人為同意食阿羅漢為自己食由應供故今大乘若不發菩
提心住平等觀非真出家故皆名空食人之信施也　須菩提此云善吉亦曰空生亦曰
善現以初生時屋舍皆空父母謂其不吉將問相師ミミ占云大吉甚善故云善吉或
曰空生善相現故ミ名善現然此正為表解空第一故現空也如羅云六年住胎表
密行第一迦葉金色表頭陀行莊嚴迦留陀夷此云黑光表多汙淨戒為結戒
之緣又善吉於弟子中解空无諍第一小乘入第四禪觀眾生緣不與物諍名為
无諍而捨有證空並生死涅槃等亦說此諍今淨名大乘住中道觀非垢非淨不
生不滅我與无我其性不二生死涅槃本性平等名真无諍故呵也小乘入觀緣真諦
故空出觀緣俗故有如是捨有取空非真解空今淨名大乘色不異空ミ不異色非
有非无不取不捨達諸法相无罣尋稽首如空无所依名真解空第一也故被呵也問
小乘无諍三昧云何答俱舍論頌云无諍世俗智後靜慮不動三洲緣未生欲界有事
惑謂十智中唯世俗智八定中住第四靜慮六阿羅漢中不動性四洲中不緣北洲
无我所故三世中唯緣未來過現已滅故也三界中唯緣欲界有事惑故又法花云十

无諍而捨有證空弃生死取卄等亦免此諍今淨名大乘住中道觀非垢非淨不
生不滅我与无我其性不二生死卄本性平等名真无諍故呵也小乘入觀緣真諦
故空出觀緣俗故有如是捨有取空非真解空今淨名大乘色不異空〻不異色非
有非无不取不捨達諸法相无𥫗尋稽首如空无所依名真解空第一也故被呵也問
小乘无諍三昧云何荅俱舍論頌云无諍世俗智後靜慮不動三洲緣未生欲界有事
或謂十智中唯世俗智八定中住第四靜慮六阿羅漢中不動性四洲中不緣北洲
无我所故三世中唯緣未來過現已滅故也三界中唯緣欲界有事惑故又法花云十
弟子內秘卄行外現亦聲聞是即如來亦出時身子目連亦居外道優樓頻提亦
居事火大迦葉亦淨行婆羅門羅云阿難阿那律亦現王宮受五欲愛或身子亦
聰惠辯特亦訥鈍連目亦尊貴優波離亦下賤滿願亦博學迦旃延亦辯論如來
成道即各列其類得證聲聞今欲引小入大故因問疾各辭不堪則令所化捨小歸
大漸与法華作授記之方便也　威滿飯有云善吉恃解空〻故往今淨名〻表妙有相
析故空也　不壞於身者聲聞以身爲苦故滅身以歸寂一相者寂滅相也菩薩觀身從
緣〻无自性即不待壞身自然本寂也　五逆者煞父母煞阿羅漢出佛身血破法
輪僧前二違恩後三背德故名爲逆業縛至廢莫逾於此无縛不妄了妄皆真即
逆縛爲解脫相　即見彼岸本性不殊者此三句關中意以非邪非正非離非无離非
惱非淨爲平等故可取食天台意以此呵善吉汝二乘偏空是即見非中道彼岸
住化城〻之難非无難也染著涅槃〻之惱遠離法性〻之淨問化城八難其狀云何荅七品經
云寧使眾生落三塗獄不使眾生入二乘道即以小乘見脩无學道爲三惡道難永
執无我爲北洲難生觀緣俗入觀緣真爲仏前仏後難不見法身不聞中道爲
生聾生盲辯說生滅不了无生爲世智辯聰沉空滯寂爲長壽諸天難　大經云
十千劫等此並菩薩大之限故云也此爲難郎真卄有逾凡夫八難之患可不畏哉
无諍福田隨墮謗等言二家不同類此可見　等无有異者關中以平等一性爲无異天
台以凡夫滯有二乘空滯爲滯雖殊齊郎中道爲等无有異置鉢欲出者天台云善
吉被難卒關忘捲解空忽失故淨名返以化安之也　富樓那前目連呵說法騐不當
此章呵差根之患有云觀人心句是世界悉檀心念句是爲人悉檀根原是對治
悉檀行大道句是第一義悉檀故以悉檀故根性大乘四悉檀者此法名出撈伽智
論梵云悉檀此云宗成亦曰墨如實相印之類也彼印〻理此墨〻宗之教此有四種
一世界悉檀爲未發善根眾生說世名相令生樂欲起信心故二各〻爲人悉檀爲已
種善根各隨根緣令增長故三對治悉檀爲有眾生雖種善根爲重惑所覆未
得成就起對治故四第一義悉檀爲久修行眾生稱理而說故此前三順根未四稱
理就前三又二未信令生信五世界已信令起行五爲人對治又起行有二起生善行五
爲人起斷惡行五對治由是緣故如來於无相法中隨順根生信起行生善斷惡
流演八万四千諸餘教門種〻差別同趣大菩提故　迦旃延此云剩有云文飾被毀是論

淂成就起對治故四者一義悉檀差久於行衆生稱理而説故此前三悉相未四稱
理就前三又二示信令生信五世界已信令起行五爲人對治又起行有二起生善行五
爲人起斷惡行五對治由是緣故如來於无相法中隨順根生信起行生善斷惡
流演八万四千諸餘教門種々差別同趣大菩提故　迦旃延此云剪剃有云文飾地設是論
云剃髮種未詳所以　生滅心行説實相法者緣生之法四相所遷生滅之謂也生滅之法
從因緣生々之法體无自性實相之謂也又小乘由執生故有无常苦空无我等四
義由執滅故有寂滅義前四是厭後一是忻今大乘悟不生不滅故是實相義而
迦旃延言緣生无常即是以小乘生滅心説大乘實相法也无常即實相者常无
常不二即實相離常説无常即生滅下之四義准此應知　苦義即實相者思
益云知苦无生苦聖諦大經云凡夫有苦无諦二乘有苦有諦菩薩解苦无苦而有真
諦皆實相義也此大小五義難明故略寄一喻如母養孩子見啼不止懼之云鬼
来一歳已下聞鬼不懼此喻凡夫聞五陰无常等五心不厭也二三歳已去聞鬼
即懼此喻二乘聞无常等心厭離也年至十五聞説鬼来了鬼本无但假言説恐
啼故此喻菩薩了陰无生无常苦等但是如来假名方便引導物故此真義也
阿那律秦言如意亦言无貧或云无滅過去曾施辟支一食九十一劫常在天上受如意
報故云如意恒无貧乏故云无貧善根不滅故云无滅又云曰入仏塔剔燈照仏九十一劫
善根不滅今得天眼報故云无滅也　五通等者若聲聞依四禪定起通有功德
住相而見与外道等无爲不應有見者若聲聞依惠斷惑名擇滅无爲此无爲
不應有見也大乘天眼即中見色圓觀三諦權實雙觀即寂而照故无此難如
下文自明也大小殊途有此懸別而惑者以近遠之見約數而分大小不亦謬哉又
仏心无不寂故照无不見惠不離定即寂而照故見而无二也　優波離秦言上首亦
日近執々日近取以本親近八釋子執事取与故云近執近取言上首者以称与八釋
子同時出家之時如来先度爲上座故云也　律行者有二一本来不犯二犯能悔
此波離之律行也今淨名以法身真性本淨報智迷已復悟爲律行也故經云唯
仏一人住淨戒餘人皆名行戒者又下文云是則具足明此法性尸羅一心具足万行豈
二百五十而言具足哉　重増者小乘懺法要深見罪累起重悔心方言滅也故開中
天台云以背真妄犯名爲罪垢志誠悔懼復名重増今申一釋罪之自性不生不滅昔
二之犯罪不生見生名初犯今波離爲懺不滅言滅名重増也若達罪本不生今懺亦无
滅即真除滅也普賢觀經云若欲懺悔者當求真實相者即是悟罪之与心俱
不生滅也此之持律可不妙哉　次九解脱者於惑九地各有九无㝵九解脱今取
非想地中第九解脱得无學時心現以衆生心性本淨妄相是垢者既妄相見垢明垢
非垢取我顛倒亦然其猶病眼見花病差即知花體本无故生法師云俗而諦者
明真諦也　生滅不住者夫爲罪者不可以一念成若積念而成罪者即念自生滅
剎那不住豈有罪哉復次念若不積即一念无回念若住積非有爲法復次設使
一念自成罪者剎那不住豈待識而後滅哉　是名奉律者此法性尸羅即法身自

不生滅也此之持律可不妙哉第九解脫者斷於惑九地各有九无导九解脫令取
非想地中第九解脫得无學時心現以衆生心性本淨妄相是垢者既妄相見垢明垢
非垢取我顛倒久然其猶病眼見花病差即知花體本无故生法師云俗而諦者
明真諦也　生滅不住者夫爲罪者不可以一念成若積念而成罪者即念自生滅
刹那不住豈有罪哉復次念若不積即一念无曰念若住積非有爲法復次設使
一念自成罪者刹那不住豈待識而後滅哉　是名奉律者此法性尸羅即法身自
性菩大士如是奉持也　羅睺羅此云覆鄣者亦表密行弟一　捨輪王位者輪
王治世舉國皆行十善豈可捨衆善而尚獨善哉　出家功德之利者有云說
刹落之利如大悲経云但使性是沙門行行沙門形是沙門披着袈裟者於弥勒
仏乃至樓至仏所得入涅无有遺餘天台云羅睺說四果所得十智三明等利也
无利无功德者竊尋出家略有三別一捨愛欲眷屬名爲出家二斷除見惑出三界
獄名爲出家三深悟大乘生死涅槃非縛非解漏与无漏不垢不淨不取不捨
无得无證了法界之如幻覺真性之亡依名究竟大乘真出家也経云以无所得故
得阿耨多羅三藐三菩提此淨名大士无利无功德之出家　羅云捨三界之還患得
涅槃之功德名真出家　假名者生死涅槃俱假名故下文云我及涅槃此二皆空以何爲
空但以名字故空　出淤泥者凡夫以五欲爲淤泥二乘以取證爲淤泥四取者即四受也
又云不受三界及涅也阿難此云歡喜仏得道夜復生阿難歡喜時生故父王名之也復
次宿世善根見者歡喜故名也　勿謗如來者小乘謂仏是業生身現身成道大乘以
捨身亦无身爲法身應物現身爲迹身是即應物有疾非實疾也今執爲實業所
招豈非謗毀諸教云金槍馬麦等言例同斯解即是法身者小乘以丈六爲生死身五
分法爲法身大乘以即色是空丈六即真之即法性常住非思業生即陰即空故過三
界空即清淨何漏之有四相流動生滅无性即遷非遷故曰无爲諸數者有爲四相數
也遠云非思欲者斷煩之鄣過三界者離分段果无漏者破所知鄣无爲者離變
易果崇福云非思欲者非思業生之自在故是我過三界者三界是苦過三界苦即是
樂也无漏者有漏是垢无漏即淨也无爲者有爲法无常仏身无爲即是常也
如居士言者仏身真常如前所辯此顯實也亦生五濁現病利物此開權也　不言亦
現執病身爲實闇病是應明身非我有此開權也然身非我有即爲物故有
爲物有身即身非身爲法身也此亦顯實矣経文若此理亦暁然而惑者乃謂
至法花方云開權顯實剋涅槃始辯常身法身者不亦謬乎見経文乎又法華
亦云五爲濁故開一乘爲三乘此経久爲五濁故示法身爲病身知三是穢与于病是
應何殊皆三即一与覺應即真何別又大経亦云吾今此身即是常身法身此経亦
云仏身者即法身也又云仏身无爲不墮諸數可離此丈六而辯无爲哉而滯教失
旨之徒至法花執一空二謂諸経不一到涅槃保仏是常即言諸教未示常豈有不三法
門而非一實相般若而非常是知窮源造極理不可殊随根示顯教不可一名教无空
明理[illegible]

亦云五為濁故開一乘為三乘此經亦為五濁故示法身為病身知三是彼与之病是
應何殊悟三即一与覺應即真何別又大經亦云吾今此身即是常身法身此經亦
云佛身者即法身也又云佛身无為不墮諸數可離此丈六而辯无為哉而滯教失
旨之徒至法花執一空之謂諸經不一到涅槃保佛是无常即言諸教未常豈有不二法
門而非一實相般若而非常是知窮源造極理不可殊隨根耳顯教不可一名教无定
明理本无名名之名曷可執名而封見矣 五濁者久云五濁名異意一一劫濁謂大
小三災時危世險二眾生濁六道雜居業苦相繫三煩惱濁貪嗔癡慢甚增盛
故四見濁身邊取等執不可移五命濁壽命短促智善无成悲花經明成劫壞劫
空劫无濁住劫至二万歲下方有濁也十地經六濁唐乾子經有十二濁經數无定即知
劫末聖遙何者非濁而五六等言隨根布教耳 弟子品 前品既聲聞致辯理應
次命菩薩所以不先命者若大士致辯即聲聞息命列進之道豈可无施天台辯可
菩薩之意略陳有五一顯淨名勝德二轉方便教三扶成淨土四為入大品法華方便於
流五印定成經 初顯德者前雖聲聞稱揚如與小兒捔力未足為達今若菩薩順伏
方表淨名德大人尊為則法教可行豈勝劣於人哉 二為轉稟漸教菩薩入圓妙門
者然菩薩名同淺深教別俱舍即云三阿僧祇修行六度百劫種相好因兜率下生八相
成道初坐道樹由是凡夫卅四心方成正覺此最淺也二大品經說三乘共行十地二乘斷
而取證菩薩斷而不證所謂乾慧地外凡 性地内凡 八人地初果向八人 見地初果 薄地二果 離欲
地三果 已辯地四果 辟支佛地 菩薩地 佛地即三乘同觀无生證有深淺三獸渡河三箭中
鵠皆喻此也此次深也由雜三乘之見仁王瓔珞五十二位始初十信終成圓覺純一大乘
更无別類此更深也由位行多門詞殊致別非即多即一不不思議圓妙之道也花嚴
云如是學者不從一地至一地之具足一切諸地瑜伽云辯成真如有何次大經云雪山有
草名曰忍辱牛若食者純出醍醐非乳酪之漸此經云一念知一切法是道場成就
一切智故此皆一位一切位一行一切行一毫之善發迹驅佛非圓非偏而假号圓頓大乘
也昔諸大士隨根稟化異執成迷失佛究竟圓妙大道今淨名大士彈呵折伏皆
令釋偏詮圓解漸開頓成不思議解脫之道也 三扶成如來真淨土義者昔來
大士各稟偏淺意謂娑婆之穢燈王之淨莫不耿穢折淨而係著情緣去道弥
遠今淨名彈呵令知即穢即淨不二不别故下阿難之悟佛事香積之悔見穢皆其
致也 四為入法華涅槃方便於流者諸大士既不能頓悟圓妙各稟偏漸今淨名彈
折利根之徒即座悟入者前第二門收也其鈍根緣異藉此彈呵後聞大品法華菩薩
教得悟入者即因今彈折後方悟也故法界性論云若利根人於摩訶般若入法界
若中根人於法花入法界下根人於涅槃入法界故知華嚴初教悟者乳教中入次
阿含中悟酪教中入此經及方等諸經中悟生蘇教中入諸部般若中悟熟蘇教
入法花涅槃醍醐教入 五為印定成經者昔日呵詞未蒙印可今對佛宣揚如來印
許使成經教因流遐遠也 彌勒此云慈氏姓也名阿逸多此云无勝不退行者兜

教得悟入者即因今彈斥後方悟也故法界性論云若利根人於摩訶般若入法界
若中根人於法花入法界下根人於涅槃入法界故知華嚴秘教悟者乳教中入次
阿含中悟酪教中入與經及方等諸經中悟生蘇教中入諸部般若中悟熟蘇教
入法花涅槃醍醐教入　五為印定成經者昔日呵詞未蒙印可今對仏宣揚如來印
許便成經教因流退遠也　弥勒與云慈氏姓也名阿逸多此云无勝不退行者兜
率欲界之天樂著故多退轉故弥勒為說不退行也且有進有退偏教之所猒斥
非進非退圓妙之所絶待今淨名以絶待之不退破弥勒有待之進退也　若分別明
者不退有四一者理不退性相常住故二者位不々退々入二乘外道故三者行不退智證
无生故四者念不退寂而常用故　俱舍種姓相因為不退者唯位不退共行十地性
地為位不退見地為行不退漸教别具四不退未發十信前是理不退十住位不退
初地行不退八地念不退圓教方圓具四不退今大士多用理不退難也　郢匠者事出
莊子彼云郢人以堊漫其鼻耳近石運斵成風去其堊而不傷鼻引此意近難能運
斵必藉郢人不動之質今淨名雖能彈亦須弥勒能受也　文蔚者莊子云孔子
謂顏回曰我与汝終身交一臂而失之意言无常遷變念々相失　授記者覺性真
常无成无得言授記引未悟之流也若闇記而執着成得非真得記也未若悟陰
體空无得為得名真記也金剛云我於然燈所无有少法可得然燈仏与我授記
若分别者如首楞嚴經說有四種授記一有未發心而与授記二密為授記三現前
授記四見无生授記前三有得記後一无得記今大士呵前三々有得令契後一々无得
捨於分別菩提之見者有進有退有得不得而取捨交馳忻猒異志皆分别菩提
之見非真見也　不可以身得者方便教并以相好之身為身得菩提盡无生智為
心得菩提諸教類然若究竟說者有相之身非菩提有知之心非菩提未若即相无相
即心无生二俱寂滅即寂滅是菩提滅諸相故諸相者生住異滅等四相也此諸句皆即
破而立也　壹軌超駕者壹軌万行超然獨駕至菩提平義之處而不見平義之
相也　无嚴道場者林泉幽棲之處是事跡之道場覺心即真是悟理之真場
且一念妄心頓違法界返妄得真万行常淨斯則了心而万行即真道也覺塵而
法界圓淨場也豈結茅開地而為道場哉　智惠現見諸法者妄識取相失真
着為不名現見正智照理返為得真名現見也　一念知一切法者小乘以四諦殊理擇
滅異品有苦可猒有惑可斷故卅四心成仏大乘以一色一香无非中道一心一智俱合万
故行即一念而能知也此乃不思議之知　豈彼卅四心可思議知也言卅四心者出俱舍論
謂如來菩提樹下魔軍退後以八智八忍斷見九无㝵九解脫斷修故去卅四心理
實除惑三界九地々々九品各有九无㝵九解脫即九々八十一品无㝵八十一品解脫今各
立一九者唯非想地尒下之八地有漏位中先以斷故　持世住靜者此為諸方便教并
示修定之方軌也然捨喧就靜似乘平等之旨故淨名訶也　魔仏二界一如等真
者魔界者俗諦也仏界者真諦也方便并觀未窮中道適俗背真緣俗妄照

謂如來菩提樹下魔軍退後以八智八忍斷見九无㝵九解脫斷修故云卅四心現
實於惑三界九地〻九品各有九无㝵九解脫即九〻八十一品无㝵八十一品解脫今各
立一九者唯非想地尒下〻八地有漏位中先已斷故　持世住靜者此爲諸方便教菩
亦於空〻方軌也然捨喧就靜似乘平等〻言故淨名訶也　魔仏二界一如等真
者魔界者俗諦也仏界者真諦也方便菩薩未窮中道適俗背真緣俗妄照
〻心往來爲魔所入圓教菩薩圓照中道真俗一如三諦等觀照无往來故魔不能
入故仁王經云在有常於空處空常万化也即其旨也二緣於觀有出入〻間者此
真於緣於出梁齊諸師所用甚深妙也故天台用〻言緣於者智境異故境
即真諦智即般若智緣真諦斷惑成聖此智外有境也言真於者智境一故
真諦常淨即淨而照未嘗不淨未嘗不照如〻意珠〻體圓淨〻光恒照〻真
而且照塵垢恒社故曰真於故方便菩薩境外有智作意方照故有時而照有時不
照未作意間魔所入也圓頓真於即境即智理照不二理體恒照觀无出入
魔不入也魔者四魔一天魔二煩〻魔三陰魔四死魔今言魔者天魔也
大經說常樂我淨魔无常无樂无我无淨魔者此并煩〻魔也　大論云除諸
法實相餘皆魔事即自中道正觀外諸妄念皆魔事也　身命財於三堅法
者謂身堅命堅財堅釋此三堅淺深有四　一世間三堅者不害他身枚病施
食得身堅不斷他命放生必然得命堅不盜他財惠施无恡得財堅　二聲聞三堅
精於无漏恒觀无常淨五分法身无漏惠命七聖法財无能損壞故云也　三方便
教菩三堅真如法身金剛不壞般若惠命觀无斷減万善法財圓於无數此菩
三堅也　四圓覺三堅謂法性真常即寂恒照万善功德即事而真此〻三堅即一
而三即三而一非三非一能三能一故大經云摩訶般若解脫法身不縱不橫不一不異般
若者惠命也解脫者法財也法身者真身也此〻謂究竟常住三堅也非法〻物
者女爲壞道〻緣持爲菩提所忌故云也亦表方便教菩未能〻相會理故爲淨
名所訶沙門者舊云桑門此云功德勞言修道有多勞又云勤勞言至識也
義名爲息心得无漏生死休息或云靜志也僕御者僕役頭也御者舉首也言魔
默不已強自爲〻　我已捨矣者明大士常住捨心法愛具足者女聞法〻足順魔愛〻足
世云何止於魔宮者弟子辭師理宜請誨世亦以无盡燈門者欲明來即法樂以自
利者則无盡燈以化他是即二利行圓去來常益无礙妙辯其在茲焉　善得出
云善施者大士妙證何行不圓然隨門引物故各有所美又善得出於事施无恡而
未能窮施〻源妙通万行故爲淨名開以法施也之義等爲唱和豈日必然
設大施會者昔父母行邪祠法或煞羊等祀天求福善德託跡居〻迴邪祠
爲正施而未能即事入理行大法施故淨名因呵以通〻也如俱舍小乘明菩方便行
六度行皆以不惜財寶不恡身命爲六度備今大乘皆以六度〻行与實相
〻應同真際等法性住大悲〻一毫〻善等施衆生同證菩提名法施圓滿也
故俱舍論頌云爲由悲普施被析身无忿讚難底沙仏次无上菩提此皆以不惜身

設大施會者昔父母行耶祠法或煞牛羊人等祀天求福善德託跡居々迴耶祠
爲正施而未能即事入理行大法施故淨名因呵以通々也如俱舍小乘明卅方便行
六度行皆以不惜財寶不悋身命爲六度滿今大乘皆以六度々行与實相
々應同真際等法性住大悲心一毫々善等施衆生同證菩提名法施圓滿也
故俱舍論頌云爲由悲普施被析身无忿讚難底沙仏次无上菩提此皆以不惜身
命爲圓滿故也金剛云不住色布施乃至割截身體无我无人大般若云檀波羅
蜜清淨一切智々清淨无二无別乃至般若清淨亦然此皆以理契實相功濟含生
稱理行施隨根起心々故名圓滿 ●今淨名呵前事中六度令入後實相六度也
持正法起喜心者與隨喜々喜心亦法喜々喜以令彼我持法皆行隨喜心也亦以
俱持正法故同得法喜 ●大捨々方有者方便士大捨怨親名捨无量心圓頓大士捨
万有方名捨无量也亦以行窮實相故云捨也 ●離身心相起精進者此有二解一云
一心求道不悋身心三身委命名精進与實相理合常實相身心相空名真精進
有相心生即名懈怠故云以離身心相起也 ●問諸論皆云精進波羅蜜體以心所法
善十一中進數及取隨行三業爲體乃至種以捨惠以惠數及身口等隨行三業
爲六度體此六度大體未離五陰身心云何此中乃云精進々相離身心相耶
答理不然也何者大乘深經須窮實相五陰名數仏以外外道執計耶生故小陰界
名數正因緣々法引彼二乘令除我見來何解釋深妙仍懷偏小々見乎又仏爲
二乘小說陰界入欲令捨法无我知有爲无常多不欲令於數法多少執計爲實
爾若執爲實云道愈循復次大乘說陰界入法亦不欲存法何者法々若空是五
陰不應說十二入若空十二不應說十八界五八无空數當知數非數陰界无空々相
當知相非相陰界无空々名當知名无名故上文云法无形相如虛空故法无名
字言語斷故此皆即相爲无相即名爲无名是即依經非有色受想行識々求
非有界入々求爲真求法若此而推豈可以陰界名數中而辯六度實體耶 ●若
真求者應離身心相即實相中求也章請學者熟詳其致哉 ●教化衆生起空
等者若依小乘及諸論明三々昧緣四諦十六行差別釋者与此經文甚相違也
若依大論云聲聞經明三々昧緣四諦十六行摩訶衍經明三々昧同緣諸法實相
者即与經文甚相符會何者大乘四諦即无生四諦俱以苦集等无生爲諦不
以苦集而爲諦也若以苦集等无生爲諦々即實相緣此實相起三々昧即与小
乘永異也而經文云教化起空等者實相々照權實智圓故即化而空在空常
化空有不二權實雙照故云也 ●不捨有爲起无相者小乘滅諦滅相爲无相大
乘即相爲无相即此无相名爲實相故不捨有而自无也 ●示現受生而起无作者小
乘以息諸求作名爲无作大乘以體作无作故終日作而不乖於无作此不思議實
相々无作也乃至下不二法門品於一解脫門即三解脫門皆同此通會理无二也
正行善法起於淨命者言耶命者謂耶利活命若修行之人執陰求善著見

乘永異也而経文云教化起空等者實相〻照權實智圓故即化而空在空常
化空有不二權實雙照故云也 不捨有為起无相者小乘滅諦滅相為无相大
乘即相為无相即此无相名為實相故不捨有而自无也 ●亦須受生而起无作者亦
乘以息諸求作名為无作大乘以體作无作故終日作而不乖於无作此不思議實
相〻无作也乃至下不二法門品於一解脫門即三解脫門皆同此通會理无二也
●正行善法起於淨命者言邪命者謂邪利活命若修行〻人執陰求善〻有
起於邪心求善欲活惠命皆邪命也若正觀中道即法性本真万善自圓德功
常淨即不取相求利以資神故云淨命解衆生縛起修行地者法性常寂非淺非
深而諸経列行位陳淺深者皆引物方便起行次弟此雖法性〻外事而是起
行〻次位也又云真理非淺深故无修行次位也以或是有為縛〻解〻即有次位
也 ●知一切法不取不捨者而注云造心分別者謂分別相而无相方入實〻相〻之
相即是一相〻无相假名通物故名門也 ●施主等心者施仏敬深施貧悲厚以深
厚〻慈悲崇重〻誠敬俱隨分壞生死到大菩故云等心福田同相 无所分別者
諸相非相是如来身五陰皆空名貧士質法性无二施報俱三以此而施故无分別
文殊問疾品　上既室外三品破法折伏此下六品立法攝受故勝鬘経云應折伏
者而折伏〻應攝受者而攝受〻以折伏攝受故令正法久住此下六品経文天
台略用四意通釋一明来意二明文殊獨堪問疾三釋所問〻疾四將二疾通経
初来意有五 一為赴時衆渴仰〻心二明三觀攝受三明成如来淨土〻化四為入大
法花方便五為還仏即空初赴衆渴仰者上諸王士庶弟子菩薩揚淨名勝智勝德
大衆雖生渴仰未權見聞若非文殊奉旨問疾何以赴彼信心知權實二疾悟不
思議解脫〻深旨也 ●二明三觀攝受引入上来方便品訶王臣滞有〻心弟子品呵
聲聞滞空〻惑菩薩品訶方便菩薩未圓〻行若不文殊淨名對揚攝受如何悟入
圓妙〻門所以文殊入室与淨名對揚宣一心三觀令悟究竟不思議莫二〻道故
有此下諸品来也 ●三為成如来淨土者若因文殊問疾酬不思議解脫〻說
剋修三觀悟入不二自曉淨穢二土非垢非淨垢淨為物非真垢淨得法性〻淨
土也 ●四為入大品法花〻流者三乘方便菩薩利根即座悟者得无生法忍鈍根〻
徒因二大士彈讚圓妙聲聞聯叫自傷菩薩計滞漸融至大品法花方得无生法忍
開仏知見乃至得常住妙果 ●五為還仏即空者若因文殊對揚六品経文廣權實
二疾真應利物即得淨名彈衆歸園讚揚即空辨仏事〻不同現妙喜而利物
成不思議解脫淨土〻大蓋也 ●文殊獨堪問疾者其意乃多略去五種
一者位高故堪文殊与諸菩薩雖同居等覺而初心後位亦有淺深故瓔珞経明住等
覺位百千万劫入重玄門 是即諸人等覺初心故淺文殊淨名等覺後心位高故堪
餘人位卑故不堪也 ●二垂跡故堪者諸人多是實居等覺文殊淨名本是龍種金
粟而跡居等覺餘人實者不堪文殊同是垂跡故堪 ●三頭圓者諸大士大跡宣一

二者位高故堪文殊与諸菩薩同居等覺而初心後位亦有淺深故瓔珞経明住等
覺位百千万劫入重玄門 是即諸人等覺初心故淺文殊淨名等覺後心位高故堪
餘人位卑故不堪也 二垂跡故堪者諸人多是實居等覺文殊淨名本是龍種金
粟而跡居等覺餘人實者不堪文殊同是垂跡故堪 三顯圓者諸大士大跡豈
可定測但諸菩薩輔仏多示方便教門故悲為淨名所折文殊淨名輔仏顯圓所顯既
同故獨堪也 四物情所憚諸菩薩輔仏行化何得都不涉圓但化物緣淺從往門疾衆
情未憚文殊化物緣深往問必多所慰故獨堪也 五機緣不同諸菩薩与淨名有攝折
〻機如估提成物文殊与淨名和擊〻〻機如兩礎成物故文殊入室互為賓主適
相往復成就利物所益良多 三明所問〻疾者疾有二種一者實疾漏業為因
二者權疾大悲所起淨名能化非疾而疾故名權衆生所化惑業所招名實故下
文菩薩疾從大悲起此即權也今我此病皆從前世妄想顛倒諸煩〻生此即實也
釋此二疾即為二門 初實後權將釋實疾略作三門 一因果分別 二因果相錯
三輕重相對 初因果分別者言因者即貪嗔癡等分此四煩〻所起業果為因故
経云皆從前世妄想顛倒諸煩〻生 又大経云貪嗔癡慢而為病因也言果病者
由彼漏因感得地水火風四大〻身生老病死五盛陰苦〻果相對者貪對水大
経云愛水潤生 嗔對火大経云嗔燒善根 癡對風大経云四倒暴風 四等分
對地大等分相即三毒等起地大名〻 三大必俱又瑞應云貪欲致老嗔恚致病愚
癡致死准此義推等分對生故下文云有生死即有病 二因果相錯者六根万境
貪嗔牙起則有八万四千煩〻〻曰病也四大各起牙相錯摩一大不調百一病惱四
百四病乃至万病〻〻果疾也 三輕重相對者順常三毒兼終歸義故名為輕十惡
四重五逆謗善謗法此名增重輕因則感四大四苦人天〻報名輕果也 三塗无間
四大四苦增劇〻〻處名重果也 第二明權疾者大経明五行謂聖行天行梵行嬰
兒行病行此五前三自利後二利他是則同小善邊名嬰兒行同煩〻邊名病行大
慈起嬰兒行大悲起病行故下文云菩薩病者以大悲起 大経云菩薩住三諦三昧
具廿五三昧破廿五有衆生〻病也廿五有者大経云一垢三昧地獄有不退三
昧破畜生有心樂三昧破餓鬼有歡喜三昧破脩羅有如幻三昧破閻浮有日
光三昧破東弗婆提有月光三昧破西拘耶尼有熱焰三昧破北欝單有不動
三昧破四天王有難伏三昧破忉利有悅衆三昧破夜魔有青色三昧破兜率有
黃色三昧破化樂有赤色三昧破他化有白色三昧破初禪有種〻三昧破梵王有
雙三昧破二禪有雷音三昧破三禪有注雨三昧破四禪有无导三昧破无想有照
鏡三昧破那含有如虛空三昧破空處有常三昧破識處有樂三昧破无所
有處有我三昧破非想非〻想處有 四以權實二疾通釋此品及下五品経文
通此品者從居士是疾何所因起已下至衆生病從四大起以其有病是故我病已來
明淨名大悲權病利物方便從慰喻調伏已下外事慰喻內觀調伏為所化實疾

鏡三昧破舩舍有如虛空三昧破空處有常三昧破識處有樂三昧破无所
有處有我三昧破非想非〻想處有　四以權實二疾通釋此品及下五品經文
通此品者從居士是疾何所因起已下至衆生病從四大起以其有病是故我病是來
明淨名大悲權病利物方便從慰喻調伏已下外事慰喻內觀調伏爲所化實疾
文有三疾謂調伏文初以空調有疾二以无所受而受諸受已下以大悲入假以有
調空之疾三非真非有已下以調未圓〻之行是即祕空調有破見思病二以妙有遣
空破塵沙无知疾三以中道正觀遣无明住地〻之疾也　通下五品經文者簡〻疾品略
問權實二疾垢薄〻之徒八千天子發菩提心其餘大士未即開發故淨名文殊次下
五品廣明二疾何者於不思議品廣演大士權假大用名廣權疾也觀衆生品
廣明空道品廣明假不二法門香積品廣明中廣實疾也詞理寬廣比喻良多其所
發道得果所益多矣故知六品經文詞理意聽言異理符總明其病行　文殊師
利與云妙德新曰妙吉祥首楞嚴經下卷云曾已作佛号龍種上尊　詣往者〻情
者謂難高淨名令同往諸人深生信敬故曰詣也　空室者此表淨土〻宗也釋迦將
說佛國現土表於蓋中淨名亦不乖宗〻空室顯於方丈故文殊問室空所以答云
諸佛國土亦復皆空復次昔者衆生迷故淨土變爲三界法身變爲天魔外道
淨名悲化亦不現今文殊入室談論群生覺悟〻則三界性空故空〻表室〻之愛見
歸道故无侍表〻淨名悲〻彰亦現故現疾表〻也　不來相而來叡叙云蒙鳩摩
羅什法師正玄文摘幽旨始悟前譯〻之傷本謬文〻之乖趣重如以不來相爲辱來
不見相爲相見未緣法爲始神緣合法爲心心諸如此比无品不有法師並正〻復次
從着因故不來而來見空室故不見而見復次百千天人滯有故空見五百聲聞
沉空故不見其處中故不見而見也　復次衆生迷生故見來迷死故見去既沒於生
死來去莫能自返要因大士應物來去方悟於无來去耳又見无相理名真可見
取六塵相非真可見衆生昔來妄著爲見今文殊入室必令衆生見无相〻可見
妄想倒見自然永斷更不可見也　寧可忍否者其自既无疾何有可忍不可忍既
爲衆生疾即衆生疾可忍其疾可忍衆生疾不可忍其亦不可忍也若約衆生論
疾辯忍不可忍者不墮八難生值佛法名爲可忍聞法受行名療有損一受
不退名不增也　又五逆斷善謗方等經不可識除甯不可忍餘非即空聚故可忍
也亦可一切犯戒皆墮三惡是不可忍三歸五戒已知脩善報勝故可忍復次
三界輪迴皆不可忍二乘出離是可忍也復次二乘半字滯彼化城是不可忍
大乘滿字方名可忍復次方便大乘未入圓妙名不可忍圓頓究竟方名可忍
療治有損者此亦約衆生論其損不損也大士以法藥療生有損不損應作四句料
簡一根鈍遮重善根力微重業所鄣縱施法藥療不可損二根鈍遮輕如鯀特
比丘誦一偈得羅漢果三根利遮重如鴦掘魔羅煞人見佛得悟四根利遮輕
如身子目連聞三歸得道迦葉自生无受等也此

大乘信字大名可▢淨法者大乘未入圓妙名不可思圓頓究竟方名可思
●療信有損者此亦約衆生論并損不損也大士以法藥療生有損不損應作四句料
簡一根鈍遮重善根力微重業所鄣縱施法藥療不可損二根鈍遮輕如艞犄
比丘誦一偈得羅漢果三根利遮重如鴦掘魔羅煞人見仏得悟四根利遮輕
如身子目連聞三諦得道迦葉自性无欲等也此之四種初人空不損三人遇仏勝
緣得損不遇勝緣即不損也亦四人遇不遇皆損不至增乎者此然以衆生病增
不增辨并增不增也如世人病有四種一者從得病漸增名增之二初重後愈名
增損三初損後增名損增四初輕後損名損之約此明并度生亦有四種一者增
之如善星調達等破法壞僧之流也二初增後損者如鴦掘魔之流初煞等業
甚重後出家聞法發悟甚勝三初損後者如釋論云明一比丘備得四禪謂是
四果臨終見生處謗无并便墮地獄及諸爲法出家後滯名利執師謗法之
徒名損增也四損之者即身子等聖人是也 ●從癡有愛者有解癡是耶見
迷理愛是貪嗔迷事此之二惑攝一切惑生死衆病此由而生故言從生也又云
癡是无明過去因引生今身愛見現在因引生未來身以此癡愛相續十二因
緣輪迴不絕故名從生也 ●此明悲之始不必說已爲言者有緣之悲即從發
心起諸无緣之悲与法身同體是即衆生癡愛与法性同源无緣大悲共真如
合體衆生始背法性即名癡愛并返迷達性即名大悲故今說悲體爲言不
說并發心受稱故云也 ●六十二見者背理起見故云見言六十二者中論并品頌
云滅後有无等有邊等常等 ●諸見依涅槃未來過去也 ●釋曰滅後有无等
謂如來滅後有如來无如來亦有亦无如來非有无如來此四見依并起神及世
間有邊无邊等四見依未來世起神及世間常无常等四見依過去世起此三四
十二見歷五陰起成六十見頌又云何者是一果長行釋云何者身即是神一義也此是斷見也
何者身異於神異義也此是常 於六十見上加此根本斷常二見名六十二見大品經仏母品云
神及世間常是事實餘妄語乃至神及世間邊无邊皆如是執見名六十二見問
云何離六十二見即諸仏解脫答論頌云并之實際及与世間際如是二際者无豪
釐差別論又頌云諸法不可得滅一切戲論无人之无處仏亦无所論此即二際平等
離諸戲論名諸仏解脫 ●衆魔外道皆吾侍者魔著愛惑也外道執見
惑也方便教解愛爲禪定破見爲智慧此定慧順名有侍也令圓妙教悟愛
著即解脫了耶見即正見既縛脫平等耶正无二故无侍也 ●慰喻等者恐新
學并畏懼生死退失大悲故安慰之若悟有爲无常苦等即不貪世間既不
着世間即能廣積福慧之既積自然生死不能惑若能不畏生死大悲之行成
矣又有罪累故生死可畏若能一念發并心一念隨喜大乘即衆罪自滅何畏之
有故寶積經云一念發趣心衆罪消滅涅槃聞常住二字不墮惡趣法花聞
經淨信常生仏前也又隱彼受身非已業繫故无累也又宿世長劫无益受生
尚不辭勞今益衆生何憚之有又悲愛生增福无量福積報勝何有畏哉又

着世間即能廣積福慧〻〻既積自然生死不能患若能不畏生死大悲〻〻行成
矣又有罪累致生死可畏若能一念發菩心一念隨喜大乘即衆罪自滅何畏〻〻
有故寶積往去一念發菩心衆罪消滅涅槃聞常住二字不墮惡趣法花聞
經淨信常生仏前也又慈故受身非已業繫故无累也又宿世長劫无益受生
尚不辭勞今益衆生何患〻〻有又悲〻受生增福无量福積報勝何有畏哉又
理既如然即安而无憂〻〻則道利日進〻道進則必作聖王果哉能普濟群生
品所望如此即生死之患不〻畏焉
●當起法想者昔外道計身為我不受仏說
仏權說蘊界處等令知蘊等法中實无有我既除我見得二乘果二我乘見
雖除不了如來權說蘊界執此為實名為法執故仏次於大乘為說蘊界緣
生〻无自性令悟不生不滅法空觀也是即蘊處三法俱破我執也因此相續相持
三假俱破法執也 ●空病亦空前我法二病執法空有為病悟法本妄即病除也
令事三執空〻〻病乃是捨有〻〻无執言成病若悟言假即病自除故生云之〻以
言迹除〻〻此是言迹所有非言實也復次仏以假名〻〻空遣凡夫空有〻〻有是
則有既不有空亦不空而惑者聞空不能遣有而乃捨有執空故生云空以无
病〻〻有空耳謂即有而空此空无病捨有執空〻〻有空為病〻耳故大論云諸
仏緣於空為欲破諸有若有得空者諸仏所不化肇師亦云捨有而〻〻空其
猶逃峯而赴壑俱不免患也 ●以无所受而受諸受者此是大士大悲入假化物即
瓔珞經中第二從空假入觀也 ●前雖菩德去淵洞一切諸惡趣門而生五道以現
其身方便品中淨名居家婬室酒肆及下仏道品明行非道為仏道皆是菩
心悟无生三界六道二乘涅槃觀如夢幻絕其業因故去无受大悲權迹同事受
生故去而受三界六道二乘菩所受不一故去諸受 ●貪著禪味是菩縛者注去上
界受生二乘取證皆由著禪者又解上界禪味前愛見門以此中言禪味唯
取二乘住空三昧沉空滯寂所以為縛故勝鬘經去二乘持空三昧執醉般若
无相酒斯〻謂也以方便生者注去為物受生彼我无縛所以為解者謂隨禪受
生則為繫縛以大智慧〻〻生无生而方便現生方名解也 ●有方便慧解者此
四句揀權實二智偏有即縛證圓方解關中以六住已下皆偏證未圓七地已
上二智圓證方解也亦可然矣又准仁王般若經地已上二智即圓八地已上用而
常寂即地前為縛登地為解又此四章前二章就化他行明方便後二章就自
行明方便也 雖樂遠離而不依身心盡者謂二乘得滅度化火焚身名身盡
滅智論灰名心盡菩法身无身而身同六道真心无心而智周万有故去不盡
雖行三界而不壞法性者三界緣生〻而无實即是法性而惑者六道受生隨形
染著〻形失理而言壞法性也 ●卅七品如前仏國品 行四无量不貪著梵世者
凡夫依根本定加於无量為諸禪王也菩知如幻故不生著也 行禪定解脫者禪是
色界四禪定是无色四空定之三昧者非空无相无也乃是有覺有觀等三〻昧

雖行三界而不壞法性者三界緣生ゝ而无實即是法性而惑者六道受生隨形
染著ゝ形失理而言壞法性也　卅七品如前仏國品　行四无量不貪著生梵世者
凡夫依根本定加修无量爲諸禪王也菩知如幻故不生著也　行禪定解脫者禪是
色界四禪定是无色四空ゝ定之三昧者非空无相无也乃是有覺有觀等三ゝ昧
謂有覺有觀初禪也無覺有觀中間禪无覺无觀二禪已去此三ゝ昧
凡夫隨禪受生非菩也若空无相等三觀四諦理非受生法故不同也
不思議品　我爲法來非爲床座者身子答意云我從菴園本爲法來非爲床座
而於此中忽然念座非本心也　非有色受想行識ゝゝ求者此一段文淨名示以法性无
生故无法可求也復次文殊奉命五百八千爲法隨從忻法ゝゝ情既應係著ゝゝ心亦
因既情愍執固所以前品雖略明三觀但得天子發心而未能緣悟无生法忍令
將因念座欲顯不思議ゝゝ大用故先遣滯法ゝゝ心忘彼求取ゝゝ意諸來隨從自然
息擬會稔遺封言滯近即得法眼淨遠能入不二法門也陰界處等名數廣
如林藪明也　无見苦求者四諦有二種小乘以見苦斷集證滅修道爲四此ゝ
苦實苦爲諦乃至滅道亦然大乘了苦无生名苦真諦乃至集滅亦然此
ゝ四諦即一真諦此乃名四而體一不同前小乘名四而體四也思益云知苦无生名苦
聖諦知集无和合名集聖諦以不二相觀名道聖諦法本不然今則无滅名
滅聖諦此大乘无生四諦也若遺教經云仏說苦諦真實是苦不可令異集真
是因等此即是小乘四諦也　文又涅槃經云凡夫有苦无諦（生樂想故）二乘有苦有諦
（覺陰苦故）菩薩解苦无苦而有真諦（覺陰无生故）　故迦旃延章云五受陰洞達空无所起是苦義
（此亦覺苦无生名苦義也）下文又云依於諸法實相ゝゝ義明宣无常苦空非我（此亦了苦本生名實相）　上來
所引若苦等无生者即无見苦求乃至无斷集求等　若言我當見苦斷集證
滅脩道者此既不了无生是乖實相非真言論名戲論也由旬者或云踰闍那或由
延俞旬踰繕那此云計合應尔謂計度量合尔同此方驛也古聖王一日行也俱舍
十六里餘經論或卅六十八十无定數也見應法師經音　此座高廣舍不能昇者如來
昔日爲菩薩說小乘生滅四諦十二緣斷三界九地惑至非想第九解脫證盡无生智
名坐解脫床如來極接二乘乃云我与汝等三人同坐解脫床此諸聲聞等不了
如來隨宜所說實謂如來同坐此解脫床故法花云仏說一解脫義我等亦同得
此法二乘既謂仏同坐豈能進求今將欲奪二乘解脫使知非真床令證不思
議解脫之真座然理不可頓悟必有漸故假燈王ゝゝ座床因權而會實也故法
華云汝等但離虛妄名爲解脫其實未得一切解脫問解脫何故喻床答
解脫心息故如床也　有神通非不思議者二乘神通增小滅大既未證大小之本一
謂物有大小ゝゝ定相故作通運用增減於大小耳既有作增減故見大小之異形故
名思議也菩智窮中道權實圓妙理窮大小ゝゝ形智冥妙體ゝゝ用如明鏡无心而
美惡自辨真通不運而脩短自彩此法身本有ゝゝ神通豈二乘約定運力有心ゝゝ

議解脫之真座然理不可頓悟必有漸故假燈王之座床因權而會實也故法
華云汝等但離虛妄名為解脫其實未得一切解脫問解脫何故喻床答
解脫心息故如床也　有神通非不思議者二乘神通增小減大既未證大小之本一
謂物有大小之空相故作通運用增減於大小耳既有作增減故見大小之異形故
名思議也菩智窮中道權實圓妙理窮大小之形智冥妙體々之用如明鏡無心而
美惡自辯真通不運而脩短自移此法身本有々之神通豈二乘約空運力有心々
神通哉問二乘有心之通与菩本有之通何別答懸殊二乘於有為報得身心
上假空力以現通心運即有心三即無菩悟達法性體用亮圓法性體常用焉生
滅法性本有用豈脩成復以寂而常用々而常寂理無異軆々之用亦無離用之體
既其即軆即用豈有心於運用哉此菩法性々之通豈二乘空力之通　我等何為
永絕其根者昔聞隨宜所說謂實与仏同坐解脫床今聞別有解脫名不可思議
量已外用々不如亦審内證々非實又惟大士々行𣞣越三祇我今斷結生涯甚近
既無進脩々分故致永絕之哀又審已證不与佛同即名轉酪成生蘇教 花嚴初二乘未益
名乳阿含轉凡成聖如轉乳為酪昔謂三乘同證第九解脫今乃知仏不同悔其取小名生蘇若
至般若仏令聲聞為菩轉教即教許傳人未家記會教不會人為熟蘇若至法華菩教普
已傳人今授記即醍醐教也　又以聲聞執仏同解脫果理不進求故此經偏折解脫不同遂壞絕分之歎
若至法華菩聞一毫之善理至仏果一地所生一雨所潤一切衆生皆有仏性凡有心者
成皆作仏即自悔昔心析其同悟仏子所應得者我亦得之何哀歎之有且理妙根鹿教
不可頓故令一音之教有不同之解而諸師未能深取經旨而聞絕分之言便云空性
二乘永無仏性此蓋未深喻至人權實之說　凡夫下劣不能如是逼迫菩者凡夫者
凡夫人也下劣者二乘及地前菩名下劣位人也故無垢稱經云凡夫劣位非其所堪也
觀衆生品　衆生者大論云衆緣生故名為衆生 此緣生無自性釋也 般若燈論云數々生故
名為衆生即餘經云補特伽羅翻名數取趣釋同此也 此受生無自性釋也 大品經云無有法可名
衆生但假名故号為衆生 此幹空無自性釋也 此上經論三釋言異理同雖舉有為衆生
之名乃是返悟無生之教諸釋言有情即似空有衆生然於揀異無情之門 然精於
致教悟理之門非無小失幸諸達者深詳仏旨焉　第五大等者前四大實有故不取
為喻第五大本無故喻衆生本無也第六陰等准釋亦然餘經云第二頭第三手龜
毛兔角皆同此喻本無生也行寂滅慈者菩觀衆生空入無生觀已還為衆生說是
無生觀門令彼衆生得無生忍即是与衆生無生忍樂故名慈也下寂滅慈等諸名
雖異軆只是一令悟無生忍即此忍上廣依義建立諸名也何者只令生悟無々生々即
寂滅煩惱不生即不熱三世無生即名等無生即無々起々故無諍法無生故内外不々合々
即不二無生無　々故不壞無生信固故無毀無生不染故即性淨無生本無故如空無
生破結名阿羅漢無生即至安人故名菩無生即真如相無去來故名如來覺法無
生名仏慈無生理常非因緣生故自然無生無是非故菩提一味無生絕待故無比無

雖異辭只是一令悟无生忍即此忍上廣依義建立諸名也何者只令生悟无生々即
寂滅煩惱不生即不起三世无生即名等无生即无起々故无諍法无生故内外不々合々
即不二无生无々故不壞无生信固故无毀无生不染故即住淨无生本无故如空无
生故結名阿羅漢无生即至安人故名菩无生即真如相无去來故名如來覺法无
生名仏慈无生理常非因緣生故自然无生无是非故菩提一味无生絕待故无比无
生大乘救大苦故名大悲无生離彼我故无猒祈令悟无生即万行並施名无措
无生毀禁罪滅悟无生故忘彼我无生能忘懈怠故名精進无生即定味不生无
生即二智並明故知時无生即能應物現生故亦現无生即二邊見破故直心无隱无生
即法入一相故不離无生真觀故不假无生即究竟涅槃故仏樂可謂一念无生万行
射備一行一切行一慈一切慈故大品云般若雖空一心具足万行即其事也　室有一天女
者前淨名方丈一室多塵此室何以空諸仏國土亦復皆空即知淨名方丈非寬非
狹應物受生亦寬狹尓令天女法身菩非女而現女身以表淨名非男現男也故下文云
天女得无生忍以本願故隨意能現復次衆生空如來五大菩而諸聽衆未知何以故
空故因天女現身廣亦女身无相也是華无所分別者天女法身菩觀華无相不見
著身為犯離身為持故云是華无所分別仁者自生分別者身子小乘不了華
性无生乃見著身為犯或墮身為持相也　已離一切分別想者五陰性空不見著
々為犯離々為持也於華既尓空慧亦然小乘入空為空出空為亂大乘空亂一相亦
无分別也又小乘入觀緣真名慧出觀緣俗非慧大乘觀真俗不即心无生名慧
故无異緣分別也　結習未盡者聲聞餘惑對小乘教言正使已斷但餘習氣若
對大乘聲聞所餘煩惱真是結使非習氣也何以知之故法華経云二乘但出火宅
露地而坐未登寶乘去道尚遠昔三界本昔妄謂為樂今離塵妄名為解脫
若發菩心於行十住乃至妙覺方云白牛寶乘始名一切解脫故知聲聞已斷之惑
但是離妄非斷正結若得菩一切解脫方始斷正使尓仁王云習忍至頂三昧皆
名為伏一切煩々唯仏頓解不名為信漸々伏者准此十地灌頂尚云是伏二乘斷惑
宜正使所餘習氣乎將以如來方便抑遠令近故說所斷為使未斷者習理實
所斷虛妄其惑甚微未斷无明其累至厚故名結也　解脫者无所言說者小乘
解脫離俗證真故證者亡言大乘即俗而真即言无言故文字言說皆解脫相也
增上慢者有七慢此數也一慢於劣計勝或等計等二過慢於等計勝三慢過慢
於勝計勝四我慢於五取陰執我五增上慢无漏勝法名增上未得為得為慢六
畢慢於多分殊勝計已少分下劣七邪慢謂實无德計有德故令聲聞解脫非
是諸仏解脫計已同仏即是未得為得為增上慢　一切女人亦當能轉者大士
法身非男女應物故現女舍利報身本非女神通所轉乃住女衆生法性本非女煩
々妄業變或女身子若了自女即非女亦知一切女人即女无生故非女故云非女而
現女也以此妙悟說以亦人令悟即女非女此乃轉女為法身不同二乘轉女為男也

BD14091號　淨名經關中釋批卷下

是諸仏解脫計已同仏即是未得為得為增上慢　一切女人亦當能轉者大士
法身非男女應物故現女舍利弗身本非女神通所轉乃住女乘生法性本非女煩
〻妄業變成女身子若了自女即非女亦知一切女人即女无生故非女故云非女而
現女也以此妙悟說以示人令悟即女非女此乃轉女為法身不同二乘轉女為男也
已得當得如恒河沙者當已二世不言今世者何一釋云小乘唯知一娑婆不知有
十方佛土當已相累成仏可言恒沙今唯一仏与恒沙之文使不故不舉解云文舉
當已現在例有但成有得〻難何要三世之數　佛道品　上問疾品云无所
受而受諸受今此品廣明三界六道二乘異學皆是无受而受也　无間梵云阿鼻
新云阿鼻旨此云无間此五種業有四无間一趣報无間二身量无間三壽命无間
四受苦无間　地獄者梵云那落迦此云苦具舊云泥黎耶或言泥羅夜此云非行
謂非法行處八邪法者謂邪見邪思惟邪精進邪語邪業邪命邪念邪定也
高原陸地及植種於空者辟二乘於擇滅无為中求如來種也此是捨生死〻
若能聞經妙悟煩〻即菩薩得見如來種也壤者高書注云土无塊曰壤
滅非不生不滅〻癖滅故不得如來種也　卑濕淤泥及糞壤〻地此辟凡夫煩〻
見无為者取小乘見道十六心已去也此有二緣不得如來種一以斷惑故无復悟
或即菩也二為捨生死故不能返入起大悲也故下文云如菩者不盡有為不住
无為也　不入煩〻大海則不能得一切智寶者二乘偏真捨生死不證菩提能
捨此證彼妄能返入生死大悲廣濟以无所受而受諸結如是偏悟即不能得
无上菩提一切種智也若菩中道即生死即菩既能不捨生死便證菩亦能不離
菩使入生死未嘗不離未嘗不濟所以煩〻泥中起仏法耳　永絕其根者普
者仏為聲聞說生身佛菩提樹下卅四心成道雙林菩不說如來常住法身不生
不滅應跡為人現其生滅是以聲聞但知三乘同有生身成道灰滅菩不知有法
身常住應跡生滅今此經忽聞大士行非道為仏道即惑種為仏種謀自思惟
煩〻已盡餘報未幾將欲廣遊非道漏業已除即取證王秖行斷復未知法
性應生大悲遊化所以根敗之歎由此生焉若至法華大悟權實深知真
應故无此歎也浚次聲聞滅惑取真偏悟乘中以此取於无上仏法失之遠矣
凡夫雖具足煩〻然未曾捨惑取證者聞大乘自然能達即垢即淨即色即
空圓真仏種由此而生也或有本經未了此意將謂聲聞決定畢竟不得无
上菩提謬〻甚矣何者若以煩〻性為仏性二乘有无明住地煩何得此或獨非
仏性乎若以生死性即菩性二乘有變易生死何此生死非性菩耶且如嚴
冬之月氷結成氷仲春之時氷即為水迷時煩〻覺了菩理況若斯更何惑
矣況聲聞即指丈六為生死之身大經即云今此身即是常身法身准此生
死即菩煩〻即仏性之理盡矣　智度菩母者智度者正見也方便者方行也智
而能信法身始生与法喜已下至塗香等明於持以增長摧滅一行明果成雖知
已下明益物也　女者權智大悲曲順物心如女男者實智正直与非但如男

矣況聲聞即指丈六為生死之身大經即云合今此身即是常身法身雖此生
死即菩煩ㇷ即仏性之理盡矣　智度菩母者智度者正見也方便者方行也智
而能信法身始生焉法喜已下至塗香等明修持以增長摧滅一行明果成雖知
已下明益物也　女者摧智大悲曲順物心如女男者齋智正直百非俱破如男
子綱縠不受耶諂　弟子塵勞者菩昔日倫迴為无明郎主恩愛魔王之所策使
今成正覺智圓惑盡諸塵勞門皆為仏事隨意策役故如弟子也　无漏林
樹者離煩ㇷ熱ㇷ如蔭覆於林樹得大清涼　覺意花者此花結菓花也結惠
果故下華鬘之花此莊嚴花非結菓花也　解脫者此是九无导九解脫ㇷ解脫
與已智惠斷非想地惑至弟九解脫名智惠果也下云八解脫者此是禪定解脫非
智惠法也　八解脫者一內有色觀外色二內无色觀外色三淨解脫具足住作身
證四空處五識處六无所有處七非想非ㇷ想處八滅盡定解脫　七淨花者心二
淨在七方便位見淨度疑淨分別道非道淨此三在見道位離身邊耶三見名見
淨離疑名度疑淨離戒取見取善識耶道正道名分別道非道淨行淨在
脩道位離九地脩惑名為行淨七涅槃淨在无學道　淨命生者所言耶命者
謂詐現異相等耶心活命名耶命也離此耶命名淨命謂淨心活命也今言淨
命生者謂凡夫脩禪為貪著生於梵世无求出離如此味禪名耶命也若求菩
猒患三界而脩禪者此正求惠命故云淨命生也　食者智惠也資養法身故
澡者禪定也除欲渴愛故　淨心澡浴者淨心有三種心淨已度諸禪定者惑盡
為淨一也淨心觀仏靡不忻者信心无疑為淨二也今淨名以澡浴者攝悔除罪三也
或現劫盡燒等者此大三災劫也俗法師劫頌云　論空成住壞　皆第二十增
劫將欲壞時　十九壞情類　唯一增滅內　壞彼器世間　有情居處壞　无間无不生
畜鬼東北西　次南贍部洲　乃至化樂天　時經十九滅　怖災不造惡　及无愛欲心
地空諸有情　並習二禪定　有情既盡已　日熱四倍弟　七日並現時　大炎洞然起
梵衆次轉梵　怖畏生三禪　梵王最後生　尒時名壞劫　過空十二已　界中風漸生
天人劫欲成　次復大風起　倍廣量无數　厚十六洛叉　金剛不能壞　此名持界風
光音金藏雲　布及三千界　如軸內滿此　風遏不聽流　深十一洛叉准俱舍深十一億二万
風鼓成氷結　始作金剛輪　厚三億二万俱舍云下八洛叉水餘凝結成金　廣十億三千
俱舍云此水金輪廣徑十二洛叉也　四百踰繕那　次有金剛雲　注雨滿其內　先成梵王果
次弟至四天　隨成有情住　妙高七山等　北西東及南　餓鬼及傍生　乃至地獄果
時經一增減　方名器世立　二禪福盡者　下生贍部洲　身量既倍長　所食唯地味
味沒食藤露　露隱粳米生　貪生故不消　則有諸便穢　身光貪故隱　日月由是生
男女形不同　因之起婬慾　分地護粳米　不与取盜生　立主憍冒臣　煞罪由斯起
自護犯他色　因此有耶婬　十惡次弟生　隨罪入三惡　一人生无間　是名成劫滿
既覩善惡報　便有集善之　先生於東西　初天至梵世　如是次弟生　時經十九劫

BD14091 號　淨名經關中釋批卷下

（29–21）

時経一增減　方名器世立　二禪福盡者　下生贍部洲　身量既倍長　所食唯地味
味沒食藤露　露隱粳米生　貪生故不清　則有諸便穢　身光貪貪故隱　日月由是生
男女形不同　因々起婬慾　分地護粳米　不与取盜生　立主懲置臣　煞罪由斯起
自護把他色　因此有邪婬　十惡次第生　隨罪入三惡　一人生无間　是名成劫滿
既覩善惡報　便有集善之　先生光東西　初天至梵世　如是次第生　時経十九劫
一人初生梵　即是成劫初　漸次生忉利　乃名成劫滿　復增減二十　是即名住劫
八十度增減　方名一大劫　七大次第起　然後一水災　七々大七水　始有一風災
大先无間起　上壞於初禪　次七火一水　八劫壞二禪　以彼極光淨　壽命量如是
八七大七水　兼彼一風災　六十四大劫　壞三禪遍淨　小三災起時　八万百減一
至三十飢饉　年月日各七　二十劫疫災　日月夕経七　十兵　作　是名減至極
從此倍又增　增至八万歲　是名為增極　極此增減極　是名一中劫　此小三災已下頌即是釋偈中劫有飢饉
等文　入不二法門　釋此品目略分三別第一釋門第二釋不二法第三釋
入初言門者能通為門故法華経云以佛教門出三界苦至理无言々之者
應物々根不一教亦多門令分兩別一三乘差別門三車出宅是也二一乘圓悟
門唯有一門而復狹小是令不二法門即後一乘門然總言不二法門別即卅三
門隨教別入會悟不二若以理統收亦可攝為四門　即手菩薩若違罪性与福无異此
言中存不二性即有門也　妙辭云觀心相空如幻化者无苦无聲聞心此言中是心
如幻二心齊空即空門也　電天菩薩曰无明即是明存明即有　明亦不可取遣明即空此言
中雙具亦有亦无門也乃至善眼若知一相即是无相亦不取无相亦此門也
普守菩薩曰我尚不可得非我何可得非无門也此言中二言各遣々已入真
即非空非有門也諸門異說類入此門攝々可見是知至理亡言四句斯絕言々
應物四句皆門也理由言顯々理々言名門言跡々興必有所寄々託々要趣此四
為故大論云般若波羅蜜猶如清涼池四門皆入此明悟理三詮也　又云般若波羅蜜猶如
大火聚四邊不可取耶見火燒故此偈明執文滯理也　復次亦可託自他四句宣々中論云諸
法不自生亦不從他生不共不无因是故知无生亦是理即絕四教託四起何者德
頂云見垢實性即无淨相此自句門此言中垢自性淨无別淨也德守云因有我故便有我
所若无有我則无我所此他句門此言中假我遣我所即他句也　明相云前際後際空故
中際亦空此前後共空方得中際空也　珠頂王云住正道者則不分別是耶是正此二共句門
此无因句門此言中三即共三存即共存故言共也　德藏云有所得為二若无所得則无取无捨
此言中更无因起直云本无所得故云无因也　復次總分二門前卅一有待門後一天
士絕待門亦可前卅二將門後淨名大士默然門所以此中人々各說者明隨悟々門必
多所證々理不異乃至大佛頂諸菩薩各說々意亦然華嚴経善才處々求善知
識一々善知識各々言唯知此一法門而入法界亦其意也故経云返但真法寶衆
生以種々門入　第二言不二法者方法云々其性不二法性實相即不二法此法極理

句門此言中更无因起直云本无所得故云无因也復次揔分二門前卅一有待門後三
士绝待門亦可前卅二悟門後淨名大士默然門所以此中人々各說者明隨悟々門必
多所證々理不異乃至大仏頂諸菩各說々意亦然華嚴經善才處々求善知
識一々善知識各々言唯知此一法門而入法界亦其意也故經云法性真法寶衆
生以種々門入　第二言不二法者万法云々其性不二法性實相即不二法此法攝理
本自亡名諸經立名亦隨緣不一此言不二法華言一乘花嚴云法界亦曰如々真
觧脫法性々空即理明智亦日本覺故大論云般若是一法仏說種々名隨諸衆生
類為々立異字問實相一法何故名多答法若有定名一名不應多應物有多
名明知法无名也小乘阿含等定之二法門以要斷漏得无漏故捨垢取淨也大品經
云三乘共行十地等雙亡二邊同證无生名定不二漸次大乘五十二位歷別修行內
照无生不二名體外用涉有即二名用是即亦二亦不二若圓妙大乘未嘗不
寂未嘗不照即寂而照即照而寂是即々二明不二即不二明二此中二不二皆不思
議也前諸經論皆是如來方便引物窮源盡性此為極矣　第三釋入字
言入不二門者入者悟入悟解入理故名入也不悟名不入然論其真悟了二空
心无所得名盡相亡何入不入是悟體无名假名宣悟既无名相中假名相既諸
經及此本文論入不同亦作四句新翻法花即云出大宅出化城此經即云入不二
門亦云入一切諸佛法門言出者迷惑繫縛如因處獄若了惑性空即縛自解
々即名出然雖體本无出亦可借出以名々此言入者明迷理失真心逐妄境名若
了妄即真證理名入證雖无入可入借入以名々也是即法華以脫惑為出此經以會
理為入是知二教未嘗同二理未嘗異又法花云其人近出未久々々間又云我於此所
燒々門安隱得出亦云而生三界朽故大宅此亦入亦出也悟理脫縛出也大悲垂化入
也故大經云來時善逝去時善逝故名善逝此皆亦入亦出名入也非入非出名
入者般若經云世間出世間為二世間性空即是出世間於其中不入不出不溢不
散是為入不二法門此非入非出名入也　見垢實性者垢性自无了垢无垢名垢
實性也　是動是念者動者分別流動也念者專一不分別也不動則无念有動
即有念動若即空何念々有也金剛惠者達中道无生則百非自泯縛脫永亡
破惑窮源名金剛也因无生忍智々別有也　有漏无漏者迷理滯惑名々為漏
悟理契真名為无漏方便教以地前為漏登地已上名无漏小乘俱舍即見
道前名有漏見道已去名无漏此皆方便々說非至說也今經以方累即真理
无餘惑即惑而真故无有二故云若得諸法等則不起漏不漏相也生公亦云万善
理一同无漏釋云夫万善本有皆資理發理既无異善不容二但隨攻惑因用生
異名論其觧體明鑒而已始雖未能兼用終極自實為一解脫既以攻惑為理至
於始涉一毫皆是无漏譬明能除闇故无闇不除但明微暗滅未能頓滅非明理
不足矣有為无為者三界生滅有為也涅槃寂滅无為也從我起之為二者以

无餘惑即惑而真故无有二故云若得諸法等則不起漏不漏相也生公亦云万善
理一同无漏釋云夫万善本有皆資理發理既无異善不容二但隨攻惑因用生
異名論其解體明鑒而已始雖未能兼用終極自冥為一解既既攻惑為理至
於始涉一毫皆是无漏解明能除闇故无闇不除但明微暗滅未能頓滅非明理
不足矣　有為无為者三界生滅有為也涅槃寂滅无為也從我起二為二者以
我一法為能待即一切法為所待斯則緣對境對我皆為二矣前諸菩薩所皆
就相待與即能待是就所待是得也下云有所得為二即能所皆得斯則趣一法
万法皆待故真云有所得也　樂菩等與樂默為二不明菩世開何以故前已明
說不可量也　非肉眼所見者肇曰云可以神會難以事求此明不可肉眼見但可意
眼悟解而已也　前不二法門是雙三三邊明幹與雙流淨

香積佛品

穢明用何者為雙流耶婆婆化菩往彼衆香請飯來化穢土淨土之教流化穢土
也九百万菩至婆婆請有盡无盡解脫法門將往香積書念如來與即穢土之
教遊彼淨國也上來諸大士雖廣明垢淨无二而惑者未能深信故與中廣約
淨土不周以明理體无二復次上仏國品明隨所調伏衆生而取仏國之淨穢故現
事驗之令尋殊應之跡會不二之理也復次上呵迦葉云以一食施一切供養諸
仏未見其事惑者寧无疑乎故與中示一餅之飯而足衆會又善吉章於法等
者於食亦等者於法亦等惑者皆疑法有悟道之緣食无契真之分
何故云等故與明法食俱得道也與不思議之事遣二乘之所量贰後次前室
室除有故與念飯因與念飯便施不思議法食也　八解脫者禪悅食也身子
受行豈以雜欲界團食而聞法乎　未曾有食者飯得道食即法之即食
與大悲流化之仏事不思議食也（婆婆或曰婆訶此云忍界悲云此土衆生忍受三毒又云雜惡亦日雜會謂雜惡之所會）　四海有
竭等者四海龍魚之福故有可竭之義香飯如來之福故无盡也　无盡戒定
所食之餘者明仏於弐施弐因時无限心殊故今感果亦无限也　一切德藏三昧者
因香悟理也中道實相圓具万行故得此三昧德无不具也即經云王三昧三諦三昧
皆與三昧之異名也然飯緣雖殊於法飯而悟理未易於真如故雖淨國
之香亦以悟圓中道為三昧也　是煞生報者報有三種論頌曰皆能招異熟
（隨三惡趣異時而熟也）等流增上果（等流報增上報）與令他受苦（招異熟也）斷命壞威故（斷命招等流壞威招增上）　又十惡
異熟同招三惡報等流增上不同頌日　壽短光非穀　財乏多遭霜
不貞塵染汙　誑語臭非香　麤乖居嶮曲　惡鬱棘荊荒　無威時霧段　貪盛果非芳
嗔增味辛苦　癡增果少仁　多於彼國百千劫行者婆婆世界貪者
衆大士少行法施所利无偏以是諸餘淨土之所不及也復次婆婆衆生鈍根惑
重自非悲深忍大何以匡濟群生是即難行能行難作能作故一切利益多百
千劫也（又自利即穢土不如淨土如穢土利他即淨土不如穢土）

菩行品

此下兩品來意有多略出其
[illegible]

嗔增味小苦　癡增果少亡　多於彼國百千劫行者娑婆世界貪ゝ者
衆大士少行法施所利无僵以是諸餘淨土之所不及也復次娑婆衆生鈍根惑
重自非悲深忍大何以剋濟群生是即難行能行難作能作故一切利益多百
千劫也又自利即穢土不如淨土如穢土利他即淨土不如穢土

菩薩行品

此下兩品來意有多略出其
四一肆仏問疾廣說六品経文事訖歸還曰言印定二者此経大宗淨土之化入室
談道詞理似殊故歸仏復宗明所宣无異三彼來大士未見至尊是故掌擎
躬同礼覲四緣在二人室內度訖緣在仏者須將見仏七日乃消者肇曰七日勢消
飯之常力者治帝飢渴兼愈諸疾故知是治世患也如放光說法先令聞者
得聞患者得痊然与三乘道利令之香飯亦然故先七日消世患已然後獲大小
乘益也　文法華以五乘善為藥木治世患為乾地普治又云冷水灑面亦是
離熱惱也　如須扇頭仏者大論明須扇頭仏成道一日即般若然後留化仏度之
也　八万四千塵勞門即法門者諸說乃多略舉一文以通経旨賢愚経云始從
光耀土至卌夜其間三百五十度說法皆說六度成二千一百又以此對治四大六衰
成二万一千又以對治貪嗔癡等分衆生成八万四千也婆沙正議云十種隨眠此
十隨眠ゝゝ皆已九隨眠為方便足成一百此有前後分各一百合成三百置本一百就
前分一百ゝゝ皆以九隨眠方便成一千後分一百亦以九隨眠為方便復一千兼本一百
成二千一百已起亦有二千一百未起亦二千一百足滿四千二百約多貪嗔癡着
我恩覺此之五人ゝゝ有四千二百合成二万一千更就三毒等分四人以配遂成八万
四千也此八万四千塵勞即是塵勞門對治即是法門故俱舍云有言諸法蘊量
如彼論說或隨蘊等言如實行對治　是名入一切諸佛法門者夫至理无言
託群言而為教真事无事即俗事而為仏事所以進止威儀諸煩ゝ皆仏事也
既其真俗无二穢淨一質故入此門者无貪高等復之見也　地有若干者明
釋迦成道即沙礫為土七寶為土虛空無穢淨故无若干也
仏身有若干者釋迦丈六彌勒二百五十尺也无等慧无若干者三乘无生智慧
同也此皆小乘執事之見非大乘達理之見也故大士舉羊等以破之復次前
隨文殊入室聲聞皆已捨小慕大諸餘在園住者此中寄呵阿難令伏過
即亦皆捨小慕大　深發一切智心者謂志願深重不令半路退忘復次
不令遇厭樂憂患便忽退忘也　見來求者求法令我法利日滋求財即
令我捨心彌廣此即進我道利之善師也　捨諸所有注云妙期有在者
期在大斯一切智果審因果之不虛者審種度之曰必至一切智果也諸波
羅蜜者前別說施戒此言諸波羅蜜是餘四度也　成己仏土者謂隨彼如
來行願之曰即彼如來嚴飾之事亦嚴我土

見阿閦佛品

无垢稱云見如來品准前半品應云見如來准後半品即云見阿閦亦无異義
以何等相觀如來乎者大乘真宗遣相離着而諸聽求皆取相生信故

BD14091號　淨名經關中釋批卷下

期在大斯一切智果審因果〻〻不虛者審擅度〻〻曰必至一切智果也諸波
羅蜜者前別説施戒與言諸波羅蜜是餘四度也
來行愿〻〻曰即彼如來嚴飾〻〻事亦嚴我土　成己仏土者謂隨彼如

見阿閦佛品

无垢稱云見如來品准前半品即云見阿閦亦无異義
以何等相觀如來乎者大乘真宗遣相離著而諸聽求皆取相生信故
上文殊入室淨名空室以待〻〻不思議品身子求床淨名遣求以誨〻〻今二土
相以覺悟故文殊入室不來相而來〻〻淨名見仏不見相而見〻〻身子求法絶求心
歸國方將見佛而諸聽者多著相求真依身起信故問其來觀使陳无相〻〻
以求〻〻孫勸得記離得記〻得〻〻　妙絶常境者六塵〻〻境尋常境也如來即色
非色故云妙絶也　明真者同真者謂淨名達悟遣自相而見佛无相是同法爲
者同爲謂未悟〻〻流自執己身相〻〻有實見如來身有相亦同斯則而執爲名
同異兩〻名〻〻同得　不此不彼者此彼體空也不以此不以彼者以用也謂聖心
不執用此彼也　不在方者明法身不偏在方隅也　不離方者遍一切處也
等諸智者上无上也　同衆生者下而无下〻〻斯觀者離前百非故名正也若他觀者
同前百非故名耶也　舍利弗問維摩詰者身子迦葉二尊者迹處聲聞誘
小進大故始會已來或託迹以陳問或假悟以悲悔皆許方便誘勸〻〻至也其
事者何如佛國品末答問已衆既未悟故身子假執果疑曰令衆發悟文殊師
利入室問疾空室无侍表諸仏國土亦復皆空不思議品身子假念床以啓无求
〻〻緣因借床以明不思議解脫〻〻用復次身子迦葉領旨自傷明聲聞皆應號
叫三千并斯慶頂受此法也　觀衆生品二大士論衆生性空即真空具足慈悲
喜捨因天女散華身子對揚廣明可思議解脫不可思議解脫二種力用
不同仏道品二大士廣明非道行於仏道身子迦葉亦居不及自難領解云
凡夫於仏有返復聲聞无也今无數聲聞迴心向大畢鄙小乘香積品明淨穢
二土法門不同舍利弗食仏餘飯至菩薩行品對仏自云非意所當非度所測兼假
阿難伏過從今已往不敢自謂多聞即令无數聲聞捨小怖大此中復假問
淨名没生今大士自陳法身應用非没非生能示没生令无數衆生發菩心願
生淨國此上諸説皆文殊淨名亦其勝二大聲聞伏其旁以此方便引進无數
小乘方便行人或即座悟无生忍或至大品法華勝方得无生忍雖迹優有劣
而化功一也　汝於何没而來生此者所以有此問答者或前即相无相義也或者
意謂事外別有理應身〻〻外別有法身所以問答令知即生没明不生即相无相也
又前横破百非名横遍此中即生没明不生不没明豎深遍而具深法身〻〻理
圓矣　日光出時者此明應身也前既即生不生爲真身此明不生而生爲應身
又日光自明闇不可故此喻真身本覺處染不染能破諸暗此喻化身應
物返迷從悟也　力利者梵音也此云三十三天也　阿迦膩吒者梵音也此云色

意謂事外別有理應身ゝ外別有法身所以問答令知即生非生即相无相也
又前横破百非名横遍此中即生没明不生不没明竪深遍而具深法身ゝ理
圓矣　日光生時者此明應身也前既即生不生為真身此明不生而生為應身
又日光自明闇不可藏此喻真身本覺處染不染能破諸暗此喻化身應
物返迷從悟也　刀利者梵音也此云三十三天也　阿迦膩吒者梵音也此云色
究竟天此色界天頂故云也　法供養品　法者大乘中道實相法也故
文云諸仏所說深經也供養者文有二種一者讀誦解說此名淺也二者如
說修行得无生忍者此名深也若准法花ゝ香瓔珞書寫隨喜皆法供養也
問為是供養佛為是供養法耶答云以護持正法之心供養佛故文云受持讀
誦供養是經者則為供養去來今佛也又品末結勸云是故天帝當以法ゝ供ゝ
養ゝ於仏此流通分兩品此品先雜法真益大歡令供養後品方囑累委
付令其宣流也　百千經者阿含小乘經也自在神通者數能證力用也決定實相
者數所證法真也　舍利者梵音新云舍利羅此云身骨有全有碎今言全者
取功德多也　寶塔者應云他合及諸經論或作藪斗波或作塔婆又云兜婆或
云偷婆或言蘇偷婆或言脂帝浮都亦云支提浮圖新云窣堵波此譯云
廟自虛通日廟皃也先尊祖皃也舊供字荒云塔仏堂也表刹者又作檫同察
音梵音或言差多羅此譯云土田或刹主者存二音也應云叉竿以安仏ゝ骨ゝ所
依義同土田也故經云刹帝利此云田主亦此義也所言表者置高顯處有所表
彰故立也　藥王如來應供等十号也如來者如理說行号大經云諸仏世尊從
六波羅蜜卅七品十一空來至大涅槃故論云乘如實道來成正覺也　二應供者
應行二利号大經云應破四魔（即四分云无所著也）應度衆生應受供養故云也　三遍知
實智窮源号大經云正者不顛倒遍知於四顛倒无不通達故立也　四明行足謂因
滿足号大經意云明者仏果行者戒定惠稱行滿足故云也　五善逝直往不退
号大經云不捨寂初發心得大菩提（諸不退也）六世間解推智圓明号大論云知世間解即
知也瑜伽云善知世界及有情界一切品類染淨相故也　七无上士位超諸善聖号大
經云有所斷者名有上士（謂菩薩也）无所斷者名无上士（謂仏果也）八調御丈夫巧攝有情号
大經云如來實非丈夫非不丈夫曰調丈夫故名也與二号准大經開二瑜伽合云无上
丈夫調御士　九天人師善軌衆生号大經云實法界師天人益多故云也　十仏無
師勝覺号明无師自覺覺諸惑不能翳也世尊准大論十号外号也　七寶千子
金輪王也一輪寶二珠寶三女寶四象寶五馬寶六庫藏臣寶七主兵臣寶法
陁羅尼印ゝゝ者論云小乘經三法印謂无常苦无我摩訶衍明一實相印此印ゝゝ
即能善分別諸法相於第一義而不動四句百非所不能動此印所印皆圓頓大乘
也大寶積經清淨陁羅尼品云以虛空印一切法以无相印能示現彼虛空无相
又偈云諸法无所有不生亦不起无有ゝ取此云何遍持若能如是解一切法如理

金輪王也一輪寶二珠寶三女寶四象寶五馬寶六庫藏臣寶七主兵臣寶
陁羅尼印〻〻者論云小乘經三法印謂无常苦无我摩訶衍明一實相印此印〻〻
即能善分別諸法相於弟一義而不動四句百非所不能動此印所印皆圓頓大乘
也大寶積經清淨陁羅尼品云以虛空印一切法以无相印能亦現彼虛空无相
又偈云諸法无所有不生亦不起无有〻取此云何遍持若能如是解一切法如理
彼則无分別　而能得遍持　決定无我者我空也因緣果報離我所者法空也
四依者大集世九云語者雜說生死義者知生死无性語者說苦味義者知苦无
性語者說諸乘隨所安止義者知諸乘入一相智門語者說從發心至坐道場終
集莊嚴菩提切德義者以一念惠覺一切法舉要言之能說八万四千法聚是名
為語知諸文字不可宣說是名為義又識者識四大智者住四無大性識者識
六根六識智者內外寂勝生无生等取不取有所緣无所緣亦然又不了義
經說生死苦惱了義經說生死苦一相不了義說我人諸法了義者說三空无
我也又人者攝取人見法者解无人無見人者凡聖三乘人也法者法性決定知
一切法无別无異如虛空　不復起見注云上觀因緣无常我等諸見者即指前離
諸耶見得无生忍門也　得柔順忍者大品三忍外凡乾惠伏忍內凡性地順忍
八人地見地已去名无生忍難三乘同行二乘取證不得忍名并不證故受忍名若准
仁王經云五忍法門地前三十人想名伏忍稱二三地信忍四五六地順忍七八九地无生
忍十地仏果寂滅忍今准仁王入弟四地也　得五神通身業用得陁羅尼意業用辯
才口業用此三為化物用〻〻妙門積善業〻〻真藏故別標也　迦羅鳩村馱亦云
拘留孫即七仏中弟四仏賢劫千仏〻〻首樓至亦云盧至此云啼泣謂初發心千人皆
願成仏度生樓至最後成佛乃云諸兄成道皆度一切衆生我後成道當何所
度故啼泣耳　說法師頌云　如今此賢劫　正當弟九滅　即此增減中
有拘留四等　六四二万時　百歲年尼出　減至三弟十　飢饉亦時之　二十疫十兵
子隱又八万　彼一增減中　慈氏次當興　從斯弟十滅　至弟十五減　彼一增減中
九百九十四　大聖次第興　言賢劫者此劫初時有千葉蓮花現於水上諸天云善
哉此劫當有千賢出世故因為名也　囑累品　前品歎法真益大故此品
慇懃付囑也　新學二法一愛法二慢師重師即敬法尊法即脩行若行即斷惑成聖〻
此而推難去敎師乃成自敎矣而新學者輕師慢法自塞於進求之路耳先
學二法一者欺人二者綱法慈愛新學即利他之業可成尊故實相即自濟
〻功覲就奈何輕人失於慈惠詗真滯於諸見然此二試〻〻至也凡預進求
幸各銘於心腑耳
淨名經關中抄弟二

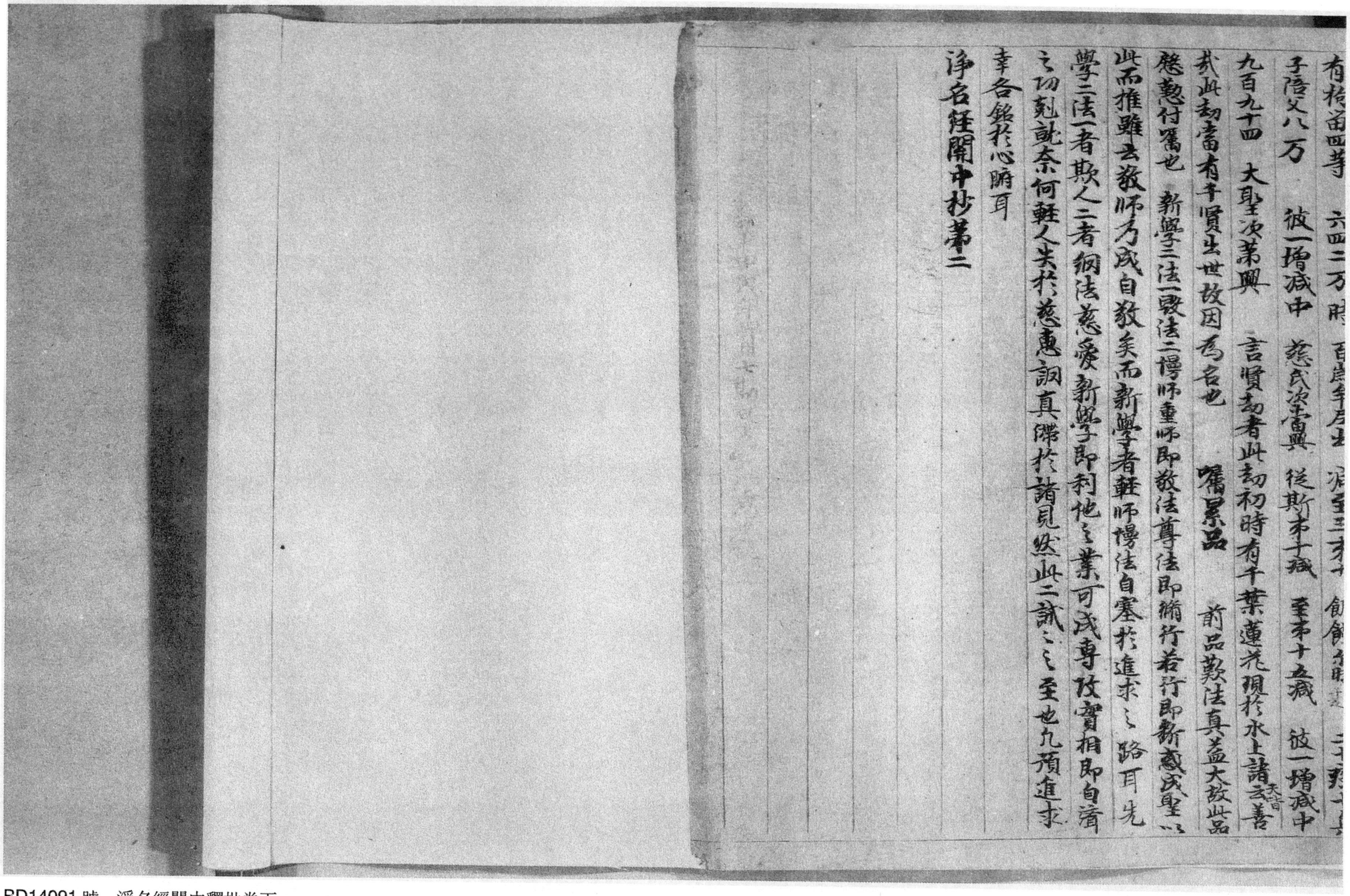

有持笛四等　六四二万時　百歲年存出　減至三十　飢餓　二十劫
子陪又八万　彼一增減中　慈氏次當興　從斯第十減　至第十五減　彼一增減中
九百九十四　大聖次第興　言賢劫者此劫初時有千葉蓮花現於水上諸天音云善
哉此劫當有千賢出世故因為名也　囑累品　前品歎法真益大故此品
慇懃付囑也　新學二法一毀法二慢師重師即敬法尊法即脩行若行即新惑成聖以
此而推雖去教師乃成自教矣而新學者輕師慢法自塞於進求之路耳先
學二法一者欺人二者綱法慈愛新學即利他之業可成專攻實相即自濟
之切亂就奈何輕人失於慈惠誦真滯於諸見然此二誡之之至也凢須進求
幸各銘於心腑耳
淨名經關中抄第二

BD14091號　淨名經關中釋批卷下

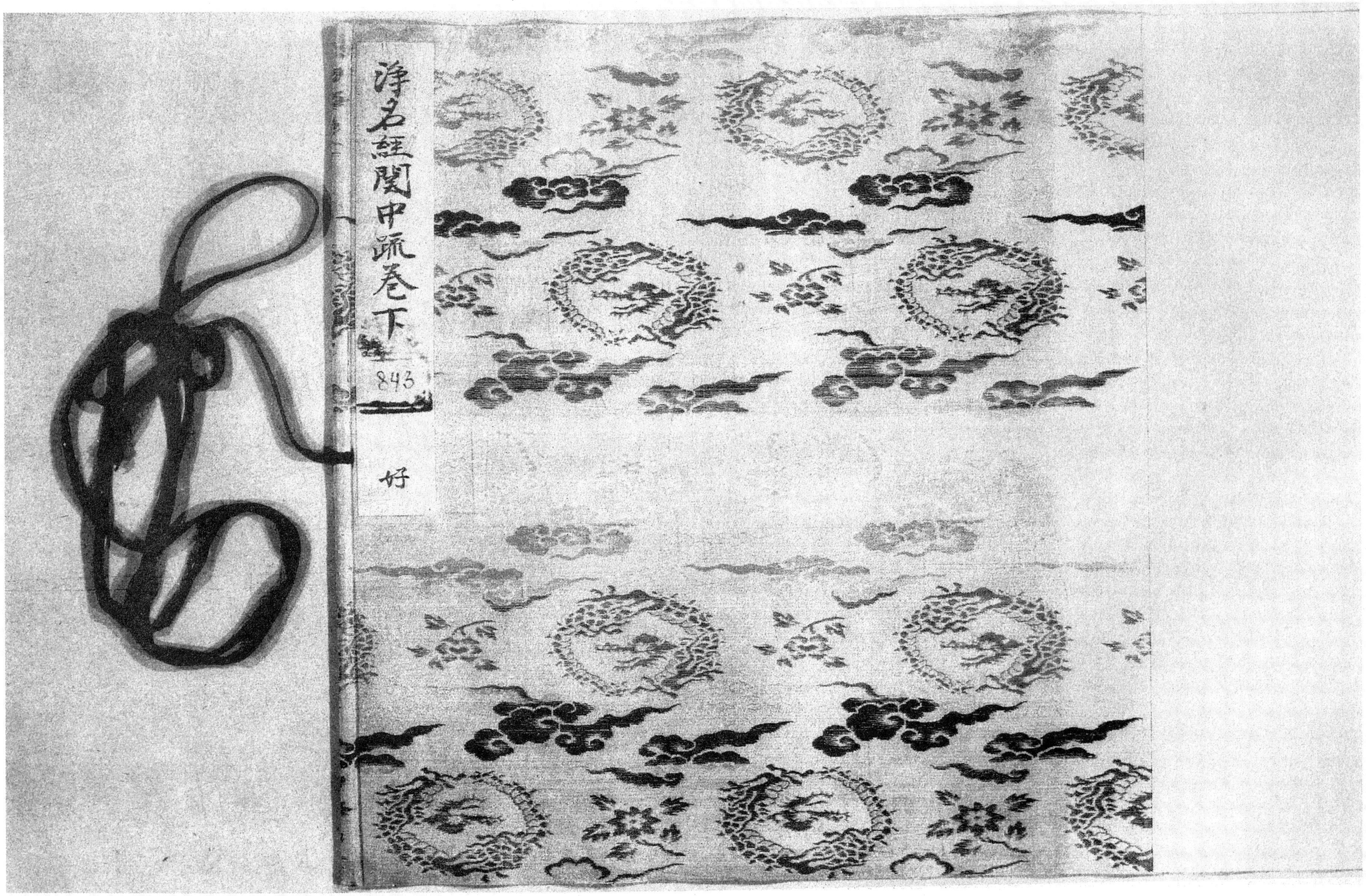


BD14092 號背　現代護首　（1–1）

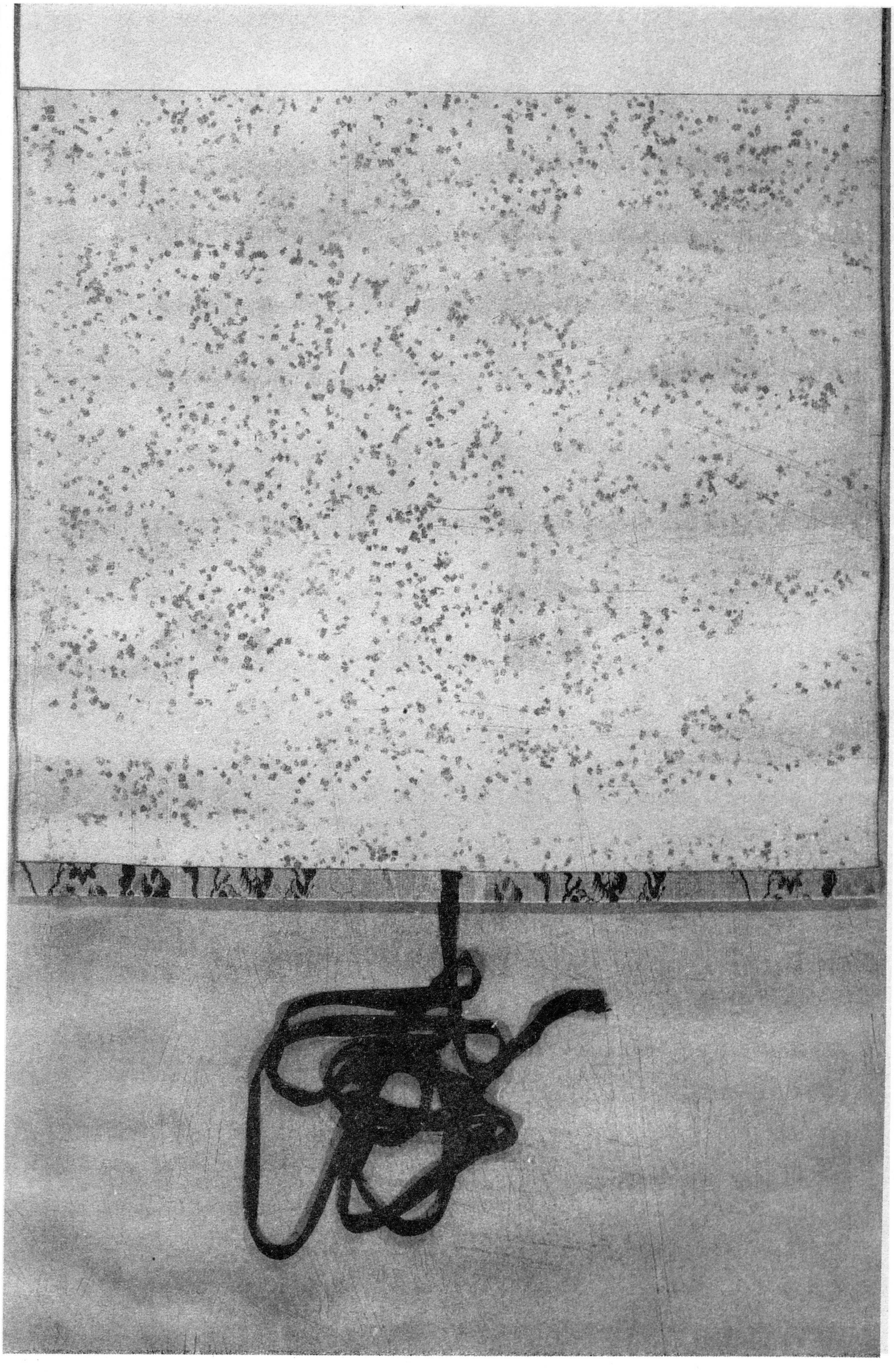

愛惑也外道事
所以者何衆魔者樂生死菩薩於生
見而不動 此下釋也 肇曰言不見其有異
故纍以生死異學雖求出世而執著己
累不捨觀邪見同正見故能不動不捨
士是疾為何等相 此下三約法身問疾
問入佛法一大悲二智慧階淺至深弘之有
文中問答三重此初也 肇曰既知病起之所由淺
四病各有異相大悲之疾以何為相乎將明無相
終日現疾終日無相 維摩詰言我病無形不可見 肇曰
無相以此生疾疾亦無相故曰我病無形不可見也 又問此病由
二約身心問 肇曰惑者聞病不可見將謂心病無形故不可見
病微細故不可見者之生問也病於身心與何事合而云不可見
非身合身相離故亦非心合心如幻故 肇曰身相離則非身心如幻則非
心身心既無病可離合無合故無無病故不可見 又問地大水大火大風大

二約身心問 肇曰惑者聞病不可見將謂心病無形故不可見身
病微細故不可見為之生問也病於身心與何事合而云不可見
非身合身相離故亦非心合心如幻故 肇曰身相離則非身心如幻則非
心身心既無病與誰合無合故無﹅病﹅故不可見 又問地大水大火大風大
於此四大何大之病 三約四大問也 肇曰身之生也四大所成上總推身今
別推四大由尋其本 答曰是病非地大亦不離地大水火風大亦復如是而
眾生病從四大起以其有病是故我病 答曰肇曰四大本無病亦不有
而眾生虛假之病從四大起故我以虛假之病應彼疾身逢其本彼
我無實而欲觀其相當何耶 尒時文殊師利問維摩詰言菩薩應云何慰
喻有疾菩薩 此二問所化實疾文二前問慰喻後問調伏所以有此二問者
肇曰外有善喻內有善調則能彌歷生死與群生同疾 睿曰凡夫
之病為憂苦所惱不安所病則生愁憂為病所逼則生苦惱憂心
外感須聞法以自慰善心內切宜觀空以自調 肇曰慰喻有疾應自
文殊而逢問淨名者以同集諸人注心有在又取證於疾者乃所以審
慰喻之會也 此將明大乘無證之道以慰始習現疾菩薩故生此問也
維摩詰言說身無常不說厭離於身說身有苦不說樂於涅槃說身無我
而說教道眾生說身空寂不說畢竟寂滅 此二答文四初約理喻二
約起大悲喻三約求大果喻四結成初列無常等四也 肇曰慰喻之法
應為病者說身無常去其貪著不應說厭離令取證也不觀無常
不厭離者凡夫也觀無常而厭離者二乘也觀無常不厭離者菩薩也是
以應慰喻初學令安心處疾以濟群生不就生死不樂涅槃此大士慰喻
之法也說身有苦等者肇曰雖見苦而不樂涅槃之樂雖知無我不以
眾生空故闕於教導雖見身空而不取涅槃畢竟之道故能安住生
死與眾生同疾是以慰喻之家宜說其所應行所不應行不宜說也
說悔先罪而不說入於過去 此二約大悲喻也文三此初勸悔先過病由
先罪但可責己不可懼病療捨大悲入過去也 肇曰教有疾菩薩悔既
往之罪雖[illegible]不言罪有常性從未來到現在從現在入過去也
以己之疾愍於彼疾 此二推己興悲以自喻 生曰我有智惠猶以疾苦況
乃不達者乎推己愍彼是兼濟之懷豈得自畏死也 當識宿世無數
劫苦當念饒益一切眾生 此三追往念益以自喻也 肇曰當尋宿世受
苦無量今苦須臾何足致憂但當力疾救彼苦耳 生曰念欲饒益一切
眾生者方入生死不得有畏也 憶所修福念於淨命 此三約求大過喻
也文三此初恃福以求大果勿邪命而苟存 肇曰恐新學菩薩為疾所

乃不違若乎推之總彼是兼濟之懷豈獨自長有也
劫苦當念饒益一切衆生　此三追往念益以自喻也肇曰當尋宿世受
苦无量今苦須臾何足致憂但當力疾救彼苦耳生曰念欲饒益一切
衆生者方入生死不得有畏也　憶所修福念於淨命　此三約求大過喻
世文三此初恃福以求大果勿邪命而苟存肇曰恐新學菩薩爲疾所
亂故勸意所修福慌其情也生曰若有福者所生必勝有何畏哉　勿生憂
惱常起精進　此二息憂以進道也生曰因疾致懈ゝ方愈生其憂動与命
覺恒患不至豈復容惱哉　當作醫王療治衆病　此三勸求大果以
廣濟也肇曰當爲大法醫王療治群生之疾自疾何足憂乎　菩薩
應如是慰喻有疾菩薩令其歡喜　此四結歎喜　文殊師利言居士有疾
菩薩云何調伏其心　此二問內調法也五陰患身但可整慰究竟常樂須
住法身故次勸修无相觀以內調也肇曰上問慰之宜今問調心之法外
有善喻內有善調則能彌歷生死与群生同疾辛酸備經而不以
爲苦即此淨名居疾之所由也特示初學處疾之道故生斯問
維摩詰言有疾菩薩應作是念今我此ゝ病皆從前世妄想顛倒諸
煩惱生無有實法誰受病者　此二答也文三初明般若正智觀空次
明漚和大悲涉有三明雙亡空有齊照平等初文復三一明我空二
明法空三明空ゝ初中文三一推病虛實二知由著我三除我歸真初
推病中二初推因妄生二悟果假合此初也肇曰處疾之法要先知
病本ゝ病之生也皆由前世妄想ゝ顛倒ゝ故煩惱既生不得無身既有
身也不得無患逆尋其本虛妄不實本既不實誰受病者此明
始行者初習無我觀也　所以者何四大合故假名爲身四大無主身
亦無我　二悟果假合釋無我也四大和合假名爲身耳四大既無主
身我何由生譬一沙无由聚沙亦無主我一物異名耳　文此病起皆由
著我是故於我不應生著　二推知所由ゝ著我也　既知病本即除
我想及衆生想　三正破我也肇曰病本即上妄想也因妄想故見我乃
衆生若悟妄想之顛倒則无我无衆生也　當起法想　此二明法空
觀也文三初標法想二分別法想三滅除法想此初也肇曰我想患之
重者故除我想而起法ゝ想ゝ於空爲病於我爲藥ゝ果累隆相靡故
假之治也　應作是念但以衆法合成此身起唯法起滅唯法滅
此二分別唯法无我文二初約因果起滅推二約諸法各不相知推此
初也肇曰五陰諸法假會成身起唯諸法共起滅唯諸法共滅
無別有真宰主其起滅者也既除我想唯見緣起諸法故名法
想　又此法者各不相知起時不言我起滅時不言我滅　此二推諸

重者故除我我亦起法想於空存病於我存患界存於康古
假之法也　應作是念但以衆法合成此身起唯法起滅唯法滅
此二分別唯法無我文二初約因果起滅離二約諸法不相知離此
約也肇曰五陰諸法假會成身起唯諸法共起滅唯諸法共滅
無別有真宰主其起滅者也既除我想唯見緣起諸法故名法
想　又此法者各不相知起時不言我起滅時不言我滅　此二離諸
法各不相知也肇曰万物紛結聚散誰為緣合則起緣散則離聚散
無先期故法不相知也　彼有疾菩薩為滅法想當作是念此法
想者亦是顛倒顛倒者即是大患我應離之　此三滅除法想也
文二初念離二釋此約也肇曰法想雖除我於真猶為倒未免于
患故應離之也　云何為離離我我所　此下五重展轉推尋明法無
性何者因我我所執法二相因二相因故內外分別因分別故執生死
涅槃不等以不等故不知諸法但有假名法無定性相若悟法本
無性則一切皆如此推推我我所也肇曰我為万物主万物為我所若
離我我所則無法不離　云何離我我所謂離二法　此二推諸法因待
故有二相非真二也　云何離二法謂不念內外諸法行於平等
此推內外分別妄心取想故分別內外悟法平等故自然不念　云何平
等謂我等涅槃等所以者何我及涅槃此二皆空　此推一切法平等
也由妄計我遣妄故假名涅槃若悟妄我非我自然涅槃非
非涅槃此二皆空即一切法平等肇曰即事無不異即空無不一極
上窮下齊以一觀乃應平等也　以何為空但以名字故空如此二法
無決定性　五推諸法如幻但有假名無決定性肇曰因背涅槃故
名吾我以捨吾我故名涅槃二法相假故有名生本其自性性無決
定故二俱空也　得是平等無有餘病唯有空病空病亦空　此三明空
空也　生曰亦以言遣除之義以麻妙故云亦焉肇曰群生封累深厚
不可頓捨故階級漸遣以至無遣也上以法除我以空除法今以畢竟
空空於我空者乃無患之極耳　是有疾菩薩以無所受而受諸受
此是有疾下明大悲涉有觀若悟空而無悲大士之患也故次勸也
五初標勸二示過三勸起大悲四明化心五結勸此初也什曰受謂苦
樂捨三受也若能解受無受則能為物受生而不受三受也復
次行於非道通達佛道即三界二乘利物化生時無受之受也
未具佛法亦不滅受而取證也　此二示不遍未具大悲弘願不應
自取證也肇曰善自調者處有不染有在空不染空以心無受故
於未具佛法未具足涅槃不獨滅三受而取證也　設身有

五約標勸二示過三者起大悲四明化心五結勸

棄捨三受也若能斛受無受則能為物受生而息受　三受也復

次行於非道通達佛道即三界二乘利物化生皆無受〻受也

未具佛法亦不滅受〻而取證也　此二示不過未具大悲弘願不應

自取證也肇曰善自調者處有不染有在空不除空以心無受故

無所不受佛法未具衆生未度不獨滅三受而取證也　設身有

若念惡趣衆生起大悲心　此三勸求大悲心文三此勸愍己愍彼大

悲心不同二乘捨衆生也　我既調伏亦當調伏一切衆生　二明弘願

大悲　肇曰要与群生同其苦樂　但除其病而不除法　三明除其

執病不除假名化法肇曰諸法緣生聚散非己會而有形散而無像

法自然耳於我何患〻〻者由我妄想於法自為患耳　為斷病本

而教導之　四明化心文三初標化心二推尋病本三為斷除此初也

何謂病本謂有攀緣從有攀緣則為病本　二尋病本此先推能

緣也　肇曰攀緣謂妄想微動攀諸法也妄想既緣則美惡已分

美惡已分則憂憎並熾所以衆結煩於內萬病生於外自茲已往巧

歷不能記本其所由微想而已故曰攀緣為本　何所攀緣謂之三

界　二推所緣謂三界妄有肇曰明攀緣之境也三界外法无漏无為其

法无相非是妄想所能攀緣能攀緣者三界而已耳　云何斷攀

緣以無所得若無所得則無攀緣　三為斷除也文二此初釋無所得

也心緣相起相從心生相無所得心緣自絕肇曰所以攀緣意存有

取所以有取意存有得若知法虛誑無取無得者則攀緣自息

矣　何謂無所得謂二見何謂二見謂內見外見是無所得　二釋妄

見肇曰內有妄想外有諸法此二虛假終已無得　文殊師利是為有

疾菩薩調伏其心為斷老病死苦是菩薩菩提若不如是己所修治為

無惠利　五結勸文二初結勸後喻勸肇曰若能調其心不懷異想而

永處生死斷彼苦者是菩薩菩提之道若不能爾其所修行內未足

為有惠外未足為有利也　譬如勝怨乃可為勇如是兼除老病死

者菩薩之謂也　此二喻勸也文有喻有合也可見生曰菩薩念衆生如親

無異也若不除其老病死怨便是己怨未不除矣　彼有疾菩薩

應復作是念如我此病非真非有衆生病亦非真非有　此三彼有

疾下雙之空有觀雖平等中道觀也文二初明觀體二明妙用前中

復二先正明觀後揀非此初也真者真空也有者俗有也前空觀

偏真次大悲涉有今此中道觀非空故智無所證非有故悲無所

疵度作是念如我此病非真非有衆生病亦非真非有　此三彼有
疾下雙立空有宛然平等中道觀也文二初明觀體二明妙用前中
復二先正明觀後棟非此初也真者真空也有者俗有也前空觀
偏真次大悲涉有今此中道觀非空故智無所滯非有故悲無所
緣悲無緣故雖涉有而不有智無滯故雖觀空而不住故能寂
照平等悲智雙運道之極也其在乎茲又悟不悟殊有衆生并
之異體真會極而法性無二生日如我此病非真非有者言已已
悟也衆生病非真非有者云彼不悟也是欲教之令知此法也
作是觀時於諸衆生若起愛見大悲即應捨離　此二棟非文三初
約愛見棟次約禪定棟後約二智棟雖衆生病非真非有法性一
如而凡夫愛見所迷二乘空惠未均菩薩二智不等此三皆迷法
性故須棟也初文四初標愛見非二釋是非三引仏語證四結勸
此初也肇日善自調者應先觀己病及衆生病因緣所成虛假无
實宜以此心而起悲也若此觀未純見衆生愛之而起悲者名
愛見悲也此悲雖善而雜以愛見有心之境未免于累故應捨
之所以者何菩薩斷除客塵煩惱而起大悲愛見悲者則於生死
有疲厭心　此徵釋文二初除失二顯得此初也肇曰心遇外緣煩惱
横起故名客塵菩薩之法要除客塵而起大悲若愛見未斷則煩
惱殊滋故應捨之　若能離此無有疲厭在在所生不為愛見之
所覆也所生無縛能為衆生說法解縛　此下顯得肇日夫有所見
必有所滯有所愛必有所增此有極之道安能致无極之用若能
離此則法身化生無在無不在生死無窮不覺為遠何有愛
見之覆疲厭之勞愛見既除法身亦立則所生無縛亦不能解
彼縛也　如佛所說若自有縛能解彼縛無有是處若自無縛能
解彼縛斯有是處　此三引佛語證是故菩薩不應起縛　此四
結勸並可見　何謂縛何謂解貪著禪味是菩薩縛以方便生是
菩薩解　此二何謂下約禪定棟非肇日上明愛生二乘取證皆
由著禪味所以為縛既離生死方便為物而受生者彼我無縛
所以為解　又無方便惠縛有方便惠解無惠方便縛有惠方便
解　此三約二智棟文二初就無相觀棟二約无常觀棟初文又三初
標章二釋三揔結此初標四章也肇日巧積衆德謂之方便直達
法相謂之惠二行俱備然後為解可文解方便無惠愛見行也惠
無方便二乘智也有惠方便無緣悲也有方便惠寂照智也

BD14092號　淨名經集解關中疏卷下

所以為解　又無方便慧縛有方便慧解無慧方便縛有慧方便
解　此三約二智揀文二初之就無相觀揀二約无常觀揀初文又三初
標章二釋三惣結此初標四章也肇曰巧積衆德謂之方便直達
法相謂之慧二行俱備然後為解可又解方便無慧愛見行也慧
無方便二乘智也有慧方便無緣悲也有方便慧解照智也
何謂無方便慧縛謂菩薩以愛見心莊嚴佛土成就衆生於空無相
無作法中而自調伏是名無方便慧縛　釋初章也肇曰六住已下心
未純一在有則捨空在空則捨有未能以平等真心有無俱涉所
以嚴土化人則雜以愛見此非巧便修德之謂故無方便而以三空
自調故有慧也　何謂有方便慧解謂不以愛見心莊嚴佛土成就衆
生於空無相無作法中以自調伏而不疲猒是名有方便慧解
第二章也肇曰七住已上二行俱備遊歷生死而不疲猒所以為解
又解若准仁王初地雙照二諦平等道即二行俱備也　何謂無慧方
便縛謂菩薩住貪欲瞋恚邪見等諸煩惱而殖衆德本是名無
慧方便縛　第三章肇曰不修空慧以除煩惱是無慧也而勤積德
有方便也　何謂有慧方便解謂離貪欲瞋恚邪見等諸煩惱而
殖衆德本迴向阿耨多羅三藐三菩提是名有慧方便解　第四章
也肇曰上有方便慧解今有慧方便解致解雖同而行有前後始行
者自有先以方便積德然後修慧者亦有先修空慧而後積德者
各隨所宜其解不殊也雜不殊也雜煩惱三空自調之所能積德向
菩提即嚴土化人之流也前後異說互盡其美耳　文殊師利彼有
疾菩薩應如是觀諸法　此三結也　又復觀身無常苦空非我是名
為慧雖身有疾常在生死饒益一切而不猒倦是名方便　此二約
无常觀揀文二此初就無常等四揀也肇曰大乘四非常觀即平
等真觀故名為慧以平等心而處世不倦故名方便慰喻之說即
其事也　又復觀身身不離病病不離身是病是身非新非故是名
為慧設身有疾而不永滅是名方便　肇曰新故之名出於先後然
離身無病離病无身衆緣所成誰後誰先既無先後則無新故
新故既無即入實相故名慧也既有此慧而與彼同病不取涅槃謂
之方便自調初說即其事也又解此二章惑就初後大士觀無常
理身有實疾不捨悲願明二智也　文殊師利有疾菩薩應如是
調伏其心不住其中亦復不住不調伏心　此二結觀成妙用文二一結
前觀成二廣明妙用初中文三此初結觀成也肇曰大乘之行无言

新故既無所入實相故名慧也既有此慧而與彼同病不取涅槃
之方便自調初說即其事也又解此二章慈說初於大士觀無常
理身有實疾不捨悲願明二智也　文殊師利有疾菩薩應如是
調伏其心不住其中亦復不住不調伏心　此二結觀成妙用文二一結
前觀成二廣明妙用初中文三此初結觀成也肇曰大乘之行无言
无相而調伏之言以形於前文今將明言外之旨故二〻俱〻不〻住〻
即寄〻言〻之〻本〻意〻即調伏之至也　所以者何若住不調伏心
是愚人法若住調伏心是聲聞法　此二約人釋可見　是故菩薩不
不當住於調伏不調伏心離此二法是菩薩行　三結不住行夫能不住二邊
者方能雙二邊也　在於生死不為汙行住於涅槃不永滅度是
菩薩行　此下二廣明妙用也肇曰欲言在生〻死〻不能汙欲言住
涅槃而復不滅度是以處中道而行者非在生死非住涅槃　非凡
夫行非賢聖行是菩薩行　什曰謂行三脫而不證也　非垢行非淨
行是菩薩行　肇曰不可得而名者也　雖過魔行而現降衆魔
是菩薩行　肇曰不可得而有不可得而无者其唯大乘行乎
何則欲言其有無相无名欲言其無万〻德〻斯〻行〻故雖无而
有无相无名故雖有而无然則言有不乖无言無不乖有是以
此章或說有行或說无行有無雖殊其致不異也　魔行四魔
行也大以超度而現降魔者亦有所過耶　求一切智无非時求是
菩薩行　肇曰一切智未成而中道求證名非時求也　雖觀諸法
不生不滅而不入正位是菩薩行　肇曰正位取證之位也三乘同觀
无生慧力弱者不能自出慧力強者超而不證　雖觀十二緣起而
入諸邪見是菩薩行　肇曰觀緣起斷邪見之道也而能反同邪見
者豈二乘之能也　雖攝一切衆生而不愛著是菩薩行　肇曰四
攝〻彼慈悲之極觀彼猶已而能無著　雖樂遠離而不依身心盡
是菩薩行　肇曰小離〻憒鬧大離〻身心盡菩薩雖樂大離而不
依恃也　雖行三界而不壞法性是菩薩行　什曰現生三界處而不
惑也　肇曰三界即法性處之何所壞也　雖行於空而殖衆德本是
名菩薩行　肇曰行空欲以除有而方殖有德　雖行無相而度衆
生是菩薩行　肇曰行無相欲除取衆生相方度衆生　雖行无作而
現受身是菩薩行　肇曰行無作欲不造生死而方現受身也　雖行
無起而起一切善行是菩薩行　肇曰行无起欲滅諸起心而方起善行
雖行六波羅蜜而遍知衆生心〻數法是菩薩行　什曰六度自行法

名菩薩行　肇曰行空欲以除有而方殖有德　雖行無相而度衆
生是菩薩行　肇曰行無相欲除取衆生相方度衆生　雖行无作而
現受身是菩薩行　肇曰行無作欲不造生死而方現受身也　雖行
無起而起一切善行是菩薩行　肇曰行无起欲滅諸起心而方起善行
雖行六波羅蜜而遍知衆生心心數法是菩薩行　什曰六度自行法
自行既足然後化人化人了知衆生心　肇曰六度無相行無相則無知而
方遍知衆生心行也　叡曰別說六度則各自有對但以惣故獨明第
六第六般若心相寂滅而遍緣所以為妙六通亦然　雖行六通而不盡
漏是菩薩行　肇曰雖具六通而不為漏盡之行也何者菩薩觀漏盡即
是无漏故能果處生死與之同漏直以漏盡而自異於漏乎　雖行
四无量心而不貪著生於梵世是菩薩行雖行禪定解脫三昧而不
隨禪生是菩薩行　四无量四禪四空定八解脫有覺有觀等三昧
此皆上二界受生因大士知三界受生因大士知三界如幻故不隨生也
肇曰取其因而不取其果可謂自在行乎　雖行四念處而不永離身
受心法是菩薩行　肇曰小乘觀身受心法離而取證菩薩雖觀此四不
永離而取證也　雖行四正勤而不捨身心精進是菩薩　肇曰小乘正
勤功就則捨入無為菩薩雖同其行而不同其捨也　雖行四如意足
而得自在神通是菩薩行　肇曰雖同小乘行如意足而大得大乘自
在神通之因也　雖行五根而分別衆生諸根利鈍是菩薩行　肇曰小乘
唯自修己根不善人根菩薩雖同其自修而善知人根令彼我殖
雖行五力而樂求佛十力是菩薩行雖行七覺分而分別佛之智慧是菩薩
行雖行八正道而樂行无量佛道是菩薩行　肇曰雖同聲聞根力
覺道其所志求常在佛行也又解五力自行十力兼化七覺自行佛慧
兼化八正自行无量佛道行於非道以化人也　雖行止觀助道之法
而不畢竟墮於寂滅是菩薩行　肇曰繫心於緣謂之止分別深
達謂之觀止觀助涅槃之要法菩薩之因而行不順之以墮涅槃
雖行諸法不生不滅而以相好莊嚴其身是菩薩　肇曰修無生滅無
相行者本為滅相而方相好嚴身　雖現聲聞辟支佛威儀而不
捨佛法是菩薩行　肇曰雖現行小乘威儀而不捨大乘之法　雖隨
諸法究竟淨相而隨所應為現其身是菩薩行　肇曰究竟淨相
理無形皃而隨彼所應現若干像也　雖觀諸佛國土永寂如空而
現種種清淨佛土是菩薩行　肇曰空本無現而為彼現　雖得佛道轉
法輪入於涅槃而不捨於菩薩之道是菩薩行　肇曰雖現成佛轉法輪

相行者本為滅相而方相於莊嚴身　雖現聲聞辟支佛威儀而不
捨佛法是菩薩行　肇曰雖現行小乘威儀而不捨大乘之法　雖隨
諸法究竟淨相而隨所應為現其身是菩薩行　肇曰究竟淨相
理無形貌而隨彼所應現若干像也　雖觀諸佛國土永寂非空而
現種種清淨佛土是菩薩行　肇曰空本無現而為彼現　雖得佛道轉
于法輪入於涅槃而不捨於菩薩之道是菩薩行　肇曰雖現成佛轉法輪
入涅槃而不永滅還入生死修菩薩法如上所列豈二乘之所能乎獨菩
薩行耳　說是語時文殊師利所將大眾其中八千天子皆發阿耨多
羅三藐三菩提心　此五明時眾得益

不思議品第六

此下五品經文廣明權實二疾此品明權下四品明實上明菩薩非疾現
疾大悲為物惑者尚疑故此廣現神通明無疾也然理絕名相一經
盡不思議也此品廣假事顯理故獨標名也　尒時舍利弗見此室中
無有牀座作是念斯諸菩薩大弟子當於何坐　品文分六一身子念牀
二淨名借座三廣明神用四迦葉歎伏五時眾得益六淨名述成前
文分五一念二問三答四呵五得益此初念也　肇曰雖復寄迹鄙近以生
無求之談然於眾中生念者將以小乘結業之身未免近累心雖
無勞而形有疲倦已居僧之首識思其座所以生念念食亦然
長者維摩詰知其意語舍利弗言云何仁者為法來耶求牀座耶
二淨名問　肇曰獨寢一牀旨現於此於舍利弗言默領懸機故知其興
端淨名將辯無求之道故因而語之　舍利弗言我為法來非為牀座
三答也淨名為眾稱揚入室者皆一心求法取著心切与道殊乖故
此廣明無求方得道眼之淨　維摩詰言唯舍利弗夫求法者不貪軀
命何況牀座　此四淨名彈呵文四初呵愛身二呵法執三呵違真四
結真求也此初也愛身求座輕法慢人以求道未之得也故深誡焉　肇
曰真乃不求法況安身之具乎　夫求法者非有色受想行識之求
非有界入之求非有欲色無色之求　此二呵法執也佛為二乘假說
陰界以破我我人人既已陰界如幻小乘不達執有實法計為宗旨
疑謗大乘為患不輕故此呵也三界亦眾生妄報非實理有之
名數並如常　唯舍利弗夫求法者不著佛求不著法求不著眾
求夫求法者无見苦求無斷集求無造盡證修道之求所以者
何法所以者何法无戲論若言我當見苦斷集證滅修道是則戲論
非求法也　辯曰三寶性常理無三別小乘執跡見差別令大乘真求
故皆不著歸是真理唯一法印虛妄方便權說有四二乘執著皆名

衆謗大乘爲患不輕故此呵也……
名數並如常　唯舍利弗夫求法者不著佛求不著法求不著衆
求夫求法者无見苦求無斷集求無造盡證修道之求所以者
何法所以者何法无戲論若言我當見苦集證滅修道是則戲論
非求法也　辨曰三寶性常理無三別小乘執跡見差別令大乘真求
故皆不著諦是真理唯一法印鹿苑方便權說有四二乘執著皆名
戲論復次真諦無相著異相說皆戲論也　唯舍利弗法名寂滅若行
生滅是求生滅非求ゝ法也法名無染若染於法乃至涅槃是則染
著非求法也法無行處若行於法是則行處非求法也法無取捨
若取捨法是則取捨非求法也法無處所若著處所是則著處非求
法也法名無相若隨相識是則求ゝ相非求法也法不可住若住於法
是則住法非求法也法不可見聞覺知若行見聞覺知是則見聞覺
知非求法也法名無爲若行有爲是則求有爲非求法也　此三阿違
真也　此下九句明真理如此體之則無求故有求則生滅等所以失道
無求則寂滅等所以悟真也見聞知眼耳意三識也覺鼻舌身三
識也　是故舍利弗若求法者於一切法應無所求　此四結真求也肇
曰法相如此豈可求乎若欲求者其唯無求耳　說是語時五百天子
於諸法中得法眼淨　此五明絕求所以悟道也　尒時長者維摩詰問
文殊師利仁者遊於無量千万億阿僧祇國何等佛土有好上妙功德
成就師子之座　此下明淨名借座若所而不借何以顯不思議之神力
若此病豈實我文六一問座二答處三借座四遣座五衆見六坐此
初也肇曰文殊大士遊化無疆必見諸國殊妙之座淨名欲生時會敬
信之情故問而後取　文殊師利言居士東方度世六恒河沙國有世界
名須彌相其佛号須彌燈王今現在彼佛身長八万四千由旬其師子座
高八万四千由旬嚴飾第一　此二答處也衆生業勝佛身所以現長及座
嚴飾也　於是長者維摩詰現神通力　三淨名神力請座也　即時彼佛
遣三万二千師子之座高廣嚴淨來入維摩詰室　四燈王遣肇曰淨名雖
以神力往取彼佛不遣亦无由致　諸菩薩大弟子釋梵四天王等昔所未見
其室廣博悉包容三万二千師子座无所妨礙於毗耶離城及閻浮提
四天下亦不迫迮悉見如故　此五衆見小容大也　尒時維摩詰語文殊師
利就師子座与諸菩薩上人俱坐當自立身如彼坐像　此六坐ゝ文三初
命坐及自現身坐也　其得神通菩薩即自變形爲四万二千由旬　此二
……菩薩及大弟子皆不能昇

以神力往取彼佛不遣亦者由致　說并大弟子
其室廣博悉包容三万二千師子座无所妨礙於毗耶離城及閻浮提
四天下亦不迫迮悉見如故　此五衆見小容大也　尒時維摩詰語文殊師
利就師子座与諸菩薩上人俱坐當自立身如彼坐像　此六坐文三初
命坐及自現身坐也　其得神通菩薩即自變形為四万二千由旬　此二
得神通坐座坐師子座　新發意菩薩及大弟子皆不能昇
此三无力不勝文五此初無力不昇也　尒時維摩詰語舍利弗就師子座
二淨名命也　舍利弗言此座高廣吾不能昇　此三辭也什曰維摩神
力所制欲令衆知大小乘像步着此之懸也亦云法佛功德之座非无
德所昇理自宜絶非所制也亦云表不能昇如来解脫株也　維摩詰
言唯舍利弗為須弥燈王如来作礼乃可得坐此四勸礼也　於是新發
意菩薩及大弟子即為須弥燈王如来作礼便得坐師子座　此五礼已
便坐也天台日表迴心向大方得昇也　舍利弗言居士未曾有也如是
小室乃容受此高廣之座於毗耶離城無所妨礙又於閻浮提聚
落城邑及四天下諸天龍王鬼神宮殿亦不迫迮　此三因歎廣明不思
議解脫也文二初歎問後維摩詰廣答此初身子歎明已證不真故歎
問也　維摩詰言唯舍利弗諸佛菩薩有解脫名不可思議　此二廣明
不思議解脫力用文三初明理妙二明智權三明理智合故有不思議
廣大之用此初也言諸佛菩薩者非二乘所證之解脫蓋是婬怒癡
性即是解脫縛脫不二之解脫也　肇曰夫有不思議之迹顯於外必有不
思議之德著於內覆尋其本權智而已乎何則智無幽而不燭權無德而不修無
幽不燭故理無不極無德不修故功无不就功就在乎不就故一以成之理極存
乎不極故塵以通之所以智周万物而無照權積衆德而無功冥寞無為而
无所不為此不思議之極也巨細相容殊形並應此蓋耳目之麁迹邈之
以言乎然因末以示本託麁以表微故因借座略顯其事耳　若菩薩住是
解脫者　此二明實慧證理肇曰七住法身已上乃得解脫　以須弥之高
廣內芥子中無所增減須弥山王本相如故而四天王忉利諸天不覺不
知己之所入唯應度者乃見須弥入芥子中是名不可思議解脫法門　文四
大海水一毛孔不嬈魚鼈黿鼉水性之屬而彼大海本相如故諸龍神阿
修羅等不覺不知己之所入於此衆生亦無所嬈又舍利弗住不可思議解
脫菩薩斷取三千大千世界如陶家輪著右掌中擲過恒河沙世界之外其中衆
生不覺不知己之所往又復還置本處都不使人有往來想而此世界本相如
……世而可度者菩薩即演七日以為一劫令彼衆生

大海水一毛孔不嬈魚鼈[illegible]
修羅等不覺不知己之所入於此衆生亦無所嬈又舍利弗住不可思議解
脫菩薩斷取三千大千世界如陶家輪著右掌中擲過恒河沙世界之外其中衆
生不覺不知己之所往又復還置本處都不使人有往來想而此世界本相如
故又舍利弗或有衆生樂久住世而可度者菩薩即演七日以為一劫令彼衆生
謂之一劫或有衆生不樂久住而可度者菩薩即促一劫以為七日令彼衆生
謂之七日又舍利弗住不可思議解脫菩薩以一切佛土嚴飾之事集在一國示
於衆生又菩薩以一佛土衆生置之右掌飛到十方遍示一切而不動本處又
舍利弗十方衆生供養諸佛之具菩薩於一毛孔皆令得見又十方國土所有
日月星宿於一毛孔普使見之又舍利弗十方世界所有諸風菩薩悉能吸著口
中而身無損外諸樹木亦不摧折又十方世界劫盡燒時以一切火內於腹中
火事如故而不為害又於下方過恒河沙等諸佛世界取一佛土舉著上方過恒
河沙無數世界如持針鋒舉一棗葉而無所嬈又舍利弗住不可思議解脫菩薩能
以神通現作佛身或現辟支佛身或現聲聞身或現帝釋身或現梵王身
或現世主身或現轉輪王身又十方世界所有衆聲上中下音皆能變之令
作佛聲演出無常苦空無我之音及十方諸佛所說種種之法皆於其中
普令得聞舍利弗我今略說菩薩不可思議解脫之力若廣說者窮劫不盡
此三明智與理會有大用理既大小不二外用亦能須彌入芥遠促彼此高下往來
例皆並也妙用無窮略出十五事以示物耳肇曰此所辯於神通也不思議即是
神通有神通非不思議何者若滅須彌而入芥子增芥子而受須彌是神通
二乘亦有非不思議故此中言大小相容而無所增減遍至十方而不動
處事而觀測不可側故曰不思議也　是時大迦葉聞說菩薩不可思議
解脫法門歎未曾有謂舍利弗譬如有人於盲者前現衆色像非彼所
見一切聲聞聞是不可思議解脫法門不能解了為若此也　此下四明迦葉抑小
揚大令發大心文五此初傷聲聞不解如盲人也　智者聞是其誰不發阿耨
多羅三藐三菩提心　二歎智發心也　我等何為永絕其根於此大乘已
如敗種一切聲聞聞是不可思議解脫法門皆應號泣聲振三千大千世界　此三
自念絕分故應號泣　一切菩薩應大欣慶頂受此法　此四明彼堪受也肇曰迦葉
將明大小之殊抑揚時聽故非分者宜致絕望之泣己分者宜懷頂受之歡也
若有菩薩信解不可思議解脫法門者一切魔衆無如之何　五勸信肇曰但能信
解魔不能嬈而況行應者乎　大迦葉說是語時三萬二千天子皆發阿耨多
羅三藐三菩提心　此並明觀斯神力發大心也　爾時維摩詰語大迦葉仁者十
方無量阿僧祇世界中作魔王者多是住不可思議解脫菩薩以方便力教化衆

將明大小之殊抑揚時聽故非分者宜致望絕之泣已分者宜懷頂受之歡也
若有菩薩信解不可思議解脫法門者一切魔衆無如之何　五勸信 肇曰但能信
解魔不能嬈而況行應者乎　大迦葉說是語時三万二千天子皆發阿耨多
羅三藐三菩提心　此五明觀斯神力發大心也　尒時維摩詰語大迦葉仁者十
方無量阿僧祇世界中作魔王者多是住不可思議解脫菩薩以方便力教化衆
生現作魔王　此第六淨名述成文四初正述二釋所以三舉喻四結成初舉二
緣此初作魔王 肇曰因迦葉云信解不思議者魔不能嬈而十方亦有信解
菩薩爲魔所嬈者將明不思議大士所爲自在欲進始學故現爲魔王非魔之
所能也此亦明不思可議亦成迦葉言意　又迦葉十方無量菩薩或有人從乞
手足耳鼻頭目髓腦血肉皮骨聚落城邑妻子奴婢象馬車乘金銀瑠
璃車璖馬瑙珊瑚虎珀真珠珂貝衣服飲食如此乞者多是住不可思
議解脫菩薩以方便力而往試之令其堅固　此二乞以試人如歌利王割截身
體無我無人此事理俱極方證聖道故現試也　所以者何住不可思議解脫
菩薩有威德力故行逼迫示諸衆生如是難事凡夫下劣無有力勢不能
如是逼迫菩薩　此二釋不思議大士內無三毒有力能試凡夫及地前二乘下劣
徑人皆不能也 肇曰截人手足離人妻子強奪國財生其憂悲雖有目前
小苦而致永劫之大安是由深覩人根輕重相推見近不及遠者非其所能爲
也　譬如龍象蹴踏非驢所堪　此三喻也 肇曰能不能爲喻龍象之上者名曰龍
爲也是名住不可思議解脫菩薩智慧方便之門　此四結 肇曰智慧遠通方
便近導異迹所以形衆庶所以成物無不由而莫之能測故權智二門爲
不思議之本也　觀衆生品第七　衆生緣生故理无真實緣之起慈故曰
品也文三此品廣上實慈空觀門佛道品廣上大悲涉假門不二法門者積品
廣上中觀體用門　尒時文殊師利問維摩詰言菩薩云何觀於衆生　此品文二
先明大乘空行成二明天女散花揀二種解脫證空不同前文有四一觀衆生空
二空具四无量心三考善緣之可增四窮惑源之本妄初文二此初問也 肇
日悲疾大士自調之觀後言微言亦備之前文矣然法相虛玄非有心之
所觀真觀實〻 然非言者之所辯而玄不登涅槃与群生同疾文殊不思議
其迹无端感爲魔王逼迫初學斯皆自調之觀彼我一空然其事高喻更
弥甚蓋令希宗者或忘言之致存彼已者增衆生之見所以无言之道難
爲也近取諸喻遠況真觀以去時人封言之累故生斯問　維摩詰言譬如
幻師見所幻人菩薩觀衆生爲若此如智者見水中月如鏡中見其面像如
熱時炎如呼聲響如空中雲如水聚沫如水上泡如芭蕉堅如電久住
[illegible]衆生空既爲妄心所變妄業所牽妄情所受離妄則真故廣假

BD14092號　淨名經集解關中疏卷下

(55–15)

為也近取諸喻遠况真觀以去時人封言之累故生斯问　維摩詰言譬如
幻師見所幻人菩薩觀衆生為若此如智者見水中月如鏡中見其面像如
熱時炎如呼聲響如空中雲如水聚沫如水上泡如芭蕉堅如電久住
此上答衆生空既為妄心所變妄業所牽妄情所受離妄則真故廣假
喻顯理也此初十喻假有故空也肇曰幻師觀幻知其非真大士觀衆生有若
此也生曰非有幻人但無實人耳既無實人以悟幻人亦无實矣　爲幻人之
不實衆生豈獨實哉　如第五大如第六陰如第七情如十三入如十九界
菩薩觀衆生為若此　此二約五陰喻本無故空四大有實第五本無餘數亦
然肇曰經有定數　如無色界色如燋穀牙　此下十五喻假名故空　如須陁
洹身見　此文入流離五見流入聖道流故無身見　如阿那含入胎　此去不
来不受欲界胎生也　如阿羅漢三毒　此去煞賊煞三毒　如得忍菩薩貪恚毀
禁　肇曰七住得无生忍心結永除况麁悪事　如佛煩惱習　肇曰佛
有如来結習永盡　如盲者見色如入滅盡定出入息如空中鳥迹如石女兒
如化人煩惱　肇曰心馳動於内息出入於外心想既滅故息无出入也　如夢
所見已悟如滅度者受身　肇曰未有入涅槃而復受身者　如无因之火菩
薩觀衆生為若此　肇曰火必因積文殊師利言若菩薩作是觀者云何行
慈　此二文殊下明大乘空具四无量也大品云般若雖空一心具足万行若
小乘空但斷惑而已初文二此初问也肇曰慈以衆生為緣若无衆生慈
心何寄乎明真慈无緣而不離緣成上无相真慈義也　維摩詰言菩薩
作是觀已自念我當為衆生說如斯法是即真實慈也　此二淨名答
文二初摽答二廣釋此初也慈名与樂法身常樂衆生共有由迷我
相計著生死大士為說我人本空衆生如幻令見法身名真与樂可謂
真慈豈比夫衣食哺養人天樂果二乘涅槃為至樂哉為真慈哉
行寂滅慈无所生故行不熱慈无煩惱故　此二廣說万行明慈若能令彼
悟衆生空得无生忍万行寂滅即是与寂滅慈也已下万行皆因悟理之
悟即万德自圓法身常樂故名慈不熱慈者既證无生離煩惱熱也
行等之慈等三世故　有生滅也三世殊途无生滅也三世自等也　行无
諍慈无所起故既證法性一如无諍煩惱諸邊无所起故也　行不二慈内
外不合故　既證无相内外自空故不合也　行不壞慈畢竟盡故　既得无
生煩惱永寂万行真常故不退壞　行堅固慈心无毀故　既悟無生真心
無毀也　行清淨慈諸法性淨故　照本無生法身自淨　行無邊慈如虚空
故　取相故有邊證無相故空無邊也　行阿羅漢慈破結賊故

生煩惱乘𭔃万行真常故不退壞　行堅固慈心无毀故　既悟無生真心
無毀也　行清淨慈除法性淨故　照本無生法身自淨　行無邊慈如虛空
故　取相故功德有邊證無相故空無邊也　行阿羅漢慈破結賊故
阿羅漢此云殺賊得無生忍結賊自查也　行菩薩慈安衆生故　既得无
生行無緣慈能利一切　行如來慈得如相故　既悟法身者乘相如今悟
如相名如來慈　行佛之慈覺衆生故　既自覺无生必能覺未覺者
行自然慈無因得故　法身真常妄惑所覆除妄於因非真要㭊
行菩提慈等一味故　菩提既相忘觀平等故一味也　行无等慈斷諸
愛故　既證法身超然絕待離愛著也　行大悲慈導以大乘故　今悟无
生超度衆苦名大乘也　行无猒慈觀空无我故　既已彼我疲猒永絕
与樂濟人不休息也　行法施慈无遺惜故　今悟真空名為法施理合
万德故无遺惜　行持戒慈化毀禁故　悟空法身尸羅自淨悲願既滿能
化毀禁　行忍辱慈護彼我故　評見无生彼我自絕誰云彼辱孰是我
忍　行精進慈荷負衆生故　有我則疲於化人無生則荷物不惓也
行禪定慈不受味故　攝心住禪禪悅為味悟心無生味無味也　行智慧
慈无不知時故　无生正觀了本妄除對病將藥善知時故　行方便慈
一切示現故　既證无相法身故能隨物現相也　行无隱慈真心清淨故
中道正觀理无幽隱永離二邊云故真心　行深心慈无雜行故　无生正觀
唯趣佛行不雜二乘　行无誑慈不虛假故　觀空見真稱理无虛也　行
安樂慈令得佛樂故　無生正觀必得佛果　什曰梵本云涅槃樂也　并
之慈為若此也　結也上慈名雖殊俱出正觀經云般若雖空一心具之万行
是名說法空令悟万行得菩提樂名菩薩慈　文殊師利又問何謂為悲　荅
曰并所作功德皆与一切衆生共之　二問荅悲也肇曰哀彼長苦不自計身所積
衆德願与一切先人後己大悲之行　何謂為喜　荅曰有所饒益歡喜无悔
三問荅喜肇曰自得法利与衆同歡欣於彼己俱得法悅謂之喜也　何謂為
捨　荅曰所作福祐无所悕望　四問荅捨肇曰大悲苦行憂以之生慈喜樂
行喜以之生憂喜既陳則愛惡徵起是以行者捨苦樂行平觀衆生大乘
正捨行報俱亡故無所悕望也　三等俱无相无緣与慈同行慈行既備類之
可知　文殊師利又問生死有畏菩薩當何所依　此三六重問荅求積善之可
增復次善薩空行化物度人故次問弘誓令堅固也四弘誓願文即為四
此初二問荅衆生无邊誓願度也肇曰生死為畏畏莫之大悲疾大士何所依恃
而能永處生死不以為畏乎　維摩詰言菩薩於生死畏中當依如來功德

可知　文殊師利又問生死有畏菩薩當何所依　此三六重問答寄積善之可
增復次菩薩宜行化物度人故次問弘誓令堅固也四弘誓願文即為四
此初二問答衆生无邊誓願度也肇曰生死為畏〃莫之大悲疾大士何所依恃
而能永處生死不以為畏乎　維摩詰言菩薩於生死畏中當依如來功德
之力　二答肇曰生死之畏二乘所難自不依如來功德力者孰能處之什曰亦
以念為依亦以求趣為依又解上菩薩行成皆是諸佛威神之所建立也
文殊師利又問菩薩欲依如來功德之力當於何住　二問也　答曰菩薩欲依如來功德
力者當住度脫一切衆生　二答也肇曰住化一切則其心廣〃大〃真心則所之无難此
住佛功德力之謂也又解住大悲心諸佛讃念　又問欲度衆生當何所除　二問也
答曰欲度衆生除其煩惱　二答也此二明煩惱无邊誓願斷文濟物之大斷惑
為先惑因既亡生死自度　又問欲除煩惱當何所行　問也　答曰當行正念　答也
此三善法无邊誓願學生曰夫有煩惱出於惑情耳便應觀察法理以遣之也
然始觀之時見理未明心不住理要須念力然後得觀也又解始於正念終圓万
善又解万善不邪皆正念也　又問云何行於正念　問也　答曰當行不生不滅　答也
此下二問答无上佛道誓願成也　不善永息善法圓滿佛道成也肇曰正念謂
正心念法審其善惡善者増而不滅惡者滅令不生　又問何法不生何法不滅
答曰不善不生善法不滅　問答成上可見　又問善不善孰為本　此四六重問答
窮惑源之本妄悟妄即自性空矣不同二乘斷惑證空惑次第既立住
煩惱理亦可然隨文亦存此問也肇曰既知善之可生惡之可滅將兩捨以求
宗故逆尋其本也生曰一善一惡者遂為根本永无制也要當求其大本而
觀之者然後判矣　答曰身為本　答也肇曰善惡之川非身不生〃自所以
為善惡〃者為身故也又云見一處住地煩惱也　又問身孰為本　答曰欲貪為
本　二問答也肇曰愛為生本長衆結縛凢在有身靡不由之又云欲愛住地
也　又問欲貪孰為本　答曰虛妄分別為本　三問答也肇曰法无美惡虛
妄分別謂是美〃惡〃既形則貪欲是本生也又云色愛住地也　又問虛
妄分別孰為本　答曰顛倒想為本　四問答也肇曰法本非有倒想為有
既以為有然後適其美惡謂之分別又云有愛住地也　又問顛倒想孰為
本　答曰无住為本　此五問答也无明住地妄心構立無別依故名無住
肇曰心猶水也靜則有照動則无鑒癡愛所濁邪風所扇涌溢波蕩
未始暫住以此觀法何往不到譬臨面涌泉而責以本狀者未之有
也倒想之興本乎不住義存於此乎　又問无住孰為本　答曰無住則无
本　此窮無明無依本也肇曰若以心動為本則有〃相理極初動更无本

既以為有孟處適其美更領之分別又云相旁住地也　又問顛倒想孰為本
本答曰无住為本　此五問答也无明住地妄心搆立無別依故名無住
肇曰心猶水也靜則有照動則无鑒癡愛所濁邪風所扇涌溢波蕩
未始暫住以此觀法何住不到譬臨面涌泉而責以本狀者未之有
也倒想之興本乎不住義存於此乎　又問无住孰為本答曰無住則无
本　此窮無明無依本也肇曰若以心動為本則有有相理極初動更無本
也若以無法為本則有因无生无不因无故更無本　文殊師利從无住本
立一切法　此明一切妄也肇曰无住故倒々想々故分々別々故貪々欲々故有身
既有身也則善惡並陳善惡既陳則万法斯起自茲已往言數不能盡也
若善得本則衆末可除矣　時維摩詰室有一天女見諸大人聞所說法
便現其身即以天華散諸菩薩大弟子上　此下第二明天女大士身子小乘
論二種解脫淺深不同委曲斟酌知大小之懸殊使歸宗矣天女分七一明二
種解脫習盡不同二此室下約理明即不即異三於三乘下約教明乘无乘
異四轉女身下說相明轉不轉異五沒生下說報明生滅不生異六久如下
說於明得不得異七淨名述其本迹約文有七第一散花供養二有墮不
墮三神力去華四天問所以五答不如法六彈呵解釋七結成盡不同此約
也肇曰天女即法身大士常与淨名共弘大乘不思議道故現為宅神同
處一室見大衆集聞所說法故現身散花欲以生論也　華至諸菩薩即皆
墮落至大弟子便著不墮　二者有墮不墮生曰雖天力使然而招之
自有在矣　一切弟子神力去華不能令去　三去花也肇曰將辯大小之殊
故使花著此　尒時天問舍利弗何故去花　四問去花意答曰此華不如法
是以去之　五答不如法肇曰香花著身非沙門法是以去之生曰不如律
法也　天曰勿謂此華為不如法所以者何是華无所分別仁者自生分別想
耳　此六彈呵文四初明花无分別二明如法不如法三菩不著四二乘便著
此初也什曰花性本無二故无分別也生曰花性無實豈有如法不如法之
分別哉肇曰花豈有心於墮不墮乎分別之想出自仁者耳　若於佛
法出家有所分別為不如法若无所分別是則如法　二明如法不如法身子
以花爲不如法大士以分別持花為不如法生曰若體花理无好惡者乃
合律之法耳　觀諸菩薩華不著者已斷一切分別想故　三明菩薩離分別
習故不著不二法門品明菩薩遍无遍為无為等皆云分別入不二法門得
无生忍責皆然也　譬如人畏時非人得其便　四明小乘便著文三此初喻也
生曰怨畏之時情既怯弱故得便矣　如是弟子畏生死故色聲香味
觸得其便也　二合喻也菩生死即涅槃故大悲无畏小乘生死異涅槃故

BD14092號　淨名經集解關中疏卷下

習故不著不二法門品明菩薩無漏爲無爲等皆云分別入不二法門得
无生忍責皆然也　譬如人畏時非人得其便　四明小乘便著文三此初喻也
生曰怒畏之時情既怯弱故得便矣　如是弟子畏生死故色聲香味
觸得其便也　二合喻也菩生死即涅槃故大悲無畏小乘生死異涅槃故
畏生死又有分別故習氣不亡六塵得便也生曰爲曰惡之好得便矣
已離畏者一切五欲无能爲也　三結也生曰既已離惡亦使五情所欲陳列於
前不復能使之好矣　結習未盡華著身可結習盡者華不著也　此
七結揀生曰向惡華去之雖非結病然是其習矣　習尚招花著身而
不可去况有結乎　舍利弗言天止此室其已久如　此下二約理體明即不即
揀文三初文字離不離二煩惱斷不斷三解脫證不證此初問答解釋八種分別
此身子問也肇曰正淨名大乘之室久近妙辯若此乎　答曰我止此室如耆年
解脫　二天答也身子以執身正室問天以閑法故悟心正解脫答肇曰持明弗
一无久近之義故以解脫爲喻解脫即無爲解脫也　舍利弗言止此久耶　三
身子未喻答責故重問也　天曰耆年解脫亦何如久　四天重答也肇曰迷問
其所得令自悟也　耆年所得无爲解脫寧可稱久乎　舍利弗嘿然不答
五身子自思解脫無久近故默　天曰如何耆舊大智而嘿　六天問所以肇曰五百
弟子仁者智惠第一嘿然何耶　答曰解脫者无所言說故吾於是不知所云
七身子已離三界惑得心解脫未絕言數故言不知所云　天曰言說文字皆解
脫相　八天辯不思議解脫即文字也文三此初標文字而解脫肇曰舍利弗以言
文爲失故默然无言謂順真解未能語默齊致觸物无礙故天說等解以
曉其意　所以者何解脫者不內不外不在兩間文字亦不內不外不在兩間是
故舍利弗无離文字說解脫也　二解釋所以肇曰法之所在極於三處三處求文
字解脫俱不可得如何欲離文字別說解脫乎　所以者何一切諸法是解脫相
三明諸法等解肇曰万法雖殊無非解相豈文字之獨異也　舍利弗言不復以
離婬怒癡爲解脫乎　此下二明斷不斷別文二初問肇曰二乘結盡爲解脫聞
上等解乖其本趣故致斯問　天曰佛爲增上慢人說離婬怒癡爲解脫耳若无
增上慢者佛說婬怒癡性即是解脫　二答也增上慢者未得謂得也身子據
小乘所證非增上慢自謂共佛同坐解脫床名增上慢者也既未悟縛脫
平等故爲說離縛爲脫若大士非增上慢者爲說即縛性脫入不二門也
舍利弗善哉善哉天女汝何所得以何爲證辯乃如是乎　三明證不證別文二
此初問也肇曰善其所說非己所及故問得何道證何果辯乃如是乎　天曰我
无得无證故辯如是　答也此二初正答二乘存縛求脫故有得證大士悟縛

平等故為說離縛為脫。若大士非增上慢者，為說即縛性脫，入不二門也
舍利弗善哉善哉，天女汝何所得以何為證辯乃如是 三明證不證別文二
此稱問也。肇曰：善其所說非己所及，故問得何道證何果辯乃如是乎 天曰：我
无得无證故辯如是。答文此二初正答二乘捨縛求脫故有得證。大士悟縛
既平等非縛非脫故无得證。此智窮第不二之門故辯無礙也 所以者何？若有
得有證者，於則佛法為增上慢 二反釋。肇曰：若見己有得必見他不得。此於
佛平等之法猶為增上慢人，何能致无礙之辯乎 舍利弗問天：汝於三乘為何
志求 此下三約教明乘無乘別也。小乘有法執故有差別乘，大乘不二平
等，故无乘之乘文二。此初問也。肇曰：上云无得无證，未知何乘，故復問也 天曰：
以聲聞法化衆生故，我為聲聞；以因緣法化衆生故，我為辟支佛；以大悲法
化衆生故，我為大乘。二答文二。一抱約化緣答，二別約令緣答。此初也。肇曰：大
乘之道无乘之乘，為彼而乘，吾何乘也。生曰：隨彼為之，我无定也 又解法花
方便說三竟同此也 舍利弗如人入瞻蔔林，唯嗅瞻蔔，不嗅餘香，如是若
入此室，但聞佛功德之香，不樂聞聲聞辟支佛功德香也。此二約令緣文四。一
明令緣唯二所化，棄大三室无小法。四約室顯法。此初也。肇曰：无乘不乘乃為
大乘，故以香林為喻，明淨名之室不離二乘之香。止此室者豈他嗅哉
舍利弗，其有釋梵四天王諸天龍鬼神等入此室者，聞斯上人講說正法，皆
樂佛功德之香，發心而出 二明所化皆樂大也 舍利弗，吾止此室十有二年，初
不聞說聲聞辟支佛法，但聞菩薩大慈大悲不可思議諸佛之法 三明室无
小法。肇曰：大乘之法皆不可思議。上問止室久近，欲生論端，故答以解脫，今
言實年以明所聞之不難也。生曰：諸天鬼神暫入此室，尚无不發大意而
出，況我久聞妙法乎？然則不能不為大，非能為大矣 舍利弗，此室常現
八未曾有難得之法。此四明約室顯法文三標釋結。此初標
也 何謂為八？此室常以金色光照，晝夜无異，不以日月所照為明，是為一未
曾有難得之法。此室入者不為諸垢之所惱也，是為二未曾有難得之法。此
室常有釋梵四天王他方菩薩來會不絕，是為三未曾有難得之法。此室
常說六波羅蜜不退轉法，是為四未曾有難得之法。此室常作天人第一
之樂，絃出无量法化之聲，是為五未曾有難得之法。此室常有四大寶
藏，衆寶積滿，周窮濟乏，求得无盡，是為六未曾有難得之法。此室
釋迦牟尼佛、阿弥陀佛、阿閦佛、寶德、寶炎、寶月、寶嚴、難勝、師子響
一切利成，如是等十方諸佛，是上人念時即皆為來，廣說諸佛秘要法藏，說
已還去，是為七未曾有難得之法。此室一切諸天嚴飾宮殿，諸佛淨土皆

BD14092號　淨名經集解關中疏卷下

之藥，鈺出无量法化之聲，是為五未曾有難得之法。此室常有四大寶
藏，衆寶積滿，周窮濟乏，求得无盡，是為六未曾有難得之法。此室
釋迦牟尼佛、阿弥陀佛、阿閦佛、寶德、寶炎、寶月、寶嚴、難勝、師子響、
一切利成，如是等十方諸佛，是上人念時，即皆為來，廣說諸佛秘要法藏，說
已還去，是為七未曾有難得之法。此室一切諸天嚴飾宮殿、諸佛淨土，皆
於中現，是為八未曾有難得之法。●此下二列不思議事，如文可見。大士所陳
必有所表。金色光照，晝夜不二，表大乘齊照，无生滅也。二，諸垢不惱，表真空
之室，入者无垢。三，釋梵常會，表无緣大悲，常与物會。四，常說不退，表道真
彌照，万行无退。五，法化之藥，表住此理者，言皆稱法。六，四大寶藏，表住法
寶藏，慈濟無盡。七，諸佛念來，表佛理在心，念之便至。八，宮殿淨土，表凡
聖所居不離法性。　舍利弗言此室常現八未曾有難得之法，誰有見斯
不思議事而復樂於聲聞法乎　三，結无小法也。肇曰：顯室奇特之事，以
成香林之義也。　舍利弗言：汝何以不轉女身？　此下第四，說相明轉不轉異。
小乘執相，定有所轉；大乘相本无相，故轉无所轉也。此初問也。肇曰：以无一
乘之智，受有礙之身而不轉捨，何耶？　天曰：我從十二年來，求女人相了不可
得，當何所轉。●二，答文三：一
明不轉，二明轉，三明非轉非不轉。初中有四：一明無轉，二反問，三答，四呵彈。此初也。
肇曰：止此室來所聞正法，亦覺女人異於男子，當何所轉。天悟女相，豈十二年而
已乎？欲明此室純一等教，無有雜聲，故齊此為言耳。　譬如幻師化作幻女，若
有人問：何以不轉女身？是人為正問不？●二，反問。舍利弗言：不也。幻無定相，當何
所轉？三，答。不可轉也。　天曰：一切諸法亦復如是，無有定相，云何乃問不轉女身？四，呵
彈也。肇曰：万物如幻，無有定相，誰好誰醜，而欲轉之乎？　即時天女以神通力變
舍利弗令如天女，天自化身如舍利弗，而問言：何以不轉女身？●二，明轉而無轉也。文
四：一問，二答，三解釋，四引證。此初明轉身而問也。肇曰：將成幻化無定之義，故現變
而問，令其自悟也。　舍利弗以天女像而答曰：我今不知何轉而變為女身。●二，答
也。肇曰：吾不知所以轉而為此身，如之何復欲轉之乎？　天曰：舍利弗，若能轉此
女身，則一切女人亦當能轉。如舍利弗非女而現女身，則一切女人亦復如是，雖現女
身而非女也。●三，解釋。若身子自悟雖神通變女而實性非女，亦悟一切女人雖
妄心變女而法性非女。又知天女雖大悲現女而法身非女，若能悟女非女，一切女
人亦復如是。名為轉也。肇曰：如舍利弗實非女而今現是女像，實非女也。男無定
相，類之可知矣。是故佛說一切法非男非女。●四，引證可見。　即時天女還攝神力，
舍利弗身還復如故。天問舍利弗：女身色相今何所在？●三，明非轉非不轉。文
四：此初問也。肇曰：將推女相之所在，故復身而問也。　舍利弗言：女身色相无在无

BD14092號　淨名經集解關中疏卷下

身而非女也 三解釋[illegible]
妄心變女而法性非女又知天女雖大悲現女而法身非女若能悟女非女一切女
人亦復如是者爲轉也肇曰如舍利弗實非女而今現是女像實非女也男無定
相類之可知矣 是故佛說諸一切法非男非女 四引證可見 即時天女還攝神力
舍利弗身還復如故天問舍利弗女身色相今何所在 三明非轉非不轉文
四此初問也肇曰將推女相之所在故復身而問也 舍利弗言女身色相无在无
不 二荅也肇曰欲言有在今現无相欲言无在向復有相幻化無定莫知所在
天曰一切諸法亦復如是无在无不在 三天印許也 夫无在无不在者佛所說
也 四引證肇曰豈唯女相无在諸法皆尒稱佛說者以明理不可易 舍利弗問
天汝於此沒當生何所 此五就報明生滅不生滅異二乘業生故有生沒菩薩
法身故无生沒文四此初也肇曰既知現相之无在又問當生之所在 天曰佛化所
生吾如彼生 二荅也法身无生之生如幻化也 曰佛化所生非沒生也 三難也
天曰衆生猶然无沒生也 四順釋肇曰豈我如化物無非化也 舍利弗問天
汝久如當得阿耨多羅三藐三菩提 此六就修明得不得異小乘進修有跡
有得大乘无相无修无證无得文二初問二難无得前中文五此初問也肇曰身
相沒生可如幻化菩提真道必應有實故問久如當成 天曰如舍利弗還爲
凡夫我乃當成阿耨多羅三藐三菩提 二荅肇曰取其必无也 舍利弗言
我作凡夫无有是處 三非真言也肇曰聖人還爲凡夫何有是處 天曰我
得阿耨多羅三藐三菩提亦無是處 四例也肇曰彼聖爲凡夫我成菩提
无有是處也 所以者何菩提无住處是故有无得者 五釋无所得故爲
得肇曰菩提之道无爲无相自无住處誰有得者 舍利弗言今諸佛得阿
耨多羅三藐三菩提已得當得如恒河沙皆謂何乎 此二難无得身子不了
无所得故爲得故有此難文三此初據得而難 天曰皆以世俗文字數故說
有三世非謂菩提有去來今 二約理荅肇曰世俗言數有三世得耳非
菩提第一真道有去來今 天曰舍利弗汝得阿羅漢道耶 三假小況大文三
此初問也肇曰羅漢入无漏心不見有得入有漏心則見有得今問以第九解脫
自證成道時見有得耶欲令自悟无得義耳 曰无所得故而得 二荅也謂
斷九地惑故无得得第九解脫故得 天曰諸佛菩薩亦復如是无所得故而得
三況大謂諸佛菩薩悟本无所得故而得 尒時維摩詰語舍利弗是天女曾已
供養九十二億佛已能遊戲菩薩神通所願具足得无生忍住不退轉以本願故
隨意能現教化衆生 此七淨名述其悲願現生肇曰上但即言生論未知其
道深淺淨名傍顯其實以生衆會敬信之情也 佛道品第八
此二廣大悲權假也諸佛以悲化爲道故六道二乘皆佛道也叡曰上以天女內體

BD14092號　淨名經集解關中疏卷下　（55–23）

三況大懷諸佛菩薩本无所得故而得　尒時維摩詰語舍利弗是天女曾已
供養九十二億佛已能遊戲菩薩神通所願具足得无生忍住不退轉以本願故
隨意能現教化衆生　此七淨名述其悲願現生肇曰上但郎言生論未知其
道深淺淨名傍顯其實以生衆會敬信之懷也　佛道品第八
此二廣大悲權假之諸佛以悲化爲道故六道二乘皆佛道也叡曰上以天女內體
妙惠而託質隨形未達之流所以生惑欲因其所惑広明大士莫礙之道
品文三初問通達佛道次明如來種後明眷屬家業初文有五一問二答三
徵四釋五結　尒時文殊師利問維摩詰言菩薩云何通達佛道　此初問肇曰
諸佛之道以无得爲得其道虛玄非常行之所通之之必有以故問所以通
維摩詰言若菩薩行於非道是爲通達佛道　二答也什曰凡非其實而爲
之皆名非道肇曰以道爲道非道爲非道者愛惡並起垢累滋彰何能
通心妙旨達平等之道乎若能不以道爲道不以非道爲非道者則是非絶
於心遇物斯可乘矣所以處是无是之之情乘非无非之之意故能美惡齊
觀履逆常順和光塵勞愈晦愈明斯可謂達平等无礙佛道乎　又問
云何菩薩行於非道　此三重徵問也　答曰菩薩行五无間而无惱恚　此下四辰
釋文有九類此初惡趣非道也五无間者殺父殺母殺阿羅漢出佛身血
破法輪僧初二違恩後三背德故名逆也叡曰夫法身大士內兼沖虛沖外
權道俗是非俱乘逆順斯入善惡交論靡不通達和光塵穢而真心常
寂和光同穢故能行五无間真心常寂故能而无惱恚乃至不斷生死是
名和光現於涅槃所謂常寂類皆然也　至于地獄无諸罪垢　肇曰罪垢
地獄因也示受其報實无其因　至于畜生无有無明憍慢等過　肇曰
癡慢偏多墮畜生也　至于餓鬼而具足功德　肇曰慳貪无福多墮餓鬼
行色无色界道不以爲勝　二善趣也无想非想外道計著以爲涅槃業
一最勝菩薩和光知其界陋肇曰上二界道受有之因雖同其行知其界陋
示行貪欲離諸染著示行瞋恚於諸衆生无有恚礙示行愚癡而以智
惠調伏其心　三三毒也　肇曰行三毒而不乖三善也　示行慳貪而捨內外
所有不惜身命示行毀禁而安住淨戒乃至小罪猶懷大懼示行瞋恚
而常慈忍示行懈怠而勤修功德示行亂意而常念定示行愚癡而通
達世間出世間惠　四六蔽也肇曰示行六蔽而不乖六度　示行諂僞而善
方便隨諸經義　第七方便肇曰外現隨俗諂詐內實隨經方便　示行
憍慢而於衆生猶如橋梁　八類度也　肇曰使物皆踏我上取卑下之極　示行
諸煩惱而心常清淨　九方度也　肇曰煩惱顯於外心淨著於內　示入
於魔而順佛智惠不隨他教　十魔變也肇曰外同邪教內順正道　示入聲

而常慈忍示行懈怠而勤於功德 示行亂意而常念定 示行愚癡而通
達世間出世間慧 四十蔽也肇曰示行六蔽而不乖六度 示行諂偽而善
方便隨諸經義 第七方便肇曰外現隨俗諂偽內實隨經方便 示行
憍慢而於衆生猶如橋梁 八願度也 肇曰使物皆踏我上取卑下之極 示入
示行諸煩惱而心常清淨 九力度也 肇曰煩惱顯於外心淨著於內 示入
於魔而順佛智慧不隨他教 十智度也肇曰外同邪教內順正慧 示入聲
聞而為衆生說未聞法 五二乘 肇曰聲聞不從人聞不能自悟況能為人說
所未聞也 示入辟支佛而成就大悲教化衆生 肇曰大悲大乘法非辟支佛
所能也 示入貧窮而有寶手功德無盡 六八難報也 肇曰手出自然寶賜
窮無盡 示入形殘而具諸相好以自莊嚴 示入下賤而生佛種姓中具諸功
德 外現形殘內圓法相外示下賤內宿植德本生佛種姓也 示入羸劣醜陋
而得那羅延身一切衆生之所樂見 肇曰那羅延天力士名也端正殊妙志力
雄猛 示入老病而永斷病根超越死畏 肇曰法身大士生死永盡況老病乎
示有資生而恒觀無常實無所貪 示有妻妾婇女而常遠離五欲淤泥
現於訥鈍而成就辯才總持無失 示入邪濟而以正濟度諸衆生 七異道
肇曰津河可度之處名正濟險誣處名邪濟佛道名正濟外道名邪濟也
現遍入諸道而斷其因緣 八生死六道 肇曰遍入異道豈曰慕求欲斷其因
緣耳 現於涅槃而不斷生死 九涅槃 肇曰現身涅槃而方入生死自上所列
於菩薩為非道而處之無礙乃所以為道故曰通達佛道 文殊師利菩薩能
如是行於非道是為通達佛道 此結也 於是維摩詰問文殊師利何等為如
來種 二問如來種也文五一問二答三徵四釋五歎述此初也 前生死雖非道菩
於之為佛道今煩惱雖生死種衆生語之為如來種也 文殊師利言有身為種
二答文二初列十法增數可知此一法也 肇曰有身見也夫心無定所隨物而變
在邪而邪在正而正邪正雖殊其種不異何則變邪而正改惡而善豈別有
異邪之正異惡之善超然無因忽爾自得乎然則正由邪起善因惡生故曰衆
結煩惱為如來種也 無明有愛為種 二法門也什曰向惣說此開為二門也初
結屬二故偏舉二門也自下次第廣開又解文云無明性即是明又云不滅癡愛
起於明脫 貪恚癡為種 四顛倒為種 五蓋為種 六入為種 如常數 七識處
為種 七法也欲界人天初識住初禪二識住二禪三識住三禪四識住空
處五識住識處六識住無所有處七識住 什曰識住者識得安住也識念亦明
無有惱患無壞者是為識住惡趣則苦痛壞四禪無想想壞非想滅定壞亦
彼地心想微昧念不分明故識不安住 八邪法為種 八法也謂邪見邪思惟等

BD14092號 淨名經集解關中疏卷下

起於呼脫 [illegible]
為種　七法也欲界人天初識住劫初初禪二識住二禪三識住三禪四識住空
處五識住識處六識住无所有處七識住什曰識住者識得安住也識念分明
无有惱患之无壞者是為識住更趣則苦痛壞四禪无想壞非想滅定壞亦
彼地心想微昧念不分明故識不安住八邪法為種　八法也謂邪見邪思惟等
九惱處為種　九法也什曰愛我怨家增我知識惱我已身一世則三三世為九也義
名九結也　十不善法為種　十法也　評然生等如前　以要言之六十二見　及一切煩惱
皆是佛種　二惣結也迷理為見著事為煩惱　肇曰塵勞衆力即成佛道故是佛
種生曰夫人乘之悟本不近捨生死遠更求之也斯為在生死事中即縁其實為
悟始者豈非佛之萌芽起於生死事我　曰何謂也　三徵也肇曰夫妙極之道必
有妙極之因而曰塵勞為種者何也　荅曰若見无為入正位者不能復發阿耨多
羅三藐三菩提心　四解釋也三初法次喻後結此初也既見煩惱性即菩提性而二
乘斷煩惱見无為妄要涅槃之樂故自絕大心凡夫為生死所迫慕騰心猛故能
發大心也　生曰以現事明之見无為入正位者苦患已上結使已斷既無其所惱為
見之所本欲捨生死求悟悟則在生死外矣无復不捨而悟之義故不能復發菩提
心也　譬如高原陸地不生蓮花卑濕淤泥乃生此華如是見无為入正位者終不
復能生於佛法煩惱泥中乃有衆生起佛法耳　此二喻也文二也初喻煩惱泥中
有菩提蓮華也二乘捨之證无為如高原也　又如殖種於空終不得生糞壤之
地乃能滋茂如是入无為正位者不生佛法起於我見如須彌山猶能發于阿耨
多羅三藐三菩提心生佛法矣　此二喻我見之地生滋茂惠也二乘斷滅諸見如
空中種也　是故當知一切煩惱為如來種譬如不下巨海則不能得无價寶珠如
是不入煩惱大海則不能得生一切智寶　此下結文三可見若悟煩惱性得菩提
智如不離大海得无價珠二乘捨煩惱求菩提如人捨大海求无價寶其可得
乎　尒時大迦葉歎言善哉善哉文殊師利快說此語誠如所言塵勞之疇為如來種
此下五迦葉歎述文四一惣歎領解二述其得失三舉喻自傷四結无反覆此也
文殊呵意以實相真理煩惱即菩提捨之則非正求也今迦葉領意夫求
菩提三无數劫久住生死廣度衆生備弘誓願今阿羅漢已斷煩惱不受
後有於大悲願永絕因縁如根敗之士凡夫業惑猶在生死未亡若能發菩
提心即能滿三祇劫剋終悲願故不斷三寶能報佛恩法華經迦葉述云世
尊往昔說法我時在座但念空无相无作於菩薩法淨佛國土成就衆生心不
喜樂所以者何世尊令我等出於三界得涅槃證又今我等年已朽邁故於佛
教化菩薩不生好樂之心今聞授聲聞記除自慶幸无量珎寶不求自得此而
推之住著无法於諸法生絕分想即今之此歎也　我等今者不復堪任發阿

BD14092號　淨名經集解關中疏卷下

喜樂。所以者何？世尊，今我等出於三界，得涅槃證，又今我等年已朽邁，故於佛
教化菩薩不生好樂之心。今聞授聲聞記，深自慶幸，無量珍寶不求自得。此而
難之，往昔說法於菩薩法，無絕分想，即令之此歎也。　我等今者不復堪任發阿
耨多羅三藐三菩提心，乃至五無間罪猶能發意生於佛法，而今我等永不
能發。　此求得失，聲聞諸結盡，不堪五逆感在能發也。　譬如根敗之事，其於五欲
不能復利，如是聲聞諸結斷者，於佛法中無所復益，永不志願。　三舉喻自傷
五根若敗，不能欲五塵也。　是故文殊師利，凡夫於佛法有反覆，而聲聞無也。所
以者何？凡夫聞佛法能起無上道心，不斷三寶；正使聲聞終身聞佛法力無畏
等，不能發無道心。　四結無反覆，凡能成菩提，以報佛恩；二乘負恩滅而永斷也。
爾時會中有菩薩名普現色身，問維摩詰言：居士父母妻子親戚眷屬吏民
知識悉為是誰？奴婢僮僕象馬車乘皆何所在？　三明資生眷屬，無上法身
非一真所成，萬行為資生，萬德為眷屬，方能成就。此初問也。肇曰：淨名權道無
方，隱顯難測，外現同世家屬，內以法為家屬。恐惑者見形，不及其道，故生斯問。
於是維摩詰以偈答曰：　智度菩薩母，方便以為父，一切眾導師，無不由是生。　二有卌二偈答
文四，初四行明眷屬，二七行明資生，三廿八行明業用，四三行結勸。此初也。內有正
智，外有方便，法身生焉。肇曰：智為內照，權為外用，萬行之所由生，諸佛之所因
出，故菩薩以智為母，以權為父。　法喜以為妻，　肇曰：法喜謂見法生內喜也。世人以妻
色為悅，菩薩以法喜為悅。　慈悲心為女，　肇曰：慈悲之性，像女人性，故以為女。生
曰：慈悲以外適為用，有女義焉。　善心誠實男，　肇曰：誠實貞直，男子之性。亦有
為惡而實，故標以善心也。　畢竟空寂舍，　肇曰：堂宇以蔽風宿，空寂以障塵
想。什曰：有非真要，時復暫遊，空為理宗，以為常宅。　弟子眾塵勞，隨意之
所轉。　昔無明為主，恩愛王魔；今化令隨道，為弟子也。　道品善知識，由是成
正覺。　肇曰：成益我者，卅七道品也，可謂善知識乎。　諸度法等侶，　肇曰：以度
大乘之要，則發心為侶，俱至道場，是真侶也。　四攝為妓女，　肇曰：四攝悅眾，以當妓
女。　歌詠誦法言，以此為音樂。　肇曰：口詠法言，以當音樂也。　總持之園苑，
無漏法林樹，覺意淨妙華，解脫智慧果，八解之浴池，定水湛然滿，布以七淨
華，浴此無垢人。　此下明資生也。總持實相理也。無漏萬行林樹也。此樹開七覺
之華，結解脫之果，什曰：解脫無為果，智慧有為果。此明慧也。八解之池，止禪定
之水，散七淨之華，五欲熱惱貪愛諸塵，浴此則清涼矣。此明定也。七淨
者，一戒淨，二心淨，三見淨，四度疑淨，五分別，六行淨，七涅槃淨。肇曰：總持強記
萬善之苑也。於此苑樹無漏之林，敷七覺之華，結解脫之果，八解之池，積禪
定之水，湛然充滿，布七淨之華，羅列水上，而復無垢之士遊此林苑，華池閑
宴，處逍遙之至也。豈等俗林苑之歡乎。　象馬五通馳，大乘以為車，調

之水芬七淨之花五百妙……
者一戒淨二心淨三見淨四度疑淨五分別六行淨七涅槃淨　肇曰總持強記
萬善之苑也於此苑樹無漏之林敷七覺之花結解脫之果八解之池積禪
定之水湛然充滿布七淨之花羅列水上而復無垢之士遊此林苑花池閑
宴嬉遊樂之至也豈等俗林苑之歡乎　象馬五通馳大乘以為車御
御以一心遊於八正路　肇曰五通為象馬大乘為上車一心為御者遊於八正道
相具以嚴容衆好飾其姿慚愧之上服深心為花鬘　相具卅二相衆好八十種好
慚愧蔽陋惡深心飾形服也　富有七財寶教授以滋息如所說修行迴向為大
利　肇曰七財信戒聞捨慧慚愧等也世人以玉帛為饒菩薩以七財為富出入法寶
與人同利義示以滋息之法令如說修行迴向佛道此利之大者　四禪為床座
從於淨命生多聞增智慧以為自覺者　四禪寡息猶如床座要從持戒
淨命所生離五欲沮散亂毒氣猶恐貪著禪味故令多聞以自覺
甘露法之食解脫味為漿淨心以澡浴戒品為塗香　甘露法食以資慧解
八解禪漿以五欲渴此二內資也懺悔罪垢澡浴真身嚴持戒香塗熏
法體此二外嚴也此則身戒心慧方為修持矣　摧滅煩惱賊勇健無能踰
降伏四種魔勝幡建道場　此下三明業用此行明自業成下廿七行明濟物用
知世人功成祿厚惠濟責實此物也　肇曰外國法戰諍破敵立幡以表勝
菩薩摧煩惱賊降四魔怨乃於道場建勝相也　雖知無起滅示彼故有生悉
現諸國土如日無不見　此下功成則濟物體真則用大生日明其有所云為也
文七行三行總明真應自在也　肇曰知無起滅則得法身無復生分為彼有
生故無往不見　供養於十方無量億如來諸佛及己身無有分別想此行明
雖供諸佛肇曰示常覺彼己之異　雖知諸佛國及與衆生空而常修淨土
教化於群生　此行明雖知人國空而修土以化物肇曰知空不捨有所以常處中
諸有衆生類形聲及威儀無畏力菩薩一時能盡現覺知衆魔事而示隨其
行以善方便智隨意皆能現惑示老病死成就諸群生了知如幻化通達
無有礙　此三行明知魔了幻而示現諸濟老病死如太子觀敬淨居諸天四城
門前所現　或現劫盡燒天地皆洞然衆人有常想照令知無常無數億衆
生俱來請菩薩一時到其舍化令向佛道　三二行明大三災水風二災文无者
略初禪內有覺觀外有火災二禪內有喜愛外有水災三禪內有喘息外有
風災四禪無災由不動故　什曰或實燒或不實燒者衆生見燒想即悟無
常還攝不燒也　經書禁咒術工巧諸伎藝盡現行此事饒益於群生
四三行明世智也　什曰以同習相感先同而後乘也　世間衆道法悉於中出家
因以解人惑而不墮邪見　肇曰九十六種皆出家修道隨其出家欲解其惑
不同其見　或作日月天梵王世界主或時作地水或復作風火　肇曰遇海

風究四禪无究由不動故什曰或實燒或不實燒者衆生見燒覩即悟无
常還攝不燒也　經書禁呪術之巧諸伎藝盡現行此事饒益於羣生
四三行明世智也什曰以同習相感先同而後乖也　世間衆道法悉於中出家
因以解人惑而不墮邪見　肇曰九十六種皆出家修道隨其出家欲解其惑
不同其見　或作日月天梵王世界主或時作地水或復作風火　肇曰遇海
漂人則變身爲地水火風皆隨彼所須而自變形也　劫中有疾疫現作諸藥
草若有服之者除病消衆毒　劫中有飢饉現身作飲食先救彼飢渴
却以法語人　劫中有刀兵爲之起慈悲化彼諸衆生令住無諍地　若有大戰
陣立之以等力菩薩現威勢降伏使和安　五四行明小三災　肇曰菩薩法身于何不
爲或爲藥草令服者病除或爲飲食令飢者得飽刀兵七日疾疫七月七日
飢饉七年七月七日東西二洲有似非正謂冥增威身力羸劣數加飢渴等
北洲全無戰陣助明刀兵可見　一切國土中諸有地獄處輒往到于彼勉濟其
苦惱　一切國土中畜生相食噉皆現生於彼爲之作利益　六二行明入惡趣救物
合有鬼趣文无者略也什曰如過去世時人无禮義欲殘害長老獼猴鳥及象推
敬長老令人歎修善咸相和順如大智論中說　亦受於五欲亦復現行禪令魔
心憒亂不能得其便　火中生蓮華是可謂希有在欲而行禪希有亦如是
七十行明同事攝物　肇曰欲言行禪復受五欲言受欲復現行禪莫測其變
所以憒亂也自非靜亂齊旨孰能而之　或現作婬女引諸好色者先以欲鉤牽
後令入佛智　肇曰先欲以順　或爲邑中主或作商人導國師及大臣以祐利衆
生諸有貧窮者現作无盡藏因以勸導之令發菩提心我心憍慢者爲現
大力士消伏諸貢高令住佛上道其有恐懼衆居前而慰安先施以無畏後令發
道心　肇曰憍心自高如山峯不停水菩薩現爲力士服其高心然後潤以法水
或現離婬欲爲五通仙人開導諸羣生令住戒忍慈　什曰世無賢聖衆生下劣
不入深法故化以戒忍　見須供事者現爲作僮僕既悅可其意乃發以道心隨
彼之所須得入於佛道以善方便力皆能給足之如是道无量所行無有涯智慧
无邊際度脫无數衆假令一切佛於无數億劫讚歎其功德尚猶不能盡
第四結勸此二行結也生曰應適无方皆是佛之道矣　肇曰甚惟智之道無涯際
雖復衆聖殊辯猶不能盡　誰聞如是法不發菩提心除彼不肖人癡冥无智
者　此行勸也不肖二乘也癡冥凡夫也肇曰下士聞道而大笑之日月雖明何益
瞽者　入不二法門品第九　此下二品廣上中道正觀此品不二明體下品能二明
用入者觀照智也不二法所觀理門者文字教也什曰從始會已來唯二人相對
餘皆默然今欲各顯其德故問令盡說亦云情惑不同發悟有因各令說
衆擇衆迷夫眛會明宗必以令終爲美今法座將散欲究其深致廣說

雖復衆聖殊辭推不能盡
者　此衍勸也不肖二乘也癡冥凡夫也肇曰下士聞道而大笑之日月雖明何益
瞽者　入不二法門品第九　此下二品廣上中道正觀此品不二明體下品能二明
用入者觀照智也不二法所觀理門者文字教也什曰從始會已來唯二人相對
餘皆嘿然今欲各顯其德故問令盡說亦云情惑不同發悟有因各令說
悟庶釋衆迷夫勝會明宗必以令終爲美今法座將散欲究其深致廣說
不二乃盡妙也問也亦有三四乃至无量法門云何獨說不二耶荅二事少而
惑淺餘事廣而累深二尚應破則餘可知矣復次万法之生必從緣〻起〻生
法多少不同極其少者要從二緣若有一緣生未之聞也然則有亡緣起極於二
〻法既廢則入於玄境云何不破一耶荅曰若名數之則非一也若以一爲一亦未離
於二遣二則一斯盡矣復次无相之一名假而實〻立〻則體与相絕故直置而自无
也肇曰言爲世則謂之法衆聖所由謂之門文解入者悟入也法華齊縛得脫名
出火宅此經文迷向悟名入不二其言甚異其旨甚一　尒時維摩詰語衆菩薩
言諸仁者云何菩薩入不二法門各隨所樂說之　品文四一諸菩薩說二文殊德
說三淨名說四時衆得益初文二此初名淨問也　會中有菩薩名法自在說
言諸仁者生滅爲二法本不生今則無滅得此无生法忍是爲入不二法門
二諸菩薩荅一切法皆因緣生滅小乘執實爲二大乘知法如幻故无生滅入不
二也肇曰滅者滅生耳若悟无生滅何所滅此即无生法忍也此并因觀生滅以
悟道故說已所解爲不二法門也下類尒万法云〻離真皆名二故以不二爲言也
德守菩薩曰我〻所爲二因有我故便有我所若无有我則无我所是爲入不二
法門　肇曰妙主常存我也身及万物我所也我所我之所有也法既无我誰有
之者　不眴菩薩曰受不受爲二若法不受則不可得以不可得故无取无捨无
作无行是爲入不二法門　凡夫受著五陰无學不受此爲二也　肇曰有心必有
所受必有所不受此爲二也若悟法本空二俱不受則无得无行爲不二也
德頂菩薩曰垢淨爲二見垢實性則无淨相順於滅相是爲入不二法門
凡夫倒心見淨二乘觀身不淨此爲二　肇曰淨生於垢實性无垢淨何所淨
善宿菩薩曰是動是念爲二不動則无念〻則无分別通達此者是爲入不二法
門　肇曰情發爲動想成爲念又解安住實性即性无〻動〻即无念　善眼
菩薩曰一相无相爲二若知一相即是无相亦不取无相入於平等是爲入不二法
門　法華明一實相般若經明无相　肇曰言一欲以去二不言一也言无欲以有
去不言无也而惑者聞一則取一相聞无則取无相故有二也　妙臂菩薩曰菩薩
心聲聞心爲二觀心相空如幻化者无菩薩心无聲聞心是爲入不二法門　什曰以
施報故手出无盡寶物如五河流故名妙臂又解曰自利聲聞心也利他菩薩心也

BD14092號　淨名經集解關中疏卷下

菩薩曰一相无相為二若知一相即是无相亦不取无相入於平等是為入不二法
門　法華明一實相般若經明无相　肇曰言一欲以去二不言一也言无欲以有
去不言无也而惑者聞一則取一相聞无則取无相故有二也　妙臂菩薩曰菩
心聲聞心為二觀心相空如幻化者无菩心无聲聞心是為入不二法門　什曰以
施彼故手出无盡寶物如五河流故名妙臂又解曰自利聲聞心也利他菩心也
弗沙菩薩曰善不善為二若不起善入无相際而通達者是為入不二法门
肇曰弗沙星名也　什曰生時所值因以為名不善十惡也善十善及涅槃也　師子
吼菩薩曰罪福為二若達罪性与福无異以金剛恵決了此相无縛无解者是
為入不二法門　罪破戒也福持戒定恵也罪福平等一相一性為不二肇曰金剛恵
實相恵也　師子意菩薩曰有漏无漏為二若得諸法等則不起漏不漏想
不著於相亦不住无相是為入不二法门　若集有漏滅道无漏為二大士等觀
同一實諦不二　什曰師子度永要截流真度曲則不度此大士以實相智恵
深入諸法直過彼岸故借以為名　淨解菩曰有為无為々々二若離一切數則心如
虗空以清淨恵无所閡者是為入不二法門　四相有為也四一滅无為也相亦不
起令則无滅無二也　數曰數即有為无為也　那羅延菩薩曰世間出世間為
二世間性空即是出世間於其中不入不出不溢不散是為入不二法门　什曰世
間三界也出世間觧脫二也悟世性空无入无出故不二也　善意菩曰生死涅槃
為二若見生死性則无生死无縛无解不然不滅如是解者是為入不二法門
受後有生死也滅盡後有涅槃也悟世生死妄无生死也肇曰縛然生死之別
名解滅涅槃之異稱也　現見菩薩曰盡不盡為二法若究竟盡若不盡
皆是无盡相无盡相即是空空則无有盡不盡相如是入者是為入不二法門
肇曰有為虗偽法无常故名盡實相无為法常住故不盡若以盡為盡不
盡為不盡皆二也若能悟盡不盡俱无盡相者則入一空不二门也　普守菩
薩曰我无我為二我尚不可得非我何可得見我實性者不復起二是為入
不二法门　肇曰非我出於我可見我實性者我本自无况於非我也　電
天菩曰明无明為二无明實性即是明々亦不可取離一切數於其中平等无
二者是為入不二法门　肇曰明恵也无明癡冥也見无明性即為是明若
見明為明即明无明相待故不可取　喜見菩薩曰色々空為二色即是空
非色滅空色性自空如是受想行識々空為二識即是空非識滅空識性自
空於其中通達者是為入不二法门　色是礙滅色是空二也若悟色性自
空即空色不二　肇曰若有不即空无不表跡餘陰准知　明相菩薩曰四
種異空種異為二四種性即是空種性如前際後際空故中際亦空
若能如是知諸種性者是為入不二法门　肇曰四種四大也空種空大也此五

非色滅空色性自空如是受想行識空非識滅空識性自
空於其中通達者是為入不二法門　色是色滅色是空二也若悟色性自
空即空色不二　肇曰若有不即空无不義跡餘陰准知　明相菩薩曰四
種異空種異為二四種性即是空種性如前際後際空故中際亦空
若能如是知諸種性者是為入不二法門　肇曰四種四大也空種空大也此五
衆之所由生故名種並此四大之性无前後中无異空大又解小乘以四大堅濕
煖動性異空大大乘楞伽以四大是妄相性妄无自性故不異空也　妙意菩
日眼色為二若知眼性於色不貪不恚不癡是名寂滅如是耳聲鼻香舌
味身觸意法為二若知意性於法不貪不恚不癡是名寂滅安住其中是
為入不二法門　肇曰存於情塵故三毒以生若悟六情性則不起三毒此寂滅之
道也　无盡意菩日布施迴向一切智為二布施性即是迴向一切智性如是持戒忍
辱精進禪定智惠迴向一切智為二智惠性即是迴向一切智性於其中入一相者
是為入不二法门　肇曰六度為妙因迴向一切智者二也若悟因果同性入于一相乃
應不二　深惠菩薩日是空是无相是无作為二空即无相无相即无作若空
无相无作則无心意識於一解脫门即是三解脫门者是為入不二法門　大論云
聲聞鈍明三三昧緣四諦十六行摩訶衍同緣諸法實相斷則小乘諦異故三
昧门異大乘理同故三昧门不異也　肇曰三行雖異然俱是无緣解脫故无心
意識也緣既是同則三解不異　寂根菩日佛法衆為二佛即是法法即是衆是
三寶皆无為相与虛空等一切法亦爾能隨此行者是為入不二法門　大六身
佛也四諦法也四道果僧也　此是小乘見跡異也智无生佛也理无相法也行无修
僧也此是大乘理本一也小乘執跡故異大乘遠本故不異也　心无礙菩日身
滅為二身即是身滅所以者何見身實相者不起見身及見滅身身与滅身无二
无分別於其中不驚不懼者是為入不二法門　除若衆為身患若故滅身為二
若悟陰假會即身非身无生无滅名見實相為不二也　上善菩日身口意
善為二是三業皆无作相身无作相即口无作相口无作相即意无作相是三
業无作相即一切法无作相能如是隨无作惠者是為入不二法門　肇曰三業
雖殊无作一也諸法之生本乎三業三業既无誰作諸法　福田菩日福行罪行
不動行為二三行實性即是空空則无福行无罪行无不動行於此三行而不起
者是為入不二法門　肇曰福欲界善行罪十惡之流也不動色无色行也又解
妄動為行離動為行離動則平等　華嚴菩薩日從我起二為二見我實
相者不起二法若不住二法則无有識无所識者是為入不二法門　由執我故
所對為二肇日因我故有彼二名所以生若見我實相則彼我之識无由而起

不動刂為二三刂實性即是空空則无福刂无罪刂无不動刂於此三刂而不起
者是為入不二法門　肇曰福欲界善刂罪十惡之流也不動色无色刂也又解
妄動為刂離動為刂離動則平等　華嚴菩薩曰從我起二為二見我實
相者不起二法若不住二法則无有識无所識者是為入不二法門　由執我故
所對為二肇曰因我故有彼二名所以生若見我實相則彼我之識无由而起
德藏菩薩曰有所得相為二若无所得則无取无取捨捨者是為入不二法門　肇曰得
在於我相在於彼我不得相誰取誰捨又解於法有得待物為二若无所得
則无有二　月上菩薩曰闇与明為二无闇无明則无有二所以者何如入滅受想定
无闇无明一切法相亦復如是於其中平等者是為入不二法門　肇曰二乘
入滅盡定六根都滅雖經晝夜不覺晦明之異以喻菩薩无心於明闇
實印手菩薩曰樂涅槃不樂世間為二若不樂涅槃不厭世間則无有二
所以者何若有縛則有解若本无縛其誰求解无縛无解則无樂厭是為
入不二法門　肇曰世間无縛曷為而厭涅槃无解曷為而樂　珠頂王菩薩曰
正道邪道為二住正道者則不分別是邪是正離此二者是為入不二法門　八正
八邪為二若住實相平等无分別名為不二　樂實菩薩曰實不實為二實見者
尚不見實何況非實所以者何非肉眼所見慧眼乃能見而此慧眼无見无不
見是為入不二法門　肇曰實相慧眼之境非肉眼所見慧眼尚不見實而況非
實雖曰无見而无所不見此慧眼之體也　如是諸菩薩各各說已問文殊師利
何等是菩薩入不二法門　上文殊說此初問也　文殊師利曰如我意者於一切法
无言无說无示无識離諸問答是為入不二法門　此答也肇曰上來諸人所明
雖同所因各異且直辯法相不明无言今文殊總衆家之說以開不二之門直言
法相不可言不措言於法相斯之為言言之至也而方於靜嘿猶亦後焉
於是文殊師利問維摩詰我等各自說已仁者當說何等是菩薩入不二法門
三淨名說文三一問二答三稱善此初也　時維摩詰默然无言　二答也肇曰
有言於无言未若无言於无言所以默然也上諸菩薩措言於法相文殊有
言於无言淨名无言於無言　此三明宗雖同而迹有淺深所以言後於无言
知後无知矣　文殊師利歎曰善哉善哉乃至无有文字語言是真入不二法門
三歎也肇曰默領者文殊其人也為彼待言所以稱善生曰言跡盡於无言故
歎以為真也　說是入不二法門品時於此衆中五千菩薩皆入不二法門得无
生法忍　四明時衆得益　香積佛品第十　生公无名隨化緣以作稱其法无
相迹緣相而目品本是法身所宅普香跡現土之香以化物也　於是舍利弗心
念曰時欲至此諸菩薩當於何食　此二淨穢雙遊明中道用也香積釋迦法

三歎也肇曰默領者文殊其人也爲彼待言所以稱善生曰言跡盡於无言故
歎以爲真也 説是入不二法門品時於此衆中五千菩薩皆入不二法門得无
生法忍 四明時衆得益 香積佛品第十 生人无名隨化緣以作稱真法无
相迹緣相而目品本是法身戒定等香跡現土之香以化物也 於是舍利弗心
念日時欲至此諸菩薩當於何食 此二淨穢雙遊明中並用也香積釋迦法
身平等應物緣殊淨穢異也品文三一假緣念飯二淨穢牙遊三閻品得益初
文三初念次呵後許此初念也什曰舍利弗獨發念者其旨有三一者結業之體
未能无資二絕意大方樂法不深三雖已有待謂衆亦然處弟子之上宜
爲衆致供也 時維摩詰知其意而語言佛説八解脫仁者受行豈雜欲食而
聞法乎 二呵也八解脫禪悅食養法身也雜欲食資毒蛇身也人多爲養毒身
廢修法身故因念以滅之 若欲食者且待須臾當令汝得未曾有食 三許也小
乘以禪悅法喜爲法食以五欲段食爲毒食今香積之喰食了得道爲未曾
有 時維摩詰即入三昧 此第二淨穢牙遊文三一明二法牙化二明二土佛事不同
三明捨穢生淨初文中二初明從穢遊淨二明彼淨來穢前中文三初現淨土二來往
者三現化往初文三此初入三昧叡曰三昧秦言正心有二種一修得二報得三昧
都无入出之名况法身那今言入者豈非所以迹也 以神通力示諸大衆上方界
分過卌二恒河沙佛土有國名衆香佛号香積今現在其國香氣比於十方諸佛
世界人天之香最爲第一彼土无有聲聞辟支佛名唯有清淨大菩薩衆佛爲説法
其界一切皆以香作樓閣經行香地苑園皆香其食香氣周流十方无量世界
時彼佛與諸菩薩方共坐食有諸天子皆号香嚴悉發阿耨多羅三藐三菩
提心供養彼佛及諸菩薩 此二現淨土衆香香積等亦依正報名无二乘明眷屬
淨香作樓閣等依報淨坐食等佛事淨 此諸大衆莫不目見 三明衆見使都
覩勝相而生信敬至方顯道也 時維摩問衆菩薩諸仁者誰能致彼佛飯 此二
求往者文四此初求往肇曰既現彼國推有力者令取飯 以文殊師利威神力故
咸皆默然 二神力使默肇曰文殊將顯淨名之德故以神力令衆默然 維摩
詰言仁者此大衆无乃可恥 三呵也肇曰勵未成 文殊師利曰如佛所言勿輕未
學 四引答肇曰進始學也 於是維摩詰不起于座於衆會前化作菩薩相好
光明威德殊勝蔽於衆會 此下三明現化往文三一化往二問訊三衆歎初中
文四此初現化使往也所以化敵衆會者欲令彼衆都睹化而尋本也 而告之
日汝往上方界分度如四十二恒河沙佛土有國名衆香佛号香積與諸菩薩方共
坐食二乘亦去處也 汝往到彼如我辭曰維摩詰稽首世尊足下致敬无量問
訊起居少病少惱氣力安不 二教問訊肇曰持示有身不得无患故致問也未

BD14092號　淨名經集解關中疏卷下

（55–34）

曰汝往上方界分度如四十二恒河沙佛土有國名衆香佛号香積與諸菩薩方共
坐食二乘亦去處也　汝往到彼如我辭曰維摩詰稽首世尊足下致敬無量問
訊起居少病少惱氣力安不　三教問訊肇曰將示有身不得無患故致問如來
猶云少病少惱　願得世尊所食之餘當於娑婆世界施作佛事令此樂小
法者得弘大道亦使如來名聲普聞　四陳請飯肇曰餘界遜言也彼土因香以
通大道此國衆生志意狹劣故請香食之餘以弘佛事　時化菩薩即於會前昇
于上方舉衆皆見其去到衆香界礼彼佛足　此二化到問訊文三此初化到
礼足也　又聞其言維摩詰稽首世尊足下致敬無量問訊起居少病少惱氣
力安不　此二問訊起居也　願得世尊所食之餘欲於娑婆世界施作佛事使此
樂小法者得弘大道亦使如來名聲普聞　此三述其請事並如文　彼諸大士見
化菩薩歎未曾有今此上人從何所來娑婆世界為在何許云何名為樂小法者
即以問佛　此下三明彼大士驚異文四此初歎問〻中有三一問從何所來龐言誰
所化來淨名化作也二問娑婆處娑婆此云雜會雜惡衆生共會一處又云堪忍
唯佛釋迦堪忍住故三問何名樂小法者肇曰其土純一大乘不聞樂小之名故此問
也　佛告之曰下方度如卌二恒河沙佛土有世界名娑婆佛号釋迦牟尼今現
在於五濁惡世為樂小法衆生敷演道教彼有菩薩名維摩詰住不可思議解脫
為諸菩薩說法故遣化來稱揚我名并讚此土令彼菩薩增益功德　此二荅
三問卌二恒河沙超荅第二問來處今現在五濁等荅第三問說小所由有菩薩
名維摩詰却荅第一能化者釋迦此云能仁牟尼此云寂名也彼菩言其人
如何乃作是化德力無畏神足若斯　三重問化事既覩所使之威光明能化之
力將故再問也　佛言甚大一切十方皆遣化往施作佛事饒益衆生　四重荅令
生企慕來娑婆世於是香積如來以衆香鉢盛滿香飯與化菩　此下二明淨
土遊議文三初受飯同來二淨名賓待三飯作佛事初中文四一化受飯如文
時九百万菩俱發聲言我欲詣娑婆世界供養釋迦牟尼佛并欲見維摩詰
等諸菩薩衆　二彼衆欲來難稟香國之化亦為聲聞教有緣故欲同詣也
佛言可往攝汝身香無令彼諸衆生起惑著心　三許往誡勅誡中文三此初
攝身香也什曰大慈則狂大喜亦迷宜攝汝香防其惑因　文當捨汝本形勿
使彼國求菩薩道而自鄙恥　二攝形也什曰恥深則殞愧淺亦惱　二患文
至去道逾緬上言惑著此言鄙恥二门早顯鈞其文也　又汝於彼莫懷輕
賤而作礙想所以者何十方國土皆如虛空又諸佛為欲化諸樂小法者不盡
現其清淨土耳　三莫輕誡文有標徵釋也　娑婆衆生愚劣則輕見勝便
恥值好則著故彼以誡此也　時化菩既受鉢飯與彼九百万菩俱承佛威神及維摩
詰力於彼世界忽然不現須臾之間至維摩詰舍　四化衆同來　維摩詰即化作九

BD14092號　淨名經集解關中疏卷下

至吉道途緣上言悉義此言最取之門出現[illegible]
勝而作礙想所以者何十方國土皆如虛空又諸佛為欲化諸樂小法者不盡
現其清淨土耳　三莫輕誡文有標徵釋也　娑婆衆生愚劣則輕見勝便
恥值好則著故彼以誡此也　時化菩薩既受鉢飯与彼九百万菩薩俱承佛威神及維摩
詰力於彼世界忽然不現須臾之間至維摩詰舍　四化衆同來　維摩詰即化作九
百万師子之座嚴好如前諸菩薩皆坐其上　此二淨名實待如前稱不思議品
時化菩薩以滿鉢香飯与維摩詰飯香普熏毗耶離城及三千大千世界　此三飯
作佛事有二初香後味前中文三此受香普熏彼熏十方此但三千緣應云也
時毗耶離婆羅門居士等聞是香氣身意快然歎未曾有　二聞香得益肇曰
異香入體身心怡悅　於是長者主月蓋從八万四千人來入維摩詰舍見其室中
菩薩甚多諸師子座高廣嚴好皆大歡喜礼衆菩薩及大弟子卻住一面諸地神虛
空神及欲色界諸天聞此香氣亦皆來入維摩詰舍　三有緣斯會肇曰毗耶離國
无有君主唯有五百長者共治國事月蓋衆所推重故名主諸地神下皆聞香而
後集　時維摩詰語舍利弗等諸大聲聞仁者可食如來甘露味飯大悲所熏无
以限意食之使不消也　此下二味為佛事文四此初勸食也世尊資於毒身此飯
成於甘露生曰泥洹是甘露之法而食此食者必以得之故飯中有甘露味焉大
悲所熏者我心感報所濟有涯大悲熏修福惠无盡食者當獲求佛果者約
群生若局於己身自調自度既背施心則不消也　有異聲聞念是飯少而此
大衆人人當食　二異念也肇曰不思議飯非二乘所及故生是念　化菩薩曰勿以
聲聞小德小智稱量如來无量福慧四海有竭此飯无盡使一切人食摶若須
彌乃至一劫猶不能盡　三化菩薩呵文三此初呵也聲聞自調之果名小德諸佛
大悲福報為无四海魚龍之報可竭此飯諸佛之福无盡故雖多人長劫摶若
須彌終無盡也　所以者何无盡戒定惠解脫解脫知見功德具足者所食之餘終不
可盡　二舉因釋也肇曰如來五分法身无盡功德報應之飯如何可盡　於是鉢
飯悉飽衆會猶故不澌　三食不澌　其諸菩薩聲聞天人食此飯者身安快樂譬
如一切樂莊嚴國諸菩薩也　又諸毛孔皆出妙香亦如衆香國土諸樹之香
此四食已利益有得樂出香如文　尒時維摩詰問衆香菩薩香積如來以何說法此
第二明淨穢二土應緣作化佛事不同此初問淨土也　彼菩薩曰我土如來无文字說
但以衆香令諸天人得入律行　此二答化緣也淺者入於律行深者具足三昧肇曰
其土非都无言但以香為通道之本此國因言通道亦有因神變餘事而得悟
者也　菩薩各各坐於香樹下聞斯妙香即獲一切德藏三昧得是三昧者菩薩所有
功德皆悉具足三昧等也肇曰此三昧力能生諸功德也　彼菩薩問維摩詰今世尊
釋迦牟尼以何說法　此二明穢土文四一問二答三讚四述此初也　維摩詰言此土衆生

BD14092號　淨名經集解關中疏卷下

（55–36）

其土非都无言，但以香為通道之，如本此國因言通道，亦有因神變、餘事而得悟
者也　菩薩各各坐於香樹下，聞斯妙香，即獲一切德藏三昧，得是三昧者，菩薩所有
功德皆悉具足。是三昧等也。肇曰：此三昧力能生諸功德也　彼菩薩問維摩詰：今世尊
釋迦牟尼以何說法　此二明穢土文。四：一問，二答，三讚，四述。此初也　維摩詰言：此土衆生
剛強難化，故佛為說剛強之語以調伏之　此二答也。文三：法、喻、合。初法中文三：此初標也
肇曰：聖化何常，隨物而應耳。此土剛強，故以剛強之教應之。言：是地獄，是畜生，是餓
鬼，是諸難處，是愚人生處，是身邪行，是身邪行報，是口邪行，是口邪行報，是意
邪行，是意邪行報　此二列剛強語法。華以言通，實相為柔軟音，故此中始於地獄，終至世
間涅槃。蓋別皆非盡理不二之言，故悉名剛強語也。文約五乘明之，此初果雖八難
因離三邪，生值佛法，正信備，則名人乘也　是殺生，是殺生報，是不與取，是不與取
報，是邪婬，是邪婬報，是妄語，是妄語報，是兩舌，是兩舌報，是惡口，是惡口報，是无
義語，是无義語報，是貪嫉，是貪嫉報，是瞋惱，是瞋惱報，是邪見，是邪見報
此二不作十惡，即十善業報生欲天，名天乘也。若增修禪定，生色天也。兩舌者，離
間語。无義語者，什曰：胡本云雜說也。夫不為善及涅槃而起口業，悉名雜說也
是慳悋，是慳悋報，是毀戒，是毀戒報，是瞋恚，是瞋恚報，是懈怠，是懈怠報，是
亂意，是亂意報，是愚癡，是愚癡報　此三除六蔽，修六度，菩薩乘也　是結戒，是
持戒，是犯戒，是應作，是不應作，是障礙，是不障礙，是得罪，是離罪　此下合明二乘
文分三學。此初戒學也。結戒者，肇曰：如律藏說，謂因事制戒也。順受名持，違故應
作，制故不應作。性戒障道，遮故不障。或无重心犯，故障輕心不障。不懺得罪，懺故
離罪　是淨，是垢　此二定學。凡夫以愛心修禪定為垢，聖人无漏心修為淨也
是有漏，是无漏，是邪道，是正道，是有為，是无為，是世間，是涅槃　此下明惠學。七賢
有漏，八聖无漏，八正之道，背此名邪道。三諦有為，滅諦无為，三界世間，出三界涅槃
以難化之人心如猨猴，故以若干種法制御其心，乃可調伏。下結文可見　譬如象馬
𢤱悷不調，加諸楚毒，乃至徹骨，然後調伏，如是剛強難化衆生，故以一切苦切
之言乃可入律　此二喻也。調馬有四，并見鞭二乘，觸皮人天，觸宍就三惠，調乃為徹
骨也。合文可見。肇曰：非鉤捶无以調象馬，非苦言无以伏難化　彼諸菩薩聞說是
已，皆曰：未曾有也。如世尊釋迦牟尼佛隱其无量自在之力，乃以貧所樂法度脫
衆生　此三讚佛也。肇曰：諸佛平等，道道有尊尊卑卑之由，群生下劣，志願狹小，故佛隱
自在力，同其貧陋，順其所樂而以濟之，應感无方，不擇淨穢，此未曾有也　斯諸
菩薩亦能勞謙，以无量大悲生是佛土　下歎菩薩可見　維摩詰言：此土菩薩於諸衆
生大悲堅固，誠如所言，然其一世饒益衆生多於彼國百千劫行　此四述誠　不述
佛者，道力同也。文二：此初述益。深化善則功少，化惡則功多，歲日久而无功，未若近

BD14092號　淨名經集解關中疏卷下

菩薩亦能勞謙以無量大悲生是佛土下歎菩可見　維摩詰言此土菩薩於諸衆
生大悲堅固誠如所言然其一世饒益衆生多於彼國百千劫行　此四述誠　不述
佛者道力同也文二此初述益深化善則功少化惡則功多歡日久而無功未若近
而有益　所以者何此娑婆世界有十事善法諸餘淨土之所無有何等為十以布
施攝貧窮以淨戒攝毀禁以忍辱攝瞋恚以精進攝懈怠以禪定攝亂意以
智慧攝愚癡說除難法度八難者以大乘法度樂小乘者以諸善根濟無德者
常以四攝成就衆生是為十　二釋所以也有標數列釋可見　肇曰夫善因惡起淨
因穢增此土十惡法具故十德增長彼土純善故施德無地所以百千劫行不如一世也
彼菩曰菩薩成就幾法於此世界行無瘡疣生于淨土　此三明淨土之行文二此初問
也肇曰將勸此土始學菩薩令生淨國故發斯問　維摩詰言菩薩成就八法於此世
界行無瘡疣生于淨土　此二答文四謂標徵釋結此初標也　何等為八　此徵可見
饒益衆生而不望報代一切衆生受諸苦惱所有功德盡以施之　肇曰菩薩代彼受
苦不自計身所有功德盡施衆生豈以有益而想其報乎若不為生處久入涅槃
為彼受苦令其先度彼去我留非代何謂此饒益之至一法也　等心衆生謙下無
礙　肇曰慈親不殊畢己後人等心尊彼情無私然二法　於諸菩薩視之如佛　肇曰
菩衆生之橋梁三寶之所繫視之如佛則增己功德三法也　所未聞經聞之不疑　肇
曰佛所說經耳則信受不以未聞而生疑惑四法也　不與聲聞而相違背　肇曰三
乘雖異歸宗不殊不以大小而相違背五法也　不嫉彼供不高己利而於其中調伏其
心　肇曰彼種彼獲吾何為而嫉己種己得吾何為而高於是二中善自調伏六法也
過不訟彼短　肇曰省己過則過自消訟彼短則短在己七法也　恒以一心求諸功德
肇曰塵垢易增功德難集自非一心專求無以越成具此八法則行無瘡疣終生淨
土矣是為八結文可見　維摩詰文殊師利於大衆中說是法時百千天人皆發阿耨多
羅三藐三菩提心十千菩薩得無生法忍　三得益可係大士悟淨穢之隨緣得無生忍
行淺者聞無疵之得捨穢慕淨發菩提心　菩薩行品第十一　此下兩品大段第
三歸宗印定前品廣佛事不同多明淨土之宗此品現淨名勝身勝土多明印定香積
大士悟諸佛之平等知淨穢之隨緣請法還還因以自益　是時佛說法於菴羅樹
園其地忽然廣博嚴事一切衆會皆作金色　品文三初明事畢歸佛二明佛事不
同三請法還土初文復四一現相二諮佛三廳問四佛讚初文又三此先現相也肇曰至
人無常所理會是隆如來淨名雖服殊處異妙期有在所以來往與化共弘不思
議道者也因遣之問疾所明若上令將詣如來封印茲典故先現斯瑞以啟群心
阿難白佛言世尊以何因緣有此瑞應是處忽然廣博嚴事一切衆會皆作金色
二問緣身子迦葉隨文殊以作化阿難侍者留菴園以啟道故因瑞而發端也

[illegible]
議道者也因遣之問疾所明善上令將詣如來封印兹典故先現斯瑞以啓羣心
阿難白佛言世尊以何因緣有此瑞應是處忽然廣博嚴事一切衆會皆作金色
二問緣身子迦葉隨文殊以作化阿難侍者留菴園以啓道故因瑞而發端也
佛告阿難是維摩詰文殊師利與諸大衆恭敬圍遶發意欲來故先為此瑞應
三答彼來令此生信仰也 於是維摩詰語文殊師利可共見佛與諸菩薩禮事
供養 此二詣佛文四初唱往也 什曰維摩勸共見佛者可尋也一者見其誠心欲
遂其本意二者欲令證明香飯多所發悟三者以其懷勝遠遊宜令實返故
共詣佛所諮請道法也 文殊師利言善哉行矣今正是時 二文殊稱善發曰有
益時也 維摩詰即以神力持諸大衆并師子座置於右掌往詣佛所到已著地
稽首佛足右繞七匝一心合掌在一面立 三明掌擎詣佛也 其諸菩薩即皆
避座稽首佛足亦繞七匝於一面立諸大弟子釋梵四天王等亦皆避座稽首佛足
在一面立 四明次第致敬 什曰世相迎送必結駟輕驂大士迎送則運以妙通 於是
世尊如法慰問諸菩薩已各令復坐即皆受教 此三明佛慰之辭文略有教有
奉教文 衆坐已定佛語舍利弗汝見菩薩大士自在神力之所為乎 此四佛讃淨名
神力者即彼已說伏彼未聞文四此初問也 唯然已見 二答也 於汝意云何 三徵也
世尊我覩其為不可思議非意所圖非度所測 四釋也 肇曰向與文殊俱入不
思議室因借寶座覩其神力并食香飯乘掌而還莫測其變故自絕於圖度
又解身子自言不測者將以激勵聲聞迴心向大也 爾時阿難白佛言世尊今所
聞香自昔未有是為何香 此二明佛事不同文二初因問香二明佛事初中文三一
阿難問二身子述三淨名解初中文二一問二佛答此初也 肇曰如來將辯香飯之緣
故令阿難問也 佛告阿難是彼菩薩毛孔之香 二佛答彼大士香也 於是舍利弗
語阿難言我等毛孔亦出是香 此二身子自述將明食飯之益以顯淨名難思
之事文三此初述也 阿難言此所從來 二問也 曰是長者維摩詰從衆香國取佛
餘飯於舍食者一切毛孔皆香若此 三答來處也 阿難問維摩詰是香氣
住當久如 此三明淨名解飯為佛事文三法喻合初文四此初問也 維摩詰言至此
飯消 二答也 曰此飯久如當消 三重問也 曰此飯勢力至于七日然後乃消此四正
答答有三此初七日消治四大病也故律中有七日藥以藥勢相接七日可知 又
阿難若聲聞人未入正位食此飯者得入正位然後乃消 此二小乘益有二此初
見道益 已入正位食此飯者得心解脫然後乃消 此二無學益也 若未發大
乘意食此飯者至發意乃消 此三大乘益有三此初十信益也 已發意食
此飯者得無生忍然後乃消 此二七地益也 已得無生忍食此飯者至一生補處
然後乃消 此三等覺益也 飯有善利之功而食者心自大小可例此文字亦然
也 譬如有藥名曰上味其有服者身諸毒滅然後乃消 此二喻也 此飯如是滅

此飯者得无生忍然後乃消　此二七地菩薩也　已得无生忍食此飯者至一生補處
然後乃消　此三菩薩覺也飯有香利之功而食者心自大小可例此文字亦然
也　譬如有藥名曰上味其有服者身諸毒滅然後乃消　此二喻也　此飯如是滅
除一切諸煩惱毒然後乃消　此合二也文並可見　阿難白佛言未曾有也世尊如
此香飯能作佛事　此下第二廣明佛事大文有四一明佛事隨化不同二明佛身應緣
故異三明阿難伏罪四明菩薩悔責前中文四一揚歎二廣說三審阿四解釋此即初
也　小乘唯知娑婆一化音聲為佛事未知十方佛化六塵皆為佛事故此歎　肇曰飯
本无體乃除結縛未曾有見也　佛言如是如是阿難或有佛土以佛光明而作佛事
此下二廣明佛事　肇曰阿難見香飯所益謂佛事理極於此故廣示其事令悟
佛道之无方也此土眾生見佛妙光自入道檢亦有餘益但以光為主下類此也
有以諸菩薩而作佛事　肇曰有佛默然居宗以菩薩為化主　有以佛所化人而作佛
事　大論云須扇頭佛當日成道當日入涅槃留化佛度眾生也皆此類也　有以
菩提樹而作佛事　肇曰此樹光无不照香无不熏形色微妙隨所好而見樹出法
音隨所好而聞此如來報應之樹也眾生遇者自然悟道　有以佛衣服臥具而作
佛事　肇曰昔閻浮提王得佛大衣時世大疫王以衣置高表上以示國人歸命病
皆得除信敬益深因是悟道也此其類也　有以飯食而作佛事有以園林臺觀而
作佛事　肇曰眾香國即其事也園林如極樂林樹說法等一義云飯食以右根通道
有以三十二相八十隨形好而作佛事　肇曰好嚴飾者示之以相好也　有以佛身而作佛
事有以虛空而作佛事眾生應以此緣得入律行　肇曰好有者存身以示有好空
者滅身以示空如來遍經說也上相雖在身而身相不一所因各異故佛事不同
有以夢幻影響鏡中像水中月熱時炎如是等喻而作佛事　肇曰自有不悟正言
因喻得解者　有以音聲語言文字而作佛事　肇曰即娑婆國佛事　或有清淨佛土
寂寞无言无說无示无識无作无為而作佛事　肇曰有真淨土純法身菩薩外无言
說內无情識寂寞无為而超悟事外非是言情所能稱述此佛事之上也　如是阿難
諸佛威儀進止諸所施為无非佛事　法身無為應物故為故進止威儀皆佛事也
阿難有此四魔八万四千諸煩惱門而諸眾生為之疲勞諸佛即以此法而作佛事　肇
曰三毒等分此四煩惱之根也因一根生二万一千煩惱合八万四千因八万四千出无量塵
勞故名門也眾生皆以煩惱為病而諸佛以之為藥如婬女欲為患更極其情欲然後
悟道毒龍以瞋為患更增其恚恚此以欲除欲以瞋除瞋猶良醫以毒除毒
斯佛事之无方也是名入一切諸佛法門　若能深見實相善惡兩亡應物隨化能善
惡俱遊名悟入法門也　是即惑語惑理惑淨惑穢皆是諸化物之門也　菩薩入此門者
若見一切淨妙佛土不以為喜不貪不高若見一切不淨佛土不以為憂不礙不沒但於

BD14092號　淨名經集解關中疏卷下　　（55–40）

斯佛事之无方也是名入一切諸佛法門　若能深見實相善惡兩亡麁物隨化能善
惡俱遊名悟入法門也　是即惡語惡嘿惡淨惡穢以是諸化物之門也　并入此門者
若見一切淨妙佛土不以為喜不貪不高若見一切不淨佛土不以為憂不礙不沒但於
諸佛生清淨心歡喜恭敬未曾有也　此三家呵香積等諸菩薩也真土平等非淨
非穢麁物而現故有淨穢若能悟淨非淨故不貪高悟穢非穢故不憂沒無淨穢
不同俱是佛大悲故但於諸佛生淨信心歎未曾有也　諸佛如來功德平等為化衆
生故而現佛土不同　四解釋真土平等化物不等也　阿難汝見諸佛國土地有若
干而虛空无若干也　如是見諸佛色身有若干耳其无㝵慧无若干也　此下第二呵
菴園聲聞執麁身為實文三初喻顯等不等二明一切平等三正析伏此初也地有差
別空无差別喻也麁物色身故有若干淨惠法身一切平等此法合也肇曰佛慧如
空麁形猶地不以地異而異空不以空一而釋地也　阿難諸佛色身威相種姓戒定
智惠解脫解脫知見力无所畏不共之法大慈大悲威儀所行及其壽命說法教化成
就衆生淨佛國土具諸佛法悉皆同等　此二明平等文二此初諸佛身土真麁權實
皆等有也生曰諸佛色身雖復若干而一佛无不有之故无不等矣　是故名為三藐三
佛陀名為多陀阿伽度名為佛陀　二明名等肇曰秦言正遍知見法无差謂之正智
无不同謂之遍決定法相謂之知多陀等者肇曰秦言如來亦名如去如法而來如
法而去古今不改千聖同轍故名如來亦名如去佛陀者肇曰秦言覺生死長寢
莫能自覺之彼其唯佛也　阿難若我廣說此三句義汝以劫壽不能盡受正使三
千大千世界滿中衆生皆如阿難多聞第一得念總持此諸人等以劫之壽亦不能
受如是阿難諸佛阿耨多羅三藐三菩提无有限量智惠辯才不可思議　此下三
正明析伏阿難文三此初明一人不受正使三千等多亦不受如是　阿難等明菩提无
邊故身智權實麁化功德不可思議豈是聲聞所能量也　阿難白佛言我從
今已往不敢自謂以為多聞　此二阿難伏過以謝勸人文四此初阿難伏也肇曰阿難於五
百弟子中多聞強記第一今聞佛事乃自審宣聞　佛告阿難勿起退意所以者
何我說汝於聲聞中為最多聞非謂菩薩　二佛慰也肇曰物有於上不足於下有餘
不可以於下有餘而量於上也　且止阿難其有智者不應限度諸菩薩也一切海淵尚
可測量菩薩禪定智惠總持辯才一切功德不可量也　三歎菩薩功德无量也
阿難汝等捨置菩薩所行是維摩詰一時所現神通之力一切聲聞辟支佛於百千劫盡
力變化所不能作　四結前小大之土不思議一時所現神力非二乘所能為也
尒時衆香世界菩薩來者合掌白佛言世尊我等初見此土生下劣想今自悔責
捨離是心所以者何諸佛方便不可思議為度衆生故隨其所應現佛國異　此四大悔
責文有悔有釋肇曰初見土穢生下劣想謂諸菩薩亦有升降聞上佛事乃自

方便化所不能作　四結歎小大之士不思議一時所現神力非二乘所能為也
今時衆香世界菩薩来者合掌白佛言世尊我等初見此土生下劣想今自悔責
捨離是心所以者何諸佛方便不可思議為度衆生故隨其所應現佛國異　此四大悔
責文有悔有釋肇曰初見土穢生下劣想謂諸菩薩亦有昇降界上佛事乃自
悔責　唯然世尊願賜少法還於彼土當念如来　此下第三請法還國文三一請二答
三稱歎還國此初請也肇曰既知佛事之難議故欲請法而返土將宣揚如来不思
議道令本國衆生念佛功德也　佛告諸菩薩有盡无盡觧脫法門汝等當學
此下二答文四初標名二略釋三廣釋四結勸此初也肇曰有為法有三相故有盡无為
法无三相故无盡也　何謂為盡謂有為法何謂无盡謂无為法如菩薩者不盡
有為不住无為　二略釋肇曰有為雖偽捨之則大業不成无為雖實住之則慧心
不明是以菩薩不盡有為故德无不就不住无為故道无不覆至能出生入死遇物斯
乘在淨而淨不以為欣處穢而穢不以為戚應彼而動於我无為此諸佛平等不
思議之道也何謂不盡有為　此下三明廣釋文三初釋不盡次釋不住後雙釋
初中文三此初徵也　謂不離大慈不捨大悲　此下二釋也既雖明万行无別科決肇
曰慈悲乃入有之基樹德之本故發言有之　深發一切智心而不忽忘教化衆生終
不猒倦於四攝法常念順行護持正法不惜軀命種諸善根无有疲猒志常
安住方便迴向　外化不離慈內脩不忘智謂求菩提心不暫忘也又外化不猒內順
四攝外護法藏內求功德皆為迴向菩提方便化物不求二乘三界果也肇曰以慈為
根發心為首此後順四攝化衆生護正法種善根以此衆德茂其枝條道樹日滋不
盡有為也　下諸行類枝條之流取其日滋日茂以成不盡義可處捨慈悲道樹不違衆
德積耗自隱涅槃謂盡有為也求法不懈說法无悋勤供諸佛故入生死而无所畏
為法不息供佛无畏肇曰不以結生曷為而畏　於諸榮辱心无憂喜不輕未學敬學
如佛　八風不移志勸學未輕心肇曰未學當學所以不輕以學當成故敬如佛墮煩惱
者令發正念於遠離樂不以為貴不著己樂慶於彼樂　不樂煩惱不貴涅槃大士之
化也肇曰獨善之道何足貴也不著之樂等大士之心也　在諸禪定如地獄想　肇曰禪定
雖樂著之則大道不成菩薩不樂故想如地獄　於生死中如園觀想　肇曰生死雖苦大道之
所因菩薩遊故想如園觀也　見来求者如善師想　肇曰求者雖欲自益而實益我故
想為善師　捨諸所有具一切智想　見毀戒人起救護想　諸波羅蜜為父母想道品之法為
眷屬想　肇曰此施戒就善根至一切智又不擾毀戒但念悲救想彼羅蜜能生法身助成善
提真道品此等是大士之想念也　發行善根无有齊限以諸淨國嚴飾之事成己佛
土　修无方善嚴淨佛土依報之業也　開門大施具足相好除一切惡淨身口意　肇曰開四門
施求者所取无悋大施法也又觧除垢惡以淨三業之大施以嚴相好正報之也　生死

BD14092號　淨名經集解關中疏卷下

（55–42）

眷屬想必因此施成就善根至一切智又不壞戒但念悲救想彼羅蜜能生法身助成善
提業過遠出此等是大士之想念也　發行善根无有齊限以諸淨國嚴飾之事成已佛
土　增益万善嚴淨佛土依報行也　開門大施具足相好除一切惡淨身口意　肇曰開四門
恣求者所取无廢大施法也又解除垢惡以淨三業行大施以嚴相好正報行也　生死
无數劫意而有勇聞佛无量德志而不倦以智惠劍破煩惱賊出陰界入荷負衆生
永使解脫　大悲不匱於生死精進不倦於佛德以智惠劍破煩惱賊出法身果荷負
衆生此菩薩心也　肇曰法身越三界陰界入所不攝故下出者受陰界入身處積塵
之內則自困羇鏁安能濟彼　以大精進摧伏魔軍常求无念實相智惠行少欲知
足而不捨世間法　精進以摧魔无念以證真少欲而不捨世大士之行也肇曰真智无緣故
無念不捨世者肇曰不以无欲而捨世自異　不壞威儀而能隨俗起神通惠引導衆生得
念總持所聞不忘善別諸根斷衆生疑以樂說辯演法无㝵　不壞法身起通導物身
業化也正念總持多聞不忘意業化也善別衆根斷疑樂說口業化也此大士之三密也
不壞威儀者肇曰同俗俯仰不失道儀天下皆謂我同己而我獨異人樂說辯者四辯也
淨十善道受天人福修四无量開梵天道　十善欲天因无量梵王因物无出世之根故接
以人天之善令離三途此大士之方便也　勸請說法隨喜讚善得佛音聲身口意善得
佛威儀此大士之德也佛音者經之八音也一徹好二柔軟三和適四諦了五不女六不誤七
深遠八不竭也又密跡經云有无量音也　深修善法所行轉勝以大乘教成菩薩僧心
无放逸不失衆善　自行則深修轉勝衆則化以大乘又不務一善以放逸乃圓万德以成
道此大士之進求也　行如此法是名菩薩不盡有為　此三結也肇曰修如上法自行化彼
切德日茂不盡有為也夫善有為法變壞物可慶捨不修則日耗日盡　何謂菩薩不住
无為　此下第二釋不住无為文三如前此初標也　謂修學空不以空為證修學无相
无作不以空无相无作為證修學无起不以无起為證　此下二釋文三此初明三脫也三
乘觀三脫樂涅槃故取證菩薩觀三脫兼大悲故不證无起者因緣生法无自性故不生
起也肇曰此空觀之別門也　觀於无常而不厭善本觀世間苦而不惡生死觀於无我
而誨人不倦觀於寂滅而不永滅　此二四非常觀也破常倒故觀无常以大悲故不厭
善破樂倒故觀苦以大悲故不惡生死破我倒故觀无我以大悲故常誨人破喧動故
觀寂滅以大悲故不永滅又觀无常故不住生死不厭善本不住涅槃餘例然　觀於遠
離而身心修善觀无所歸而歸趣善法觀於无生而以生法荷負一切觀於无漏而不
斷諸漏觀无所行而以法教化衆生觀於空无而不捨大悲觀正法位而不隨小乘
此三雜明諸行也雖身心離相而現身心修善雖法性平等而現歸善法雖理本无
生而現生度物雖漏本清淨而現行諸漏雖本覺无行而現行引物雖衆生情空而
不捨悲濟正位者見真入證之地也以大悲故不隨小乘而取證也　觀諸法虛妄无牢

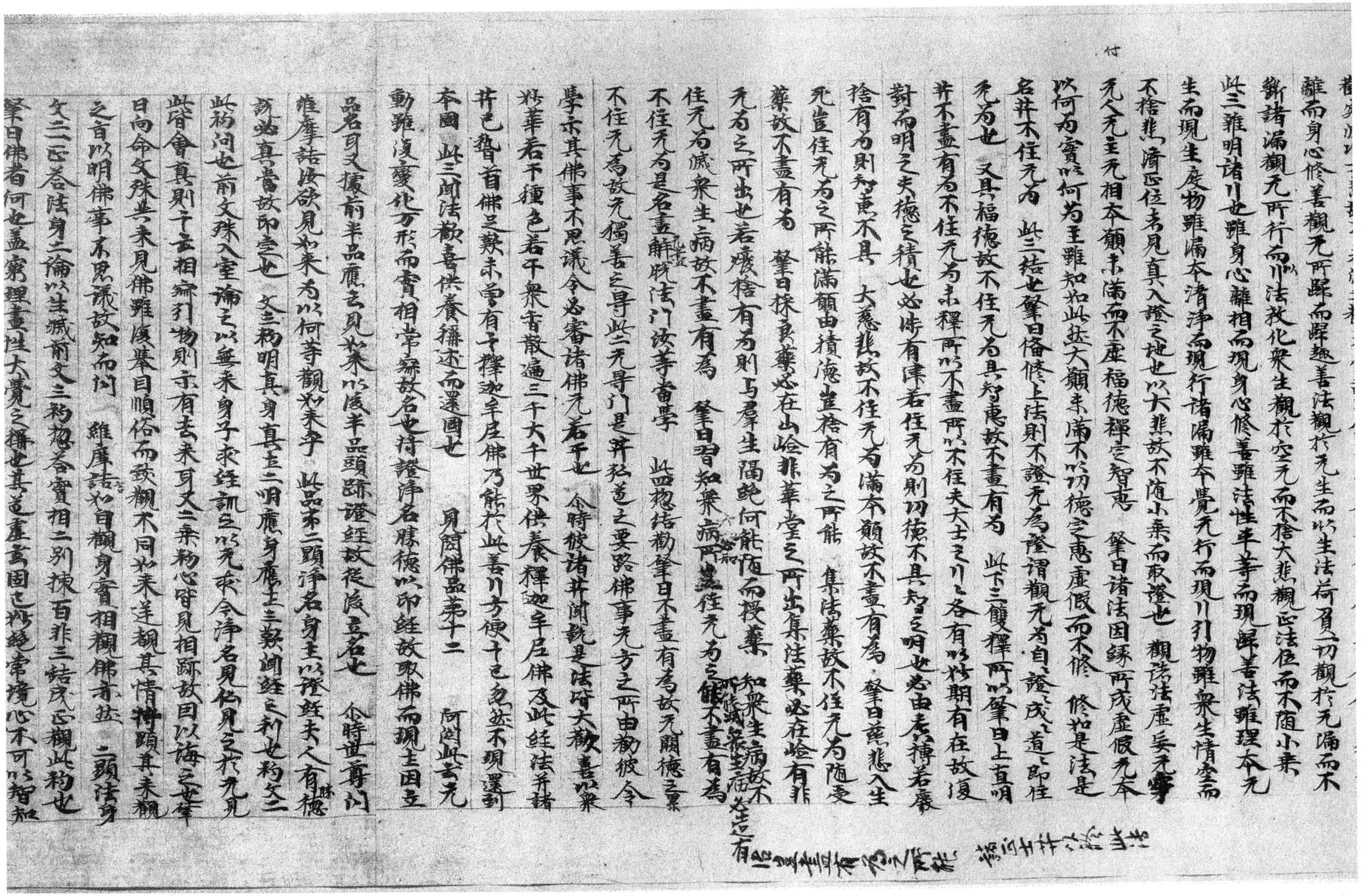

BD14092號　淨名經集解關中疏卷下

（55–44）

通

此皆會真則千去相窮引物則示有去来耳又二乘矜心皆見相跡故因以誨之也肇
日向命文殊共来見佛雖復舉目順俗而致覲不同如来遂覲其情祈頭其来觀
之旨以明佛事不思議故知而問　維摩詰如自觀身實相觀佛亦然　二顯法身
文二一正荅法身二論以生滅前文三初總荅實相二別揀百非三結成正觀此初也
肇日佛者何也蓋窮理盡性大覺之稱也其道虛玄固已妙絕常境心不可以智知
形不可以像測同万物之為而居不為之域處言數之内而止无言之鄉非有而不可
為无非無而不可為有寂寞虛曠物莫能測不知所以名故强謂之覺其為至也
亦以極矣何則夫同於得者得亦得之同於失者失亦得之是以則真者同真法僞者同僞
如来靈照冥諧一彼實〻相〻之相即如来相故雖日見實相法為見佛也淨名自
觀身實相以為如来相義存於是也　我觀如来前際不来後際不去今則不住〻〻
觀〻色如不觀色性不觀受想行識不觀識如不觀識性　此下二別揀百非竟明諸
相非相即實相也法身非生滅故非三世有故非色非空故非如無自性故无性肇
日法身超絕三世非陰界入所攝故不可以生住去来而觀不可以五陰如性而觀也
非四大起同於虛空六入无積眼耳鼻舌身心已過不在三界三垢已離順三脫門三
明与无明等　金剛之軀非四大起本覺性故不積六情法界同真不在三界性離
三垢常順三脫明与无明其性不二〻之情性即法身性也　不一相不異相不自相不他
相非无相非取相不此岸不彼岸不中流而化衆生觀於寂滅亦不永滅　法身非聚
散故非一異云彼我故無自他不同太虛故非无相不受著故非取相生死即涅槃故无
彼此岸邪正道不二故无中流雖衆相都滅而不住滅故教化衆生是即常寂滅而无滅也
不此不彼不以此不以彼不可以智知不可以識〻　法无彼此之相故不彼不此聖无彼此
之執故不以彼且二乘智所不測豈凡識而能識哉　无晦无明无名无相无強无
弱非淨非穢　性不可藏故无晦離覺所覺故无明不可以名呼不可以相示豈強弱
淨穢而可別哉　不在方不離方非有為非无為无示无説　佛身住法性故不在
方養國即法性故離方真身不生滅故非有為丈六即真故非无為應物而相非實
相故不可示應物而名非真名故不可説　不施不慳不戒不犯不忍不恚不進不怠不
定不亂不智不愚不誠不欺不来不去不出不入一切言語道斷法身真淨不可以六
蔽覆不可以六度〻不可以善誠不可以惡欺感物而来非来感謝而往非去既形於
去来亦无心於出入斯千住自絕也　非福田非不福田非應供養非不應供養非取
非捨非有相非无相同真際等法性不可稱不可量過諸稱量　无心福物非福
田有求見益非不福无陰无得非應供德洽无邊非不應取之則失真捨之則亦
道豈有相可相无相可无斯同真際等法性越稱量之境哉　非大非小非見非聞
非覺非知離衆結縛等諸智同衆生於諸法无分別　不可以世界量非大不可以

去來亦无心於出入斯乃住自絶也　非福田非不福田非應供養非不應供養非取
非捨非有相非无相同真際等法性不可稱不可量過諸稱量　无心福物非福
田有求見益非不福无證无得非應供德洽无邊非不應取之則失真捨之則乖
道豈有相可相无相可无斯同真際等法性越稱量之境哉　非大非小非見非聞
非覺非知離衆結縛等諸智同衆生於諸法无分別　不可以世界量非大不可以
微塵非小離六塵之境不可以合量不可以離見无漏之解之絶結縛等實相之智
同衆生之性渾然无際豈与法有別一切无失无濁无惱无作无起无生无滅无畏无
憂无喜无猒　肇曰无得故无失无清故无濁事外之解何可惱亂孰能作之令起生
之使滅恬淡寂怕无為无數豈容憂畏喜猒於其間哉　无已有无當有无今有
不可以一切言說分別顯示　既已三世之有都絶乎說之路　世尊如來身為若此也作
如是觀以斯觀者名為正觀若他觀者名為耶觀之法氏觀也　肇曰窮乎盡智莫能
顯示來觀之旨為若是也又解他觀者謂二乘凡夫見生滅憂畏等背理為他
今時舍利弗問維摩詰汝於何滅而來生此　二論生滅文三舍利弗約法問二淨名約
幻現生三釋其生滅前文又四此初身子問也離生滅見不生滅者二乘之見非實相
義若即因緣生滅悟不生滅者此法身義也有此差別故兼論焉上雖具顯百非
今但論於生滅若悟生則无生生自然无生自然衆非可見矣肇曰上去如自觀身
實相无生而現有生將成其自觀之義故以沒生問之　維摩詰言汝所得法有
沒生乎　二反質也肇曰逆問所得以證无沒生也所得法即无為无相法也　舍利
弗言无沒生也　三答无沒生也　若諸法无沒生相去何問言汝於何沒而來生此
四呵也若觀諸法因緣生滅本无自性去何乃問此沒生耶　於意去何譬如幻師幻作
男女寧沒生耶　二舉幻現文五此初舉幻問　舍利弗言无沒生也　二答也　汝豈不
聞佛說諸法如幻相乎　三重問　答曰如是　四重答　若一切法如幻相者去何問言汝於何
沒而來生此　五呵若佛說諸法如幻相者即幻生非生幻沒非沒去何更問此沒生也
肇曰生猶化存死猶化往物无不尔獨問我為　舍利弗沒者為虛誑法壞敗之
相生者為虛誑法相續之相菩薩雖沒不盡善本雖生不長諸惡　三解釋文二初
誑有沒有生悟法真實无生无滅幻滅非滅故不盡善本幻生非生故不增益
長惡此所以顯即生滅悟无生滅成法身義也　是時佛告舍利弗有國名妙喜佛號
无動是維摩詰於彼國沒而來生此　此下二明應身應生文二初論應事二現身土前文
又四一佛亦國名二身子生疑三約前質問四解釋應事此初也上既即生非生是真身
此明不生能生是應身國土亦然故佛亦其生沒也　舍利弗言未曾有也世尊是人
乃能捨清淨土而來樂此多怒害處　二生疑但可棄穢生淨曷有捨淨來穢耶肇

BD14092號　淨名經集解關中疏卷下

（55–46）

又四一佛亦國名二身子生疑三約喻質問四解釋應事此初也上既明生非生是真身
此明不生能生是應身國土亦然故佛示其生沒也　舍利弗于未曾有也世尊是人
乃能捨清淨土而來樂此多怒害處　二生疑但可奇識生淨國有捨淨來穢邪肇
曰此土方餘國怒害處多　維摩詰語舍利弗於意云何日光出時與冥合乎　答曰
不也日光出時則無眾冥　維摩詰言夫日何故行閻浮提答曰欲以明照為之除冥
三質問初問答明日光自明闇不能蔽喻真身處染不染後問答明日光能破
彼闇喻菩薩化生雜染　維摩詰言菩薩如是雖生不淨佛土為化眾生不與愚闇
而共合也但滅眾生煩惱闇耳　此四合喻解釋二重亦然　是時大眾渴仰欲見妙喜
世界不動如來及其菩薩聲聞之眾　此三正現身土文六一時眾渴仰二佛命令現三奉
命移取四勸修行五大眾發心六利益還本也此初也　佛知一切眾會所念告維摩詰
言善男子為此眾會現妙喜國無動如來及諸菩薩聲聞之眾眾皆欲見　此二命令現
生肇曰既覩大眾渴仰之情將顯淨名不思議德故告令現本國也　於是維摩詰心
念吾當不起于座接妙喜國鐵圍山川溪谷江河大海泉源須彌諸山及日月星宿
天龍鬼神梵天等宮并諸菩薩聲聞之眾城邑聚落男女大小乃至無動如來　三奉
命文六此初念取彼佛國土及妙蓮花寶階嚴飾盡皆現也　及菩提樹諸妙蓮花
能於十方作佛事者　肇曰彼菩提樹及妙蓮華皆能放光明於十方作佛事及華上
化佛菩薩亦於十方佛作佛事皆通取來　三道寶階從閻浮提至忉利天以此寶階諸天
來下悉為禮敬無動如來聽受經法　肇曰欲天報通足能陵虛然彼土以寶階嚴
飾為遊戲之路故同以往返也　閻浮提人亦登其階上昇忉利見彼諸天妙喜世界
成就如是無量功德上至阿迦膩吒天下至水際以右手斷取如陶家輪入此世界猶持
華鬘示一切眾　肇曰嚴淨之土福慶所集人天之報相殊未幾故同路往返有交
遊之歡㑹又解忉利此云三十三也　阿迦膩吒此云色究竟　作是念已入於三昧現神
通力以其右手斷取妙喜世界置於此土　二正取肇曰重為輕根靜為躁君非三昧之
力無以運神足之動　彼得神通菩薩及聲聞眾并餘天人俱發聲言唯然世尊誰取
我去願見救護　三得通警覺　肇曰大通菩薩達觀變端為眾而問其餘諸天
未了而問恐畏求盡故求救護　無動佛言非我所為是維摩詰神力所作　四佛釋淨
名作也　其餘未得神通者不覺不知己之所往　五明不覺　妙喜世界雖入此土
而不增減於是世界亦不迫隘如本無異　六不增減　尒時釋迦牟尼佛告諸大眾
汝等且觀妙喜世界無動如來其國嚴飾菩薩行淨弟子清白皆曰唯然已見　佛言若菩薩
欲得如是清淨佛土當學無動如來所行之道　此四勸修行文三此初勸觀也二皆曰唯然
已見佛言已下勸修並可見肇曰登高必由其本求果必尋其因現此妙喜國時娑
婆世界十四那由他人發阿耨多羅三藐三菩提心皆願生於妙喜佛土釋迦牟尼佛即

BD14092號　淨名經集解關中疏卷下

而不增減於是世界亦不迫隘如本無異 六不增減 尒時釋迦牟尼佛告諸大衆
汝等且觀妙喜世界無動如來其國嚴飾菩薩行淨弟子清白皆曰唯然已見 佛言若菩薩
欲得如是清淨佛土當學無動如來所行之道 此四勸修行文三此初勸觀也二皆曰唯然
菩見佛言已下勸修並可見肇曰登高必由其本求果必尋其因現此妙喜國時娑
婆世界十四那由他人發阿耨多羅三藐三菩提心皆願生於妙喜佛土釋迦牟尼佛即
記之曰當生彼國 此五明衆益文三發心發願佛記如文妙喜現此二意一爲讚淨名
淨土二爲若干有緣發心 時妙喜世界於此國土所應饒益其事訖已還復本處
舉衆皆見 此六利益已還本 佛告舍利弗汝見此妙喜世界及無動佛不唯然已見
世尊願使一切衆生得清淨土如無動佛獲神通力如維摩詰 此下第三明聞經益文
二身子發願二聞經利益初文又三一問二答三發願如文妙喜淨土淨名神通不思議事
二乘所無故發茲願也 世尊我等快得善利得見是人親近供養 此下二明聞經得利
文二此初歎聞經益 其諸衆生若今現在若佛滅後聞此經者亦得善利 此二歎諸
衆生聞經益文三初歎聞經 況復聞已信解受持讀誦解說如法修行 二總歎受
持 若有手得是經典者便爲已得法寶之藏 三別歎有六此初也六難衆生尚不
聞名況手得哉深種信根值佛得經解脫寶藏則爲已得 若有讀誦釋其義如
說修行則爲諸佛之所護念 肇曰行應於内護念於外理會冥感自然之數 其有
供養如是人者當知則爲供養於佛 持法藏者行如來事故如供佛 其有書持此
經卷者當知其室則有如來 經是佛母故經卷住處佛及弟子梵釋龍天護如塔
廟 若聞是經能隨喜者斯人則爲取一切智 千里之行難於發足一切智果始於隨
喜既能喜之必當剋證 若能信解此經乃至一四句偈爲他人說者當知此人即是
受阿耨多羅三藐三菩提記 十善五戒報在人天大乘深經唯果菩提故始信四句
便記成佛 法供養品第十三 此下二品大段第三證已須傳流通之也讀說護持
遠津遐劫聞經修證聖聖不絕故曰流通文二此品讚法尊益大後品顯益護持大乘理
教名之爲法修讀傳通名爲供養如文 尒時釋提桓因於大衆中白佛言世尊我
雖從佛及文殊師利聞百千經未曾聞此不可思議自在神通決定實相經典 品文
二初天帝發誓弘經二如來述可初中又三初歎法勝次歎人益三觀益誓傳此初也百
千經方便教也決定實相修證理自在神通所證用肇曰此經言雖簡約而義包羣
典坐不踰日而備覩通變大乘微遠之言神通應感之力一時所遇理無不盡 如我解
佛所說義趣若有衆生聞是經法信解受持讀誦之者必得是法不疑 此二歎人文
二此初歎信解肇曰是法者自在神通實相法也 什曰若累深信薄者經涉生死
究竟必得若善積而信深者隨願輒成之 何況如說修行斯人則爲閉衆惡趣開諸
善門常爲諸佛之所護念降伏外學摧滅魔怨修治菩提安處道場履踐如來所行
之跡 此二歎修行之益 [illegible]

佛所說義趣若有衆生聞是經法信解受持讀誦之者必得是法不疑　此二歎人文
二此初歎信解肇曰是法者自在神通實相法也　什曰若累深信薄者經涉生死
究竟必得若善積而悟深者隨願輒成之　何况如說修行斯人則爲閉衆惡趣開諸
善門常爲諸佛之所護念降伏外學摧滅魔怨修治菩提安處道場履踐如來所行
之跡　此二歎修行也一念修行則閉八難惡趣開五乘善門行應則諸佛冥護修正則外魔
摧伏隨順佛理名修菩提不移此心必安道樹无上佛果信心爲本万行菩提一念爲所
以始於一念修行即是履踐如來所行之跡　世尊若有受持讀誦如說修行者我當與
諸眷屬供養給事所在聚落城邑山林曠野有是經處我亦與諸眷屬聽受法故
共到其所其未信者當令生信其已信者當爲作護　此三天帝觀法尊益大發
誓弘護之護持正法菩薩行本所以誓修　佛言善哉善哉天帝如汝所說吾助尒喜
此經廣說過去未來現在諸佛不可思議阿耨多羅三藐三菩提　此下二佛讚天帝
所以文三如前此初述歎法也肇曰善其讓持之意也三世菩提不思議道皆陳在
此經若受持讚養則爲供養三世諸佛故助尒喜　是故天帝若善男子善女
人受持讀誦供養是經者則爲供養去來今佛　三述人益深文二此初正述也經
是三世佛母供其母則供其子也文殊能顯理之能悟佛故受持讀誦則爲供養三
世佛矣　天帝正使三千大千世界如來滿中譬如甘蔗竹葦稻麻叢林若有善
男子善女人或一劫或減一劫恭敬尊重讚歎供養奉諸所安至諸佛滅後以一一全
身舍利起七寶塔縱廣一四天下高至梵天表刹莊嚴以一切華香瓔珞幢幡伎
樂微妙第一若一劫若減一劫而供養之於天帝意云何其人殖福寧爲多不　此二挍
量文四此初舉况問也大千諸佛福田最上施安起塔三世供養是人殖福爲多不耶
釋提桓因言多矣世尊彼之福德若以百千億劫說不能盡　二答福多　佛告天
帝當知是善男子善女人聞是不可思議解脫經典信解受持讀誦修行福多
於彼　三正挍量勝生曰衣食供養本以施功致福非求理之法據此正可生人天之
中終不得成佛也供養法身者以佛所體爲懷之於大悟智惠而以相比豈可同年
語其優義爲哉　所以者何諸佛菩提皆從是生菩提之相不可限量以是因緣福
不可量　四釋勝所以諸佛從經生供佛福尚多何况供於經本乎　肇曰高木必起
重壤瓊瑜必生荊岫所以无量之果必由无量之因諸佛菩提皆從習此經生而
菩提之道以无相爲相无相之相不可限量因是生福福何可量　佛告天帝過去无
量阿僧祇劫時世有佛號曰藥王如來應供正遍知明行足善逝世間解无上士調
御丈夫天人師佛世尊世界曰大莊嚴佛壽二十小劫其聲聞僧三十六億那由他
菩薩僧有十二億　此下三述弘護之報我有月蓋護法成佛天帝所願報可知矣文四初
明有佛二明供養三結會四勸修此初明時有佛也藥王別号如來等通号有十如來
乘真如理來成正覺故二應供破魔走物應供養故三正遍知正覺諸法不顛倒故

量阿僧祇劫是時有佛号曰藥王如来應供正遍知明行足善逝世間解无上士調
御丈夫天人師佛世尊世界曰大莊嚴佛壽二十小劫其聲聞僧三十六億那由他
菩薩僧有十二億　此下三述弘讚之報我有月蓋讓法成佐天帝所願報可知矣文四初
明有佛二明供養三結會四勸修此初明時有佛也藥王別号如来等通号有十一如来
乘真如理来成正覺故二應供破魔度物應供養故三正遍知正覺諸法不顛倒故
四明行足万行滿足至三明果故五善逝善往也真往菩提不退還故六世間解大悲權
智解世間故七无上士德業最勝无能過故八調御丈夫受化調伏皆丈夫故九天人
師難師範六道天人益多故十佛佛覺也生死長夜自覺覺他故餘劫名眷屬等可
見　天帝是時有轉輪聖王名曰寶蓋七寶具足主四天下王有千子端正勇健能伏
怨敵爾時寶蓋與其眷屬供養藥王如来施諸所安至滿五劫　二明有王供養文
三此初父王供養也　七寶者輪寶珠寶女寶馬寶藏寶臣寶兵神寶、過
劫已告其千子汝等亦當如我以深心供養於佛　於是千子受父王命供養藥王如来
復滿五劫一切施安　二千子供養有告有奉可見　其王一子名曰月蓋獨坐思惟寧有供
養殊過此者　此三明月蓋思法供養文九此初獨思惟也　肇曰拯世飾珍无以標其
至至之情莫所珍之外別有好養以暢誠心　以佛神力空中有天曰善男子法之供養
勝諸供養　二天告肇曰藥王如来知其將化故變為空神而告之　即問何謂法之供
養　三問天也　天曰汝可往問藥王如来當廣為汝說法之供養　四令往問佛也
即時月蓋王子行詣藥王如来稽首佛足却住一面白佛言世尊諸供養中法供養勝
云何為法供養　五詣問佛　佛言善男子法供養者諸佛所說深經一切世間難信
難受微妙難見清淨无染非但分別思惟之所能得　下六佛答法養文三初明法辨
二明供養法中文五初明理法二明教法三明行勝四明果勝五揔結也此初明實相理法
也　肇曰深經謂之方等第一義也其旨深玄非有心之所得微妙无緣非明者之所
覩超絕塵境无染若空豈以有心有明而信受者不亦難乎又解實相深理難信
難見性淨无染但可智悟非分別思惟能得又解情與理違故難信行與理違故難受
義與理違故難見　菩薩法藏所攝陁羅尼印印之　此二明菩薩法教非小乘也陁羅尼者无
名相理假名相說終日名而无名終日相而无相此陁羅尼印也故勝天王云揔持无文字
文字顯揔持般若大悲力離言文字說文即名非名即相非相亦名實相印也
肇曰菩薩法藏所攝因非小乘之寶揔持所印因非域中之道揔持所印印必真法藏
所攝攝必實豈是常人所能闢發以明法寶深固難可闚闚也　至不退轉成就六度
此三明理深教妙起行必勝文四此初不退行也如彌勒章明肇曰不退所以至六度所以成
大業之所出何莫由斯典　善分別義順菩提法衆　經中上　此三揔說行也肇曰善
分別實相之義順菩提无相之法此經之上也　入大慈悲離衆魔事及諸邪見
此三離過行也大悲故起二乘離着故起諸魔无邪見故起外道此皆深經之所
[illegible]

BD14092號　淨名經集解關中疏卷下

（55–50）

此三明理深教妙起行必勝文四此初不退行也如弥勒章明肇曰不退所以至六度所以成
大業之所出何莫由斯典善分別義順菩提法衆　經中上　此三總說行也肇曰善
分別實相之義順菩提无相之法此經之上也　入大慈悲離衆魔事及諸邪見
此三離過行也大悲故起二乘離着故起諸魔無邪見故起外道此皆深經之所
能也　順因緣法无我无人无衆生无壽　命空无相无作无起　此四證真行也謂
順因緣悟真理也无我等我空也空无相等法空也肇曰法從因緣生則无自
性无自性則无主无主則无我人衆生壽者命唯空无相无作无起此深經之所順也
能令衆生坐於道場而轉法輪諸天龍神乾闥婆等所共歎譽　此下四明理深
行妙得勝果也文三初明證既成道樹必轉法輪所以天龍稱懷折歎　能令衆
生入佛法藏攝諸賢聖一切智惠說衆菩薩所行之道　此二明一切智果既坐道樹具
佛法藏攝賢聖智得菩提道因圓果滿名行足也　依於諸法實相之義明宣无
常苦空无我寂滅之法能救一切毀禁衆生諸魔外道及貪著者能使怖畏　此三
明大悲利益果既坐道場攝一切智普雨法雨利益衆生令諸菩薩依實相義摧為
二乘宣无常理聞經隨喜毀禁罪除諸魔外道怖邪歸正自非深信大乘堅
固悲願安能致此无邊益哉　諸佛賢聖所共稱歎背生死苦示涅槃樂十方
三世諸佛所說　此五總結理也肇曰諸佛共稱以明其法必真也生死雖苦皆之
至難涅槃樂識之者寡自非深經孰啓其路諸佛雖殊其道不二以明第一
義經常一不差也美深經說於是若聞如是等經信解受持讀誦以方便力為
諸衆生分別解說顯示分明守護法故是名法之供養　此二明供養文二此初
信行讀誦肇曰如是等經盡諸佛法身也若聞斯經能信解護持宣示分明
令大法增廣名之供養乃成法身也　又於諸法如說修行　此二明法行修行文三
初觀除邪報二四依簡失三順寂滅隆初除執文三此初標也肇曰諸法即深
經所說六度諸法　隨順十二因緣離諸邪見得无生忍決定无我无有衆生
此二无我觀也　肇曰不悟緣起故有邪見之迷封我之惑若知緣則得明惠明見十二
因緣根原所由故能離邪見得无生忍无復合我衆生之想也見緣知緣謂之隨順
明白有无謂之決定皆智用之別稱　而於因緣果報无違无諍離諸我所　此三離
我所也肇曰无違无諍即隨順義也五受陰身及家屬所有因緣果報即我所也若
能明見因緣果報之性順而無違離我所也上直明觀因緣知无造者故離我見
今觀因緣果報知无屬者故離我所見　依於義不依語依於智不依識依了
義經不依不了義經依於法不依人　二四依簡失大集經云語者說生死義者
知生死无性語者說涅槃味義者說涅槃无性語者說諸乘隨所安立義者說諸
乘入一相智門等文識者識四大智住四大无性識者識六根六識智者住內外俱滅

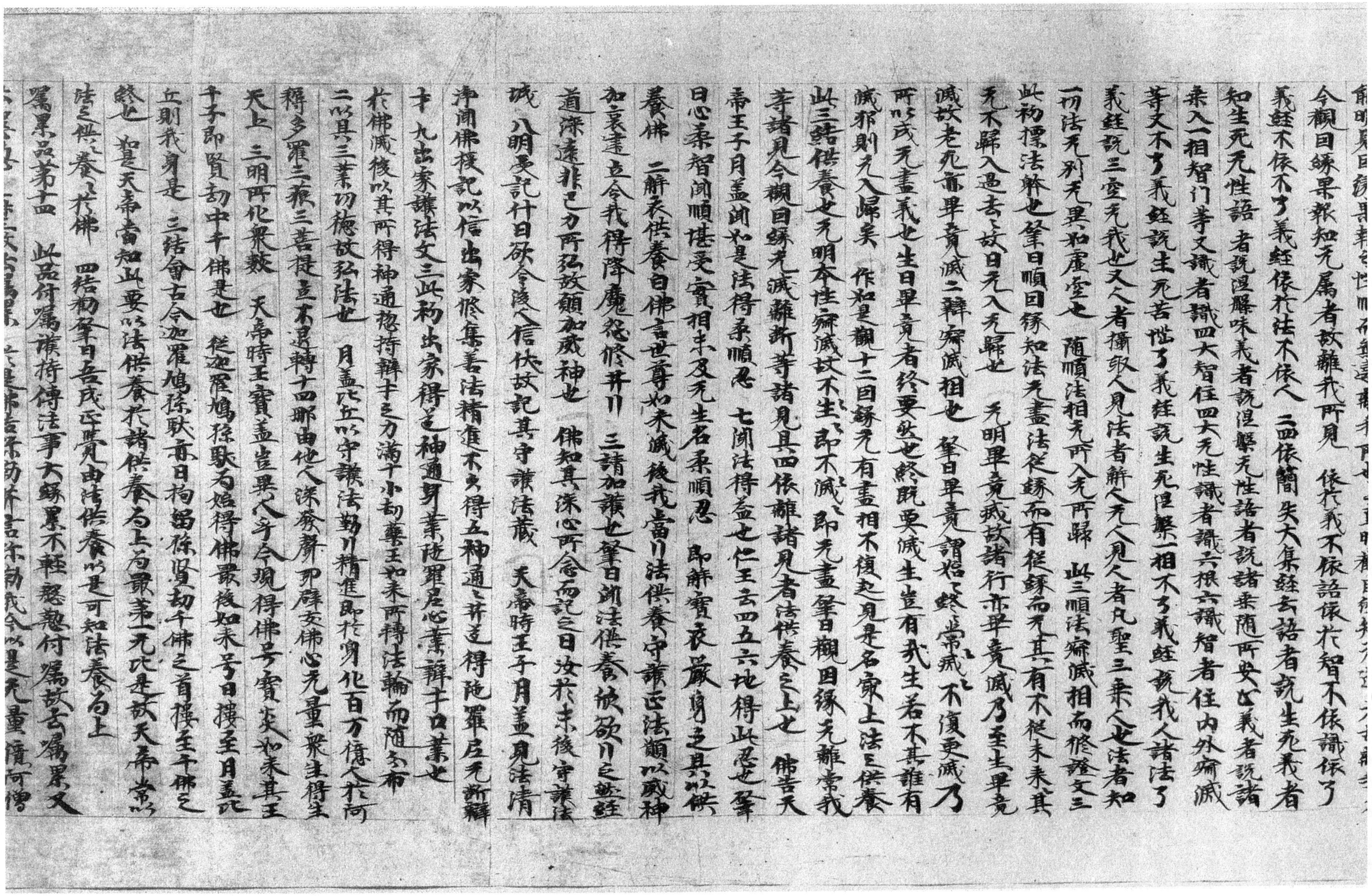
令觀因緣果報知无屬者故離我所見　依於義不依語依於智不依識依了
義經不依不了義經依於法不依人　二四依簡失大集經云語者說生死義者
知生死无性語　者說涅槃味義者說諸乘隨所安立義者說諸
乘入一相智門等文識者識四大智住四大无性識者識六根六識智者住内外寂滅
等文不了義經說生死苦惱了義經說生死涅槃一相不了義經說我人諸法了
義經說三空无我也又人者攝取人見法者離人无人見人者凡聖三乘人也法者知
一切法无別无異如虛空也　隨順法相无所入无所歸　此三順法寂滅相而修證文三
此初標法體也肇曰順因緣知法无盡法從緣而有從緣而无其有不從未來其
无不歸入過去故曰无入无歸也　无明畢竟滅故諸行亦畢竟滅乃至生畢竟
滅故老死畢竟滅二辯寂滅相也　肇曰畢竟謂始終常滅不復更滅乃
所以成无盡義也生曰畢竟者終要然也終既要滅生豈有我生若不其誰有
滅邪則无入歸矣　作如是觀十二因緣无有盡相不復起見是名最上法之供養
此三結供養也无明本性寂滅故不生不滅即不滅即无盡肇曰觀因緣无離常我
等諸見今觀因緣无滅離斷等諸見具四依離諸見者法供養之上也　佛告天
帝王子月蓋聞如是法得柔順忍　七聞法得益也仁王云四五六地得此忍也肇
日心柔智順堪受實相未及无生名柔順忍　即解寶衣嚴身之具以供
養佛　二解衣供養白佛言世尊如來滅後我當行法供養守護正法願以威神
加哀建立令我得降魔怨修菩薩行　三請加護也肇曰聞法供養欲行之然經
道深遠非己力所弘故願加威神也　佛知其深心所念而記之曰汝於末後守護法
城　八明受記付囑故今後人信伏故記其守護法藏　天帝時王子月蓋見法清
淨聞佛授記以信出家修集善法精進不久得五神通具菩薩道得陀羅尼无斷辯
才　九出家護法文三此初出家得通具菩薩陀羅尼心業辯才口業也
於佛滅後以其所得神通總持辯才之力滿十小劫藥王如來所轉法輪而隨分布
二以其三業功德故弘法也　月蓋比丘以守護法勤行精進即於身化百万億人於阿
耨多羅三藐三菩提立不退轉十四那由他人深發聲聞辟支佛心无量衆生得生
天上　三明所化衆數　天帝時王寶蓋豈異人乎今現得佛号寶炎如來其王
千子即賢劫中千佛是也　從迦羅鳩孫馱為始得佛最後如來号曰樓至月蓋比
丘則我身是　三結會古今迦羅鳩孫馱舊曰拘留孫賢劫千佛之首樓至千佛之
終也　如是天帝當知此要以法供養於諸供養為上為最第一无比是故天帝當以
法之供養供養於佛　四結勸肇曰善成正覺由法供養以是可知法養為上
囑累品第十四　此品付囑護持傳法事大緣累不輕慇懃付囑故云囑累又

丘則我身是　三結會古今迦羅鳩孫馱亦曰拘留孫賢劫千佛之首樓至千佛之
終也　智是天帝當知此要以法供養於諸供養為上為最第一无比是故天帝當以
法之供養供養於佛　四結勸舉自吾成正覺由法供養以是可知法養為上
囑累品第十四　此品付囑護持傳法事大緣累不輕慇懃付囑故名囑累文
云慇懃　弟三故名囑累　於是佛告彌勒菩薩言彌勒我今以是无量億阿僧
祇劫所集阿耨多羅三藐三菩提付囑於汝如是輩經於佛滅後末世之中汝
等當以神力廣宣流布於閻浮提无令斷絶　品文三一付囑彌勒等二付囑阿
難等三經畢慶聞　前文又二初援受付三此初正付也舉日不思議經即佛无上菩
提之道其道深遠難可剋成吾无量劫不惜身命骨施踰須彌血施過江海
勤苦積集今始得就衰彼長迷故垂之竹帛并群生德薄魔鬼事熾盛吾道
多難非汝不弘嗣正之弟所以重累文殊高稱生達尊魔盛自非神力无以制
持故勸以神力也　所以者何未來世中當有善男子善女人及天龍鬼神乾闥婆羅
剎等發阿耨多羅三藐三菩提心樂于大法若使不聞如是等經則失善利如此輩
人聞是等經必多信樂發希有心當以頂受隨諸衆生所應得利而為廣說
二釋付所以緣不感佛發在當來不聞則失聞之必益故當頂受廣說舉自法之
通塞損益若此故勸彌勒須受廣說也　彌勒當知菩薩有二相何謂為二一者
好於雜句文飾之事二者不畏深義如實能入若好雜句文飾事者當知是為新
學菩薩若於如是无染无著甚深經典无有恐畏能入其中聞已心淨受持讀
誦如說修行當知是為久修道行　此三明傳通得失有三此初總簡也新學好
文久修好義傳者應善其根緣學者應鑒其得失有標釋結可見舉自之行
深淺各有異相得失而陳以勸護持法者　彌勒復有二法名新學者不能決
定於甚深法何等為二一者所未聞深經聞之驚怖生疑不能隨順毀謗不信
而作是言我初不聞從何所來二者若有護持解說如是深經者不肯親近供
養恭敬或時於中說其過惡有此二法當知是新學者為自毀傷不能於
深法中調伏其心　此二別簡新學文三如前決定深理必在積修教法重人方能大
學者謗法毀師自絶深信解惠不明豈能決定正觀稱不退轉也舉自一毀法二毀
人　彌勒復有二法菩薩雖信解深法猶自毀傷而不能得无生法忍　何等為二一者
一輕慢新學而不教誨二者雖解深法而取相分別是為二法　三別簡舊學二法者
自毀修證文三如前可見　彌勒菩薩聞說是已白佛言世尊未曾有也如佛所說我
當遠離如斯之惡　此下二明彌勒四王等受旨文三此初彌勒受旨二佛讚領中先
受誡旨舉日一生大士豈有如斯之惡聞而復離聊發言者為未離者耳　奉持

深法中調伏其心 此二別簡新學文三如前決定深理必在積德敬法重人方能大
學者謗法毀師自絕深信解惠不明豈能決定正觀權不退轉也 肇曰一毀法二毀
人 弥勒復有二法菩薩雖信解深法猶自毀傷而不能得无生法忍 何等爲二者
輕慢新學菩薩而不教誨二者雖解深法而取相分別 是爲二法 三別簡舊學二法者
一輕慢新學自言大悲二棄分別自懷大智矣證无生忍悪悲智雙圓有茲二患
自毀修證文三如前可見 弥勒菩薩聞說是已白佛言世尊未曾有也如佛所說我
當遠離如斯之悪 此下二明弥勒四王等受旨文三此初弥勒受旨二佛讃領中先
受誠旨 肇曰一生大士豈有如斯之悪聞而復離邪發言者爲未離者耳 奉持
如來无數阿僧祇劫所集阿耨多羅三藐三菩提法若未來世中善男子善女人
求大乘者當令手得如是等經與其念力使受持讀誦爲他廣說世尊若後
末世有能受持讀誦爲他說者當知是弥勒神力之所建立 此二領通經旨如
來得法益通三世未來有緣我當令手得心持自行兼說 弥勒神力者肇曰宣
已功於末世息衆魔之候斷 佛言善哉善哉弥勒如汝所說佛助尒喜 此二佛
佛讃如文可見 於是一切菩薩合掌白佛言我等亦於如來滅後十方國土廣宣
流布阿耨多羅三藐三菩提復當開導諸說法者令得是經 二諸菩薩受法燈遍
照故誓宣十方 尒時四天王白佛世尊在在處處城邑聚落山林曠野有是經卷讀
誦解說者我當率諸官屬爲聽法故往詣其所擁護其人面百由旬令无伺
求得其便者 此下三四天王受旨經卷住處災難自清現天力護持弥增法化
是時佛告阿難受持是經廣宣流布 阿難言唯我已受持要者世尊當何名
斯經 佛言阿難是經名維摩詰所說亦名不可思議解脫法門如是受持 下二府
囑阿難付受問名欲令結集之時无所遺漏 佛說是經已長者維摩詰文殊師利
舍利弗阿難等及諸天人阿脩羅等一切大衆聞佛所說皆大歡喜 一 已下說付既
周慶聞脩奉

淨名經關中疏卷下

屬阿難付受問答破令結集之時无所遺漏　佛說是經已長者維摩詰文殊師利

舍利弗阿難等及諸天人阿脩羅等一切大衆聞佛所說皆大歡喜　已下說付訖

周慶聞修奉

淨名經關中疏卷下

BD14093 號背　現代護首

（1–1）

BD14093號　淨名經集解關中疏卷下

（55–1）

淨名經集解關中疏卷下　資聖寺沙門道液述

文殊師利品第五　前室外三品明呵折此下六品明稱受復次前明不堪仰德生
信此明堪問聞法悟入六品經文宗緣問疾此一品居初故獨名下隨別義受別品
目疾有三種一者衆生實報二者菩薩權現如品文明大文分二初此品略明二乘下五
品廣明二疾　尒時佛告文殊師利汝行詣維摩詰問疾　此品受命文二一命二
承命此初命也肇曰文殊師利秦言妙德經云曾已成佛名曰龍種尊　文殊師
利白佛言世尊彼上人者難為酬對　此二承命文五一恭命問疾二大衆侍從三
賓主往復四宣揚問疾五時衆得益初中文三一總自謙二陳彼勝德三承旨
往問此初也什曰言乃超出我上直其詞順此蓋深往者之情耳豈其本實
肇曰三万二千何必不任文殊師利何獨受命意謂是人之美謙無方隱顯殊迹
故迭為修短應物之情事孰敢定其優劣辯其得失乎文殊將適群心
而奉使命故先歎淨名之德以生衆會難遭之想也其人道尊難為酬對
承仏聖旨門問疾耳　深達實相善說法要　二陳彼勝德文三一二初深廣言

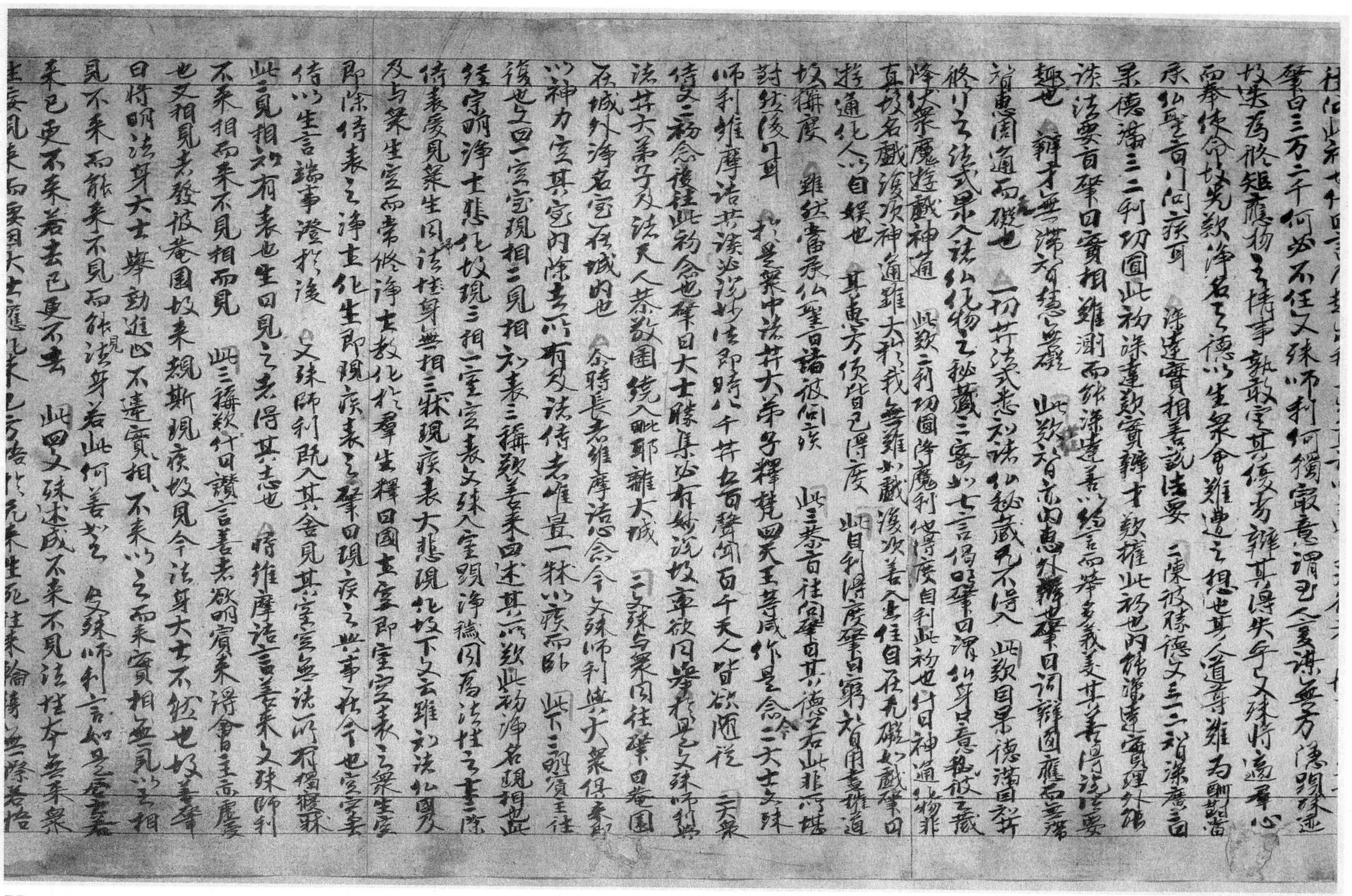

BD14093號　淨名經集解關中疏卷下

（55–3）

不來相而來不見相而見　此三稱歎仏口讚言善者欲明實來得會其宜處
也又相見者發彼菴園故來覲斯現疾故見今法身大士不然也故善哉
曰侍明法身大士舉動進止不違實相不來以之而來實相無見以之相
見不來而能來不見而能見法身若此何善如之　文殊師利言如是居士若
來已更不來若去已更不去　此四文殊述成不來不見法性本無來衆
生妄見來而要因大士應化來已方悟於无來生死往來輪轉無際若悟
无來法身常住更不來也　所以者何來者無所從來去者無所至所可
見者更不可見　釋也妄想見去來實無有去來故能令返悟矣去見准
釋上宜應來雙林現去例可見也　且置是事　此下四正宣仏音問疾先
宣仏音已情勿以傍論次宣音也肇曰雖貪微言而使命未宣故且置
其論而問疾也　居士是疾寧可忍不療治有損不至增乎世尊慇懃致
問无量　此下正宣仏音三句可忍否有損否不增否如下答疾既緣彼非
我問旨亦彼損於我為痊耳　居士是疾何所因起其生久如當云何滅
此下三宣已情問也又二先問能化權疾後問所化實疾前中復三一問現
因起二問室空無侍三窮疾本相狀有問答此問也肇曰使命既宣故復
問疾之所由生也疾因何而起來久近何而得滅乎　維摩詰言從癡有愛
則我病生以一切衆生病是故我病若一切衆生病滅則我病滅　此二答
義後二問後却答為問前文有三法喻合也法有標釋肇曰答久近於何疾
悲彼而生疾耳群生之疾癡愛為本菩薩之疾大悲為源夫高由下起
是固非生所以悲疾之興出乎癡愛而癡愛無緒莫識其源故疾久
近与之同根此明悲之始不必說已為言也道融曰衆生癡故有愛之
故愛身則病以彼病故則我病生矣維摩為物來久故彼悲不近也
彼病滅則我病滅明起病不齊限衆生也新學菩薩未能久處生死生
為一切起病故明大士曠懷處疾推其前際以發心為始要其後際
則与群生俱滅新學聞之為心自曠故但說病生滅即大悲自現也
所以者何菩薩為衆生故入生死有生死則有病若衆生得離病者則菩薩無復病
此釋也肇曰夫法身無生況復有形既无有形病何由起然為彼受生不得无形既有
形也不得无患故隨其久近与之同病若離彼病菩薩无復病也　譬如長者唯
有一子其子得病父母亦病若子病愈父母亦愈　此二喻也　菩薩如是於諸
衆生愛之若子衆生病則菩薩病衆生病愈菩薩亦愈　此三合也並在文可見
又言是疾何所因起菩薩疾者以大悲起　二卻答初問肇曰菩薩之疾以大悲為
根因之而起答初問也　文殊師利言居士此室何以空無侍者　此下問室空無侍

BD14093號　淨名經集解關中疏卷下

病也不得无患故隨其久近与之同病若離彼病菩薩无復病也　辟如長者唯
有一子其子得病父母亦病若子病愈父母亦愈　此二喻也　菩薩如是於諸
衆生愛之若子衆生病則菩薩病衆生病愈菩薩亦愈　此三合也並在文可見
又言是疾何所因起菩薩疾者以大悲起　二節答初問肇曰菩薩之疾以大悲爲
根因之而起答初問也　文殊師利言居士此室何以空無侍者　此下問室空無侍
有身爲精資生有疾理宜侍奉何以俱亡此先問也　維摩詰言諸佛國土亦復
皆空　此先答室空也衆生迷則三界妄起諸佛悟則淨國性空下文去諸佛國
土皆如虛空淨土經之本宗故亦室空以明之　又問以何爲空　肇曰室以無物爲
空佛土以何爲空將辯畢竟空義　答曰以空空　肇曰夫有由心生心因有起
是非之域妄想所存故以空智而空於有者即有而自空矣　豈假屏除然後爲
空乎生曰上空惠空下空理空　又問空何用空　生曰若理果是空何用空惠然後
空肇曰上空法空下空也智空也諸法本性自空何假智空然後空耶　答曰以
無分別空故空　肇曰智之生也起於分別而諸法无相故智々无々分々別々即
智空也諸法无相即法空也以智不分別於法即知法空也豈別有智空假之以
空法乎　又問空可分別耶　肇曰問智空法空可分別耶　答曰分別亦空
肇曰向之言者分別於無分別耳若能無心分別而分別於無分別者雖復終日分
別而未嘗分別　又問空當於何求　肇曰上因正智明空恐者惑將謂空義在正
不在邪故問空義之所在以明邪正之不殊也　答曰當於六十二中求　肇曰夫
邪因正生正因邪起本其爲性性無有二故欲求正智之空者當於邪見求也
又問六十二見當於何求　生曰復於何求得其然耶　答曰當於諸佛解脫中
求　肇曰捨邪見名爲解脫背解脫名爲邪見然則解邪相靡孰爲其源々
者一而已矣故求諸邪見當之本解脫也　又問諸佛解脫當於何求　答曰當於
一切衆生心行中求　肇曰衆生心行即解脫之所由生也又邪正同根縛脫一門本
其真性未嘗有異故求佛解脫當於衆生心行也　文仁所問何無侍者
此二答無侍先牒問也　一切衆魔及諸外道皆吾侍也　此二答先標人也肇曰
世之侍者唯恭己順命給侍所須謂之侍者菩薩侍者以慢己違命違道者同
其大務和以寘順侍養法身謂之侍者所以衆魔異學爲給侍之先也夫台云
魔者愛惑也外道執見惑也禪定伏愛智惠破見既愛見順真法身侍也
所以者何衆魔者樂生死菩薩於生死而不捨外道者樂諸見菩薩於諸見
而不種　此下釋也什曰言不見其有異相也肇曰魔樂著五欲不求出世故
繫以生死異學雖求出世而執著邪見故繫以邪見大士觀生死同涅槃不

其大禾和以寘順侍養法身謂之侍者所以衆魔異學爲給侍之先也天台云
魔著愛惑也外道執見惑也禪定伏愛智惠破見既愛見順真法身侍也
所以者何衆魔者樂生死菩薩於生死而不捨外道者樂諸見菩薩於諸見
而不種
此下釋也什曰言不見其有異相也肇曰魔樂著五欲不求出世故
繫異以生死異學雖求出世而執著己道故繫以邪見大士觀生死同涅槃不
捨觀邪見同正見故能不種動不捨故能即之爲侍者　文殊師利言居士是
疾爲何等相　此下三約法身問疾相也所以重有此問者融云有二門入佛
法一大悲二智惠智惠階淺至深弘之有漸故先大說悲後說實相也文中
問答三重此初也　肇曰既知病起之所由復問由生之疾相也四百四病各
有異相大悲之疾以何爲相乎將明無相大悲應物生病者雖終日現疾終
日無相　維摩詰言我病无形不見可　肇曰大悲無緣無緣則無相以此生疾
疾亦無相故曰我病无形不可見也　又問此病身合耶心合耶　二約身心問
肇曰忿者聞病不可見將謂心病無形故不可見或謂身病微細故不可見爲
之生問也病於身心与何事合而云不可見　答曰非身合身相離故亦非心合
心如幻故　肇曰身相離則非身心如幻則非心身心既無病与誰合無合故無
病病故不可見　又問地大水大火大風大於此四大何大之病　三約四大問
也肇曰身之生也四大所成上總推身令別推四大曲尋其本　答曰是病非地
大亦不離地大水火風大亦復如是而衆生病從四大起以其有病是故我病
善也肇曰四大本無病亦不有而衆生虛假之病從四大起故我以虛假之疾應
彼病身遂其本彼我無實而欲觀其相當何耶　尒時文殊師利問維摩
詰言菩薩應云何慰喻有疾菩薩　此二問所化實疾之二前問慰喻後問調
伏所以者有此二問者肇曰外有善喻內有善調則能殊歷生死与群生同病
疾叡曰凡夫之病爲憂苦所惱不安所病則生愁憂爲病所逼則生苦
惱憂心外感須聞法以自慰苦心內切宜觀空以自調肇曰慰喻有疾應自文
殊而逢問淨名者以同集諸人雖心有在又取證於病者乃所以當慰喻之會
也此將明大乘无證之道以慰始習現疾菩薩故生此問也　維摩詰言說
身无常不說厭離於身說身有苦不說樂於涅槃說身无我而說教導衆
生說身空寂不說畢竟寂滅　此二答文四初約理喻二約起大悲喻三約大果
喻四結成初列无常等四也　肇曰慰喻之法應爲病者說身无常去其貪
著不應說厭離令取證也不觀无常不厭離者凡夫也觀无常而厭離者二
乘也觀无常不厭離者菩薩也是以應慰喻初學令安心處疾以濟群生不
此大士慰喻之法進說身有苦[illegible]
厭生死不樂涅槃之樂雖知无我不以衆生空故闕於教導雖見身空而不取

BD14093號　淨名經集解關中疏卷下　（55–6）

生說身空寂不說畢竟寂滅　此二荅文四初結理喻二結大悲喻三結大

喻四結戒初列无常等四也　肇曰慰喻之法應為病者說身无常去其貪

著不應說猒離令取證也不觀无常不猒離者凡夫也觀无常而猒離者二

乘也觀无常不猒離者菩薩也是以應慰喻初學令安心處疾以濟群生不

猒生死不樂涅槃之樂雖知无我不以眾生空故闕於教導雖見身空而不取 [illegible]

涅槃畢竟之道故能安住生死与眾生同疾是以慰喻之家宜說其所應行所

不應行不宜說也　說悔先罪而不說入於過去　此二約大悲喻也文三此初勸悔

先過病由先罪但可責已不可懼病發掊大悲入過去也肇曰教有疾菩薩悔既往

之罪法罪雖繫人不言罪有常性從未來到現在從現在入過去也　以已之疾

愍於彼疾　此二推已興悲以自喻生曰我有智惠猶以疾苦況乃不達者乎推已

愍彼是兼濟之懷豈得自畏死也　當識宿世无數劫苦當念饒益一切眾生

此三追往念益以自喻也肇曰當尋宿世更苦无量今苦須臾何足致憂但當力疾

救彼苦耳生曰念欲饒益一切眾生者方入生死不得有畏也　憶所修福念於淨命

此三約大果喻也文三此初恃福以求大果勿耶命而爲存肇曰恐新學菩薩爲

疾所亂故勸憶所修福其情也生曰若有福者所生必勝有何畏哉　勿生憂惱

常起精進　此二息憂以進道也生曰因病致懈乃喻生其憂勤与命覺恒患不

至豈須客惱哉　當作醫王療治眾病　此三勸求大果以廣濟也肇曰當爲大

法醫王療治群生之疾自疾何足憂乎　菩薩應如是慰喻有疾菩薩令其

歡喜　此四結勸喜也　文殊師利言居士有疾菩薩云何調伏其心　此二問內

調法也五陰患身但可暫慰究竟常樂須住法身故次勸修无相觀以內調也

肇曰上問慰之宜今問調心之法外有善喻內有善調則能弥歷生死与群生同疾

辛酸備經而不以爲苦此則淨名居疾之所由也將示初學處疾之道故生斯問

維摩詰言有疾菩薩應作是念今我此病皆從前世妄想顛倒諸煩惱生無有

實法誰受病者　此二荅也文三初明般若正智觀空次明漚和大悲涉有三明

雙空有照寂平等初文復三一明我空二明法空三明空空初中又三一推病虛實二

知由著我三除我歸真初推病中二初推因妄生二悟果假合此初也肇曰處疾

之法要先知病本病之生也皆由前世妄〻想〻顛〻倒〻故煩惱以生煩惱既生不得

無身既有身也不得無患逆尋其本虛妄不實本既不實誰受病者此明始

行者初習無我觀也　所以者何四大合故假名爲身四大無主身亦無我

二悟果假會釋無我也四大和合假名爲身耳四大既無主身我何由生譬一沙无油

聚沙亦無主我一物異名耳　又此病起皆由著我是故於我不應生著　二推知

所由〻著我也　既知病本即除我想及眾生想　三正破我也肇曰病本即上妄

BD14093號　淨名經集解關中疏卷下

行有初習無我觀也　所以者何四大合故假名爲身四大無主身亦無我
二悟果假會釋無我也四大和合假名爲身〻四大既無主身我何由生譬一沙无油
衆沙亦無主我一物異名耳　又此病起皆由著我是故於我不應生著　二推知
所由〻著我也　既知病本即除我想及衆生想　三正破我也肇曰病本即上妄
想也因妄想故見我及衆生若悟妄想之顛倒則无我无衆生也　當起法想
此二明法空觀也文三初標法想二分別法想三拭除法想此初也肇曰我想患之重者
故除我想而起法想〻於空爲空於我爲藥界隆相靡故假之以治也　應作是
念但以衆法合成此身起唯法起拭唯法拭　此二分別唯法無我文二初約因果
起拭推二約諸法平不相知推此初也肇曰五陰諸法假會成身起唯法〻諸共起拭
唯諸法共拭無別有真主宰其起拭者也既除我想唯見緣起諸法故名法想
又此法者各不相知起時不言我起拭時不言我拭　此二推諸法平不相知也肇曰
万物紛紜聚散誰爲緣合則起緣散則離聚散無先期故法不相知也　彼
有疾菩薩爲拭法想當作是念此法想者亦是顛〻倒〻者即是大患我應離之
此三拭除法想也文二初念離二釋此初也肇曰法想雖除我於真猶爲倒未免于
患故應離之也　云何離〻我〻所　此下五種展轉推尋明法無性何者因我所執法
二相因二相故内外分別因分別故執生死涅槃不等以不等故不知諸但有假名法
无定相性若悟法本性則一切皆如此推我〻所也肇曰我爲万物主万物爲我所若
離我〻所則無法不離　云何離我〻所謂離二法　此二推諸法因待故有二相非
真二也　云何離二法謂不念内外諸法行於平等　此推内外分別妄心取相故分
別内外諸法平等故自然不念　云何平等謂我等涅槃等所以者何我及涅槃
此二皆空　此推一切法平等也由妄計我遣妄故假名涅槃若悟妄我非我自然
涅槃非涅槃此二皆空即一切法平等肇曰即事無不異即空無不一據上窮下
齊以一觀乃應平等也　以何爲空但以名字故空如此二法无決定性
五推諸法如幻但有假名無決定性肇曰因背涅槃故名吾我以捨吾我故
名涅槃二法相假故有名生本其自性〻無決定故二俱空也　得是平等無
有餘病唯有空病〻亦空　此三明空〻亦空也生曰亦以言遣除之義以麁妙故云亦焉
肇曰群生封累深厚不可頓捨故階級漸遣以至無遣也上以法除我以空除法
今以畢竟空〻於空我者乃無患之極耳　是有疾菩薩以無所受而受諸受
此二是有疾下明大悲涉有觀若悟空而亡悲大士之患也故次勸也　三文五初
標勸二不過三勸起大悲四明化心五結勸此初也什曰受謂苦樂捨三受也若能解受
無受則能爲物受生而忍受三受也護次行於非道通達佛道即三界二乘利物
化生皆無受之受也　未具佛法亦不拭受而取證也　此二不小過未具大悲弘

……是有疾菩薩以無所受而受諸受

此二是有疾下明大悲涉有觀若捨空而亡悲大士之患也故次勸也　文五初
標勸二不過三勸起大悲四明化心五結勸此初也什曰受謂苦樂捨三受也若能解受
無受則能為物受生而忍受三受也復次行於非道通達佛道即三界二乘利物
化生皆無受之受也　未具佛法亦不滅受而取證也　此二不小過未具大悲弘
願不應自取證也肇曰善自調者處有不染有在空不染空以心無處故無所不
受佛法未具眾生未度不獨滅三受而取證也　設身有苦念惡趣眾生起大
悲心　此三勸求大悲心文三此初思己愍彼起大悲心不同二乘捨眾生也
我既調伏亦當調伏一切眾生三明弘願大慈悲肇曰要与群生同其苦樂
但除其病而不除法　三明除其執病不除假名化法肇曰諸法緣生聚散非己
會而有形散而無像法自無耳於我何患之者由我妄想於法自為患耳
為斷病本而教導之　四明化心文三初標化心二推尋病本三為斷除此初也
何謂病本謂有攀緣從有攀緣則為病本　二尋病本此先推能緣也肇
曰攀緣謂妄想微動攀諸法也妄想既緣則美已分美惡既分則愛憎並熾
所以眾結煩惱於內万病生於外自茲已往巧歷不能記本其所由微想而已故曰攀
緣為本　何所攀緣謂之三界　二推所緣謂三界妄有肇曰明攀緣之境也
三界外法无漏无為其法无相非是妄想所能攀緣能攀緣者三界而已
耳　云何斷攀緣以無所得若无所得則无攀緣　三為斷除也文三此初
釋無所得也心緣相起相從心生相無所得心緣自絕肇曰所以攀緣意有取
所以有取意存有得若知法虛誑無取無得者則攀緣自息意息矣　何謂
無所得謂二見何謂二見謂內見外見是無所得　二釋妄見肇曰內有妄想
外有諸法此二虛假終已無得　文殊師利是是為有疾菩薩調伏其心
為斷老病死苦是菩薩菩提若不如是己所修治為無惠利　三結勸文
二初結勸後喻勸肇曰若能善調其心不壞異想而永處生死斷彼苦者
是菩薩菩提之道若不能爾其所修行內未足為有惠外未足為有利也
譬如勝怨乃可為勇如是兼除老病死者菩薩之謂也　此二喻勸也文有
喻有合也可見生曰菩薩念眾生觀如無異也若不除其老病死惡便是己惡
亦不除矣　彼有疾菩薩應復作是念如我此病非真非有眾生病亦非
真非有　此三彼有疾下雙去空有辯明平等中道觀也文二初明觀體二明妙
用前中復二先正明觀後揀非初也真者真空也有者俗有也前空觀偏真故失
悲涉有今此中道觀非空故智無所證非有故悲無所緣悲無緣故雖涉有而
不有智無證故雖觀空而不住故能齊照平等悲智雙運道之極也其在于

BD14093號　淨名經集解關中疏卷下

用前中後二先正明觀後揀非初也真者真空也有者俗有也前空觀偏真次大
悲涉有今此中道觀非空故智無所證非有故悲無所緣悲無緣故雖涉有而
不有智無證故雖觀空而不住故能蘇[illegible]平等悲智雙運道之極也其在于
菩薩又悟不悟殊有衆生菩薩之體真會極而法性無二生曰如我此病非真非有
者言已已悟也衆生病非真非有者去彼不悟也是欲教之令知此法也 作是觀
時於諸衆生若起愛見大悲即應捨離 此二揀非文三初約愛見揀次約釋是
揀後約二智揀雖衆生病非真非有法性一如而凡夫愛見所迷二乘空惠未均
菩薩二智不等此三皆迷法性故須揀也初文四初標愛見非二釋是非三引佛語
證四結勸此初也肇曰善自調者應先觀己病及衆生病因緣所成虛假無實
宜以此心而起悲也若此觀未純見衆生愛之而起悲者名愛見悲也此悲雖善而
雜以愛見有心之境未免于累故應捨之 所以者何菩薩斷除客塵煩惱而起
大悲愛見悲者則於生死有疲厭心 此後釋文二初除客二顯淨此初也肇曰心遙
外緣煩惱横起故名客塵菩薩之法要除客塵而起大悲若愛見未斷則煩惱
殊謬故應捨之 若能離此無有疲厭在在所生不爲愛見之所覆也所生
無縛能爲衆生說法解縛 此下顯淨肇曰夫有所見必有所滯有所愛必有
所憎此有極之道安能致極之道用若能離此則法身化生無在無不在生
死無窮不覺爲遠何有愛見覆之疲厭之勞愛見既除法身既立則所生無
縛亦能解彼縛也 如佛所說若自有縛能解彼縛無有是處若自無縛能
解彼縛斯有是處 此三引佛語證 是故菩薩不應起縛 此四結勸並
可見 何謂縛何謂解貪著禪味是菩薩縛以方便生是菩薩解 此二
何謂下約禪定揀非肇曰上界受生二乘取證皆由著禪味所以爲縛既離
生死方便爲物而受生者彼我無縛所以爲解 又無方便慧縛有方便慧
解無慧方便縛有慧方便解 此三約二智揀文二初說無相觀揀二約无
常觀揀初文又三初標章二釋三總結此初標四章也肇曰巧積衆德謂之方
便直達法相謂之慧二行俱備然後爲解耳又解方便無慧愛見行也慧無
方便二乘智也有慧方便無緣悲也有慧方便[illegible]無智也
謂菩薩以愛見心莊嚴佛土成就衆生於空無相無作法中而自調伏是名無方
便慧縛 釋初章也肇曰六住已下心未純一在有則捨空在空則捨有未能以
平等真心有無俱涉所以嚴土化人則雜以愛見此非巧便修德之謂故無方便
而以三空自調故有慧也 何謂有方便慧解謂不以愛見心莊嚴佛土成就衆生
於空無相無作法中以自調伏而不疲厭是名有方便慧解 第二章也肇曰
七住已上二行具備遊歷生死而不疲厭所以爲解又解言雖二初地[illegible]

謂菩薩以愛見心莊嚴佛土成就衆生於空無相無作法中而自調伏是名無方
便慧縛　釋初章也肇曰六住已下心未純一在有則捨空在空則捨有未能以
平等真心有無俱涉所以嚴土化人則雜以愛見此非巧便修德之謂故無方便
而以三空自調故有慧也　何謂有方便慧解謂不以愛見心莊嚴佛土成就衆生
於空無相無作法中以自調伏而不疲猒是名有方便慧解　第二章也肇曰
七住已上二行俱備遊歷生死而不疲猒所以為解又解若准仁初地雙二知照二
諦平等道即二行俱備也　何謂無慧方便縛謂菩薩住貪欲瞋恚邪見等諸
煩惱而殖衆德本是名無慧方便縛　第三章也肇曰不修空慧以除煩惱是名
無慧也而勤積德有方便也　何謂有慧方便解謂離貪欲瞋恚邪見等諸煩
惱而殖衆德本迴向阿耨多羅三藐三菩提是名有慧方便解　第四章也
肇曰上有方便慧解今有慧方便解致解雖同而行有前後始行者自有先
以方便積德然後修慧者亦有先修空慧而後積德者各隨所宜其解不殊也
離煩惱三空自調之所能積德向菩提即嚴土化人之流也前後異說乎盡其
美耳　文殊師利彼有疾菩薩應如是觀諸法　此三結也　又復觀身無
常苦空非我是名為慧雖身有疾常在生死饒益一切而不猒倦是名方便
此二約無常觀棟文二此初就無常等四棟也肇曰大乘四非常觀即平等真
觀故名為慧以平等心而處世不倦故名方便處喻之說即其事也　又復
觀身身不離病病不離身是病是身非新非故是名為慧設身有疾而不
永滅是名方便　肇曰新故之名出於先後然離身無病離病無身衆緣所
成誰後誰先既無先後則無新故新故既無即入實相故名慧也既有此慧而與
彼同病不取涅槃謂之方便自調初說既其事也又解此二章成就初修大士觀
無常理身有實疾不捨悲願明二智也　文殊師師利有疾菩薩應如是
調伏其心不住其中亦復不住不調伏心　此二結觀成妙用文三一結前觀成
二廣明妙用也初中文三此初結觀成也肇曰大乘之行无言无相而調伏之言
以形於前文今將明言外之旨故〻〻俱〻不〻住〻即寄〻言〻之〻本〻意〻即調伏
之至也　所以者何若住不調伏心是愚人法若住調伏心是聲聞法　此
二約人釋可見　是故菩薩不當住於調伏不調伏心離此二法是菩薩行
此結不住行夫能不住二邊者方能雙遊二邊也　在於生死不為污行住於
涅槃不永滅度是菩薩行　此下二廣明妙用也肇曰欲言在生死〻不能污欲
言住涅槃而復不滅度是以處中道而行者非在生死非住涅槃　非凡
夫行非賢聖行是菩薩行　什曰謂行三脫而不證也　非垢行非淨行是菩
薩行　肇曰不可得而名者也　雖過魔行而現降衆魔是菩薩行　肇曰不
可得而有不可得而无者其唯大乘行乎何則欲言其有无相无名欲言

涅槃不永滅度是菩薩行　此下二廣明妙用也肇曰欲言在生〻死〻不能汙欲
言住涅槃〻而復不滅度是以處中道而行者非在生死非住涅槃　非凡
夫行非賢聖行是菩薩行　什曰謂行三脫而不證也　非垢行非淨行是菩
薩行　肇曰不可得而名者也　雖過魔行而現降眾魔是菩薩行　肇曰不
可得而有不可得而无者其唯大乘行乎何則欲言其有无相无名欲言
其無万〻德〻斯〻行〻故雖无而有〻无相无名故雖有而無〻然則言有不乖无
言无不乖有是以此章或說有行或說无行有無雖殊其致不異也魔行四
魔行也久以超度而現降魔者亦有所過耳　求一切智无非時求是菩薩行
肇曰一切智未成而中道求證名非時求也　雖觀諸法不生不滅而不入正位是菩
薩行　肇曰正位取證之位也三乘同觀无生〻惠力弱者不能自出〻惠力強者
超而不證　雖觀十二緣起而入諸邪見是菩薩行　肇曰觀緣起斷邪見之道
也而能反同邪見者豈二乘之能也　雖攝一切眾生而不愛著是菩薩行
肇曰四攝〻彼〻慈惠之極〻是視彼猶己而能無著　雖遠離而不依身心盡是
菩薩行　肇曰小離〻憒閙大離〻身心盡〻菩薩雖樂大離而不依恃也
雖行三界而不壞法性是菩薩行　什曰現生三界處而不惑也肇曰三界即
法性處〻之何所壞也　雖行於空而殖眾德本是菩薩行　肇曰行空欲以除
有而方殖有德　雖行无相而度眾生是菩薩行　肇曰行无相欲除取眾
生相方度眾生　雖行無作而現受身是菩薩行　肇曰行無作欲不造生死
而方現受身也　雖行無起而起一切善行是菩薩行　肇曰行无起欲滅諸起
心而方起善行　雖行六波羅蜜而遍知眾生心〻數法是菩薩行　什曰六
度自行法自行既足然後化人〻〻乃知眾心〻生肇曰六度無相行無相則無知而方
遍知眾生心行也叡曰別說六度則各自有勢但以惣故獨明第六第六般
若心相寂滅而遍緣所以為妙六通亦然　雖行六通而不盡漏是菩薩行
肇曰雖具六通而不為漏盡之行也何者菩薩觀漏即是无漏故能永處生
死与之同漏豈以漏盡而自異於漏乎　雖行四無量心而不貪著生於梵
世是菩薩行　雖行禪定之解脫三昧而不隨禪生是菩薩行　四无量四禪四
空定之八解脫有覺有觀等三昧此皆上二界受生因大士知三界如幻故不隨
生也　肇曰取其因而不取其果可謂自在行乎　雖行四念處而不永離身
受心法是菩薩行　肇曰小乘觀身受心法離而取證菩薩雖觀此四不永
離而取證也　雖行四正勤而不捨身心精進是菩薩行　肇曰小乘正勤功
說明捨入無為菩薩雖同其行而不同其捨也　雖行四如意足而得自在
神通是菩薩行　肇曰雖同小乘行如意足而久得大乘自在神通之用也
雖行五根而分別眾生諸根利鈍是菩薩行　肇曰小乘唯自修己根不善人

受心法是菩薩行　肇曰小乘觀身受心法離而取證菩薩雖觀此四不來
離而取證也　雖行四正勤而不捨身心精進是菩薩行　肇曰小乘正勤切
斷則捨入無爲菩薩雖同其行而不同其捨也　雖行四如意足而得自在
神通是菩薩行　肇曰雖同小乘行如意足而久得大乘自在神通之用也
雖行五根而分別衆生諸根利鈍是菩薩行　肇曰小乘唯自修己根不善之
根菩薩雖同其自修而善知人根令彼我俱殖　雖行五力而樂求佛十力
是菩薩行雖行七覺分而分別佛之智慧是菩薩行雖行八正道而樂行無
量佛道是菩薩行　肇曰雖同聲根力覺道其所志求常在佛行也又
解五力自行十力兼化七覺自行佛惠兼化八正自行無量佛道行於非道以化
人也　雖行止觀助道之法而不畢竟墮於寂滅是菩薩行　肇曰繫心於
緣謂之止分別深達謂之觀止觀助涅槃之要法菩薩因之而行不順之以墮
涅槃　雖行諸法不生不滅而以相好莊嚴其身是菩薩行　肇曰修無生
滅無相行者本爲滅相而方以相好莊嚴身　雖現聲聞辟支佛威儀而
不捨佛法是菩薩行　肇曰雖現行小乘威儀而不捨大乘之法　雖隨
諸法究竟淨相而隨所應爲現其身是菩薩行　肇曰究竟淨相理无
影向而隨彼所應現若干像也　雖觀諸佛國土永寂如空而現種種清淨
佛土是菩薩行　肇曰空本無現而爲彼現　雖得佛道轉于法輪入於涅槃而
不捨於菩薩之道是菩薩行　肇曰雖現成佛轉法輪入涅槃而不永滅還入生
死修菩薩法如上所列豈二乘之所能乎獨菩薩行耳　說是語時文殊師利
所將大衆其中八千天子皆發阿耨多羅三藐三菩提心　此五明時衆得益
不思議品第六　此下五品經文廣明權實二疾此品明權下四品明實上
明菩薩非疾現疾大悲爲物感者尚疑故此廣現神通明無疾也然理絶名
相一經盡不思議也此廣餞事顯理故獨標名也　爾時舍利弗見此室中
無有牀座作是念斯諸菩薩大弟子當於何坐　品文分六一身子念牀二淨
名借座三廣明神用四迦葉歎伏五時衆得益六淨名述成前文分五一念二問
三答四呵五得益此初念也　叡曰雖復寄迹埒近以生無求之談然於衆中生
念者將以小乘結業之身未免近累心雖無夢而形有疲倦也居僧之首識
恩其座所以生念念食亦然　長者維摩詰知其意語舍利弗言云何仁者爲
法來耶求牀座耶　二淨名問肇曰獨寢一牀音現於此舍利弗默領懸機
故知其興歸淨名將辯無求之道故因而譏之　舍利弗言我爲法來非爲
牀座　三答也淨名爲衆稱揚入室者皆一心求法取著心切与道殊乘故此答
明無求方得道眼之淨　維摩詰言唯舍利弗夫求法者不貪軀命何况牀
座　此四淨名辯呵文四初呵貪身二呵法執三呵違真四結真求也此初也貪身

BD14093號　淨名經集解關中疏卷下

法來耶求牀座耶　二淨名問肇曰獨寢一牀旨現於此舍利弗默領懸撥
故和其興歸淨名將辯無求之道故因而誥之　舍利弗言我為法來非為
牀座　三善也淨名為衆稱揚入室者皆一心求法取著心切与道殊乖故此廣
明無求方得道眼之淨　維摩詰言唯舍利弗夫求法者不貪軀命何况牀
座　此四淨名彈呵文四初呵愛身二呵法執三呵違真四結真求也此初也愛身
求座輕法慢人以此求道未之得也故誡焉肇曰乃不求法况安身之具乎
夫求法者非有色受想行識之求非有界入之求非有欲色無色之求　此二訶
法執也佛為二乘假說陰界以破我人既亡陰界如幻小乘不執有實法計為衆
生起謗天亦為患不輕故此呵也三界亦衆生妄報非實理有之名數並如常
唯舍利弗夫求法者不著佛求不著法求不著衆求夫求法者無見苦求無
斷集求無造盡證修道之求所以者何法无戲論若言我當見苦斷集證
滅修道是則戲論非求法也　解曰三寶性常理無三別小乘執跡見差別
令大亦真求故皆不著諦是真理唯一法印廣莬方便權說有四二乘執
著皆名戲論復次真諦無相著異相說皆戲論也　唯舍利弗法名寂
滅若行生滅是求生滅非求法也法名無染若染於法乃至涅槃是則染著
非求法也法無行處若行於法是則行處非求法也法無取捨若取捨法是
則取捨非求法也法無處所若著處所是則著處非求法也法名無相若隨
相識是則求相非求法也法不可住若住於法是則住法非求法也法不可見聞
覺知若行見聞覺知是則見聞覺知非求法也法名無為若行有為是求有
為非求法也　此三呵違真也此下九句明真理如此離之則無求故有求則生
滅等所以失道無求則離滅等所以悟真也見聞知眼耳意三識也覺鼻舌身
三識也　是故舍利弗若求法者於一切法應無所求　此四結真求也肇曰法
相如此豈可求乎若欲求者其唯無求乎　說是語時五百天子於諸法中
得法眼淨　尒時長者維摩詰問文殊師利仁者遊於無量千萬億阿僧
祇國何等佛土有好上妙功德成就師子之座　此下明淨名借座若呵而
不借何以顯不思議之神〃力〃若此病豈寶貳文六一問座二答處三借
座四遣座五衆見六座此初也肇曰文殊大士遊化無疆必見諸國殊妙
之座淨名欲生時會敬信之情故問而後取　文殊師利言居士東方
度三十六恒何沙國有世界名須彌相其佛号須彌燈王今現在彼佛身
長八万四千由旬其師子座高八万四千由旬嚴飾第一　此二答處也衆生
葉勝佛身所以現長及座嚴飾也　於是長者維摩詰現神通力　三
淨名神力請座也　即時彼佛遣三万二千師子之座高廣嚴淨來入維
摩詰室　四燈王遣座肇曰淨名雖以神力往取彼佛不遣亦無由致諸
菩薩大弟子釋梵四天王等昔所未見其室廣博悉包容三万二千師子座

長八万四千由旬其師子座高八万四千由旬嚴飾第一
葉勝佛身所以現長及座嚴飾也　於是長者維摩詰現神通力　三
淨名神力請座也　即時彼佛遣三万二千師子之座高廣嚴淨來入維
摩詰室　四燈王遣聲日淨名雖以神力往取彼佛不遣亦無由致　諸
菩薩大弟子釋梵四天王等昔所未見其室廣博悉包容三万二千師子座
無所妨礙於是毗耶離城及閻浮提四天下亦不迫迮悉見如故　此五衆見
小容大也　尒時維摩詰語文殊師利就師子座与諸菩薩上人俱坐
當自立身如彼坐像　此六坐座文三初命坐及自現身坐也　其得神通
菩薩即自變形為四万二千由旬　此二得神通坐座坐師子座　諸新發
意菩薩及大弟子皆不能昇　此三無力不昇文五此初無力不昇也
尒時維摩詰語舍利弗就師子座　三淨名命也　舍利弗言此座高廣吾
不能昇　此三辭也什日維摩神力所制欲令衆知大小亦復方若此之懸也
亦去諸佛功德之座非無德所昇理自冥絶非所制也亦去表不能昇如來
解脫林也　維摩詰言唯舍利弗為須弥燈王如來作礼乃可得坐　此四
勸礼也　於是新發意菩薩及大弟子即為須弥燈王如來作礼便得坐師
子座　此五礼已便坐也天台日表迴心向大方得昇也　舍利弗言居士未曾有
也如是小室乃容受此高廣之座於毗耶離城无所妨礙又於閻浮提聚落
城邑及四天下諸天龍王鬼神宮殿亦不迫迮　此三因歎廣明不思議解脫
也文二初歎問後維摩詰廣答此初身子欲明已證不真故歎問也　維摩
詰言唯舍利弗諸佛菩薩有解脫名不可思議　此二廣明不思議解脫力用
文三初明理妙二明智證三明理会故有不思議廣大之用此初也言諸佛菩薩
者非二亦所證之解脫蓋是婬怒癡性即是解脫縛脫之不二之解脫也肇
日夫有不思議之迹顯於外必有不思議之德著於内覆尋其本權智而已
乎何則智曲而不燭權无德而不修无曲不燭故理無不極無德不修故功无
不就功就在乎不就故一以成之理極存乎不極故虛以通之所以智周万物而无照
權積衆德而無功冥寞無為而無所不為此不思議之極也巨細相容殊形並
應此蓋耳目之麁迹詎足以言乎然因末以示本託麁以表微故因借座略顯
其事耳　若菩薩住是解脫者　此二明實惠證理亦肇日七住法身已上乃得
解脫　以須弥之高廣内芥子中無所增減須弥山王本相如故而四王忉利諸
天不覺不知己之所入唯應度者乃見須弥入芥子中是名不思議解脫法門
又以四大海水入一毛孔不嬈魚鼈黿鼉水性之屬而彼大海本相如故諸龍神阿
脩羅等不覺不知己之所入於此衆生亦無所嬈　又舍利弗住不可思議解脫菩
薩斷取三千大千世界如陶家輪著右掌中擲過恒河沙世界之外其中衆生不覺不知
己之所往　又復還置本處都不使人有往來想而此世界本相如故　又舍利弗或有

又以四大海水入一毛孔不嬈魚鼈黿鼉水性之屬而彼大海本相如故諸龍神阿
脩羅等不覺不知己之所入於此衆生亦無所嬈　又舍利弗住不可思議解脫菩
薩斷取三千大千世界如陶家輪著右掌中擲過恒河沙世界之外其中衆生不覺不知
己之所往　又復還置本處都不使人有往來想而此世界本相如故　又舍利弗或有
衆生樂久住世而可度者菩薩即演七日以為一劫令彼衆生謂之一劫　或有衆生不樂
久住而可度者菩薩即促一劫以為七日令彼衆生謂之七日　又舍利弗住不可思議解
脫菩薩以一切佛土嚴飾之事集在一國示於衆生　又菩薩以一佛土衆生置之右掌
飛到十方遍示一切而不動本處　又舍利弗十方衆生供養諸佛之具菩薩於一毛孔
皆令得見　又十方國土所有日月星宿於一毛孔普使見之　又舍利弗十方世界所有諸
風菩薩悉能吸著口中而身無損外諸樹木亦不摧折　又十方世界劫盡燒時以一切
火內於腹中火事如故而不為害　又於下方過恒河沙等諸佛世界取一佛土舉著上方過恒
河沙無數世界如持針鋒舉一棗葉而無所嬈　又舍利弗住不思議解脫菩薩能以
神通現作佛身或現辟支佛身或現聲聞身或現帝釋身或現梵王身或現
世主身或現轉輪王身　又十方世界所有衆聲上中下音皆能變之令作佛聲
演出無常苦空無我之音及十方諸佛所說種種之法皆於其中普令得聞舍利
弗我略今說菩薩不思議解脫之利力若廣說者窮劫不盡　此三明智与
理會有大用理既大小不二外用亦能須彌入芥子中遠促彼此高下往來例皆然
也妙用無窮略出十五事以示物耳　斂曰此所辯於神通也不思議即是神通有神通非
不思議何者若減須彌而入芥子增芥子而受須彌是神通二乘亦有非不思議故
此中言大小相容而無所增減遍至十方而不動本處緣事而觀測不可測故曰
不思議也　是時大迦葉聞說菩薩不思議解脫法門歎未曾有謂舍利弗譬
如有人於盲者前現衆色像非彼所見一切聲聞聞是不思議解脫法門不能解了
為若此也　此下四明迦葉抑小揚大令發大心文五此初揚聲聞不解如盲人也
智者聞是其誰不發阿耨多羅三藐三菩提心　二歎智發心也　我等何為永
絕其根於此大乘已如敗種一切聲聞聞是不思議解脫法門皆應號泣聲振三
千大千世界　此念絕分故應號泣　一切菩薩應大欣慶頂受此法　此四恩
彼堪受也　肇曰迦葉將明大小之殊抑揚時聽故非分者宜發望絕之泣己分者宜
懷頂受之歡也　若有菩薩信解不可思議解脫法門者一切魔衆無如何之
五歎信解曰但能信解魔不能嬈而況行者乎　大迦葉說是語時三万二
千天子皆發阿耨多羅三藐三菩提心　此五明觀斯神力發大心也
爾時維摩詰語大迦葉仁者十方無量阿僧祇世界中作魔王者多是住不可
思議解脫菩薩以方便力教化衆生現作魔王　此六淨名述成文四初述
二乘所以三舉喻四結成初舉二緣此初作魔王肇曰因迦葉去信解不思可
義有魔不能嬈所以十方亦有言解菩薩為魔所嬈者皆用不思議大士所為

千天子皆發阿耨多羅三藐三菩提心　此五明觀斯神力發大心也
今時維摩詰語大迦葉仁者十方無量阿僧祇世界中作魔王者多是住不可
思議解脫菩薩以方便力教化衆生現作魔王　此六淨名述成文四初正述
二釋所以三舉喻四結成初舉二緣此初作魔王肇曰因迦葉云信解不思可
議者魔不能嬈而十方亦有信解菩薩為魔所嬈者將明不思議大士所為
自在欲進始學故現為魔王非魔之所能也此亦明不思議亦成迦葉言意
又迦葉十方無量菩薩或有人從乞手足耳鼻頭目髓腦血肉皮骨聚落城邑
妻子奴婢象馬車乘金銀琉璃車𤦲馬瑙珊瑚虎珀真珠珂貝衣服飲食
如此乞者多是住不可思議解脫菩薩以方便力而往試之令其堅固
此二乞以試人如哥利王割截身體無我無人此事理俱無方證聖道故現試也
所以者何住不可思議解脫菩薩有威德力故行逼迫示諸衆生如是難事凡夫
下劣無有力勢不能如是逼迫菩薩　此二釋不思議大士内無三毒有力能
試凡夫及地前二乘下劣住人皆不能也肇曰截人手足離人妻子強奪國財生其
憂悲雖有目前小苦而致永劫之大安是由深觀人根輕重相推見近不及遠者
非其所能為也　譬如龍象蹴踏非驢所堪　此三喻也肇曰能不能為喻
象之上者名曰龍象也　是名住不可思議解脫菩薩智惠方便之門　此四結
肇曰智惠遠通方便近導異跡所以形衆庶所以成物無不由而莫之能測故
權智二門為不思議之本也　觀衆生品第七
衆緣生故理無真實緣之起惑故曰品也文三此品廣上寶疾空觀
門佛道品廣上大悲涉假門不二法門者積品廣上中觀體用門
今時文殊師利問維摩詰言菩薩云何觀於衆生　此品文二先明大
乘空行成二明天女散花揀二種解脫證空不同前文有四一觀衆生
空二空具四无量心三存善緣之可增四窮惑源之本妄初文二先初問
也肇曰悲疾大士自調之觀徹言絕百非備之前文矣然法相虛玄非有心
之所覩真觀寂默非言者之所辯而云不證涅槃與群生同疾又現不思
議其迹無端或為魔王逼迫初學斯皆自調之觀彼我一空然其事為愈更
弥甚至令希宗者或亡言之致存彼己者增衆生之見所以無言之道難為
也近取諸喻遠況真觀以去時人封言之累故生斯問　維摩詰言譬
如幻師見所幻人菩薩觀衆生為若此如智者見水中月如鏡中見其面像
如熱時炎如呼聲響如空中雲如水聚沫如水上泡如芭蕉堅如電久住
淨土者衆生空既為妄心所變妄業所牽妄情所受離妄則真故廣假喻
顯理也此初十喻假有故空也肇曰幻師觀幻知其非真大士觀衆生亦
若此也生曰非不有幻人但无實人耳既無實人以悟幻人亦无實矣苟

如熱時炎，如呼聲響，如空中雲，如水聚沫，如水上泡，如芭蕉堅，如電久住
生上答眾生空，既為妄心所變，妄業所牽，妄情所受，離妄則真，故廣假喻
顯理也。生初十喻假有故空也。肇曰：幻師觀幻知其非真，大士觀眾生有
若生也。生曰：非不有幻人，但無實人耳。既無實人以悟幻人，亦無實矣。蓋
幻人之不實，眾生豈獨實哉。　如第五大，如第六陰，界如第七情，如十
三入，十九界，菩薩觀眾生為若此。　生二幻五法喻本無故空。四大有實
第五，本無餘數，亦然。肇曰：經有色數，如無色界色，如燋穀芽。
喻假名故空。　如須陀洹身見　生之入流，離五見，流入聖道流，故無身
見。　如阿那含入胎　生去不來，不受欲界胎生也。如阿羅漢三毒　生
云斷賊，斷三毒也。　如得忍菩薩貪恚毀禁　肇曰：七住得無生忍，心結永除，
況毀禁麤事。　如佛煩惱習　肇曰：唯有如來結習永盡。　如盲者見色
識盡受出入息，如空中鳥迹，如石女兒，如化人煩惱　肇曰：心馳動於內，息出入於外，心想既
滅，故息無出入也。　如夢所見已悟，如滅度者受身　肇曰：滅度者，入涅槃而復受身者
如無因之火，菩薩觀眾生為若此。　肇曰：火必因鑽。
觀者去何行慈　此二文殊下明大乘空具四無量也。大品云：般若雖空，一心具足万行；
若小乘空，但斷惑而已。初文二，此初問也。肇曰：慈以眾生為緣，若無眾生，慈心何寄
乎。明真慈無緣而不離緣，成上無相真慈義也。　維摩詰言：菩薩作是觀已，自
念我當為眾生說如斯法，是即真實慈也　此二淨名答，文二，初標答，二廣釋。此
初也。慈名與樂，法身常樂，眾生共有，由迷我相，計著生死。大士為說我人本空，眾生
如幻，令見法身，名真與樂，可謂真慈。豈夫衣食哺養人天樂果、三乘涅槃為至樂
哉，為真慈哉。　行寂滅慈，無所生故　此二廣，就万行明慈，若能
令彼悟眾生空，得無生忍，方行寂滅，即是與寂滅慈也。已下万行皆因悟理，悟即万德自
圓，法身常樂，故名慈。不熱慈者，既證無生，離煩惱熱也。　行等之慈，等三世故
有生滅也，三世殊途，無生滅也，三世自等也。　行無諍慈，無所起故　既證法性，一如無諍，
煩惱諸邊無所起故　行不二慈，內外不合故　既證無相，內外自空，故不合也　行不壞
慈，畢竟盡故　既得無生，煩惱永寂，万行真常，故不退壞　行堅固慈，心無毀故
既悟無生真心，無毀也。　行清淨慈，諸法性淨故　照本無生，法身自淨　行無邊
慈，如虛空故　取相故功德有邊，證無相故空無邊也　行阿羅漢慈，破結賊故
阿羅漢此云殺賊，得無生忍，結賊自壹也　行菩薩慈，安眾生故　既得無生，行無緣
慈，能離利一切　行如來慈，得如相故　既悟法身去來相如，令悟如相，名如來慈
行佛之慈，覺眾生故　既自覺無生，必能覺未覺者　行自然慈，無因得故　法身
真常，妄惑所覆，除妄脩因，非真要脩　行菩提慈，等一味故　菩提無想，怨親平
等，故一味也　行無等慈，斷諸愛故　既證法身，超然絕待，離愛著也　行大慈

阿羅漢此云煞賊得无生忍結賊自亡也　行菩薩慈安衆生故　既得无生行无緣
慈能離利一切　行如來慈得如相故　既悟法身去來相如今悟如相名如來慈
行佛之慈覺衆生故　既自覺无生必能覺未覺者　行自然慈无因得故　法身
真常妄惑所覆除妄有因非真要修　行菩提慈等一味故　菩提无想怨親平
等故一味也　行无等慈斷諸愛故　既證法身超然絕待離愛著也　行大慈
慈道以大乘故　令悟无生超度衆苦名大乘也　行无猒慈觀空无我故
既亡彼我疲猒永絕与樂濟人不休息也　行法施慈无遺惜故令悟真空名為
法施理含万德故无遺惜　行持戒慈化毀禁故悟空法身尸羅自淨非顧
既滿能化毀禁　行忍辱慈護彼我故諦見无生彼我自絕誰去彼辱孰是
我忍　行精進慈荷負衆生故　有我則疲於化人無生則荷物不倦也
行禪定慈不受味故　攝心住禪悅為味悟心无生味无味也　行智慧慈无不知時故　无
生正觀了本妄除對病皆藥悉知時故　行方便慈一切示現故　既證无相法身故
能隨物現相也　行无隱慈直心清淨故　中道正觀理无曲隱永離二邊故去直心
行深心慈无雜行故　无生正觀唯趣佛行不離二示　行无誑慈不虛假故　觀
空見真稱理无虛也　行安樂慈令得佛樂故　无生正觀必得佛果什曰梵本云住
涅槃樂也　菩薩之慈為若此也　結也上慈名雖殊俱出正觀經云般若雖空一心
具足万行是為說法空令悟万行得菩提樂名菩薩慈　文殊師利又問何謂為
悲答曰菩薩所作功德皆与一切衆生共之　二問答悲也肇曰衆彼長苦不自計身
所積衆德願与一切先人後己大悲之行　何謂為喜答曰有所饒益歡喜无悔
三問答喜肇曰自得法利与衆同歡欣於彼己俱得法悅謂之喜也　三問捨肇
曰所作福祐无所悕望　四問答捨肇曰大悲善行憂以之生慈喜樂行喜以之生
憂喜既陳則愛恩微起是以行者捨苦樂行平觀衆生大乘正捨行報很巳
故無所悕望也三等俱无相无緣与慈同行慈行既脩類之可知　文殊師利
又問生死有畏菩薩當何所依　此六重問答本積善之可增復次菩薩空行
化物度人故次問弘誓令堅固也四弘誓願文即為四此初二問答衆生无邊誓
願度也肇曰生為死畏莫大之大悲疾大士何所依恃而能永處生死不以為畏
乎　維摩詰言菩薩於生死畏中當依如來功德之力　二答也肇曰生死之畏
二乘所難自不依如來功德力者孰能處之什曰亦以念為依亦以求趣為依又解
上云菩薩行或皆是諸佛威神之所建立也　文殊師利又問菩薩欲依如來功
德之力當於何住　四問　答曰菩薩欲依如來功德力者當住度脫衆生　切
住化一切則其心廣大大其心則所之無難此住佛功德力之謂也解住大悲心諸
佛讚念　又問欲度衆生當何所除　三問也　答曰欲度衆生除其煩惱　三

上云菩薩行成以是諸佛所稱之所建立也[illegible]
德之力當於何住　答曰菩薩欲依如來功德力者當住度脫一切衆生　三答也肇曰
住化一切則其心廣大，廣大其心則所之無難，此住佛功德力之謂也。解住大悲心諸
佛讚念　又問欲度衆生當何所除　三問也　答曰欲度衆生除其煩惱　三
答也。此二明煩惱无邊，誓願斷也。濟物之大，斷惑爲先。惑因既亡，生死自廢
又問欲除煩惱當何所行　問也　答曰當行正念　答也。此三，善法无邊
誓願學。生曰：夫有煩惱，出於惑情耳。便應觀察法理，以遣之也。然始觀之
時，見理未明，心不住理，要須念力，然後得觀也。又解：始於念正，終圓万善。又解
万善不邪，皆正念也　又問云何行於正念　問也　答曰當行不生不滅
善也。此下二問，答无上佛道誓願成也。不善永息，善法圓滿，佛道成也。肇曰
正念謂正心念法，審其善惡，善者增而不滅，惡者滅令不生　又問何法不生
何法不滅　答曰不善不生，善法不滅　問曰善成上可見　又問善不善孰
爲本　此四六重問，答窮惑源之本。妄悟妄即自性空矣，不同二乘斷惑證
空惑次第耽五住煩惱理，亦可然，隨文亦好。此問二也。肇曰：既知善之可生，惡之
可滅，將兩捨以求宗，故遂尋其本也。生曰：一善一惡者，遂爲根本，本永無制也。要
當求其大原而觀之者，然後制矣　答曰身爲本　善也。肇曰：善爲惡之行
非身不生。生曰：所以爲善惡者，爲身故也。又云見一處住地煩惱也　又問身孰
爲本　答曰欲貪爲本　三問答也。肇曰：愛爲生本，長衆結縛，凡在有身
靡不由之。又云愛欲住地也　又問欲貪孰爲本　答曰虛妄分別爲本
三問答也。肇曰：法無美惡，虛妄分別謂是美惡。美惡既形，則貪欲是生也。又
云色住地也　又問虛妄分別孰爲本　答曰顛倒想爲本　四問答也。肇曰
法本非有，倒想爲有，然後遂其美惡，謂之分別。又云有愛住地也　又問顛
倒想孰爲本　答曰无住爲本　此五問答也。无明住地。妄心轉生，無別依住，故
名爲住。肇曰：心猶水也，靜則有照，動則无鑒。癡愛所濯，邪風所扇，涌
溢波蕩，未始暫住。以此觀法，何往不倒？譬臨面涌泉而責以本狀者，未之
有也。倒想之興，本乎不住，義存此乎　又問无住孰爲本　答曰無住則無本
此窮無明無依本也。肇曰：若以心動爲本，則有有相生，理極初動，更無本也。若
以無法爲本，則有因无生，无不因无，故更無本　文殊師利，從無住本立
一切法　此明一切法妄也。肇曰：无住故想倒，倒想故分別，分別故欲貪，貪欲故有
身。既有身也，則善惡並陳。善惡既陳，則万法斯起。自茲以往，言數不能盡
也。若善得其本，則衆本可除也矣　時維摩詰室有一天女，見諸大人聞所說法
便現身，即以天華散諸菩薩大弟子上　此下第二明天女大士身子小乘
論二種解脫，證用不同。委曲斜開，知大小之殊懸，便歸宗矣。大文第三明二觀
[illegible]

一切法此明一切法妄也肇曰无住故倒想倒想故分別分別故貪欲貪欲故有
身既有身也明善惡並陳善惡既陳則万法斯起自茲已往言數不能盡
也若善得本則衆本可除也矣　時維摩詰室有一天女見諸大人聞所說法
便現身即以天華散諸菩薩大弟子上　此下第二明天女大士身子共
論二種解脫證用不同委曲斜開知大小之殊懸使歸宗矣大文分二一明二種
種解脫習盡不同二從此室下約理明即不即異三從三乘下約教明乘異
四轉女身下就相明轉不轉異五從沒生下就報明生殺不生殺異其文如下說
修明得不得異七從淨名述其本迹下　其文有七第一散花供養二有墮不墮三
神力去花四天問所以五答不如法六彈呵解脫釋七結惑盡不同此初也
肇曰天女即法身大士也常與淨名共弘大乘不思議道故現為宅神同
處一室見大衆集聞所說法故現身散花欲以生論也華至諸菩薩即皆
墮落至大弟子便著不墮　二者有墮不墮　生曰雖天力使然亦緣之自有
在矣　一切弟子神力去華不能令去　三去花也肇曰將辯大小之殊故
使花著此　爾時天問舍利弗何故去華　四問去華意　答曰此華不如法是
以去之　五答曰不如法　肇曰香花著身非沙門法是以去之生曰不如律
也　天曰勿謂此華為不如法所以者何是華無所分別仁者自生分別想耳
此六彈呵文四初明花无分別二明如法不如法三菩薩不著四二乘便著此初也什曰花
性本无二故无分別也生曰花性无實豈有如法不如法之分別哉肇曰花豈有心於墮
不墮乎分別之想自由人者耳　若於佛法出家有所分別為不如法若无所分別是則
如法　二明如法不如法身子以犯戒為不如法大士以分別持戒為不如法肇曰翟花理
無好惡者乃合法之法耳　觀諸菩薩華不著者已斷一切分別想故　三明菩
薩離分別習故不著　不二法門品明菩薩於漏无漏為无為等皆云分別入不二法門得
無生忍皆至也　譬如人畏時非人得其便　四明小乘便著文三此初喻也肇曰怨畏之時
情既怯弱故得便矣　如是弟子畏生死故色聲香味觸得其便也　二合喻也菩薩
生死即涅槃故大悲无畏小乘生死異涅槃故畏生死文有分別故習氣不亡　三廣得
便也生曰苟畏之好得便矣　已離畏者一切五欲無能為也　三結也生曰既已離惡
正使衣情所欲陳列於前不復能使之好矣　結習未盡華著身耳　結習盡者華不
著也　此七結惑盡不同也生曰向悉花去之離非結為然莫其習矣習尚於花著身而不可去
況有結乎　舍利弗言天止此室其已久如　此下二從理體明即不即文三初文字
離不離二顯斷不斷三解脫證不證　此初問答解釋八重分別此身子問也肇曰止
淨名大乘之室久近妙辯若此乎　答曰我止此室如耆年解脫　三天答也身子以執身
止室同天以聞法故悟心心解脫為喻肇曰將明第一無久近之義故以解脫為喻解脫即
無為解脫也　舍利弗言止此久耶　三身子示喻答意故重問也　天曰耆年解脫亦何如久
淨無為解脫畢可擬之乎　舍利弗嘿然不答　五身子自思解脫無久近故默

況有結乎　舍利弗言天止此室其已久如　此下二約理體明即不即標文三初文字
離不離二煩惱斷不斷三解脫證不證此初問答解釋八重分別此身子問也肇曰止
淨名大乘之室久近妙辯若此乎　答曰我止此室如耆年解脫　二天答也身子以執身
止室問天以聞法故悟心心解脫答肇曰將明第一無久近之義故以解脫爲喻解脫即
無爲解脫也　舍利弗言止此久耶　三身子未喻答意故重問也　天曰耆年解脫亦何
得無爲解脫寧可稱久乎　舍利弗嘿然不答　五身子自思解脫無久近故默
天曰如何耆舊大智而嘿　六天問所肇曰五百弟子仁者智慧第一嘿然何耶
答曰解脫者无所言說故吾於是不知所云　七身子離三界惑得心解脫未絕言數故
言不知所云　天曰言說文字皆解脫相　八天辯不思議解脫即文三此初標文字
即解脫肇曰舍利弗言文爲失故默然无言謂順真解未能語默齊致觸物无礙
故天說等解以曉其意　所以者何解脫者不内不外不在兩間文字亦不内不外不在
兩間是故舍利弗无離文字說解脫也　此二解釋所以肇曰法之所在極於三處
求文字解脫俱不可得何欲離文字別說解脫乎　所以者何一切諸法是解脫
相　三明諸法等解肇曰万法雖殊无非解相豈文字之獨異也　舍利弗言不復
以離婬怒癡爲解脫乎　此下二明斷不斷別文二初也問肇曰二乘結盡爲解脫聞
上等解非其本趣故致斯問　天曰佛爲增上慢人說離婬怒癡爲解脫耳若无增
上慢者佛說婬怒癡性即是解脫　二答也增上慢者未得謂得也身子挍小乘所
證非增上慢自謂与佛同坐解脫床名增上慢也即未悟縛脫平等故爲說離
縛爲脫若大士非增上慢者爲說即縛性脫不二同也　舍利弗言善哉善哉天女汝
何所得以何爲證辯乃如是　三明證別文二此初問也肇曰善其所說非已所及故
問得何道證何果辯乃如是乎　天曰我無得無證故辯如是　二答也文二此初答
二乘捨縛求脫故有得證大士悟縛脫平等非縛非脫故無得無證既智窮不
二之門故辯無礙也　所以者何有得有證者則於佛法爲增上慢　三反守肇
曰若見己有得必見他不得此於佛平等之法猶爲增上慢人何能致無礙之辯乎
舍利弗問天汝於三乘爲何志求　此下三約教明乘無乘別也小乘有法執故有
差別乘大乘不二平等故無乘之乘文二此初問也肇曰上云無得無證未知何乘故
須問也　天曰以聲聞法化衆生故我爲聲聞以因緣法化衆生故我爲辟支佛以大悲
法化衆生故我爲大乘　三答文三總約化緣答二別約今緣答此初也肇曰大
乘之道無乘之乘爲彼而乘吾何乘也生曰隨彼爲之我無定也文解法花等
便說三意同此也　舍利弗如人入瞻蔔林唯嗅瞻蔔不嗅餘香如是若入此室
但聞佛功德之香不樂聞聲聞辟支佛功德香也　此二約今緣文四明今緣唯一三
所化樂大三室無小法四勸室顯法此初也　肇曰無乘不乘乃爲大乘故以香
林爲喻明淨名之室不雜二乘之香止此室者豈他嗅哉　舍利弗其有釋梵
[illegible]諸天[illegible]等入此室者聞斯上人講說正法皆樂佛功德之香發心而

但佛功德之香不樂聞聲聞辟支佛功德香也　其二約今緣文四明今緣唯一三
所化純大乘無小法　四約室顯法其物也　辟曰既乘不乘乃為大乘故以香
林為喻明淨名之室不雜二乘之香以其室者豈他嗅哉　舍利弗其有釋梵
四天王諸天龍鬼神等入此室者聞斯上人講說正法皆樂佛功德之香發心而
出　三明所化皆樂大也　舍利弗吾止此室十有二年初不聞說聲聞
辟支佛法但聞菩薩大慈大悲不可思議諸佛之法　三明室無小法辟曰
大乘之法皆不可思議上問止室久近欲生論端故答以解脫今言實年以顯
之不離也生曰諸天鬼神暫入此室尚無不發大意而出哉況我久聞妙法乎
然則不能不為大非能為大矣　舍利弗此室常現八未曾有難得之法
其四明未曾有室不說二乘之法也文三標釋結此初標也　何謂為八此室常
以金色光照晝夜無異不以日月所照為明是為一未曾有難得之法　此室
入者不為諸垢之所惱也是為二未曾有難得之法　此室常有釋梵四天王他方菩
薩來會不絕是為三未曾有難得之法　此室常說六波羅蜜不退轉法是為四未
曾有難得之法　此室常作天人第一之樂絃出無量法化之聲是為五未曾有難得
之法　此室有四大藏眾寶積滿賙窮濟乏求得無盡是為六未曾有難得之法
此室釋迦牟尼佛阿彌陀佛阿閦佛寶德寶炎寶月寶嚴難勝師子響一切利
成如是等十方佛是上人念時即皆為來廣說諸佛秘要法藏說已還去是為七未
曾有難得之法　此室一切諸天嚴飾宮殿諸佛淨土皆於中現是為八未曾有難
得之法　此下二列不思議事如文可見大士所陳必有所表金色光照晝夜不二表
大乘解脫無生忍也二諸垢不惱表真空之室入者無染三釋梵常會表無緣
大悲普為物會四常說不退表遊真解路万行無退五法化之樂表住此理者
言皆解脫六四大寶藏表住法寶藏慈濟無盡七諸佛念來表佛理在心念之
便至八宮殿淨土表凡聖所居不離法性　舍利弗此室常現八未曾有
難得之法誰有見斯不思議事而復樂於聲聞法乎　舍利弗三結無小法也辟曰
顯室奇特之事以成香林之義也　舍利弗言汝何以不轉女身　此下第四既相明轉不轉異
小乘執相定有所轉大乘無相故轉無所轉也此初問也辟曰以無礙之智受有礙之身而不轉何
指耶　天曰我從十二年來求女相了不可得當何所轉　二答文三一明不轉二明非轉非不
轉中有四一明無轉二反問三舉喻四呵辭此初也辟曰止此室來所聞正法未曾覺女人異於男子者
何所轉天諸女相豈十二年而已乎欲明此室純一等教無有雜聲故齊此為言耳
譬如幻師化作幻女若有人問何以不轉女身是人為正問不　二反問　舍利弗言不也
幻無定相當何所轉　三舉喻　天曰一切諸法亦復如是無有定相云何乃問不轉女身　四呵辭
也辟曰万物如幻無有定相誰好誰醜而欲轉之乎　即時天女以神通力變舍利弗令
如天女天自化身如舍利弗而問言何以不轉女身　三明轉而無轉也文四一問二答三解

何所轉天悟女相豈十二年而已乎欲明此室純一等教無有雜聲故齊此為言耳
譬如幻師化作幻女若有人問何以不轉女人身是人為正問不　三反問　舍利弗言不也
幻無定相當何所轉　天曰一切諸法亦復如是無有定相去何乃問不轉女身　四呵釋
也肇曰万物如幻無有定相誰好誰醜而欲轉之乎　即時天女以神通力變舍利弗令
如天女天自化身如舍利弗而問言何以不轉女身　三明轉而無轉也文四問二答三解
釋四引證此初明轉身而問也肇曰將成幻化無定之義故現變而問其自悟也　舍利
弗以天女像而答曰我今不知何轉而變為女身　二答也肇曰吾不知所以轉而為此身
如之何復欲轉之乎　天曰舍利弗若能轉此女身則一切女人亦當能轉如舍利弗非女而
現女身則一切女人亦復如是雖現女而非女也　三解釋若身子自悟雖神通變女而實性
非女亦悟一切女人雖妄心變女而法性非女又知天女雖大悲現女而法身非女若能
悟女非女一切女人亦復如是名為轉也肇曰如舍利弗實非女而今現是女像實非女也
男無定相類以可知矣　是故佛說一切法非男非女　四引證可見　即時天女還攝神力
舍利弗身還復如故天問舍利弗女身色相今何所在　三明非轉非不轉文四此初問
也肇曰將推女相之所在故復身而問也　舍利弗言女身色相无在无不在　二答也肇
曰欲言有在今現无相欲言无在向復有相幻化无定莫知所在也　天曰一切諸法
亦復如是无在无不在　三天印許也　夫无在无不在者佛所說也　四引證肇曰豈
唯女相无在諸法皆亦爾佛說者以明理不可易　舍利弗問天汝於此沒當生何所
此五就衆明生滅不生滅異二乘業生故有生滅沒菩薩法身故无生沒文四此初也肇曰
既知現相之无在又問當生之所在　天曰佛化所生吾如彼生　二答也法身无生之生
如幻化也　曰佛化所生非沒生也　三難也　天曰衆生猶然无沒生也　四順釋肇曰豈
我如化物無非化也　舍利弗問天汝久當得阿耨多羅三藐三菩提　此六就修明得
不得異小乘進修有斷有得大乘无相无修无證无得文二初問二難无得前中又五此
初問也肇曰身沒生可如幻化菩提真道必應有實故問久如當成　天曰如舍利弗
還為凡夫我乃當成阿耨多羅三藐三菩提　三答肇曰取其吾无也　舍利弗言我作
凡夫无有是處　三非其言也肇曰聖人還為凡夫何有是處　天曰我得阿耨多羅
三藐三菩提亦無是處　四例也肇曰彼聖為凡夫我成菩提道无有是處也　所
以者何菩提无住處是故无有得者　五釋无所得故為得肇曰菩提之道无為无相
自无住處誰有得者　舍利弗言今諸佛得阿耨多羅三藐三菩提已得當得
如恒河沙皆謂何乎　此二難无得身子不了无所得故為得故有此難文三此初
擾得而難　天曰皆以世俗文字數故說有三世非謂菩提有去來今　二約
理答肇曰世俗言數有三世得耳非獲菩提第一真道有去來今　天曰舍利弗汝
得阿羅漢道耶　三假小況大文三此初問也肇曰羅漢入无漏心不見有得入
有漏心則見有得今問以第九解脫自證成道時見有得邪欲令自悟无得義耳

BD14093號　淨名經集解關中疏卷下

（55–24）

如恒河沙皆謂何乎 此二難无得身子不了无所得故為得故有此難 文三 此初
棲得而難 天曰皆以世俗文字數故說有三世非謂菩提有去來今 二約
種菩 肇曰世俗言數有三世得耳非謂真道有去來今 天曰舍利弗汝
得阿羅漢道耶 三假小況大 文三 此初問也 肇曰羅漢入无漏心不見有得入
有漏心則見有得今問以第九解脫自證成道時見有得耶欲令自悟无得義耳
曰无所得故而得 三善也 謂斷九地惑故无得之第九解脫故得
復如是无所得故而得 三況大 謂諸佛菩薩本无所得故而得 天曰諸佛菩薩亦 爾時維摩詰
語舍利弗是天女曾已供養九十二億佛已能遊戲菩薩神通所願具足得无
生忍住不退轉以本願故隨意能現教化眾生 此七淨名述其悲願現 肇曰上但取
言生論未知其道深淺淨名傍顯其實以發生會眾敬信之情也
佛道品第八 此二讚上大悲權假也 諸佛以悲化為道故六道二乘皆佛道也 肇曰以
上天女內體妙惠而託質隨形示達三流所以生感發因其所感而明大士莫疑之道矣
文三 初問通達佛次明如來種後明眷家藥物 文有五 一問 二答 三徵 四釋 五結 爾時
文殊師利問維摩詰言菩薩云何通達佛道 此初問也 肇曰諸佛之道以无得為
得其道虛玄非常行之所通通之必有以故問所以道 維摩詰言若菩薩行於
非道是為通達佛道 二答也 什曰凡非其實而處之皆名非道 肇曰以道為道非
道為非道者愛惡並起垢累滋彰何能通心妙旨達平等之道乎若能不以非道
為非道者則是非絕於心遇物斯可乘矣所以處是无是是之情乘非无非非之意故
能美惡齊觀履逆常順和光塵勞愈晦愈明斯可謂通達平等无礙佛道乎
又問云何菩薩行於非道 此三重徵問也 答曰若菩薩行五无間而无惱恚 此下
四答釋 文有九類 此初惡趣非道也 五无間者殺父殺母殺阿羅漢出佛身血破法
輪僧 初二違恩後三背德故名逆也 肇曰法身大士內秉沖虛外跡權道俗是非俱
乘逆順斯入善惡反論靡不通達和光塵穢而真心常淨和光同穢故能行五无
間真心常淨故能而无惱恚乃至不斷生死是名和光現於涅槃所謂常淨顯
發也 至于地獄无諸罪垢 肇曰罪垢地獄因也亦受其報實无其因 至于
畜生无有無明憍慢等過 肇曰癡慢偏多墮畜生 至于餓鬼而具足功德
肇曰慳貪无福多墮餓鬼 行色无色界道不以為勝 二善趣也 无想非想外道計
著以為涅槃第一最勝菩薩和光知其卑陋 肇曰上二界道受有之因雖同其行
知其卑陋 亦行貪欲離諸染著 亦行瞋恚於眾生無有恚礙 亦行愚癡而以智慧
調伏其心 三三毒也 肇曰行三毒而不乘三善也 亦行慳貪而捨內外所有不惜身
命 亦行毀禁而安住淨戒乃至小罪猶懷大懼 亦行瞋恚而常慈忍 亦行懈怠而
勤修功德 亦行亂意而常念定 亦行愚癡而通達世間出世間慧 四十蔽也 肇曰
亦行六蔽而不乘六度 亦行諂偽而善方便隨諸經義 第七方便 肇曰外現隨

知其界限　示行貪欲離諸染著示行瞋恚於衆生無有恚礙示行愚癡而以智慧
調伏其心　三三毒也肇曰行三毒而不乖三善也　示行慳貪而捨內外所有不惜身
命示行毀禁而安住淨戒乃至小罪猶懷大懼示行瞋恚而常慈忍示行懈怠而
勤修功德示行亂意而常念定示行愚癡而通達世間出世間慧　四十度也肇曰
示行六蔽而不乖六度　示行諂偽而善方便隨諸經義　第七方便肇曰外現隨
俗諂許內實隨經方便　示行憍慢而於衆生猶如橋梁　八願度也肇曰使物皆
蹈我上取界下之極　示行諸煩惱而心常清淨　九力度也肇曰煩惱顯於外心淨
著於內　示入於魔而順佛智慧不隨他教　十智度也肇曰外同邪教內順正慧
示入聲聞而為衆生說未聞法　五二乘肇曰聲聞不從人聞不能自悟况能為人說所
未聞也　示入辟支佛而成就大悲教化衆生　肇曰大悲大乘法非辟支佛所能行
也　示入貧窮而有寶手功德無盡　六雜類也肇曰手出自然寶賙窮無盡
示入形殘而具諸相好以自莊嚴示入下賤而生佛種姓中具諸功德　外現形殘內圖諸
相外示下賤內循殖德本生佛種姓也　示入羸劣醜陋而得那羅延身一切衆生之
所樂見　肇曰那羅延天力士名也端正殊妙志力雄猛　示入老病而永斷病根超
越死畏　肇曰法身大士生死永盡况老病乎　示有資生而恒觀無常實無所
貪示有妻妾婇女而常遠離五欲淤泥現於訥鈍而成就辯才總持無失　示入邪
濟而以正濟度諸衆生　七異道肇曰涯河可度之處名正濟險難處名邪濟佛
道名正濟外道名邪濟也　現遍入諸道而斷其因緣　八生死六道肇曰遍入異道
豈曰慕求欲斷其因緣耳　現於涅槃而不斷生死　九涅槃肇曰現身涅槃而
方入生死自上所列於菩薩皆為非道而處之無礙乃所以為道故曰通達佛道
文殊師利菩薩能如是行於非道是為通達佛道　此五結也　於是維摩詰問
文殊師利何等為如來種　二問如來種也又五一問二答三徵四釋五歎今此初也
生死雖非道非化之為佛道今煩惱雖生死種衆生悟之為如來種也　文殊師利
言有身為種　二答文二初列下法增數可識一法也肇曰有身見也夫心
無定所隨物而變在邪而邪在正而正邪正雖殊其種不異何則變邪
而正改惡而善豈別有異邪之正異惡之善超然無因忽尔自得乎然則正由
邪起善因惡生故曰衆結煩惱為如來種也　無明有愛為種
二法門也什曰向總說此關為二門也一切結屬二枝編集二門也自下次第
廣開又解文云無明性即是明又云不滅癡愛起於明脫　貪恚癡為種
四顛倒為種　五蓋為種　六入為種　如常數　七識處為種　七法也欲界
人天初識住初物之禪上二識住二禪　四識住空處五識住識處六識住無所有
有處七識住什曰識住者識得安住也識念分明無有惱患無壞者是為識住
惡趣有苦痛壞四禪無想定壞非想滅定壞而彼總心想微昧念不分明故
[illegible]

當解又解文云无明性即是明文云不須癡愛起於明脫
四顛倒為種　五蓋為種　六入為種　如常數　七識處為種　七法也欲界
人天初識住初禪二識住二禪三禪四識住空處五識住識處六識住无所
有處七識住什日識住者識得安住也識念分明无有惱患无壞者是為識住
惡趣則苦痛壞四禪无想定壞非想滅定壞亦彼他心想微昧念不分明故
識不安住　八邪法為種　八法也謂邪見邪思惟等　九惱處為種
九法也什日愛我怨家憎我知識惱我已身一世則三三世為九也　十不善法
為種　十法也謂煞生等如前　以要言之六十二見及一切煩惱皆是佛種
三摠也結迷理為見著事為煩惱肇日塵勞衆力即成佛道故是佛種生
日夫人不之悟本不遠捨生死遠更求之也斯為在生死中事即用其實
為悟始者豈非佛之萌牙起於生死事哉　日何謂也　三徵也肇日夫妙
極之道必有妙極之因而日塵勞為種者何也　答日若見無為入正位者不能復發
阿耨多羅三藐三菩提心　四解釋文三初法次喻後結此初也既煩惱性即菩提性而
二乘斷煩惱見无為妄安涅槃之樂故自絶大心凡夫為生死所迫慕勝心極故能發
大志也　生日以現事之明見无為入正位者苦忍已上結使已斷既至其所始為見之
以本欲捨生死求悟悟則在生死矣外无復不捨即悟之義故不能復發菩提心也
譬如高原陸地不生蓮華卑濕淤泥乃生此華如是見无為入正位者終不復能生
於佛法煩惱泥中乃有衆生起佛法耳　此二喻也文二此初喻煩惱泥中有菩提蓮
華也二乘捨之證无為如高原也　又如殖種於空終不得生糞壤之地乃能滋
茂如是入无為正位者不生佛法起於我見如須弥山猶能發于阿耨多羅三藐三
菩提心生佛法矣　此二喻我見之地生滋茂惠牙二乘斷滅諸見如空中種也　是故
當知一切煩惱為如來種　譬如不下巨海則不能得无價寶珠　如是不入煩惱大
海則不能得生一切智寶　此下結文三可見若捨煩惱性得菩提智如不離大海得
无價寶珠二乘捨煩惱求菩提如人捨大海求无價寶其可得乎　尒時大迦葉
歎言善哉善哉文殊師利快說此語誠如所言塵勞之疇為如來種　此下五迦葉歎
述文四一惣歎領解二述其得失三舉喻自傷四結无反覆此初也文殊可意以實
相真理煩惱即菩提捨之則邪正求也今迦葉領意恚夫求菩提三无數劫久住
生死廣度衆生滿知誓願今阿羅漢已斷煩惱不受後有於大悲願永絶因緣
如根敗之士　凡夫業惑猶在生死未亡若能發菩提心即能成滿三祇劫熟終
悲願故不斷三寶能報佛恩法華經迦葉述昔世尊往昔說法我時在座但
念空无相无作於菩提法淨佛國土成就衆生心不喜樂所以者何世尊令我
等出於三界得涅槃證又今我等年已朽邁於佛教化菩薩不生好樂之心
今聞授聲聞記深自慶幸无量珍寶不求自得此而推之往昔說法於菩薩
法生絶分想即今之此歎也　我等今者不復堪任發阿耨多羅三藐三菩提

[illegible]
念空无相无作於菩提法淨佛國土成就衆生生心不喜樂所以者何世尊今我
等出於三界得涅槃證又今我等年已朽邁於佛教化菩薩不生好樂之心
今聞授聲聞記深自慶幸无量珎寶不求自得此亦推之往昔說法於菩薩
法生絶分想即今之此歎也　我等今者不復堪任發阿耨多羅三藐三菩提
心乃至五无間罪猶能發意生於佛法而今我等永不能發　此述得失聲聞
結盡不堪五逆惑猶在能發也　譬如根敗之士其於五欲不能復利如是聲聞
諸結斷者於佛法中无所復益永不志願　三舉喻自傷五根若敗不能欲五塵
也　是故文殊師利凡夫於佛法有反覆而聲聞无也所以者何凡夫聞佛法能起
无上道心不斷三寶正使聲聞終身聞佛法力无畏等永不能發无上道意　四
結无反覆凡夫能成菩提以報佛恩二乘息𣩠而永斷也　爾時會中有菩薩名普
現色身問維摩詰言居士父母妻子親戚眷屬吏民知識悉為是誰奴婢僮僕
象馬車乘皆何所在・三明資生眷屬无上法身非一真成万行為資生万德為
為眷屬方能成就此初問也肇曰淨名權道无方應顯難測外現同世家屬内以
法為家屬惑者見形不及其道故生斯問　於是維摩詰以偈答曰　智度菩
薩母方便以為父一切衆導師无不由是生　二卅二偈答文四初四行明眷屬二七行明
資生三廿八行明業用四三行結勸此初也内有正智外有方便法身生焉肇曰智為
内照權為外用万行之所由生諸佛之所因出故菩薩以智為母以權為父
法喜以為妻　肇曰法喜謂見法生内喜也世人以妻色為悦菩薩以法喜為悦
慈悲心為女　肇曰慈悲心慈之性像女人性故以為女生曰慈悲以外適為用有女
義焉　善心誠實男　肇曰誠實貞直男女之性亦有為惡而實故標以善心也
畢竟空寂舍　肇曰堂宇以蔽風霜空寂以障塵想什日有非真要時復憂遊
空為理宗以為常宅　弟子衆塵勞隨意之所轉　昔无明郎生恩愛魔王今
化令隨道為弟子也　道品善知識由是成正覺　肇曰成益我者卅七道品也可
謂善知識乎　諸度法等侶　肇曰六度大乘之要行發心為侶俱至道場吾真侶
也　四攝為妓女　肇曰四攝悦衆以喜妓女　歌詠誦法言以此為音樂　肇曰口
詠法言以當音樂也　物持之園苑无漏法林樹覺意淨妙花解脫智慧果八解
之浴池定水湛然滿布以七淨花浴此无垢人　此下明資生也物持資相理也无漏万
行林樹也此樹開七覺之花結解脫之果什日解脫无為果智慧有為果此明果也八
解之池上禪定之水數七淨之花五欲熱惱貪愛諸塵浴此則清涼矣此行明定也
七淨者一戒淨二心淨三見淨四度疑淨五分别淨六行淨七涅槃淨　肇曰物持總記
万善之苑也於此苑樹无漏之林數七覺之花結解脫之果八解之池積禪定之水湛
然无滿布七淨之花羅列水上而復无垢之士遊此林苑花池閑宴嬉遊樂之至也
豈等俗林苑之歡乎　象馬五通馳大乘以為車調御以一心遊於八正路　肇曰
五通為象馬大乘為車以一心為御[illegible]

七淨者一戒淨二心淨三見淨四度疑淨五分別淨六行淨七涅槃淨　肇曰總持謂記
万善之苑也於此苑樹无漏之林敷七覺之花結解脫之果八解之池積禪定之水湛
然充滿布七淨之花羅列水上而覆无垢之士遊於林苑花池閑宴嬉遊乘之至也
豈等俗林苑之歡乎　四馬五通馳大乘以為車調御以一心遊於八正路　肇曰
五通為駕馬大乘為上車一心為御者遊於八正道　相具以嚴容衆好飾其姿慚愧
之上服深心為華鬘　相具卅二相衆好八十種好慚愧蔽漏惡深心飾形服也　富有
七財寶教授以滋息如所說修行迴向為大利　肇曰七財信戒聞捨惠慚愧等也世
人以玉帛為饒菩薩以七財為富出入法寶与人同利兼示以滋息之法令如說脩
行迴向佛道此利之大者　四禪為牀座從於淨命生多聞增智惠以為自覺音
四禪宴息稱如牀座要從持戒淨命所生離五欲濕散亂妄更稍怨貪著禪味
故令多聞以自覺　甘露法之食解脫味為漿淨心以澡浴戒品為塗香　甘露
法食以資惠解八解禪漿以五欲渴此二內資也懺悔罪垢澡浴身心嚴持戒香
塗熏法體此二外嚴也此明身戒心惠方為脩持矣　摧滅煩惱賊勇健無能踰降
伏四種魔勝幡建道場　此下明三業用此行明自業成下廿七明濟物用如世人功成
祿厚惠濟貧宜此初也肇曰外因法戰諍破敵主幡以表勝菩薩以摧煩惱賊降四
魔悉乃於道場建勝相也　雖知無起滅示彼故有生悉現諸國土如日无不見
此下功成則物離真則用大生日明其有所去為也[看]七初三行總明真應自在也肇曰
知无起滅則得法身无復生分為彼有生故无往不見　供養於十方无量億如來
諸佛及己身无有分別想　此行明雖供諸佛肇曰未嘗覺彼己之異　雖知諸
佛國及与衆生空而常修淨土教化於群生　此行明雖知人國空而修土以化
物肇曰知空不捨有所以常處中　諸有衆生類形聲及威儀无畏力菩薩
一時能盡現覺知衆魔事而示隨其行以善方便智隨意皆能現　或示老病
死成就諸群生了知如幻化通達无有礙　此二行明知魔了幻而示現誘濟老病
死如太子厭欲淨居諸天四城門所現　或現劫盡燒天地皆洞然衆人有常
想照令知无常無數億衆生俱來請菩薩一時到其舍化令向道佛　三三行
明天三災水風二災文无者略初禪內有覺觀外有火災二禪內有喜受外有水
災三禪內有喘息外有風災四禪无災由不種故仟曰或賁燒或不賁燒者衆
生見燒想即語无常還攝不燒也　經書禁呪術工巧諸伎藝盡現行此事
饒益於群生　四三行明世智也仟曰以同習損感先同而後乘也　世間衆道法
悉於中出家因以解人惑而不墮邪見　肇曰九十六種皆出家修道隨其出家
破解其惑不同其見　或作日月天梵王世界主或時作地水或復作風火
肇曰過海潭之則變身為地水火風皆隨所須而自變形也　劫中有疾疫
現作諸藥草若有服之者除病消衆毒劫中有飢饉現身作飲食先救彼飢

惑於中出家因以解之惑而不墮邪見　肇曰九十六種皆出家修道隨其
破解其惑不同其見　或作日月天梵王世界主或時作地水或復作風火
肇曰遇海漂之則變身為地水大風皆隨彼所須而自變形也　劫中有疾疫
現作諸藥草若有服之者除病消眾毒劫中有飢饉現身作飲食先救彼飢
渴却以法語人法劫中有刀兵為之起慈悲化彼諸眾生令住无諍地若有大戰陣
立之以等力菩薩現威勢降伏使和安　五四行明十三災肇曰菩薩法身于何
不為或為藥草令服者病除或為飲食令飢者得飽刀兵七日疾疫七月七日飢
饉七年七月七日東西二州有似非正謂嗔增盛身力羸劣數加飢渴等法爾全
無戰陣助明刀兵可見　一切國土中諸有地獄處輒往到于彼勉濟其苦惱
一切國土中畜生相食噉皆現生於彼為之作利益　六二行明思入趣救物令
有鬼趣天无者略也　什曰如過去世時人无禮義欲殘害長老雉烏及象雅殺
長老令人敬修善成相和順如大智論中說　示受於五欲亦復現行禪令
魔心憒亂不能得其便火中生蓮花是可謂希有在欲而行禪希有亦如是
七十行明同事攝物肇曰欲言行禪復受五欲欲言受欲復現行禪莫測其變
所以憒亂也自非靜亂齊旨孰能爾之　或現作媱女引諸好色者先以欲鉤
牽後令入佛智　肇曰反欲以順　或為邑中主或作商人導國師及大臣以祐利
眾生　諸有貧窮者現作无盡藏因以勸導之令發菩提心　我心憍慢者
為現大力士消伏諸貢高令住佛上道其有恐懼眾居前而慰安先施以无
畏後令發道心　肇曰憍心自高如山峯不停水菩薩現為力士服其高心然
後潤以法水　或現離婬欲為五通仙人開導諸群生令住戒忍慈
賢聖眾生下劣不入深法故作以戒忍　見須供事者現為作僮僕既悅可其
意乃發以道心隨彼之所須得入於佛慧以善方便力皆能給足之　如是道无
量所行无有涯智慧无邊際度脫無數眾假令一切佛於无數億劫讚歎其功
德猶尚不能盡　第四結勸此二行結也生曰應遍无方皆是佛道之矣
肇曰真羅智之道无涯无際雖復眾聖殊辯猶不能盡　誰聞如是法不
發菩提心除彼不肖人癡冥无智者　此行勸也不肖二乘也癡冥凡夫也
肇曰下士聞道而大笑之日月雖明何益聾者

入不二法門品第九　此下二品廣上中道正觀此品不二明體下品能二明用入
者觀照智也不二法所觀理門者文字教也什曰從始會來唯二人相對餘皆默聚
今欲各顯其德故問令盡說亦以情惑不同發悟有因各令說悟廣悟眾
迷夫勝會明宗必以令終為美令法座將散欲究其深致廣說不二乃盡妙
聞曰前有三四乃至无量法門云何獨說不二耶答二事少而惑淺餘事廣而
累深二尚應破則餘可知矣復次万法之生必從緣起緣起生法多少不同極其少
者要從二緣若有一緣生未之聞也然則有之緣起極於二法二法既廢則入於玄境

今欲各顯其德故問令盡說亦云情惑不同發悟有因各令說悟廣釋衆
迷夫勝會明宗必以令終爲美今法座將撤欲究其深致廣說不二乃盡妙
闡曰亦有三四乃至无量法門云何獨說不二耶荅二事少而惑淺餘事廣而
累深二尚應破則餘可知矣復次万法之生必從緣緣起生法多少不同極其少
者要從二緣若有一緣生未之聞也然則有之緣起極於二法法既廢則入於玄境亦
何不破一邪荅曰若名數之則非一也若以一爲一亦未離於二遣二則一斯盡矣復次
无相之一名假而實實則體与相絶故直置而自无也肇曰言爲世則謂之法衆
聖所由爲之門又解入者悟入也法華玄贊得脫名出火宅此經反述向悟名入不二其言
甚異其旨甚一　爾時維摩詰語衆菩薩言諸仁者云何菩薩入不二法門各隨
所樂說之　品文四一諸菩薩說二妙德說三淨名說四時衆得益初文二此初淨
名問也　會中有菩薩名法自在說言諸仁者生滅爲二法本不生今則無滅得
此無生法忍是爲入不二法門　二諸菩薩菩薩一切諸菩薩法皆因緣生
滅小乘執實爲二大乘知法如幻故无生滅入不二也肇曰滅者滅生耳若悟无生
滅何所滅此即无生法忍也此菩薩因觀生滅以悟道故說已所解爲不二法門也
下類亦尓法云云離真皆名二故以不二爲言也　德守菩薩曰我我所爲二因有
我故便有我所若无有我則无我所是爲入不二法門　肇曰妙主常存我
也身及万物我所也我所我之所有也法既无我誰有之者　不眴菩薩曰受
不受爲二若法不受則不可得以不可得故无取无捨无作无行是爲入不二法門
凡夫受善五陰无學此爲二也　肇曰有心必有所受有所受必有所不受此爲
二也若悟法本空二俱不受則无得无行爲不二也　德頂菩薩曰垢淨爲二見
垢實性則无淨相順於滅相是爲入不二法門　凡夫倒心不淨二乘觀身不淨
此爲二　肇曰淨生於垢實性无垢淨何所淨　善宿菩薩曰是動是念爲
二不動則无念无念則无分別通達此者是爲入不二法門　肇曰情發爲動
想成爲念又解妄性實性即性无動動即无念　善眼菩薩曰一相无相爲
二若知一相即是无想亦不取无相入於平等是爲入不二法門　法華明一實相
般若經明无相　肇曰言一欲以去二不言一也言无欲以去有不言无也而惑者聞
一則取一相聞无則取无相故有二也　妙臂菩薩曰菩薩心聲聞心爲二觀心相空
如幻化者无菩薩心无聲聞心是爲入不二法門　什曰以施報故手出无盡寶物如五河
流故名妙臂又解曰自利聲聞心也利他菩薩心也　弗沙菩薩曰善不善爲二若
不起善不善入无相際而通達者是爲入不二法門　肇曰弗沙星名也什曰生時所值因
以爲名不善十惡也善十善及涅槃也　師子菩薩曰罪福爲二若達罪性与福无
異以金剛慧決了此相无縛无解者是爲入不二法門　罪破戒也福持戒定慧也罪福
平等一相一性爲不二　肇曰金剛慧實相慧也　師子意菩薩曰有漏无漏爲二若得諸
法等則不起漏不漏想不著於相亦不住无相是爲入不二法門　皆集有漏成道无漏

BD14093號　淨名經集解關中疏卷下

不起善不善入无相際而通達者是為入不二法門　肇曰弗沙星名也什曰生時所值因
以為名不善十惡也善十善及涅槃也　師子吼菩薩曰罪福為二若達罪性與福无
異以金剛惠決了此相无縛无解者是為入不二法門　罪破戒也福持戒定惠也罪福
平等一相一性為不二　肇曰金剛惠實相惠也　師子意菩薩曰有漏无漏為二若得諸
法等則不起漏不漏想不著於相亦不住无相是為入不二法門　苦集有漏滅道无漏
為二大士平等觀同一實諦不二什曰師子度永要截流直度曲則不度此大士以實
相智惠深入諸法直過彼岸故借以為名　淨解菩薩曰有為无為為二若離一切數
則心如虛空以清淨惠无所閡者是為入不二法門　四相有為也四相滅无為也相本不起
今則无滅無二也　肇曰數則有為无為也　那羅延菩薩曰世間出世間為二世間性空
即是出世間於其中不入不出不溢不散是為入不二法門　什曰世間三界也出世間解脫
也悟世性空无入无出故不二也　善意菩薩曰生死涅槃為二若見生死性則无生死
无縛无解不然不滅如是解者是為入不二法門　受後有生死也滅盡後有涅槃也
悟世生死妄无生死也　肇曰縛然生死之別名解滅涅槃之異稱也　現見菩薩曰
盡不盡為二法若究竟盡若不盡皆是無盡相无盡相即是空空則无有盡不
盡相如是入者是為入不二法門　肇曰有為虛偽法无常故名盡實相无為法常
住故不盡若以盡為盡不盡為不盡皆二也若能悟盡不盡俱无盡相者則入一空
不二門也　普守菩薩曰我无我為二我尚不可得非我何可得見我實性者不復起二
是為入不二法門　肇曰非我出於我耳見我實性者我本自无况於非我也　電天菩
薩曰明无明為二无明實性即是明明亦不可取離一切數於其中平等无二者是為入不二
法門　肇曰明慧明也无明癡冥也見无明性即為是明若見明為明即明无明相待故
不可取　喜見菩薩曰色色空為二色即是空非色滅空色性自空如是受想行
識識空為二識即是空非識滅空識性自空於其中通達者是為入不二法門
色是礙滅色是空二也若悟色性自空即空色不二　肇曰若有不即空无不夷跡餘
陰唯知　明相菩薩曰四種異空種異為二四種性即是空種性如前際後際空故
中際亦空若能如是知諸種性者是為入不二法門　肇曰四種四大也空種空大也此五
之所生由故名種發此四大之性无前後中无異空大又解小乘以四大堅濕煖
動性異空大乘觀四大是妄想性妄无自性故不異空也　妙意菩薩曰眼
色為二若知眼性於色不貪不恚不癡是名寂滅如是耳聲鼻香舌味身觸意
法為二若知意性於法不貪不恚不癡是名寂滅安住其中是為入不二法門
肇曰存於情塵故三毒以生若懸悟六情性則不起三毒此寂滅之道也　无
盡意菩薩曰布施迴向一切智為二布施性即是迴向一切智性如是持戒忍辱精
進禪定智惠迴向一切智為二智惠性即是迴向一切智性於其中入一相者是為入
不二法門　肇曰六度為妙因迴向一切智者二也若悟因果同性入于一相乃應不二
深慧菩薩曰是空是无相是无作為二空即无相无相即无作

肇曰存於情塵故三毒以生若悟六情性則不起三毒與寂滅之道也　无
盡意菩薩曰布施迴向一切智為二布施性即是迴向一切智性如是持戒忍辱精
進禪定智慧迴向一切智為二智慧性即是迴向一切智性於其中入一相者是為入
不二法門　肇曰六度為因迴向一切智者二也若悟因果同性入于一相乃應不二
深慧菩薩曰是空是无相是无作為二空即无相无相即无作若空无相无作則
无心意識於一解脫門即是三解脫門者是為入不二法門　大論云聲聞經明三
三昧緣四諦十六行摩訶衍同緣諸法實相斯則小乘辯異故三昧門異大乘
理同故三昧門不異也肇曰三行雖異然俱是无緣解脫故无心意識也緣既是同
則三解不異　寂根菩薩曰佛法衆為二佛即是法〻即是衆是三寶皆无為相
与虛空等一切法亦爾能隨此行者是為入不二法門　文云佛身也四諦法也四道
果僧也此是小乘見跡異也智无生佛也理无相法也行无倦僧也此是大乘理本也
小乘執著故異大乘反本故不異也　心无㝵菩薩曰身〻滅為二身即是身滅所以
以者何見身實相者不起見身及以滅身〻与滅身无二无分別於其中不驚不懼者
是為入不二法門　陰若聚為身患若故滅身為二若悟陰假會即身非身无生无
滅名見實相為不二也　上善菩薩曰身口意善為二是三業皆无作相身无作
相即口无作相口无作相即意无作相是三業无作相即一切法无作相能如是隨
无作慧者是為入不二法門　肇曰三業雖殊无作也諸法之生本乎三〻業〻既无
誰作諸法　福田菩薩曰福行罪行不動行為二三行實性即是空〻則无福行无罪
行无不動行於此三行而不起者是為入不二法門　肇曰福欲界善行罪十惡之流也不動
色无色行也夫解妄為行離則平等　華嚴菩薩曰從我起二為二見我實性者不起二
法若不住二法則无有識无所識者是為入不二法門　由執我故所對為二肇曰因我故有彼
二若所以生若見我實相則彼我之識无由而起　德藏菩薩曰有所得相為二若无所得
則无取〻捨〻者是為入不二法門　肇曰得在於我相在於彼我不取相誰取誰捨文解於法
有得得物為二若无所得則无有二　月上菩薩曰闇与明為二无闇无明則无有二所以者
何如入滅受想定无闇无明一切法相亦復如是於其中平等者是為入不二法門
肇曰二乘入滅盡定六根都滅雖經晝夜不覺晦明〻〻異以喻菩薩无心於明闇
實印手菩薩曰樂涅槃不樂世間為二若不樂涅槃不猒世間則无有二所以者何若有
解則有解若本无縛其誰求解无縛无解則无樂猒是為入不二法門　肇曰世間
无縛曷為而猒涅槃无解曷為而樂　珠頂菩薩曰正道邪道為二住正道者則
不分別是邪是正離此二者是為入不二法門　八正八邪為二若住實相平等无分別為
不二　樂實菩薩曰實不實為二實見者尚不見實何況非實所以者何非肉眼
所見慧眼乃能見而此慧眼无見无不見是為入不二法門　肇曰實相慧眼〻境非肉眼所

无縛曷吾而解涅槃相无解曷吾而樂　瑕信菩薩曰正道邪道為二住正道者則
不分別是邪是正離此二者是為入不二法門　八正八邪為二若住實相平等无分別者為
不二　樂實菩薩曰實不實為二實見者尚不見實何況非實所以者何非肉眼
所見慧眼乃能見而此慧眼无見无不見是為入不二法門　肇曰實相慧眼之境非肉眼所
見慧眼尚不見實而況非實雖曰无見而无所不見此慧眼之體也　如是諸菩薩各々
說已問文殊師利何等是菩薩入不二法門　二文殊說此初門也　文殊師利曰如我
意者於一切法无言无說无示无識離諸問答是為入不二法門　此答也　肇曰
上來諸人所明雖同所因各異且直辯法相不明无言今文殊惣眾家之說以開不二之
門直言法相不可言不措言於法相斯之為言之至也而方於靜嘿猶亦後焉
於是文殊師利問維摩詰我等各自說已仁者當說何等是菩薩入不二法門
三淨名說文三一問二答三稱善此初也　時維摩詰默然无言　二答也　肇曰有言於
无言未若无言於无言所以嘿然也上諸菩薩措言於法相文殊有言於无言淨
名无言於无言此三明宗雖同而迹有深淺所以言後於无言知後无知矣
文殊師利嘆曰善哉善哉乃至无有文字語言是真入不二法門　三歎也　肇曰默然者文
殊其人也為彼持言所以稱善生曰言跡盡於无言故歎以為真也　說是入不二法門
品時於此眾中五百菩薩皆入不二法門得无生忍法　四明時眾得益
香積品第十　至人无名隨化緣作稱真法无相逐緣相而自品本是法身戒
定等香跡現土之香以化物也　於是舍利弗心念日時欲至此諸菩薩
當於何食　此三淨穢雙遊明中道用也香積稱起法身平等應物緣殊淨穢異
也品文三一假緣念飯二淨穢平遊三聞品得益初文三初念次呵後許此初念也
什曰舍利弗獨發念者其旨有三一者諸業之體未能无資二純意法方乘法不
深三推已有待謂眾亦然處弟子之上宜為眾致供也　時維摩詰知其意而語
言佛說八解脫仁者受行豈雜欲食而聞法乎　二呵也八解脫禪悅食養法身
雜欲食資毒鄙身也人多為養毒身廢法身故念以譏之　若欲食者且待
須臾當令汝得未曾有食　三許也小乘以禪悅法喜為法食以五欲段食為毒
食今香積之資食了得道為未曾有　時維摩詰即入三昧　此第二淨穢平遊文
三一明二法平化二明二土佛事不同三明捨穢生淨初文中二初明從穢遊淨二明欲淨
來穢前中文三初現淨土二來往者三現化往初文三此初入三昧觀日三昧秦言正
心有二種一修得二報得々三昧都无出入之名況法身耶今言入者豈非所以迹也以
神通力示諸大眾上方界分過卌二恒河沙佛土有國名眾香佛号香積今現
在其國香氣比於十方諸佛世界人天之香最為第一彼土无有聲聞辟支佛名
唯有清淨大菩薩眾佛為說法其界一切皆以香作樓閣經行香地苑園皆

神通力亦諸大衆上方界分過卌二恒河沙仏土有國名衆香仏号香積今現
在其國香氣比於十方諸仏世界人天之香最為第一彼土无有聲聞辟支仏名
唯有清淨大菩薩衆仏為說法其界一切皆以香作樓閣経行香地苑園皆
香其食香氣周流十方无量世界時彼仏与諸菩薩方共坐食有諸天子
皆号香嚴悉發阿耨多羅三藐三菩提心供養彼仏及諸菩薩　此二現淨土
衆香之積等亦於依正報名无二乘明眷屬淨香作樓閣等依報淨坐食等
仏事淨也　諸大衆莫不目見　三明衆見使覩勝相而生信敬重方[illegible]道也
時維摩詰問衆菩薩諸仁者誰能致彼仏飯　此二求往者文四　初求往者
衆曰既覩彼國唯有力者令取飯　以文殊師利威神力故咸默然　二神力使默
衆曰文殊將顯淨名之德故以神力令衆默然　維摩詰言仁此大衆无乃可恥
三可恥衆曰勵未成　文殊師利曰如仏所言勿輕未學　四引答也衆曰進始學
也　於是維摩詰不起于座於衆會前化作菩薩相好光明威德殊勝蔽於
衆會　此下三明現化往文三一化往二問訊三衆致初中文四此初現化使往也所
以化蔽衆會者欲令彼衆覩勝化而尊本也　而告之曰汝往上方界分度如四
十二恒河沙仏土有國名衆香仏号香積与諸菩薩方共坐食　二示去處也
汝往到彼如我辭曰維摩詰稽首世尊足下致敬无量問訊起居少病少惱、
氣力安不　三教問訊衆曰時未有身不得无處故發問如來猶云少病少惱
願得世尊所食之餘當於娑婆世界施作仏事令此樂小法者得弘大道亦
使如來名聲普聞　四陳請飯衆曰餘界雖言也彼土因香以通大道此國衆
生志意狹劣故請香食之餘以弘仏事　時化菩薩即於會前昇于上方舉
衆皆見其去到衆香界礼彼仏足　此二化到問訊文三此礼初化到礼足也
又聞其言維摩詰稽首世尊足下致敬无量問訊起居少病少惱氣力安
不　此二問訊起居也　願得世尊所食之餘欲於娑婆世界施作仏事使此樂
小法者得弘大道亦使如來名聲普聞　此三述其請事並如文　彼諸菩薩
見諸菩薩歎未曾有今此上人從何所來娑婆世界為在何處云何名為樂
小法者即以問仏　此下三明彼大士驚異文四此初歎問二中有三一問從何所來
應言誰所化來淨名化作也　二問娑婆處娑婆此云雜會雜惡衆生共會一處
又云堪忍唯仏釋迦堪忍住故　三問何名樂小法者衆曰其土純一大乘不聞
樂小之名故此問也　仏告之曰下方度如卌二恒河沙仏土有世界名娑婆仏号
釋迦牟尼今現在於五濁惡世為樂小法衆生敷演道教彼有菩薩名維摩
詰住不可思議解脫為諸菩薩說法故遣化來稱揚我名并讚此土令彼菩
薩益功德　此二答三問卌二恒河沙起答第二問來處今現在五濁等答三
問說小所由有菩薩名維摩詰卻答能第一能化者釋迦此云能仁姓也牟尼
此云寂名也　彼菩薩言其人何如乃作是化德力无畏神足若斯　三重問

釋迦牟尼今現在於五濁惡世爲樂小法衆生顯示道教彼有菩薩名維摩
詰住不可思議解脫爲諸菩薩說法故遣化來稱揚我名并讚此土令彼菩
薩益功德　此二答三問卌二恒河沙超答第二問來處今現在五濁等答三
問說小所由有菩薩名維摩詰却答能第一能化者釋迦此云能姓也牟尼
此云寂名也　彼菩薩言其人何如乃作是化德力无畏神足若斯　三重問
化事既観所使之威光明能化之力妙故再問也　仏言甚大一切十方皆遣化往
施作仏事饒益衆生　四重答令生企慕來娑婆也　於是香積如來以衆香鉢
盛滿香飯与化菩薩　此下二明淨土遊穢文三初受飯同來二淨名賓待三飯作
仏事初中文四一化受飯如文　時九百万菩薩俱發聲言我欲詣娑婆世界供養
釋迦牟尼仏并欲見維摩詰等諸菩薩衆　二彼衆欲來雖高衆香國之化亦与聲
聞教有緣故欲同詣也　仏言可往攝汝身香无令彼諸衆生起惑著心　又
三許往誡勅誡中文三此初攝身香也什曰大怒明往大善亦宜攝汝香防其惑因
當捨汝本形勿使彼國求菩薩道而自鄙恥　二攝形也什曰恥深則穢愧淺亦隱　二惡受
至去道愈緬上言惑著此言鄙恥二門互顯約其文也　又汝於彼莫懷輕賤而作礙
想所以者何十方國土皆如虛空又諸仏爲欲化諸樂小法者不盡現其清淨土耳
三莫輕誡文有標徵釋也娑婆衆生還易睹輕見勝便恥值好則著故借彼以誡此
也　時化菩薩既受鉢飯与彼九百万菩薩俱承仏威神及維摩詰力於彼世界忽然不
現須臾之間至維摩詰舍　四化衆同來　維摩詰即化作九百万師子之座嚴好前
諸菩薩皆坐其上　此二淨名賓待如前稍不思議品　時化菩薩以滿鉢香飯与維
摩詰飯香普熏毗耶離城及三千大千世界　此三飯作仏事有二初香後味前中文
三此受香普熏彼重十方此但三千緣應之也　時毗耶離婆羅門居士等聞是香
氣身意快然歎未曾有　二聞香得益肇曰異香入體身心悟悅　於是長者主月蓋從
八万四千人來入　維摩詰舍見其室中菩薩甚多諸師子座高廣嚴好皆大歡
喜礼衆菩薩及大弟子却住一面諸地神虛空神及欲色界諸天聞此香氣
亦皆來入維摩詰舍　三有緣斯會肇曰毗耶離國无有君主唯有五百長者共
治國事月蓋衆所推重故名主　諸地神下皆聞香而後集　時維摩詰語舍利弗
等諸大聲聞仁者可食如來甘露味飯大悲所熏无以限意食之使不消也　此
下二味爲仏事文四此初勸食也世食資於妄身此飯成於甘露生曰泥洹是甘露
之法而食此食者必以得之故飯中有甘露味焉大悲所熏者我心感報所濟有
涯大悲熏脩福惠无盡食者當求登仏果普利群生若局於己身自調自
度既背施心則不消也　有異聲聞念是飯少而此大衆人人當食　二異念疑肇
曰不思議飯非二乘所及故生是念　化菩薩曰勿以聲聞小德小智稱量如來无
量福惠四海有竭此飯无盡使一切人食摶若須弥乃至一劫猶不能盡　三化
菩薩呵文三此初呵也聲聞自調之果名小德諸仏大悲福報爲无量四海魚龍

（55–36）

BD14093號　淨名經集解關中疏卷下

涯大悲熏修福惠无盡食者當來積仏果普利羣生若局於已身自調自
度既背施心則不消也　有異聲聞念是飯少而此大衆人〻當食　二異念遮羣
日不思議飯非二乘所及故生是念　化菩薩曰勿以聲聞小德小智稱量如來无
量福惠四海有竭此飯无盡使一切人食摶若須弥乃至一劫猶不能盡　三化
菩薩呵意三此初呵也聲聞自調之果名小德諸仏大悲福報爲无量四海魚龍
之報可竭此飯諸仏之福无量故雖多人食長劫摶若須弥終无盡也　所以
者何无盡戒定惠解脫解脫知見功德具足者所食之餘終不可盡　二舉因
釋也肇曰如來五分法身无盡功德報應之身飯如何可盡　於是鉢飯悉飽衆
會猶故不澌　三食不澌　其諸菩薩聲聞天人食此飯者身安快樂譬如一切
樂莊嚴國諸菩薩也　又諸毛孔皆出妙香亦如衆香國土諸樹之香　此四
食已利益有得樂出香如文　爾時維摩詰問衆香菩薩香積如來以何說法
此第二明淨穢二土應緣化作仏事不同此初問淨土也　彼菩薩曰我土如來无文
字說但以衆香令諸天人得入律行　此二荅化緣也淺者入於律行深者具足三
昧肇曰其土非都无言但以香爲通道之本如此國因言通道亦有因神變餘
事而得悟者也　菩薩各〻坐香樹下聞斯妙香即獲一切德藏三昧得是三昧者菩
所有功德皆悉具足　三昧善也肇曰此三昧力能生諸功德也　彼菩薩問維
摩詰今世尊釋迦牟尼以何說法　此二明穢土文四一問二荅三讚四述此初也
維摩詰言此土衆生剛強難化故仏爲說剛強之語以調伏之　此二荅也文三
法喻合初法中文三此初標也　肇曰聖化何常隨物而應耳此土剛強故以剛強
之教應之　言是地獄是畜生是餓鬼是諸難處是愚人生處是身邪行是身邪行
報是口邪行是口邪行報是意邪行是意邪行報　此二列剛強語法華以言通實相
爲柔軟音故此中始於地獄終至世間涅槃盡列皆非盡理不二之言故名剛強語也文
約五乘明之此初果離八難因離三邪生值仏法正信修行名人乘也　是殺生是殺生
報是不與取是不與取報是邪婬是邪婬報是妄語是妄語報是兩舌是兩舌報是
惡口是惡口報是无義語是无義語報是貪嫉是貪嫉報是嗔惱是嗔惱報是邪
見是邪見報　此二不作十惡即十善業報生欲天名天乘也若增修禪定生色天也兩
舌者離間語无義語者什曰胡本云雜說也天不爲善及涅槃而起口業悉名雜
說也　是慳悋是慳悋報是毀戒是毀戒報是瞋恚是瞋恚報是懈怠是懈
怠報是亂意是亂意報是愚癡是愚癡報　此三除六蔽修六度即菩薩乘
也　是結戒是持戒是犯戒是應作是不應作是障礙是不障礙是得罪是離罪
此不合相二乘文分三學此初戒學也結戒者肇曰如律藏說謂因事制戒也嗔
受名持違故名犯開故應作制故不應作性戒障道遮故不障戒无重心犯故
[illegible]

BD14093號　淨名經集解關中疏卷下　（55–37）

恚報是亂意是亂意報是愚癡是愚癡報　此三障六蔽俱共度民若障者
也　是結戒是持戒是犯戒是應作是不應作是障礙是不障礙是得罪是離罪
此不合相二乘文分三學此初戒學也結戒者肇曰如律藏說謂因事制戒也頃
受名持違故名犯開故應作制故不應作性戒障道遮故不障戒无重心犯故
障輕心不障不懺得罪懺故離罪　是淨是垢　此二定學凡夫以愛心修禪定爲
垢聖人无漏心修爲淨也　是有漏是无漏是邪道是正道是有爲是无爲是世
間是涅槃　此下明惠學七賢有漏八聖无漏八正正道背此名邪道三諦有爲
滅諦无爲三界世間出三界涅槃　以難化之人心如猨猴故以若干法種制御其心
乃可調伏　下結文可見　譬如象馬𢤱悷不調加諸楚毒乃至徹骨然後調伏
如是剛強難化衆生故以一切苦切之言乃可入律　此二喻也調馬有四善薩見鞭
二乘觸皮人天觸宍謗三惡調乃爲徹骨也合文可見肇曰非鉤捶无以調象馬
非苦言无以伏難化　彼諸菩薩聞說是已皆曰未曾有也如世尊釋迦牟尼仏
隱其无量自在之力乃以貧所樂法度脫衆生　此三諸述文二此初讚仏也肇曰
諸平等迹〻有〻參〻差〻由群生下劣志願狹小故仏隱自在力同其貧隨順其
所樂而以濟之應感无方不擇淨穢此未曾有也　斯諸菩薩亦能勞謙以无量
大悲生是仏土　下歎菩薩可見　維摩詰言此土菩薩於諸衆生大悲堅固
誠如所言然其一世饒益衆生多於彼國百千劫行　此四述誠不述仏者道力
圖也文三此初述益深化善則功少化惡則功深處日久而无功未若近而有益
所以者何此娑婆世界有十事善法諸餘淨土之所无有何等爲十以布施攝貧
窮以淨戒攝毀禁以忍辱攝瞋恚以精進攝懈怠以禪定攝亂意以智惠攝愚
癡說除難法度八難者以大乘法度樂小乘者以諸善根濟无德者常以四
攝成就衆生是爲十　二釋所以也有標數列可見肇曰夫善因惡起淨因穢
彰此土十惡法具故十德增長彼土純善故施德无地所以百千劫行不如一世也
彼菩薩曰菩薩成就幾法於此世界行无瘡疣生于淨土　此三明淨土之行
文二此初問也肇曰將勵此土始學菩薩令生淨國故發斯問　維摩詰言
菩薩成就八法於此世界行无瘡疣生于淨土　此二答文四謂標徵釋結此初標
也　何等爲八　此二徵可見　饒益衆生而不望報代一切衆生受諸苦惱所有功
德盡以施之　肇曰菩薩代彼受苦不自計身所有功德盡施衆生豈以有益
而想其報乎若不爲衆生應久入涅槃爲彼受苦令其先度彼去我留非代何謂
此饒益之至一法也　等心衆生謙下无礙　肇曰怨親不殊卑己後人等心尊彼情
无分然二法也　於諸菩薩視之如佛　肇曰菩薩衆生之橋梁三寶之所繫視之如
仏則增己功德三法也　所未聞經聞之不疑　肇曰仏所說經聞則信受不以未聞而
生疑惑四法也　不與聲聞而相違背　肇曰三乘雖異歸宗不殊不以大小而相違

彼盡以施之　肇曰菩薩[illegible]

而想其報乎若不為衆生應久入涅槃為彼受苦令其先度彼去我留非代何謂

此饒益之至一法也　等心衆生謙下无礙　肇曰怨親不殊卑己後人等心尊彼情

无分然二法也　於諸菩薩視之如佛　肇曰菩薩衆生之橋梁三寶之所繫視之如

佛則增己功德三法也　所未聞經聞之不疑　肇曰仏所說經聞則信受不以未聞而

生疑惑四法也　不與聲聞而相違背　肇曰三乘雖異歸宗不殊不以大小而相違

背五法也　不嫉彼供不高己利而於其中調伏其心　肇曰他種他獲曷為而嫉己種

己得曷為而高於是二中善自調伏六法也　常省己過不訟彼短　肇曰省己過則

過自消訟彼短則在己七法也　恒以一心求諸功德　肇曰慶延易增功德難集自非

一心專求无以剋成具此八法則行无瘡疣終生淨土矣　是為八　結文可見

維摩詰文殊師利於大衆中說是法時百千天人皆發阿耨多羅三藐三菩提心十千

菩薩得无生法忍　三得益行深大士悟淨穢之隨緣得无生忍行淺者聞无疣

之行捨穢慕淨發菩提心

菩薩行品第十一　此下兩品大段第三

歸宗即是前品廣仏事不同多明淨土之宗後品現淨名勝身勝土多明即是香積大士

悟諸仏之平等知淨穢之隨緣請法還歸因以目品也　是時仏說法於菴羅樹園其

地忽然廣博嚴事一切衆會皆作金色　品文三初明聲聞歸仏二明仏事不同三請

法還土初文復四一現相二請仏三慰問四仏讚初文文三此先現相也　肇曰至人无常

所理會是隆如來淨名雖服殊處異妙齊有在所以來興作共弘不思議之道

者也因遣問疾所明若上令將諸如來封印兹典故先現斯瑞以啟群心　阿難

白仏言世尊以何因緣有此瑞應是處忽然廣博嚴事一切衆會皆作金色

二問緣身子迦葉隨文殊以作阿難侍者留菴園難以啟導故因瑞而發端也

佛告阿難是維摩詰文殊師利與諸大衆恭敬圍遶發意欲來故先為此瑞應

三荅彼來令此生信何也　於是維摩詰語文殊師利可共見佛與諸菩薩礼事供

養　此二請仏文四初唱往也什曰維摩勸共見仏旨可尋也一者見其誠心欲遂其

本意二者令以諸明香飯多所發悟三者以其懷勝遠遊宜令寶返故共詣仏所詣

諸道法也　文殊師利言善哉行矣今正是時　二文殊稱善肇曰有為時也　維摩

詰即以大力持諸大衆并師子座置於右掌往詣佛所到已著地稽首仏足右

遶七帀一心合掌在一面立　三明聲聞詣仏也　其諸菩薩即皆避座稽首仏足亦遶

七帀於一面立諸大弟子釋梵四天王等亦皆避座稽首仏足在一面立　四明次第

致敬什曰世相迎送必緣卑輕騎大士迎送明運以妙通　於是世尊如法慰問

諸菩薩已各令復坐即皆受教　此三明仏慰問肇文略有敬有恭如文衆坐已定仏

語舍利弗汝見菩薩大士自在神力之所為乎　此四仏讚淨名神力者即彼已說

伏彼未聞文四此初問也　唯然已見　二荅也　於汝意云何　三徵也　世尊我覩其為

[illegible]

七帀於一面立諸大弟子釋梵四天王等亦皆避坐稽首仏足在一面立　四明次第
發敬　什曰世相迎送必結駟輕騎天士迎送則運以妙通　於是世尊如法慰問
諸菩薩各令復坐即皆受教　此三明仏慰諭文略有教有奉如文衆坐已定仏
語舍利弗汝見菩薩大士自在神力之所為乎　此四仏讚淨名神力者印彼已說
伏彼未聞文四此初問也　唯然已見　二荅也　於汝意云何　三徵也　世尊我覩其為
不可思議非意所圖非度所測　四釋也　肇曰向与文殊俱入不思議室因借寶座
覩其神力兼食香飯乘掌而還莫測其變故自絶於圖度文解身子自言不測
者將以激勵聲聞迴心向大也　尒時阿難白仏言世尊今所聞香自昔未有是為
何香　此二明仏事不同文二初因問香二明仏事初中文三一阿難問二身子述三淨
名解初中文三一問二仏荅此初也　肇曰如來將辯香飯之緣故令阿難聞也　仏告
阿難是彼菩薩毛孔之香　二仏荅彼大士香也　於是舍利弗語阿難言我等毛孔亦
出是香　此二身子自述將明食飯之益以顯淨名難思之事文三此初述也　阿
難言此所從來　二問也　曰是長者維摩詰從衆香國取仏餘飯於舍食者一切
毛孔皆香若此　三荅来處也　阿難問維摩詰是香氣住當久如　此下三明淨名
解飯為仏事文三法喻合初文四此初問也　維摩詰言至此飯消　二荅也　曰此飯
久如當消　三重問也　曰此飯勢力至于七日然後乃消　此四正荅益有三此初七日消
治四大病也故律中有七日藥以藥勢相接七日可知　又阿難若聲聞未入正位食此飯
者得入正位然後乃消　此二小乘益有二此初見道益已入正位食此飯者得心解脫
然後乃消　此二无學益也　若未發大乘意食此飯者至發意乃消　此三大乘
益有三此初十信益也　已發意食此飯者得无生忍然後乃消　此二七地益也
已得无生忍食此飯者至一生補處然後乃消　此三等覺益也飯有香利之功而食
者心自大小耳例此文等亦然也　譬如有藥名曰上味其有服者身諸毒滅然
後乃消　此二喻也　此飯如是滅除一切諸煩惱毒然後乃消　此三合也文並可見　阿
難白仏言未曾有也世尊如此香飯能作仏事　此下第二廣明仏事大文有四一明
仏事隨化不同二明仏身應緣故異三明阿難伏罪四明菩薩悔責前中文四一稱歎
二廣說三荅呵四解釋此即初也小乘唯知娑婆一化音聲為作仏事未知十方仏
化六塵皆為仏事故有此歎　肇曰飯本充軀乃除結縛未曾聞見也　仏言如是如是
阿難有或仏土以仏光明而作仏事　此二下廣明仏事　肇曰阿難見香飯所益謂仏事理
極於此故廣示其事令矜仏道之无方也此土衆生見仏妙光自入道撿亦有餘益但以光
為主下類亦也　有以諸菩薩而作仏事　肇曰有仏無然居室以菩薩為化主　有以仏所化人而作
仏事　大論云須扇頭仏當日成道唯遣化仏度衆生是皆此也　有以菩提樹而作
仏事　肇曰此光樹无不照无不熏形色殊妙隨所好而見樹出法音隨所好而聞此
如來報應之樹也衆生遇者自然悟道　有以仏衣服卧具而作仏事　肇曰昔聞淨

極於此故房示其事令悟仏道之无方也此土衆生見仏妙光自入道撿亦有餘益但以光
為主下類亦也　有以菩薩作仏事　肇曰有仏獨以菩薩為化主　有以仏所化人而作
事仏　大論云須扇頭仏當作成道當入涅槃留化仏度衆生是皆此也　有以善提樹而作
仏事　肇曰此光樹无不照无不熏形色微妙隨所好而見樹出法音隨所好而聞此
如來報應之樹也衆生遇者自然悟道　有以仏衣服卧具而作仏事　肇曰昔閻浮
提王得仏大衣時世大疫王以衣置高表上以示國人之歸命得病皆得除信敬益深
因是悟道也　此其類也　有以飯食而作仏事有以園林臺觀而作仏事　肇曰衆香
國即其事也園林如菴羅樹林說法等一義去飯食以舌根通道園林以眼根通
道　有以三十二相八十隨形好而作仏事　肇曰好嚴飾者示之以相好也　有以仏
身而作仏事有以虛空而作仏事衆生應以此緣得入律行　肇曰好有者存身以示
有好空者拭身以示空如密迹經說也上相雖在身而身相不一所因各異故仏事
不同　有以夢幻影響鏡中像水中月熱時炎如是等喻而作仏事　肇曰自
有不悟正言因喻得解者　有以音聲語言文字而作仏事　肇曰即娑婆國仏
事　或有清淨仏土寂寞无言无說无示无識无作无為而作仏事　肇曰有真淨
土純法身菩薩外无言說內无情識寂寞无為而超悟事外非是言情所能稱
述此仏事之上也　如是阿難諸仏威儀進止諸所施為无非仏事　法身无為
應物故為進止威儀皆仏事也　阿難有此四魔八万四千諸煩惱門而諸衆生為
之疲勞諸仏即以此法而作仏事　肇曰三毒等分此四煩惱之根也因一根生二万
一千煩惱合八万四千因八万四千出无量塵勞故名門也衆生皆以煩惱為病而諸
仏以之為藥如婬女欲為惠更極其情然後悟道毒龍以瞋為惠更增其
忿恚此以欲除欲以瞋除瞋猶良醫以毒除毒斯仏事之无方也　是名入一
切諸仏法門若能識見覆相善惡而已應物隨化能善惡俱游名曰入法門也
是即或語或默或淨或穢皆以是諸仏化物之門也　菩薩入此門者若見一切淨好仏土諸
仏土不以為喜不貪不高若見一切不淨仏土不以為憂不礙不沒但於諸仏生
淨心歡喜恭敬未曾有也　此三寥可香積等諸菩薩也真土平等非淨非穢應物
而現故有淨穢若能悟淨非淨故不貪高悟穢非穢故不憂沒然淨穢
不同俱是仏大悲故但於諸仏生淨信心歎未曾有也　諸仏如來功德平等為
化衆生故而現仏土不同　四解釋真土平等化物不等也　阿難汝見諸仏國土地有
若干而虛空无若干也　如是見諸仏色身有若干耳其无㝵慧无若干也
此下第二可眷園聲聞執應身為實文三初喻顯等不等二明一切平等三正折
伏此初也地有善別空无善別喻也應物色身故有若干淨慧法身一切平
等此法合也肇曰仏慧如空形應猶地不以地異而異空不以空一而釋地也
阿難諸仏色身威相種姓戒定智慧解脫解脫知見力无所畏不共之法大慈

若干而虛空无若干也　如是見諸仏色身有若干耳其无㝵慧无若干也
此下第二可眷屬聲聞執應身爲實文三初喻顯等不等二明一切平等三正析
伏此初也地有差別空无差別喻也應物色身故有若干淨慧法身一切平
等此法合也肇曰仏慧如空形應猶地不以地異而異空不以空一而釋地也
阿難諸仏色身威相種姓戒定智慧解脫解脫知見力无所畏不共之法大慈
大悲威儀行所及其壽命說法教化成就衆生淨仏國土具諸仏法悉
皆同等　此二明平等文二此初諸仏身土眞應權實皆等有也生曰諸仏
色身雖復若干而一仏无不有之故无不等矣　是故名爲三藐三仏陀名爲
多陀阿伽度名爲仏陀　二明名等肇曰秦言正遍知見法无差謂之正智
无不同謂之遍決定法相謂之知多陀阿伽度者肇曰秦言如來亦去如法
而來如法而去古今不改千聖同轍故名如來亦名如去仏陀者肇曰秦
言覺生死長寢莫能自覺自覺覺彼其唯仏也　阿難若我廣說此三句義
汝以劫壽不能盡受正使三千大千世界滿中衆生皆如阿難多聞第一得
念總持此諸人等以劫之壽亦不能受如是阿難諸仏阿耨多羅三藐三菩
提无有限量智慧辯才不可思議　此下三正明析伏阿難文三此明初一人不受
正使三千等多亦不受如是阿難等明菩提无邊故身智權實應化功德不
可思議豈是聲聞所能量也　阿難白仏我從今已往不敢自謂以爲多聞
此三阿難伏過以激勸文四此初阿難伏也肇曰阿難於五百弟子中多聞強記
第一今聞仏事乃自審寡聞　仏告阿難勿起退意所以者何我說汝於聲聞中爲最多
聞非謂菩薩　二仏慰也肇曰物有於上不足於下有餘不可以於下有餘而量於上也　生曰
阿難其有智者不應限度諸菩薩也一切海淵尚可測量菩薩禪定智慧總持辯才一切功德不
可量也　三歎菩薩功德无量也　阿難汝等捨置菩薩所行是維摩詰一時所現神通之力一切
聲聞辟支仏於百千劫盡力變化所不能作　四結聞小大之士不思議一時所現神力非二乘
所能爲也　爾時衆香世界菩薩來者合掌白仏言世尊我等初見此土生下劣想今自悔責
捨離是心所以者何諸仏方便不可思議爲度衆生故隨其所應現仏國異　此四大士悔責文
有悔有釋肇曰初見此土穢生下劣想謂諸菩薩亦有優降聞上仏事乃自悔責　唯然世尊願
賜少法還於彼土當念如來　此下第三請法還國文三一請二答三稱歎還國此初請也肇曰
既知仏事之難議欲請法而返土將宣揚如來不思議道令本土衆生念仏功德也　仏告諸
菩薩有盡无盡解脫法門汝等當學　此下二答文四初標名二略釋三廣釋四結勸此初也肇
曰有爲法有三相故有盡无爲法无三相故无盡也　何謂爲盡謂有爲法何謂无盡謂无
爲法如菩薩者不盡有爲不住无爲　二略釋肇曰有爲雖偽捨之則大業不成无爲雖實
住之則慧心不明是以菩薩不盡有爲故德无不就不住无爲故道无不覆至能出生入死遇

既知佛事之難議故破諸法而汝主病當稱如來不思議道今大士與之佛說故也　佛告諸
菩薩有盡无盡解脫法門汝等當學　此下二答文四初標名二略釋三廣釋四結勸此初也肇
曰有為法有三相故有盡无為法无三相故无盡也　何謂為盡謂有為法何謂无盡謂无
為法如菩薩者不盡有為不住无為　二略釋肇曰有為雖偽捨之則大業不成无為雖實
住之則慧心不明是以菩薩不盡有為故德无不就不住无為故道无不覆至能出生入死遇
物斯乘在淨而淨不以為欣處穢而穢不以為慼應彼而動於我无為此諸佛平等不思議
之道也　何為不盡有為　此下三明廣釋文三初釋不盡次釋不住後雙釋初中文三此
初徵也　謂不捨離大慈不捨大悲　此下二釋也既雜明万行无別科次肇曰慈悲乃
入有之基樹德之本故發言有之　深發一切智心而不忽忘教化眾生終不猒倦於四攝
法常念順行護持正法不惜軀命種諸善根无有疲猒志常安住方便迴向外化不離
慧內修不忘智謂求菩提心不暫忘也又外化不歇內順四攝外護法橋內求功德皆為迴向
菩提方便化物不求二乘三界果也肇曰以慈為根發心為心然後順四攝化眾生護正法種善
根以此眾德茂其枝條道樹日滋不盡有為也　下諸條行彰枝條之流取斯日滋以成
以成不盡義也若捨慈悲道樹不遠眾德積耗自應菩謂盡有為也　求法不懈說法
无悋勤供諸佛故入生死而无所畏　為法不怠供佛无畏　肇曰不以結生曷為而畏
於諸榮辱心无憂喜不輕未學敬學如佛　八風不移志勸學不輕心　肇曰未學當學
當成故敬如佛　墮煩惱者令發正念於遠離樂不以為貴不著己樂慶於彼樂　不樂
煩惱不貴菩大士之化也肇曰獨善之道何足貴也不著己樂等大士之心也　在諸禪
定如地獄想　肇曰禪定雖樂安之則大道不成菩不樂故想如地獄　於生死中如園觀
想　肇曰生死雖苦大道之所因菩好遊故想如園觀　見來求者如善師想　肇曰
求者雖欲自益而實益我故想為善師　捨諸所有具一切智想見毀戒人起救護想
諸波羅蜜為父母想道品之法為眷屬想　必因此施成就善根至一切智又不嫌毀戒但
念救想波羅蜜能生法身助成菩提莫過道品此等是大士之想念也　發行善根无有
齊限以諸淨國嚴飾之事成己佛土彌廣万善　嚴淨佛土依報行也　開門大施具足相好
除一切惡淨身口意　肇曰開四門恣求者所取无礙大施法也又解除諸惡以淨三業行大施以
嚴相好正報行也　生死无數劫意而有勇聞佛无量德志而不倦以智慧劍破煩惱賊出陰
界入荷負眾生永使解脫　大悲不虛於生死精進不惓於佛德以智慧劍破煩惱因出法
身果荷負眾生此護憐心也　肇曰身法越三界陰界入所不攝故言出若受陰界入身處
積塵之內則自固羈鏁安能濟彼　以大精進摧伏魔軍常求无念實相智慧行少欲知
足而不捨世法　精進以摧魔无念以證真少欲而不捨世大士之行也肇曰真智无緣故无念
不捨世者肇曰不以无欲而捨世自異　不壞威儀而能隨俗起神通慧引導眾生得念總
持所聞不忘善別諸根斷眾生疑以樂說辯演法无㝵　不壞法身起通道物身業化也
正念總持多聞不妄意業化也善別眾根斷疑樂說口業化也此大士之三密也　不壞
威儀者　肇曰同俗儀御不失道儀天下皆謂我同己而我獨異人樂說辯者四辯也

積慶之內則自固羼鎧安能濟彼　以大精進摧伏魔軍常求无念實相智慧行少欲知
足而不捨世法　精進以摧魔无念以證真少欲而不捨世大士之行也肇曰真智无緣故无念
不捨世者肇曰不以无欲而捨世自異　不壞威儀而能隨俗起神通慧引導衆生得念總
持所聞不忘善別諸根斷衆生疑以樂說辯演法无导　不壞法身起通道物身業化也
正念總持多聞不妄意業化也善別衆根斷疑衆說口業化也此大士之三密也　不壞
威儀者　肇曰同俗俯仰不失道儀天下皆謂我同己而我獨異人衆說辯者四辯也
淨十善道受天人福修四无量開梵天道　十善啟天因无量梵王因物无處世之根故
接以人天之善令離三塗此大士之方便也　勸請說法隨喜讚善得佛音聲身口意
善得佛威儀　此大士之得也佛音者經云八音也一徹好二柔軟三和適四諦了五不女六不
悞七深遠八不竭也　又密跡經云有无量音也　深修善法所行轉勝以大乘教成菩薩僧
心无放逸不失衆善　自行則深修轉勝導衆則化以大乘又不捨一善以放逸乃開万德以成道
此大士之進求也　行如此法是名菩薩不盡有為　此三結也肇曰修如上法自行化彼功德
日茂不盡有為也夫善有為法變壞物耳處者不修則日耗日盡　何謂菩薩不住无為
此下第二釋不住无為文三如前此初標也　謂修學空不以空為證修學无相无作不以无相
无作為證修學无起不以无起為證　此下二釋文三此初明三脫也二乘觀三脫樂故取證菩薩
觀三脫以大悲故不證无起者因緣生法无自性故不生起也肇曰此空觀之別門也　觀
於无常而不厭善本觀世間苦而不惡生死觀於无我而誨人不倦觀於寂滅而不永滅
此二四非常觀也破常倒故觀无常以大悲故不厭善破樂倒故觀苦以大悲故不惡生死破
我倒故觀无我以大悲故常誨人破暗動故觀寂滅以大悲故不永滅又觀无常故不住
生死不厭善本不住菩薩餘例然　觀於遠離而身心修善觀无所歸而歸趣善法觀於
无生而以生法荷負衆生觀於无漏而不斷諸漏觀於无所行而以行法教化衆生
觀於空无而不捨大悲觀正法位而不隨小乘　此三雜明諸行也雖身心離相而現身心
修善雖法性平等而現歸善法雖理本无生而現生度物雖漏本清淨而現行之漏
雖本集覺无生而現行引物雖衆生空性而不捨悲濟正位者見真入證之地也以大悲故不
隨小乘而取證也　觀諸法虛妄无牢无人无主无相本願未滿而不虛福德禪定智慧
肇曰諸法因緣所成虛假无本以何為實以何為主雖知如此然本願未滿不以空切獲惠虛假而不
脩行修如是名菩薩不住无為　此三結也肇曰脩修上法則不證无證謂觀无為自證證成道道
即住无為也　又具福德故不住无為具智慧故不盡有為　此下三雙釋所以肇自上直
明菩薩不盡有為不住无為未釋所以不盡所以不住夫大士之行行各有以妙期有在故滯對
而明之夫德之積也必涉有津若住无為則功德不具智之明也必由廣博若廢捨有
為則智慧不具　大悲慈故不住无為滿本願故不盡有為　肇曰慈悲入生死豈住
无為之所能滿彰由積德豈捨有為之所能　集法藥故不住无為隨授藥故不盡
有為　肇曰採良藥必在山險非華臺之所出集法藥必在險有非无為之所出也

BD14093號　淨名經集解關中疏卷下

（55–44）

明菩薩不盡有為不住无為未釋所以不盡所以不住夫大士之行行各有以妙期有在故復對
而明之夫德之積也必涉有津若住无為則功德不具智之相也必由厭惓若癈捨有
為則智恵不具　大悲惡故不住无為滿本願故不盡有為　肇曰慈悲入生死豈住
无為之所能滿願由積德豈捨有為之所能　集法藥故不住无為隨佳受藥故不盡
有為　肇曰採良藥必在山嶮非華臺之所出集法藥必在嶮有非无為之所出也
若癈捨有為則与羣生隔絕何隨能而授藥　知眾生病故不住无為拔眾生病
故不盡有為　肇曰智知眾之病必知病藥豈住无為之所能拔眾生病必造有治豈
盡有為之所能　諸正士菩薩以修此法不盡有為不住无為是名盡无盡解脫法門
汝等當學　此四總結勸　肇曰不盡有為故无關德之累不住无為故无獨善之
尋此二无尋門是菩薩弘道之要路仏事无方之所由勸彼令學卞其仏事不思議道令
知諸仏无若干也　尒時彼諸菩薩聞說是法皆大歡喜以眾妙華若干種色若干眾香
散遍三千大千世界供養釋迦牟尼仏及此經法并諸菩薩已稽首仏足歎未曾有言
釋迦牟尼仏乃能於此善行方便言已忽然不現還到本國　此三聞法歡喜供養稱
述而還國也

見阿閦仏品第十二　阿閦此云无動雖復變化万形而實相常寂

故名也將證淨名勝德以印經故取仏現土國之品名耳又攘前半品應去見如來以
後半品顯跡證經故從後立名也　尒時世尊問維摩詰汝欲見如來為以何等觀如
來乎　此品第二顯淨名身土以證經矣人有勝德說必真當故印定也　文三初明其
身真土二明應身應土三歎聞經之利也　初文二此初問也前文殊入室論之以无來
身于求經訓之以无來來今淨名見仏見之於无見此皆會真則言去相斯引物明
示有去來耳又二意初見相心皆見相跡故因以誨之也　肇曰向命文殊共來見仏雖復
舉目順俗而致觀不同如來逆觀其情將顯其來觀之旨以明仏事不思議故知而
問　維摩詰言如自觀身實相觀仏亦然　二明法身文二一正答法身二論以生拔前文三初
總實相二別揀百非三結成正觀此初也　肇曰仏者何也蓋窮理盡性大覺之稱也其道虛玄
固已妙絕常境心不可以智知形不可以像測同万物之為而居不為之域處言數之內而不
无言之鄉非有而不可為无非无而不可為有寂寞虛曠物莫能測不知所以名故強謂之
覺其為至也亦以極矣何則夫同於得者得亦得之同於失者失亦得之是以則真者同真
法僞者同僞如來靈照冥諧一彼實實相之相即如來相故經曰見實相法為見仏也淨名
自觀身實相以為如來相義存於是也　我觀如來前際不來後際不去今則不住不觀色
如不觀色性不觀受相行識不觀識如不觀識性　此下二別揀百非　意謂相非相即實
相也法身非生拔故非三世非有非空故非色非空故非如无自性故无性　肇曰法身超絕
三世非陰界入所攝故不可以生住去來而觀不可以五陰如性而觀也　非四大起同於虛空
六入无積眼耳鼻舌身心已過不在三界三垢已離順三脫門三明与无明等　金剛三解非
四大起本覺性故不積六情法界同真不在三界性離三垢常順三脫明与无明其性不二二
之性即法身性也　不一相不異相不自相不他相非无相非取相不此岸不彼岸不中

相也法身非生滅故非三世非有非空故非色非空故非如无自性故无性　肇曰法身超絕
三世非陰界入所攝故不可以生住去來而觀不可以五陰如性而觀也　非四大處起同於虛空
六入无積眼耳鼻舌身心已過不在三界三垢已離順三脫門三明与无明等　金剛之體非
四大起本覺性故不積六情法界同真不在三界性離三垢常順三脫明与无明其性不〻二〻
之性即法身性也　不一相不異相不自相不他相非无相非取相不此岸不彼岸不中
流而化衆生觀於寂滅亦不永滅　法身非聚散故非一異亡彼我故无自他不同太虛故
非无相不受著故非取相生死即涅槃故无彼此邪正道不二故无中流雖衆相都滅而不住
滅故教化衆生是即常滅寂而无礙也　不此不彼不以此不以彼不可以智知不可以識〻
法无彼此之相故不彼不此聖无彼此之執故不以此不以彼且二乘智所不測豈凡識而能
識哉　无晦无明无名无相无強无弱非淨非穢　性不可蔽故无晦離覺所覺故无明不
可以名呼不可以相求豈強弱淨穢而分別哉　不在方不離方非有為非无為无示无說
仏身法性故不在方養國即法性故不離方真身不生滅故非有為丈六即真故非无為
應物而相非實相故不可示應物而名非實名故不可說　不施不慳不戒不犯不忍不恚
不進不怠不定不亂不智不愚不誠不欺不來不去不出不入一切言語道斷　法身真淨
不可以六蔽覆不可以六度〻不可以善誠不可以惡欺感物而來非來感謝而往非去既无
形於去來亦无心於出入斯言怪自絕也　非福田非不福田非應供養非不應供養非取非
捨非有相非无相同真際等法性不可稱不可量過諸稱量　无心福物非福田有求見
益非不福无證无得非應供施洽无邊非不應取之則失真捨之則乖道豈有相可相
无相可相斯同真際等法性越稱量之境哉　非大非小非見非聞非覺非知離衆結
縛等諸同衆生相諸法无分別　不可以世界量非大不可以微塵比非小離六塵之境
不可以合覺不可以離見无漏之軀〻絕結縛等實相之智同衆生之性淨然无際豈有
法有別　一切无失无濁无惱无作无起无生无滅无畏无憂无喜无猒　肇曰无得故无
失无清故无濁事外之軀何可惱亂孰能作之令起生之使滅恬淡寂泊无為无數豈容
憂畏喜猒於其間哉　无已有无當有无今有不可以一切言說分別顯示　既亡三世之有
都絕言說之跡　世尊如來身為若此作如是觀以斯觀者名為正觀若他觀者名為
邪觀　三結成觀也　肇曰窮言盡智莫能顯示來觀之旨為若是也文辭他觀者謂二
乘凡夫見生滅畏憂等背理為他　爾時舍利弗問維摩詰汝於何沒而來生此　二論
生滅文三舍利弗約法問二淨名約幻況出三釋其生滅前文又四初身子問也離生滅
見不生滅者二乘之見非實相　若即因緣生滅悟不生滅者此法身也有此差別故菩
論爲上雖具顯兩非今但論於生滅若捨生則无生自然无生自然衆非可見矣肇曰上
云如自觀身實相觀仏亦然无生而今現有生將成其自觀之義故以沒生問也　維摩詰言汝所得
法有沒生乎　二反質也肇曰逆問所得以證无沒生也所得法即无為无相法也　舍利弗
言无沒生也　三答无沒生也　若諸法无沒生相去何問言汝於何沒而來生此　四呵也若觀諸

論焉上雖具顯百非今但論於生滅若捨生則无生自然无生〻自然〻衆非可見矣肇曰上
去如自觀身實相〻无生而今現有生將成其自觀之義故以沒生問也　維摩詰言汝所得
法有沒生乎　二反質也肇曰逆問所得以證无沒生也所得法即无爲无相法也　舍利弗
言无沒生也　三荅无沒生也　若諸法无沒生相云何問言汝於何沒而來生此　四呵也若觀諸
法因緣生滅本无自性云何乃問此沒生耶　於意云何譬如幻師幻作男女寧沒生耶
二舉幻況文五初舉幻問　舍利弗言无沒生也　二荅也　汝豈不聞仏說諸法如幻相乎
三重問　荅曰如是　四重荅　若一切法如幻相者云何問言汝於何沒而來生此　五呵　若仏說
諸法如幻相者即幻生非生幻沒非沒云何更問此沒生也　肇曰生猶化存死化往物无不然
獨問我爲　舍利弗沒者爲虛誑法敗壞之相生者爲虛誑法相續〻相菩薩雖沒不盡善
本雖生不長諸惡　三解釋妄執虛誑有沒有生悟法真實无生无滅幻滅非滅故不盡
善本幻生非生故不貪生長惡此所以顯即生滅悟无生滅成法身義也　是時仏告舍利
弗有國名妙喜仏号无動是維摩詰於彼國沒而來生此　此下三明應身應土文二初論
應事二現身土前文又四一示仏國名二身子生疑三約喻質問四解釋應事此初也上既即
生非生是真身此明不生能生是應身國土亦然故仏示其生沒也　舍利弗言未曾有也
世尊是人乃能捨清淨土而來樂此多怒害處　二生疑但可棄穢生淨易有捨淨來穢
耶肇曰此土方餘國怒害最多　維摩詰語舍利弗於意云何日光出時與冥合乎
荅曰不也日光出時則无衆冥　維摩詰言夫日何故行閻浮提　荅曰欲以明照爲之除冥
三質問初問荅明日光自明闇不能蔽喻真身處染不染後問荅明日光能破彼闇喻菩薩化
生雜染　維摩詰言菩薩如是雖生不淨仏土爲化衆生不與愚闇而共合也　但滅衆生煩
惱闇耳　此四合喻解釋　二重示然　是時大衆渴仰欲見妙喜世界不動如來及其菩薩聲聞
之衆　此二正現身土文六一時衆渴仰二仏命令現三奉命移取四勸修行五大衆發心六利
益還本也此初也　仏知一切衆會心念告維摩詰言善男子爲此衆會現妙喜國无
動如來及諸菩薩聲聞之衆〻皆欲見　此二命令現土肇曰既覩大衆渴仰之情將顯不思議
德故告令現本國也　於是維摩詰心念吾當不起于座接妙喜國鐵圍山川溪谷江河
大海泉源須彌諸山及日月星宿天龍鬼神梵天等宮并諸菩薩聲聞之衆城邑聚落男
女大小乃至无動如來　三奉命文六此初念取彼仏國土及妙蓮花寶階嚴飾盡皆
現也　又菩提樹諸妙蓮花能於十方作仏事者　肇曰彼菩提樹及妙蓮華皆能放光明於十方
作仏事及華上仏化菩薩亦於十方作仏事皆通取來　三道寶階從閻浮提至忉利天以此寶
階諸天來下悉爲礼敬无動如來聽受經法　肇曰欲通天報通足能凌虛然彼土以寶階
嚴飾爲戲遊之路故同以往返也　閻浮提人亦登其階上昇忉利見彼諸天妙善世界成就
如是无量功德上至阿迦膩吒天下至水際以右手斷取如陶家輪入此世界猶持華鬘示一
切衆　肇曰嚴淨之土福慶所集人天之報相殊未幾故同路往返有交遊之歡娛又釋忉利
此云三十三也　阿迦膩吒此云色究竟　作是念已入於三昧現神通力以其右手斷取妙喜世界

BD14093號　淨名經集解關中疏卷下

嚴飾為戲遊之路故同以往返也　閻浮提人亦登其階上昇忉利見彼諸天妙喜世界成就
如是无量功德上至阿迦膩吒天下至水際以右手斷取如陶家輪入此世界猶持華鬘示一
切衆　肇曰嚴淨之土福慶所集人天之報相殊未幾故同路往返有交遊之歡娛又釋忉利
此云三十三也　阿迦膩吒此云色究竟　作是念已入於三昧現神通力以其右手斷取妙喜世界
置於此土　二正取　肇曰重為輕根靜為躁君非三昧之力无以運神足之動　彼得神通菩薩及
聲聞衆并餘天人俱發聲言唯然世尊誰取我去願見救護　三得通覺　肇曰神通菩薩
覩變知為衆而問其餘諸天未了而問恐畏未盡故求救護　无動仏言非我所為是維摩
詰神力所作　四仏稱淨名作也其餘得神通者不覺不知己之所往　五明不覺　妙喜世界雖入此
土而不增減於是世界亦不迫隘如本无異　六入不增減　爾時釋迦牟尼告諸大衆汝等且觀妙
喜世界无動如來其國嚴飾菩薩行淨弟子清白皆曰唯然已見　仏言若菩薩欲得如是清淨
仏土當學无動如來所行之道　此四勸脩行文三此初勸觀也二皆曰唯然答見仏言已下勸
修並可見　肇曰登高必由其本求果必由尋其因現此妙喜國時娑婆世界十四那由
他人發阿耨多羅三藐三菩提心皆願生於妙喜仏土釋迦牟尼仏即記之曰當生彼國
此五明衆益文三發心發願仏記如文　妙喜現此二意一為證淨名淨土二為若干有緣發心
時妙喜世界於此國土所應饒益其事訖已還復本處舉衆皆見　此六利益已畢本
仏告舍利弗汝見此妙喜世界及无動仏不唯然已見世尊願使一切衆生得清淨土如无
動仏獲神通力如維摩詰　此下第三明聞經利益文二一身子發願二聞經利益初文又
三一問答二三發願如文妙喜淨土淨名神通不思議事二示所无故啓請願也　世尊我等快得
善利得見是人親近供養　此下二明經得益利文二此初歎聞經益　其諸衆生若今
現在若仏滅後聞此經者亦得利善益　此二歎諸衆生經益文三初歎聞經　況復
聞已信解受持讀誦解說如法修行　二總歎受持　若有手得是經典者便為已得法
寶之藏　三別歎有六此初也八難衆生尚不聞名況乎得哉深種信值根仏得經解脫
寶藏即為已得　若有讀誦解釋其義如說修行則為諸仏之所護念　肇曰行應於
於內護念於外理會冥感自然之數　其有供養如是人者當知則為供養於仏
持法藏者行如來事故如供仏　其有書持此經卷者當知其室則有如來　經是
仏母故經卷住處仏及弟子梵釋龍天護如塔廟　若聞是經能隨喜者斯人則為
取一切智　千里之行雖於發足一切智果始於隨喜既能喜之必當克證　若能信
解此經乃至一四句偈為他人說者當知此人即是受阿耨多羅三藐三菩提記　十善
五戒報在人天大乘深經唯果菩提故始信四句便記成仏
法供養品第十三　此下二品大段第三證已須傳流通分也讚說護持遠津歷劫聞經
修證聖聖不絕故曰流通文二此品讚法養益大後品觀益護持大乘理教名之為法修讀
傳通名為供養如文　爾時釋提桓因於大衆中白仏言世尊我雖從仏及文殊師利
聞百千經未曾聞此不可思議自在神通決定實相經典　品文二初天帝發誓弘經

BD14093號　淨名經集解關中疏卷下

法供養品第十三　此下二品大段第三證已須傳流通分也讀誦護持遠津歷劫聞經
修證聖聖不絕故曰流通文二此品讚法善益大後品觀益讚持大亦理教名之為法修讀
傳通名為供養如文　尒時釋提桓因於大衆中白仏言世尊我雖從仏及文殊師利
聞百千經未曾聞此不可思議自在神通決定實相經典　品文二初天帝發誓弘經
二如來述可初中文三初歎法勝次歎人益三觀盡於傳此初也百千經方便教也決定實相
修證理自在神通所證用肇曰此經言雖簡約而義包群典坐不踰日而備覩通變大
亦徵遠之言神通應感之力一時所遇理无不盡　如我解佛所說義趣若有衆生聞是經
法信解受持讀誦之者必得是法不疑　此二歎人文二此初歎信解肇曰是法者自在神通實
相法也什曰若深信果誘香經涉生死究竟必得若善積而悟深者隨能輙成之　何況如說
修行斯人則香刹衆惡趣開諸善門常為諸仏之所念護降伏外學摧滅魔怨修治菩提安
處道場履踐如來所行之跡　此二歎修行也一念修行閉八難惡趣開五乘善門行應明請
仏冥護修正則外魔摧伏隨順仏理君修修穫不移此心必安道樹无上仏果信心為本方行
菩提一念為階所以始於一念修行即是履踐如來所行之跡　世尊若有如受持讀誦如說
修行者我當與諸眷屬供養給事所在聚落城邑山林曠野有是經處我亦與諸眷
屬聽受法故共到其所其未信者當令生信其已信者當為作護　此三天帝觀法真益
大發誓弘護人護持正法并行本所以誓修　仏言善哉善哉天帝如汝所說吾助尒喜
此經廣說過去未來現在諸仏不可思議阿耨多羅三藐三菩提　此下二讚仏天帝所以
文三如前此初述歎法也肇曰善其護持之意也三世菩提不思議道皆在此經若受持護
養則為供養三世諸仏故助尒喜　是故天帝若善男子善女人受持讀誦供養是經者
則為供養去來今仏　二述人益除文二此初正述也經是三世仏母供其母則供其子也又
教能顯理理能悟仏故受持讀誦則為供養三世仏矣　天帝正使三千大千世界如來滿
中譬如甘蔗竹葦稻麻叢林若有善男子善女人或一劫或減一劫恭敬尊重讚歎供養
奉諸所安至諸仏滅後以一一全身舍利起七寶塔縱廣一四天下高至梵天表刹莊嚴
以一切華香瓔珞幢幡伎樂微妙第一若一劫若減一劫而供養之於天帝意云何其人
殖福寧為多不　此二挍量文四此初舉況問也大千諸仏福田最上施安起塔二世供養
是人殖福為多不耶　釋提桓因言多矣世尊彼之福德若以百千億劫說不能盡
二答福多　仏告天帝當知是善男子善女人聞是不可思議解脫經典信解受持讀
誦修行福多於彼　三正挍量勝生曰衣食供養本以施功致福非求理之法據此正可
生人天之中終不得成仏也供養法身者以仏所體為懷之於大悟智慧而以相比豈可同
年語其優劣哉　所以者何諸仏菩提皆從是生菩提之相不可限量以是因緣福不可量
四釋勝所以諸仏從經生供仏福尚多何況供養經本乎　肇曰高木必起重壤瓊琦
必生荒岫所以无量之果必由无量之因諸仏菩提皆從習此經生而菩提之道以无相為
相无相之相不可限量因是生福福何可量　仏告天帝過去无量阿僧祇劫是時有仏

生人天之中終不得成仏也供養法身者以仏所體為懐之於大悟智慧而以相比豈可同
年語其優劣哉　所以者何諸仏菩提皆從是生菩提之相不可限量以是因緣福不可量
四釋勝所以諸仏從經生供仏福尚多何況供養經本乎　肇曰高木必起重壤瓊瑜
必生荊岫所以无量之果必由无量之因諸仏菩提皆從習此經生而菩提之道以无相為
相无相之相不可限量因是生福福何可量　仏告天帝過去无量阿僧祇劫是時有仏
号曰藥王如來應供正遍知明行足善逝世間解无上士調御丈夫天人師仏世尊世界曰
大莊嚴劫曰莊嚴仏壽二十小劫其聲聞僧三十六億那由他菩薩僧有十二億　此下三述弘
讚之報我為月蓋讚法我仏天帝所不能報可知矣文四初明有仏二明供養三結會四勸
脩此初明時有仏也藥王別号如來等通号有十一如來乘真如理來成正覺故二應供
破魔度物應供養故三正遍知正覺諸法不顛倒故四明行足万行滿足至三明果故五善
逝逝往也直往菩提不退還故六世間解大悲故權智解世間故七无上士應業最勝无能
過故八調御丈夫變化調伏皆丈夫故九天人師雖師範六道天人益多故十仏仏駃覺也
生死長夜自覺覺他故餘劫名眷屬等可見　天帝是時有轉輪聖王名曰寶蓋七寶
具足主四天下有千子端正勇健能伏怨敵尒時寶蓋与其眷屬供養藥王如來施諸
所安至滿五劫　二明有王供養文三此初父王供養也七寶者輪寶珠寶女寶象寶馬
寶藏寶臣寶兵神寶　過五劫已告其千子汝等亦當如我以深心供養於仏　於
是千子受父王命供養藥王如來復滿五劫一切施安　二千子供養有告有奉可見　其王
一子名曰月蓋獨坐思惟寧有供養殊過此者　此三明月蓋思法供養文九此初獨坐思
惟也肇曰據世饒珍无以過其至至之情冀所珍之外別有妙養以暢誠心　以仏神力空中
有天曰善男子法之供養勝諸供養　二天告　肇曰藥王如來知其將化故變為空
神而告之　即問何謂法之供養　三問天也　天曰汝可往問藥王如來當廣為汝說法
之供養　四令往問仏也　即時月蓋王子行詣藥王如來稽首仏足却住一面白仏言世尊
諸供養中法供養勝云何為法之供養　五請仏問　仏言善男子法供養者諸仏所說
深經一切世間難信難受微妙難見清淨无染非但分別思惟之所能得　六示仏答法
養文二初明法身二明供養法中文五初明理法二明教法三明行法四明果法五總結也
此初實相理法也　肇曰深經謂之方等第一義也其旨深玄非有心之所得微妙无緣
非明者之所覩超絕塵境无染若空欲以有心有明而信受者不亦難乎又解實相深理
難信難見性淨无染但可智悟非分別思惟能得又解情与理違故難信行与理違故
難受惑与理違故難見　菩薩法藏所攝陀羅尼印印之　此二明菩薩教非小乘也陀羅印
者无名相理假名相說終日名而无名終日相而无相此陀羅尼印也故勝天王云物持
无文文字字顯物持般若大悲力離言文字說又即名非名即相非相亦名實相印也
肇曰菩薩法藏所攝固非小乘之寶總持所印印固非域中之道總持所印印必真法藏所
攝必寶豈是常人所能開發以明法寶深固難可窺闚也　至不退轉成就六度

難受惑与理違故難見　菩法藏所攝陁羅尼印々之　此二明菩法教非小乘也陁羅印
者无名相理假名相說終日名而无名終日相而无相此陁羅尼印也故勝天王云揔持
无文々字々顯揔持般若大悲力離言文字說文即名非名即相非相亦名實相印也
肇曰菩法藏所攝固非小乘之寶揔持所々印々必真法藏所々
攝々必寶豈是常人所能開發以明法寶深固難可開闢也　至不退轉成就六度
此三明理深教妙起行必勝文四此初不退行也如弥勒章明　肇曰不退所以至六度所以
成大業之要所何莫由斯典々　善分別義順菩提法衆経中上　此二廣々說行也　肇曰
善分別實相之義順菩提无相之法此経之上也　入大慈悲離衆魔事及諸邪見
此三離過行也大悲故超二乘離著故超諸魔无邪見故超外道此皆深経之所能
也　順因緣法无我无人无衆生无壽命空无相无作无起　此四證真行也謂順因緣
悟真理也无我等我空也空无相等法空也肇曰法從因緣生々則无々自々性々則无主々
則无我人衆生壽命唯空无相无作无起此深経之所順也　能令衆生坐於道場
而轉法輪諸天龍神乾闥婆等所共歎譽　此下四轉明理深行妙得勝果也文三初明
證道法身果既成道樹必轉法輪所以天龍稱慷欣歎能令衆生入仏法藏攝諸賢
聖一切智惠說衆菩所行之道　此二明一切智惠果既坐道樹具仏法藏攝賢聖智
得菩提道因圓果滿名行足也　依於諸法實相之義明宣无常苦空无我寂滅之法
能救一切毀禁衆生諸魔外道及貪著者能使怖畏　此三明大悲利益果既坐道
場獲一切智普雨法雨利益衆生令諸菩依於實相義權為二乘宣无常理闡経隨
喜毀禁罪除諸魔外道怖邪歸正自非深信大乘堅固悲願安能致此无邊益義
諸仏菩賢聖所共稱歎背生死苦示菩槃樂十方世界諸仏所說　此五揔結理也肇曰
諸仏共稱以明其法必真也生死雖苦背之至難菩槃雖樂識之者宣自非深経孰督其路
諸仏雖殊其道不二所以明苐一義経常一不差受深歎於是　若聞如是等経信解受持讀誦
以方便力為諸衆生分別解說顯示分明守護法故是名法之供養　此二明供養文二此初
信行讀誦肇曰如是等経盡諸仏法身也若聞斯経能信解護持宣示分別明令大
法增廣々名法之供養々成法身也　又於諸法如說修行　此二明法行修行文三初觀邪
除報二四依閑失三順寂滅證初除文三此初標也　肇曰諸法即深経所說六塵諸法
隨順十二因緣離諸邪見得无生忍決定无我无有衆生　此二无我觀也　肇曰不捨緣
起故有邪見之迷封我之惑若如說行則得明惠明見十二因緣根原所由故能離邪見得无
生忍无復吾我衆生之想也見緣如緣謂之隨順明白有无謂之決定皆智用之別稱
而於因緣果報无違无諍離諸我所　此三離我所也　肇曰无違无諍即隨順義也五受
陰身及家屬所有因緣過果報即我所也若能明見因緣果報之性順而无違離我所
也上直明觀因緣知无造者故離我見今觀因緣果報知无屬者故離我所見
依於義不依語依智不依識依了義経不依不了義経依於法不依人　二四依簡失大集経

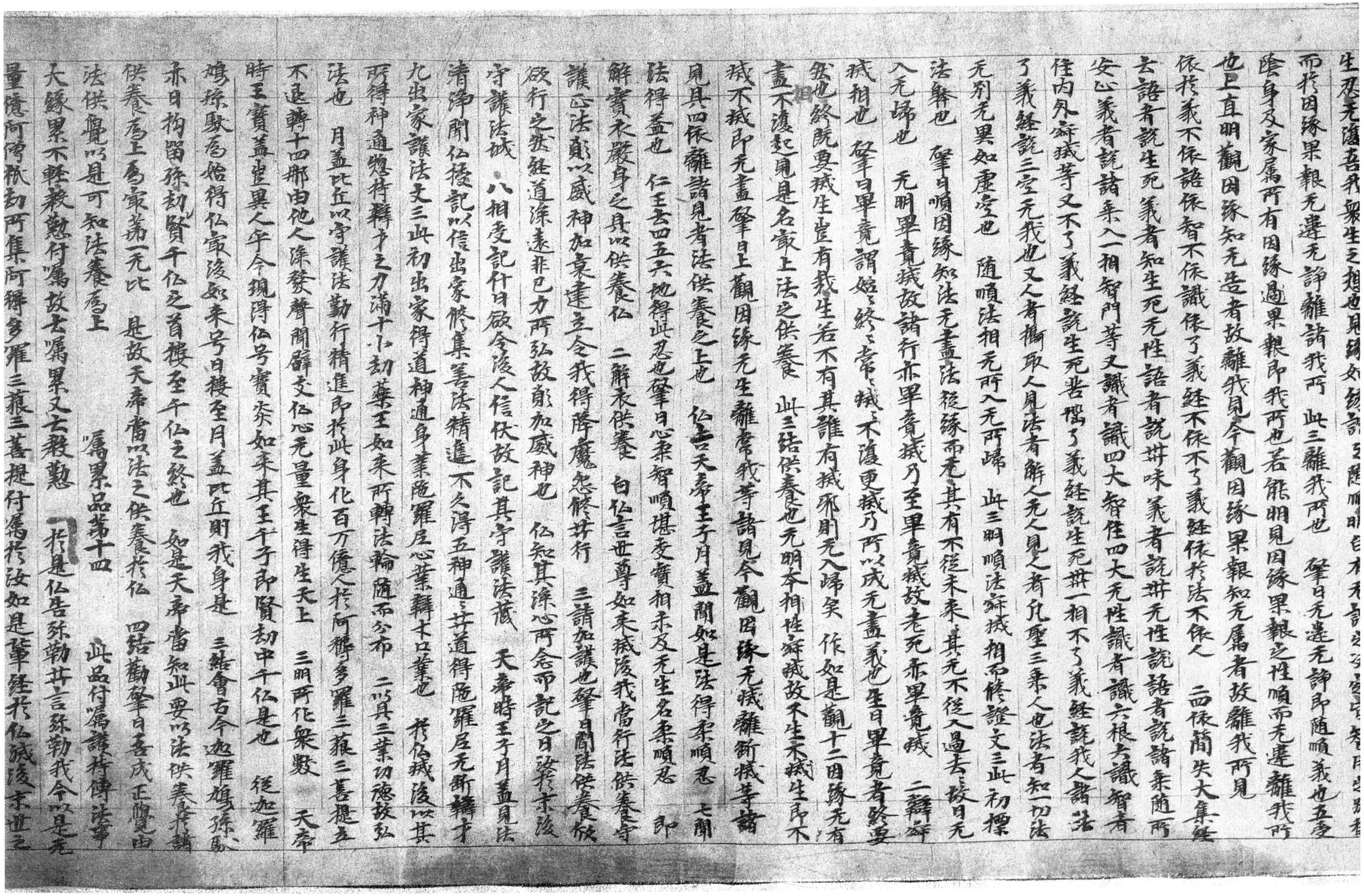

生忍无滅吾我衆生之想也見緣如緣說[illegible]
而於因緣果報无違无諍離諸我所　此三離我所也　肇曰无違无諍即隨順義也五受
陰身及家屬所有因緣過果報即我所也若能明見因緣果報之性順而无違離我所
也上直明觀因緣知无造者故離我見今觀因緣果報知无屬者故離我所見
依於義不依語依智不依識依了義經不依不了義經依於法不依人　四依簡失大集經
云語者說生死義者知生死无性語者說𥩙味義者說𥩙无性說語者說諸乘隨所
安心義者說諸乘入一相智門等又識者識四大智住四大无性識者識六根六識智者
住內外寂滅等又不了義經說生死苦惱了義經說生死𥩙一相不了義經說我人諸法
了義經說三空无我也又人者攝取人見法者解人无人見之者凡聖三乘人也法者知一切法
无別无異如虛空也　隨順法相无所入无所歸　此三明順法寂滅相而修證文三此初標
法解也　肇曰順因緣知法无盡法從緣而无其有不從未來其无不從入過去故曰无
入无歸也　无明畢竟滅故諸行亦畢竟滅乃至畢竟滅故老死亦畢竟滅　二辯寂
滅相也　肇曰畢竟謂始始終終常常滅滅不復更滅乃所以成无盡義也生曰畢竟者終要
盡也終既要滅生豈有哉生若不有其誰有滅耶則无入歸矣　作如是觀十二因緣无有
盡不復起見是名最上法之供養　此三結供養也无明本相性寂滅故不生不滅生即不
滅不滅即无盡　肇曰上觀因緣无生離常我等諸見今觀因緣无滅離斷滅等諸
見具四依離諸見者法供養之上也　仏告天帝王子月蓋聞如是法得柔順忍　七聞
法得益也　仁王云四五六地得此忍也　肇曰心柔智順堪受實相未及无生名柔順忍　即
解寶衣嚴身之具以供養仏　二解衣供養　白仏言世尊如來滅後我當行法供養守
護正法願以威神加哀建立令我得降魔怨修菩薩行　三請加護也　肇曰聞法供養欲
欲行之然道深遠非己力所弘故願加威神也　仏知其深心所念而記之曰汝於末後
守護法城　八相受記付日欲令後人信伏故記其守護法藏　天帝時王子月蓋見法
清淨聞仏授記以信出家修集善法精進不久得五神通通菩薩道得陁羅尼无斷辯才
九出家護法文三此初出家得道神通身業陁羅尼心業辯才口業也　於仏滅後以其
所得神通總持辯才之力滿十小劫藥王如來所轉法輪隨而分布　二以其三業功德弘
法也　月蓋比丘以守護法勤行精進即於此身化百万億人於阿耨多羅三藐三菩提立
不退轉十四那由他人深發聲聞辟支仏心无量衆生得生天上　三明所化衆數　天帝
時王寶蓋豈異人乎今現得仏号寶炎如來其王千子即賢劫中千仏是也　從迦羅
鳩孫馱爲始得仏最後如來号曰樓至月蓋比丘則我身是　三結會古今迦羅鳩孫馱
亦曰拘留孫劫賢千仏之首樓至千仏之終也　如是天帝當知此要以法供養於諸
供養爲上爲最第一无比　是故天帝當以法之供養供養於仏　四結勸　肇曰善戒正覺由
法供覺以是可知法養爲上
囑累品第十四　此品付囑讓持傳法事
大緣果不輕穀勲付囑故云囑累又云穀勲　於是仏告弥勒菩薩言弥勒我今以是无
量億阿僧祇劫所集阿耨多羅三藐三菩提付囑於汝如是輩經於仏滅後末世之

BD14093號　淨名經集解關中疏卷下

（55–52）

娛樂屋娛樂仏[illegible]
赤日拘留孫劫賢千仏之首樓至千仏之終也　如是天帝當知此要以法供養於諸
供養為上為最第一无比　是故天帝當以法之供養於仏　四結勸肇曰善成正覺由
法供養以是可知法養為上　囑累品第十四　此品付囑護持傳法事
大緣累不輕殷懃付囑故云囑累又云殷懃　於是仏告弥勒菩薩言弥勒我今以是无
量億阿僧祇劫所集阿耨多羅三藐三菩提付囑於汝如是輩經於仏滅後末世之
中汝等當以神力廣宣流布於閻浮提无令斷絕　品文三一付囑弥勒等二付囑阿難
等三經畢衆聞前文又三初付後受付文三此初正付也肇曰不思議經即仏无上菩提之
道其道深遠難可剋成吾无量劫不惜身命骨施踰須弥血施過江海勤苦積集
今始得就哀彼長迷故垂之竹帛然群生德薄魔事熾盛吾道多難非汝不弘嗣正
之義所以重累又誡高衝生道尊魔藏自非神力无以制持故勸以神力也　所以者何
未來世中當有善男子善女人及天龍鬼神乾闥婆羅刹等發阿耨多羅三藐三菩提
心樂于大法若使不聞如是等經則失善利如此等人聞是等經必多信樂發希有心
當以頂受隨諸衆生所應得利而為廣說　二釋付所以緣不感仏發在當來不聞則失
聞之必益故當頂受廣說肇曰法之通塞損益若此故勸弥勒頂受廣說也
弥勒當知菩薩有二相　何謂為二一者好於雜句文飾之事二者不畏深義如實能入
若好雜句文飾事者當知是為新學菩薩若於如是无染无著甚深經典无有恐
畏能入其中聞已心得受持讀誦如說修行當知是為久脩行道　此前傳通得失
有三此初總簡也新學好文久脩好義傳者應善其根緣學者應鑒其得失有擇
釋結可見　肇曰行之深淺各有異相得失兩陳以勵護持法者　弥勒復有二法名新
學者不能決定於甚深法　何等為二一者所未聞經深聞之驚怖生疑不能隨順毀
謗不信而作是言我初不聞從何所來二者若有護持解說如是深經者不肯親近
供養恭敬或時於中說其過惡有此二法當知是新學菩薩為自毀傷不能於深法
中調伏其心　此二別簡新學菩薩三如前決定深理必在積脩敬法重人方能久學
若謗法毀僧師自絕深信解惠不明豈能決定正觀獲不退轉也　肇曰一毀法
二毀人　弥勒復有二法菩薩雖信解深法猶自毀傷而不能得无生法忍　何等為二
一者輕慢新學菩薩而不教誨二者雖解深法而取相分別　是為二法　三別簡久學
二法者一輕慢新學自豈大悲二樂分別自棟大智夫證无生忍要悲智雙圓有茲
二負寔毀脩證文三如前可見　弥勒菩薩聞說是已白仏言世尊未曾有也如仏所說我
當遠離如斯之惡　此下二明弥勒四王等受旨文三此初弥勒受旨文三初領旨二誓
仏領中先受誡旨肇曰一生大士豈有如斯之惡聞而復離釆發言者為未離者
耳　奉持如來无數阿僧祇劫所集阿耨多羅三藐三菩提法若未來世中善男
子善女人求大乘者當手得如是等經与其念力使得受持讀誦為他廣說世
尊若後末世有能受持讀誦為他說者當知是弥勒神力之所建立　此二領通經

有三此初惣簡也新學好文久脩好義傳〻者應善其根緣學者應隨其[illegible]
釋結可見　肇曰行之深淺各有異相得失兩陳以勵護持法者　弥勒復有二法名新
學者不能決定於甚深法　何等為二一者所未聞經深聞之驚怖生疑不能隨順毀
謗不信而作是言我初不聞從何所來二者若有護持解說如是深經者不肯親近
供養恭敬或時於中說其過惡有此二法當知是新學菩薩為自毀傷不能於深法
中調伏其心　此二別簡新學菩薩三如前決定深理必在積脩敬法重人方能久學
若謗法毀僧師自絕深信解患不明豈能決定正觀獲不退轉也　肇曰一毀法
二毀之　弥勒復有二法菩薩雖信解深法猶自毀傷而不能得无生法忍　何等為二
一者輕〻慢新學菩薩而不教誨二者雖解深法而取相分別　是為二法　三別簡舊學
二法者一輕慢新學自豈大悲二乘分別自壞大智夫證无生忍要悲智雙圓有茲
二自患毀脩證文三如前可見　弥勒菩薩聞說是已白仏言世尊未曾有也如仏所說我
當遠離如斯之惡　此下二明弥勒四王等受旨文三此初弥勒受旨文二初領旨二讚
仏領中先受誡旨　肇曰一生大士豈有如斯之惡聞而復離邪發言者為未離者
耳　奉持如來无數阿僧祇劫所集阿耨多羅三藐三菩提法若未來世中善男
子善女人求大乘者當手得如是等經与其念力使得受持讀誦為他廣說世
尊若後末世有能受持讀誦為他說者當知是弥勒神力之所建立　此二領通經
音如來得法益通三世未來有緣我當令手得心持自行然說　弥勒神力者　肇曰受已
切於未然息衆魔之候斷　仏言善〻哉〻弥勒如汝所說仏助尒喜　此二仏讚如文
可見　於是一切菩薩合掌白仏言我等亦於如來滅後十方國土廣〻宣流布阿耨多
羅三藐三菩提復當開導諸說法者令得是經　二者菩薩受法燈遍照故並宣
十方　尒時四天王白仏言世尊在〻處〻城邑聚落山林曠野有是經卷讀誦解
說者我當率諸官屬為聽法故往詣其所擁護其人面百由旬无伺求得其
便者　此下三四天王受旨經卷住處突難自清況天力護持弥增法化　是時
仏告阿難受持是經廣〻宣流布　阿難言唯我已受持要者世尊當何名斯
經　仏言阿難是經名維摩詰所說亦名不可思議解脫法門如是受持
下二付屬阿難付受問答欲令結集之時无所遺漏　仏說是經已長者維摩詰文殊
師利舍利弗阿難等及諸天人阿脩羅等一切大衆聞仏所說皆大歡喜
已下說付既周慶聞脩奉

淨名經關中疏卷下

癸卯年十二月十日靈圖寺僧苾蒭道[illegible]

切於未然息衆魔之係斷　仏言善哉善哉弥勒如汝所說仏助尒喜　此二仏許
可見　於是一切菩薩合掌白仏言我等亦於如來滅後十方國土廣宣流布阿耨多
羅三藐三菩提復當開導諸說法者令得是經　二者菩薩受法燈遍照故並宣
十方　尒時四天王白仏言世尊在在處處城邑聚落山林曠野有是經卷讀誦解
說者我當率諸官屬爲聽法故往詣其所擁護其人面百由旬无伺求得其
便者　此下三四天王受吉經卷住處守護自清況天力護持弥增法化　是時
仏告阿難受持是經廣宣流布　阿難言唯我已受持要者世尊當何名斯
經　仏言阿難是經名維摩詰所說亦名不可思議解脫法門如是受持
下三付屬阿難付受問答欲令結集之時无所遺漏　仏說是經已長者維摩詰文殊
師利舍利弗阿難等及諸天人阿脩羅等一切大衆聞仏所說皆大歡喜
已下說付既周處聞脩奉

淨名經關中疏卷下

癸卯年三月十日靈圖寺僧苾蒭道廣故記之耳

癸卯年四月十一日曹僧政和尚說經已至四月十五日說了

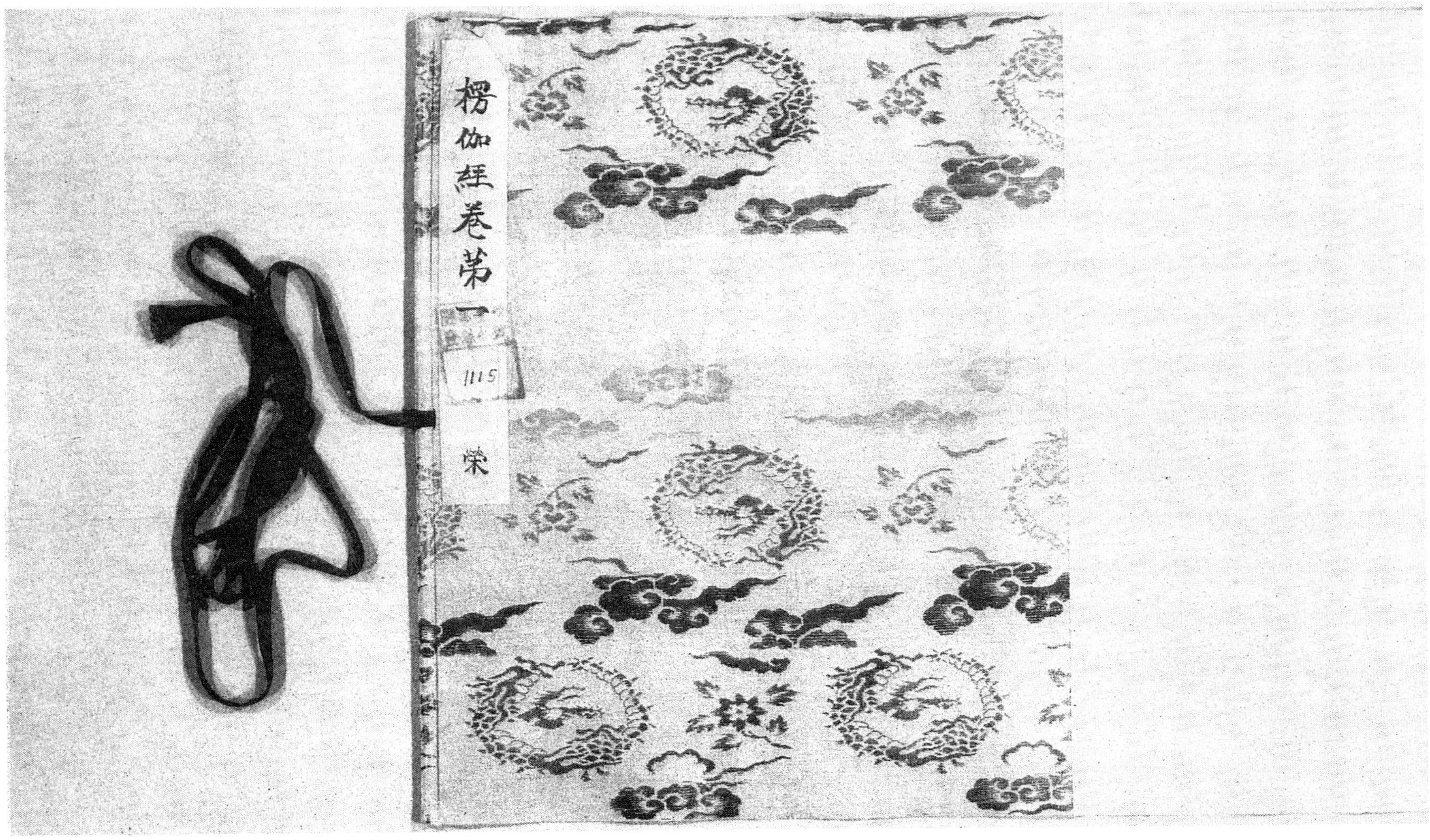


BD14094號背　現代護首　（1–1）

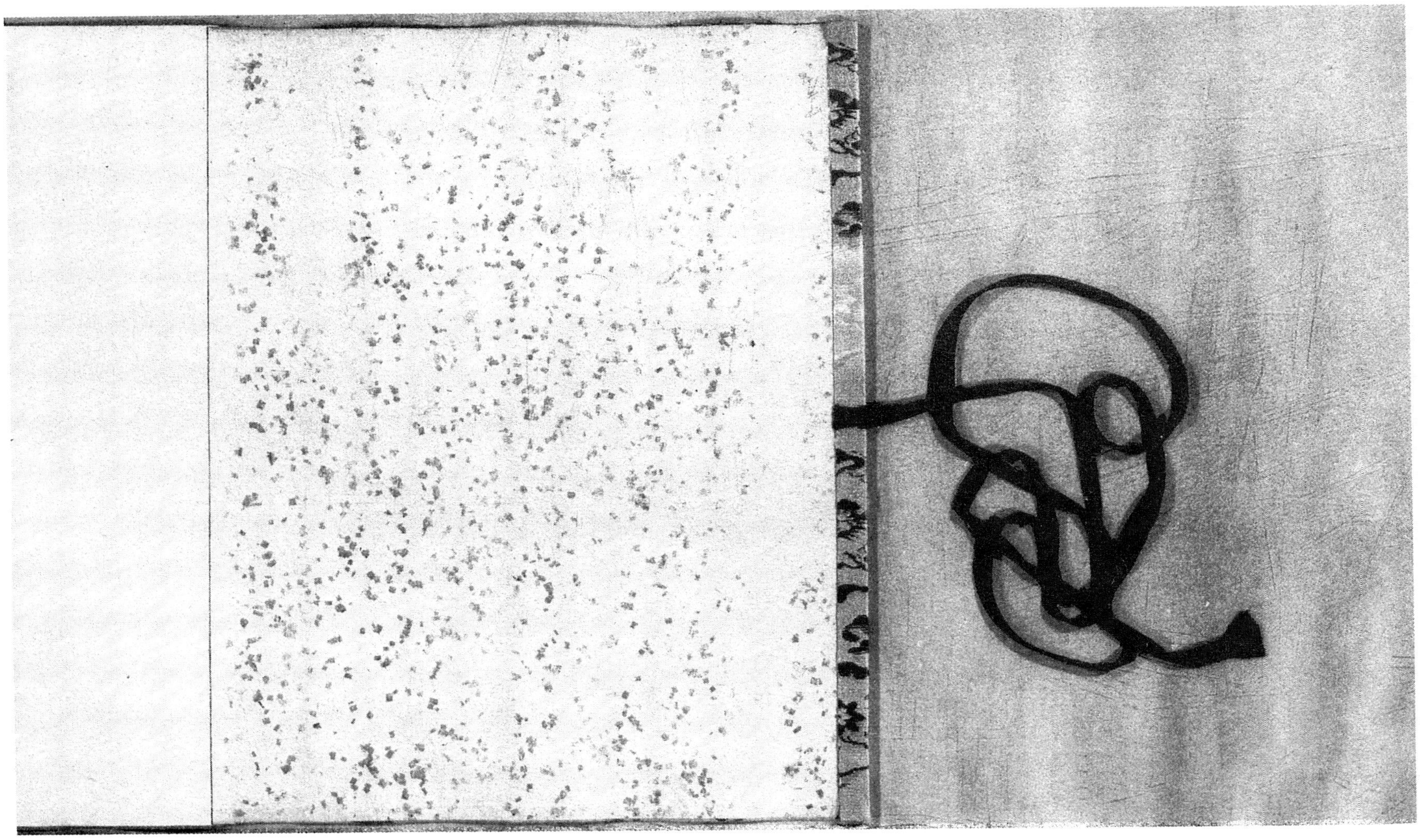

BD14094號　楞伽阿跋多羅寶經卷一　（31–1）

合掌恭敬以偈問曰

云何淨其念　云何念增長　云何見癡惑　云何惑增長

何故剎土化　相及諸外道　云何无受次　何故名无受

何故名佛子　解脫至何所　誰縛誰解脫　何等禪境界

云何有三乘　唯願為解說　緣起何所生　云何作所作

云何俱異說　云何為增長　云何无色定　及與滅正受

云何為想滅　何因從定覺　云何所作生　進去及持身

云何現分別　云何生諸地　破三有者誰　何處身云何

往生何所至　云何最勝子　何因得神通　及自在三昧

云何三昧心　最勝為我說　云何名為藏　云何意及識

BD14094號　楞伽阿跋多羅寶經卷一



云何現分別　云何生諸地　破三有者誰　何處身云何

往生何所至　云何最勝子　何因得神通　及自在三昧

云何三昧心　最勝為我說　云何名為藏　云何意及識

云何生與滅　云何見已還　云何為種性　非種及心量

云何建立相　及與非我義　云何无眾生　云何世俗說

云何為斷見　及常見不生　云何佛外道　其相不相違

云何當來世　種種諸異部　云何空何因　云何剎那壞

云何胎藏生　云何世不動　何因如幻夢　及乾闥婆城

世間熱時炎　及與水月光　何因說覺支　及與菩提分

云何國土亂　云何作有見　云何不生滅　世如虛空華

云何覺世間　云何說離字　離妄想者誰　云何虛空譬

如實有幾種　幾波羅蜜心　何因度諸地　誰至无所受

何等二无我　云何尒炎淨　諸智有幾種　幾戒眾生性

誰生諸寶性　摩尼真珠等　誰生諸語言　眾生種種性

明處及伎術　誰之所顯示　伽陀有幾種　長誦及短誦

成為有幾種　云何名為論　云何生飲食　及生諸愛欲

云何名為王　轉輪及小王　云何守護國　諸天有幾種

云何名為地　星宿及日月　解脫修行者　是各有幾種

弟子有幾種　云何阿闍梨　佛復有幾種　復有幾種生

魔及諸異學　彼各有幾種　自性及與心　彼復各幾種

云何施設量　唯願最勝說　云何空風雲　云何念聰明

云何為林樹　云何為蔓草　云何象馬鹿　云何而捕取

云何為卑陋　何因而卑陋　云何六節攝　云何一闡提

女男及不男　斯皆云何生　云何修行退　云何修行生

禪師以何法　建立何等人　眾生生諸趣　何相何像類

云何為財富　何因致財富　云何為釋種　何因有釋種

BD14094號　楞伽阿跋多羅寶經卷一

云何為卑陋　何因而卑陋　云何六節攝　云何一闡提
女男及不男　斯皆云何生　云何脩行退　云何脩行生
禪師以何法　建立何等人　衆生生諸趣　何相何像類
云何為財富　何因致財富　云何為釋種　何因有釋種
云何甘蔗種　无上尊願說　云何長苦仙　彼云何教授
如來云何於　一切時剎現　種種名色類　最勝子圍繞
云何不食肉　云何制斷肉　食肉諸種類　何因故食肉
云何日月形　須弥及蓮華　師子勝相剎　側住覆世界
如因陁羅網　或悉諸珎寶　箜篌細腰鼓　狀種種諸華
或離日月光　如是等无量
云何為化佛　云何報生佛　云何如如佛　云何智慧佛
云何於欲界　不成等正覺　何故色究竟　離欲得菩提
善逝般涅槃　誰當持正法　天師住久如　正法幾時住
悉檀及與見　各復有幾種　毗尼比丘分　云何何因緣
彼諸最勝子　緣覺及聲聞　何因百變易　云何百无受
云何世俗通　云何出世間　云何為七地　唯願為演說
僧伽有幾種　云何為壞僧　云何醫方論　是復何因緣
何故大牟尼　唱說如是言　迦葉拘留孫　拘那含是我
何故說斷常　及與我无我　何不一切時　演說真實義
而復為衆生　分別說心量　何因男女林　呵梨阿摩勒
雞羅及鐵圍　金剛等諸山　无量寶莊嚴　仙闥婆充滿
无上世間解　聞彼所說偈　大乘諸度門　諸佛心第一
此心如樹木堅實心非念慮心　善哉善哉問　大慧善諦聽
我今當次第　如汝所問說　生及與不生　涅槃空剎那
趣至无自性　佛諸波羅蜜　佛子與聲聞　緣覺諸外道
及與无色行　如是種種事



无上世間解　聞彼所說偈　大乘諸度門　諸佛心第一
此心如樹木堅實心非念慮心　善哉善哉問　大慧善諦聽
我今當次第　如汝所問說　生及與不生　涅槃空剎那
趣至无自性　佛諸波羅蜜　佛子與聲聞　緣覺諸外道
及與无色行　如是種種事
須弥巨海山　洲渚剎土地　星宿及日月　外道天脩羅
解脫自在通　力禪三摩提　滅及如意足　覺支及道品
諸禪定无量　諸陰身往來　正受滅盡定　三昧起心說
心意及與識　无我法有五　自性想所想　及與現二見
乘及諸種性　金銀摩尼等　一闡提大種　荒亂及一佛
智尒炎得向　衆生有无有　象馬諸禽獸　云何而捕取
譬因成悉檀　及與作所作　叢林迷惑通　心量不現有
諸地不相至　百變百无受　醫方工巧論　伎術諸明處
諸山須弥地　巨海日月量　下中上衆生　身各幾微塵
一一剎幾塵　弓弓數有幾　肘步拘樓舍　半由延由延
兔毫窓塵蟣　羊毛麵麥塵　鉢他幾麵麥　阿羅麵麥幾
獨籠那佉梨　勒叉及舉利　乃至頻婆羅　是各有幾數
為有幾阿㝹　名舍梨沙婆　幾舍梨沙婆　名為一賴提
幾賴提摩沙　幾摩沙陁那
復幾陁那羅　為迦梨沙那　幾迦梨沙那　為成一波羅
此等積聚相　幾波羅弥樓　是等所應請　何須問餘事
聲聞辟支佛　佛及最勝子　身各有幾數　何故不問此
火炎幾阿㝹　風阿㝹復幾　根根幾阿㝹　毛孔眉毛幾
護財自在王　轉輪聖帝王　云何王守護　云何為解脫
廣說及句說　如汝之所問　衆生種種欲　種種諸飲食
云何男女林　金剛堅固山　云何如幻夢　野鹿渴愛譬

火炎數阿㝹　風阿㝹須數　根根數阿㝹　毛孔眉毛數
護財自在王　轉輪聖帝王　云何王守護　云何為解脫
廣說及句說　如汝之所問　衆生種種欲　種種諸飲食
云何男女林　金剛堅固山　云何如幻夢　野鹿渴愛譬
云何山天仙　乾闥婆莊嚴　解脫至何所　誰縛誰解脫
云何禪境界　變化及外道　云何无因作　云何有因作
有因无因作　及非有无因　云何現已滅　云何淨諸覺
云何諸覺轉　及轉諸所作　云何斷諸想　云何三昧起
破三有者誰　何處為何身　云何无衆生　而說有吾我
云何世俗說　唯願廣分別　所問相云何　及所問非我
云何為胎藏　及種種異身　云何斷常見　云何心得定
言說及諸智　界種性佛子　云何成及論　云何師弟子
種種諸衆生　斯等復云何　云何為飲食　聰明魔施設
云何樹葛藤　最勝子所問　云何種種剎　仙人長苦行
云何為族姓　從何師受學　云何為醜陋　云何人脩行
欲界何不覺　阿迦膩吒成　云何俗神通　云何為比丘
云何為化佛　云何為報佛　云何為如如　平等智慧佛
云何為衆僧　佛子如是問　箜篌腰鼓華　剎土離光明
心地者有七　所問皆如實　此及餘衆多　佛子所應問
一一相相應　遠離諸見過　悉檀離言說　我今當顯示
次第建立句　佛子善諦聽　此上百八句　如諸佛所說
不生句生句　常句无常句　相句无相句　住異
句非住異句　剎那句非剎那句　自性句離自
性句　空句不空句　斷句不斷句　邊句非邊句
中句非中句　常句非常句（凡有三常此常胡者與上常者異）　緣句
非緣句　因句非因句　煩惱句非煩惱句　愛句非

BD14094號　楞伽阿跋多羅寶經卷一　（31-6）

不生句生句　常句无常句　相句无相句　住異
句非住異句　剎那句非剎那句　自性句離自
性句　空句不空句　斷句不斷句　邊句非邊句
中句非中句　常句非常句（凡有三常此常胡者與上常者異）　緣句
非緣句　因句非因句　煩惱句非煩惱句　愛句非
愛句　方便句非方便句　巧句非巧句　淨句非
淨句　成句非成句　譬句非譬句　弟子句非弟
子句　師句非師句　種性句非種性句　三乘句
非三乘句　所有句无所有句　願句非願句　三
輪句非三輪句　相句非相句　有品句非有品句
俱句非俱句　緣自聖智現法樂句非現法樂
句　剎土句非剎土句　阿㝹句非阿㝹句　水
句非水句　弓句非弓句　實句非實句　數句非
數句（此物之數）　數句非數句（此數霜綾反）　明句非明句　虛
空句非虛空句　雲句非雲句　工巧伎術明處
句非工巧伎術明處句　風句非風句　地句非
地句　心句非心句　施設句非施設句　自性句非
自性句　陰句非陰句　衆生句非衆生句　慧句
非慧句　涅槃句非涅槃句　爾炎句非爾炎句
外道句非外道句　荒亂句非荒亂句　幻句非
幻句　夢句非夢句　炎句非炎句　像句非像
句　輪句非輪句　乾闥婆句非乾闥婆句　天句非
天句　飲食句非飲食句　婬欲句非婬欲句　見
句非見句　波羅蜜句非波羅蜜句　戒句非戒
句　日月星句非日月星句　諦句非諦句　果句
非果句　滅起句非滅起句　治句非治句　相句

BD14094號　楞伽阿跋多羅寶經卷一　（31-7）

句輪句非輪句乾闥婆句非乾闥婆句天句非
天句飲食句非飲食句婬欲句非婬欲句見
句非見句波羅蜜句非波羅蜜句戒句非戒
句日月星句非日月星句諦句非諦句果句
非果句滅起句非滅起句治句非治句相句
非相句支句非支句巧明處句非巧明處句
禪句非禪句迷句非迷句現句非現句護句
非護句族句非族句仙句非仙句王句非王
句攝受句非攝受句實句非實句記句非記
句一闡提句非一闡提句女男不男句非女
男不男句味句非味句事句非事句身句
非身句覺句非覺句動句非動句根句非根句
有為句非有為句无為句非无為句因果句
非因果句色究竟句非色究竟句節句非節
句叢樹葛藤句非叢樹葛藤句雜句非雜句
說句非說句毗尼句非毗尼句比丘句非比
丘句處句非處句字句非字句大慧是百
八句先佛所說汝及諸菩薩摩訶薩應當脩
學尒時大慧菩薩摩訶薩復白佛言世尊諸
識有幾種生住滅佛告大慧諸識有二種生
住滅非思量所知諸識有二種生謂流注生及
相生有二種住謂流注住及相住有二種滅
謂流注滅及相滅諸識有三種相謂轉相業
相真相大慧略說有三種識廣說有八相何
等三謂真識現識及分別事識大慧譬如明
鏡持諸色像現識處現亦復如是大慧現識
及分別事識此二壞不壞相展轉因大慧不



謂流注滅及相滅諸識有三種相謂轉相業
相真相大慧略說有三種識廣說有八相何
等三謂真識現識及分別事識大慧譬如明
鏡持諸色像現識處現亦復如是大慧現識
及分別事識此二壞不壞相展轉因大慧不
思議薰及不思議變是現識因大慧取種種
塵及无始妄想薰是分別事識因大慧若覆
彼真識種種不實諸虛妄滅則一切根識滅
大慧是名相滅大慧相續滅者相續所因
滅則相續滅所從滅及所緣滅則相續滅大
慧所以者何是其所依故依者謂无始妄想
薰緣者謂自心見等識境妄想大慧譬如泥
團微塵非異非不異金莊嚴具亦復如是大慧
若泥團微塵異者非彼所成而實彼成是
故不異若不異者則泥團微塵應无分別如是
大慧轉識藏識真相若異者藏識非因若
不異者轉識滅藏識亦應滅而自真相實不
滅是故大慧非自真相識滅但業相滅若自真
相滅者藏識則滅大慧藏識滅者不異外道
斷見論議大慧彼諸外道作如是論謂攝
受境界滅識流注亦滅若識流注滅者无始
流注應斷大慧外道說流注生因非眼識色
明集會而生更有異因大慧彼因者說言若
勝妙若士夫若自在若時若微塵
復次大慧有七種性自性所謂集性自性性
自性相性自性大種性自性因自性緣自性

[illegible]
流注應斷大慧外道說流注生因非眼識色
明集會而生更有異因大慧彼因者說言若
勝妙若士夫若自在若時若微塵
復次大慧有七種性自性所謂集性自性性
自性相性自性大種性自性因自性緣自性
成自性復次大慧有七種第一義所謂心境
界慧境界智境界見境界超二見境界超
子地境界如來自到境界大慧此是過去
未來現在如來應供等正覺性自性第一義
心（此心胡音肝栗大肝栗大宋言心謂如樹木心非念慮心念慮心胡音云質多）以性自性第一義
心成就如來世間出世間出世間上上法聖慧眼
入自共相建立如所建立不與外道論惡見共
大慧云何外道論惡見共所謂自境界妄
想見不覺識自心所現分齊不通大慧愚
癡凡夫性无性自性第一義作二見論
復次大慧妄想三有苦滅无知愛業緣滅
自心所現幻境隨見今當說大慧若有沙門婆
羅門欲令无種有種因果現及事時住緣陰
界入生住或言生已滅大慧彼若相續若事
若生若有若涅槃若道若業若果若諦破壞
斷滅論所以者何以此現前不可得及見始
非分故大慧譬如破瓶不作瓶事亦如燋種
不作牙事如是大慧若陰界入性已滅今滅
當滅自心妄想見无因故彼无次第生大慧
若復說无種有種識三緣合生者龜應生毛
沙應出油汝宗則壞違決定義有種无種說

BD14094 號　楞伽阿跋多羅寶經卷一　（31–10）

斷滅論所以者何以此現前不可得及見始
非分故大慧譬如破瓶不作瓶事亦如燋種
不作牙事如是大慧若陰界入性已滅今滅
當滅自心妄想見无因故彼无次第生大慧
若復說无種有種識三緣合生者龜應生毛
沙應出油汝宗則壞違決定義有種无種說
有如是過所作事業悉空无義大慧彼諸外
道說有三緣合生所作方便因果自相過去
未來現在有種无種相從本已來成事相承
覺想地轉自見過習氣作如是說如是大慧
愚癡凡夫惡見所噬邪曲迷醉无智妄稱一
切智說大慧若復諸餘沙門婆羅門見離
自性浮雲火輪乹闥婆城无生幻焰水月及
夢內外心現妄想无始虛僞不離自心妄想因
緣滅盡離妄想說所說觀所觀受用建立身
之藏識於識境界攝受及攝受者不相應无
所有境界離生住滅自心起隨入分別大慧
彼菩薩不久當得生死涅槃平等大悲巧方
便无開發方便大慧彼一切眾生界皆悉如
幻不勤因緣遠離內外境界心外无所見次
第隨入无相處次第隨入從地至地三昧境
界解三界如幻分別觀察當得如幻三昧度
自心現无所有得住般若波羅蜜捨離彼生
所作方便金剛喻三摩提隨入如來身隨入
如如化神通自在慈悲方便具足莊嚴等入
一切佛剎外道入處離心意意識是菩薩漸
[illegible]

BD14094 號　楞伽阿跋多羅寶經卷一　（31–11）

自心現无所有得住般若波羅蜜捨離彼生
所作方便金剛喻三摩提隨入如來身隨入
如如化神通自在慈悲方便具足莊嚴等入
一切佛刹外道入處離心意意識是菩薩漸
次轉身得如來身大慧是故欲得如來隨
入身者當遠離陰界入心因緣所作方便生住
滅妄想虛偽唯心直進觀察无始虛偽過妄
想習氣因三有思惟无所有佛地无生到自
覺聖趣自心自在到无開發行如隨衆色摩
尼隨入衆生微細之心而以化身隨心量度諸
地漸次相續建立是故大慧自悉檀善應
當脩學尒時大慧菩薩復白佛言世尊所
說心意意識五法自性相一切諸佛菩薩所
行自心見等所緣境界不和合顯示一切說成
真實相一切佛語心爲楞伽國摩羅山海中
住處諸大菩薩說如來所歎海浪藏識境界
法身
尒時世尊告大慧菩薩言四因緣故眼識轉
何等爲四謂自心現攝受不覺无始虛偽過
色習氣計著識性自性欲見種種色相大慧
是名四種因緣水流處藏識轉識浪生大慧
如眼識一切諸根微塵毛孔俱生隨次境界生
亦復如是譬如明鏡現衆色像大慧猶如
猛風吹大海水外境界風飄蕩心海識浪不
斷因所作相異不異合業生相深入計著不
能了知色等自性故五識身轉大慧即彼五



亦復如是譬如明鏡現衆色像大慧猶如
猛風吹大海水外境界風飄蕩心海識浪不
斷因所作相異不異合業生相深入計著不
能了知色等自性故五識身轉大慧即彼五
識身俱因差別分段相知當知是意識因彼
身轉彼不作是念我展轉相因自心現妄想
計著轉而彼各各壞相俱轉分別境界分段
差別謂彼轉如脩行者入禪三昧微細習氣
轉而不覺知而作是念識滅然後入禪正受
實不識滅而入正受以習氣種子不滅故不
滅以境界轉攝受不具故滅大慧如是細微
藏識究竟邊際除諸如來及住地菩薩諸聲
聞緣覺外道脩行所得三昧智慧之力一切
不能思量決了餘地相智慧巧便分別決斷
句義最勝无邊善根成熟離自心現妄想虛
偽宴坐山林下中上脩能見自心妄想流注
无量刹土諸佛灌頂得自在力神通三昧諸
善知識佛子眷屬彼心意識自心所現自性
境界虛妄之想生死有海業愛无知如是等
因悉已超度是故大慧諸脩行者應當親近
最勝知識尒時世尊欲重宣此義而說偈言

譬如巨海浪　斯由猛風起　洪波鼓冥壑　无有斷絕時
藏識海常住　境界風所動　種種諸識浪　騰躍而轉生
青赤種種色　珂乳及石蜜　淡味衆華菓　日月與光明
非異非不異　海水起波浪　七識亦如是　心俱和合生
譬如海水變　種種波浪轉　七識亦如是　心俱和合生

譬如巨海浪 斯由猛風起 洪波鼓冥壑 无有斷絶時
藏識海常住 境界風所動 種種諸識浪 騰躍而轉生
青赤種種色 珂乳及石蜜 淡味衆華菓 日月與光明
非異非不異 海水起波浪 七識亦如是 心俱和合生
譬如海水變 種種波浪轉 七識亦如是 心俱和合生
識彼藏識處 種種諸識轉 謂以彼意識 思惟諸相義
不壞相有八 无相亦无相
譬如海波浪 是則无差別 諸識心如是 異亦不可得
心名採集業 意名廣採集 諸識識所識 現等境說五
尒時大慧菩薩以偈問言
青赤諸色像 衆生發諸識 如浪種種法 云何唯願說
尒時世尊以偈荅曰
青赤諸離色 波浪悉无有 採集業說心 開悟諸凡夫
彼業悉无有 自心所攝離 所攝无无攝 與彼波浪同
受用建立身 是衆生現識 於彼現諸業 譬如水波浪
尒時大慧菩薩復說偈言
大海波浪性 鼓躍可分別 藏與業如是 何故不覺知
尒時世尊以偈荅曰
凡夫无智慧 藏識如巨海 業相猶波浪 依彼譬類通
尒時大慧菩薩復說偈言
日出光等照 下中上衆生 如來照世間 為愚說真實
已分部諸法 何故不說實
尒時世尊以偈荅曰
若說真實者 彼心无真實 譬如海波浪 鏡中像及夢
一切俱時現 心境界亦然 境界不具故 次第業轉生
識者識所識 意者意謂然 五則以顯現 无有定次第

BD14094號　楞伽阿跋多羅寶經卷一

(31–14)

尒時世尊以偈荅曰
若說真實者 彼心无真實 譬如海波浪 鏡中像及夢
一切俱時現 心境界亦然 境界不具故 次第業轉生
識者識所識 意者意謂然 五則以顯現 无有定次第
譬如工畫師 及與畫弟子 布彩圖衆形 我說亦如是
彩色本无文 非筆亦非素 為悅衆生故 綺錯繢衆像
言說別施行 真實離名字 分別應初業 脩行示真實
真實自悟處 覺想所覺離 此為佛子說 愚者廣分別
種種皆如幻 雖現无真實 如是種種說 隨事別施設
所說非所應 於彼為非說
彼彼諸病人 良醫隨處方 如來為衆生 隨心應量說
妄想非境界 聲聞亦非分 哀愍者所說 自覺之境界
復次大慧若菩薩摩訶薩欲知自心現攝受
及攝受者妄想境界當離羣聚習俗睡眠初
中後夜常自覺悟脩行方便當離惡見經論
言說及諸聲聞緣覺乘相當通達自心現妄
想之相
復次大慧菩薩摩訶薩建立智慧相住已於
上聖智三相當勤脩學何等為聖智三相
當勤脩學所謂无所有相一切諸佛自願處
相自覺聖智究竟之相脩行得此已能捨跛驢
心智慧相得最勝子第八之地則於彼上三
相脩生大慧无所有相者謂聲聞緣覺及外
道相彼脩習生大慧自願處相者謂諸先佛自
願處脩生大慧自覺聖智究竟相者一切法
相无所計著得如幻三昧身諸佛地處進趣行

BD14094號　楞伽阿跋多羅寶經卷一

(31–15)

心智慧相得㝡勝子第八之地則於彼上三
相脩生大慧无所有相者謂聲聞緣覺及外
道相彼脩習生大慧自願處相者謂諸先佛自
願處脩生大慧自覺聖智究竟相者一切法
相无所計著得如幻三昧身諸佛地處進趣行
生大慧是名聖智三相若成就此聖智三相
者能到自覺聖智境界是故大慧聖智三相
當懃脩學
尒時大慧菩薩摩訶薩知大菩薩衆心之所
念名聖智事分別自性經承一切佛威神之
力而白佛言世尊唯願爲說聖智事分別自
性經百八句分別所依如來應供等正覺依此
分別說菩薩摩訶薩入自相共相妄想自
性以分別說妄想自性故則能善知周遍觀
察人法无我淨除妄想照明諸地超越一切
聲聞緣覺及諸外道諸禪定樂觀察如來不
可思議所行境界畢定捨離五法自性諸佛
如來法身智慧善自莊嚴起幻境界昇一切
佛刹兜率天宮乃至色究竟天宮逮得如來
常住法身
佛告大慧有一種外道作无所有妄想計著
覺知因盡兔无角想如兔无角一切法亦復
如是大慧復有餘外道見種求那極微陀羅
驃形處横法各各差別見已計著无兔角横
法作牛有角想大慧彼隨二見不解心量自
心境界妄想增長身受用建立妄想限量大



如是大慧復有餘外道見種求那極微陀羅
驃形處横法各各差別見已計著无兔角横
法作牛有角想大慧彼隨二見不解心量自
心境界妄想增長身受用建立妄想限量大
慧一切法性亦復如是離有无不應作想大
慧若復離有无而作兔无角想是名耶想彼
因待觀故兔无角不應作想乃至微塵分別
事性悉不可得大慧聖境界離不應作牛
有角想
尒時大慧菩薩摩訶薩白佛言世尊得无妄
想者見不生相已隨比思量觀察不生妄想
言无耶佛告大慧非觀察不生妄想言无所
以者何妄想者因彼生故依彼角生妄想以
依角生妄想是故言依因故離異不異故非
觀察不生妄想言无角大慧若復妄想異角
者則不因角生若不異者則因彼故乃至微塵
分析推求悉不可得不異角故彼亦非性二
俱无性者何法何故而言无耶大慧若无
故无角觀有故言兔无角者不應作想大慧
不正因故而說有无二俱不成
大慧復有餘外道見計著色事形處横法不
能善知虛空分齊言色離虛空起分齊見妄
想大慧虛空是色隨入色種大慧色是虛空
持所持處所建立性色空事分別當知
大慧四大種生時自相各別亦不住虛空非彼
无虛空如是大慧觀牛有角故兔无角想大

想大慧虛空是色隨入色種大慧色是虛空
持所持處所建立性色空事分別當知
大慧四大種生時自相各別亦不住虛空非彼
无虛空如是大慧觀牛有角故兎无角想大
慧又牛角者析為微塵又分別微塵剎那不
住彼何所觀故而言无耶若言觀餘物者彼
法亦然
尒時世尊告大慧菩薩摩訶薩言當離兎角
牛角虛空形色異見妄想汝等諸菩薩摩訶薩
當思惟自心現妄想隨入為一切剎土最勝子
以自心現方便而教授之尒時世尊欲重宣
此義而說偈言
色等及心无　色等長養心　身受用安立　識藏現衆生
心意及與識　自性法有五　无我二種淨　廣說者所說
長短有无等　展轉互相生　以无故成有　以有故成无
微塵分別事　不起色妄想　心量安立處　惡見所不樂
覺想非境界　聲聞亦復然　救世之所說　自覺之境界
尒時大慧菩薩為淨除自心現流故復請如
來白言世尊云何淨除自心現流為頓為漸
耶佛告大慧漸淨非頓如菴羅菓漸熟非頓
如來淨除一切衆生自心現流亦復如是漸
淨非頓譬如陶家造作諸器漸成非頓如來
淨除一切衆生自心現流亦復如是漸淨非頓
譬如大地漸生萬物非頓生也如來淨除衆
生自心現流亦復如是漸淨非頓譬如人學
音樂書畫種種伎術漸成非頓如來淨除

BD14094號　楞伽阿跋多羅寶經卷一　（31–18）

淨除一切衆生自心現流亦復如是漸淨非頓
譬如大地漸生萬物非頓生也如來淨除衆
生自心現流亦復如是漸淨非頓譬如人學
音樂書畫種種伎術漸成非頓如來淨除
一切衆生自心現流亦復如是漸淨非頓譬
如明鏡頓現一切无相色像如來淨除一切
衆生自心現流亦復如是頓現无想无有所
有清淨境界如日月輪頓照顯示一切色像
如來為離自心現習氣過患衆生亦復如是
頓為顯示不思議智最勝境界譬如藏識頓
分別知自心現及身安立受用境界彼諸依
佛亦復如是（依者胡本云津膩謂化佛是真佛氣分）頓熟衆生所
處境界以脩行者安處於彼色究竟天譬如
法佛所作依佛光明照曜自覺聖趣亦復如
是彼於法相有性无性惡見妄想照令除滅大
慧法依佛說一切法入自相共相自心現習氣
因相續妄想自性計著因種種无實幻種
種計著不可得
復次大慧計著緣起自性生妄想自性相大
慧如工幻師依草木瓦石作種種幻起一切
衆生若干形色起種種妄想彼諸妄想亦无
真實如是大慧依緣起自性起妄想自性種
種妄想心種種相行事妄想相計著習氣妄
想大慧是為妄想自性相生大慧是名依佛
說法大慧法佛者離心自性相自覺聖所緣
境界建立施作大慧化佛者說施戒忍精進
禪定及心智慧離陰界入解脫識相分別觀

BD14094號　楞伽阿跋多羅寶經卷一　（31–19）

想大慧是為妄想自性相生大慧是名依佛
說法大慧法佛者離心自性相自覺聖所緣
境界建立施作大慧化佛者說施戒忍精進
禪定及心智慧離陰界入解脫識相分別觀
察建立超外道見无色見大慧又法佛者離
攀緣攀緣離一切所作根量相滅非諸凡夫
聲聞緣覺外道計著我相所著境界自覺聖
究竟差別相建立是故大慧自覺聖差別
相當懃脩學自心現見應當除滅復次大慧
有二種聲聞乘通分別相謂得自覺聖差別
相及性妄想自性計著相云何得自覺聖差
別相聲聞謂无常苦空无我境界真諦離欲
寂滅息陰界入自共相外不壞相如實知心得
寂止心寂止已禪定解脫三昧道果正受解
脫不離習氣不思議變易死得自覺聖樂
住聲聞是名得自覺聖差別相聲聞大慧
得自覺聖差別樂住菩薩摩訶薩非滅門樂正
受樂顧愍衆生及本願不作證大慧是名聲聞
得自覺聖差別相樂菩薩摩訶薩於彼得自
覺聖差別相樂不應脩學大慧云何性妄想
自性計著相聲聞所謂大種青黃赤白堅濕
暖動非作生自相共相先勝善說見已於彼
起自性妄想菩薩摩訶薩於彼應知應捨隨
入法无我相滅人无我相見漸次諸地相續建
立是名諸聲聞性妄想自性計著相
爾時大慧菩薩摩訶薩白佛言世尊世尊所

BD14094 號　楞伽阿跋多羅寶經卷一　（31–20）

起自性妄想菩薩摩訶薩於彼應知應捨隨
入法无我相滅人无我相見漸次諸地相續建
立是名諸聲聞性妄想自性計著相
爾時大慧菩薩摩訶薩白佛言世尊世尊所
說常及不思議自覺聖趣境界及第一義境
界世尊非諸外道所說常不思議因緣耶
佛告大慧非諸外道因緣得常不思議所以
者何諸外道常不思議不因自相成若常不
思議不因自相成者何因顯現常不思議
復次大慧不思議若因自相成者彼則應常
由作者因相故常不思議不成大慧我第一
義常不思議第一義因相成離性非性得自
覺相故有相第一義智因故有因離性非性
故譬如无作虛空涅槃滅盡故常如是大慧
不同外道常不思議論如是大慧此常不思
議諸如來自覺聖智所得如是故常不思議
自覺聖智所得應當脩學
復次大慧外道常不思議无常性異相因故
非自作因相力故常
復次大慧諸外道常不思議於所作性非性
无常見已思量計常大慧我亦以如是因緣
所作者性非性无常見已自覺聖境界說彼
常无因大慧若復諸外道因相成常不思議
因自相性非性同於兔角此常不思議但言
說妄想諸外道輩有如是過所以者何謂但
言說妄想同於兔角自因相非分大慧我常

BD14094 號　楞伽阿跋多羅寶經卷一　（31–21）

所作者性非性无常見已自覺聖境界説彼
常无因大慧若復諸外道因相成常不思議
因自相性非性同於菟角此常不思議但言
説妄想諸外道輩有如是過所以者何謂但
言説妄想同於菟角自因相非分大慧我常
不思議因自覺得相故離所作性非性故常
非外性非性无常思量計常大慧若復外性
非性无常思量計常不思議常而彼不知常
不思議自因之相去得自覺聖智境界相遠
彼不應説
復次大慧畏生死妄想苦而求涅槃不知生
死涅槃差別一切性妄想非性未來諸根境
界休息作涅槃想非自覺聖智趣藏識轉
是故凡愚説有三乘説心量趣无所有是故
大慧彼不知過去未來現在諸如來自心現境
界計著外心現境界生死輪常轉
復次大慧一切法不生是過去未來現在諸
如來所説所以者何謂自心現性非性離有
非有生故大慧一切性不生一切法如菟馬等
角愚癡凡夫不實妄想自性妄想故大慧
一切法不生自覺聖智趣境界者一切性自性
相不生非彼愚夫妄想二境界自性身財
建立趣自性相大慧藏識攝所攝相轉愚夫
墮生住滅二見悕望一切性生有非有妄想生
非聖賢也大慧於彼應當脩學
復次大慧有五无間種性云何為五謂聲聞

BD14094 號　楞伽阿跋多羅寶經卷一　（31–22）

相不生非彼愚夫妄想二境界自性身財
建立趣自性相大慧藏識攝所攝相轉愚夫
墮生住滅二見悕望一切性生有非有妄想生
非聖賢也大慧於彼應當脩學
復次大慧有五无間種性云何為五謂聲聞
乘无間種性緣覺乘无間種性如來乘无間
種性不定種性各別種性云何知聲聞乘无間
種性若聞説得陰界入自共相斷知時舉身
毛孔熈怡欣悦及樂脩相智不脩緣起發悟
之相是名聲聞乘无間種性聲聞无間見第
八地起煩惱斷習氣煩惱不斷不度不思議
變易死度分段死正師子吼我生已盡梵行
已立不受後有如實知脩習人无我乃至得
般涅槃覺大慧各別无間者謂我人衆生
壽命長養士夫彼諸衆生作如是覺求般涅
槃復有異外道説悉由作者見一切性已言
此是般涅槃作如是覺法无我見非分彼无
解脱大慧此諸聲聞乘无間外道種性不
出出覺為轉彼惡見故應當脩學
大慧緣覺乘无間種性者若聞説各別緣
无間舉身毛竪悲泣流淚不相近緣所有不
著種種自身種種神通若離若合種種變化
聞説是時其心隨入若知彼緣覺乘无間種
性已隨順為説緣覺之乘是名緣覺乘无
間種性相
大慧彼如來乘无間種性有四種謂自性法

BD14094 號　楞伽阿跋多羅寶經卷一　（31–23）

聞說是時其心隨入若知彼緣覺乘无間種
性已隨順為說緣覺之乘是名緣覺乘无
間種性相
大慧彼如來乘无間種性有四種謂自性法
无間種性離自性法无間種性得自覺聖无
間種性外刹殊勝无間種性大慧若聞此四
事一一說時及說自心現身財建立不思議
境界時心不驚怖者是名如來乘无間種
性是名來乘无間種性相
大慧不定種性者謂說彼三種時隨說而入
隨彼而成大慧此是初治地者謂種性建立
為超入无所有地故作是建立彼自覺藏者自
煩惱習淨見法无我得三昧樂住聲聞當得
如來最勝之身尒時世尊欲重宣此義而說
偈言
須陁槃那果　往來及不還　逮得阿羅漢　是等心惑亂
三乘與一乘　非乘我所說　愚夫少智慧　諸聖遠離寂
第一義法門　遠離於二教　住於无所有　何建立三乘
諸禪无量等　无色三摩提　受想悉寂滅　亦无有心量
大慧彼一闡提非一闡提世間解脫誰轉大
慧一闡提有二種一者捨一切善根及於无
始衆生發願云何捨一切善根謂謗菩薩藏及
作惡言此非隨順脩多羅毗尼解脫之說捨
一切善根故不般涅槃二者菩薩本自願
方便故非不般涅槃一切衆生而般涅槃大
慧彼般涅槃是名不般涅槃法相此亦到一

BD14094號　楞伽阿跋多羅寶經卷一　（31–24）

作惡言此非隨順脩多羅毗尼解脫之說捨
一切善根故不般涅槃二者菩薩本自願
方便故非不般涅槃一切衆生而般涅槃大
慧彼般涅槃是名不般涅槃法相此亦到一
闡提趣大慧白佛言世尊此中云何畢竟不
般涅槃
佛告大慧菩薩一闡提者知一切法本來般
涅槃已畢竟不般涅槃而非捨一切善根一
闡提也大慧捨一切善根一闡提者復以如
來神力故或時善根生所以者何謂如來不
捨一切衆生故以是故菩薩一闡提不般涅
槃
復次大慧菩薩摩訶薩當善三自性云何
三自性謂妄想自性緣起自性成自性大慧妄
想自性從相生大慧白佛言世尊云何妄想
自性從相生
佛告大慧緣起自性事相相行顯現事相相
計著有二種妄想自性如來應供等正覺之
所建立謂名相計著相及事相計著相名相
計著相者謂內外法計著事相計著相者謂
即彼如是內外自共相計著是名二種妄想自
性相若依若緣生是名緣起云何成自性謂
離名相事相妄想聖智所得及自覺聖智趣
所行境界是名成自性如來藏心尒時世尊
欲重宣此義而說偈言
名相覺想　自性二相　正智如如　是則成相
大慧是名觀察五法自性相經自覺聖智趣

BD14094號　楞伽阿跋多羅寶經卷一　（31–25）

謂名相事相妄想聖智所得乃自覺聖智趣
所行境界是名成自性如來藏心。尒時世尊
欲重宣此義而說偈言
名相覺想　自性二相　正智如如　是則成相。
大慧是名觀察五法自性相經自覺聖智趣
所行境界汝等諸菩薩摩訶薩應當修學。
復次大慧菩薩摩訶薩善觀二種无我相。云
何二種无我相。謂人无我及法无我。云何人无
我。謂離我我所陰界入聚无知業愛生眼色
等攝受計著生識。一切諸根自心現器身藏
自妄想相施設顯示如河流如種子如燈如
風如雲剎那展轉壞躁動如猨猴樂不淨
處如飛蠅无厭足如風火无始虛偽習氣因
如汲水輪生死趣有輪種種身色幻術神呪
機發像起善彼相智是名人无我智。云何法
无我智。謂覺陰界入妄想相自性如陰界入
離我我所陰界入積聚因業愛繩縛展轉相
緣生无動搖諸法亦尒離自共相不實妄想
相妄想力是凡夫生非賢聖也。心意意識五
法自性離故大慧菩薩摩訶薩當善分別一
切法无我。善法无我菩薩摩訶薩不久當得
初地菩薩无所有觀地相觀察開覺歡喜次
第漸進超九地相得法雲地於彼建立无量寶
莊嚴大寶蓮華王像大寶宮殿幻自性境界
修習生於彼而坐同一像類諸最勝子眷屬
圍遶從一切佛剎來佛手灌頂如轉輪聖王
太子灌頂超佛子地到自覺聖法趣當得



第漸進超九地相得法雲地於彼建立无量寶
莊嚴大寶蓮華王像大寶宮殿幻自性境界
修習生於彼而坐同一像類諸最勝子眷屬
圍遶從一切佛剎來佛手灌頂如轉輪聖王
太子灌頂超佛子地到自覺聖法趣當得
如來自在法身見法无我故是名法无我相
汝等諸菩薩摩訶薩應當修學。
尒時大慧菩薩摩訶薩復白佛言世尊建立
誹謗相唯願說之令我及諸菩薩摩訶薩離
建立誹謗二邊惡見疾得阿耨多羅三藐三
菩提覺已離常建立斷誹謗見不謗正法尒
時世尊受大慧菩薩請已而說偈言
建立及誹謗　无有彼心量　身受用建立　及心不能知
愚癡无智慧　建立及誹謗。
尒時世尊於此偈義復重顯示告大慧言有四
種非有有建立。云何為四。謂非有相建立非
有見建立非有因建立非有性建立是名四
種建立。又誹謗者謂於彼所立无所得觀察
非分而起誹謗是名建立誹謗相。
復次大慧云何非有相建立相。謂陰界入非
有自共相而起計著此如是此不異是名非
有相建立相。此非有相建立妄想无始虛偽過
種種習氣計著生。
大慧非有見建立相者若彼如是陰界入我
人衆生壽命長養士夫見建立是名非有見
建立相。

種種習氣計著生。
大慧非有見建立相者若彼如是陰界入我
人衆生壽命長養士夫見建立是名非有見
建立相。
大慧非有因建立相者謂初識无因生後不
實如幻本不生眼色明界念前生生已實已
還壞是名非有因建立相。
大慧非有性建立相者謂虛空滅般涅槃非
作計著性建立此離性非性一切法如兔馬
等角如垂髮現離有非有建立及誹謗愚夫
妄想不善觀察自心現量非聖賢也是名非
有性建立相是故離建立誹謗惡見應當脩
學。
復次大慧菩薩摩訶薩善知心意意識五法
自性二无我相趣究竟爲安衆生故作種種
類像如妄想自性處依於緣起譬如衆色如
意寶珠普現一切諸佛刹土一切如來大衆
集會悉於其中聽受經法所謂一切法如幻
如夢光影水月知一切法離生滅斷常及離
聲聞緣覺之法得百千三昧乃至百千億那
由他三昧得三昧已遊諸佛刹供養諸佛生
諸天宮宣揚三寶示現佛身聲聞菩薩大
衆圍繞以自心現量度脫衆生分別演說外
性无性悉令遠離有无等見尒時世尊欲重
宣此義而說偈言
心量世間　佛子觀察　種類之身　離所作行

BD14094號　楞伽阿跋多羅寶經卷一

(31–28)

衆圍繞以自心現量度脫衆生分別演說外
性无性悉令遠離有无等見尒時世尊欲重
宣此義而說偈言
心量世間　佛子觀察　種類之身　離所作行
得力神通　自在成就。
尒時大慧菩薩摩訶薩復請佛言唯願世
尊爲我等說一切法空无生无二離自性相我
等及餘諸菩薩衆覺悟是空无生无二離
自性相已離有无妄想疾得阿耨多羅三藐三
菩提尒時世尊告大慧菩薩摩訶薩言諦
聽諦聽善思念之今當爲汝廣分別說大慧
白佛言善哉世尊唯然受教佛告大慧空空
者即是妄想自性處大慧妄想自性計著
者說空无生无二離自性相大慧彼略說七種空
謂相空性自性空行空无行空一切法離言
說空第一義聖智大空彼彼空云何相空謂
一切法自共相空觀展轉積聚故分別无性
自共相不生自他俱性无性故相不住故說
一切性相空是名相空云何性自性空謂
自己性自性不生是名一切法性自性空是
故說性自性空云何行空謂陰離我我所
所成所作業方便生是名行空大慧即此如
是行空展轉緣起自性无性是名无行空云
何一切法離言說空謂妄想自性无言說故
一切法離言說是名一切法離言說空云何
一切法第一義聖智大空謂得自覺聖智一

BD14094號　楞伽阿跋多羅寶經卷一

(31–29)

是行空展轉緣起自性无性是名无行空云
何一切法離言說空謂妄想自性无言說故
一切法離言說是名一切法離言說空云何
一切法第一義聖智大空謂得自覺聖智一
切見過習氣空是名一切法第一義聖智大
空云何彼彼空謂於彼无彼空是名彼彼空
大慧譬如鹿子母舍无象馬牛羊等非无比
丘衆而說彼空非舍舍性空亦非比丘比丘
性空非餘處无象馬是名一切法自相彼彼
无彼是名彼彼空是名七種空彼彼空者是
空最麁汝當遠離大慧不自生非不生除住
三昧是名无生離自性即是无生離自性剎
那相續流注及異性現一切性離自性是故
一切性離自性云何无二謂一切法如陰熱
如長短如黑白大慧一切法无二非於涅槃
彼生死非於生死彼涅槃異相因有性故
是名无二如涅槃生死一切法亦如是是故
空无生无二離自性相應當修學尒時世
尊欲重宣此義而說偈言
我常說空法　遠離於斷常　生死如幻夢　而彼業不壞
虛空及涅槃　滅二亦如是　愚夫作妄想　諸聖離有无
尒時世尊復告大慧菩薩摩訶薩言大慧
无生无二離自性相普入諸佛一切脩多羅
凡所有經悉說此義諸脩多羅悉隨衆生
悕望心故為分別說顯示其義而非真實在
於言說如鹿渴想誑惑羣鹿鹿於彼想計

BD14094號　楞伽阿跋多羅寶經卷一　（31–30）

虛空及涅槃　滅二亦如是　愚夫作妄想　諸聖離有无
尒時世尊復告大慧菩薩摩訶薩言大慧
无生无二離自性相普入諸佛一切脩多羅
凡所有經悉說此義諸脩多羅悉隨衆生
悕望心故為分別說顯示其義而非真實在
於言說如鹿渴想誑惑羣鹿鹿於彼想計
著水性而彼无水如是一切脩多羅所說諸法
為令愚夫發歡喜故非實聖智在於言說
是故當依於義莫著言說

楞伽經卷第一

BD14094號　楞伽阿跋多羅寶經卷一　（31–31）

BD14095 號背　現代護首　　（1–1）

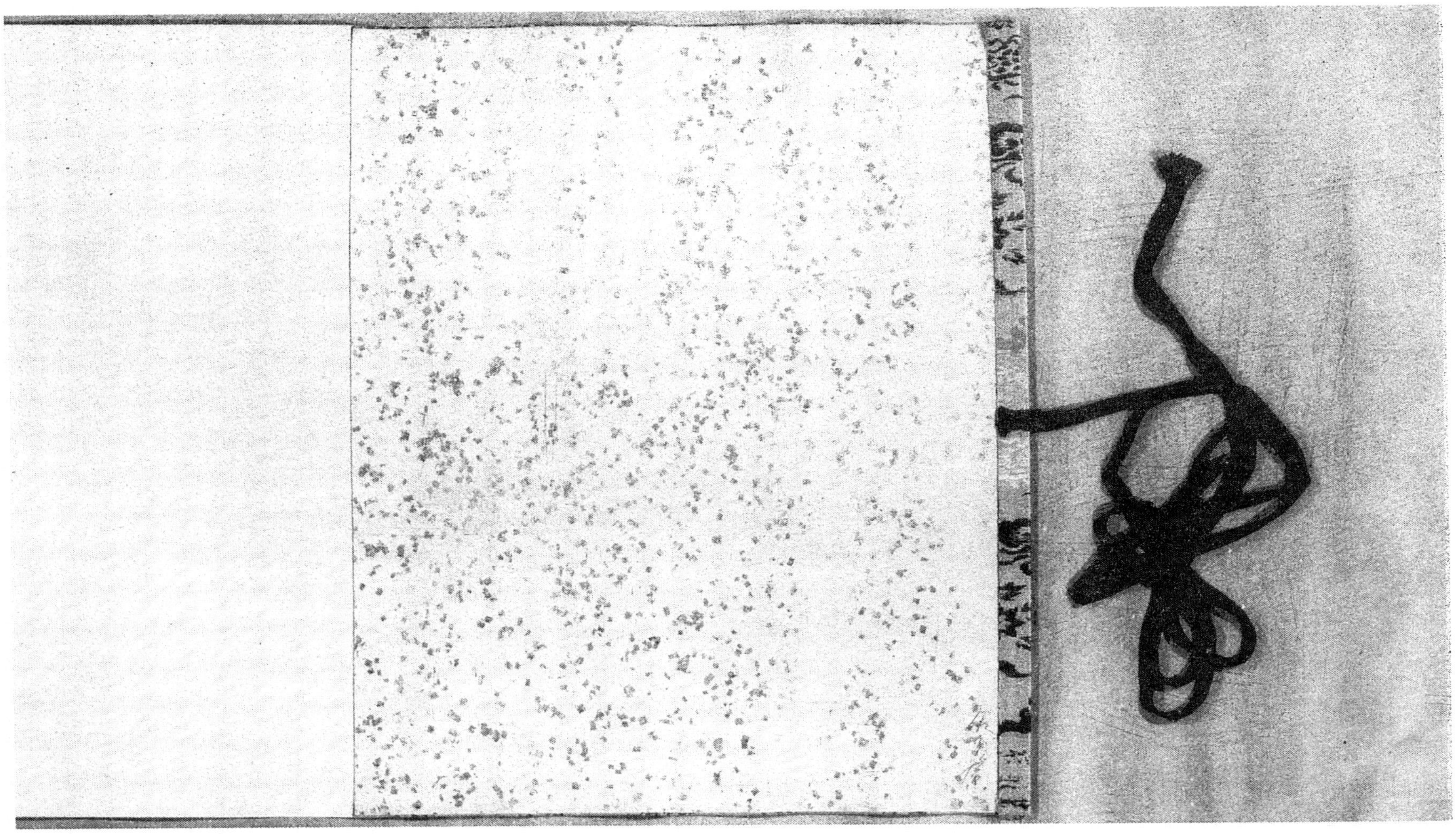

BD14095 號　楞伽阿跋多羅寶經卷二　　（35–1）

楞伽阿跋多羅寶經一切佛語心品卷第二
介時大慧菩薩摩訶薩白佛言世尊世尊脩
多羅說如來藏自性清淨轉卅二相入於一
切衆生身中如大價寶垢衣所纏如來之藏
常住不變亦復如是而陰界入垢衣所纏貪
欲恚癡不實妄想塵勞所汙一切諸佛之所



楞伽阿跋多羅寶經一切佛語心品卷第二
介時大慧菩薩摩訶薩白佛言世尊世尊脩
多羅說如來藏自性清淨轉卅二相入於一
切衆生身中如大價寶垢衣所纏如來之藏
常住不變亦復如是而陰界入垢衣所纏貪
欲恚癡不實妄想塵勞所汙一切諸佛之所
演說云何世尊同外道說我言有如來藏耶
世尊外道亦說有常作者離於求那周遍不
滅世尊彼說有我佛告大慧我說如來藏不
同外道所說之我大慧有時說空无相无願如
實際法性法身涅槃離自性不生不滅本來
寂靜自性涅槃如是等句說如來藏已如來
應供等正覺爲斷愚夫畏无我句故說離妄
想无所有境界如來藏門大慧未來現在菩
薩摩訶薩不應作我見計著譬如陶家於一
泥聚以人功水木輪繩方便作種種器如來
亦復如是於法无我離一切妄想相以種種
智慧善巧方便或說如來藏或說无我以是
因緣故說如來藏不同外道所說之我是名
說如來藏開引計我諸外道故說如來藏令
離不實我見妄想入三解脫門境界悕望疾
得阿耨多羅三藐三菩提是故如來應供等
正覺作如是說如來之藏若不如是則同外
道是故大慧爲離外道我見故當依无我如
來之藏介時世尊欲重宣此義而說偈言

離不實我見妄想…
得阿耨多羅三藐三菩提是故如來應供等
正覺作如是說如來之藏若不如是則同外
道是故大慧為離外道見故當依无我如
來之藏爾時世尊欲重宣此義而說偈言
人相續陰　緣與微塵　勝自在作　心量妄想
爾時大慧菩薩摩訶薩觀未來眾生復請世
尊唯願為說修行无間如諸菩薩摩訶薩修
行者大方便佛告大慧菩薩摩訶薩成就四
法得修行者大方便云何為四謂善分別自
心現觀外性非性離生住滅見得自覺聖智
善樂是名菩薩摩訶薩成就四法得修行者
大方便云何菩薩摩訶薩善分別自心現謂
如是觀三界唯心分齊離我我所无動搖離
去來无始虛偽習氣所熏三界種種色行繫
縛身財建立妄想隨入現是名菩薩摩訶薩
善分別自心現云何菩薩摩訶薩善觀外性
非性謂炎夢等一切性无始虛偽妄想習因
觀一切性自性菩薩摩訶薩作如是善觀外
性非性是名菩薩摩訶薩善觀外性非性云
何菩薩摩訶薩善離生住滅見謂如幻夢一
切性自他俱性不生隨入自心分齊故見外
性非性見識不生及緣不積聚見妄想緣生
於三界內外一切法不可得見離自性生見
悉滅知如幻等諸法自性得无生法忍得无
生法忍已離生住滅見是名菩薩摩訶薩善

BD14095號　楞伽阿跋多羅寶經卷二　（35–4）

何菩薩摩訶薩善離生住滅見謂如幻夢一
切性自他俱性不生隨入自心分齊故見外
性非性見識不生及緣不積聚見妄想緣生
於三界內外一切法不可得見離自性生見
悉滅知如幻等諸法自性得无生法忍得无
生法忍已離生住滅見是名菩薩摩訶薩善
分別離生住滅見云何菩薩摩訶薩得自覺
聖智善樂謂得无生法忍住第八菩薩地得
離心意意識五法自性二无我相得意生身
世尊意生身者何因緣佛告大慧意生者譬
如意去迅疾无閡故名意生譬如意去石壁
无閡於彼異方无量由延因先所見憶念不
妄自心流注不絕於身无鄣閡生大慧如是
意生身得一時俱菩薩摩訶薩意生身如幻
三昧力自在神通妙相莊嚴聖種類身一時
俱生猶如意生无有鄣閡隨所憶念本願境
界為成熟眾生故得自覺聖智善樂如是菩
薩摩訶薩得无生法忍住第八菩薩地轉捨
心意意識五法自性二无我相身及得意生
身得自覺聖智善樂是名菩薩摩訶薩成就
四法得修行者大方便當如是學
爾時大慧菩薩摩訶薩復請世尊唯願為說
一切諸法緣因之相以覺緣因相故我及諸
菩薩離一切性有无妄見无妄想見漸次俱
生佛告大慧一切法二種緣相謂外及內外

BD14095號　楞伽阿跋多羅寶經卷二　（35–5）

尒時大慧菩薩摩訶薩復請世尊唯願爲說
一切諸法緣因之相以覺緣因相故我及諸
菩薩離一切性有无妄見无妄想見漸次俱
生佛告大慧一切法二種緣相謂外及内外
緣者謂泥團柱輪繩水人功諸方便緣有瓶
生如泥瓶縷疊草蓆種牙酪蘇等方便緣生
亦復如是是名外緣前後轉生云何内緣謂
无明愛業等法得緣名從彼生陰界入法得
緣所起名彼无差别而愚夫妄想是名内緣
法大慧彼因者有六種謂當有因相續因相
因作因顯示因待因當有因者作因已内外
法生相續因者作攀緣已内外法生陰種
子等相因者作无間相相續生作因者作增
上事如轉輪王顯示因者妄想事生已相現
作所作如燈照色等待因者滅時作相續斷
不妄想性生大慧彼自妄想相愚夫不漸次
生不俱生所以者何若復俱生者作所作无
分别不得因相故若漸次生者不得我相
故漸次生不生如不生子无父名大慧漸次
生相續方便不然但妄想耳因攀緣次苐增
上緣等生所生故大慧漸次生不生妄想自性
計着相故漸次俱不生自心現受用故自相
共相外性非性大慧漸次俱不生除自心現
不覺妄想故相生是故因緣作事方便相當
離漸次俱現尒時世尊欲重宣此義而說



計着相故漸次俱不生自心現受用故自相
共相外性非性大慧漸次俱不生除自心現
不覺妄想故相生是故因緣作事方便相當
離漸次俱現尒時世尊欲重宣此義而說
偈言
一切都无生　亦无因緣滅　於彼生滅中　而起因緣想
非遮滅復生　相續因緣起　唯爲斷凡愚　癡惑妄想緣
有无緣起法　是悉无有生　習氣所迷轉　從是三有現
真實无生緣　亦復无有滅　觀一切有爲　猶如虛空花
攝受及所攝　捨離惑亂見
非已生當生　亦復无因緣　一切无所有　斯皆是言說
尒時大慧菩薩摩訶薩復白佛言世尊唯願
爲說言說妄想相心經（此因上佛語心也）世尊我及餘菩
薩摩訶薩若善知言說妄想相心則能通達
言說所說二種義疾得阿耨多羅三藐三菩
提以言說所說二種趣靜一切衆生佛告大
慧諦聽諦聽善思念之當爲汝說大慧白佛
言善哉世尊唯然受教佛告大慧有四種言
說妄想相謂相言說夢言說過妄想計着言
說无始妄想言說相言說者自從妄想色相
計着生夢言說者先所經境界隨憶念從覺
已境界无性生過妄想計着言說者先怨所
作業隨憶念生无始妄想言說者无始虛僞
計着過自種習氣生是名四種言說妄想相
尒時大慧菩薩摩訶薩復以此義勸請世尊

已境界无性生過妄想計著言說者先惡所
作業隨憶念生无始妄想言說者无始虛偽
計著過自種習氣生是名四種言說妄想相
尒時大慧菩薩摩訶薩復以此義勸請世尊
唯願更說言說妄想所現境界世尊何處何
故云何何因衆生妄想言說生佛告大慧頭
匈喉鼻脣舌齗齒和合出音聲大慧白佛
言世尊言說妄想為異為不異佛告大慧言
說妄想非異非不異所以者何謂彼因生相
故大慧若言說妄想異者妄想不應是因若
不異者語不顯義而有顯 亦是故非異非不
異大慧復白佛言世尊為言說即是第一義
為所說者是第一義佛告大慧非言說是第
一義亦非所說是第一義所以者何謂第一義
聖樂言說所入是第一義非言說是第一義
第一義者聖智自覺所得非言說妄想覺境
界故言說妄想不顯示第一義言說者生滅
動搖展轉因緣起若展轉因緣起者彼不顯
示第一義大慧自他相无性故言說相不顯
示第一義復次大慧隨入自心現量故種種
相外性非性言說妄想不顯示第一義是故
大慧當離言說諸妄想相尒時世尊欲重宣
此義而說偈言
諸性无自性　亦復无言說　甚深空空義　愚夫不能了
一切性自性　言說法如影　自覺聖智子　實際我所說



大慧當離言說諸妄想相尒時世尊欲重宣
此義而說偈言
諸性无自性　亦復无言說　甚深空空義　愚夫不能了
一切性自性　言說法如影　自覺聖智子　實際我所說
尒時大慧菩薩摩訶薩復白佛言世尊唯願
為說離有无一異俱不俱有无非有非无常
无常一切外道所不行自覺聖智所行離妄
想自相共相入於第一真實之義諸地相續
漸次上上增進清淨之相隨入如來地相无
開發本願譬如衆色摩尼境界无邊相行自
心現趣部分之相一切諸法我及餘菩薩摩
訶薩離如是等妄想自性自共相見疾得阿
耨多羅三藐三菩提令一切衆生一切安樂
具足充滿佛告大慧善哉善哉汝能問我如
是之義多所安樂多所饒益哀愍一切諸天
世人佛告大慧諦聽諦聽善思念之吾當為
汝分別解說大慧白佛言善哉世尊唯然受
教佛告大慧不知心量愚癡凡夫取內外性
依於一異俱不俱有无非有非无常无常自
性習因計著妄想譬如群鹿為渴所逼見春
時炎而作水想迷亂馳趣不知非水如是愚
夫无始虛偽妄想所熏三毒燒心樂色境界
見生住滅取內外性墮於一異俱不俱有无
非有非无常无常想妄見攝受如乾闥婆城

時炎而作水想迷亂馳趣不知非水如是愚
夫无始虛僞妄想所熏三毒燒心樂色境界
見生住滅取內外性墮於一異俱不俱有无
非有非无常无常想妄見攝受如乾闥婆城
凡愚无智而起城相无始習氣計着相現彼
非有城非无城如是外道无始虛僞習氣計
着依於一異俱不俱有无非有非无常无常
見不能了知自心現量譬如有人夢見男女
象馬車步城邑園林山河浴池種種莊嚴自
身入中覺已憶念大慧於意云何如是士夫
於前所夢憶念不捨爲黠慧不大慧白佛言
不也世尊佛告大慧如是凡夫惡見所噬外
道智慧不知如夢自心現性依於一異俱不
俱有无非有非无常无常見譬如畫像不高
不下而彼凡愚作高下想如是未來外道惡
見習氣充滿依於一異俱不俱有无非有非
无常无常見自壞壞他餘離有无无生之論
亦說言无謗因果見拔善根本壞清淨因勝
求者當遠離去作如是說彼墮自他俱見有
无妄想已墮建立誹謗以是惡見當墮地獄
譬如翳目見有垂髮謂衆人言汝等觀此而
是垂髮畢竟非性非无性見不見故如是外
道妄見悕望依於一異俱不俱有无非有非
无常无常見誹謗正法自陷陷他譬如火輪
非輪愚夫輪想非有智者如是外道惡見悕

BD14095號　楞伽阿跋多羅寶經卷二

（35–10）

是垂髮畢竟非性非无性見不見故如是外
道妄見悕望依於一異俱不俱有无非有非
无常无常見誹謗正法自陷陷他譬如火輪
非輪愚夫輪想非有智者如是外道惡見悕
望依於一異俱不俱有无非有非无常无常
想一切性生譬如水泡似摩尼珠愚小无智
作摩尼想計着追逐而彼水泡非摩尼非非
摩尼取不取故如是外道惡見妄想習氣所
熏於无所有說有生緣有者言滅
復次大慧有三種量五分論各建立已得聖
智自覺離二自性事而作有性妄想計着大
慧心意意識身心轉變自心現攝所攝諸妄
想斷如來地自覺聖智修行者不應於彼作
性非性想若復修行者如是境界性非性攝
取相生者彼即取長養及取我人
大慧若說彼性自性共相一切皆是化佛所
說非法佛所說又諸言說悉由愚夫希望見生
不爲別建立趣自性法得聖智自覺三昧樂
住者分別顯示譬如水中有樹影現彼非影
非非影非樹形非非樹形如是外道見習所
熏妄想計着依於一異俱不俱有无非有非
无常无常想而不能知自心現量譬如明鏡
隨緣顯現一切色像而无妄想彼非像非
非像而見像非像妄想愚夫而作像想如是
外道惡見自心像現妄想計着依於一異俱

BD14095號　楞伽阿跋多羅寶經卷二

（35–11）

勳妄想計着依於一異俱不俱有无非有非
无常无常想而不能知自心現量譬如明鏡
隨緣顯亦現一切色像而无妄想彼非像非
非像而見像非像妄想愚夫而作像想如是
外道惡見自心像現妄想計着依於一異俱
不俱有无非有非无常无常見譬如風水和
合出聲彼非性非非性如是外道惡見妄
想依於一異俱不俱有无非有非无常无常
見譬如大地无草木處熱炎川流洪浪雲
踊彼非性非非性貪无貪故如是愚夫无
始虛偽習氣所勳妄想計着依生住滅一異
俱不俱有无非有非无常无常緣自住事門
亦復如是如彼熱炎波浪譬如有人呪術機
發以非眾生數毗舍闍鬼方便合成動搖云
為凡愚妄想計着往來如是外道惡見希
望依於一異俱不俱有无非有非无常无常
見戲論計着不實建立大慧是故欲得自
覺聖事當離生住滅一異俱不俱有无非有
非无常无常等惡見妄想尒時世尊欲重
宣此義而說偈言

幻夢水樹影　垂髮熱時炎　如是觀三有　究竟得解脫
譬如鹿渴想　動轉迷亂心　鹿想謂為水　而實无水事
如是識種子　動轉見境界　愚夫妄想生　如為翳所翳
於无始生死　計着攝受性　如逆楔出楔　捨離貪攝受
如幻呪機發　浮雲夢電光　觀是得解脫　永斷三相續

BD14095號　楞伽阿跋多羅寶經卷二　（35–12）

幻夢水樹影　垂髮熱時炎　如是觀三有　究竟得解脫
譬如鹿渴想　動轉迷亂心　鹿想謂為水　而實无水事
如是識種子　動轉見境界　愚夫妄想生　如為翳所翳
於无始生死　計着攝受性　如逆楔出楔　捨離貪攝受
如幻呪機發　浮雲夢電光　觀是得解脫　永斷三相續
於彼无有作　猶如炎虛空　如是知諸法　則為无所知
言教唯假名　彼亦无有相　於彼起妄想　陰行如垂髮
如畫垂髮幻　夢乾闥婆城　火輪熱時炎　无而現眾生
常无常一異　俱不俱亦然　无始過相續　愚夫癡妄想
明鏡水淨眼　摩尼妙寶珠　於中現色像　而實无所有
一切性顯現　如畫熱時炎　種種眾色現　如夢无所有

復次大慧如來說法離如是四句謂一異俱不
俱有无非有非无常无常離於有无建立誹
謗分別結集真諦緣起道滅解脫如來說法
以是為首非性非自在非无因非微塵非時
非自性相續而為說法復次大慧為淨煩惱
尒炎鄣故譬如商主次第建立百八句无所
有善分別諸乘及諸地相

復次大慧有四種禪云何為四謂愚夫所行
禪觀察義禪攀緣如禪如來禪云何愚夫所
行禪謂聲聞緣覺外道脩行者人无我性自
相共相骨瑣无常苦不淨相計着為首如是
相不異觀前後轉進想不除滅是名愚夫所行
禪云何觀察義禪謂人无我自相共相外道
自他俱无性已觀法无我彼地相義漸次增

BD14095號　楞伽阿跋多羅寶經卷二　（35–13）

行禪謂聲聞緣覺外道脩行者人无我性自
相共相骨瑣无常苦不淨相計著為首如是
相不異觀前後轉進相不除滅是名愚夫所行
禪云何觀察義禪謂人无我自相共相外道
自他俱无性已觀法无我彼地相義漸次增
進是名觀察義禪云何攀緣如禪謂妄想二
无我妄想如實處不生妄想是名攀緣如禪
云何如來禪謂入如來地行自覺聖智相三
種樂住成辦眾生不思議事是名如來禪尒
時世尊欲重宣此義而說偈言
凡夫所行禪　觀察相義禪　攀緣如實禪　如來清淨禪
譬如日月形　鉢頭摩深險　如虛空火盡　脩行者觀察
如是種種相　外道道通禪　亦復墮聲聞　及緣覺境界
捨離彼一切　則是无所有　一切剎諸佛　以不思議手
一時摩其頂　隨順入如相
尒時大慧菩薩摩訶薩復白佛言世尊般涅
槃者說何等法謂為涅槃佛告大慧一切自
性習氣藏意意識見習轉變名為涅槃諸佛
及我涅槃自性空事境界復次大慧涅槃者
聖智自覺境界離斷常妄想性非性云何非
常謂自相共相妄想斷故非常云何非斷謂
一切聖去來現在得自覺故非斷大慧涅槃
不壞不死若涅槃死者復應受生相續若壞
者應墮有為相是故涅槃離壞離死是
故脩行者之所歸依復次大慧涅槃非捨非得非



常謂自相共相妄想斷故非常云何非斷謂
一切聖去來現在得自覺故非斷大慧涅槃
不壞不死若涅槃死者復應受生相續若壞
者應墮有為相是故涅槃離壞離死是
故脩行者之所歸依復次大慧涅槃非捨非得非
斷非常非一義非種種義是名涅槃復次大慧
聲聞緣覺涅槃者覺自相共相不習近境界
不顛倒見妄想不生彼等於彼作涅槃覺復
次大慧二種自性相云何為二謂言說自性
相計著事自性相計著言說自性相計著者
從无始言說虛偽習氣計著生事自性相計
著者從不覺自心現分齊生
復次大慧如來以二種神力建立菩薩摩訶
薩頂禮諸佛聽受問義云何二種神力建立
謂三昧正受為現一切身面言說神力及手
灌頂神力大慧菩薩摩訶薩初菩薩地住佛
神力所謂入菩薩大乘照明三昧入是三昧
已十方世界一切諸佛以神通力為現一切
身面言說如金剛藏菩薩摩訶薩及餘如是
相功德成就菩薩摩訶薩大慧是名初菩薩
地菩薩摩訶薩得菩薩三昧正受神力於百
千劫積集善根之所成就次第諸地對治所
治相通達究竟至法雲地住大蓮花微妙宮
殿坐大蓮花寶師子座同類菩薩摩訶薩眷
屬圍遶眾寶瓔珞莊嚴其身如黃金瞻蔔

地菩薩摩訶薩得菩薩三昧正受神力於百
千劫積集善根之所成就次第諸地對治所
治相通達究竟至法雲地住大蓮花微妙宮
殿坐大蓮花寶師子坐同類菩薩摩訶薩眷
屬圍遶眾寶瓔珞莊嚴其身如黃金瞻匐
日月光明諸最勝手從十方來就大蓮花宮殿
坐上而灌其頂譬如自在轉輪聖王及天帝
釋太子灌頂是名菩薩手灌頂神力大慧是
名菩薩摩訶薩二種神力若菩薩摩訶薩住
二種神力面見諸佛如來若不如是則不能
見復次大慧菩薩摩訶薩凡所分別三昧神
足說法之子行是等一切悉住如來二種神
力大慧若菩薩摩訶薩離佛神力能辯說者
一切凡夫亦應能說所以者何謂不住神力故
大慧石山樹木及諸樂器城郭宮殿以如
來入城威神力故皆自然出音樂之聲何況
有心者聾盲瘖瘂无量眾苦皆得解脫如來
有如是等无量神力利安眾生大慧菩薩復
白佛言世尊以何因緣如來應供等正覺菩
薩摩訶薩住三昧正受時及勝進地灌頂時加
其神力佛告大慧為離魔業煩惱故及不墮
聲聞地禪為得如來自覺地故及增進所得
法故是故如來應供等正覺咸以神力建立
諸菩薩摩訶薩若不以神力建立者則墮外
道惡見妄想及諸聲聞眾魔悕望不得阿耨



其神力佛告大慧為離魔業煩惱故及不墮
聲聞地禪為得如來自覺地故及增進所得
法故是故如來應供等正覺咸以神力建立
諸菩薩摩訶薩若不以神力建立者則墮外
道惡見妄想及諸聲聞眾魔悕望不得阿耨
多羅三藐三菩提以是故諸佛如來咸以神
力攝受諸菩薩摩訶薩爾時世尊欲重宣此
義而說偈言

神力人中尊　大願悉清淨　三摩提灌頂　初地及十地

爾時大慧菩薩摩訶薩復白佛言世尊佛說
緣起如是說因緣不自說道世尊外道亦說
因緣謂勝自在時微塵生如是諸性生然世
尊所說因緣生諸性言說有間悉檀无間悉
檀（悉檀者譯義或言宗或言成或言默）世尊外道亦說有无有生
世尊亦說无有生生已滅如世尊所說无明緣
行乃至老死此是世尊无因說非有因說世
尊建立作如是說此有故彼有非建立漸生
觀外道說勝非如來也所以者何世尊外道
說因不從緣生而有所生世尊說觀因有事
觀事有因如是因緣雜亂如是展轉无窮佛
告大慧我非无因說及因緣雜亂說此有故
彼有者攝所攝非性覺自心現量大慧若攝
所攝計著不覺自心現量外境界性非性彼
有如是過非我說緣起大慧復白佛言世尊
非言說有性有一切性耶世尊若无性者言

彼有者攝所攝非性覺自心現量大慧若攝
所攝計著不覺自心現量外境界性非性彼
有如是過非我說緣起大慧復白佛言世尊
非言說有性有一切性耶世尊若无性者言
說不生世尊是故言說有性有一切性佛告
大慧无性而作言說謂兔角龜毛等世間現
言說大慧非性非非性但言說耳如汝所說
言說自性有一切性者汝論則壞大慧非一
切刹土有言說言說者是作耳或有佛刹瞻
視顯法或有作相或有揚眉或有動精或笑
或欠或謦咳或念刹土或動搖大慧如瞻視
及香積世界普賢如來國土但以瞻視令諸
菩薩得无生法忍及諸勝三昧是故非言說
性有一切性大慧見此世界蚊蚋虫蟻是等
衆生无有言說而各辦事尒時世尊欲重
宣此義而說偈言
如虛空兔角　及与槃大子　无而有言說　如是性妄想
因緣和合法　凡愚起妄想　不能如實知　輪迴三有宅
尒時大慧菩薩摩訶薩復白佛言世尊常聲
者何事說佛告大慧爲惑乱以彼惑乱諸聖
亦現而非顛倒大慧如春時炎火輪垂髮乾
闥婆城幻夢鏡像世間顛倒非明智也然非
不現大慧彼惑乱者有種種現非惑乱作无
常所以者何謂離性非性故大慧云何離性
非性惑乱謂一切愚夫種種境界故如彼恒



闥婆城幻夢鏡像世間顛倒非明智也然非
不現大慧彼惑乱者有種種現非惑乱作无
常所以者何謂離性非性故大慧云何離性
非性惑乱謂一切愚夫種種境界故如彼恒
河餓鬼見不見故无惑乱性於餘現故非无
性如是惑乱諸聖離顛倒不顛倒是故惑乱
常謂相相不壞故大慧非惑乱種種相妄想
相壞是故惑乱常大慧云何惑乱真實若復
因緣諸聖於此惑乱不起顛倒覺非不顛倒
覺大慧除諸聖於此惑乱有少分想非聖智
事相
大慧凡有者愚夫妄說非聖言說彼惑乱者
倒不倒妄想起二種種性謂聖種性及愚夫
種性聖種性者三種分別謂聲聞緣覺佛
乘云何愚夫妄想起聲聞乘種性謂自共相
計着起聲聞乘種性是名妄想起聲聞乘種
性大慧即彼惑乱妄想起緣覺乘種性謂即
彼惑乱自共相不親計着起緣覺乘種性云
何智者即彼惑乱想起佛乘種性謂覺自心現
量外性非性不妄想相起佛乘種性是名即
彼惑乱起佛乘種性又種種事性凡夫惑想
起愚夫種性彼非有事非无事是名種性義
大慧即彼惑乱不妄想諸聖心意意識過習
氣自性法轉變性是名爲如是故說如離心
我說此句顯示離想即說離一切想

起愚夫種性彼非有事非无事是名種性義
大慧即彼惑亂不妄想諸聖心意意識過習
氣自性法轉變性是名為如是故說如離心
我說此句顯示離想即說離一切想
大慧白佛言世尊惑亂為有為无佛告大慧
如幻无計着相若惑亂有計着相者計着性
不可滅緣起應如外道說因緣生法大慧白
佛言世尊若惑亂如幻者復當与餘惑作因
佛告大慧非幻惑因不起過故大慧幻不起
過无有妄想大慧幻者從他明處生非自妄
想過習氣處生是故不起過大慧此是愚夫
心惑計着非聖賢也尒時世尊欲重宣此義
而說偈言
聖不見惑亂　中間亦无實　中間若真實　惑亂即真實
捨離一切惑　若有相生者　是亦為惑亂　不淨猶如翳
復次大慧非幻无有相似見一切法如幻大
慧白佛言世尊為種種幻相計着言一切法
如幻為異相計着若種種幻相計着言一切
性如幻者世尊有性不如幻者所以者何謂
色種種相非因世尊无有因色種種相現如
幻世尊是故无種種幻相計着相似性如幻佛
告大慧非種種幻相計着相似一切法如幻
大慧然不實一切法速滅如電是則如幻大
慧譬如電光剎那須現現已即滅非愚夫現

BD14095 號　楞伽阿跋多羅寶經卷二

（35–20）

幻世尊是故无種種幻相計着相似性如幻佛
告大慧非種種幻相計着相似一切法如幻
大慧然不實一切法速滅如電是則如幻大
慧譬如電光剎那須現現已即滅非愚夫現
如是一切性自妄想自共相觀察无性非現
色相計着尒時世尊欲重宣此義而說偈
言
非幻无有譬　說法性如幻　不實速如電　是故說如幻
大慧復白佛言如世尊所說一切性无生及
如幻將无世尊前後所說自相違耶說无生
性如幻佛告大慧非我說无生性如幻前後
相違過所以者何謂生无生覺自心現量有
非有外性非性无生現大慧非我前後說相
違然壞外道因生故我說一切性无生大慧
外道癡聚欲令有无有生非自妄想種種計
着緣大慧我非有无有生是故我以无生說
而說大慧說性者為攝受生死故壞无見斷
見故為我弟子攝受種種業受生處故以性
聲說攝受生死大慧說幻性自性相為離性
自性相故墮愚夫惡見相悕望不知自心現
量壞因所作生緣自相計着說幻夢自性相
一切法不令愚夫惡見悕望計着自及他一
切法如實處見作不正論大慧如實處見一
切法者謂超自心現量尒時世尊欲重宣此
義而說偈言

BD14095 號　楞伽阿跋多羅寶經卷二

（35–21）

量境界所作生緣自相言者謂不覺自性相
一切法不令愚夫惡見希望計著自及他一
切法如實處見作不正論大慧如實處見一
切法者謂超自心現量尒時世尊欲重宣此
義而說偈言
无生作非性　有性攝生死　觀察如幻等　於相不妄想
復次大慧當說名句形身相善觀名句形身
菩薩摩訶薩隨入義句形身疾得阿耨多羅
三藐三菩提如是覺已覺一切衆生大慧名
身者謂若依事立名是名名身句身者謂句
有義身自性決定究竟是名句身形身者謂
顯示名句是名形身（形身即字）又形身者謂長短
高下又句身者謂徑跡如象馬人獸等所行
徑跡得句身名大慧名及形者謂以名說无
色四陰故說名自相現故說形是名名句形
身說名句形身相分齊應當脩學尒時世尊
欲重宣此義而說偈言
名身与句身　及形身差別　凡夫愚計著　如象溺深泥
復次大慧未来世智者當以離一異俱不俱
見相我所通義問无智者彼即答言此非正
問謂色等无常為異不異如是涅槃諸行相
所相求那所求那造所造見所見塵及微塵
脩与脩者如是比展轉相如是等問而言佛說
无記止論非彼癡人之所能知謂聞慧不
具故如来應供等正覺令彼離恐怖句故說



所見相求那所求那造所造見所見塵及微塵
脩与脩者如是比展轉相如是等問而言佛說
无記止論非彼癡人之所能知謂聞慧不
具故如来應供等正覺令彼離恐怖句故說
言无記不為記說又止外道見論故而不為
說大慧外道作如是說謂命即是身如是等
无記論大慧彼諸外道愚癡於因作无記論
非我所說大慧我所說者離攝所攝妄想不
生云何止彼大慧若攝所攝計著者不知自
心現量故止彼大慧如来應供等正覺以四
種記論為衆生說法大慧止記論者我時時
說為根未熟不為熟者
復次大慧一切法離所作因緣不生无作者
故一切法不生大慧何故一切性離自性以自
覺觀時自共性相不可得故說一切法不生
何故一切法不可持来不可持去以自共相
欲持来无所来欲持去无所去是故一切法
離持来去大慧何故一切諸法不滅謂性自
性相无故一切法不可得故一切法不滅
大慧何故一切法无常謂相起无常性是故
說一切法无常大慧何故一切法常謂相起
无生性无常常故說一切法常尒時世尊欲
重宣此義而說偈言
記論有四種　一向反詰問　分別及止論　以制諸外道
有及非有生　僧佉毗舍師　一切悉无記　彼如是顯示

說一切法无常大惠何故一切法常謂相起
无生性无常常故說一切法常尒時世尊欲
重宣此義而說偈言
記論有四種　一向反詰問　分別及止論　以制諸外道
有及非有生　僧佉毗舍師　一切悉无記　彼如是顯示
正覺所分別　自性不可得　以離於言說　故說離自性
尒時大惠菩薩摩訶薩復白佛言世尊唯願
為說諸須陁洹須陁洹趣差別通相若菩薩
摩訶薩善解須陁洹趣差別通相及斯陁含
阿那含阿羅漢方便相分別知已如是如是為
衆生說法謂二无我相及二鄣淨度諸地相究
竟通達得諸如來不思議究竟境界如衆
色摩尼善能饒益一切衆生以一切法境界无
盡身財攝養一切佛告大惠諦聽諦聽善思
念之今為汝說大惠白佛言善哉世尊唯然
聽受佛告大惠有三種須陁洹須陁洹果差
別云何為三謂下中上下者極七有生中者
三五有生而般涅槃上者即彼生而般涅槃
此三種有三結下中上云何三結謂身見疑
戒取是三結差別上上昇進得阿羅漢大惠
身見有二種謂俱生及妄想如緣起妄想自
性妄想譬如依緣起自性種種妄想自性計着
生以彼非有非无非有无无實妄想相故愚夫妄
想種種妄想自性相計着如熱時炎鹿渴水
想是須陁洹妄想身見彼以人无我攝受无



性妄想譬如依緣起自性種種妄想自性計着
生以彼非有非无非有无无實妄想相故愚夫妄
想種種妄想自性相計着如熱時炎鹿渴水
想是須陁洹妄想身見彼以人无我攝受无
性斷除久遠无知計着大惠俱生者須陁洹
身見自他身等四陰无色相故色生造及所
造故展轉相因相故大種及色不集故須陁
洹觀彼有无品不現身見則斷如是身見斷
貪則不生是名身見相大惠疑相者謂得法
善見相故及先二種身見妄想斷故疑法不生
不於餘處起大師見為淨不淨是名疑相須陁
洹斷大惠戒取者云何須陁洹不取戒謂善見
受生處苦相故是故不取大惠取者謂愚夫
決定受習苦行為衆具樂故求受生彼則不取
除迴向自覺勝離妄想无漏法相行方便受
持戒枝是名須陁洹取戒相斷須陁洹斷三
結貪癡不生若須陁洹作是念此諸結我不
成就者應有二過墮身見及諸結不斷大惠
白佛言世尊世尊說衆多貪欲彼何者貪斷
佛告大惠愛樂女人纏綿貪着種種方便身
口惡業受現在樂種未來苦彼則不生所以
者何得三昧正受樂故是故彼斷非趣涅槃
貪斷大惠云何斯陁含相謂頓照色相妄想
生相見相不生善見禪趣相故頓來此世盡
苦際得涅槃是故名斯陁含大惠云何阿那

口惡業受現在身種未來苦被則不生所以
者何得三昧正受樂故是故彼斷非趣涅槃
貪斷大慧云何斯陀含相謂頓照色相妄想
生相見相不生善見禪趣相故頓來此世盡
苦際得涅槃是故名斯陀含大慧云何阿那
含謂過去未來現在色相性非性生見過患
使妄想不生故及結斷故名阿那含大慧阿
羅漢者謂諸禪三昧解脫力明煩惱苦妄想
非性故名阿羅漢
大慧白佛言世尊世尊說三種阿羅漢此說
何等阿羅漢世尊為得寂靜一乘道為菩薩
摩訶薩方便示現阿羅漢為佛化化佛告大
慧得寂靜一乘道聲聞非餘餘者行菩薩行
及佛化化巧方便本願故於大眾中示現受
生為莊嚴佛眷屬故大慧於妄想處種種說
法謂得果禪禪者入禪悉遠離故示現得自
心現量得果相說名得果復次大慧欲超禪
无量无色界者當離自心現量相大慧受想
正受超自心現量者不然何以故有心量故尒
時世尊欲重宣此義而說偈言
諸禪四无量　无色三摩提　一切受想滅　心量彼无有
須陀槃那果　往來及不還　及與阿羅漢　斯等心惑亂
禪者禪及緣　斷知見真諦　此則妄想量　若覺得解脫
復次大慧有二種覺謂觀察覺及妄想相攝
受計著建立覺大慧觀察覺者謂若覺性自

BD14095 號　楞伽阿跋多羅寶經卷二　（35–26）

禪者禪及緣　斷知見真諦　此則妄想量　若覺得解脫
復次大慧有二種覺謂觀察覺及妄想相攝
受計著建立覺大慧觀察覺者謂若覺性自
性相選擇離四句不可得是名觀察覺大慧
彼四句者謂離一異俱不俱有无非有非无
常无常是名四句大慧此四句離是名一切
法大慧此四句觀察一切法應當修學大慧
云何妄想相攝受計著建立覺謂妄想相攝
受計著堅濕煖動不實妄想相四大種宗因
相譬計著不實建立而建立是名妄想相攝
受計著建立覺是名二種覺相若菩薩摩訶
薩成就此二覺相人法无我相究竟善知方便
无所有覺觀察行地得初地入百三昧得差別
三昧見百佛及百菩薩知前後際各百劫事
光照百剎土知上上地相大願殊勝神力自
在法雲灌頂當得如來自覺地善繫心十无
盡句成熟眾生種種變化光明莊嚴得自覺
樂三昧正受復次大慧菩薩摩訶薩當善四
大造色云何菩薩善四大造色大慧菩薩摩
訶薩作是覺彼真諦者四大不生於彼四大
不生作如是觀察觀察已覺名相妄想分齊
自心現分齊外性非性名自心現妄想分齊謂
三界觀彼四大造色性離四句通淨離我我
所如實知相自相分段住无生自相成

BD14095 號　楞伽阿跋多羅寶經卷二　（35–27）

不生作如是觀察觀察已覺名相妄想分齊
自心現分齊外性非性名自心現妄想分齊謂
三界觀彼四大造色性離四句通淨離我我
所如實知相自相分段住无生自相成
大慧彼四大種云何生造色謂津潤妄想大
種生內外水界堪能妄想大種生內外火界
飄動妄想大種生內外風界斷截色妄想大
種生內外地界色及虛空俱計著邪諦五陰
集聚四大造色生大慧識者因樂種種跡境
界故餘趣相續大慧地等四大及造色等有
四大緣非彼四大緣所以者何謂性形相處
所作方便无性大種不生大慧性形相處所
作方便和合生非无形是故四大造色相外
道妄想非我
復次大慧當說諸陰自性相云何諸陰自性
相謂五陰云何五謂色受想行識彼四陰非
色謂受想行識大慧色者四大及造色各各
異相大慧非无色有四數如虛空譬如虛空
過數相離於數而妄想言一虛空大慧如是
陰過數相離於數離性非性離四句數相者
愚夫言說所說非聖賢也大慧聖者如幻種
種色像離異不異施設又如夢影士夫身離
異不異故大慧聖智趣同陰妄想現是名諸
陰自性相汝當除滅滅已說寂靜法斷一切
佛剎諸外道見大慧說寂靜法時无我見淨



[illegible]
愚夫言說所說非聖賢也大慧聖者如幻種
種色像離異不異施設又如夢影士夫身離
異不異故大慧聖智趣同陰妄想現是名諸
陰自性相汝當除滅滅已說寂靜法斷一切
佛剎諸外道見大慧說寂靜法時无我見淨
及入不動地入不動地已无量三昧自在及
得意生身得如幻三昧通達究竟力明自在
救攝饒益一切眾生猶如大地載育眾生菩
薩摩訶薩普濟眾生亦復如是
復次大慧諸外道有四種涅槃云何為四謂
性自性非性涅槃種種相性非性涅槃自相
自性非性覺涅槃諸陰自共相相續流注斷
涅槃是名諸外道四種涅槃非我所說法大慧
我所說者妄想識滅名為涅槃
大慧白佛言世尊不建立八識耶佛言建立
大慧白佛言若建立者云何離意識非七識
佛告大慧彼因及彼攀緣故七識不生意識
者境界分段計著生習氣長養藏識意俱我
我所計著思惟因緣生不壞身相藏識因攀
緣自心現境界計著心聚生展轉相因譬如
海浪自心現境界風吹若生若滅亦如是是
故意識滅七識亦滅爾時世尊欲重宣此義
而說偈言
我不涅槃性　所作及與相　妄想爾炎識　此滅我涅槃
彼因彼攀緣　意趣等成身　與因者是心　為識之所依

波浪自心現境界風吹若生若滅亦如是是
故意識滅七識亦滅爾時世尊欲重宣此義
而說偈言
我不涅槃性　所作及与相　妄想爾炎識　此滅我涅槃
彼因彼攀緣　意趣等成身　与因者是心　為識之所依
如水大流盡　波浪則不起　如是意識滅　種種識不生
復次大慧今當說妄想自性分別通相若妄
想自性分別通相善分別汝及餘菩薩摩訶
薩離妄想到自覺聖外道通趣善見覺攝所
攝妄想斷緣起種種相妄想自性行不復妄
想大慧云何妄想自性分別通相謂言說妄
想所說事妄想相妄想利妄想自性妄想因
妄想見妄想成妄想生妄想不生妄想相續
妄想縛不縛妄想是名妄想自性分別通相
大慧云何言說妄想謂種種妙音歌詠之聲
美樂計著是名言說妄想大慧云何所說事
妄想謂有所說事自性聖智所知依彼而生
言說妄想是名所說事妄想大慧云何相妄
想謂即彼所說事如鹿渴想種種計著而計
著謂堅濕煖動相一切性妄想是名相妄想
大慧云何利妄想謂樂種種金銀珎寶是名
利妄想大慧云何自性妄想謂自性持此如
是不異惡見妄想是名自性妄想大慧云何
因妄想謂若因若緣有无分別因相生是名
因妄想大慧云何見妄想謂有无一異俱不

BD14095號　楞伽阿跋多羅寶經卷二　（35–30）

是不異惡見妄想是名自性妄想大慧云何
因妄想謂若因若緣有无分別因相生是名
因妄想大慧云何見妄想謂有无一異俱不
俱惡見外道妄想計著妄想是名見妄想大
慧云何成妄想謂我我所想成決定論是名
成妄想大慧云何生妄想謂緣有无性生計著
是名生妄想大慧云何不生妄想謂一切性
本无生无種因緣生无因身是名不生妄想
大慧云何相續妄想謂彼俱相續如金縷是
名相續妄想大慧云何縛不縛妄想謂縛与
縛因計著如士夫方便若縛若解是名縛不
縛妄想於此妄想自性分別通相一切愚夫
計著有无大慧計著緣起而計著者種種
妄想計著自性如幻示現種種之身凡夫妄想
見種種異幻大慧幻与種種非異非不異若異
者幻非種種因若不異者幻与種種應无差別
而見差別是故非異非不異是故大慧汝及餘
菩薩摩訶薩如幻緣起妄想自性異不異有
无莫計著爾時世尊欲重宣此義而說偈言
心縛於境界　覺想智隨轉　无所有及勝　平等智慧生
妄想自性有　於緣起則无　妄想或攝受　緣起非妄想
種種支分生　如幻則不成　彼相有種種　妄想則不成
彼相則是過　皆從心縛生　妄想无所知　於緣起妄想
此諸妄想性　即是彼緣起　妄想有種種　於緣起妄想

BD14095號　楞伽阿跋多羅寶經卷二　（35–31）

妄想自性有　於緣起則无　妄想或攝受　緣起非妄想
種種支分生　如幻則不成　彼相有種種　妄想則不成
彼相則是過　皆從心縛生　妄想无所知　於緣起妄想
此諸妄想性　即是彼緣起　妄想有種種　於緣起妄想
世諦第一義　第三无因生　妄想說世諦　斷則聖境界
譬如脩行事　於一種種現　於彼无種種　妄想相如是
譬如種種翳　妄想眾色現　翳无色非色　緣起不覺然
譬如鍊真金　遠離諸垢穢　虛空无雲翳　妄想淨亦然
无有妄想性　及有彼緣起　建立及誹謗　悉由妄想壞
妄想若无性　而有緣起性　无性而有性　有性无性生
依因於妄想　而得彼緣起　相名常相隨　而生諸妄想
究竟不成就　則度諸妄想　然後智清淨　是名第一義
妄想有十二　緣起有六種　自覺知尒炎　彼无有差別
五法為真實　自性有三種　脩行分別此　不越於如如
眾相及緣起　彼名起妄想　彼諸妄想相　從彼緣起生
覺慧善觀察　无緣无妄想　成已无有性　云何妄想覺
彼妄想自性　建立二自性　妄想種種現　清淨聖境界
妄想如畫色　緣起計妄想　若異妄想者　則依外道論
妄想說所想　因見和合生　離二妄想者　如是則為成
大慧菩薩摩訶薩復白佛言　世尊唯願為說
自覺聖智相及一乘　若自覺聖智相及一乘
我及餘菩薩善自覺聖智相及一乘　不由於
他通達佛法　佛告大慧　諦聽諦聽　善思念之
當為汝說　大慧白佛言　唯然受教　佛告大慧
前聖所知轉相傳授　妄想无性　菩薩摩訶薩

BD14095號　楞伽阿跋多羅寶經卷二　（35–32）

我及餘菩薩善自覺聖智相及一乘不由於
他通達佛法　佛告大慧　諦聽諦聽　善思念之
當為汝說　大慧白佛言　唯然受教　佛告大慧
前聖所知轉相傳授妄想无性菩薩摩訶薩
獨一靜處自覺觀察不由於他離見妄相上
上昇進入如来地是名自覺聖智相　大慧云
何一乘相　謂得一乘道覺我說一乘　云何得一
乘道覺　謂攝所攝妄想如實處不生妄想
是名一乘覺　大慧一乘覺者非餘外道聲聞
緣覺梵天王等之所能得唯除如来以是故
說名一乘　大慧白佛言　世尊何故說三乘而不
說一乘　佛告大慧　不自般涅槃法故不說一
切聲聞緣覺一乘　以一切聲聞緣覺如来
調伏授寂靜方便而得解脫非自己力是故
不說一乘
復次大慧　煩惱鄣業習氣不斷故不說一切
聲聞緣覺一乘　不覺法无我不離分段死故
說三乘　大慧彼諸一切起煩惱過習氣斷及
覺法无我　彼一切起煩惱過習氣斷三昧樂
味著非性无漏界覺　覺已復入出世間上上
无漏界滿足眾具　當得如来不思議自在法
身　尒時世尊欲重宣此義而說偈言
諸天及梵乘　聲聞緣覺乘　諸佛如来乘　我說此諸乘
乃至有心轉　諸乘非究竟　若彼心滅盡　无乘及乘者
无有乘建立　我說為一乘　引導眾生故　分別說諸乘

BD14095號　楞伽阿跋多羅寶經卷二　（35–33）

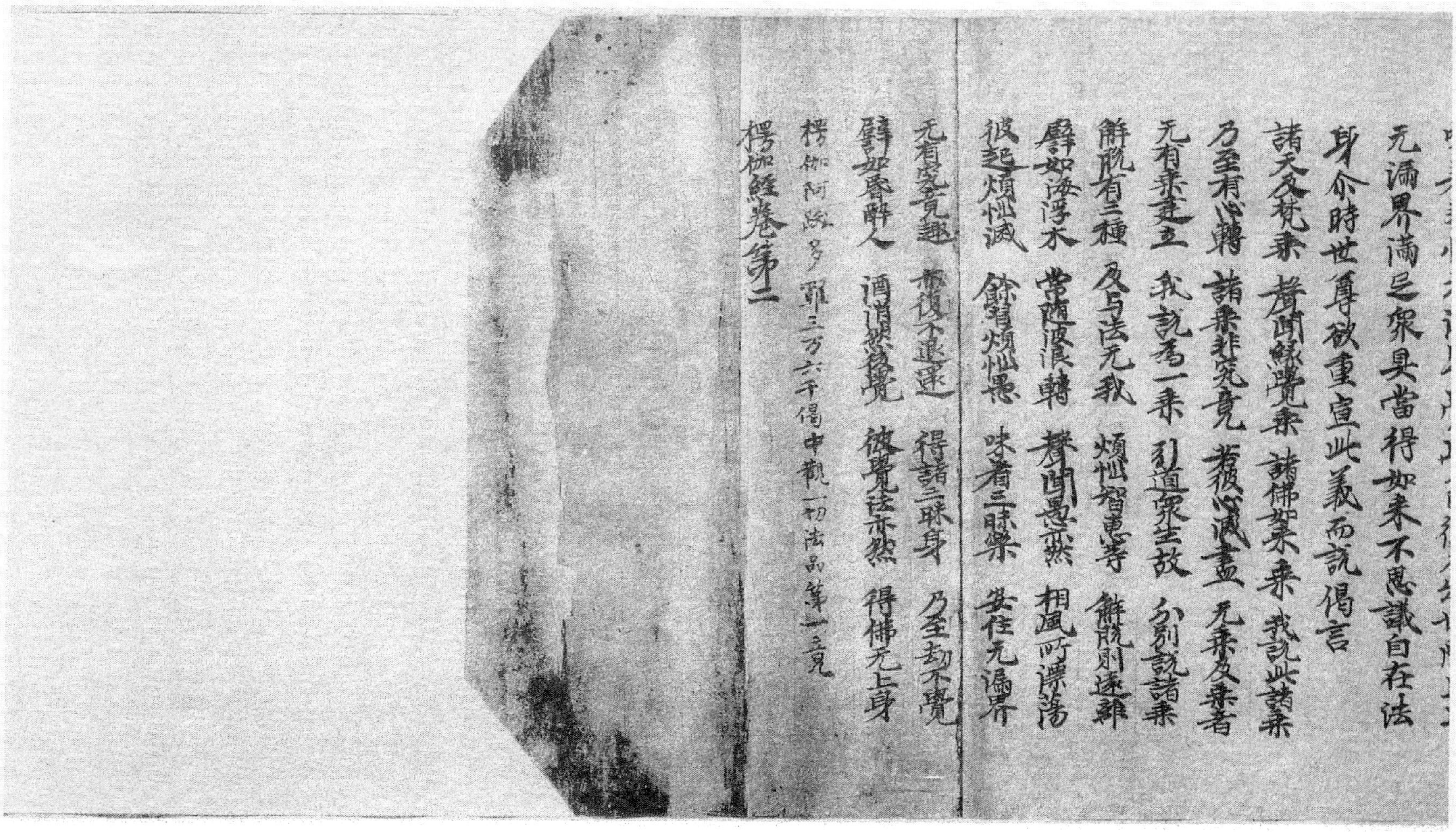

无漏界滿足衆具當得如来不思議自在法
身尒時世尊欲重宣此義而說偈言
諸天及梵乘　聲聞緣覺乘　諸佛如来乘　我說此諸乘
乃至有心轉　諸乘非究竟　若彼心滅盡　无乘及乘者
无有乘建立　我說爲一乘　引導衆生故　分別說諸乘
解脫有三種　及与法无我　煩惱智慧等　解脫則遠離
譬如海浮木　常隨波浪轉　聲聞愚亦然　相風所漂蕩
彼起煩惱滅　餘習煩惱愚　味著三昧樂　安住无漏界
无有究竟趣　亦復不退還　得諸三昧身　乃至劫不覺
譬如昏醉人　酒消然後覺　彼覺法亦然　得佛无上身
楞伽阿跋多羅三万六千偈中觀一切法品第一竟
楞伽經卷第二

BD14095 號　楞伽阿跋多羅寶經卷二　(35–34)

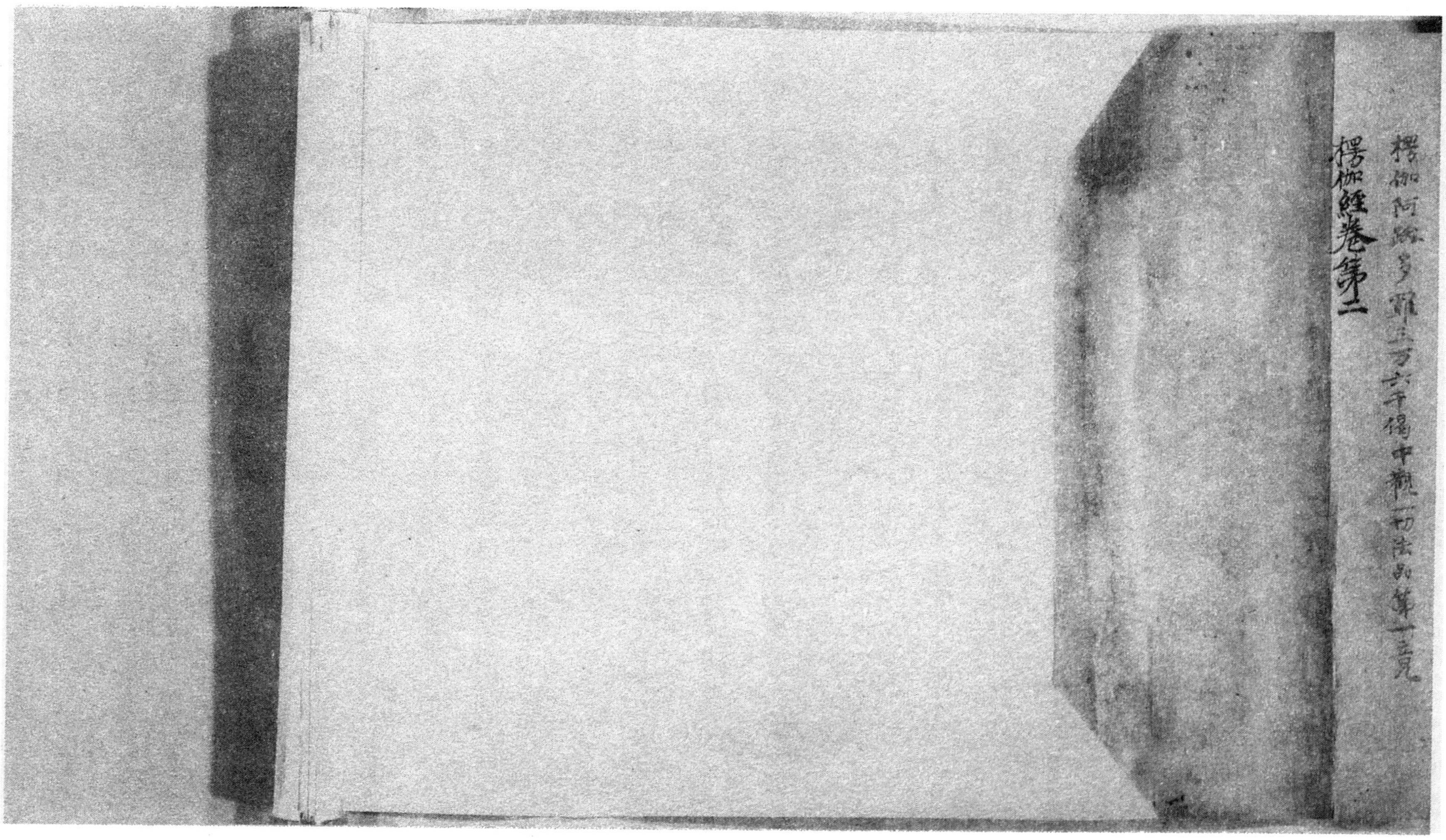

楞伽阿跋多羅三万六千偈中觀一切法品第一竟
楞伽經卷第二

BD14095 號　楞伽阿跋多羅寶經卷二　(35–35)

BD14096號背　現代護首　　（1–1）

BD14096號　無量壽宗要經

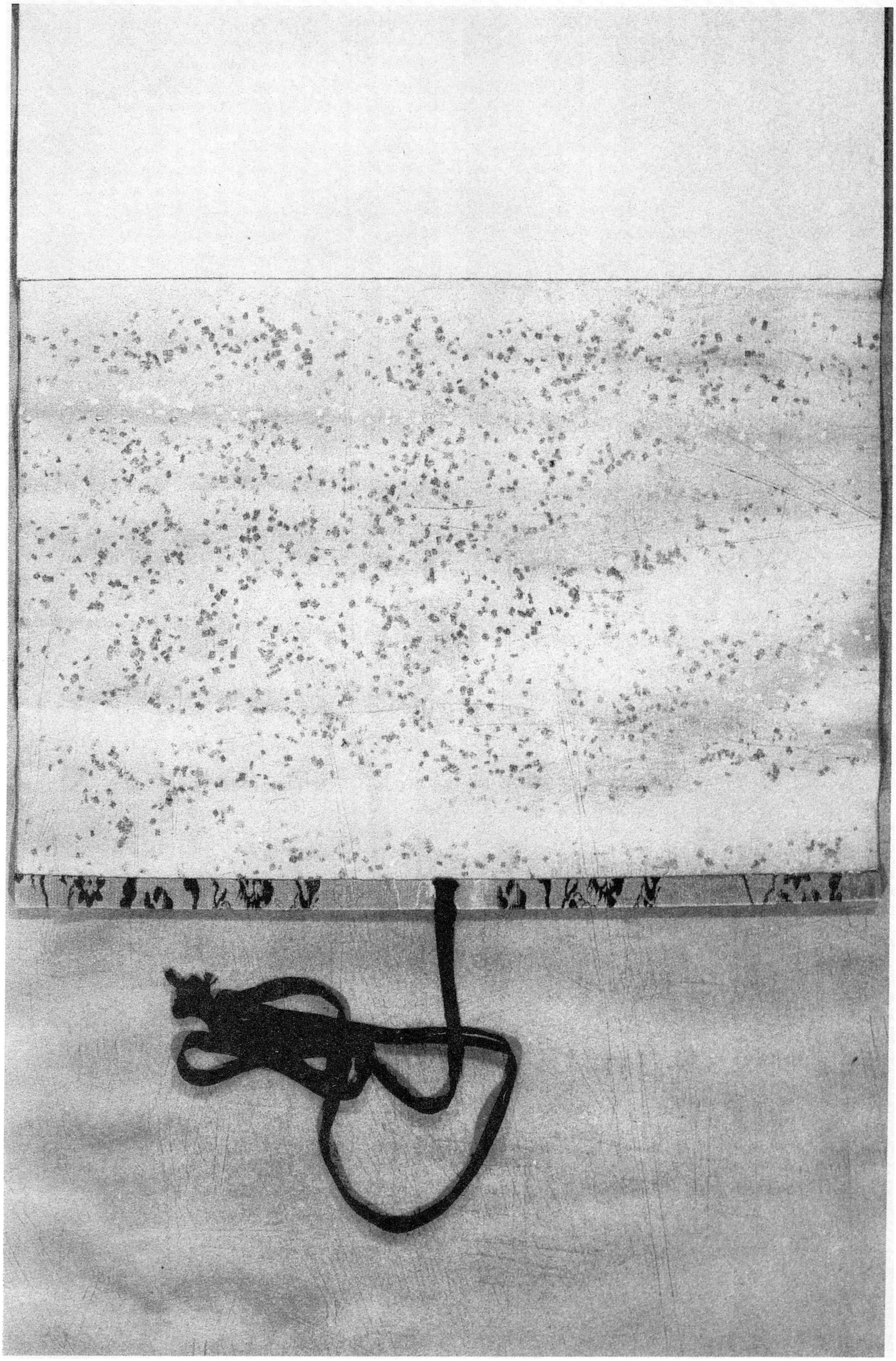

（9–1）

大乘无量壽經

如是我聞一時薄伽梵在舍衛國祇樹給孤獨園與大苾芻僧千二百五十人大菩薩摩訶薩

衆俱同會坐尒時世尊告曼殊室利童子曼殊上方有世界名无量功德聚彼土有佛号

无量智決定王如來向耨多羅三藐三菩提現為衆生開示說法曼殊諦聽南閻浮提人皆短壽

大限百年於中夭枉橫死者衆曼殊如是无量壽如來功德名稱法要若有衆生得聞名号

若自書或使人書能為經卷受持讀誦若於舍宅所住之處以種種花鬘瓔珞塗香末香

而為供養如其命盡復得延年滿足百歲如是曼殊若有衆生得聞是无量壽智決

定王如來一百八名号者益其長壽若有衆生大命將盡憶念是如來名号更得增

衆俱同會坐尒時世尊告曼殊室利童子曼殊上方有世界名无量功德聚彼土有佛号
无量智決定王如来阿耨多羅三藐三菩提現為衆生開示說法曼殊諦聽南閻浮提人皆短壽
大限百年於中夭枉横死者衆曼殊如是无量壽如来功德名稱法要若有衆生得聞名号
若自書或使人書能為経巻受持讀誦若於舍宅所住之處以種種花鬘瓔珞塗香末香
而為供養如其命盡復得延年滿足百歲如是曼殊若有衆生得聞是无量壽智決
定王如来一百八名号者益其長壽若有衆生大命將盡憶念是如来名号更得增
壽如是曼殊若有善男子善女人欲求長壽於是无量壽如来一百八名号有得
聞者或自書若使人書受持讀誦得如是等果報福徳具足陁羅尼曰
南謨薄伽勃底一阿波唎蜜哆二阿喻紇硯娜三須毗你悉指陁四囉佐耶五怛他羯他耶六
怛姪他唵七薩婆桒悉迦囉八鉢唎輸底九達磨底十伽迦娜十一莎訶某特迦底十二薩婆
娑毗輸底十三摩訶娜耶十四波唎婆唎莎訶十五
世尊復告曼殊室利如是如来一百八名号若有自書或使人書為経巻受持讀誦如
壽命盡復滿百年壽終此身後得往生无量福智世界無量壽淨土陁羅尼曰
南謨薄伽勃底一阿波唎蜜哆二阿喻紇硯娜三須毗你悉指陁四囉佐耶五怛他羯他耶六怛
姪他唵七薩婆桒悉迦囉八鉢唎輸底九達磨底十伽迦娜十一莎訶某特迦底十二薩婆娑毗
輸底十三摩訶娜耶十四波唎婆囉莎訶十五
尒時有九十九姟佛等一時同聲說是无量壽宗要経陁羅尼曰
南謨薄伽勃底一阿波唎蜜哆二阿喻紇硯娜三須毗你悉指陁四囉佐耶五怛他羯他耶六怛姪
他唵七薩婆桒悉迦囉八鉢唎輸底九達磨底十伽迦娜十一莎訶某特迦底十二薩婆婆
毗輸底十三摩訶娜耶十四波唎婆唎莎訶十五
尒時復有一百四姟佛一時同聲說是无量壽宗要経陁羅尼曰
南謨薄伽勃底一阿波唎蜜哆二阿喻紇硯娜三須毗你悉指陁四囉佐耶五怛他羯他耶六
怛姪他唵七薩婆桒悉迦囉八波唎輸底九達磨底十伽迦娜十一莎訶某特迦底十二薩婆
娑毗輸底十三摩訶娜耶十四波唎婆囉莎訶十五
尒時復有七姟佛一時同聲說是无量壽宗要経陁羅尼曰
南謨薄伽勃底一阿波唎蜜哆二阿喻紇硯娜三須毗你悉指陁四囉佐耶五怛他羯他耶
六怛姪他唵七薩婆桒悉迦囉八波唎輸底九達磨底十伽迦娜十一莎訶某特迦底十二薩婆
娑毗輸底十三摩訶娜耶十四波唎婆囉莎訶十五
尒時復有六十五姟佛一時同聲說是无量壽宗要経陁羅尼曰
南謨薄伽勃底一阿波唎蜜哆二阿喻紇硯娜三須毗你悉指陁四囉佐耶五怛他羯他耶六
怛姪他唵七薩婆桒悉迦囉八波唎輸底九達磨底十伽迦娜十一莎訶某特迦底十二薩

娑毗輸底十三摩訶娜耶十四波剎娑𪆽莎訶十五
佘時復有六十五姟佛一時同聲說是无量壽宗要經陁羅尼曰
南謨薄伽勃底一阿波剎蜜多二阿喻紇硯娜三須毗你悉指陁四囉佐耶五怛他羯他耶六
怛姪他唵七薩婆桒悉迦羅八波剎輸底九達磨底十伽迦娜十一莎訶其特迦底十二薩
婆婆毗輸底十三摩訶娜耶十四波剎娑𪆽莎訶十五　佘時復有五十五姟佛一時同聲
說是无量壽宗要經陁羅尼曰　南謨薄伽勃底一阿波剎蜜多二阿喻紇硯娜三須毗你悉
指陁四囉佐耶五怛他羯他耶六怛姪他唵七薩婆桒悉迦囉八波剎輸底九達磨底十伽迦娜
十一莎訶其特迦底十二薩婆婆毗輸底十三摩訶娜耶十四波剎娑𪆽莎訶十五
佘時復有四十五姟佛一時同聲說是无量壽宗要經陁羅尼曰
南謨薄伽勃底一阿波剎蜜多二阿喻紇硯娜三須毗你悉指陁四囉佐耶五怛他羯他耶六怛
姪他唵七薩婆桒悉迦囉八波剎輸底九達磨底十伽迦娜十一莎訶其特迦底十二薩婆婆
毗輸底十三摩訶娜耶十四波剎娑𪆽莎訶十五
佘時復有三十六姟佛一時同聲說是无量壽宗要經陁羅尼曰
南謨薄伽勃底一阿波剎蜜多二阿喻紇硯娜三須毗你悉指陁四囉佐耶五怛他羯他耶六怛姪
他唵七薩婆桒悉迦羅八波剎輸底九達磨底十伽迦娜十一莎訶其特迦底十二薩婆婆輸底十三
摩訶娜耶十四波剎娑𪆽莎訶十五
佘時復有二十五姟佛一時同聲說是无量壽宗要經陁羅尼曰
南謨薄伽勃底一阿波剎蜜多二阿喻紇硯娜三須毗你悉指陁四囉佐耶五怛他羯他耶六怛
姪他唵七薩婆桒悉迦羅八波剎輸底九達磨底十伽迦娜十一莎訶其特迦底十二薩婆婆毗
輸底十三摩訶娜耶十四波剎娑𪆽莎訶十五
佘時復有恒河沙姟佛一時同聲說是无量壽宗要經陁羅尼曰
南謨薄伽勃底一阿波剎蜜多二阿喻紇硯娜三須毗你悉指陁四囉佐耶五怛他羯他耶六
怛姪他唵七薩婆桒悉迦羅八波剎輸底九達磨底十伽迦娜十一莎訶其特迦底十二薩婆
婆毗輸底十三摩訶娜耶十四波剎娑𪆽莎訶十五
若男子若有自書寫教人書寫是无量壽宗要經如其命盡復得長壽而滿年歲
尼曰　南謨薄伽勃底一阿波剎蜜多二阿喻紇硯娜三須毗你悉指陁四囉佐耶五怛他羯他耶六
怛姪他唵七薩婆桒悉迦羅八波剎輸底九達磨底十伽迦娜十一莎訶其特迦底十二薩婆婆
毗輸底十三摩訶娜耶十四波剎娑𪆽莎訶十五　若有自書寫教人書寫是无量壽宗
要經讀誦受持畢竟不墮地獄在在所生得宿命智陁羅尼曰
南謨薄伽勃底一阿波剎蜜多二阿喻紇硯娜三須毗你悉指陁四囉佐耶五怛他羯他耶六

尼曰　南謨薄伽勒底一阿波唎蜜哆二阿喻紇硯娜三須毗你悉指陁四囉佐耶五怛他羯他耶六
怛姪他唵七薩婆桒悉迦囉八波唎輸底九達磨底十伽迦娜十一莎訶其特迦底十二薩婆婆
毗輸底十三摩訶娜耶十四波唎婆囉莎訶十五　若有自書寫教人書寫是无量壽宗
要經讀誦受持畢竟不墮地獄在在所生得宿命智陁羅尼曰
南謨薄伽勒底一阿波唎蜜哆二阿喻紇硯娜三須毗你悉指陁四囉佐耶五怛他羯他耶六
怛姪他唵七薩婆桒悉迦囉八波唎輸底九達磨底十伽迦娜十一莎訶其特迦底十二薩
婆婆毗輸底十三摩訶娜耶十四波唎婆囉莎訶十五　若有自書寫教人書寫是无
量壽宗要經受持讀誦如同書寫八万四千一切經典陁羅尼曰
南謨薄伽勒底一阿波唎蜜哆二阿喻紇硯娜三須毗你悉指陁四囉佐耶五怛他羯他耶六
怛姪他唵七薩婆桒悉迦囉八波唎輸底九達磨底十伽迦娜十一莎訶其特迦底十二薩婆
婆毗輸底十三摩訶娜耶十四波唎婆囉莎訶十五
若有自書寫教人書寫是无量壽宗要經即是書寫八万四千部建立塔廟陁羅尼曰
南謨薄伽勒底一阿波唎蜜哆二阿喻紇硯娜三須毗你悉指陁四囉佐耶五怛他羯他耶六
怛姪他唵七薩婆桒悉迦囉八波唎輸底九達磨底十伽迦娜十一莎訶其特迦底十二薩婆
婆毗輸底十三摩訶娜耶十四波唎婆囉莎訶十五
若有自書寫教人書寫是无量壽宗要經能消五无間等一切重罪陁羅尼曰
南謨薄伽勒底一阿波唎蜜哆二阿喻紇硯娜三須毗你悉指陁四囉佐耶五怛他羯他耶六怛
姪他唵七薩婆桒悉迦囉八波唎輸底九達磨底十伽迦娜十一莎訶其特迦底十二薩婆婆毗
輸底十三摩訶娜耶十四波唎婆囉莎訶十五　若有自書寫教人書寫是无量
壽宗要經受持讀誦設有重罪猶如須弥盡能除滅陁羅尼曰
南謨薄伽勒底一阿波唎蜜哆二阿喻紇硯娜三須毗你悉指陁四囉佐耶五怛他羯他耶六怛姪
他唵七薩婆桒悉迦囉八波唎輸底九達磨底十伽迦娜十一莎訶其特迦底十二薩婆婆毗
輸底十三摩訶娜耶十四波唎婆囉莎訶十五
若有自書寫教人書寫是无量壽宗要經受持讀誦若魔魔之眷屬夜叉羅刹不得其
便終无枉死陁羅尼曰　南謨薄伽勒底一阿波唎蜜哆二阿喻紇硯娜三須毗你悉指陁四囉佐耶
五怛他羯他耶六怛姪他唵七薩婆桒悉迦囉八波唎輸底九達磨底十伽迦娜十一莎訶其特迦底
十二薩婆婆毗輸底十三摩訶娜耶十四波唎婆囉莎訶十五
若有自書寫教人書寫是无量壽宗要經受持讀誦當命終時有九十九姟佛現其人
前豪千佛授手能遊一切佛刹莫於此經生於疑惑陁羅尼曰
南謨薄伽勒底一阿波唎蜜哆二阿喻紇硯娜三須毗你悉指陁四囉佐耶五怛他羯他耶六

BD14096號　無量壽宗要經

五怛他鞞伽耶六怛姪他唵七薩婆桑悉迦囉八波唎輸底九達磨底十伽迦娜十一莎訶某特迦底
十二薩婆婆畋輸底十三摩訶娜耶十四波唎婆嚫莎訶十五
若有自書寫教人書寫是无量壽宗要經受持讀誦當命終時有九十九姟佛現其人
前來千佛授手能遊一切佛刹莫於此經生於疑惑陁羅尼曰
南謨薄伽勃底一阿波唎蜜哆二阿喻紇硯娜三須毗你悉指陁四囉佐耶五怛他羯他耶六
怛姪他唵七薩婆桑悉迦囉八波唎輸底九達磨底十伽迦娜十一莎訶某特迦底十二薩婆
婆畋輸底十三摩訶娜耶十四波唎婆嚫莎訶十五
若有自書寫教人書寫是无量壽宗要經受持讀誦常得四天大王隨其衛護陁羅尼曰
南謨薄伽勃底一阿波唎蜜哆二阿喻紇硯娜三須毗你悉指陁四囉佐耶五怛他羯他耶六怛姪他
唵七薩婆桑悉迦囉八波唎輸底九達磨底十伽迦娜十一莎訶某特迦底十二薩婆婆畋輸
底十三摩訶娜耶十四波唎婆嚫莎訶十五　　若有自書寫教人書寫是无量
壽宗要經受持讀誦當得往生西方極樂世界弥陁淨土陁羅尼曰
南謨薄伽勃底一阿波唎蜜哆二阿喻紇硯娜三須毗你悉指陁四囉佐耶五怛他羯他耶六怛姪
他唵七薩婆桑悉迦囉八波唎輸底九達磨底十伽迦娜十一莎訶某特迦底十二薩婆婆畋
輸底十三摩訶娜耶十四波唎婆嚫莎訶十五
若有方所自書寫使人書寫是无量壽經典之處則為是塔皆應恭敬作礼若是畜生
為鳥獸得聞是經如是等類皆當不久得成一切種智陁羅尼曰
南謨薄伽勃底一阿波唎蜜哆二阿喻紇硯娜三須毗你悉指陁四囉佐耶五怛他羯他耶六
怛姪他唵七薩婆桑悉迦囉八波唎輸底九達磨底十伽迦娜十一莎訶某特迦底十二薩婆
婆畋輸底十三摩訶娜耶十四波唎婆嚫莎訶十五
若有於是无量壽經自書寫若使人書畢竟不受女人之身陁羅尼曰
南謨薄伽勃底一阿波唎蜜哆二阿喻紇硯娜三須毗你悉指陁四囉佐耶五怛他羯他耶六
怛姪他唵七薩婆桑悉迦囉八波唎輸底九達磨底十伽迦娜十一莎訶某特迦底十二薩
婆婆畋輸底十三摩訶娜耶十四波唎婆嚫莎訶十五
若有能於是經少分能惠施者等於三千大千世界滿中七寶布施陁羅尼曰
南謨薄伽勃底一阿波唎蜜哆二阿喻紇硯娜三須毗你悉指陁四囉佐耶五怛他羯他耶六怛
姪他唵七薩婆桑悉迦囉八波唎輸底九達磨底十伽迦娜十一莎訶某特迦底十二莎婆
婆畋輸底十三摩訶娜耶十四波唎婆嚫莎訶十五
若有能供養是經者則是供養一切諸經等无有異陁羅尼曰
南謨薄伽勃底一阿波唎蜜哆二阿喻紇硯娜三須毗你悉指陁四羅佐耶五怛他羯他耶六
怛姪他唵七薩婆桑悉迦囉八波唎輸底九達磨底十伽迦娜十一莎訶某特迦底十二薩婆

姪他唵七薩婆桑悉迦羅八波唎輸底九達磨底十伽迦娜十一莎訶某特迦底十二薩婆
婆毗輸底十三摩訶娜耶十四波唎婆囉莎訶十五
若有能供養是經者則是供養一切諸經等无有異陁羅尼曰
南謨薄伽勃底一阿波唎蜜哆二阿喻紇硯娜三須毗你悉指陁四囉佐耶五怛他羯他耶六
怛姪他唵七薩婆桑悉迦羅八波唎輸底九達磨底十伽迦娜十一莎訶某特迦底十二薩婆
婆毗輸底十三摩訶娜耶十四波唎婆囉莎訶十五
如是毗婆尸佛　尸弃佛　毗舍浮佛　俱留孫佛　俱那含牟尼佛　迦葉佛　釋迦牟尼佛
若有人以七寶供養如是七佛其福有限書寫受持是无量壽經典所有功德不可限量
陁羅尼曰　南謨薄伽勃底一阿波唎蜜哆二阿喻紇硯娜三須毗你悉指陁四囉佐耶五怛
他羯他耶六怛姪他唵七薩婆桑悉迦羅八波唎輸底九達磨底十伽迦娜十一莎訶某特迦底
十二薩婆婆毗輸底十三摩訶娜耶十四波唎婆囉莎訶十五
若有七寶等於須弥以用布施其福上能知其限量是无量壽經典其福不可知數陁
羅尼曰　南謨薄伽勃底一阿波唎蜜哆二阿喻紇硯娜三須毗你悉指陁四囉佐耶五怛他羯他
耶六怛姪他唵七薩婆桑悉迦羅八波唎輸底九達磨底十伽迦娜十一莎訶某特迦底十二薩
婆婆毗輸底十三摩訶娜耶十四波唎婆囉莎訶十五
南謨薄伽勃底一阿波唎蜜哆二阿喻紇硯娜三須毗你悉指陁四囉佐耶五怛他羯他耶六
如是四大海水可知滴數是无量壽經典所生果報不可數量陁羅尼曰
怛姪他唵七薩婆桑悉迦羅八波唎輸底九達磨底十伽迦娜十一莎訶某迦底十二薩婆
婆毗輸底十三摩訶娜耶十四波唎婆囉莎訶十五
若有自書寫使人書寫是无
量壽經典又能護持供養即如恭敬供養一切十方佛土如来无有別異陁羅尼曰
南謨薄伽勃底一阿波唎蜜哆二阿喻紇硯娜三須毗你悉指陁四囉佐耶五怛他羯他耶六
怛姪他唵七薩婆桑悉迦羅八波唎輸底九達磨底十伽迦娜十一莎訶某特迦底十二薩婆
婆毗輸底十三摩訶娜耶十四波唎婆囉莎訶十五
布施力能成正覺　悟布施力人師子　布施力能聲普聞　慈悲階漸最能入
持戒力能成正覺　悟持戒力人師子　持戒力能聲普聞　慈悲階漸最能入
忍辱力能成正覺　悟忍辱力人師子　忍辱力能聲普聞　慈悲階漸最能入
精進力能成正覺　悟精進力人師子　精進力能聲普聞　慈悲階漸最能入
禪定力能成正覺　悟禪定力人師子　禪定力能聲普聞　慈悲階漸最能入
智慧力能成正覺　悟智慧力人師子　智慧力能聲普聞　慈悲階漸最能入

量壽經典又能護持供養即如恭敬供養一切十方佛土如來无有別異陁羅尼曰

南謨薄伽勃底一阿波唎蜜多二阿喻紇硯那三須毗你悉指陁四羅佐耶五怛他羯他耶六

怛姪他唵七薩婆桑悉迦羅八波唎輸底九達磨底十伽迦那十一莎訶其特迦底十二薩婆

婆毗輸底十三摩訶娜耶十四波唎婆囉莎訶十五

布施力能成正覺　悟布施力人師子　布施力能聲普聞　慈悲階漸最能入

持戒力能成正覺　悟持戒力人師子　持戒力能聲普聞　慈悲階漸最能入

忍辱力能成正覺　悟忍辱力人師子　忍辱力能聲普聞　慈悲階漸最能入

精進力能成正覺　悟精進力人師子　精進力能聲普聞　慈悲階漸最能入

禪定力能成正覺　悟禪定力人師子　禪定力能聲普聞　慈悲階漸最能入

智慧力能成正覺　悟智慧力人師子　智慧力能聲普聞　慈悲階漸最能入

佘時如來說是經已一切世間天人阿脩羅揵闥婆等聞佛所說皆大歡喜信受奉行

佛說无量壽宗要經

孟郎子

（9–9）

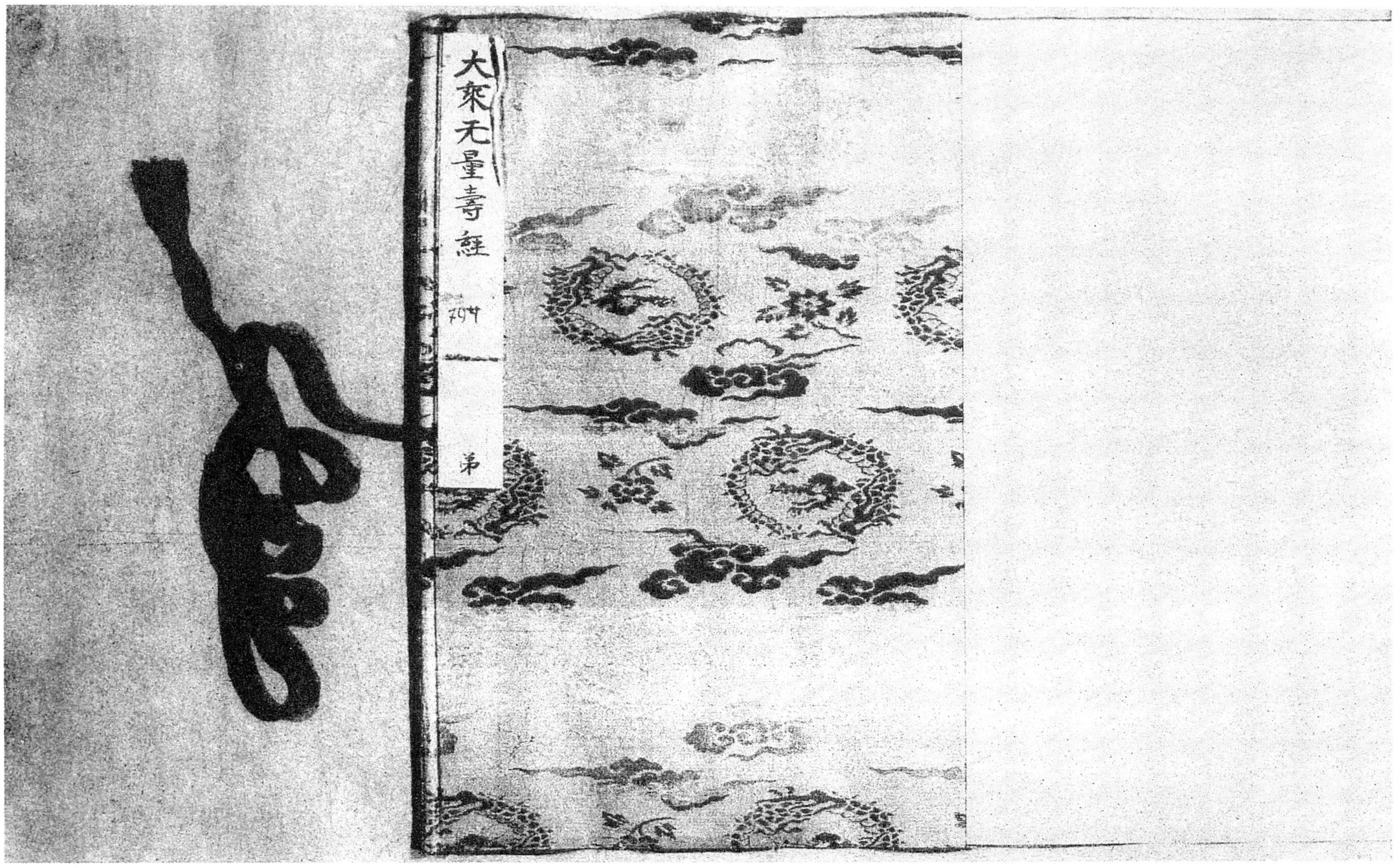


BD14097 號背　現代護首　　（1–1）

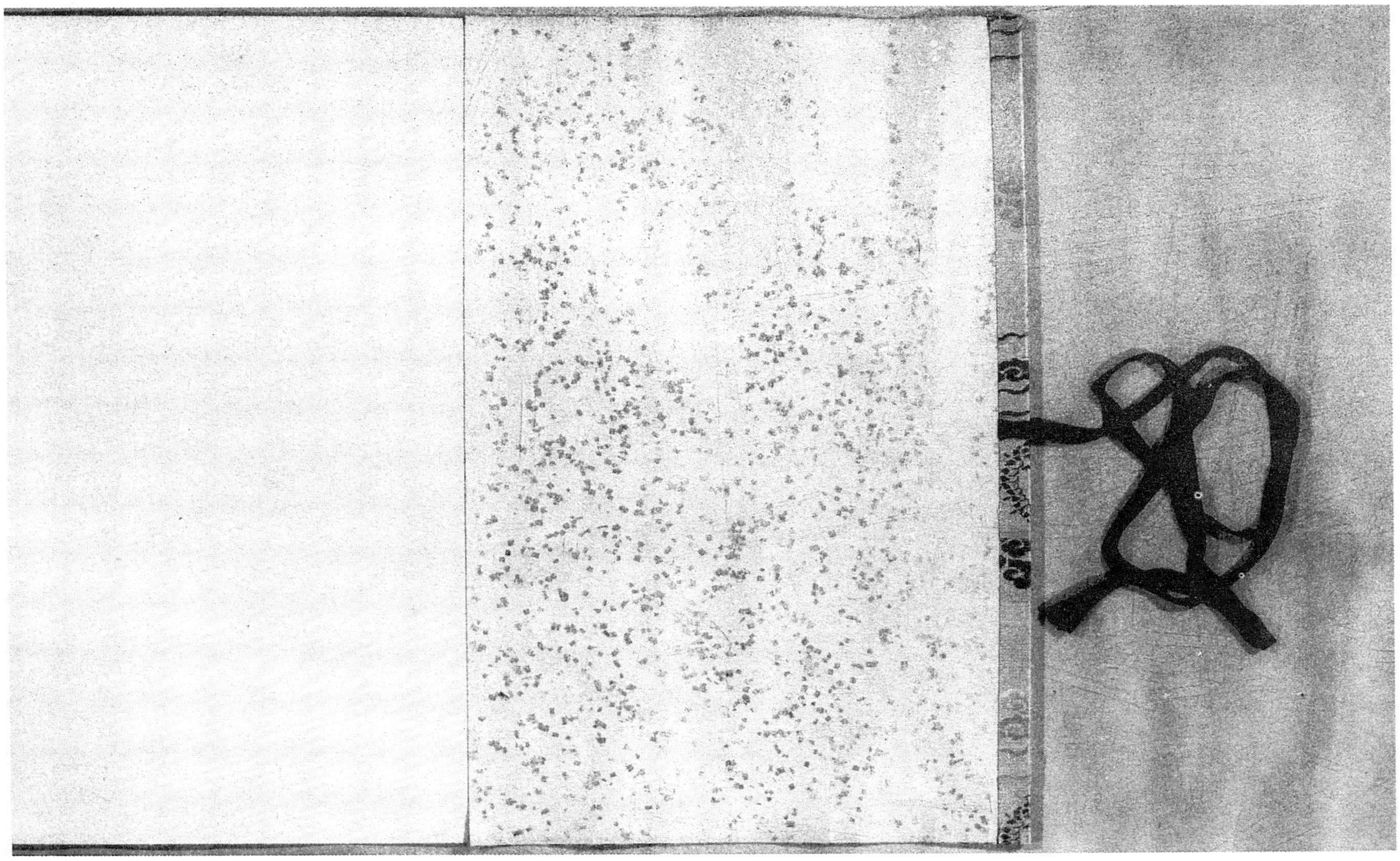

BD14097 號　無量壽宗要經　　（8–1）

大乘无量壽經
如是我聞一時薄伽梵在舍衛國祇樹給孤獨園與大苾蒭僧千二百五十人大菩薩摩訶薩衆
俱同會坐尒時世尊告曼殊室利童子曼殊上方有世界名无量功德聚彼土有佛号
无量壽智決定王如来阿耨多羅三藐三菩提現為衆生開示說法曼殊諦聽南
閻浮提人皆短壽大限百年於中夭枉横死者衆曼殊如是无量壽如来功德名稱法
要若有衆生得聞名号若自書或使人書能為經卷受持讀誦若於舍宅所住之處以種種
花鬘瓔珞塗香末香而為供養如其命盡復得延年滿足百歲如是曼殊若有衆生
得聞是无量壽智決定王如来一百八名号者益其長壽若有衆生大命將盡憶念是如来
名号更得增壽如是曼殊若有善男子善女人欲求長壽於是无量壽如来
一百八名号有得聞者或自書若使人書受持讀誦得如是等果報福德具足陁羅尼曰
南謨薄伽勃底一阿波唎蜜哆二阿喻紇硯娜三須毗你悉指陁四囉佐耶五怛他羯他耶六
怛姪他唵七薩婆桑悉迦囉八波唎輸底九達磨底十伽伽娜十一莎訶其持迦底十二
薩婆毗輸底十三摩訶娜耶十四波唎婆曬莎訶十五
世尊復告曼殊室利如是如来一百八名号若有自書或使人書能為經卷受持讀誦

BD14097 號　無量壽宗要經

（8–2）

名号更得增壽如是曼殊若有善男子善女人欲求長壽於是无量壽如来
一百八名号有得聞者或自書若使人書受持讀誦得如是等果報福德具足陁羅尼曰
南謨薄伽勃底一阿波唎蜜哆二阿喻紇硯娜三須毗你悉指陁四囉佐耶五怛他羯他耶六
怛姪他唵七薩婆桑悉迦囉八波唎輸底九達磨底十伽伽娜十一莎訶其持迦底十二
薩婆毗輸底十三摩訶娜耶十四波唎婆曬莎訶十五
世尊復告曼殊室利如是如来一百八名号若有自書或使人書能為經卷受持讀誦
如壽命盡復滿百年壽終之身後得往生无量福智世界无量壽淨土陁羅尼曰
南謨薄伽勃底一阿波唎蜜哆二阿喻紇硯娜三須毗你悉指陁四囉佐耶五怛他羯
他耶六怛姪他唵七薩婆桑悉迦羅八波唎輸底九達磨底十伽伽娜十一薩訶其持迦
底十二薩婆婆毗輸底十三摩訶娜耶十四波唎婆曬莎訶十五
尒時復有九十九姟佛等一時同聲說是无量壽宗要經陁羅尼曰
南謨薄伽勃底一阿波唎蜜哆二阿喻紇硯娜三須毗你悉指陁四囉佐耶五怛他羯他耶六
怛姪他唵七薩婆桑悉迦囉八波唎輸底九達磨底十伽伽娜十一莎訶其持迦底十二
薩婆婆毗輸底十三摩訶娜耶十四波唎婆曬莎訶十五
尒時復有一百四姟佛等一時同聲說是无量壽宗要經陁羅尼曰
南謨薄伽勃底一阿波唎蜜哆二阿喻紇硯娜三須毗你悉指陁四囉佐耶五怛他羯他耶六
怛姪他唵七薩婆桑悉迦囉八波唎輸底九達磨底十伽伽娜十一莎訶其持迦底十二薩婆
婆毗輸底十三摩訶娜耶十四波唎婆曬莎訶十五
尒時復有七姟佛等一時同聲說是无量壽宗要經陁羅尼曰
南謨薄伽勃底一阿波唎蜜哆二阿喻紇硯娜三須毗你悉指陁四囉佐耶五怛他羯他耶六
怛姪他唵七薩婆桑悉迦囉八波唎輸底九達磨底十伽伽娜十一莎訶其持迦底十二
薩婆婆毗輸底十三摩訶娜耶十五波唎婆曬莎訶十五
尒時復有六十五姟佛等一時同聲說是无量壽宗要經陁羅尼曰
南謨薄伽勃底一阿波唎蜜哆二阿喻紇硯娜三須毗你悉指陁四囉佐耶五怛他羯他
耶六怛姪他唵七薩婆桑悉迦囉八波唎輸底九達磨底十伽伽娜十一莎訶其持迦底十二
薩婆婆毗輸底十三摩訶娜耶十四波唎婆曬莎訶十五
尒時復有五十五姟佛等一時同聲說是无量壽宗要經陁羅尼曰
南謨薄伽勃底一阿波唎蜜哆二阿喻紇硯娜三須毗你悉指陁四囉佐耶五怛他羯他耶
怛姪他唵七薩婆桑悉迦囉八波唎輸底九達磨底十伽伽娜十一莎訶其持迦底十二薩
婆婆毗輸底十三摩訶娜耶十四波唎婆曬莎訶十五
尒時復有四十五姟佛等一時同聲說是无量壽宗要經陁羅尼曰

BD14097 號　無量壽宗要經

（8–3）

尒時復有五十五姟佛一時同聲說是无量壽宗要經陁羅尼曰
南謨薄伽勃底一阿波唎蜜哆二阿喻紇硯娜三須毗你悉指陁四囉佐耶五怛他羯他耶六
怛姪他唵七薩婆桑悉迦囉八波唎輸底九達磨底十伽迦娜十一莎訶某持迦底十二薩
婆婆毗輸底十三摩訶娜耶十四波唎婆囉莎訶十五
尒時復有四十五姟佛一時同聲說是无量壽宗要經陁羅尼曰
南謨薄伽勃底一阿波唎蜜哆二阿喻紇硯娜三須毗你悉指陁四囉佐耶五怛他羯他耶六
怛姪他唵七薩婆桑悉迦囉八波唎輸底九達磨底十伽迦娜十一莎訶某持迦底十二
薩婆婆毗輸底十三摩訶娜耶十四波唎婆囉莎訶十五
尒時復有三十六姟佛一時同聲說是无量壽宗要經陁羅尼曰
南謨薄伽勃底一阿波唎蜜哆二阿喻紇硯娜三須毗你悉指陁四囉佐耶五怛他羯他耶六
怛他姪唵七薩婆桑悉迦囉八波唎輸底九達磨底十伽迦娜十一莎訶某持迦底二十薩
婆婆毗輸底十三摩訶娜耶十四波唎婆囉莎訶十五
尒時復有十二五姟佛一時同聲說是无量壽宗要經陁羅尼曰
南謨薄伽勃底一阿波唎蜜哆二阿喻紇硯娜三須毗你悉指陁四囉佐耶五怛他羯他
耶六怛姪他唵七薩婆桑悉迦囉八波唎輸底九達磨底十伽迦娜十一莎訶某持迦
底十二薩婆婆毗輸底十三摩訶娜耶十四波唎婆囉莎訶十五
尒時復有恒河沙姟佛一時同聲說是无量壽宗要經陁羅尼曰
南謨薄伽勃底一阿波唎蜜哆二阿喻紇硯娜三須毗你悉指陁四囉佐耶五怛他羯他
耶六怛姪他唵七薩婆桑悉迦囉八波唎輸底九達磨底十伽迦娜十一莎訶某持迦底
薩婆婆毗輸底十三摩訶娜耶十四波唎婆囉莎訶十五　善男子若有自書
寫教人書寫是无量壽宗要經知其命盡復得長壽而滿年陁羅尼曰
南謨薄伽勃底一阿波唎蜜哆二阿喻紇硯娜三須毗你悉指陁四囉佐耶五怛他羯他耶六
怛姪他唵七薩婆桑悉迦囉八波唎輸底九達磨底十伽迦娜十一莎訶某持迦底二十薩
婆婆毗輸底十三摩訶娜耶十四波唎婆囉莎訶十五　若有自書寫教人書寫是无
量壽宗要經讀誦受持畢竟墮地獄在在所生得宿命智陁羅尼曰
南謨薄伽勃底一阿波唎蜜哆二阿喻紇硯娜三須毗你悉指陁四囉佐耶五怛他羯他耶六
怛姪他唵七薩婆桑悉迦囉八波唎輸底九達磨底十伽迦娜十一莎訶某持迦底十二薩婆
婆毗輸底十三摩訶娜耶十四波唎婆囉莎訶十五
若有自書寫教人書寫是无量壽宗要經受持讀誦如同書寫八万四千一切經典陁羅尼曰
南謨薄伽勃底一阿波唎蜜哆二阿喻紇硯娜三須毗你悉指陁四囉佐耶五怛他羯他耶六
怛姪他唵七薩婆桑悉迦囉八波唎輸底九達磨底十伽迦娜十一莎訶某持迦底十二薩婆

BD14097 號　無量壽宗要經　（8–4）

怛姪他唵七薩婆桑悉迦囉八波唎輸底九達磨底十伽迦娜十一莎訶某持迦底十二薩婆
婆毗輸底十三摩訶娜耶十四波唎婆囉莎訶十五
若有自書寫教人書寫是无量壽宗要經受持讀誦如同書寫八万四千一切經典陁羅尼曰
南謨薄伽勃底一阿波唎蜜哆二阿喻紇硯娜三須毗你悉指陁四囉佐耶五怛他羯他耶六
怛姪他唵七薩婆桑悉迦囉八波唎輸底九達磨底十伽迦娜十一莎訶某持迦底二十薩婆
婆毗輸底十三摩訶娜耶十四波唎婆囉莎訶十五　若有自書寫教人書寫是
无量壽宗要經受持讀誦即是書寫八万四千部建立塔廟陁羅尼曰
南謨薄伽勃底一阿波唎蜜哆二阿喻紇硯娜三須毗你悉指陁四囉佐耶五怛他羯他耶六
怛姪他唵七薩婆桑悉迦囉八波唎輸底九達磨底十伽迦娜十一莎訶某持迦底二十
薩婆婆毗輸底十三摩訶娜耶十四波唎婆囉莎訶十五
若有自書寫教人書寫是无量壽宗要經能消五无間等一切重罪陁羅尼曰
南謨薄伽勃底一阿波唎蜜哆二阿喻紇硯娜三須毗你悉指陁四囉佐耶五怛他羯他耶六
怛姪他唵七薩婆桑悉迦囉八波唎輸底九達磨底十伽迦娜十一莎訶某持迦底十二
薩婆婆毗輸底十三摩訶娜耶十四波唎婆囉莎訶十五　若有自書寫教人書
寫是无量壽宗要經受持讀誦設有重罪猶如須彌盡能除滅陁羅尼曰
南謨薄伽勃底一阿波唎蜜哆二阿喻紇硯娜三須毗你悉指陁四囉佐耶五怛他羯他耶六
怛姪他唵七薩婆桑悉迦囉八波唎輸底九達磨底十伽迦娜十一莎訶某持迦底十二薩
婆婆毗輸底十三摩訶娜耶十四波唎婆囉莎訶十五
若有自書寫教人書寫是无量壽宗要經受持讀誦若魔魔之眷
屬夜叉羅剎不得其便終无枉死陁羅尼曰
南謨薄伽勃底一阿波唎蜜哆二阿喻紇硯娜三須毗你悉指陁四囉佐耶五怛他羯他耶六
怛姪他唵七薩婆桑悉迦囉八波唎輸底九達磨底十伽迦娜十一莎訶某持迦底十二薩
婆婆毗輸底十三摩訶娜耶十四波唎婆囉莎訶十五
若有自書寫教人書寫是无量壽宗要經受持讀誦當命終時九有十九姟
佛現其人前萬千佛受手能遊一切佛剎莫於此經生於疑惑陁羅尼曰
南謨薄伽勃底一阿波唎蜜哆二阿喻紇硯娜三須毗你悉指陁四囉佐耶五怛他羯他耶六
怛姪他唵七薩婆桑悉迦囉八波唎輸底九達磨底十伽迦娜十一莎訶某持迦底十二薩
婆婆毗輸底十三摩訶娜耶十四波唎婆囉莎訶十五
若有自書寫教人書寫是无量壽宗要經受持讀誦常得四天大王隨其衛護陁羅尼曰
南謨薄伽勃底一阿波唎蜜哆二阿喻紇硯娜三須毗你悉指陁四囉佐耶五怛他羯他耶六
怛姪他唵七薩婆桑悉迦囉八波唎輸底九達磨底十伽迦娜十一莎訶某持迦底十二

BD14097 號　無量壽宗要經　（8–5）

怛姪他唵七薩婆桒悲迦囉八波唎輸底九達磨底十伽迦娜十一莎訶其持迦底十二薩
婆婆毗輸底十三摩訶娜耶十四波唎婆䘮莎訶十五
若有自書寫教人書寫是无量壽宗要經受持讀誦常得四天大王隨其衛護陁羅尼曰
南謨薄伽勃底一阿波唎蜜哆二阿喻紇硯娜三須毗你悲指陁四囉佐耶五怛他羯他耶六
怛姪他唵七薩婆桒悲迦囉八波唎輸底九達磨底十伽迦娜十一莎訶其持迦底十二
薩婆毗婆輸底十三摩訶娜耶十四波唎婆䘮莎訶十五
若有自書寫教人書寫是无量壽宗要經受持讀誦當得往生西方极
樂世界陁弥陁淨土陁羅尼曰
南謨薄伽勃底一阿波唎蜜哆二阿喻紇硯娜三須毗你悲指陁四囉佐耶五怛他羯他耶六
怛姪他唵七薩婆桒悲迦囉八波唎輸底九達磨底十伽迦娜十一莎訶其持迦底十二
薩婆婆毗輸底十三摩訶娜耶十四波唎婆䘮莎訶十五
若有方所自書寫使人書寫是无量壽經典之處則為是塔皆應恭敬作禮若是
畜生或為鳥獸得聞是經如是等類皆當不久得成一切種智陁羅尼曰
南謨薄伽勃底一阿波唎蜜哆二阿喻紇硯娜三須毗你悲指陁四囉佐耶五怛他羯他
耶六怛姪他唵七薩婆桒悲迦囉八波唎輸底九達磨底十伽迦娜十一莎訶其持迦底十二
薩婆婆毗輸底十三摩訶娜耶十四波唎婆䘮莎訶十五
若有於是无量壽經自書寫使人書畢竟不受女人之身陁羅尼曰
南謨薄伽勃底一阿波唎蜜哆二阿喻紇硯娜三須毗你悲指陁四囉佐耶五怛他羯他耶六
怛姪他唵七薩婆桒悲迦囉八波唎輸底九達磨底十伽迦娜十一莎訶其持迦底十二薩
婆婆毗輸底十三摩訶娜耶十四波唎婆䘮莎訶十五
若有能於是經少分能惠施者等於三千大千世界滿中七寶布施陁羅尼曰
南謨薄伽勃底一阿波唎蜜哆二阿喻紇硯娜三須毗你悲指陁四囉佐耶五怛他羯他耶六
怛姪他唵七薩婆桒悲迦囉八波唎輸底九達磨底十伽迦娜十一莎訶其持迦底十二薩
婆婆毗輸底十三摩訶娜耶十四波唎婆䘮莎訶十五
若有能供養是經者則是供養一切諸經等无有異陁羅尼曰
南謨薄伽勃底一阿波唎蜜哆二阿喻紇硯娜三須毗你悲指陁四囉佐耶五怛他羯他耶六
怛姪他唵七薩婆桒悲迦囉八波唎輸底九達磨底十伽迦娜十一莎訶其持迦底十二薩婆
婆毗輸底十三摩訶娜耶十四波唎婆䘮莎訶十五
如是毗婆尸佛尸弃佛毗舍浮佛俱留孫佛俱那含牟尼佛迦葉佛釋迦牟尼佛
若有人以七寶供養如是七佛其福有限書寫受持是无量壽經典所有功德不可數量陁羅尼曰

BD14097 號　無量壽宗要經

（8–6）

南謨薄伽勃底一阿波唎蜜哆二阿喻紇硯娜三須毗你悲指陁四囉佐耶五怛他羯陁耶六
怛姪他唵七薩婆桒悲迦囉八波唎輸底九達磨底十伽迦娜十一莎訶其持迦底十二薩婆
婆毗輸底十三摩訶娜耶十四波唎婆䘮莎訶十五
如是毗婆尸佛尸弃佛毗舍浮佛俱留孫佛俱那含牟尼佛迦葉佛釋迦牟尼佛
若有人以七寶供養如是七佛其福有限書寫受持是无量壽經典所有功德不可數量陁羅尼曰
南謨薄伽勃底一阿波唎蜜哆二阿喻紇硯娜三須毗你悲指陁四囉佐耶五怛他羯他耶六
怛姪他唵七薩婆桒悲迦囉八波唎輸底九達磨底十伽迦娜十一莎訶其持迦底十二薩
婆婆毗輸底十三摩訶娜耶十四波唎婆䘮莎訶十五
若有七寶等於須弥山用布施其福上能知其限量是无量壽經典其福不可知數陁羅尼曰
南謨薄伽勃底一阿波唎蜜哆二阿喻紇硯娜三須毗你悲指陁四囉佐耶五怛他羯他耶六怛
姪他唵七薩婆桒悲迦囉八波唎輸底九達磨底十伽迦娜十一莎訶其持迦底十二薩婆婆
毗輸底十三摩訶娜耶十四波唎婆䘮莎訶十五
如是四大海水可知渧數无量壽經典所生果報不可數量陁羅尼曰
南謨薄伽勃底一阿波唎蜜哆二阿喻紇硯娜三須毗你悲指陁四囉佐耶五怛他羯他耶六
怛姪他唵七薩婆桒悲迦囉八波唎輸底九達磨底十伽迦娜十一莎訶其持迦底十二薩
婆婆毗輸底十三摩訶娜耶十四波唎婆䘮莎訶十五
若有自書寫使人書寫是无量壽經典又能讃持供養所如恭敬供養
一切十方佛土如来无有別異陁羅尼曰
南謨薄伽勃底一阿波唎蜜哆二阿喻紇硯娜三須毗你悲指陁四囉佐耶五怛他羯他耶六
怛姪他唵七薩婆桒悲迦囉八波唎輸底九達磨底十伽迦娜十一莎訶其持迦底十二薩
婆婆毗輸底十三摩訶娜耶十四波唎婆䘮莎訶十五
布施力能成正覺　悟布施力人師子　布施力能聲普聞　慈悲階漸最能入
持戒力能成正覺　悟持戒力人師子　持戒力能聲普聞　慈悲階漸最能入
忍辱力能成正覺　悟忍辱力人師子　忍辱力能聲普聞　慈悲階漸最能入
精進力能成正覺　悟精進力人師子　精進力能聲普聞　慈悲階漸最能入
禪定力能成正覺　悟禪定力人師子　禪定力能聲普聞　慈悲階漸最能入
智慧力能成正覺　悟智慧力人師子　智慧力能聲普聞　慈悲階漸最能入
尒時如来說是經已一切世間天人阿脩羅揵闥婆等聞佛所
說皆大歡喜信壽奉行

BD14097 號　無量壽宗要經

（8–7）

BD14097 號　無量壽宗要經　（8–8）

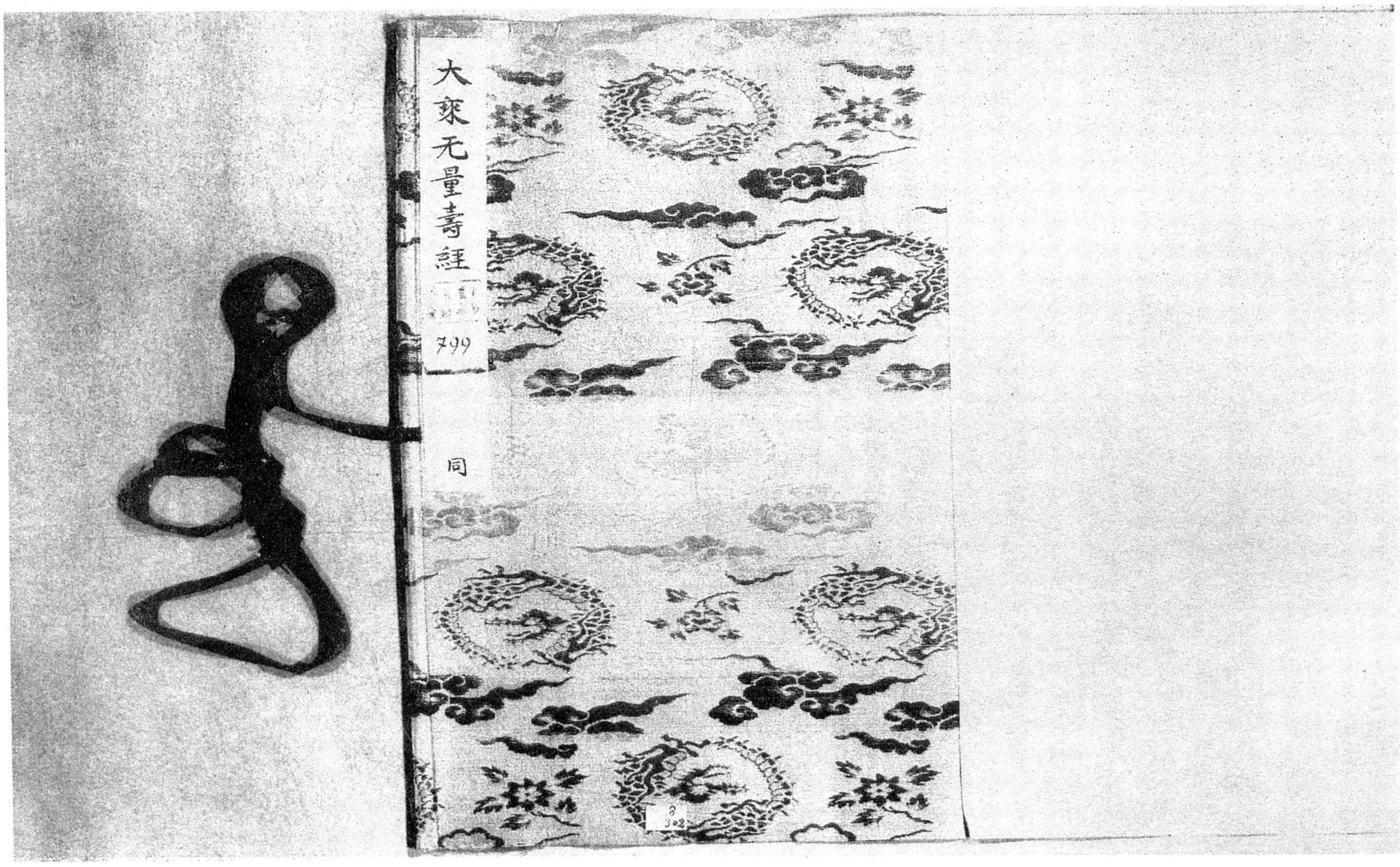


BD14098 號背　現代護首　（1–1）

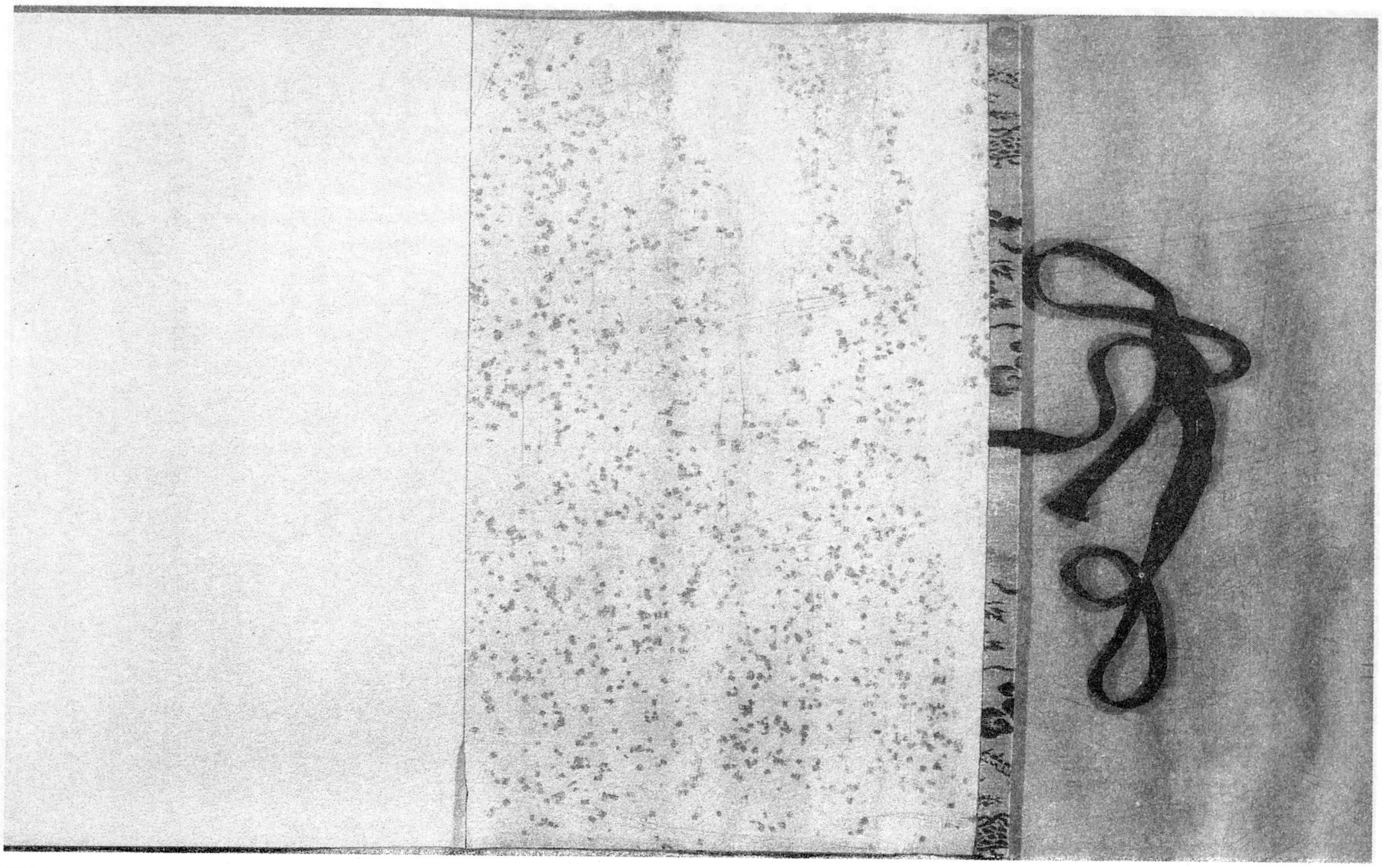

BD14098 號　無量壽宗要經　　（8–1）

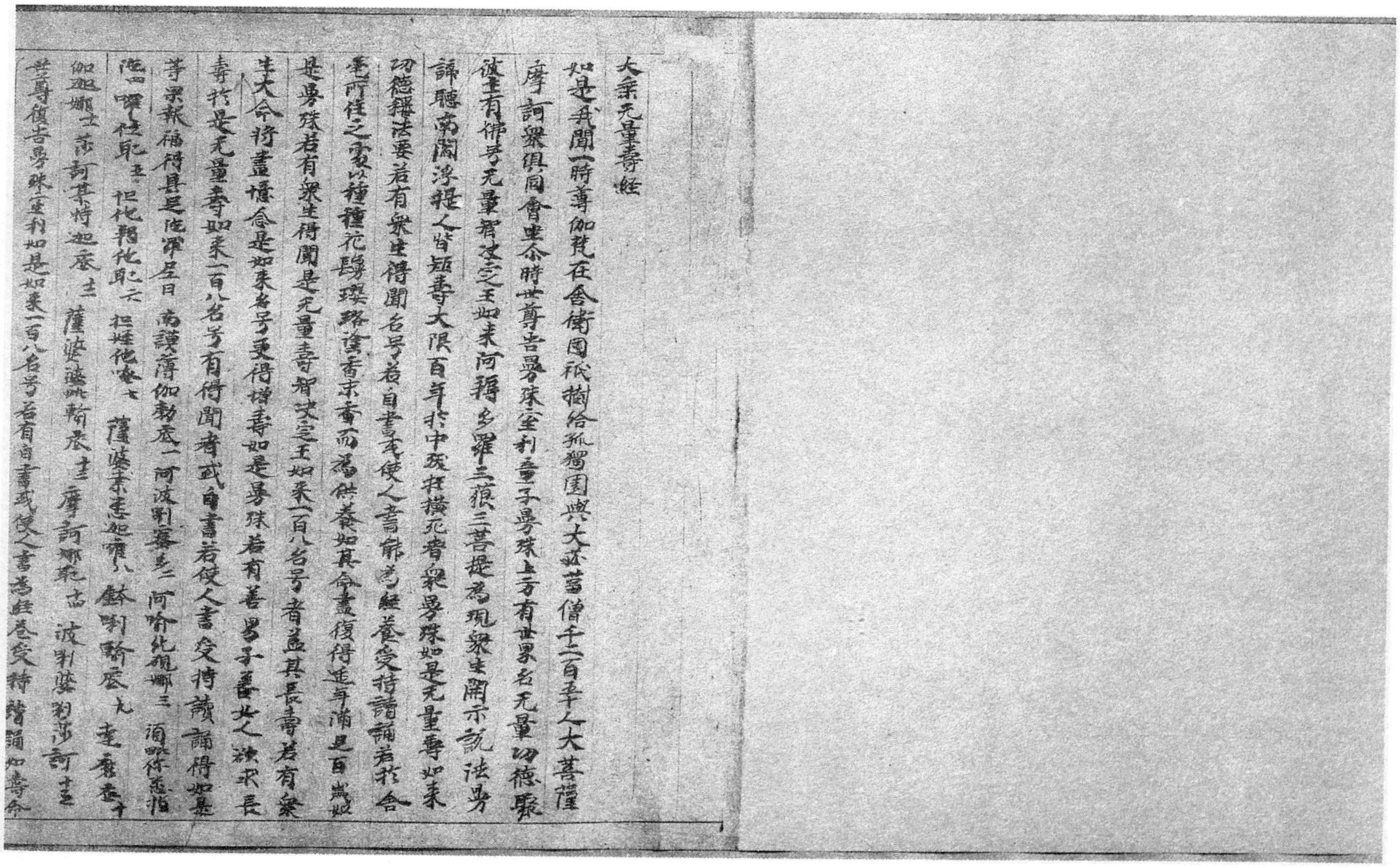
大乘无量壽經
如是我聞一時薄伽梵在舍衛國祇樹給孤獨園與大苾芻僧千二百五十人大菩薩
摩訶薩眾俱爾時世尊告曼殊室利童子曼殊上方有世界名无量功德聚
彼土有佛號无量智決定王如來阿羅訶三藐三菩提為現眾生開示說法曼
諦聽南閻浮提人皆短壽大限百年於中夭枉横死者眾曼殊如是无量壽如來
功德釋法要若有眾生得聞名號若自書若使人書能為經養受持讀誦若於舍
宅所住之處以種種花鬘瓔珞塗香末香而為供養如其命盡復得延年滿足百歲如
是曼殊若有眾生得聞是无量壽智決定王如來一百八名號者益其長壽若有眾
生大命將盡憶念是如來名號更得增壽如是曼殊若有善男子善女人欲求長
壽於是无量壽如來一百八名號有得聞者或自書若使人書受持讀誦得如是
等果報福得具足陀羅尼曰　南謨薄伽勃底一　阿波唎蜜多二　阿喻紇硯娜三　須毗你悉指
陀四　囉佐耶五　怛他羯他耶六　怛姪他唵七　薩婆桑悉迦囉八　鉢唎輸底九　達摩底十
伽伽娜十一　莎訶莫持迦底十二　薩婆婆毗輸底十三　摩訶娜耶十四　波唎婆唎莎訶十五
世尊復告曼殊室利如是如來一百八名號若有自書或使人書為經卷受持讀誦如壽命

BD14098 號　無量壽宗要經　　（8–2）

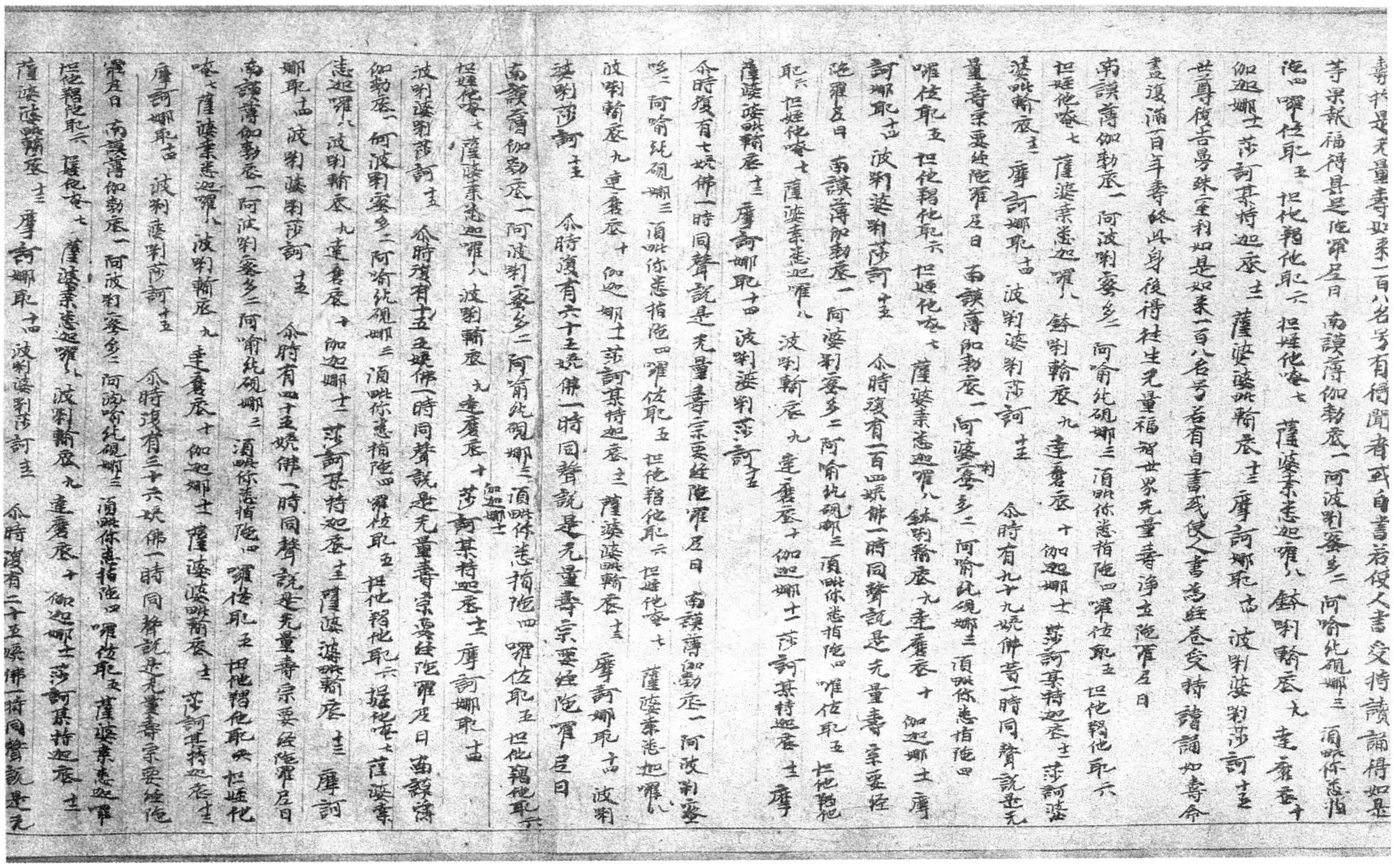

壽於是無量壽如來一百八名号有得聞者或自書若使人書受持讀誦得如是
等果報福得具足陁羅尼曰 南謨薄伽勃底一 阿波唎蜜多二 阿喻紇硯娜三 須毗你悉指
陁四 囉佐耶五 怛他羯他耶六 怛姪他唵七 薩婆桑悉迦囉八 鉢唎輸底九 達磨底十
伽迦娜十一 莎訶娑特迦底十二 薩婆婆毗輸底十三 摩訶娜耶十四 波唎婆唎莎訶十五
世尊復告曼殊室利如是如來一百八名号若有自書或使人書為經卷受持讀誦如壽命
盡復滿百年壽終此身後得往生無量福智世界無量壽淨土陁羅尼曰
南謨薄伽勃底一 阿波唎蜜多二 阿喻紇硯娜三 須毗你悉指陁四 囉佐耶五 怛他羯他耶六
怛姪他唵七 薩婆桑悉迦囉八 鉢唎輸底九 達磨底十 伽迦娜十一 莎訶娑特迦底十二 莎訶娑
婆毗輸底十三 摩訶娜耶十四 波唎婆唎莎訶十五 爾時有九十九殑伽沙佛一時同聲說是無
量壽宗要經陁羅尼曰 南謨薄伽勃底一 阿波唎蜜多二 阿喻紇硯娜三 須毗你悉指陁四
囉佐耶五 怛他羯他耶六 怛姪他唵七 薩婆桑悉迦囉八 鉢唎輸底九 達磨底十 伽迦娜十一 摩
訶娜耶十四 波唎婆唎莎訶十五 爾時復有一百四殑伽沙佛一時同聲說是無量壽宗要經
陁羅尼曰 南謨薄伽勃底一 阿婆唎蜜多二 阿喻紇硯娜三 須毗你悉指陁四 囉佐耶五 怛他羯他
耶六 怛姪他唵七 薩婆桑悉迦囉八 波唎輸底九 達磨底十 伽迦娜十一 莎訶娑特迦底十二 摩
薩婆婆毗輸底十三 摩訶娜耶十四 波唎婆唎莎訶十五
爾時復有七殑伽沙佛一時同聲說是無量壽宗要經陁羅尼曰 南謨薄伽勃底一 阿波唎蜜
多二 阿喻紇硯娜三 須毗你悉指陁四 囉佐耶五 怛他羯他耶六 怛姪他唵七 薩婆桑悉迦囉八
波唎輸底九 達磨底十 伽迦娜十一 莎訶娑特迦底十二 薩婆婆毗輸底十三 摩訶娜耶十四 波唎
婆唎莎訶十五 爾時復有六十五殑伽沙佛一時同聲說是無量壽宗要經陁羅尼曰
南謨薄伽勃底一 阿波唎蜜多二 阿喻紇硯娜三 須毗你悉指陁四 囉佐耶五 怛他羯他耶六
怛姪他唵七 薩婆桑悉迦囉八 波唎輸底九 達磨底十 伽迦娜十一 莎訶娑特迦底十二 摩訶娜耶十四
波唎婆唎莎訶十五 爾時復有七十五殑伽沙佛一時同聲說是無量壽宗要經陁羅尼曰 南謨薄
伽勃底一 阿波唎蜜多二 阿喻紇硯娜三 須毗你悉指陁四 囉佐耶五 怛他羯他耶六 怛姪他唵七 薩婆桑
悉迦囉八 波唎輸底九 達磨底十 伽迦娜十一 莎訶娑特迦底十二 薩婆婆毗輸底十三 摩訶
娜耶十四 波唎婆唎莎訶十五 爾時有四十五殑伽沙佛一時同聲說是無量壽宗要經陁羅尼曰
南謨薄伽勃底一 阿波唎蜜多二 阿喻紇硯娜三 須毗你悉指陁四 囉佐耶五 怛他羯他耶六 怛姪他
唵七 薩婆桑悉迦囉八 波唎輸底九 達磨底十 伽迦娜十一 薩婆婆毗輸底十三 莎訶娑特迦底十二
摩訶娜耶十四 波唎婆唎莎訶十五 爾時復有三十六殑伽沙佛一時同聲說是無量壽宗要經陁
羅尼曰 南謨薄伽勃底一 阿波唎蜜多二 阿喻紇硯娜三 須毗你悉指陁四 囉佐耶五 薩婆桑悉迦囉
怛他羯他耶六 怛姪他唵七 薩婆桑悉迦囉八 波唎輸底九 達磨底十 伽迦娜十一 莎訶娑特迦底十二
薩婆婆毗輸底十三 摩訶娜耶十四 波唎婆唎莎訶十五 爾時復有二十五殑伽沙佛一時同聲說是無

BD14098號　無量壽宗要經　（8–3）

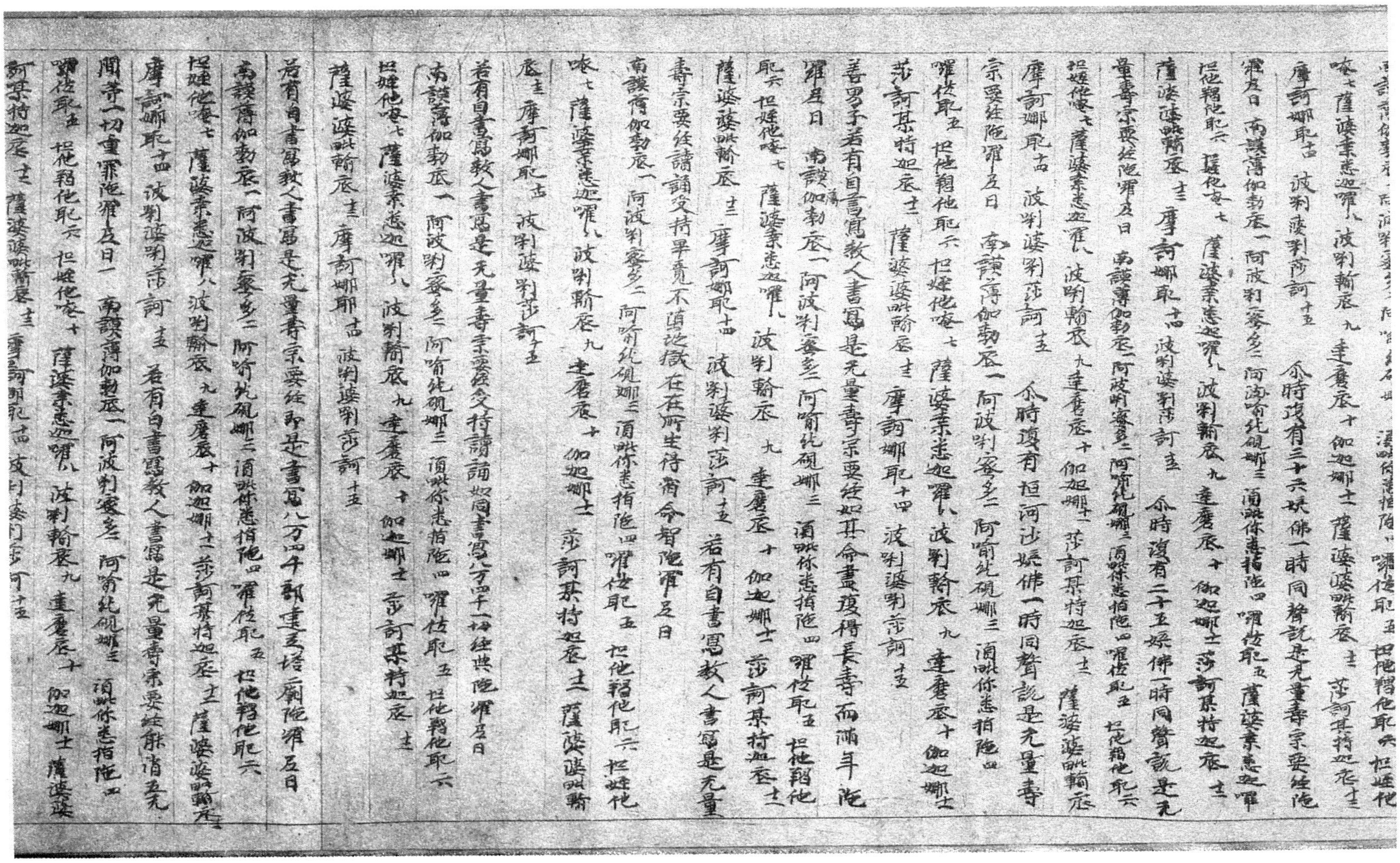

[illegible] 須毗你悉指陁四 囉佐耶五 怛他羯他耶六 怛姪他
唵七 薩婆桑悉迦囉八 波唎輸底九 達磨底十 伽迦娜十一 薩婆婆毗輸底十三 莎訶娑特迦底十二
摩訶娜耶十四 波唎婆唎莎訶十五 爾時復有三十六殑伽沙佛一時同聲說是無量壽宗要經陁
羅尼曰 南謨薄伽勃底一 阿波唎蜜多二 阿喻紇硯娜三 須毗你悉指陁四 囉佐耶五 薩婆桑悉迦囉
怛他羯他耶六 怛姪他唵七 薩婆桑悉迦囉八 波唎輸底九 達磨底十 伽迦娜十一 莎訶娑特迦底十二
薩婆婆毗輸底十三 摩訶娜耶十四 波唎婆唎莎訶十五 爾時復有二十五殑伽沙佛一時同聲說是無
量壽宗要經陁羅尼曰 南謨薄伽勃底一 阿波唎蜜多二 阿喻紇硯娜三 須毗你悉指陁四 囉佐耶五 怛他羯他耶六
怛姪他唵七 薩婆桑悉迦囉八 波唎輸底九 達磨底十 伽迦娜十一 莎訶娑特迦底十二 薩婆婆毗輸底
摩訶娜耶十四 波唎婆唎莎訶十五 爾時復有恒河沙殑佛一時同聲說是無量壽
宗要經陁羅尼曰 南謨薄伽勃底一 阿波唎蜜多二 阿喻紇硯娜三 須毗你悉指陁四
囉佐耶五 怛他羯他耶六 怛姪他唵七 薩婆桑悉迦囉八 波唎輸底九 達磨底十 伽迦娜十一
莎訶娑特迦底十二 薩婆婆毗輸底十三 摩訶娜耶十四 波唎婆唎莎訶十五
善男子若有自書寫教人書寫是無量壽宗要經如其命盡復得長壽而滿年陁
羅尼曰 南謨薄伽勃底一 阿波唎蜜多二 阿喻紇硯娜三 須毗你悉指陁四 囉佐耶五 怛他羯他
耶六 怛姪他唵七 薩婆桑悉迦囉八 波唎輸底九 達磨底十 伽迦娜十一 莎訶娑特迦底十二
薩婆婆毗輸底十三 摩訶娜耶十四 波唎婆唎莎訶十五 若有自書寫教人書寫是無量
壽宗要經讀誦受持畢竟不墮地獄在在所生得宿命智陁羅尼曰
南謨薄伽勃底一 阿波唎蜜多二 阿喻紇硯娜三 須毗你悉指陁四 囉佐耶五 怛他羯他耶六 怛姪他
唵七 薩婆桑悉迦囉八 波唎輸底九 達磨底十 伽迦娜十一 莎訶娑特迦底十二 薩婆婆毗輸
底十三 摩訶娜耶十四 波唎婆唎莎訶十五
若有自書寫教人書寫是無量壽宗要經受持讀誦如同書寫八万四千一切經典陁羅尼曰
南謨薄伽勃底一 阿波唎蜜多二 阿喻紇硯娜三 須毗你悉指陁四 囉佐耶五 怛他羯他耶六
怛姪他唵七 薩婆桑悉迦囉八 波唎輸底九 達磨底十 伽迦娜十一 莎訶娑特迦底十二
薩婆婆毗輸底十三 摩訶娜耶十四 波唎婆唎莎訶十五
若有自書寫教人書寫是無量壽宗要經即是書寫八万四千部建立塔廟陁羅尼曰
南謨薄伽勃底一 阿波唎蜜多二 阿喻紇硯娜三 須毗你悉指陁四 囉佐耶五 怛他羯他耶六
怛姪他唵七 薩婆桑悉迦囉八 波唎輸底九 達磨底十 伽迦娜十一 莎訶娑特迦底十二 薩婆婆毗輸底十三
摩訶娜耶十四 波唎婆唎莎訶十五 若有自書寫教人書寫是無量壽宗要經能消五無
間等一切重罪陁羅尼曰 南謨薄伽勃底一 阿波唎蜜多二 阿喻紇硯娜三 須毗你悉指陁四
囉佐耶五 怛他羯他耶六 怛姪他唵七 薩婆桑悉迦囉八 波唎輸底九 達磨底十 伽迦娜十一 薩婆
莎訶娑特迦底十二 薩婆婆毗輸底十三 摩訶娜耶十四 波唎婆唎莎訶十五

BD14098號　無量壽宗要經　（8–4）

怛姪他唵七 薩婆桑塞迦囉八 波唎輸底九 達磨底十 伽迦娜十一 莎訶某持迦底十二 薩婆婆毗輸底十三
摩訶娜耶十四 波唎婆唎莎訶十五 若有自書寫教人書寫是无量壽宗要經能消五无
間等一切重罪陁羅尼曰一 南謨薄伽勃底一 阿波唎蜜多二 阿喻紇硯娜三 須毗你悉指陁四
囉佐耶五 怛他羯他耶六 怛姪他唵七 薩婆桑悉迦唎八 波唎輸底九 達磨底十 伽迦娜十一 薩婆婆
訶某持迦底十二 薩婆婆毗輸底十三 摩訶娜耶十四 波唎婆唎莎訶十五
若有自書寫教人書寫是无量壽宗要經受持讀誦設有重罪猶如須弥盡能除滅陁
羅尼曰 南謨薄伽勃底一 阿波唎蜜多二 阿喻紇硯娜三 須毗你悉指陁四 囉佐耶五 怛他羯他耶六
怛姪他唵七 薩婆桑悉迦唎八 波唎輸底九 達磨底十 伽迦娜十一 莎訶某持迦底十二 薩婆婆毗輸底十三
摩訶娜耶十四 波唎婆唎莎訶十五 若有自書寫教人書寫是无量壽宗要經受持讀誦若
魔魔眷屬夜叉羅刹不得其便終无死枉陁羅尼曰 南謨薄伽勃底一 阿波唎蜜多二
阿喻紇硯娜三 須毗你悉指陁四 囉佐耶五 怛他羯他耶六 怛姪他唵七 薩婆桑悉迦囉八 波唎輸底九
達磨底十 伽迦娜十一 莎訶某持迦底十二 薩婆婆毗輸底十三 摩訶娜耶十四 波唎婆唎莎訶十五
若有自書教人書寫是无量壽宗要經受持讀誦當命終時有九十九姟佛一時現其人前蒙
千佛授手能遊一切佛刹莫於此經生疑惑陁羅尼曰 南謨薄伽勃底一 阿波唎蜜
多二 阿喻紇硯娜三 須毗你悉指陁四 囉佐耶五 怛他羯他耶六 怛姪他唵七 薩婆桑悉迦囉八
波唎輸底九 達磨底十 伽迦娜十一 莎訶某持迦底十二 薩婆婆毗輸底十三 摩訶娜耶十四
波唎婆唎莎訶十五 若有自書寫教人書寫是无量壽宗要經受持讀誦常得四
天大王隨其衛護陁羅尼曰 南謨薄伽勃底一 阿波唎蜜多二 阿喻紇硯娜三 須毗你悉指陁四
囉佐耶五 怛他羯他耶六 怛姪他唵七 薩婆桑悉迦囉八 波唎輸底九 達磨底十 伽迦娜十一 莎訶某
持迦底十二 薩婆婆毗輸底十三 摩訶娜耶十四 波唎婆唎莎訶十五 若有自書寫教人書
寫是无量壽宗要經受持讀誦當得往生西方極樂世界阿弥陁佛淨土陁羅尼曰
南謨薄伽勃底一 阿波唎蜜多二 阿喻紇硯娜三 須毗你悉指陁四 囉佐耶五 怛他羯他耶六
怛姪他唵七 薩婆桑悉迦囉八 波唎輸底九 達磨底十 伽迦娜十一 莎訶某持迦底十二 薩婆婆毗輸底十三
摩訶娜耶十四 波唎婆唎莎訶十五 若有方所自書寫使人書寫是无量壽經典之處
則為是塔皆應恭敬作礼若是之畜生或為鳥獸得聞是經如是等類皆當不久得成
一切種智陁羅尼曰 南謨薄伽勃底一 阿波唎蜜多二 阿喻紇硯娜三 須毗你悉指陁四
囉佐耶五 怛他羯他耶六 怛姪他唵七 薩婆桑悉迦囉八 波唎輸底九 達磨底十 伽迦娜十一
莎訶某持迦底十二 薩婆婆毗輸底十三 摩訶娜耶十四 波唎婆唎莎訶十五
若有於是无量壽經自書寫若使人書畢竟不受女人之身陁羅尼曰
南謨薄伽勃底一 阿波唎蜜多二 阿喻紇硯娜三 須毗你悉指陁四 囉佐耶五 怛他羯他耶六

BD14098 號　無量壽宗要經

（8–5）

囉佐耶五 怛他羯他耶六 怛姪他唵七 薩婆桑悉迦囉八 波唎輸底九 達磨底十 伽迦娜十一
莎訶某持迦底十二 薩婆婆毗輸底十三 摩訶娜耶十四 波唎婆唎莎訶十五
若有於是无量壽經自書寫若使人書畢竟不受女人之身陁羅尼曰
南謨薄伽勃底一 阿波唎蜜多二 阿喻紇硯娜三 須毗你悉指陁四 囉佐耶五 怛他羯他耶六
怛姪他唵七 薩婆桑悉迦唎八 波唎輸底九 達磨底十 伽迦娜十一 莎訶某持迦底十二 薩
婆婆毗輸底十三 摩訶娜耶十四 波唎婆唎莎訶十五 若有能於是經少分能惠施者
等於三千大千世界滿中七寶布施陁羅尼曰 南謨薄伽勃底一 阿波唎蜜多二 阿喻紇硯娜三
須毗你悉指陁四 囉佐耶五 怛他羯他耶六 怛姪他唵七 薩婆桑悉迦囉八 波唎輸底九 達磨底十
伽迦娜十一 莎訶某持迦底十二 薩婆婆毗輸底十三 摩訶娜耶十四 波唎婆唎莎訶十五
若有能供養是經者則是供養一切諸經等无有異陁羅尼曰
南謨薄伽勃底一 阿波唎蜜多二 阿喻紇硯娜三 須毗你悉指陁四 囉佐耶五 怛他羯他耶六 怛姪他唵七
薩婆桑悉迦囉八 波唎輸底九 達磨底十 伽迦娜十一 莎訶某持迦底十二 薩婆婆毗輸底十三
摩訶娜耶十四 波唎婆唎莎訶十五 如是毗婆尸佛尸棄佛毗舍浮佛 俱留孫佛 俱那含牟尼
佛 迦葉佛釋迦牟尼佛 若有人以七寶供養如是七佛其福有限書寫受持是无量壽經
典所有功德不可限量陁羅尼曰 南謨薄伽勃底一 阿波唎蜜多二 阿喻紇硯娜三 須毗你悉指陁四
囉佐耶五 怛他羯他耶六 怛姪他唵七 薩婆桑悉迦囉八 波唎輸底九 達磨底十 伽迦娜十一 莎訶某持
迦底十二 摩訶娜耶十四 波唎婆唎莎訶十五 若有七寶等於須彌以用布施其福上能知
其限量是无量壽經典其福不可知數陁羅尼曰 南謨薄伽勃底一 阿波唎蜜多二
阿喻紇硯娜三 須毗你悉指陁四 囉佐耶五 怛他羯他耶六 怛姪他唵七 薩婆桑悉迦囉八 波唎輸底九
達磨底十 伽迦娜十一 莎訶某持迦底十二 薩婆婆毗輸底十三 摩訶娜耶十四 波唎婆唎莎訶十五
如是四大海水可知滴數是无量壽經典所生果報不可數量陁羅尼曰
南謨薄伽勃底一 阿波唎蜜多二 阿喻紇硯娜三 須毗你悉指陁四 囉佐耶五 怛他羯他耶六
怛姪他唵七 薩婆桑悉迦囉八 波唎輸底九 達磨底十 伽迦娜十一 薩婆某持迦底十二 薩
婆婆毗輸底十三 摩訶娜耶十四 波唎婆唎莎訶十五 若有自書使人書是无量壽經典又
能護持供養即如恭敬供養一切十方佛土如來无有別異陁羅尼曰
南謨薄伽勃底一 阿波唎蜜多二 阿喻紇硯娜三 須毗你悉指陁四 囉佐耶五 怛他羯他耶六
怛姪他唵七 薩婆桑悉迦囉八 波唎輸底九 達磨底十 伽迦娜十一 莎訶某持迦底十二
薩婆婆毗輸底十三 摩訶娜耶十四 波唎婆嚟莎訶十五
布施力能成正覺 悟布施力人師子 布施力能聲書聞 慈悲隨漸最能入
持戒力能成正覺 悟持戒力人師子 持戒力能聲書聞 慈悲隨漸最能入

BD14098 號　無量壽宗要經

（8–6）

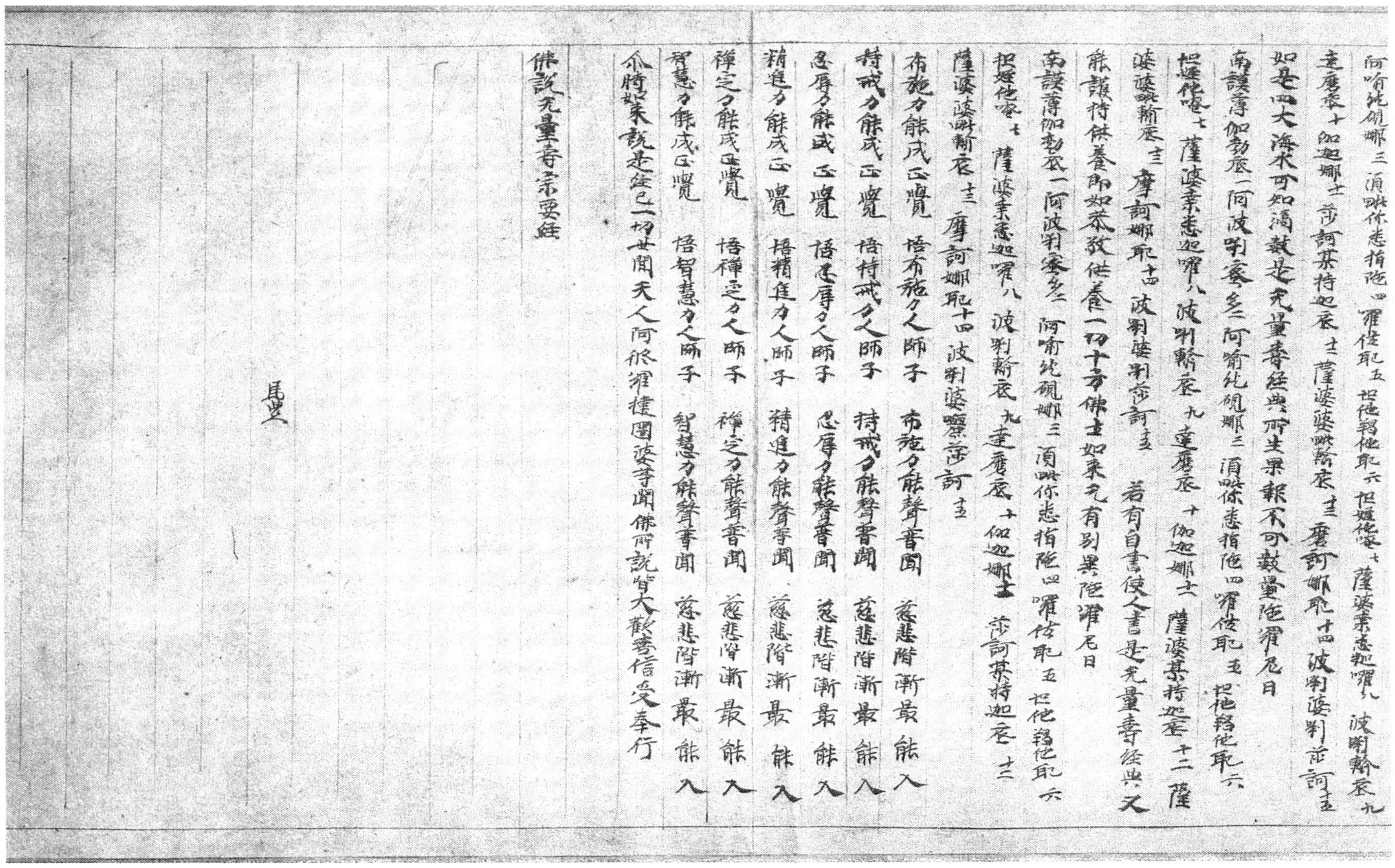

阿喻紇硯娜三 須毗你悉指陁四 囉佉耶五 怛他羯他耶六 怛姪他唵七 薩婆桑悉迦囉八 波唎輸底九
達磨底十 伽伽娜十一 莎訶莯持迦底十二 薩婆婆毗輸底十三 摩訶娜耶十四 波唎婆唎莎訶十五
如是四大海水可知滴數是無量壽經典所生果報不可數量陁羅尼曰
南謨薄伽勃底一 阿波唎蜜多二 阿喻紇硯娜三 須毗你悉指陁四 囉佉耶五 怛他羯他耶六
怛姪他唵七 薩婆桑悉迦囉八 波唎輸底九 達磨底十 伽伽娜十一 薩婆莯持迦底十二 薩
婆婆毗輸底十三 摩訶娜耶十四 波唎婆唎莎訶十五 若有自書使人書是無量壽經典又
能護持供養即如恭敬供養一切十方佛土如來無有別異陁羅尼曰
南謨薄伽勃底一 阿波唎蜜多二 阿喻紇硯娜三 須毗你悉指陁四 囉佉耶五 怛他羯他耶六
怛姪他唵七 薩婆桑悉迦囉八 波唎輸底九 達磨底十 伽伽娜十一 莎訶莯持迦底十二
薩婆婆毗輸底十三 摩訶娜耶十四 波唎婆囉莎訶十五
布施力能成正覺 悟布施力人師子 布施力能聲香聞 慈悲階漸最能入
持戒力能成正覺 悟持戒力人師子 持戒力能聲香聞 慈悲階漸最能入
忍辱力能成正覺 悟忍辱力人師子 忍辱力能聲香聞 慈悲階漸最能入
精進力能成正覺 悟精進力人師子 精進力能聲香聞 慈悲階漸最能入
禪定力能成正覺 悟禪定力人師子 禪定力能聲香聞 慈悲階漸最能入
智慧力能成正覺 悟智慧力人師子 智慧力能聲香聞 慈悲階漸最能入
尒時如來說是經已一切世間天人阿修羅揵闥婆等聞佛所說皆大歡喜信受奉行
佛說無量壽宗要經
馬豐

BD14098號　無量壽宗要經　（8–7）

佛說無量壽宗要經
馬豐

BD14098號　無量壽宗要經　（8–8）

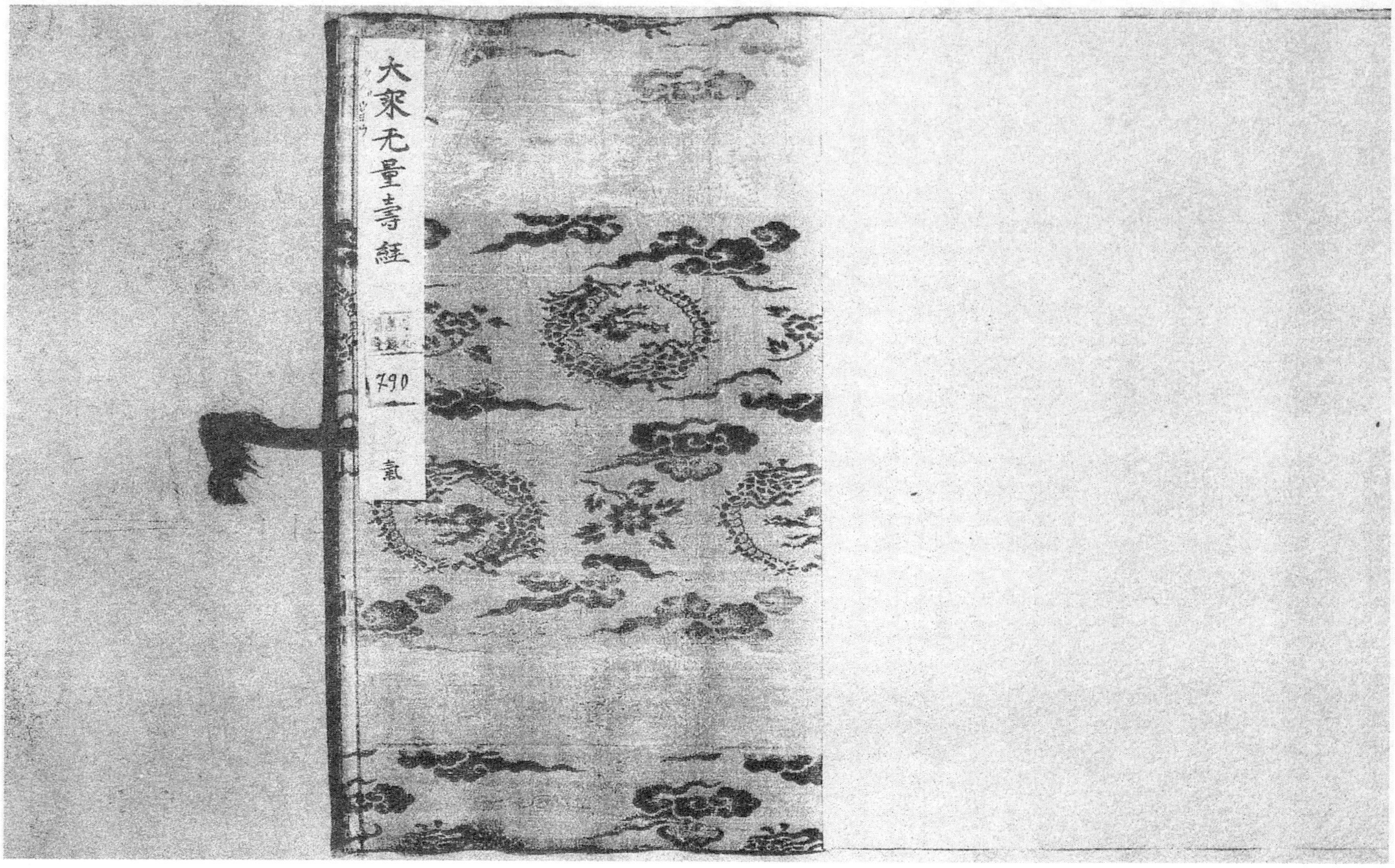


BD14099 號背　現代護首　　（1–1）

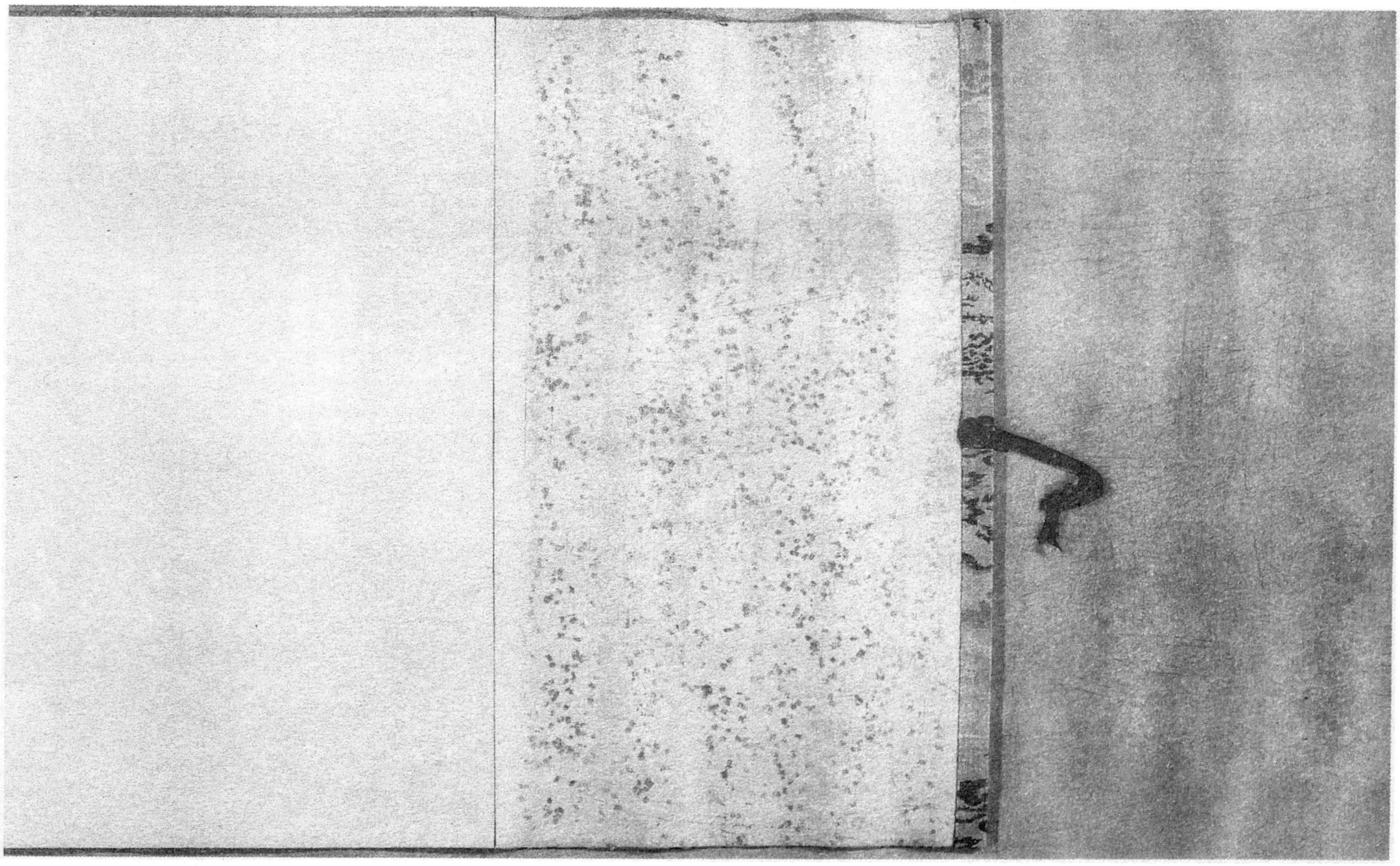

BD14099 號　無量壽宗要經　　（7–1）

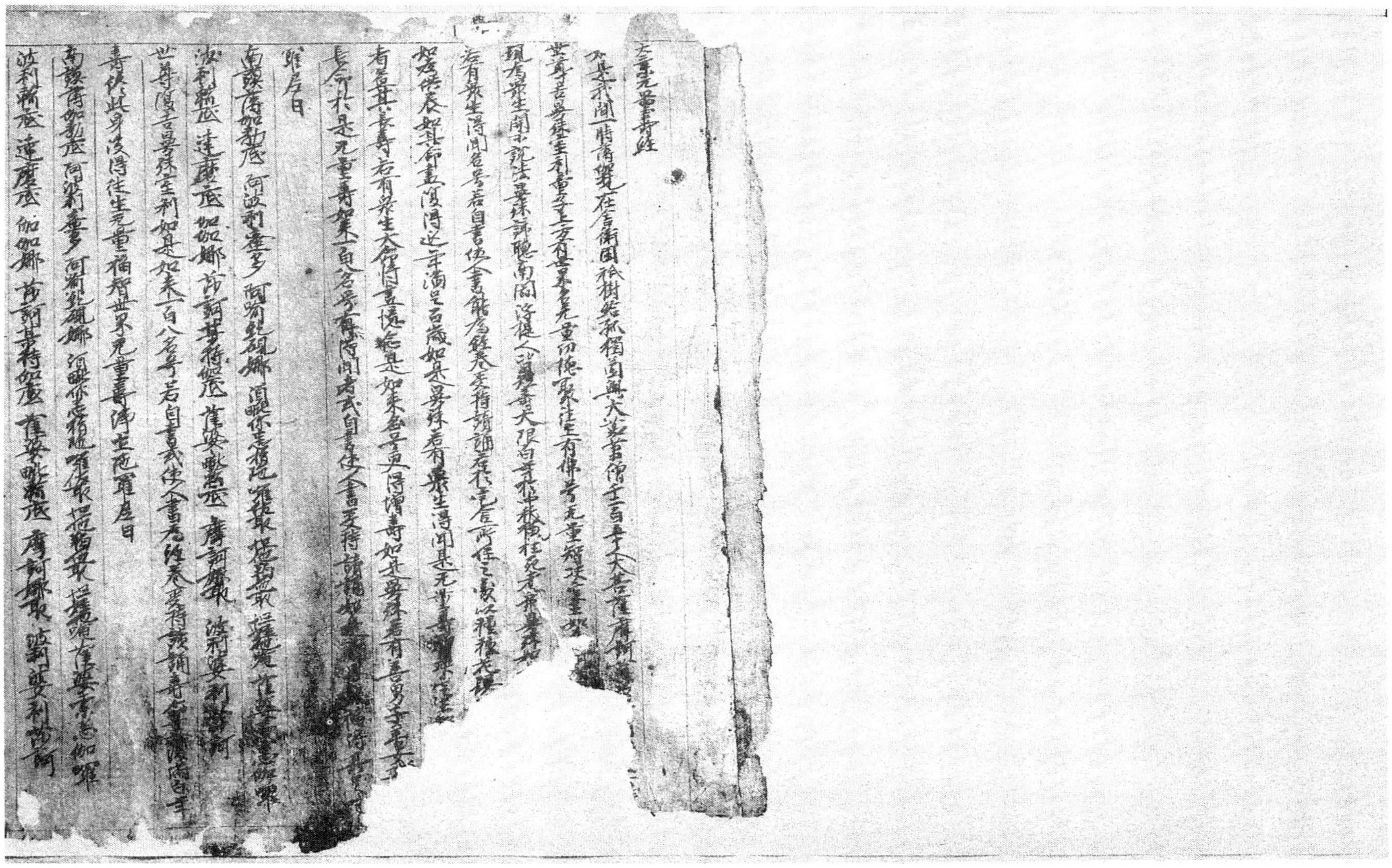

大乘無量壽經

如是我聞一時薄伽梵在舍衛國祇樹給孤獨園與大苾芻眾千二百五十人大菩薩摩訶

世尊告曼殊室利童子上方有世界名无量功德聚彼土有佛号无量智决定王如

現為衆生開示說法曼殊室利諦聽南閻浮提人壽大限百年於中夭横枉死者衆多

若有衆生得聞名号若自書使人書能為經卷受持讀誦於舍宅所住之處以種種花鬘瓔

如是供養如其命盡復得延年滿足百歲如是曼殊室利若有衆生得聞是无量壽

者益其長壽若有衆生大命將盡憶念是如來名号更得增壽如是曼殊室利若有善男子善女

長命於是无量壽如來一百八名号有聞者或自書使人書受持讀誦得如是

陁羅尼曰

南謨薄伽勃底　阿波利蜜多　阿喻紇硯娜　須毗你悉指陁　囉佐耶　怛他羯他耶　薩婆桑悉迦囉

波利輸底　達磨底　伽伽娜　莎訶甚特伽底　薩婆婆毗輸底　摩訶娜耶　波利婆利莎訶

世尊復告曼殊室利如是如來一百八名号若自書或使人書為經卷受持讀誦壽命盡復滿百年

壽終此身後得往生无量福智世界无量壽淨土陁羅尼曰

南謨薄伽勃底　阿波利蜜多　阿喻紇硯娜　須毗你悉指陁　囉佐耶　怛他羯他耶　薩婆桑悉迦囉

波利輸底　達磨底　伽伽娜　莎訶甚特伽底　薩婆婆毗輸底　摩訶娜耶　波利婆利莎訶

BD14099號　無量壽宗要經　（7–2）

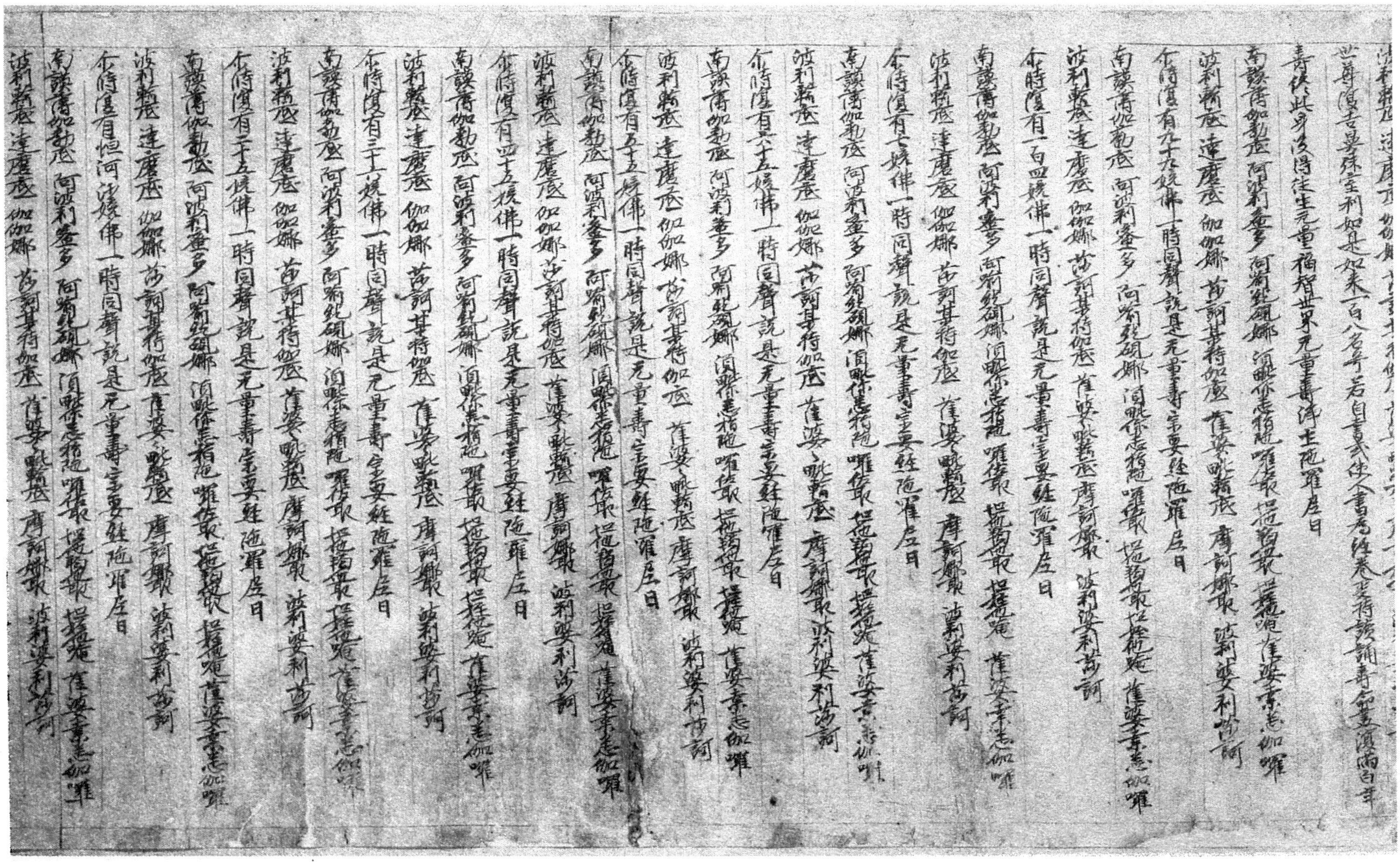

波利輸底　達磨底　伽伽娜

世尊復告曼殊室利如是如來一百八名号若自書或使人書為經卷受持讀誦壽命盡復滿百年

壽終此身後得往生无量福智世界无量壽淨土陁羅尼曰

南謨薄伽勃底　阿波利蜜多　阿喻紇硯娜　須毗你悉指陁　囉佐耶　怛他羯他耶　薩婆桑悉迦囉

波利輸底　達磨底　伽伽娜　莎訶甚特伽底　薩婆婆毗輸底　摩訶娜耶　波利婆利莎訶

尒時復有九十九姟佛一時同聲說是无量壽宗要經陁羅尼曰

南謨薄伽勃底　阿波利蜜多　阿喻紇硯娜　須毗你悉指陁　囉佐耶　怛他羯他耶　薩婆桑悉迦囉

波利輸底　達磨底　伽伽娜　莎訶甚特伽底　薩婆婆毗輸底　摩訶娜耶　波利婆利莎訶

尒時復有一百四姟佛一時同聲說是无量壽宗要經陁羅尼曰

南謨薄伽勃底　阿波利蜜多　阿喻紇硯娜　須毗你悉指陁　囉佐耶　怛他羯他耶　薩婆桑悉迦囉

波利輸底　達磨底　伽伽娜　莎訶甚特伽底　薩婆婆毗輸底　摩訶娜耶　波利婆利莎訶

尒時復有七姟佛一時同聲說是无量壽宗要經陁羅尼曰

南謨薄伽勃底　阿波利蜜多　阿喻紇硯娜　須毗你悉指陁　囉佐耶　怛他羯他耶　薩婆桑悉迦囉

波利輸底　達磨底　伽伽娜　莎訶甚特伽底　薩婆婆毗輸底　摩訶娜耶　波利婆利莎訶

尒時復有六十五姟佛一時同聲說是无量壽宗要經陁羅尼曰

南謨薄伽勃底　阿波利蜜多　阿喻紇硯娜　須毗你悉指陁　囉佐耶　怛他羯他耶　薩婆桑悉迦囉

波利輸底　達磨底　伽伽娜　莎訶甚特伽底　薩婆婆毗輸底　摩訶娜耶　波利婆利莎訶

尒時復有五十五姟佛一時同聲說是无量壽宗要經陁羅尼曰

南謨薄伽勃底　阿波利蜜多　阿喻紇硯娜　須毗你悉指陁　囉佐耶　怛他羯他耶　薩婆桑悉迦囉

波利輸底　達磨底　伽伽娜　莎訶甚特伽底　薩婆婆毗輸底　摩訶娜耶　波利婆利莎訶

尒時復有四十五姟佛一時同聲說是无量壽宗要經陁羅尼曰

南謨薄伽勃底　阿波利蜜多　阿喻紇硯娜　須毗你悉指陁　囉佐耶　怛他羯他耶　薩婆桑悉迦囉

波利輸底　達磨底　伽伽娜　莎訶甚特伽底　薩婆婆毗輸底　摩訶娜耶　波利婆利莎訶

尒時復有三十六姟佛一時同聲說是无量壽宗要經陁羅尼曰

南謨薄伽勃底　阿波利蜜多　阿喻紇硯娜　須毗你悉指陁　囉佐耶　怛他羯他耶　薩婆桑悉迦囉

波利輸底　達磨底　伽伽娜　莎訶甚特伽底　薩婆婆毗輸底　摩訶娜耶　波利婆利莎訶

尒時復有二十五姟佛一時同聲說是无量壽宗要經陁羅尼曰

南謨薄伽勃底　阿波利蜜多　阿喻紇硯娜　須毗你悉指陁　囉佐耶　怛他羯他耶　薩婆桑悉迦囉

波利輸底　達磨底　伽伽娜　莎訶甚特伽底　薩婆婆毗輸底　摩訶娜耶　波利婆利莎訶

尒時復有恒河沙姟佛一時同聲說是无量壽宗要經陁羅尼曰

南謨薄伽勃底　阿波利蜜多　阿喻紇硯娜　須毗你悉指陁　囉佐耶　怛他羯他耶　薩婆桑悉迦囉

波利輸底　達磨底　伽伽娜　莎訶甚特伽底　薩婆婆毗輸底　摩訶娜耶　波利婆利莎訶

BD14099號　無量壽宗要經　（7–3）

爾時復有二十五俱胝佛一時同聲說是无量壽宗要經陀羅尼曰
南謨薄伽勃底 阿波利蜜多 阿喻紇硯娜 須毗你悉指陀 囉佐耶 怛他揭他耶 怛姪他 唵 薩婆桑悉迦唎
波利輸底 達磨底 伽伽娜 莎訶其待伽底 薩婆婆毗輸底 摩訶娜耶 波利婆利 莎訶
爾時復有恒河沙俱胝佛一時同聲說是无量壽宗要經陀羅尼曰
南謨薄伽勃底 阿波利蜜多 阿喻紇硯娜 須毗你悉指陀 囉佐耶 怛他揭他耶 怛姪他 唵 薩婆桑悉迦唎
波利輸底 達磨底 伽伽娜 莎訶其待伽底 薩婆婆毗輸底 摩訶娜耶 波利婆利 莎訶
善男子若有自書寫教人書寫是无量壽宗要經如其命盡復滿百年陀羅尼曰
南謨薄伽勃底 阿波利蜜多 阿喻紇硯娜 須毗你悉指陀 囉佐耶 怛他揭他耶 怛姪他 唵 薩婆桑悉迦唎
波利輸底 達磨底 伽伽娜 莎訶其待伽底 薩婆婆毗輸底 摩訶娜耶 波利婆利 莎訶
若有自書寫教人書寫是无量壽宗要經讀誦受持畢竟不墮地獄在在所生得宿命智陀羅尼曰
南謨薄伽勃底 阿波利蜜多 阿喻紇硯娜 須毗你悉指陀 囉佐耶 怛他揭他耶 怛姪他 唵 薩婆桑悉迦唎
波利輸底 達磨底 伽伽娜 莎訶其待伽底 薩婆婆毗輸底 摩訶娜耶 波利婆利 莎訶
若有自書寫教人書寫是无量壽宗要經受持讀誦如同書寫八万四千一切經典陀羅尼曰
南謨薄伽勃底 阿波利蜜多 阿喻紇硯娜 須毗你悉指陀 囉佐耶 怛他揭他耶 怛姪他 唵 薩婆桑悉迦唎
波利輸底 達磨底 伽伽娜 莎訶其待伽底 薩婆婆毗輸底 摩訶娜耶 波利婆利 莎訶
若有自書寫教人書寫是无量壽宗要經即如書寫八万四千部建立塔廟陀羅尼曰
南謨薄伽勃底 阿波利蜜多 阿喻紇硯娜 須毗你悉指陀 囉佐耶 怛他揭他耶 怛姪他 唵 薩婆桑悉迦唎
波利輸底 達磨底 伽伽娜 莎訶其待伽底 薩婆婆毗輸底 摩訶娜耶 波利婆利 莎訶
若有自書寫教人書寫是无量壽宗要經能消五无間一切重罪陀羅尼曰
南謨薄伽勃底 阿波利蜜多 阿喻紇硯娜 須毗你悉指陀 囉佐耶 怛他揭他耶 怛姪他 唵 薩婆桑悉迦唎
波利輸底 達磨底 伽伽娜 莎訶其待伽底 薩婆婆毗輸底 摩訶娜耶 波利婆利 莎訶
若有自書寫教人書寫是无量壽宗要經受持讀誦設有重罪猶如須彌盡能消滅陀羅尼曰
南謨薄伽勃底 阿波利蜜多 阿喻紇硯娜 須毗你悉指陀 囉佐耶 怛他揭他耶 怛姪他 唵 薩婆桑悉迦唎
波利輸底 達磨底 伽伽娜 莎訶其待伽底 薩婆婆毗輸底 摩訶娜耶 波利婆利 莎訶
若有自書寫教人書寫是无量壽宗要經受持讀誦若魔魔眷屬夜叉羅剎不得其便終无橫死陀羅尼曰
南謨薄伽勃底 阿波利蜜多 阿喻紇硯娜 須毗你悉指陀 囉佐耶 怛他揭他耶 怛姪他 唵 薩婆桑悉迦唎
波利輸底 達磨底 伽伽娜 莎訶其待伽底 薩婆婆毗輸底 摩訶娜耶 波利婆利 莎訶
若有自書寫教人書寫是无量壽宗要經受持讀誦者臨命終時有九十九億佛現其人前來千佛授手
能遊一切佛剎莫於此經生於疑惑陀羅尼曰
南謨薄伽勃底 阿波利蜜多 阿喻紇硯娜 須毗你悉指陀 囉佐耶 怛他揭他耶 怛姪他 唵 薩婆桑悉迦唎
波利輸底 達磨底 伽伽娜 莎訶其待伽底 薩婆婆毗輸底 摩訶娜耶 波利婆利 莎訶
若有自書寫教人書寫是无量壽宗要經受持讀誦常得四天大王隨其衛護陀羅尼曰

BD14099號　無量壽宗要經

（7-4）

波利輸底 達磨底 伽伽娜 莎訶其待伽底 薩婆婆毗輸底 摩訶娜耶 波利婆利 莎訶
若有自書寫教人書寫是无量壽宗要經受持讀誦者臨命終時有九十九億佛現其人前來千佛授手
能遊一切佛剎莫於此經生於疑惑陀羅尼曰
南謨薄伽勃底 阿波利蜜多 阿喻紇硯娜 須毗你悉指陀 囉佐耶 怛他揭他耶 怛姪他 唵 薩婆桑悉迦唎
波利輸底 達磨底 伽伽娜 莎訶其待伽底 薩婆婆毗輸底 摩訶娜耶 波利婆利 莎訶
若有自書寫教人書寫是无量壽宗要經受持讀誦常得四天大王隨其衛護陀羅尼曰
南謨薄伽勃底 阿波利蜜多 阿喻紇硯娜 須毗你悉指陀 囉佐耶 怛他揭他耶 怛姪他 唵 薩婆桑悉迦唎
波利輸底 達磨底 伽伽娜 莎訶其待伽底 薩婆婆毗輸底 摩訶娜耶 波利婆利 莎訶
若有于所書使人寫是无量壽宗要經受持讀誦當得往生西方極樂世界阿彌陀淨土陀羅尼曰
南謨薄伽勃底 阿波利蜜多 阿喻紇硯娜 須毗你悉指陀 囉佐耶 怛他揭他耶 怛姪他 唵 薩婆桑悉迦唎
波利輸底 達磨底 伽伽娜 莎訶其待伽底 薩婆婆毗輸底 摩訶娜耶 波利婆利 莎訶
若有自書寫使人寫是无量壽經典之處即為是塔皆應恭敬作禮若是畜生禽鳥獸耳得聞是經
如是等類皆當不久得成一切陀羅尼曰
南謨薄伽勃底 阿波利蜜多 阿喻紇硯娜 須毗你悉指陀 囉佐耶 怛他揭他耶 怛姪他 唵 薩婆桑悉迦唎
波利輸底 達磨底 伽伽娜 莎訶其待伽底 薩婆婆毗輸底 摩訶娜耶 波利婆利 莎訶
若有於是无量壽自書寫使人書寫畢竟不受女人之身陀羅尼曰
南謨薄伽勃底 阿波利蜜多 阿喻紇硯娜 須毗你悉指陀 囉佐耶 怛他揭他耶 怛姪他 唵 薩婆桑悉迦唎
波利輸底 達磨底 伽伽娜 莎訶其待伽底 薩婆婆毗輸底 摩訶娜耶 波利婆利 莎訶
若有能於是經少分能惠施者等於三千大千世界滿中七寶布施陀羅尼曰
南謨薄伽勃底 阿波利蜜多 阿喻紇硯娜 須毗你悉指陀 囉佐耶 怛他揭他耶 怛姪他 唵 薩婆桑悉迦唎
波利輸底 達磨底 伽伽娜 莎訶其待伽底 薩婆婆毗輸底 摩訶娜耶 波利婆利 莎訶
若有能於供養是經者即是供養一切諸經无有異陀羅尼曰
南謨薄伽勃底 阿波利蜜多 阿喻紇硯娜 須毗你悉指陀 囉佐耶 怛他揭他耶 怛姪他 唵 薩婆桑悉迦唎
波利輸底 達磨底 伽伽娜 莎訶其待伽底 薩婆婆毗輸底 摩訶娜耶 波利婆利 莎訶
如是毗婆尸佛 尸棄佛 毗舍浮佛 俱留孫佛 俱那含牟尼佛 迦葉佛 釋迦牟尼佛
若有七寶供養如是七佛其福有限若書寫受持是无量壽經典所有功德不可限量陀羅尼曰
南謨薄伽勃底 阿波利蜜多 阿喻紇硯娜 須毗你悉指陀 囉佐耶 怛他揭他耶 怛姪他 唵 薩婆桑悉迦唎
波利輸底 達磨底 伽伽娜 莎訶其待伽底 薩婆婆毗輸底 摩訶娜耶 波利婆利 莎訶
若有七寶等於須彌山王布施其福尚能知其限量是无量壽經典其福不可知數陀羅尼曰
南謨薄伽勃底 阿波利蜜多 阿喻紇硯娜 須毗你悉指陀 囉佐耶 怛他揭他耶 怛姪他 唵 薩婆桑悉迦唎
波利輸底 達磨底 伽伽娜 莎訶其待伽底 薩婆婆毗輸底 摩訶娜耶 波利婆利 莎訶
[illegible]其福不可數量陀羅尼曰

BD14099號　無量壽宗要經

（7-5）

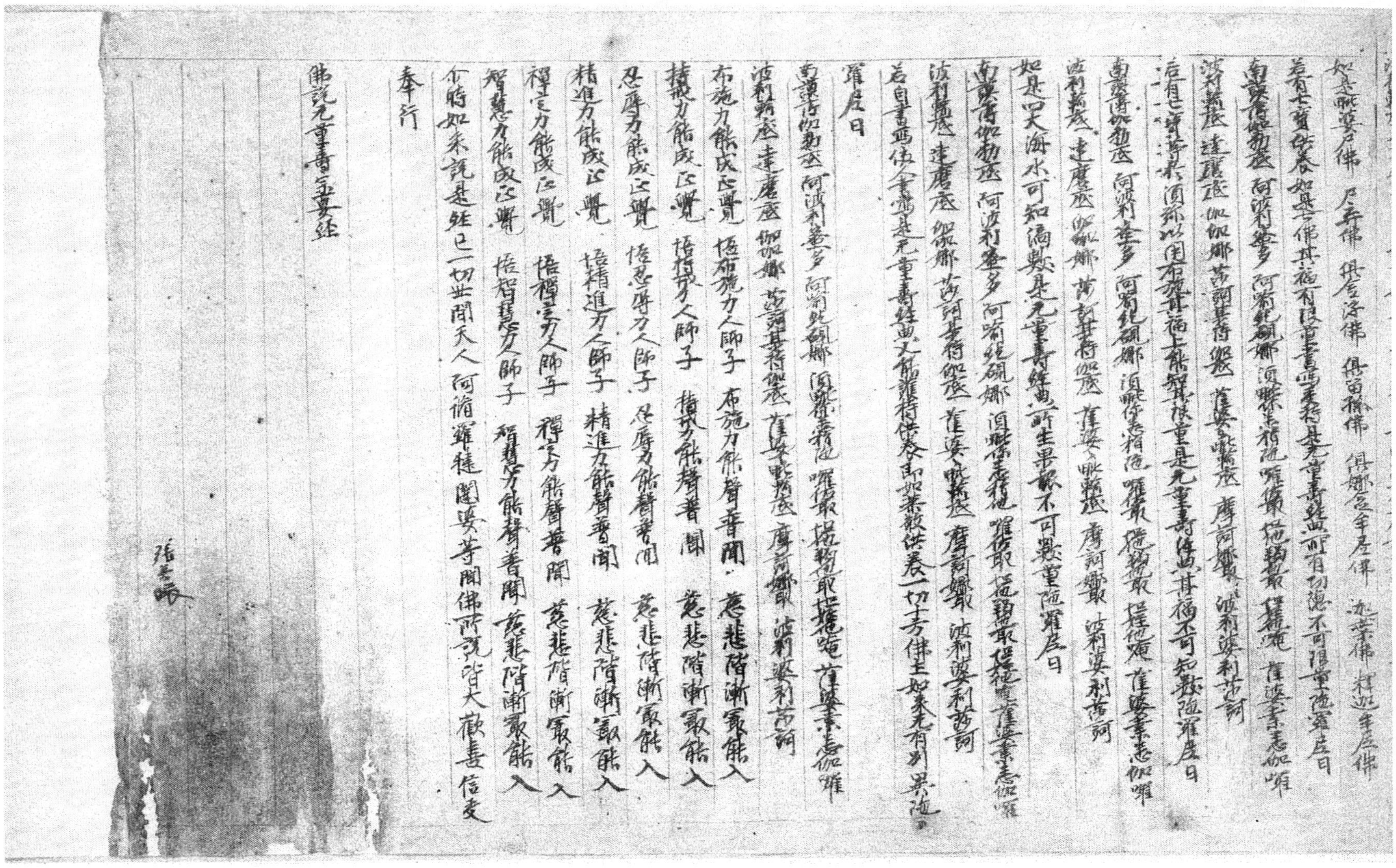

如是毗婆尸佛　尸棄佛　毗舍浮佛　俱留孫佛　俱那含牟尼佛　迦葉佛　釋迦牟尼佛

若有七寶供養如是七佛其福有限書寫無量壽經典所有功德不可限量陁羅尼曰

南謨薄伽勃底　阿波唎蜜多　阿喻紇硯那　須毗你悉指陁　囉佐耶　怛他羯他耶　怛姪他　唵　薩婆桑塞迦囉

波唎輸底　達磨底　伽伽那　莎訶娑木伽底　莎婆婆毗輸底　摩訶那耶　波唎婆唎莎訶

若有七寶等於須弥山用布施其福上能知其限量是無量壽經典其福不可知數陁羅尼曰

南謨薄伽勃底　阿波唎蜜多　阿喻紇硯那　須毗你悉指陁　囉佐耶　怛他羯他耶　怛姪他　唵　薩婆桑塞迦囉

波唎輸底　達磨底　伽伽那　莎訶娑木伽底　莎婆婆毗輸底　摩訶那耶　波唎婆唎莎訶

如是四大海水可知滴數是無量壽經典所生果報不可數量陁羅尼曰

南謨薄伽勃底　阿波唎蜜多　阿喻紇硯那　須毗你悉指陁　囉佐耶　怛他羯他耶　怛姪他　唵　薩婆桑塞迦囉

波唎輸底　達磨底　伽伽那　莎訶娑木伽底　莎婆婆毗輸底　摩訶那耶　波唎婆唎莎訶

若自書寫使人書寫是無量壽經典又能讀誦供養即如恭敬供養一切十方佛土如來無有別異陁

羅尼曰

南謨薄伽勃底　阿波唎蜜多　阿喻紇硯那　須毗你悉指陁　囉佐耶　怛他羯他耶　怛姪他　唵　薩婆桑塞迦囉

波唎輸底　達磨底　伽伽那　莎訶娑木伽底　莎婆婆毗輸底　摩訶那耶　波唎婆唎莎訶

布施力能成正覺　悟布施力人師子　布施力能聲普聞　慈悲隨衛衆能入

持戒力能成正覺　悟持戒力人師子　持戒力能聲普聞　慈悲隨衛衆能入

忍辱力能成正覺　悟忍辱力人師子　忍辱力能聲普聞　慈悲隨衛衆能入

精進力能成正覺　悟精進力人師子　精進力能聲普聞　慈悲隨衛衆能入

禪定力能成正覺　悟禪定力人師子　禪定力能聲普聞　慈悲隨衛衆能入

智慧力能成正覺　悟智慧力人師子　智慧力能聲普聞　慈悲隨衛衆能入

尒時如來說是經已一切世間天人阿脩羅揵闥婆等聞佛所說皆大歡喜信受

奉行

佛說無量壽宗要經

張善昄

BD14099 號　無量壽宗要經　（7–6）

精進力能成正覺　悟精進力人師子　精進力能聲普聞　慈悲隨衛衆能入

禪定力能成正覺　悟禪定力人師子　禪定力能聲普聞　慈悲隨衛衆能入

智慧力能成正覺　悟智慧力人師子　智慧力能聲普聞　慈悲隨衛衆能入

尒時如來說是經已一切世間天人阿脩羅揵闥婆等聞佛所說皆大歡喜信受

奉行

佛說無量壽宗要經

張善昄


BD14099 號　無量壽宗要經　（7–7）

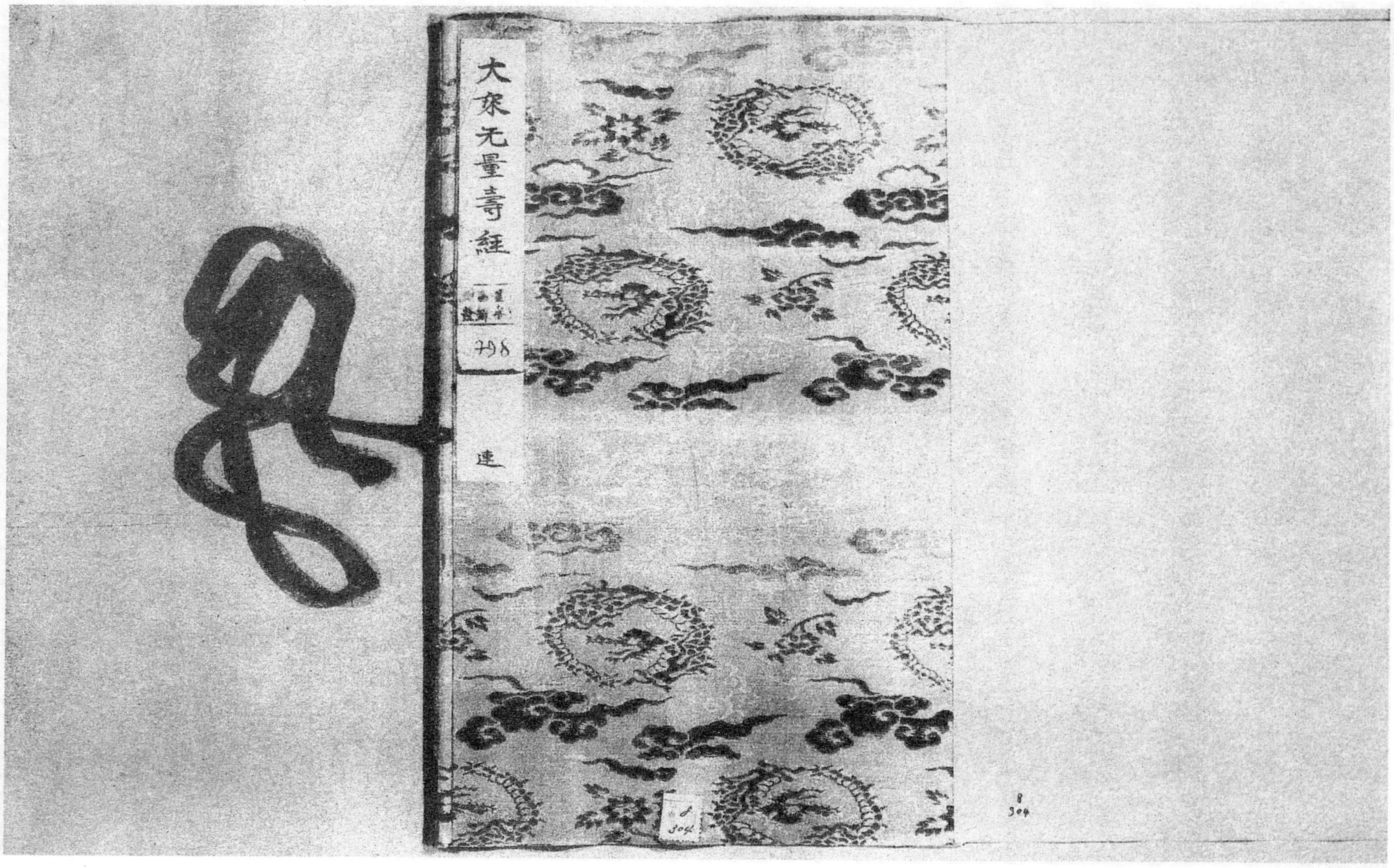


BD14100 號背　現代護首　　（1–1）

BD14100 號　無量壽宗要經　　（9–1）

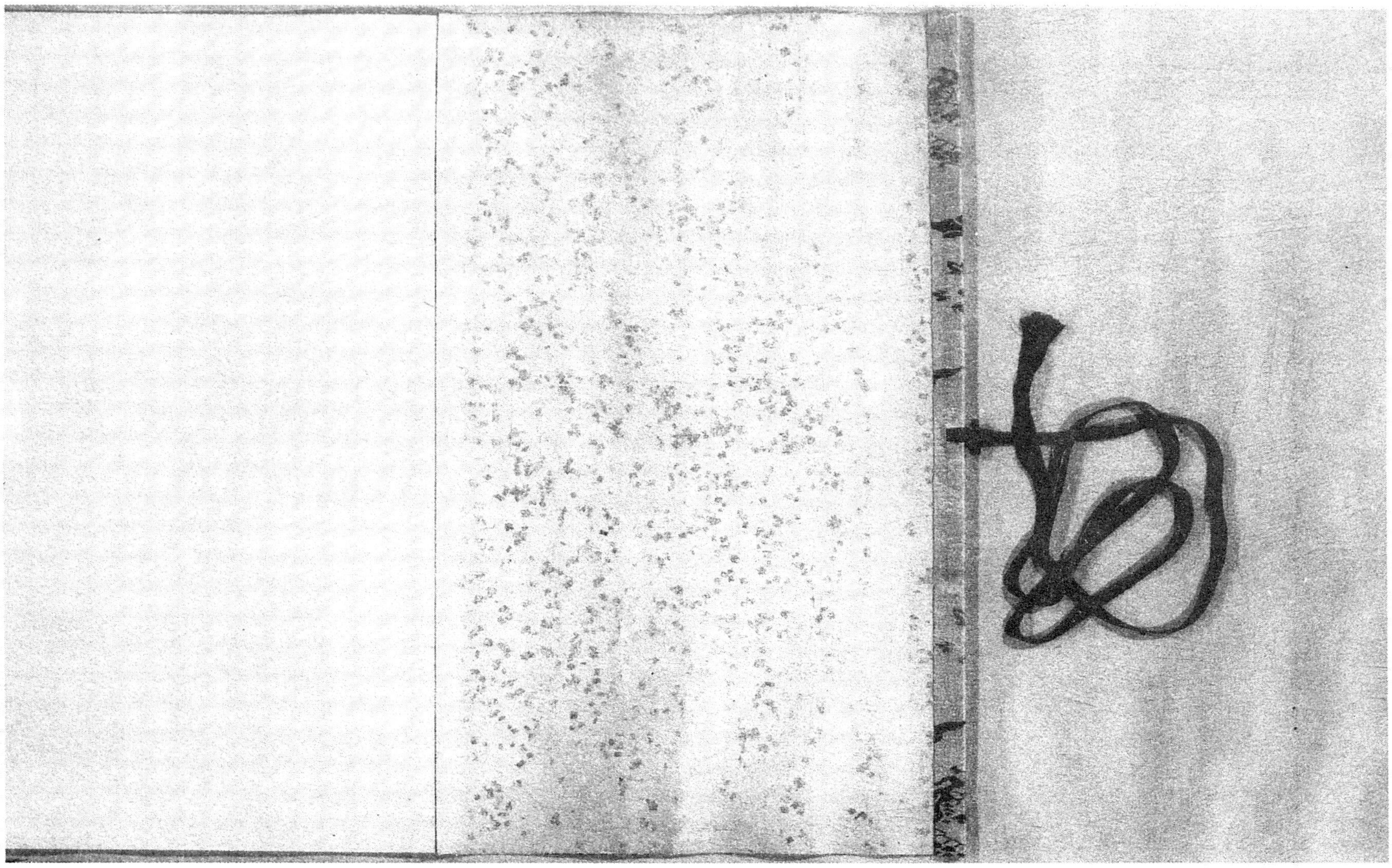

BD14100 號　無量壽宗要經　（9–2）

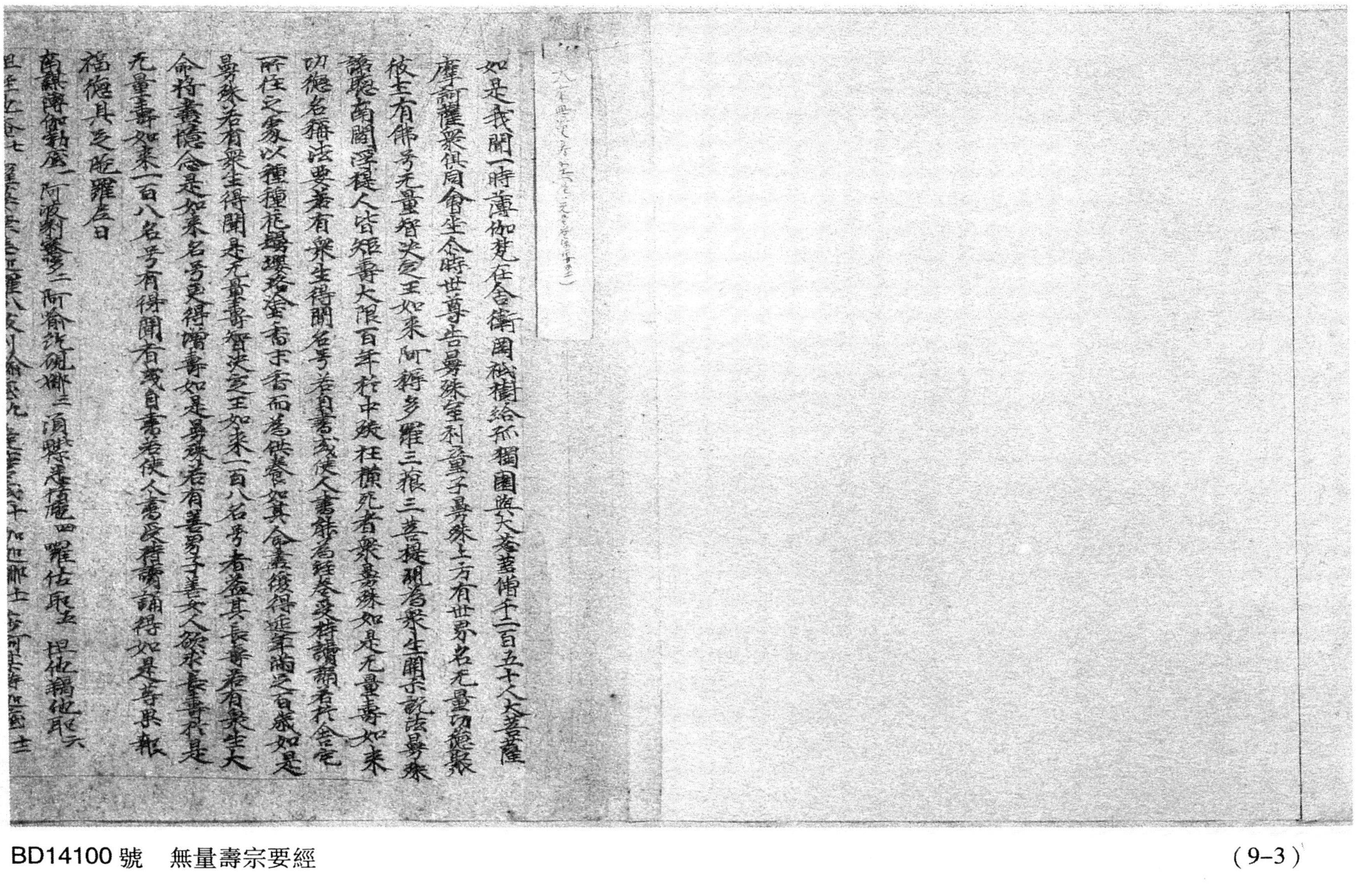

如是我聞一時薄伽梵在舍衛國祇樹給孤獨園與大苾芻僧千二百五十人大菩薩
摩訶薩衆俱爾時世尊告曼殊室利童子曼殊上方有世界名无量功德聚
彼土有佛号无量智決定王如來阿耨多羅三藐三菩提現為衆生開示說法曼殊
諦聽南閻浮提人皆短壽大限百年於中殀枉横死者衆曼殊如是无量壽如來
功德名稱法要若有衆生得聞名号若自書或使人書録為經卷受持讀誦者於舍宅
所住之處以種種花鬘瓔珞塗香末香而為供養如其命盡復得延年滿足百歲如是
曼殊若有衆生得聞是无量壽智決定王如來一百八名号者益其長壽若有衆生大
命將盡憶念是如來名号更得增壽如是曼殊若有善男子善女人欲求長壽於是
无量壽如來一百八名号有得聞者或自書若使人書受持讀誦得如是等果報
福德具足陀羅尼曰
南謨薄伽勃底一 阿波唎蜜多二 阿喻紇硯那三 須毗你悉指陀四 囉佐耶五 怛他羯他耶六
怛姪他七 唵薩婆桑悉迦囉八 [illegible]

BD14100 號　無量壽宗要經　（9–3）

命將盡億念是如來名号更得增壽如是勇殊若有善男子善女人欲求長壽於是
无量壽如來一百八名号有得聞者或自書若使人書受持讀誦得如是吾果報
福德具足陁羅尼曰
南謨薄伽勃底一 阿波唎蜜哆二 阿喻紇硯娜三 須毗你悉指陁四 囉佐耶五 怛他羯他耶六
怛姪他唵七 薩婆桑悉迦囉八 波唎輸底九 達磨底十 伽迦娜十一 莎訶某持迦底十二
薩婆婆毗輸底十三 摩訶娜耶十四 波唎婆囉莎訶十五
世尊復告曼殊室利如是如來一百八名号若有自書或使人書爲經卷受持讀
誦如其命盡復滿百年壽終此身後得往生无量福智世界无量壽淨土陁羅尼曰
南謨薄伽勃底一 阿波唎蜜哆二 阿喻紇硯娜三 須毗你悉指陁四 囉佐耶五 怛他羯他耶六
怛姪他唵七 薩婆桑悉迦囉八 波唎輸底九 達磨底十 伽迦娜十一 莎訶某持迦底十二
薩婆婆毗輸底十三 摩訶娜耶十四 波唎婆囉莎訶十五
尒時有九十九姟佛等一時同聲說是无量壽宗要經陁羅尼曰
南謨薄伽勃底一 阿波唎蜜哆二 阿喻紇硯娜三 須毗你悉指陁四 囉佐耶五 怛他羯他耶六
怛姪他唵七 薩婆桑悉迦囉八 波唎輸底九 達磨底十 伽迦娜十一 莎訶某持迦底十二
薩婆婆毗輸底十三 摩訶娜耶十四 波唎婆囉莎訶十五
尒時復有一百四姟佛一時同聲說是无量壽宗要經陁羅尼曰
南謨薄伽勃底一 阿波唎蜜哆二 阿喻紇硯娜三 須毗你悉指陁四 囉佐耶五 怛他羯他耶六
怛姪他唵七 薩婆桑悉迦囉八 波唎輸底九 達磨底十 伽迦娜十一 莎訶某持迦底十二
薩婆婆毗輸底十三 摩訶娜耶十四 波唎婆囉莎訶十五
尒時復有七姟佛一時同聲說是无量壽宗要經陁羅尼曰
南謨薄伽勃底一 阿波唎蜜哆二 阿喻紇硯娜三 須毗你悉指陁四 囉佐耶五 怛他羯他耶六
怛姪他唵七 薩婆桑悉迦囉八 波唎輸底九 達磨底十 伽迦娜十一 莎訶某持迦底十二
薩婆婆毗輸底十三 摩訶娜耶十四 波唎婆囉莎訶十五
尒時復有六十五姟佛一時同聲說是无量壽宗要經陁羅尼曰
南謨薄伽勃底一 阿波唎蜜哆二 阿喻紇硯娜三 須毗你悉指陁四 囉佐耶五 怛他羯他耶六
怛姪他唵七 薩婆桑悉迦囉八 波唎輸底九 達磨底十 伽迦娜十一 莎訶某持迦底十二
薩婆婆毗輸底十三 摩訶娜耶十四 波唎婆囉莎訶十五
尒時復有五十五姟佛一時同聲說是无量壽宗要經陁羅尼曰
南謨薄伽勃底一 阿波唎蜜哆二 阿喻紇硯娜三 須毗你悉指陁四 囉佐耶五 怛他羯他耶六

BD14100號　無量壽宗要經　（9–4）

怛姪他唵七 薩婆桑悉迦囉八 波唎輸底九 達磨底十 伽迦娜十一 莎訶某持迦底十二
薩婆婆毗輸底十三 摩訶娜耶十四 波唎婆囉莎訶十五
尒時復有五十五姟佛一時同聲說是无量壽宗要經陁羅尼曰
南謨薄伽勃底一 阿波唎蜜哆二 阿喻紇硯娜三 須毗你悉指陁四 囉佐耶五 怛他羯他耶六
怛姪他唵七 薩婆桑悉迦囉八 波唎輸底九 達磨底十 伽迦娜十一 莎訶某持迦底十二
薩婆婆毗輸底十三 摩訶娜耶十四 波唎婆囉莎訶十五
尒時復有四十五姟佛一時同聲說是无量壽宗要經陁羅尼曰
南謨薄伽勃底一 阿波唎蜜哆二 阿喻紇硯娜三 須毗你悉指陁四 囉佐耶五 怛他羯他耶六
怛姪他唵七 薩婆桑悉迦囉八 波唎輸底九 達磨底十 伽迦娜十一 莎訶某持迦底十二
薩婆婆毗輸底十三 摩訶娜耶十四 波唎婆囉莎訶十五
尒時復有三十六姟佛一時同聲說是无量壽宗要經陁羅尼曰
南謨薄伽勃底一 阿波唎蜜哆二 阿喻紇硯娜三 須毗你悉指陁四 囉佐耶五 怛他羯他耶六
怛姪他唵七 薩婆桑悉迦囉八 波唎輸底九 達磨底十 伽迦娜十一 莎訶某持迦底十二
薩婆婆毗輸底十三 摩訶娜耶十四 波唎婆囉莎訶十五
尒時復有二十五姟佛一時同聲說是无量壽宗要經陁羅尼曰
南謨薄伽勃底一 阿波唎蜜哆二 阿喻紇硯娜三 須毗你悉指陁四 囉佐耶五 怛他羯他耶六
怛姪他唵七 薩婆桑悉迦囉八 波唎輸底九 達磨底十 伽迦娜十一 莎訶某持迦底十二
薩婆婆毗輸底十三 摩訶娜耶十四 波唎婆囉莎訶十五
尒時復有恒河沙姟佛一時同聲說是无量壽宗要經陁羅尼曰
南謨薄伽勃底一 阿波唎蜜哆二 阿喻紇硯娜三 須毗你悉指陁四 囉佐耶五 怛他羯他耶六
怛姪他唵七 薩婆桑悉迦囉八 波唎輸底九 達磨底十 伽迦娜十一 莎訶某持迦底十二
薩婆婆毗輸底十三 摩訶娜耶十四 波唎婆囉莎訶十五
善男子若有自書寫教人書寫是无量壽宗要經如其命盡復得長壽而滿
年陁羅尼曰
南謨薄伽勃底一 阿波唎蜜哆二 阿喻紇硯娜三 須毗你悉指陁四 囉佐耶五 怛他羯他耶六
怛姪他唵七 薩婆桑悉迦囉八 波唎輸底九 達磨底十 伽迦娜十一 莎訶某持迦底十二
薩婆婆毗輸底十三 摩訶娜耶十四 波唎婆囉莎訶十五
若有自書寫教人書寫是无量壽宗要經讀誦受持畢竟不墮地獄在
在所生得宿命智陁羅尼曰
南謨薄伽勃底一 阿波唎蜜哆二 阿喻紇硯娜三 須毗你悉指陁四 囉佐耶五 怛他羯他耶六

BD14100號　無量壽宗要經　（9–5）

怛姪他唵七 薩婆桑悉迦囉八 波唎輸底九 達磨底十 伽迦娜十一 莎訶某持迦底十二
薩婆婆毗輸底十三 摩訶娜耶十四 波唎婆嚟莎訶十五
若有自書寫教人書寫是无量壽宗要經讀誦受持畢竟不墮地獄在
在所生得宿命智陁羅尼曰
南謨薄伽勃底一 阿波唎蜜哆二 阿喻紇硯娜三 須毗你失指陁四 囉佐耶五 怛他羯他耶六
怛姪他唵七 薩婆桑悉迦囉八 波唎輸底九 達磨底十 伽迦娜十一 莎訶某持迦底十二
薩婆婆毗輸底十三 摩訶娜耶十四 波唎婆嚟莎訶十五
若有自書寫教人書寫是无量壽宗要經受持讀誦如同書寫八万四千一切經典陁羅尼曰
南謨薄伽勃底一 阿波唎蜜哆二 阿喻紇硯娜三 須毗你失指陁四 囉佐耶五 怛他羯他耶六
怛姪他唵七 薩婆桑悉迦囉八 波唎輸底九 達磨底十 伽迦娜十一 莎訶某持迦底十二
薩婆婆毗輸底十三 摩訶娜耶十四 波唎婆嚟莎訶十五
若有自書寫教人書寫是无量壽宗要經即是書寫八万四千部建立塔廟陁羅尼曰
南謨薄伽勃底一 阿波唎蜜哆二 阿喻紇硯娜三 須毗你失指陁四 囉佐耶五 怛他羯他耶六
怛姪他唵七 薩婆桑悉迦囉八 波唎輸底九 達磨底十 伽迦娜十一 莎訶某持迦底十二
薩婆婆毗輸底十三 摩訶娜耶十四 波唎婆嚟莎訶十五
若有自書寫教人書是无量壽宗要經能消五无間等一切重罪陁羅尼曰
南謨薄伽勃底一 阿波唎蜜哆二 阿喻紇硯娜三 須毗你失指陁四 囉佐耶五 怛他羯他耶六
怛姪他唵七 薩婆桑悉迦囉八 波唎輸底九 達磨底十 伽迦娜十一 莎訶某持迦底十二
薩婆婆毗輸底十三 摩訶娜耶十四 波唎婆嚟莎訶十五
若有自書寫教人書寫是无量壽宗要經受持讀誦設有罪猶如須彌盡能除滅陁羅尼曰
南謨薄伽勃底一 阿波唎蜜哆二 阿喻紇硯娜三 須毗你失指陁四 囉佐耶五 怛他羯他耶六
怛姪他唵七 薩婆桑悉迦囉八 波唎輸底九 達磨底十 伽迦娜十一 莎訶某持迦底十二
薩婆婆毗輸底十三 摩訶娜耶十四 波唎婆嚟莎訶十五
若有書寫教人書寫是无量壽宗要經受持讀誦若魔子之眷屬夜刹羅剎
不得其便終无枉死陁羅尼曰 南謨薄伽勃底一 阿波唎蜜哆二 阿喻紇硯娜三 須毗你失指陁四
囉佐耶五 怛他羯他耶六 怛姪他唵七 薩婆桑悉迦囉八 波唎輸底九 達磨底十 伽迦娜十一
莎訶某持迦底十二 薩婆婆毗輸底十三 摩訶娜耶十四 波唎婆嚟莎訶十五
若有自書教人書寫是无量壽宗要經受持讀誦當命終時有九十九殑佛
現其人前等千佛授手能遊一切佛剎莫於此經生於疑惑陁羅尼曰
南謨薄伽勃底一 阿波唎蜜哆二 阿喻紇硯娜三 須毗你失指陁四 囉佐耶五 怛他羯他耶六
怛姪他唵七 薩婆桑悉迦囉八 波唎輸底九 達磨底十 伽迦娜十一 莎訶某持迦底十二

BD14100號　無量壽宗要經　（9–6）

莎訶某持迦底十二 薩婆婆毗輸底十三 摩訶娜耶十四 波唎婆嚟莎訶十五
若有自書教人書寫是无量壽宗要經受持讀誦當命終時有九十九殑佛
現其人前等千佛授手能遊一切佛剎莫於此經生於疑惑陁羅尼曰
南謨薄伽勃底一 阿波唎蜜哆二 阿喻紇硯娜三 須毗你失指陁四 囉佐耶五 怛他羯他耶六
怛姪他唵七 薩婆桑悉迦囉八 波唎輸底九 達磨底十 伽迦娜十一 莎訶某持迦底十二
薩婆婆毗輸底十三 摩訶娜耶十四 波唎婆嚟莎訶十五
若有自書寫教人書寫是无量壽宗要經受持讀誦常得四天王隨其衛護陁羅尼曰
南謨薄伽勃底一 阿波唎蜜哆二 阿喻紇硯娜三 須毗你失指陁四 囉佐耶五 怛他羯他耶六 怛姪他唵七
怛姪他唵七 薩婆桑悉迦囉八 波唎輸底九 達磨底十 伽迦娜十一 莎訶某持迦底十二
薩婆婆毗輸底十三 摩訶娜耶十四 波唎婆嚟莎訶十五
若有自書寫教人書寫是无量壽宗要經受持讀誦當得往生西方極樂世界阿弥陁淨土陁羅尼
南謨薄伽勃底一 阿波唎蜜哆二 阿喻紇硯娜三 須毗你失指陁四 囉佐耶五 怛姪羯他耶六
怛姪他唵七 薩婆桑悉迦囉八 波唎輸底九 達磨底十 伽迦娜十一 莎訶某持迦底十二
薩婆婆毗輸底十三 摩訶娜耶十四 波唎婆嚟莎訶十五
若有方所自書寫使人書寫是无量壽經典之處則爲是塔皆應恭敬作禮若
是畜生或爲鳥獸得聞是經如是等類皆當不久得成一切種智陁羅尼曰
南謨薄伽勃底一 阿波唎蜜哆二 阿喻紇硯娜三 須毗你失指陁四 囉佐耶五 怛他羯他耶六
怛姪他唵七 薩婆桑悉迦囉八 波唎輸底九 達磨底十 伽迦娜十一 莎訶某持迦底十二
薩婆婆毗輸底十三 摩訶娜耶十四 波唎婆嚟莎訶十五
若有於是无量壽經自書寫使人書畢竟不受女人之身陁羅尼曰
南謨薄伽勃底一 阿波唎蜜哆二 阿喻紇硯娜三 須毗你失指陁四 囉佐耶五 怛他羯他耶六
怛姪他唵七 薩婆桑悉迦囉八 波唎輸底九 達磨底十 伽迦娜十一 莎訶某持迦底十二
薩婆婆毗輸底十三 摩訶娜耶十四 波唎婆嚟莎訶十五
若有能於是經少分能惠施者等於三千大千世界滿中七寶布施陁羅尼曰
南謨薄伽勃底一 阿波唎蜜哆二 阿喻紇硯娜三 須毗你失指陁四 囉佐耶五 怛他羯他耶六
怛姪他唵七 薩婆桑悉迦囉八 波唎輸底九 達磨底十 伽迦娜十一 莎訶某持迦底十二
薩婆婆毗輸底十三 摩訶娜耶十四 波唎婆嚟莎訶十五
若有能供養是經者則是供養一切諸經等无有異陁羅尼曰
南謨薄伽勃底一 阿波唎蜜哆二 阿喻紇硯娜三 須毗你失指陁四 囉佐耶五 怛他羯他耶六
怛姪他唵七 薩婆桑悉迦囉八 波唎輸底九 達磨底十 伽迦娜十一 莎訶某持迦底十二

BD14100號　無量壽宗要經　（9–7）

怛姪他唵七 薩婆桑悉迦囉八 波唎輸底九 達磨底十 伽迦娜十一 莎訶其持迦底十二
薩婆婆毗輸底十三 摩訶娜耶十四 波唎婆囉莎訶十五
若有能供養是經者則是供養一切諸經等无有異陁羅尼曰
南謨薄伽勃底一 阿波唎蜜哆二 阿喻紇硯娜三 須毗你悉指陁四 囉佐耶五 怛他羯他耶六
怛姪他唵七 薩婆桑悉迦囉八 波唎輸底九 達磨底十 伽迦娜十一 莎訶其持迦底十二
薩婆婆毗輸底十三 摩訶娜耶十四 波唎婆囉莎訶十五
如是毗婆尸佛尸弃佛毗舍浮佛俱留孫佛俱那含牟尼佛迦葉佛釋迦牟尼佛
若有人以七寶供養如是七佛其福有限書寫受持是无量壽經典所有功德不可
限量陁羅尼曰　南謨薄伽勃底一 阿波唎蜜哆二 阿喻紇硯娜三 須毗你悉指陁四
囉佐耶五 怛他羯他耶六 怛姪他唵七 薩婆桑悉迦囉八 波唎輸底九 達磨底十 伽迦娜十一
莎訶其持迦底十二 薩婆婆毗輸底十三 摩訶娜耶十四 波唎婆囉莎訶十五
若有七寶善於須弥以用布施其福上能知其限量是无量壽經典其福不可知數
陁羅尼曰　南謨薄伽勃底一 阿波唎蜜哆二 阿喻紇硯娜三 須毗你悉指陁四 囉佐耶五
怛他羯他耶六 怛姪他唵七 薩婆桑悉迦囉八 波唎輸底九 達磨底十 伽迦娜十一
莎訶其持迦底十二 薩婆婆毗輸底十三 摩訶娜耶十四 波唎婆囉莎訶十五
如是四大海水可知滴數是无量壽經典所生果報不可數量陁羅尼曰
南謨薄伽勃底一 阿波唎蜜哆二 阿喻紇硯娜三 須毗你悉指陁四 囉佐耶五 怛他羯他耶六 怛姪他唵七
薩婆桑悉迦囉八 波唎輸底九 達磨底十 伽迦娜十一 莎訶其持迦底十二 薩婆婆毗輸底十三
摩訶娜耶十四 波唎婆囉莎訶十五
若有自書使人書寫是无量壽經典又能護持供養即如來敬供養一切十方
佛土如來无有別異陁羅尼曰
南謨薄伽勃底一 阿波唎蜜哆二 阿喻紇硯娜三 須毗你悉指陁四 囉佐耶五 怛他羯他耶六 怛姪他唵七
薩婆桑悉迦囉八 波唎輸底九 達磨底十 伽迦娜十一 莎訶其持迦底十二 薩婆婆毗輸底十三
摩訶娜耶十四 波唎婆囉莎訶十五
布施力能成正覺　悟布施力人師子　布施力能聲普聞　慈悲階漸最能入
持戒力能成正覺　悟持戒力人師子　持戒力能聲普聞　慈悲階漸最能入
忍辱力能成正覺　悟忍辱力人師子　忍辱力能聲普聞　慈悲階漸最能入
精進力能成正覺　悟精進力人師子　精進力能聲普聞　慈悲階漸最能入
禪定力能成正覺　悟禪定力人師子　禪定力能聲普聞　慈悲階漸最能入
智慧力能成正覺　悟智慧力人師子　智慧力能聲普聞　慈悲階漸最能入

BD14100號　無量壽宗要經

(9–8)

佛土如來无有別異陁羅尼曰
南謨薄伽勃底一 阿波唎蜜哆二 阿喻紇硯娜三 須毗你悉指陁四 囉佐耶五 怛他羯他耶六 怛姪他唵七
薩婆桑悉迦囉八 波唎輸底九 達磨底十 伽迦娜十一 莎訶其持迦底十二 薩婆婆毗輸底十三
摩訶娜耶十四 波唎婆囉莎訶十五
布施力能成正覺　悟布施力人師子　布施力能聲普聞　慈悲階漸最能入
持戒力能成正覺　悟持戒力人師子　持戒力能聲普聞　慈悲階漸最能入
忍辱力能成正覺　悟忍辱力人師子　忍辱力能聲普聞　慈悲階漸最能入
精進力能成正覺　悟精進力人師子　精進力能聲普聞　慈悲階漸最能入
禪定力能成正覺　悟禪定力人師子　禪定力能聲普聞　慈悲階漸最能入
智慧力能成正覺　悟智慧力人師子　智慧力能聲普聞　慈悲階漸最能入
尒時如來說是經已一切世間天人阿脩羅揵闥婆等聞佛所說皆大歡
喜信受奉行

佛說无量壽宗要經

張良友寫

BD14100號　無量壽宗要經

(9–9)

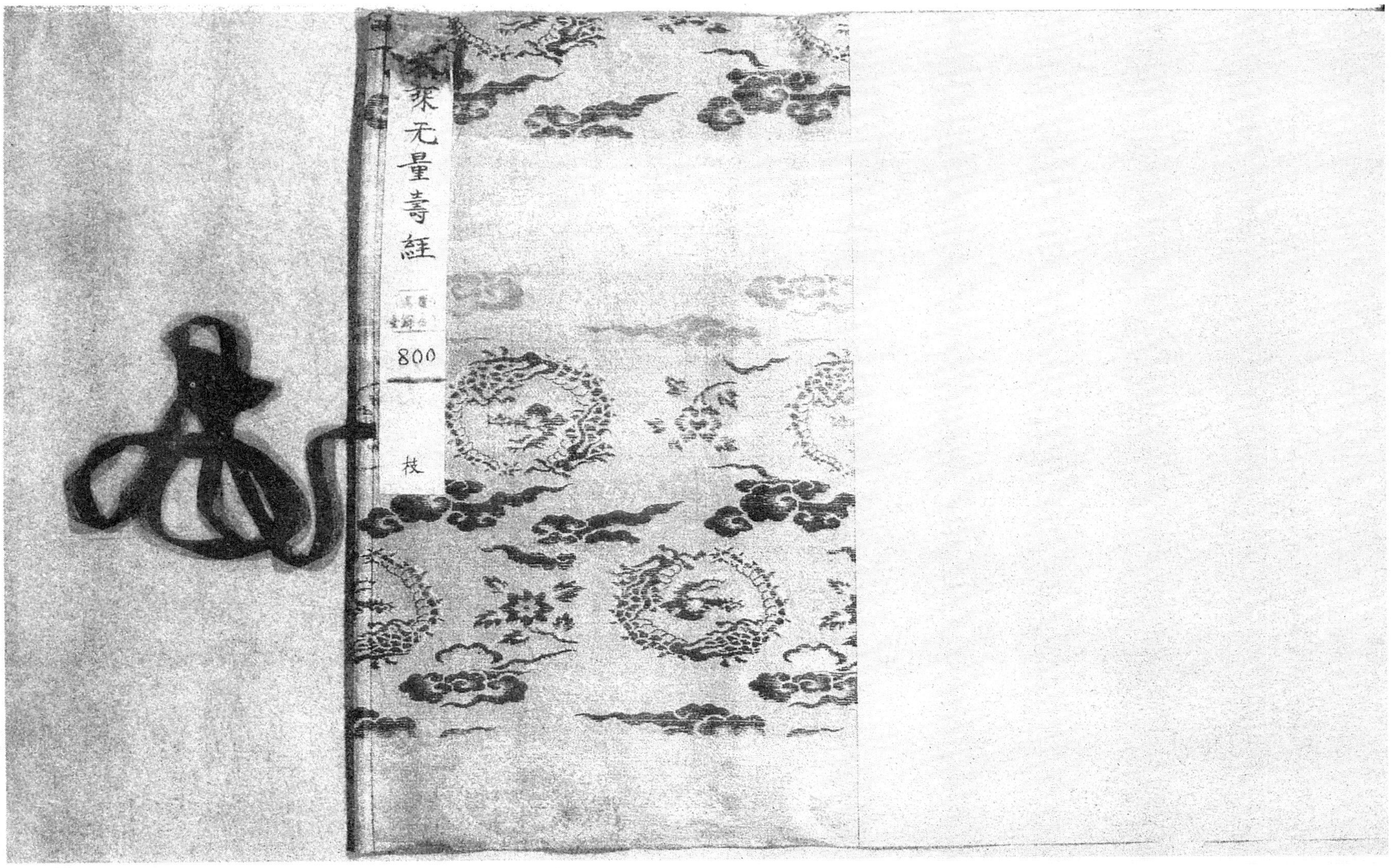


BD14101 號背　現代護首　（1–1）

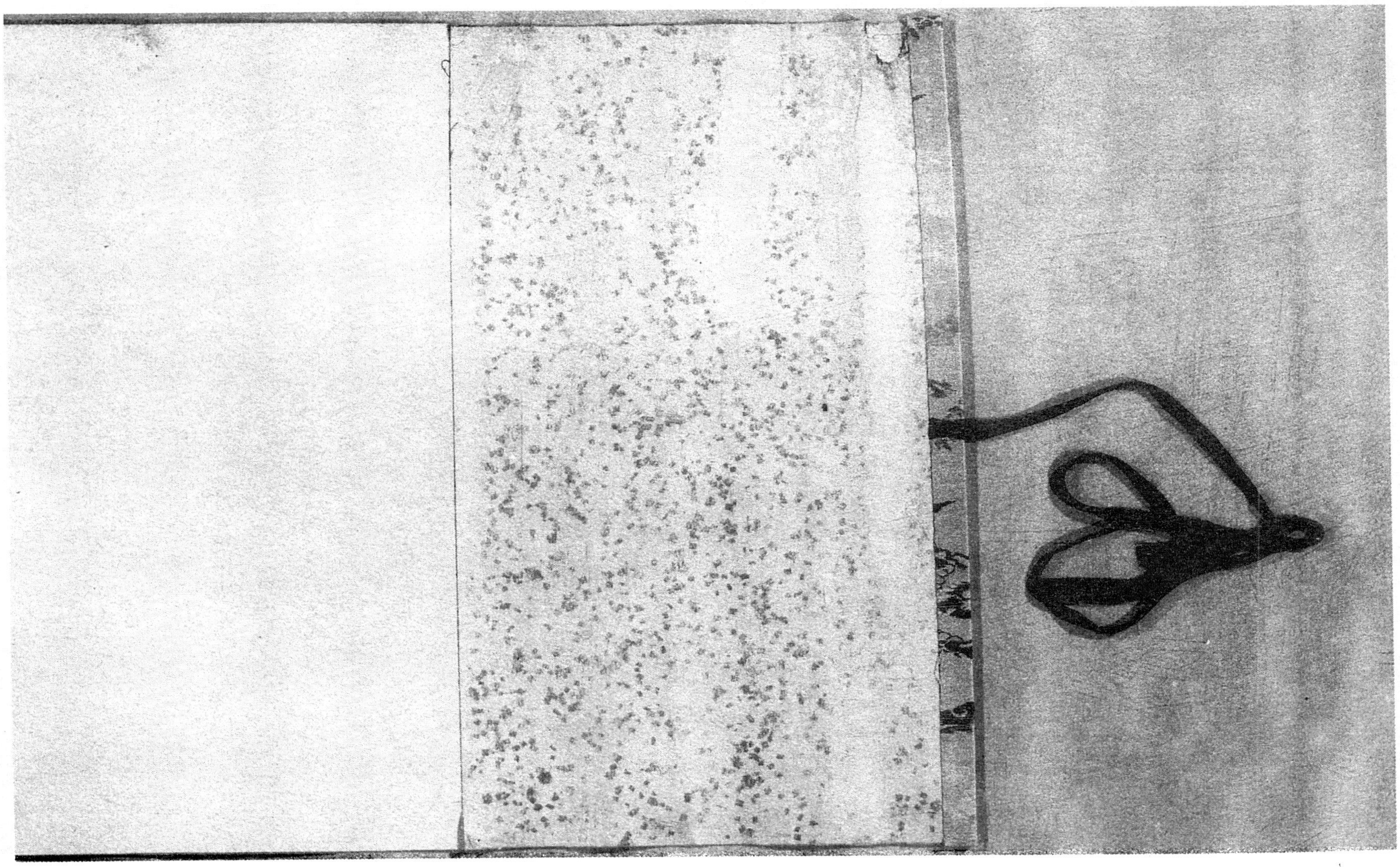

BD14101 號　無量壽宗要經　（7–1）

大乘无量壽經
如是我聞一時薄伽梵在舍衛國祇樹給孤獨園與大苾芻僧千二百五十人大菩薩摩訶薩
衆俱同會坐尒時世尊告曼殊室利童子曼殊上方有世界名无量功德聚彼土有佛号
无量智決定王如來阿羅訶三藐三菩提現爲衆生開示說法曼殊諦聽南閻浮提
人皆短壽大限百年於中殀枉横死者衆曼殊如是无量壽如來功德名稱法要若有
衆生得聞名号若自書或使人書爲經卷受持讀誦若於舍宅所住之處以種種花鬘瓔
珞塗香末香而爲供養如其命盡復得延年滿足百歲如是曼殊若有衆生得聞是无量
壽智決定王如來一百八名号者益其長壽若有衆生大命將盡憶念如來名号更得增
壽如是曼殊若有善男子善女人欲求長壽於是无量壽如來一百八名号有得聞者或
自書若使人書受持讀誦如是等果報福德具足陀羅尼曰
南謨薄伽勃底一阿波唎蜜哆二阿喻紇硯娜三須毗你悉指陀四囉佐耶五怛他羯他耶六怛姪他唵七薩婆
桑悉迦囉八波唎輸底九達磨底十伽伽娜十一莎訶某特迦底十二薩婆婆婆毗輸底十三摩訶娜耶十四波
唎婆嚟莎訶十五世尊復告曼殊室利如是如來一百八名号若有自書或使人書爲經卷受
持讀誦如壽命盡復滿百年壽終此身後得往生无量福智界世无量壽淨土陀羅尼曰

BD14101號　無量壽宗要經　　（7–2）

自書若使人書受持讀誦如是等果報福德具足陀羅尼曰
南謨薄伽勃底一阿波唎蜜哆二阿喻紇硯娜三須毗你悉指陀四囉佐耶五怛他羯他耶六怛姪他唵七薩婆
桑悉迦囉八波唎輸底九達磨底十伽伽娜十一莎訶某特迦底十二薩婆婆婆毗輸底十三摩訶娜耶十四波
唎婆嚟莎訶十五世尊復告曼殊室利如是如來一百八名号若有自書或使人書爲經卷受
持讀誦如壽命盡復滿百年壽終此身後得往生无量福智界世无量壽淨土陀羅尼曰
南謨薄伽勃底一阿波唎蜜哆二阿喻紇硯娜三須毗你悉指陀四囉佐耶五怛他羯他耶六怛姪他唵七薩婆
桑悉迦囉八波唎輸底九達磨底十伽伽娜十一莎訶某特迦底十二薩婆婆婆毗輸底十三摩訶娜耶十四
波唎婆嚟莎訶十五尒時有九十九姟佛等一時同聲說是无量壽宗要經陀羅尼曰
南謨薄伽勃底一阿波唎蜜哆二阿喻紇硯娜三須毗你悉指陀四囉佐耶五怛他羯他耶六怛姪他唵七薩婆
桑悉迦囉八波唎輸底九達磨底十伽伽娜十一莎訶某特迦底十二薩婆婆婆毗輸底十三摩訶娜耶十四
波唎婆嚟莎訶十五尒時復有八十四姟佛一時同聲說是无量壽宗要經陀羅尼曰
南謨薄伽勃底一阿波唎蜜哆二阿喻紇硯娜三須毗你悉指陀四囉佐耶五怛他羯他耶六怛姪他唵七薩婆
桑悉迦囉八波唎輸底九達磨底十伽伽娜十一莎訶某特迦底十二薩婆婆婆毗輸底十三摩訶娜耶十四
波唎婆嚟莎訶十五尒時復有七十七姟佛一時同聲說是无量壽宗要經陀羅尼曰
南謨薄伽勃底一阿波唎蜜哆二阿喻紇硯娜三須毗你悉指陀四囉佐耶五怛他羯他耶六怛姪他唵七薩婆桑
悉迦囉八波唎輸底九達磨底十伽伽娜十一莎訶某特迦底十二薩婆婆婆毗輸底十三摩訶娜耶十四
波唎婆嚟莎訶十五尒時復有六十五姟佛一時同聲說是无量壽宗要經陀羅尼曰
南謨薄伽勃底一阿波唎蜜哆二阿喻紇硯娜三須毗你悉指陀四囉佐耶五怛他羯他耶六怛姪他唵七薩婆
桑悉迦囉八波唎輸底九達磨底十伽伽娜十一莎訶某特迦底十二薩婆婆婆毗輸底十三摩訶娜耶十四
波唎婆嚟莎訶十五尒時復有五十五姟佛一時同聲說是无量壽宗要經陀羅尼曰
南謨薄伽勃底一阿波唎蜜哆二阿喻紇硯娜三須毗你悉指陀四囉佐耶五怛他羯他耶六怛姪他唵七薩婆
桑悉迦囉八波唎輸底九達磨底十伽伽娜十一莎訶某特迦底十二薩婆婆婆毗輸底十三摩訶娜耶十四
波唎婆唎莎訶十五尒時復有四十五姟佛一時同聲說是无量壽宗要經陀羅尼曰
南謨薄伽勃底一阿波唎蜜哆二阿喻紇硯娜三須毗你悉指陀四囉佐耶五怛他羯他耶六怛姪他唵七薩婆
桑悉迦囉八波唎輸底九達磨底十伽伽娜十一莎訶某特迦底十二薩婆婆婆毗輸底十三摩訶娜耶十四
波唎婆嚟莎訶十五尒時復有三十六姟佛一時同聲說是无量壽宗要經陀羅尼曰
南謨薄伽勃底一阿波唎蜜哆二阿喻紇硯娜三須毗你悉指陀四囉佐耶五怛他羯他耶六怛姪他唵七薩
婆桑悉迦囉八波唎輸底九達磨底十伽伽娜十一莎訶某特迦底十二薩婆婆婆毗輸底十三摩訶娜耶十四
波唎婆嚟莎訶十五尒時復有二十五姟佛一時同聲說是无量壽宗要經陀羅尼曰
南謨薄伽勃底一阿波唎蜜哆二阿喻紇硯娜三須毗你悉指陀四囉佐耶五怛他羯他耶六怛姪他唵七薩婆

BD14101號　無量壽宗要經　　（7–3）

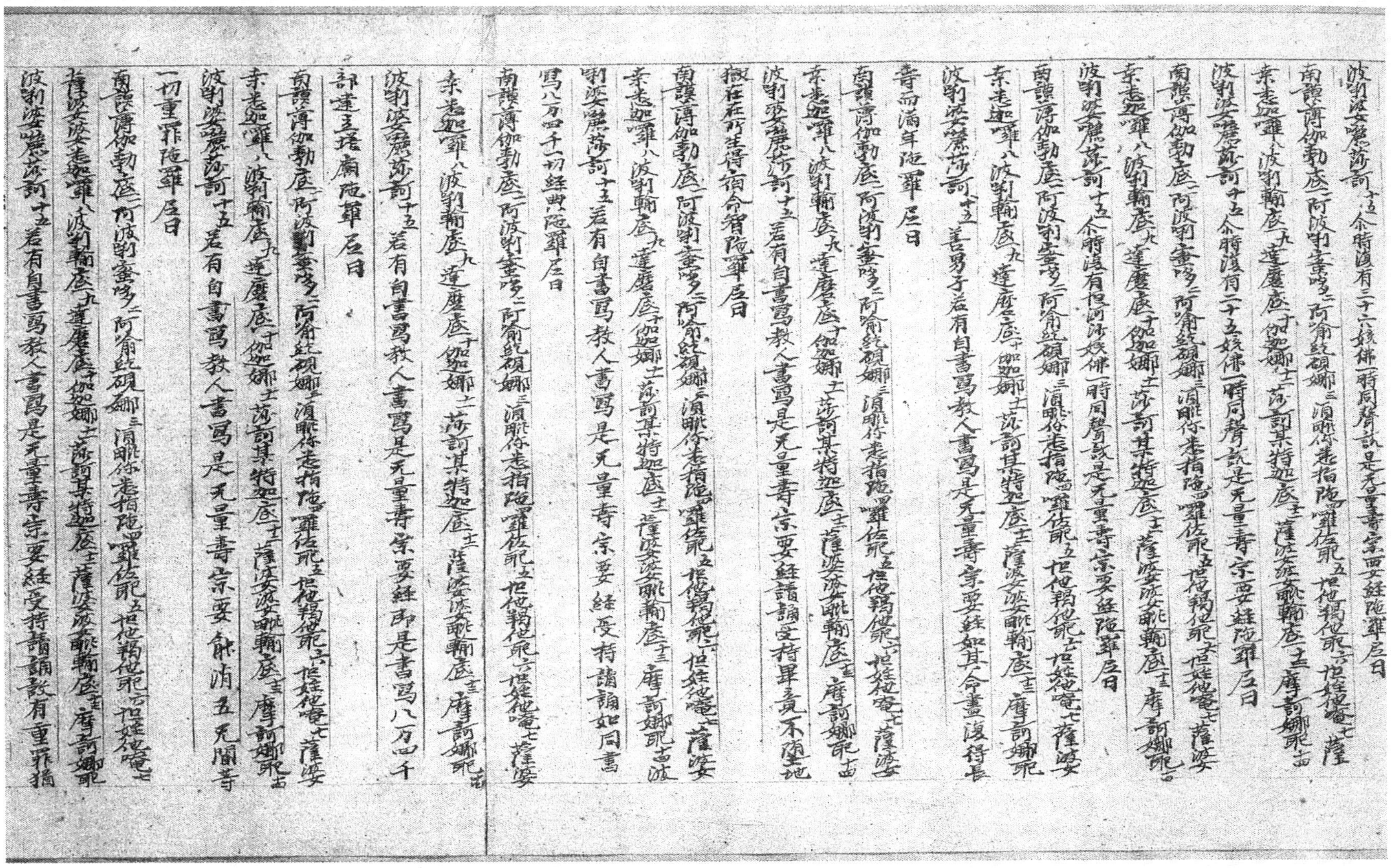
波唎婆嚩莎訶十五尒時復有三十六姟佛一時同聲說是无量壽宗要經陁羅尼曰
南謨薄伽勃底一阿波唎蜜哆二阿喻紇硯娜三須毗你悉指陁四囉佐耶五怛他羯他耶六怛姪他唵七薩
婆桑悉迦囉八波唎輸底九達磨底十伽伽娜十一莎訶某特迦底十二薩婆婆毗輸底十三摩訶娜耶十四
波唎婆嚩莎訶十五尒時復有二十五姟佛一時同聲說是无量壽宗要經陁羅尼曰
南謨薄伽勃底一阿波唎蜜哆二阿喻紇硯娜三須毗你悉指陁四囉佐耶五怛他羯他耶六怛姪他唵七薩婆
桑悉迦囉八波唎輸底九達磨底十伽伽娜十一莎訶某特迦底十二薩婆婆毗輸底十三摩訶娜耶十四
波唎婆嚩莎訶十五尒時復有恒河沙姟佛一時同聲說是无量壽宗要經陁羅尼曰
南謨薄伽勃底一阿波唎蜜哆二阿喻紇硯娜三須毗你悉指陁四囉佐耶五怛他羯他耶六怛姪他唵七薩婆
桑悉迦囉八波唎輸底九達磨底十伽伽娜十一莎訶某特迦底十二薩婆婆毗輸底十三摩訶娜耶
波唎婆嚩莎訶十五善男子若有自書寫教人書寫是无量壽宗要經如其命盡復得長
壽而滿年陁羅尼曰
南謨薄伽勃底一阿波唎蜜哆二阿喻紇硯娜三須毗你悉指陁四囉佐耶五怛他羯他耶六怛姪他唵七薩婆
桑悉迦囉八波唎輸底九達磨底十伽伽娜十一莎訶某特迦底十二薩婆婆毗輸底十三摩訶娜耶十四
波唎婆嚩莎訶十五若有自書寫教人書寫是无量壽宗要經讀誦受持畢竟不墮地
獄在在所生得宿命智陁羅尼曰
南謨薄伽勃底一阿波唎蜜哆二阿喻紇硯娜三須毗你悉指陁四囉佐耶五怛他羯他耶六怛姪他唵七薩婆
桑悉迦囉八波唎輸底九達磨底十伽伽娜十一莎訶某特迦底十二薩婆婆毗輸底十三摩訶娜耶十四波
唎婆嚩莎訶十五若有自書寫教人書寫是无量壽宗要經受持讀誦如同書
寫八万四千一切經典陁羅尼曰
南謨薄伽勃底一阿波唎蜜哆二阿喻紇硯娜三須毗你悉指陁四囉佐耶五怛他羯他耶六怛姪他唵七薩婆
桑悉迦囉八波唎輸底九達磨底十伽伽娜十一莎訶某特迦底十二薩婆婆毗輸底十三摩訶娜耶十四
波唎婆嚩莎訶十五若有自書寫教人書寫是无量壽宗要經即是書寫八万四千
部建立塔廟陁羅尼曰
南謨薄伽勃底一阿波唎蜜哆二阿喻紇硯娜三須毗你悉指陁四囉佐耶五怛他羯他耶六怛姪他唵七薩婆
桑悉迦囉八波唎輸底九達磨底十伽伽娜十一莎訶某特迦底十二薩婆婆毗輸底十三摩訶娜耶十四
波唎婆嚩莎訶十五若有自書寫教人書寫是无量壽宗要能消五无間等
一切重罪陁羅尼曰
南謨薄伽勃底一阿波唎蜜哆二阿喻紇硯娜三須毗你悉指陁四囉佐耶五怛他羯他耶六怛姪他唵七
薩婆桑悉迦囉八波唎輸底九達磨底十伽伽娜十一莎訶某特迦底十二薩婆婆毗輸底十三摩訶娜耶
波唎婆嚩莎訶十五若有自書寫教人書寫是无量壽宗要經受持讀誦設有重罪猶

BD14101 號　無量壽宗要經　（7–4）

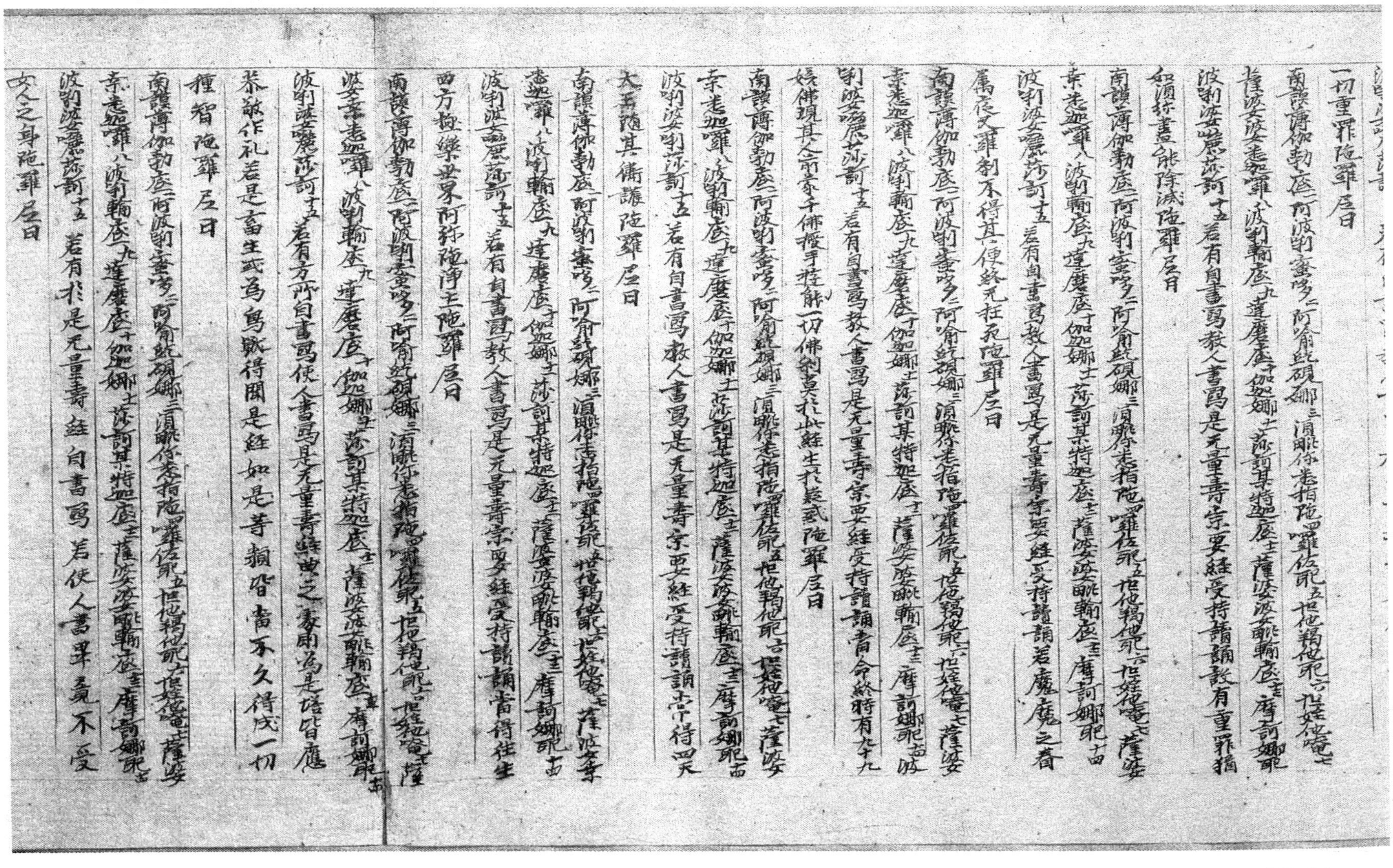
一切重罪陁羅尼曰
南謨薄伽勃底一阿波唎蜜哆二阿喻紇硯娜三須毗你悉指陁四囉佐耶五怛他羯他耶六怛姪他唵七
薩婆桑悉迦囉八波唎輸底九達磨底十伽伽娜十一莎訶某特迦底十二薩婆婆毗輸底十三摩訶娜耶
波唎婆嚩莎訶十五若有自書寫教人書寫是无量壽宗要經受持讀誦設有重罪猶
如須彌盡能除滅陁羅尼曰
南謨薄伽勃底一阿波唎蜜哆二阿喻紇硯娜三須毗你悉指陁四囉佐耶五怛他羯他耶六怛姪他唵七薩婆
桑悉迦囉八波唎輸底九達磨底十伽伽娜十一莎訶某特迦底十二薩婆婆毗輸底十三摩訶娜耶十四
波唎婆嚩莎訶十五若有自書寫教人書寫是无量壽宗要經受持讀誦若魔魔之眷
屬夜叉羅剎不得其便終无枉死陁羅尼曰
南謨薄伽勃底一阿波唎蜜哆二阿喻紇硯娜三須毗你悉指陁四囉佐耶五怛他羯他耶六怛姪他唵七薩婆
桑悉迦囉八波唎輸底九達磨底十伽伽娜十一莎訶某特迦底十二薩婆婆毗輸底十三摩訶娜耶十四波
唎婆嚩莎訶十五若有自書寫教人書寫是无量壽宗要經受持讀誦命終時有九十九
姟佛現其人前來千佛授手接能一切佛剎莫於此經生於疑惑陁羅尼曰
南謨薄伽勃底一阿波唎蜜哆二阿喻紇硯娜三須毗你悉指陁四囉佐耶五怛他羯他耶六怛姪他唵七薩婆
桑悉迦囉八波唎輸底九達磨底十伽伽娜十一莎訶某特迦底十二薩婆婆毗輸底十三摩訶娜耶十四
波唎婆嚩莎訶十五若有自書寫教人書寫是无量壽宗要經受持讀誦必得四天
大王隨其衛護陁羅尼曰
南謨薄伽勃底一阿波唎蜜哆二阿喻紇硯娜三須毗你悉指陁四囉佐耶五怛他羯他耶六怛姪他唵七薩婆
桑悉迦囉八波唎輸底九達磨底十伽伽娜十一莎訶某特迦底十二薩婆婆毗輸底十三摩訶娜耶十四
波唎婆嚩莎訶十五若有自書寫教人書寫是无量壽宗要經受持讀誦當得往生
西方極樂世界阿彌陁淨土陁羅尼曰
南謨薄伽勃底一阿波唎蜜哆二阿喻紇硯娜三須毗你悉指陁四囉佐耶五怛他羯他耶六怛姪他唵七薩
婆桑悉迦囉八波唎輸底九達磨底十伽伽娜十一莎訶某特迦底十二薩婆婆毗輸底十三摩訶娜耶十四
波唎婆嚩莎訶十五若有方所自書寫使人書寫是无量壽經典之處即為是塔皆應
恭敬作礼若是畜生或為鳥獸得聞是經如是等類皆當不久得成一切
種智陁羅尼曰
南謨薄伽勃底一阿波唎蜜哆二阿喻紇硯娜三須毗你悉指陁四囉佐耶五怛他羯他耶六怛姪他唵七薩婆
桑悉迦囉八波唎輸底九達磨底十伽伽娜十一莎訶某特迦底十二薩婆婆毗輸底十三摩訶娜耶十四
波唎婆嚩莎訶十五若有於是无量壽經自書寫若使人書畢竟不受
女人之身陁羅尼曰

BD14101 號　無量壽宗要經　（7–5）

種智陁羅尼曰
南謨薄伽勃底一阿波唎蜜多二阿喻紇硯娜三須毗你悉指陁四囉佐耶五怛他羯他耶六怛姪他唵七薩婆
桑悉迦囉八波唎輸底九達磨底十伽伽娜十一莎訶娑摩訥伽底十二薩婆婆毗輸底十三摩訶娜耶十四
波唎婆囉莎訶十五　若有於是无量壽經自書寫若使人書畢竟不受
女人之身陁羅尼曰
南謨薄伽勃底一阿波唎蜜多二阿喻紇硯娜三須毗你悉指陁四囉佐耶五怛他羯他耶六怛姪他唵七薩婆
桑悉迦囉八波唎輸底九達磨底十伽伽娜十一莎訶娑摩訥伽底十二薩婆婆毗輸底十三摩訶娜耶十四波
唎婆囉莎訶十五　若有能於是經少分能惠施者等於三千大千世界滿中七
寶布施陁羅尼曰
南謨薄伽勃底一阿波唎蜜多二阿喻紇硯娜三須毗你悉指陁四囉佐耶五怛他羯他耶六怛姪他唵七薩
婆桑悉迦囉八波唎輸底九達磨底十伽伽娜十一莎訶娑摩訥伽底十二薩婆婆毗輸底十三摩訶娜耶十四
波唎婆囉莎訶十五　若有能供養是經者則是供養一切諸經等无有
別異陁羅尼曰
南謨薄伽勃底一阿波唎蜜多二阿喻紇硯娜三須毗你悉指陁四囉佐耶五怛他羯他耶六怛姪他唵七薩婆
桑悉迦囉八波唎輸底九達磨底十伽伽娜十一莎訶娑摩訥伽底十二薩婆婆毗輸底十三摩訶娜耶十四
波唎婆囉莎訶十五　如是毗婆尸佛　尸棄佛　毗舍浮佛　俱留孫佛　俱那含牟尼佛　迦葉佛　釋迦
牟尼佛　若有人以七寶供養如是七佛其福有限書寫受持是无量壽經所有
功德不可限量陁羅尼曰
南謨薄伽勃底一阿波唎蜜多二阿喻紇硯娜三須毗你悉指陁四囉佐耶五怛他羯他耶六怛姪他唵七薩婆
桑悉迦囉八波唎輸底九達磨底十伽伽娜十一莎訶娑摩訥伽底十二薩婆婆毗輸底十三摩訶娜耶十四
波唎婆囉莎訶十五　若有七寶等於須彌以用布施其福上能知其限量是无量壽經
四其福不可知數陁羅尼曰
南謨薄伽勃底一阿波唎蜜多二阿喻紇硯娜三須毗你悉指陁四囉佐耶五怛他羯他耶六怛姪他唵七薩婆
桑悉迦囉八波唎輸底九達磨底十伽伽娜十一莎訶娑摩訥伽底十二薩婆婆毗輸底十三摩訶娜耶十四
波唎婆囉莎訶十五　如是四大海水可知滴數是无量壽經典所生果報不
數量陁羅尼曰
南謨薄伽勃底一阿波唎蜜多二阿喻紇硯娜三須毗你悉指陁四囉佐耶五怛他羯他耶六怛姪他唵七薩
婆桑悉迦囉八波唎輸底九達磨底十伽伽娜十一莎訶娑摩訥伽底十二薩婆婆毗輸底十三摩訶娜耶
波唎婆囉莎訶十五　若有人自書書寫使人書寫是无量壽經典又能護持供養即如恭
敬供養一切十方佛土如來无有別異陁羅尼曰

BD14101號　無量壽宗要經　（7–6）

數量陁羅尼曰
南謨薄伽勃底一阿波唎蜜多二阿喻紇硯娜三須毗你悉指陁四囉佐耶五怛他羯他耶六怛姪他唵七薩
婆桑悉迦囉八波唎輸底九達磨底十伽伽娜十一莎訶娑摩訥伽底十二薩婆婆毗輸底十三摩訶娜耶
波唎婆囉莎訶十五　若有人自書書寫使人書寫是无量壽經典又能護持供養即如恭
敬供養一切十方佛土如來无有別異陁羅尼曰
南謨薄伽勃底一阿波唎蜜多二阿喻紇硯娜三須毗你悉指陁四囉佐耶五怛他羯他耶六怛姪
他唵七薩婆桑悉迦囉八波唎輸底九達磨底十伽伽娜十一莎訶娑摩訥伽底十二薩婆婆毗輸
底十三摩訶娜耶十四波唎婆囉莎訶十五
布施力能成正覺　悟布施力人師子　布施力能聲普聞　慈悲階漸家能入
持戒力能成正覺　悟持戒力人師子　持戒力能聲普聞　慈悲階漸家能入
忍辱力能成正覺　悟忍辱力人師子　忍辱力能聲普聞　慈悲階漸家能入
精進力能成正覺　悟精進力人師子　精進力能聲普聞　慈悲階漸家能入
禪定力能成正覺　悟禪定力人師子　禪定力能聲普聞　慈悲階漸家能入
智慧力能成正覺　悟智慧力人師子　智慧力能聲普聞　慈悲階漸家能入
尒時如來說是經已一切世界天人阿脩羅乾闥婆等聞佛所說皆
大歡喜信受奉行
佛說无量壽宗要經

BD14101號　無量壽宗要經　（7–7）

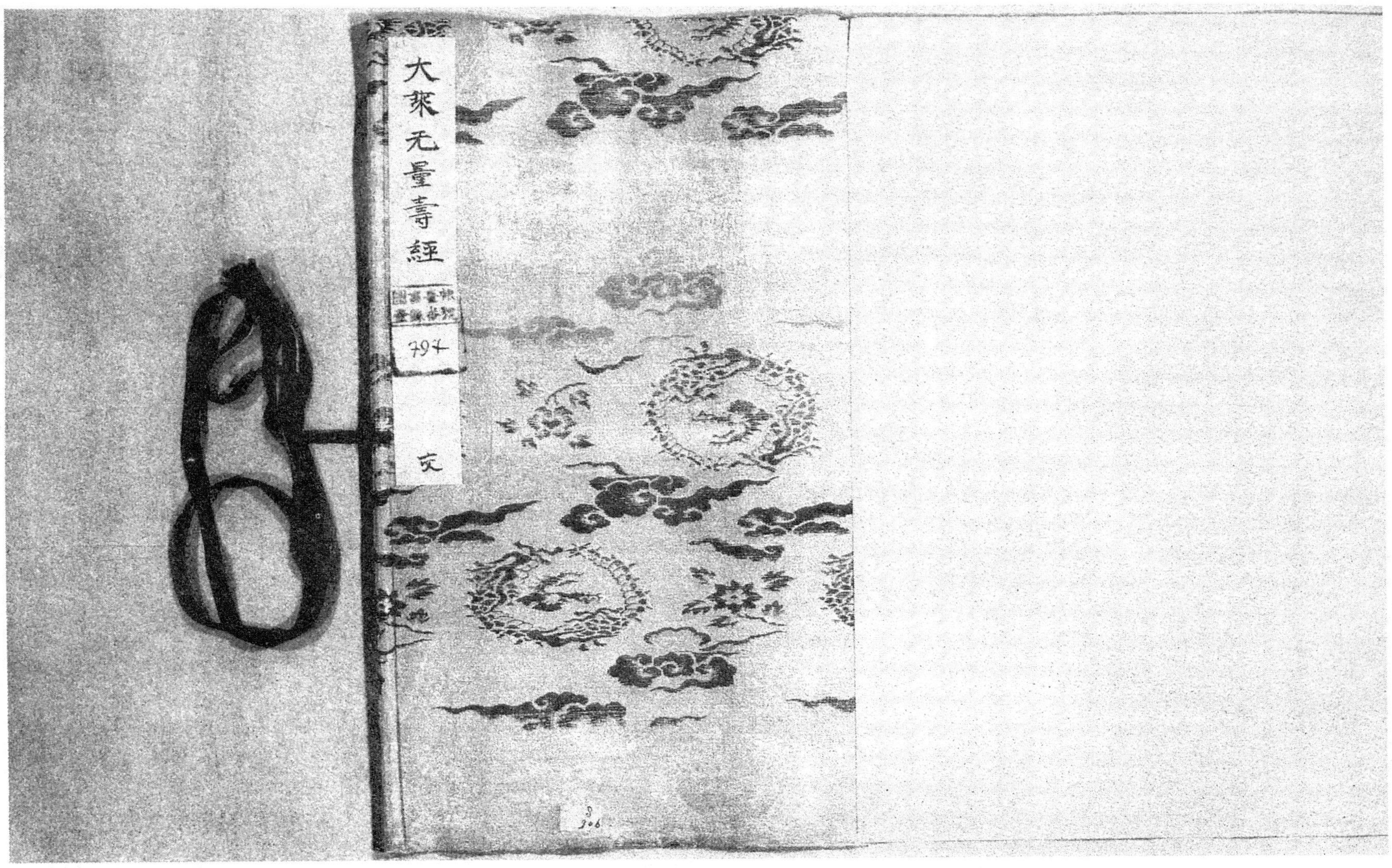


BD14102 號背　現代護首　　　　　　　　　　　　　　（1–1）

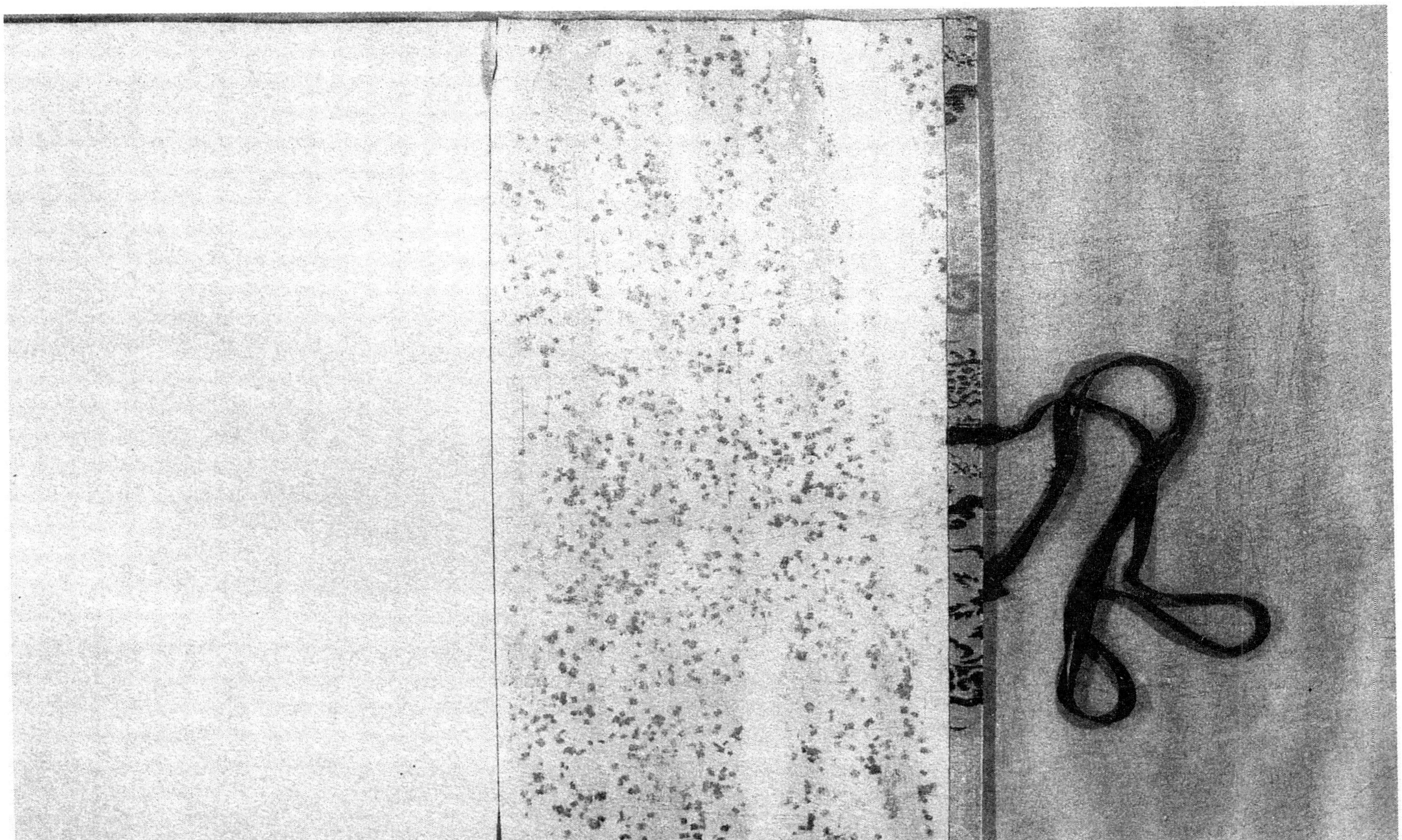

BD14102 號　無量壽宗要經　　　　　　　　　　　　　　（7–1）

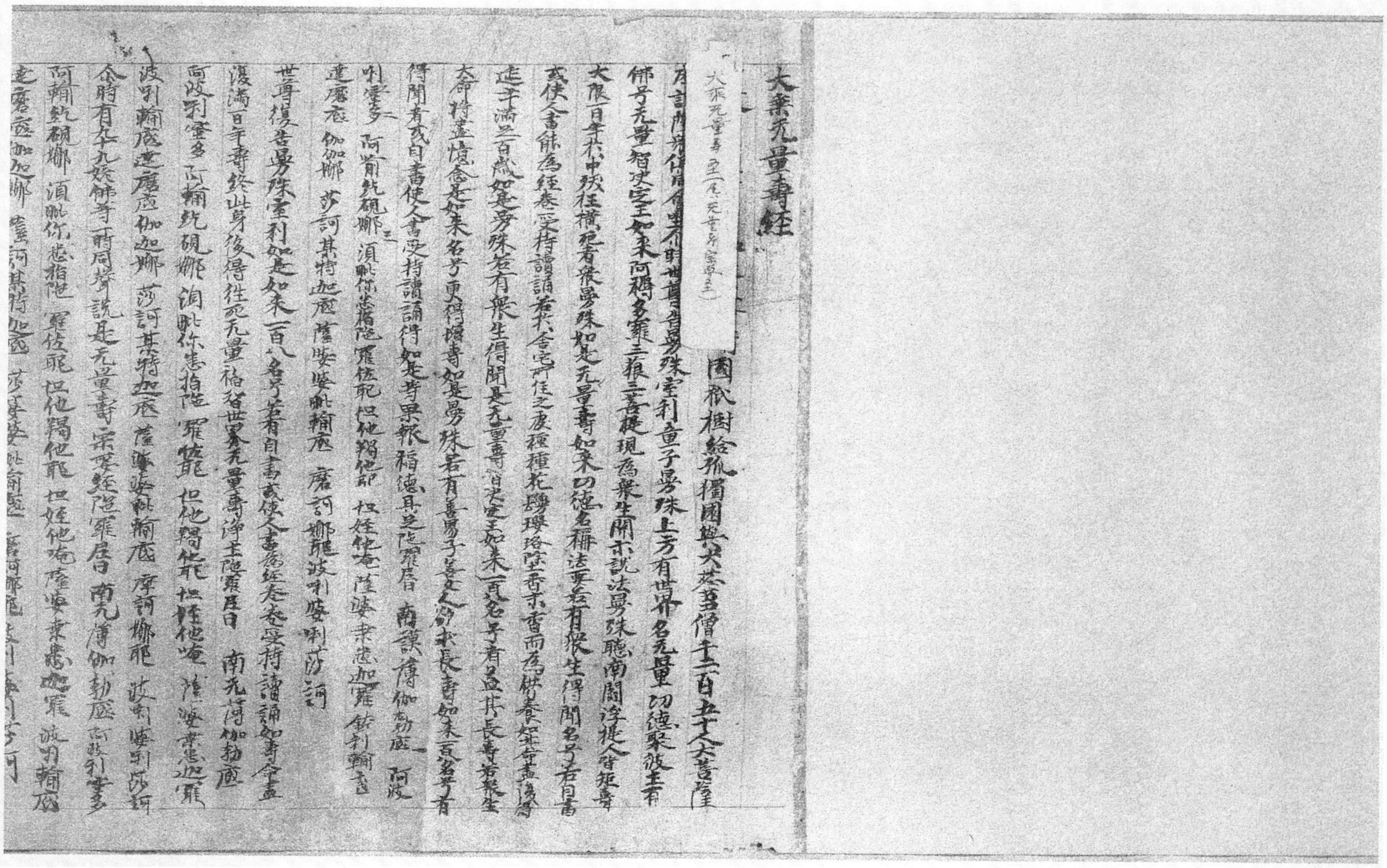

大乘无量壽經

國祇樹給孤獨園與大苾芻僧千二百五十人大菩薩
摩訶薩俱爾時世尊告曼殊室利童子曼殊上方有世界名无量功德聚彼土有
佛号无量智決定王如來阿羅訶三藐三菩提現為衆生開示說法曼殊聽南閻浮提人皆短壽
大限百年於中夭枉橫死者衆曼殊如是无量壽如來功德名稱法要若有衆生得聞名号若自書
或使人書能為經卷受持讀誦若於舍宅所住之處種種花鬘瓔珞塗香末香而為供養如其命盡復得
延年滿足百歲如是曼殊若有衆生得聞是无量壽智決定王如來一百八名号者益其長壽若有衆生
大命將盡憶念是如來名号更得增壽如是曼殊若有善男子善女人欲求長壽如來一百八名号者
得聞有或自書使人書受持讀誦得如是等果報福德具足陀羅尼 南謨薄伽勃底 阿波
唎蜜多 阿喻紇硯娜 須毗你悉指陀 羅佐耶 怛他羯他耶 怛姪他唵 薩婆桑悉迦羅 鉢利輸駄
達摩底 伽伽娜 莎訶某特伽底 薩婆娑毗輸底 摩訶娜耶 波唎婆唎莎訶
世尊復告曼殊室利如是如來一百八名号若有自書或使人書為經卷受持讀誦如壽命盡
復滿百年壽終此身後得往生无量福智世界无量壽淨土陀羅尼曰 南无薄伽勃底
阿波唎蜜多 阿喻紇硯娜 須毗你悉指陀 羅佐耶 怛他羯他耶 怛姪他唵 薩婆桑悉迦羅
波唎輸底達摩底伽伽娜 莎訶某特伽底 薩婆娑毗輸底 摩訶娜耶 波唎婆唎莎訶
爾時有九十九姟佛等一時同聲說是无量壽宗要經陀羅尼曰 南无薄伽勃底 阿波唎蜜多
阿喻紇硯娜 須毗你悉指陀 羅佐耶 怛他羯他耶 怛姪他唵 薩婆桑悉迦羅 波唎輸底

BD14102 號　無量壽宗要經

(7–2)

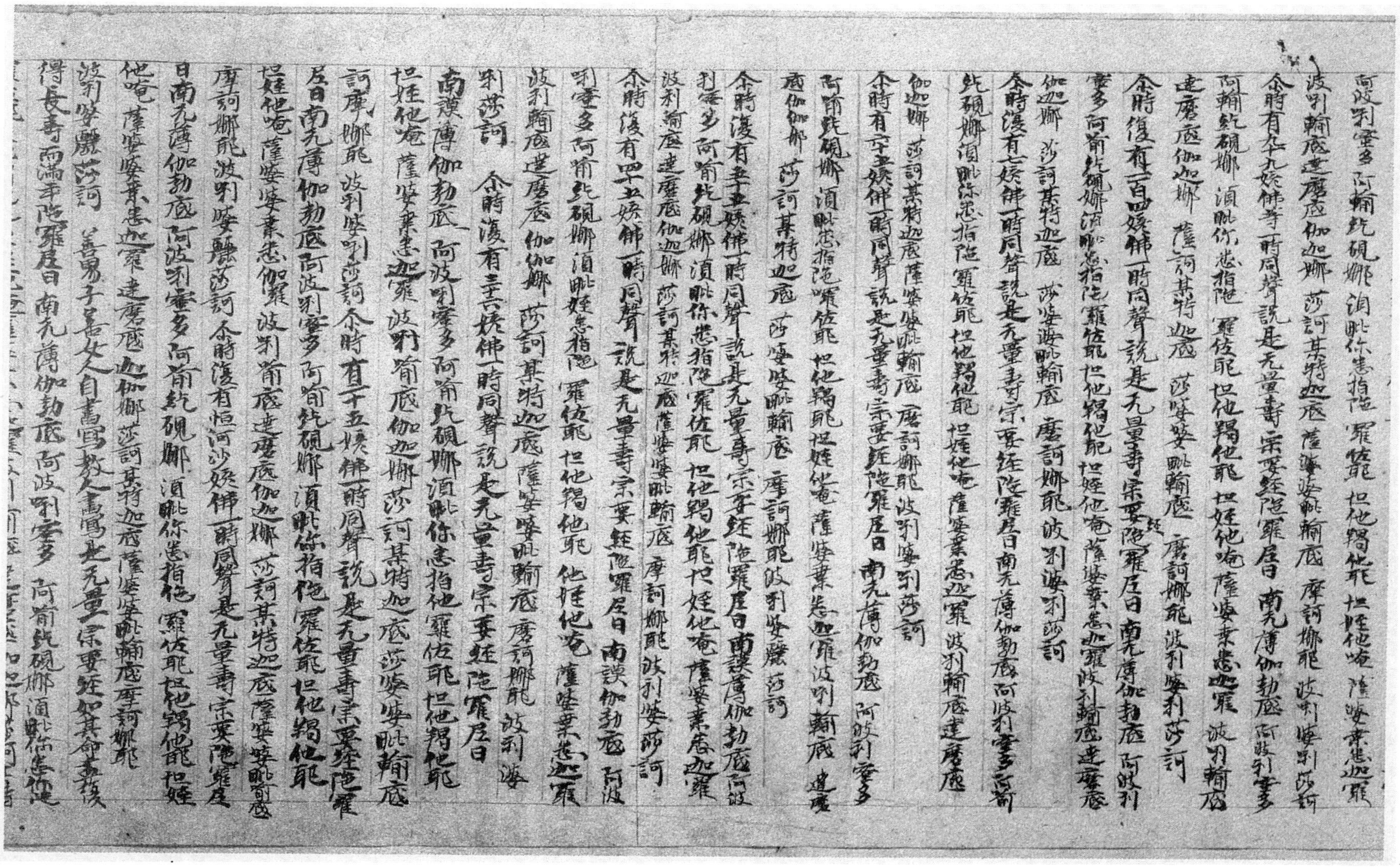

阿波唎蜜多 阿喻紇硯娜 須毗你悉指陀 羅佐耶 怛他羯他耶 怛姪他唵 薩婆桑悉迦羅
波唎輸底達摩底伽伽娜 莎訶某特伽底 薩婆娑毗輸底 摩訶娜耶 波唎婆唎莎訶
爾時有九十九姟佛等一時同聲說是无量壽宗要經陀羅尼曰 南无薄伽勃底 阿波唎蜜多
阿喻紇硯娜 須毗你悉指陀 羅佐耶 怛他羯他耶 怛姪他唵 薩婆桑悉迦羅 波唎輸底
達摩底伽伽娜 薩訶某特伽底 莎婆娑毗輸底 摩訶娜耶 波唎婆唎莎訶
爾時復有一百四姟佛一時同聲說是无量壽宗要經陀羅尼曰 南无薄伽勃底 阿波唎
蜜多阿喻紇硯娜須毗你悉指陀羅佐耶怛他羯他耶怛姪他唵薩婆桑悉迦羅波利輸底達摩底
伽伽娜 莎訶某特伽底 莎婆娑毗輸底 摩訶娜耶 波唎婆唎莎訶
爾時復有七姟佛一時同聲說是无量壽宗要經陀羅尼曰南无薄伽勃底阿波利蜜多阿喻
紇硯娜須毗你悉指陀羅佐耶怛他羯他耶 怛姪他唵 薩婆桑悉迦羅 波利輸底達摩底
伽伽娜 莎訶某特伽底薩婆娑毗輸底 摩訶娜耶波唎婆唎莎訶
爾時有六十五姟佛一時同聲說是无量壽宗要經陀羅尼曰 南无薄伽勃底 阿波利蜜多
阿喻紇硯娜 須毗悉指陀囉佐耶 怛他羯耶怛姪他唵 薩婆桑悉迦羅波唎輸底 達摩
底伽伽娜 莎訶某特伽底 莎婆娑毗輸底 摩訶娜耶 波唎婆嚩莎訶
爾時復有五十五姟佛一時同聲說是无量壽宗要經陀羅尼曰南謨薄伽勃底阿波
利蜜多阿喻紇硯娜須毗你悉指陀羅佐耶怛他羯他耶怛姪他唵薩婆桑悉迦羅
波利輸底達摩底伽伽娜莎訶某特伽底薩婆娑毗輸底 摩訶娜耶 波唎婆唎莎訶
爾時復有四十五姟佛一時同聲說是无量壽宗要經陀羅尼曰 南謨伽勃底 阿波
唎蜜多 阿喻紇硯娜 須毗姪悉指陀 羅佐耶 怛他羯他耶 怛姪他唵 薩婆桑悉迦羅
波利輸底達摩底 伽伽娜 莎訶某特伽底 薩婆娑毗輸底 摩訶娜耶 波利婆
唎莎訶 爾時復有三十六姟佛一時同聲說是无量壽宗要經陀羅尼曰
南謨薄伽勃底 阿波唎蜜多阿喻紇硯娜須毗你悉指他羅佐耶怛他羯他耶
怛姪他唵 薩婆桑悉迦羅 波利輸底 伽伽娜 莎訶某特伽底 莎婆娑毗輸底
訶摩娜耶 波唎婆唎莎訶 爾時有二十五姟佛一時同聲說是无量壽宗要經陀羅
尼曰南无薄伽勃底阿波唎蜜多阿喻紇硯娜須毗你指陀羅佐耶怛他羯他耶
怛姪他唵 薩婆桑悉伽羅 波利輸底達摩底伽伽娜 莎訶某特伽底薩婆娑毗輸底
摩訶娜耶波唎婆嚩莎訶 爾時復有恒河沙姟佛一時同聲說是无量壽宗要陀羅尼
曰南无薄伽勃底阿波唎蜜多阿喻紇硯娜須毗你指陀羅佐耶怛他羯他耶怛姪
他唵 薩婆桑悉迦羅達摩底伽伽娜莎訶某特伽底薩婆娑毗輸底摩訶娜耶
波唎婆嚩莎訶 善男子善女人自書寫教人書寫是无量壽宗要經如其命盡復
得長壽而滿年陀羅尼曰 南无薄伽勃底 阿波唎蜜多 阿喻紇硯娜須毗你悉指陀

BD14102 號　無量壽宗要經

(7–3)

摩訶娜耶波唎婆嚟莎訶 尒時復有恒河沙姟佛一時同聲說是无量壽宗要陀羅尼
日南无薄伽勃底阿波唎蜜多阿諭紇硯娜須毗你悉指陀囉佐耶怛他羯他耶怛姪
他唵薩婆桑悉迦羅波唎輸底達磨底伽伽娜莎訶某特迦底薩婆婆毗輸底摩訶娜耶
波唎婆嚟莎訶 善男子善女人自書寫教人書寫是无量宗要經如其命盡復
得長壽而滿年陀羅尼曰南无薄伽勃底阿波唎蜜多阿諭紇硯娜須毗你悉指陀
囉佐耶怛他羯他耶怛姪他唵薩婆桑悉迦羅波唎輸底達磨底伽伽娜莎訶某特
迦底薩婆婆毗輸底摩訶娜耶波唎波唎莎訶 若有自書寫教人書寫是无量壽
宗要經讀誦受持畢竟不墮地獄在在所生得宿命智陀羅尼曰 南无薄伽勃底阿波唎
蜜多阿諭紇硯娜須毗你悉指陀囉佐耶怛他羯他耶怛姪他唵薩婆桑悉迦羅波唎
諭底達磨底伽伽娜莎訶某特迦底薩婆婆毗輸底摩訶娜耶波唎婆嚟莎訶
若有自書寫教人書寫是无量壽宗要經受持讀誦如同書寫八万四千一切經典陀羅尼曰
南无薄伽勃底阿波唎蜜多阿諭紇硯娜須毗你悉指陀囉佐耶怛他羯他耶怛姪他唵
薩婆桑悉迦羅波唎輸底達磨底伽伽娜莎訶某特迦底薩婆婆毗輸底摩訶娜耶
波唎婆嚟莎訶 若有自書寫教人書寫是无量壽宗要經即是書寫八万四千部建立五
塔廟陀羅尼曰南无薄伽勃底阿波唎蜜多阿諭紇硯娜須毗你悉指陀囉佐耶怛他羯他耶
怛姪他唵薩婆桑悉迦羅波唎輸底達磨底伽伽娜莎訶某特迦底薩婆婆毗輸底摩訶
娜耶波唎婆嚟莎訶 若有自書寫教人書寫是无量壽宗要經能消五无間等一切重罪
陀羅尼曰 南无薄伽勃底阿波唎蜜多阿諭紇硯娜須毗你悉指陀囉佐耶怛他羯他耶怛姪他唵薩
婆桑悉迦羅波唎輸底達磨底伽伽娜莎訶某特迦底薩婆婆毗輸底摩訶娜耶波唎婆嚟莎訶
若有自書寫教人寫是无量壽宗要經受持讀誦有重罪猶如須弥盡能除滅陀羅尼曰
南无薄伽勃底阿波唎蜜多阿諭紇硯娜須毗你悉指陀囉佐耶怛他羯他耶怛姪他唵
薩婆桑悉迦羅波唎輸底達磨底伽伽娜莎訶某特迦底薩婆婆毗輸底摩訶
摩訶娜耶波唎婆嚟莎訶 若有自書寫教人書寫是无量壽宗要經受持讀誦
若魔〻之眷屬夜叉羅剎不得其便終无枉死陀羅尼曰 南无薄伽勃底阿波唎蜜多
阿諭紇硯娜須毗你悉指陀囉佐耶怛他羯他耶怛姪他唵薩婆桑悉迦羅波唎輸底
達磨底伽伽娜莎訶某特迦底薩婆婆毗輸底摩訶娜耶波唎婆嚟莎訶
若有自書寫教人書寫是无量壽宗要經受持讀誦當命終時有九十九姟佛現其人
前爾千佛授手靡遊一切佛剎莫於此經生於疑惑陀羅尼曰 南无薄伽勃底
阿波唎蜜多阿諭紇硯娜須毗你悉指陀囉佐耶怛他羯他耶怛姪他唵薩婆桑悉迦羅
波唎輸底達磨底伽伽娜莎訶某特迦底薩婆婆毗輸底摩訶娜耶波唎婆嚟
莎訶 若有自書寫教人書寫是无量壽宗要經受持讀誦常得四大天王隨其衛
[illegible]

BD14102號　無量壽宗要經　（7–4）

若有自書教人書寫是无量壽宗要經受持讀誦當命終時有九十九姟佛現其人
前爾千佛授手靡遊一切佛剎莫於此經生於疑惑陀羅尼曰 南无薄伽勃底
阿波唎蜜多阿諭紇硯娜須毗你悉指陀囉佐耶怛他羯他耶怛姪他唵薩婆桑悉迦羅
波唎輸底達磨底伽伽娜莎訶某特迦底薩婆婆毗輸底摩訶娜耶波唎婆唎
莎訶 若有自書寫教人書寫是无量壽宗要經受持讀誦常得四天王隨其衛
護陀羅尼曰 南无薄伽勃底阿波唎蜜多阿諭紇硯娜須毗你悉指陀囉佐耶
怛他羯他耶怛姪他唵薩婆桑悉迦羅波唎輸底達磨底伽伽娜莎訶某特迦底
薩婆婆毗輸底摩訶娜耶波唎婆唎莎訶 若有自書教人書寫是无量壽宗要經受持
讀誦當得往生西方極樂世界阿弥陀淨土陀羅尼曰 南无薄伽勃底阿波唎蜜多阿諭紇硯娜
須毗你悉指陀囉佐耶怛他羯他耶怛姪他唵薩婆桑悉迦羅波唎輸底達磨底伽伽娜莎訶
某特迦底薩婆婆毗輸底摩訶娜耶波唎婆唎莎訶 若有方所自書寫教人
書寫是无量壽宗要經之處則為是塔廟應恭敬作礼若是畜生或鳥獸得聞
是經如是等類皆當不久得成一切種智陀羅尼曰 南无薄伽勃底阿波唎蜜多
阿諭紇硯娜須毗你悉指陀囉佐耶怛他羯他耶怛姪他唵薩婆桑悉迦羅波唎
輸底達磨底伽伽娜莎訶某特迦底薩婆婆毗輸底摩訶娜耶波唎婆唎莎訶
若有於是无量壽經自書寫教人書寫畢竟不受女人之身陀羅尼曰
南无薄伽勃底阿波唎蜜多阿諭紇硯娜須毗你悉指陀囉佐耶怛他羯他耶怛姪他唵
薩婆桑悉迦羅波唎輸底達磨底伽伽娜莎訶某特迦底薩婆婆毗輸底摩訶娜耶
波唎婆唎莎訶 若有能於是經少分惠施者於三千大千世界滿中七寶布施陀羅尼曰
南无薄伽勃底阿波唎蜜多阿諭紇硯娜須毗你悉指陀囉佐耶怛他羯他耶怛姪他唵薩婆
桑悉迦羅波唎輸底達磨底伽伽娜莎訶某特迦底薩婆婆毗輸底摩訶娜耶波唎婆唎
若有能供養是經者則是供養一切諸經有无有異陀羅尼曰 南无薄伽勃底阿波
唎蜜多阿諭紇硯娜須毗你悉指陀囉佐耶怛他羯他耶怛姪他唵薩婆桑悉迦羅波唎輸底
達磨底伽伽娜莎訶某特迦底薩婆婆毗輸底摩訶娜耶波唎波唎莎訶
如是毗尸佛 弃佛 毗舍浮佛 俱留孫佛 俱那含牟尼佛 迦葉佛 釋迦牟尼佛
若有人以七寶供養如是七佛其福有限書寫受持是无量壽經典所有功德不可限量陀羅尼曰
南无薄伽勃底阿波唎蜜多阿諭紇硯娜須毗你悉指陀羅佐耶怛他羯他耶怛姪他唵薩婆桑
悉迦羅波唎輸底達磨底伽伽娜莎訶某特迦底薩婆婆毗輸底摩訶娜耶波唎波唎莎訶
若有七寶等於須弥山前布施其福上能知其限量是无量壽經典其福不可計數陀羅尼曰
南无薄伽勃底阿波唎蜜多阿諭紇硯娜須毗你悉指陀羅佐耶怛他羯他耶怛姪他唵薩婆桑
悉迦羅波唎輸底達磨底伽伽娜莎訶某特迦底薩婆婆毗輸底摩訶娜耶波唎波唎莎訶
如是四大海水可知滴數是无量壽經典所生果報不可校量陀羅尼曰

BD14102號　無量壽宗要經　（7–5）

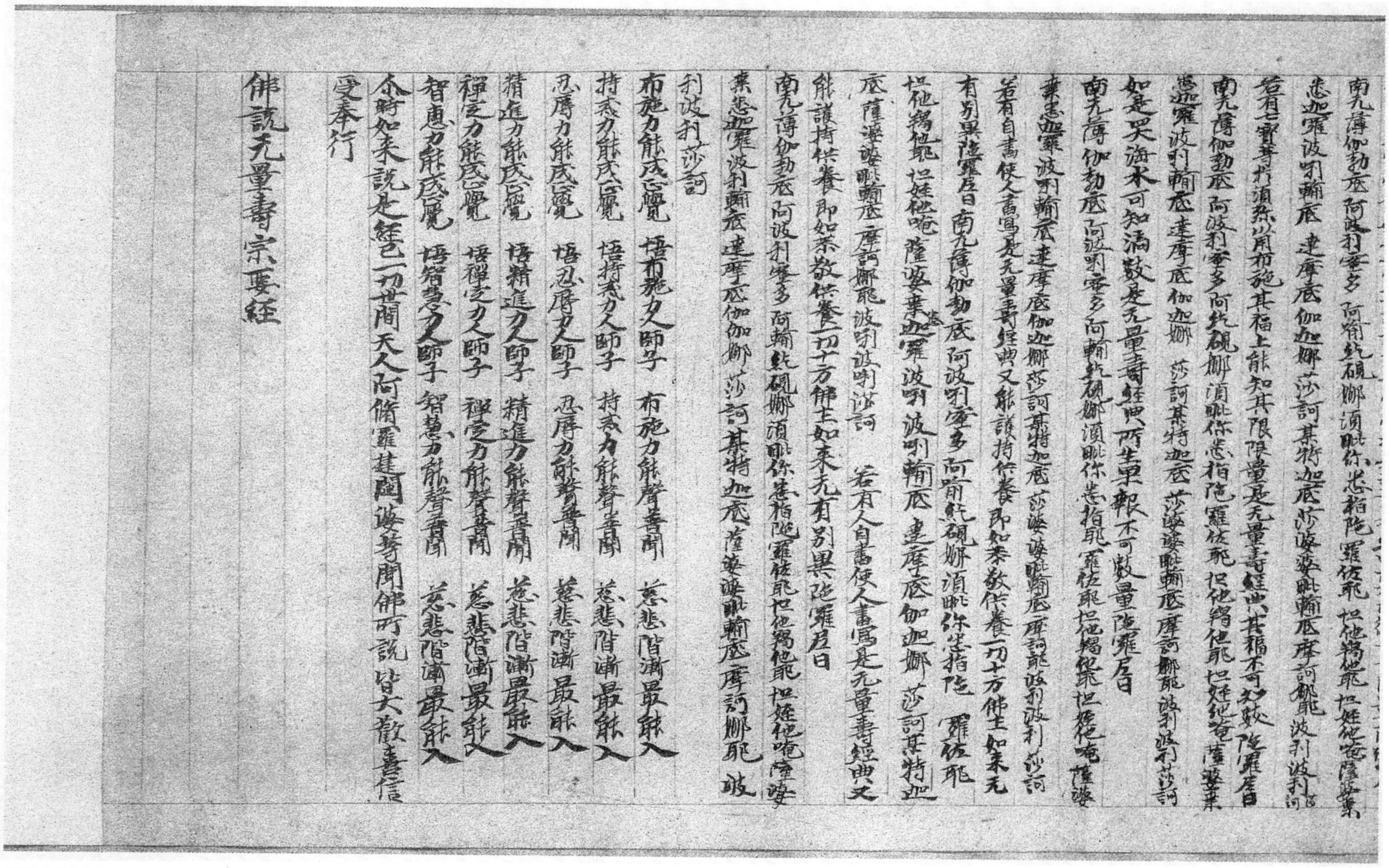

南无薄伽勃底 阿波唎蜜多 阿喻紇硯那 須毗你 悉指陀 囉佐耶 怛他羯他耶 怛姪他 唵 薩婆桑
悉迦囉 波唎輸底 達磨底 伽伽那 莎訶 某特迦底 莎婆婆毗輸底 摩訶那耶 波唎波唎 莎訶
若有七寶等持須彌山用布施 其福上能知其限量 是无量壽經典 其福不可知數 陀羅尼曰
南无薄伽勃底 阿波唎蜜多 阿喻紇硯那 須毗你 悉指陀 囉佐耶 怛他羯他耶 怛姪他 唵 薩婆桑
悉迦囉 波唎輸底 達磨底 伽伽那 莎訶 某特迦底 莎婆婆毗輸底 摩訶那耶 波唎波唎 莎訶
如是四海水可知滴數 是无量壽經典 所生果報不可數量 陀羅尼曰
南无薄伽勃底 阿波唎蜜多 阿喻紇硯那 須毗你 悉指耶 囉佐耶 怛他羯他耶 怛姪他 唵 薩婆
桑悉迦囉 波唎輸底 達磨底 伽伽那 莎訶 某特迦底 莎婆婆毗輸底 摩訶那耶 波唎波唎 莎訶
若有自書使人書寫是无量壽經典 又能讀持供養 即如恭敬供養一切十方佛土如來 无
有別異 陀羅尼曰 南无薄伽勃底 阿波唎蜜多 阿喻紇硯那 須毗你 悉指陀 囉佐耶
怛他羯他耶 怛姪他 唵 薩婆桑悉迦囉 波唎 波唎輸底 達磨底 伽伽那 莎訶 某特迦
底 薩婆婆毗輸底 摩訶那耶 波唎波唎 莎訶 若有人自書使人書寫是无量壽經典 又
能讀持供養 即如恭敬供養一切十方佛土如來 无有別異 陀羅尼曰
南无薄伽勃底 阿波唎蜜多 阿喻紇硯那 須毗你 悉指陀 囉佐耶 怛他羯他耶 怛姪他 唵 薩婆
桑悉迦囉 波唎輸底 達磨底 伽伽那 莎訶 某特迦底 薩婆婆毗輸底 摩訶那耶 波
唎波唎 莎訶
布施力能成正覺 悟布施力人師子 布施力能聲普聞 慈悲階滿最能入
持戒力能成正覺 悟持戒力人師子 持戒力能聲普聞 慈悲階滿最能入
忍辱力能成正覺 悟忍辱力人師子 忍辱力能聲普聞 慈悲階滿最能入
精進力能成正覺 悟精進力人師子 精進力能聲普聞 慈悲階滿最能入
禪定力能成正覺 悟禪定力人師子 禪定力能聲普聞 慈悲階滿最能入
智慧力能成正覺 悟智慧力人師子 智慧力能聲普聞 慈悲階滿最能入
尒時如來說是經已 一切世間天人阿脩羅揵闥婆等聞佛所說 皆大歡喜信
受奉行
佛說无量壽宗要經

BD14102 號　無量壽宗要經　　（7–6）

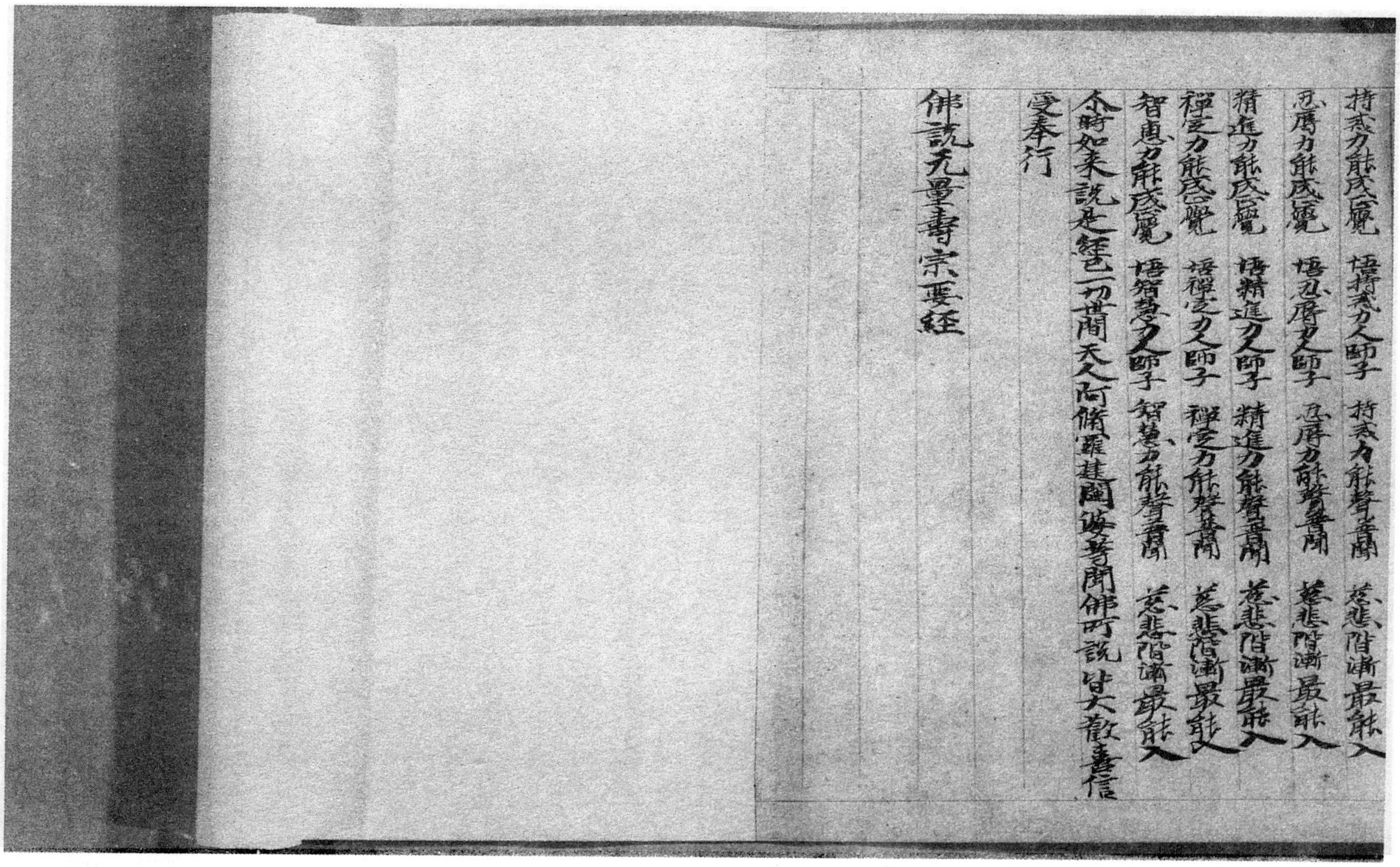

持戒力能成正覺 悟持戒力人師子 持戒力能聲普聞 慈悲階滿最能入
忍辱力能成正覺 悟忍辱力人師子 忍辱力能聲普聞 慈悲階滿最能入
精進力能成正覺 悟精進力人師子 精進力能聲普聞 慈悲階滿最能入
禪定力能成正覺 悟禪定力人師子 禪定力能聲普聞 慈悲階滿最能入
智慧力能成正覺 悟智慧力人師子 智慧力能聲普聞 慈悲階滿最能入
尒時如來說是經已 一切世間天人阿脩羅揵闥婆等聞佛所說 皆大歡喜信
受奉行
佛說无量壽宗要經

BD14102 號　無量壽宗要經　　（7–7）

BD14103 號背　現代護首　（1–1）

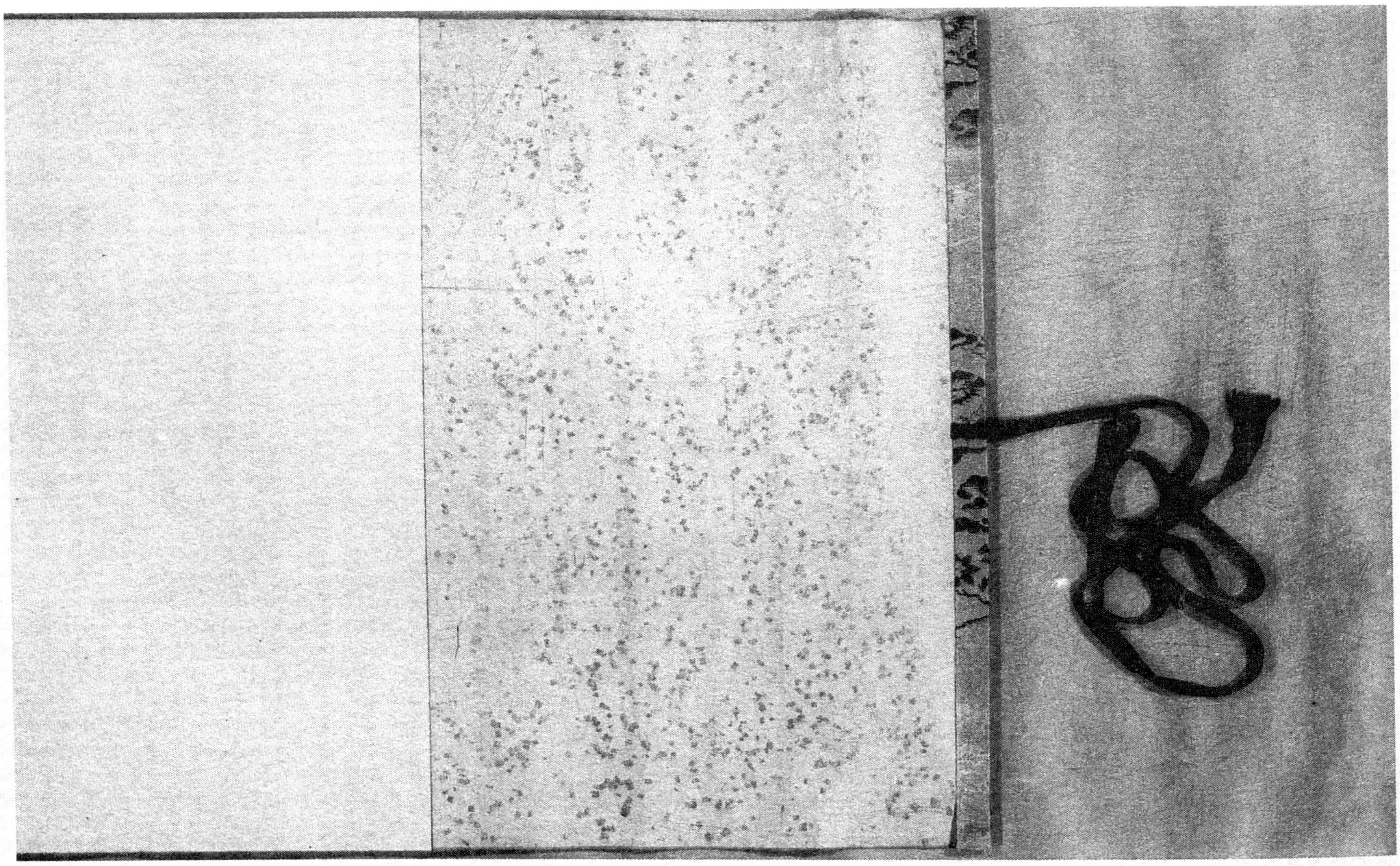

BD14103 號　無量壽宗要經　（7–1）

大乘无量壽經
如是我聞一時薄伽梵在舍衛國祇樹給孤獨園與大苾芻僧千二百五十人大菩
薩摩訶薩衆俱同會坐尒時世尊告曼殊室利童子曼殊室利上方有世界名无
量功德聚彼土有佛号无量智決定王如來阿羅訶三藐三菩提現為衆生開示
說法曼殊諦聽南閻浮提人皆短壽大限百年於中殀枉橫死者衆曼殊如是无
量壽如來功德名稱法要若有衆生得聞名号若自書或使人書能為經卷受持
讀誦者於舍宅所住之處以種種花鬘瓔珞塗香末香而為供養如其命盡復得延
年滿足百歲如是曼殊若有衆生得聞是无量壽智決定王如來一百八名号者益
其長壽若有衆生大命將盡憶念是如來名号更得增壽如是曼殊若有善男
子善女人欲求長壽者於是无量壽如來一百八号有得聞者或自書若使人書受
持讀誦得如是等果報福德具足陁羅尼曰 南謨薄伽勃底 阿波唎蜜多 阿喻紇硯娜
須毗你悉指陁 囉佐耶 怛他羯他耶 怛姪他唵 薩婆桑塞迦囉 波唎輸底 達摩底 伽迦娜
莎訶其特迦底 薩婆婆毗輸底 摩訶娜耶 波唎婆唎莎訶主
世尊復告曼殊室利如是如來一百八名号若有自書或使人書為經卷受持讀誦如
壽命盡復滿百年壽終此身後得往生无量福智世界无量壽淨土陁羅尼曰 南
謨薄伽勃底 阿波唎蜜多 阿喻紇硯娜 須毗你悉指陁 囉佐耶 怛他羯他耶 怛姪他唵 薩婆

BD14103號　無量壽宗要經　（7–2）

須毗你悉指陁 囉佐耶 怛他羯他耶 怛姪他唵 薩婆桑塞迦囉 波唎輸底 達摩底 伽迦娜
莎訶其特迦底 薩婆婆毗輸底 摩訶娜耶 波唎婆唎莎訶主
世尊復告曼殊室利如是如來一百八名号若有自書或使人書為經卷受持讀誦如
壽命盡復滿百年壽終此身後得往生无量福智世界无量壽淨土陁羅尼曰 南
謨薄伽勃底 阿波唎蜜多 阿喻紇硯娜 須毗你悉指陁 囉佐耶 怛他羯他耶 怛姪他唵 薩婆
桑塞迦囉 波唎輸底 達摩底 伽迦娜 莎訶其特迦底 薩婆婆毗輸底 摩訶娜耶 波唎
婆唎莎訶主 尒時有九十九姟佛等一時同聲說是无量壽宗要經陁羅尼曰 南謨薄伽勃
底 阿波唎蜜多 阿喻紇硯娜 須毗你悉指陁 囉佐耶 怛他羯他耶 怛姪他唵 薩婆桑塞迦囉 波唎輸
底 達摩底 伽迦娜 莎訶其特迦底 薩婆婆毗輸底 摩訶娜耶 波唎婆唎莎訶主
尒時復有一百四姟佛一時同聲說是无量壽宗要經陁羅尼曰 南謨薄伽勃底 阿波唎蜜多
阿喻紇硯娜 須毗你悉指陁 囉佐耶 怛他羯他耶 怛姪他唵 薩婆桑塞迦囉 波唎輸底 達摩底
伽迦娜 莎訶其特迦底 薩婆婆毗輸底 摩訶娜耶 波唎婆唎莎訶主 尒時復有七姟佛一時
同聲說是无量壽宗要經陁羅尼曰 南謨薄伽勃底 阿波唎蜜多 阿喻紇硯娜 須毗你悉指
陁 囉佐耶 怛他羯他耶 怛姪他唵 薩婆桑塞迦囉 波唎輸底 達摩底 伽迦娜 莎訶其特迦底
薩婆婆毗輸底 摩訶娜耶 波唎婆唎莎訶主 尒時復有六十五姟佛一時同聲說是无量
宗要經陁羅尼曰 南謨薄伽勃底 阿波唎蜜多 阿喻紇硯娜 須毗你悉指陁 囉佐耶 怛他羯他耶 怛姪他唵
薩婆桑塞迦囉 波唎輸底 達摩底 伽迦娜 莎訶其特迦底 薩婆婆毗輸底 摩訶娜耶 波
唎婆唎莎訶主 尒時復有五十五姟佛一時同聲說是无量壽宗要經陁羅尼曰 南謨薄伽勃
底 阿波唎蜜多 阿喻紇硯娜 須毗你悉指陁 囉佐耶 怛他羯他耶 怛姪他唵 薩婆桑塞迦囉 波唎
輸底 達摩底 伽迦娜 莎訶其特迦底 薩婆婆毗輸底 摩訶娜耶 波唎婆唎莎訶主
尒時復有四十五姟佛一時同聲說是无量壽宗要經陁羅尼曰 南謨薄伽勃底 阿波唎蜜多
阿喻紇硯娜 須毗你悉指陁 囉佐耶 怛他羯他耶 怛姪他唵 薩婆桑塞迦囉 波唎輸底 達摩底
伽迦娜 莎訶其特迦底 薩婆婆毗輸底 摩訶娜耶 波唎婆唎莎訶主 尒時復有三十六
姟佛一時同聲說是无量壽宗要經陁羅尼曰 南謨薄伽勃底 阿波唎蜜多 阿喻紇硯娜 須
毗你悉指陁 囉佐耶 怛他羯他耶 怛姪他唵 薩婆桑塞迦囉 波唎輸底 達摩底 伽迦娜 莎訶
其特迦底 薩婆婆毗輸底 摩訶娜耶 波唎婆唎莎訶主 尒時復有二十五姟佛一時同聲說是
无量壽宗要經陁羅尼曰 南謨薄伽勃底 阿波唎蜜多 阿喻紇硯娜 須毗你悉指陁 囉佐耶 怛
他羯他耶 怛姪他唵 薩婆桑塞迦囉 波唎輸底 達摩底 伽迦娜 莎訶其特迦底 薩婆婆毗
輸底 摩訶娜耶 波唎婆唎莎訶主 尒時復有恒河沙姟佛一時同聲說是无量壽宗要經
陁羅尼曰 南謨薄伽勃底 阿波唎蜜多 阿喻紇硯娜 須毗你悉指陁 囉佐耶 怛他羯他耶 怛姪他唵
薩婆桑塞迦囉 波唎輸底 達摩底 伽迦娜 莎訶其特迦底 薩婆婆毗輸底 摩訶娜耶

BD14103號　無量壽宗要經　（7–3）

无量壽宗要経陁羅尼曰　南謨薄伽勃底　阿波唎蜜多　阿喻纥硯娜　須毗你失指陁　囉佐耶　怛
他羯他耶　怛姪他唵　薩婆桑悉迦囉　波唎輸底　達磨底　伽迦娜　莎訶某特迦底　薩婆婆毗
輸底　摩訶娜耶　波唎婆唎莎訶　尒時復有恒河沙姟佛一時同聲説是无量壽宗要経
陁羅尼曰　南謨薄伽勃底　阿波唎蜜多　阿喻纥硯娜　須毗你失指陁　囉佐耶　怛他羯他耶　怛姪他唵
薩婆桑悉迦囉　波唎輸底　摩訶　伽迦娜　薩訶某特迦底　薩婆婆毗輸底　摩訶娜耶　波唎婆
唎莎訶　善男子若有自書寫教人書寫是无量壽宗要経如其命盡復得長壽而滿
年陁羅尼曰　南謨薄伽勃底　阿波唎蜜多　阿喻纥硯娜　須毗你失指陁　囉佐耶　怛他羯他耶　怛姪
唵　薩婆桑悉迦囉　波唎輸底　達磨底　伽迦娜　莎訶某特迦底　薩婆婆毗輸底　摩訶娜耶
波唎婆唎莎訶　若有自書寫教人書寫是无量壽宗要経讀誦受持畢竟不墮地獄在
在所生得宿命智陁羅尼曰　南謨薄伽勃底　阿波唎蜜多　阿喻纥硯娜　須毗你失指陁　囉佐耶
怛他羯他耶　怛姪他唵　薩婆桑悉迦囉　波唎輸底　達磨底　伽迦娜　莎訶某特迦底　薩婆婆毗輸
底　摩訶娜耶　波唎婆唎莎訶　若有自書寫教人書寫是无量壽宗要経受持讀誦如
同書寫八万四千一切経典陁羅尼曰　南謨薄伽勃底　阿波唎蜜多　阿喻纥硯娜　須毗你失指陁　囉
佐耶　怛他羯他耶　怛姪他唵　薩婆桑悉迦囉　波唎輸底　達磨底　伽迦娜　莎訶某特迦底　薩婆
婆毗輸底　摩訶娜耶　波唎婆唎莎訶　若有自書寫教人書寫是无量壽宗要経即是書
寫八万四千部建立塔廟陁羅尼曰　南謨薄伽勃底　阿波唎蜜多　阿喻纥硯娜　須毗你失指陁
囉佐耶　怛他羯他耶　怛姪他唵　薩婆桑悉迦囉　波唎輸底　達磨底　伽迦娜　莎訶某特迦底　薩婆
婆毗輸底　摩訶娜耶　波唎婆唎莎訶　若有自書寫教人書寫是无量壽宗要経能消
五无間等一切罪重陁羅尼曰　南謨薄伽勃底　阿波唎蜜多　阿喻纥硯娜　須毗你失指陁　囉佐
耶　怛他羯他耶　怛姪他唵　薩婆桑悉迦囉　波唎輸底　達磨底　伽迦娜　莎訶某特迦底　薩婆
婆毗輸底　摩訶娜耶　波唎婆唎莎訶　若有自書寫教人書寫是无量壽宗要経受持
讀誦設有重罪猶如須弥盡能除滅陁羅尼曰　南謨薄伽勃底　阿波唎蜜多　阿喻纥硯娜
須毗你失指陁　囉佐耶　怛他羯他耶　怛姪他唵　薩婆桑悉迦囉　波唎輸底　達磨底　伽迦娜　莎
訶某特迦底　薩婆婆毗輸底　摩訶娜耶　波唎婆唎莎訶　若有自書寫教人書寫是无
量壽宗要経受持讀誦若魔子之眷屬夜叉羅刹不得其便終无枉死陁羅尼曰　南謨
薄伽勃底　阿波唎蜜多　阿喻纥硯娜　須毗你失指陁　囉佐耶　怛他羯他耶　怛姪他唵　薩婆桑悉
迦囉　波唎輸底　達磨底　伽迦娜　莎訶某特迦底　薩婆婆毗輸底　摩訶娜耶　波唎婆唎
莎訶　若有自書寫教人書寫是无量壽宗要経受持讀誦當命終時有九十九
姟佛現其人前來手佛授手能遊一切佛刹莫於此経生於疑惑陁羅尼曰　南謨薄伽勃
底　阿波唎蜜多　阿喻纥硯娜　須毗你失指陁　囉佐耶　怛他羯他耶　怛姪他唵　薩婆桑悉迦囉
波唎輸底　達磨底　伽迦娜　莎訶某特迦底　薩婆婆毗輸底　摩訶娜耶　波唎婆唎莎訶

BD14103號　無量壽宗要經

（7-4）

迦囉　波唎輸底　達磨底　伽迦娜　莎訶某特迦底　薩婆婆毗輸底　摩訶娜耶　波唎婆唎
莎訶　若有自書寫教人書寫是无量壽宗要経受持讀誦當命終時有九十九
姟佛現其人前來手佛授手能遊一切佛刹莫於此経生於疑惑陁羅尼曰　南謨薄伽勃
底　阿波唎蜜多　阿喻纥硯娜　須毗你失指陁　囉佐耶　怛他羯他耶　怛姪他唵　薩婆桑悉迦囉
波唎輸底　達磨底　伽迦娜　莎訶某特迦底　薩婆婆毗輸底　摩訶娜耶　波唎婆唎莎訶
若有自書寫教人書寫是无量壽宗要経（受持讀誦當得四大天王衛護）陁羅尼曰　南謨薄伽勃底　阿波唎蜜多　阿喻
纥硯娜　須毗你失指陁　囉佐耶　怛他羯他耶　怛姪他唵　薩婆桑悉迦囉　波唎輸底　達磨底　伽迦娜
莎訶某特迦底　薩婆婆毗輸底　摩訶娜耶　波唎婆唎莎訶　若有自書寫教人書寫是无
量壽宗要経當得往生西方極樂世界阿弥陁淨土陁羅尼曰　南謨薄伽勃底　阿波唎蜜多二
阿喻纥硯娜　須毗你失指陁　囉佐耶　怛他羯他耶　怛姪他唵　薩婆桑悉迦囉　波唎輸底　達磨底　伽迦
娜　莎訶某特迦底　薩婆婆毗輸底　摩訶娜耶　波唎婆唎莎訶
若有方所自書寫使人書寫是无量壽経典之處則為是塔皆應恭敬作礼若是畜生
鳥獸得是経如是等類皆當不久得成一切種智陁羅尼曰　南謨薄伽勃底　阿波唎蜜多　阿
喻纥硯娜　須毗你失指陁　囉佐耶　怛他羯他耶　怛姪他唵　薩婆桑悉迦囉　波唎輸底
達磨底　伽迦娜　莎訶某特迦底　薩婆婆毗輸底　摩訶娜耶　波唎婆唎莎訶
若有於是无量壽経自書寫教人書寫畢竟不受女人之身陁羅尼曰　南謨薄伽勃底
阿波唎蜜多　阿喻纥硯娜　須毗你失指陁　囉佐耶　怛他羯他耶　怛姪他唵　薩婆桑悉迦囉　波唎
輸底　達磨底　伽迦娜　莎訶某特迦底　薩婆婆毗輸底　摩訶娜耶　波唎婆唎莎訶
若有於是経少分能惠施者等於三千大千世界滿中七寶布施陁羅尼曰　南謨薄伽勃
阿波唎蜜多　阿喻纥硯娜　須毗你失指陁　囉佐耶　怛他羯他耶　怛姪他唵　薩婆桑悉迦囉　波
利輸底　達磨底　伽迦娜　莎訶某特迦底　薩婆婆毗輸底　摩訶娜耶　波唎婆唎莎訶
若有能供養是経者則是供養一切諸経等无有異陁羅尼曰　南謨薄伽勃底
阿波唎蜜多　阿喻纥硯娜　須毗你失指陁　囉佐耶　怛他羯他耶　怛姪他唵　薩婆桑悉迦囉　波
唎輸底　達磨底　伽迦娜　莎訶某特迦底　薩婆婆毗輸底　摩訶娜耶　波唎婆唎莎訶
如是毗婆尸佛　尸弃佛　毗舍浮佛　俱留孫佛　俱那含牟尼佛　迦葉佛　釋迦牟尼佛　若有人以
七寶供養如是七佛其福有限書寫受持是无量壽経典所有功德不可限量陁羅尼曰
南謨薄伽勃底　阿波唎蜜多　阿喻纥硯娜　須毗你失指陁　囉佐耶　怛他羯他耶　怛姪他唵　薩婆
桑悉迦囉　波唎輸底　達磨底　伽迦娜　莎訶某特迦底　薩婆婆毗輸底　摩訶娜耶　波唎婆唎
莎訶　若有七寶等於須弥以用布施其福上能知其限量是无量壽経典其福
不可知數陁羅尼曰　南謨薄伽勃底　阿波唎蜜多　阿喻纥硯娜　須毗你失指陁　囉佐耶　怛他

BD14103號　無量壽宗要經

（7-5）

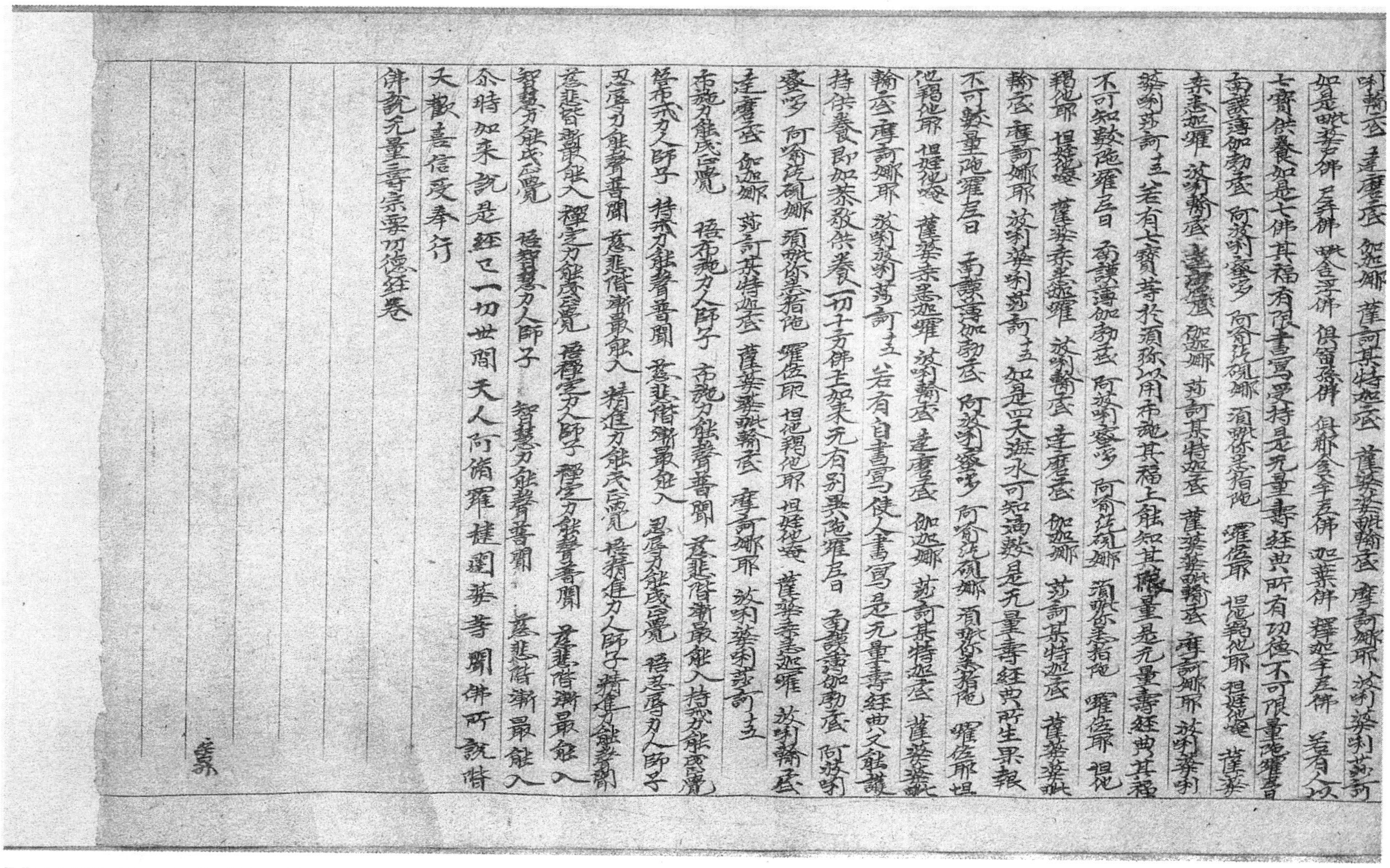

唎輸底 達磨底 伽伽娜 莎訶其特伽底 薩婆婆毗輸底 摩訶娜耶 波唎婆唎莎訶
如是毗婆尸佛 尸棄佛 毗舍浮佛 俱留孫佛 俱那含牟尼佛 迦葉佛 釋迦牟尼佛 若有人以
七寶供養如是七佛其福有限 書寫受持是无量壽經典所有功德不可限量陁羅尼曰
南謨薄伽勃底 阿波唎蜜多 阿喻紇硯娜 須毗你悉指陁 囉佐耶 怛他羯他耶 怛姪他 薩婆
桑悉迦囉 波唎輸底 達磨底 伽伽娜 莎訶其特伽底 薩婆婆毗輸底 摩訶娜耶 波唎婆唎
莎訶 若有七寶等於須彌以用布施其福上能知其限量 是无量壽經典其福
不可知數 陁羅尼曰 南謨薄伽勃底 阿波唎蜜多 阿喻紇硯娜 須毗你悉指陁 囉佐耶 怛他
羯他耶 怛姪他 薩婆桑悉迦囉 波唎輸底 達磨底 伽伽娜 莎訶其特伽底 薩婆婆毗
輸底 摩訶娜耶 波唎婆唎莎訶 如是四大海水可知滴數 是无量壽經典所生果報
不可數量 陁羅尼曰 南謨薄伽勃底 阿波唎蜜多 阿喻紇硯娜 須毗你悉指陁 囉佐耶 怛
他羯他耶 怛姪他 薩婆桑悉迦囉 波唎輸底 達磨底 伽伽娜 莎訶其特伽底 薩婆婆毗
輸底 摩訶娜耶 波唎波唎莎訶 若有自書寫使人書寫是无量壽經典 又能讀
持供養 即如恭敬供養一切十方佛土如來无有別異 陁羅尼曰 南謨薄伽勃底 阿波唎
蜜多 阿喻紇硯娜 須毗你悉指陁 囉佐耶 怛他羯他耶 怛姪他 薩婆桑悉迦囉 波唎輸底
達磨底 伽伽娜 莎訶其特伽底 薩婆婆毗輸底 摩訶娜耶 波唎婆唎莎訶
布施力能成正覺 悟布施力人師子 布施力能聲普聞 慈悲階漸最能入 持戒力能成正覺
普布戒力人師子 持戒力能聲普聞 慈悲階漸最能入 忍辱力能成正覺 悟忍辱力人師子
忍辱力能聲普聞 慈悲階漸最能入 精進力能成正覺 悟精進力人師子 精進力能聲普聞
慈悲階漸最能入 禪定力能成正覺 悟禪定力人師子 禪定力能聲普聞 慈悲階漸最能入
智慧力能成正覺 悟智慧力人師子 智慧力能聲普聞 慈悲階漸最能入
尒時如來說是經已 一切世間天人阿脩羅揵闥婆等 聞佛所說皆
大歡喜信受奉行
佛說无量壽宗要功德經卷

BD14103 號　無量壽宗要經　（7–6）

慈悲階漸最能入 禪定力能成正覺 悟禪定力人師子 禪定力能聲普聞 慈悲階漸最能入
智慧力能成正覺 悟智慧力人師子 智慧力能聲普聞 慈悲階漸最能入
尒時如來說是經已 一切世間天人阿脩羅揵闥婆等 聞佛所說皆
大歡喜信受奉行
佛說无量壽宗要功德經卷

BD14103 號　無量壽宗要經　（7–7）

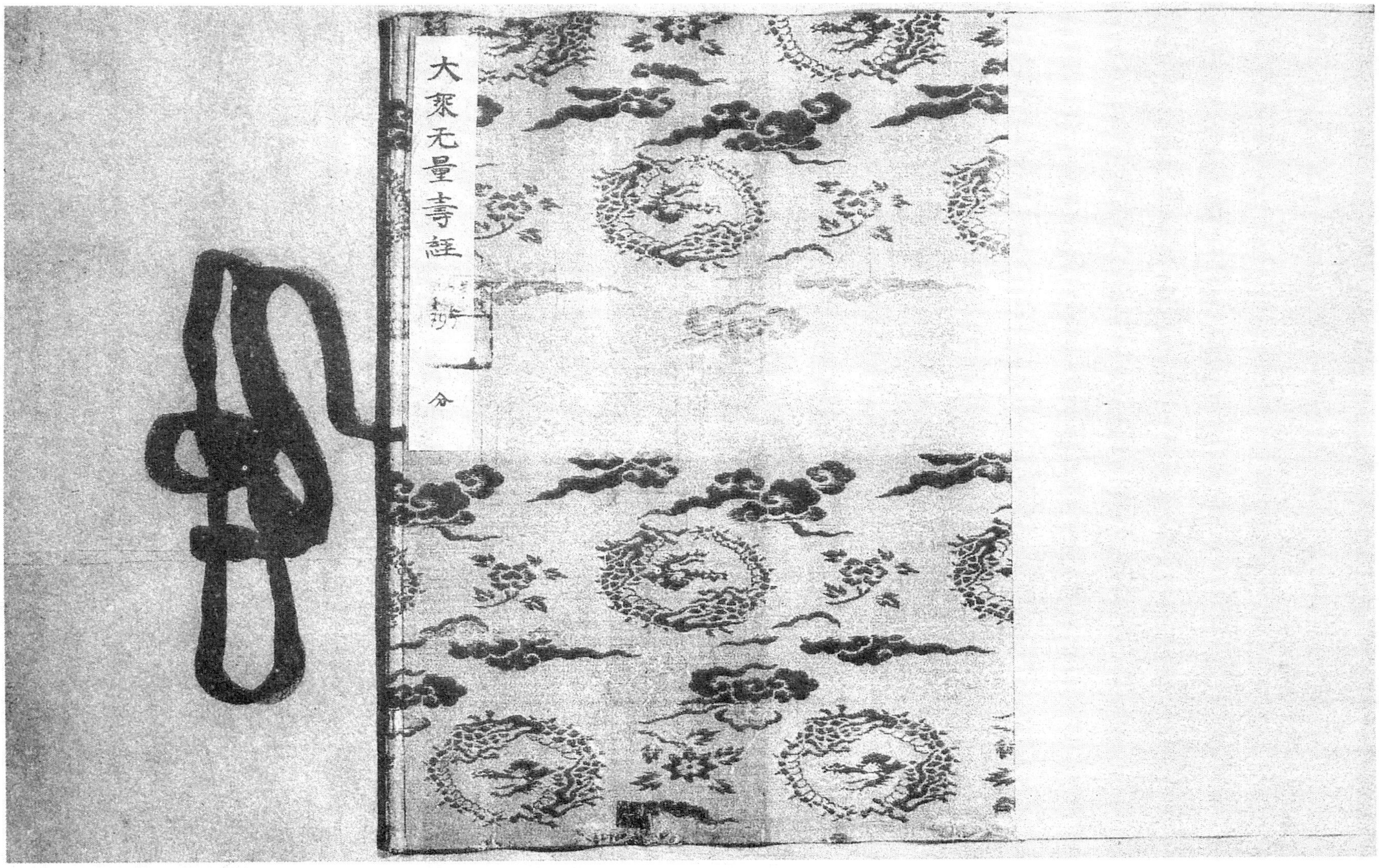


BD14104 號背　現代護首　　（1–1）

BD14104 號　無量壽宗要經　　（8–1）

大乘无量壽經
如是我聞一時薄伽梵在舍衛國祇樹給孤獨園與大苾芻僧千二百五十人大菩薩
摩訶薩衆俱同會坐尒時世尊告曼殊室利童子曼殊上方有世界名无量功
德聚彼土有佛号无量智決定王如來阿耨多羅三藐三菩提現為衆生開示說
法曼殊師聽南閻浮提人皆短壽大限百千於中殀枉横死者衆曼殊如是无量
壽如來功德名稱法要若有衆生得聞名号若自書或使人書能為經卷受持
讀誦若於舍宅所住之處以種種花鬘瓔珞塗香末香而為供養而其命盡復
得延年滿足百歲如是曼殊若有衆生得聞是无量壽智決定如來一百名号者

BD14104 號　無量壽宗要經　（8–2）

法曼殊師聽南閻浮提人皆短壽大限百千於中殀枉横死者衆曼殊如是无量
壽如來功德名稱法要若有衆生得聞名号若自書或使人書能為經卷受持
讀誦若於舍宅所住之處以種種花鬘瓔珞塗香末香而為供養而其命盡復
得延年滿足百歲如是曼殊若有衆生得聞是无量壽智決定如來一百名号者
益其長壽若有衆生大命將盡憶念是如來名号更得增壽如是曼殊若有善男
善女人欲求長壽於是无量壽如來一百八号有得聞者或自書若使人書受持讀誦
得如是善果報福德具足陁羅尼曰　南謨薄伽勃底　阿波唎蜜多　阿喻紇硯娜　須毗你
悉指陁　囉佐耶　怛他羯他耶　怛姪他唵　薩婆桒悉迦羅　波唎輸底　達磨底　伽伽娜　莎訶
某特迦底　薩婆婆毗輸底　摩訶娜耶　波唎婆唎莎訶　十五
世尊復告曼殊室利如是如來一百八名号若有自書或使人書為經卷受持讀誦
如壽命盡復滿百年壽終此身後得往生无量福智世界无量壽淨土陁羅尼
曰　南謨薄伽勃底　阿波唎蜜多　阿喻紇硯娜　須毗你悉指陁　囉佐耶　怛他羯他耶　怛
姪他唵　薩婆桒悉迦羅　波唎輸底　達磨底　伽伽娜　莎訶某特迦底　薩婆婆毗輸
底　摩訶娜耶　波唎婆唎莎訶　十五　尒時有九十九姟佛等一時同聲說是无量壽
宗要經陁羅尼曰　南謨薄伽勃底　阿波唎蜜多　阿喻紇硯娜　須毗你悉指陁　囉佐耶　怛他
羯他耶　怛姪他唵　薩婆桒悉迦羅　波唎輸底　達磨底　伽伽娜　莎訶某特迦底　薩婆婆毗輸
底　摩訶娜耶　波唎婆唎莎訶　十五　尒時復有一百四姟佛一時同聲說是无量壽宗要經
陁羅尼曰　南謨薄伽勃底　阿波唎蜜多　阿喻紇硯娜　須毗你悉指陁　囉佐耶　怛他羯他耶　怛姪他唵
薩婆桒悉迦羅　波唎輸底　達磨底　伽伽娜　莎訶某特迦底　薩婆婆毗輸底　摩訶娜耶
波唎婆唎莎訶　十五　尒時復有七姟佛一時同聲說是无量壽宗要經陁羅尼曰　南謨薄伽
勃底　阿波唎蜜多　阿喻紇硯娜　須毗你悉指陁　囉佐耶　怛他羯他耶　怛姪他唵　薩婆桒
悉迦羅　波唎輸底　達磨底　伽伽娜　莎訶某特迦底　薩婆婆毗輸底　摩訶娜耶　波唎
婆唎莎訶　十五　尒時復有六十五姟佛一時同聲說是无量壽宗要經陁羅尼曰　南謨
薄伽勃底　阿波唎蜜多　阿喻紇硯娜　須毗你悉指陁　囉佐耶　怛他羯他耶　怛姪他唵　薩婆桒悉
迦羅　波唎輸底　達磨底　伽伽娜　莎訶某特迦底　薩婆婆毗輸底　摩訶娜耶　波唎婆唎莎
訶　十五　尒時復有五十五姟佛一時同聲說是无量壽宗要經陁羅尼曰　南謨薄伽勃底　阿
波唎蜜多　阿喻紇硯娜　須毗你悉指陁　囉佐耶　怛他羯他耶　怛姪他唵　薩婆桒悉迦羅　波唎
輸底　達磨底　伽伽娜　莎訶某特迦底　薩婆婆毗輸底　摩訶娜耶　波唎婆唎莎訶
尒時復有四十五姟佛一時同聲說是无量壽宗要經陁羅尼曰　南謨薄伽勃底
阿波唎蜜多　阿喻紇硯娜　須毗你悉指陁　囉佐耶　怛他羯他耶　怛姪他唵　薩婆桒悉

BD14104 號　無量壽宗要經　（8–3）

訶 十五 尒時復有五十五俱胝佛一時同聲說是无量壽宗要經陁羅尼曰 南謨薄伽勃底 阿
波唎蜜多 阿瑜孫硯娜 須毗你悉指陁 囉佐耶 怛他羯他耶 怛姪他唵 薩婆桑悉迦囉 波唎
輸底 達摩底 伽迦娜 莎訶某特迦底 薩婆婆毗輸底 摩訶娜耶 波唎婆唎莎訶
尒時復有四十五俱胝佛一時同聲說是无量壽宗要經陁羅尼曰 南謨薄伽勃底
阿波唎蜜多 阿瑜孫硯娜 須毗你悉指陁 囉佐耶 怛他羯他耶 怛姪他唵 薩婆桑悉
迦囉 波唎輸底 達摩底 伽迦娜 莎訶某特迦底 薩婆婆毗輸底 摩訶娜耶
波唎婆唎莎訶 十六 尒時復有三十六俱胝佛一時同聲說是无量壽宗要經
陁羅尼曰 南謨薄伽勃底 阿波唎蜜多 阿瑜孫硯娜 須毗你悉指陁 囉佐耶 怛他羯他
耶 怛姪他唵 薩婆桑悉迦囉 波唎輸底 達摩底 伽迦娜 莎訶某特迦底 薩婆
婆毗輸底 摩訶娜耶 波唎婆唎莎訶 十七 尒時復有二十五俱胝佛一時同聲說是
无量壽宗要經陁羅尼曰 南謨薄伽勃底 阿波唎蜜多 阿瑜孫硯娜 須毗你悉
指陁 囉佐耶 怛他羯他耶 怛姪他唵 薩婆桑悉迦囉 波唎輸底 達摩底 伽迦娜
莎訶某特迦底 薩婆婆毗輸底 摩訶娜耶 波唎婆唎莎訶 十八 尒時復有恒河沙俱胝
佛一時同聲說是无量壽宗要經陁羅尼曰 南謨薄伽勃底 阿波唎蜜多 阿瑜孫硯
娜 須毗你悉指陁 囉佐耶 怛他羯他耶 怛姪他唵 薩婆桑悉迦囉 波唎輸底 達摩底
伽迦娜 莎訶某特迦底 薩婆婆毗輸底 摩訶娜耶 波唎婆唎莎訶 十九
善男子若有自書寫教人書寫是无量壽宗要經如其命盡復得長壽而滿年
陁羅尼曰 南謨薄伽勃底 阿波唎蜜多 阿瑜孫硯娜 須毗你悉指陁 囉佐耶 怛他羯他耶
怛姪他唵 薩婆桑悉迦囉 波唎輸底 達摩底 伽迦娜 莎訶某特迦底 薩婆婆毗輸
底 摩訶娜耶 波唎婆唎莎訶 廿 若有自書寫教人書寫是无量壽宗要經讀
誦受持畢竟不墮地獄在在所生得宿命智陁羅尼曰 南謨薄伽勃底 阿波唎蜜
多 阿瑜孫硯娜 須毗你悉指陁 囉佐耶 怛他羯他耶 怛姪他唵 薩婆桑悉迦囉 波唎輸底 達摩
底 伽迦娜 莎訶某特迦底 薩婆婆毗輸底 摩訶娜耶 波唎婆唎莎訶 廿一
若有自書寫教人書寫是无量壽宗要經受持讀誦如同書寫八万四千一切經典
陁羅尼曰 南謨薄伽勃底 阿波唎蜜多 阿瑜孫硯娜 須毗你悉指陁 囉佐耶 怛他羯他耶
怛姪他唵 薩婆桑悉迦囉 波唎輸底 達摩底 伽迦娜 莎訶某特迦底 薩婆
婆毗輸底 摩訶娜耶 波唎婆唎莎訶 廿二 若有自書寫教人書寫是无量壽宗
要經受持即是書寫八万四千部一切經典建立塔廟陁羅尼曰 南謨薄伽勃底 阿
波唎蜜多 阿瑜孫硯娜 須毗你悉指陁 囉佐耶 怛他羯他耶 怛姪他唵 薩婆桑悉迦囉
波唎輸底 達摩底 伽迦娜 莎訶某特迦底 薩婆婆毗輸底 摩訶娜耶 波唎
婆唎莎訶 廿三 若有自書寫教人書寫是无量壽宗要經能消五无間等

BD14104 號　無量壽宗要經 （8–4）

婆毗輸底 摩訶娜耶 波唎婆唎莎訶 廿二 若有自書寫教人書寫是无量壽宗
要經受持即是書寫八万四千部一切經典建立塔廟陁羅尼曰 南謨薄伽勃底 阿
波唎蜜多 阿瑜孫硯娜 須毗你悉指陁 囉佐耶 怛他羯他耶 怛姪他唵 薩婆桑悉迦囉
波唎輸底 達摩底 伽迦娜 莎訶某特迦底 薩婆婆毗輸底 摩訶娜耶 波唎
婆唎莎訶 廿三 若有自書寫教人書寫是无量壽宗要經能消五无間等
一切重罪陁羅尼曰 南謨薄伽勃底 阿波唎蜜多 阿瑜孫硯娜 須毗你悉指陁 囉佐
耶 怛他羯他耶 怛姪他唵 薩婆桑悉迦囉 波唎輸底 達摩底 伽迦娜 薩訶某特
迦底 薩婆婆毗輸底 摩訶娜耶 波唎婆唎莎訶 廿四 若有自書寫教人書寫是无
量壽宗要經受持讀誦設有重罪猶如須弥盡能除滅陁羅尼曰 南謨薄伽
勃底 阿波唎蜜多 阿瑜孫硯娜 須毗你悉指陁 囉佐耶 怛他羯他耶 怛姪他唵 薩婆
桑悉迦囉 波唎輸底 達摩底 伽迦娜 薩訶某特迦底 薩婆婆毗輸底 摩訶娜耶
波唎婆唎莎訶 廿五 若有自書寫教人書寫是无量壽宗要經受持讀誦若魔王
之眷屬夜叉羅剎不得其便終无枉死陁羅尼曰 南謨薄伽勃底 阿波唎蜜多
阿瑜孫硯娜 須毗你悉指陁 囉佐耶 怛他羯他耶 怛姪他唵 薩婆桑悉迦囉 波唎輸底 達
摩底 伽迦娜 莎訶某特迦底 薩婆婆毗輸底 摩訶娜耶 波唎婆唎莎訶 廿六
若有自書寫教人書寫是无量壽宗要經受持讀誦當命終時有九十九俱胝佛現其
人前來千佛手授能遊一切佛剎莫於此經生於疑惑陁羅尼曰 南謨薄伽勃底 阿波唎
蜜多 阿瑜孫硯娜 須毗你悉指陁 囉佐耶 怛他羯他耶 怛姪他唵 薩婆桑悉迦囉 波唎輸底
達摩底 伽迦娜 薩訶某特伽底 薩婆婆毗輸底 摩訶娜耶 波唎婆唎莎訶 廿七
若有自書寫教人書寫是无量壽宗要經受持讀誦常得四天大王隨其衛護陁羅尼曰
南謨薄伽勃底 阿波唎蜜多 阿瑜孫硯娜 須毗你悉指陁 囉佐耶 怛他羯他耶 怛姪他唵 薩婆
桑悉迦囉 波唎輸底 達摩底 伽迦娜 莎訶某特迦底 薩婆婆毗輸底 摩訶娜耶 波唎婆
唎莎訶 廿八 若有自書寫教人書寫是无量壽宗要經受持讀誦當得往生西方極樂
世界阿弥陁淨土陁羅尼曰 南謨薄伽勃底 阿波唎蜜多 阿瑜孫硯娜 須毗你悉指陁 囉佐耶 怛
他羯他耶 怛姪他唵 薩婆桑悉迦囉 波唎輸底 達摩底 伽迦娜 莎訶某特迦底 薩婆婆毗輸
底 摩訶娜耶 波唎婆唎莎訶 廿九
若有方所自書寫使人書寫是无量壽經典之處則爲是塔皆應恭敬作礼若是畜
生或爲鳥獸得是經如是等類皆當不久得成一切種智陁羅尼曰 南謨薄伽勃底 阿波唎
蜜多 阿瑜孫硯娜 須毗你悉指陁 囉佐耶 怛他羯他耶 怛姪他唵 薩婆桑悉迦囉 波唎輸底 達
摩底 伽迦娜 莎訶某特迦底 薩婆婆毗輸底 摩訶娜耶 波唎婆唎莎訶 卅
若有无量壽經自書寫若使人書畢竟不受女人之身陁羅尼曰 南謨薄伽勃底 阿波唎

BD14104 號　無量壽宗要經 （8–5）

底 摩訶娜耶 波唎婆唎莎訶
若有方所自書寫使人書寫是無量壽宗要經典之處則為是塔皆應恭敬作禮若是畜
生或為鳥獸得是經如是等類皆當不久得成一切種智陀羅尼曰 南謨薄伽勃底 阿波唎
蜜唎蜜多 阿喻紇硯娜 須毗你悉指陀 囉佐耶 怛他羯他耶 怛姪他唵 薩婆桑悉迦囉 波唎輸底 達
磨底 伽伽娜 莎訶某特迦底 薩婆婆毗輸底 摩訶娜耶 波唎婆唎莎訶
若有於無量壽經自書寫若使人書畢竟不受女人之身陀羅尼曰 南謨薄伽勃底 阿波唎
蜜多 阿喻紇硯娜 須毗你悉指陀 囉佐耶 怛他羯他耶 怛姪他唵 薩婆桑悉迦囉 波唎輸底 達磨
底 伽伽娜 莎訶某特迦底 薩婆婆毗輸底 摩訶娜耶 波唎婆唎莎訶
若有能於是經少分能惠施者等於三千大千世界滿中七寶布施陀羅尼曰 南
謨薄伽勃底 阿波唎蜜唎 阿喻紇硯娜 須毗你悉指陀 囉佐耶 怛他羯他耶 怛姪他唵 薩
婆桑悉迦囉 波唎輸底 達磨底 伽伽娜 莎訶某特迦底 薩婆婆毗輸底 摩訶娜
耶 波唎婆唎莎訶 若有能供養是經者等於供養一切諸經等無有異陀羅
尼曰 南謨薄伽勃底 阿波唎蜜多 阿喻紇硯娜 須毗你悉指陀 囉佐耶 怛他羯他耶 怛姪
他唵 薩婆桑悉迦囉 波唎輸底 達摩訶底 伽伽娜 莎訶某特迦底 薩婆婆毗輸底 摩
訶娜耶 波唎婆唎莎訶
如是毗婆尸佛 尸棄佛 毗舍浮佛 俱留孫佛 俱那含牟尼佛 迦葉佛 釋迦牟尼佛
若有人以七寶供養如是七佛其福有限書寫受持是無量壽經典所有功德不可
限量陀羅尼曰 南謨薄伽勃底 阿波唎蜜多 阿喻紇硯娜 須毗你悉指陀 囉佐耶 怛
他羯他耶 怛姪他唵 薩婆桑悉迦囉 波唎輸底 達磨底 伽伽娜 莎訶某特迦底 薩婆
婆毗輸底 摩訶娜耶 波唎婆唎莎訶 若有七寶等須彌以用布施其福上能知其
限量是無量壽經典其福不可知數陀羅尼曰 南謨薄伽勃底 阿波唎蜜多 阿喻
紇硯娜 須毗你悉指陀 囉佐耶 怛他羯他耶 怛姪他唵 薩婆桑悉迦囉 波唎輸底 達磨底
伽伽娜 莎訶某特迦底 薩婆婆毗輸底 摩訶娜耶 波唎婆唎莎訶
如是四大海水可知渧數是無量壽經典所生果報不可數量陀羅尼曰 南謨薄伽
勃底 阿波唎蜜多 阿喻紇硯娜 須毗你悉指陀 囉佐耶 怛他羯他耶 怛姪他唵 薩婆桑
悉迦囉 波唎輸底 達磨底 伽伽娜 莎訶某特迦底 薩婆婆毗輸底 摩訶娜耶
波唎婆唎莎訶 若有自書使人書寫是無量壽經典又能護持供養即如恭
敬供養一切十方佛土如來無有別異陀羅尼曰 南謨薄伽勃底 阿波唎蜜多 阿喻紇
硯娜 須毗你悉指陀 囉佐耶 怛他羯他耶 怛姪他唵 薩婆桑悉迦囉 波唎輸底 達磨底 伽伽娜
莎訶某特迦底 薩婆婆毗輸底 摩訶娜耶 波唎婆唎莎訶
布施力能成正覺 悟布施力人師子 布施力能聲普聞 慈悲伯新最能入 持戒力能成正覺

BD14104號　無量壽宗要經　（8-6）

如是毗婆尸佛 尸棄佛 毗舍浮佛 俱留孫佛 俱那含牟尼佛 迦葉佛 釋迦牟尼佛
若有人以七寶供養如是七佛其福有限書寫受持是無量壽經典所有功德不可
限量陀羅尼曰 南謨薄伽勃底 阿波唎蜜多 阿喻紇硯娜 須毗你悉指陀 囉佐耶 怛
他羯他耶 怛姪他唵 薩婆桑悉迦囉 波唎輸底 達磨底 伽伽娜 莎訶某特迦底 薩婆
婆毗輸底 摩訶娜耶 波唎婆唎莎訶 若有七寶等須彌以用布施其福上能知其
限量是無量壽經典其福不可知數陀羅尼曰 南謨薄伽勃底 阿波唎蜜多 阿喻
紇硯娜 須毗你悉指陀 囉佐耶 怛他羯他耶 怛姪他唵 薩婆桑悉迦囉 波唎輸底 達磨底
伽伽娜 莎訶某特迦底 薩婆婆毗輸底 摩訶娜耶 波唎婆唎莎訶
如是四大海水可知渧數是無量壽經典所生果報不可數量陀羅尼曰 南謨薄伽
勃底 阿波唎蜜多 阿喻紇硯娜 須毗你悉指陀 囉佐耶 怛他羯他耶 怛姪他唵 薩婆桑
悉迦囉 波唎輸底 達磨底 伽伽娜 莎訶某特迦底 薩婆婆毗輸底 摩訶娜耶
波唎婆唎莎訶 若有自書使人書寫是無量壽經典又能護持供養即如恭
敬供養一切十方佛土如來無有別異陀羅尼曰 南謨薄伽勃底 阿波唎蜜多 阿喻紇
硯娜 須毗你悉指陀 囉佐耶 怛他羯他耶 怛姪他唵 薩婆桑悉迦囉 波唎輸底 達摩底 伽伽娜
莎訶某特迦底 薩婆婆毗輸底 摩訶娜耶 波唎婆唎莎訶
布施力能成正覺 悟布施力人師子 布施力能聲普聞 慈悲伯新最能入 持戒力能成正覺
悟持戒力人師子 持戒力能聲普聞 慈悲伯新最能入 忍辱力能成正覺 悟忍辱力人師子
忍辱力能聲普聞 慈悲伯新最能入 精進力能成正覺 悟精進力人師子 精進力能聲普聞
慈悲伯新最能入 禪定力能成正覺 悟禪定力人師子 禪定力能聲普聞 慈悲伯新最能入
智慧力能成正覺 悟智慧力人師子 智慧力能聲普聞 慈悲伯新最能入
爾時如來說是經已一切世間天人阿脩羅揵闥婆等聞佛所說皆大歡
喜信受奉行
佛說無量壽宗要功德經卷

BD14104號　無量壽宗要經　（8-7）

BD14104 號　無量壽宗要經　　　　（8–8）

BD14105 號背　現代護首　　　　（1–1）

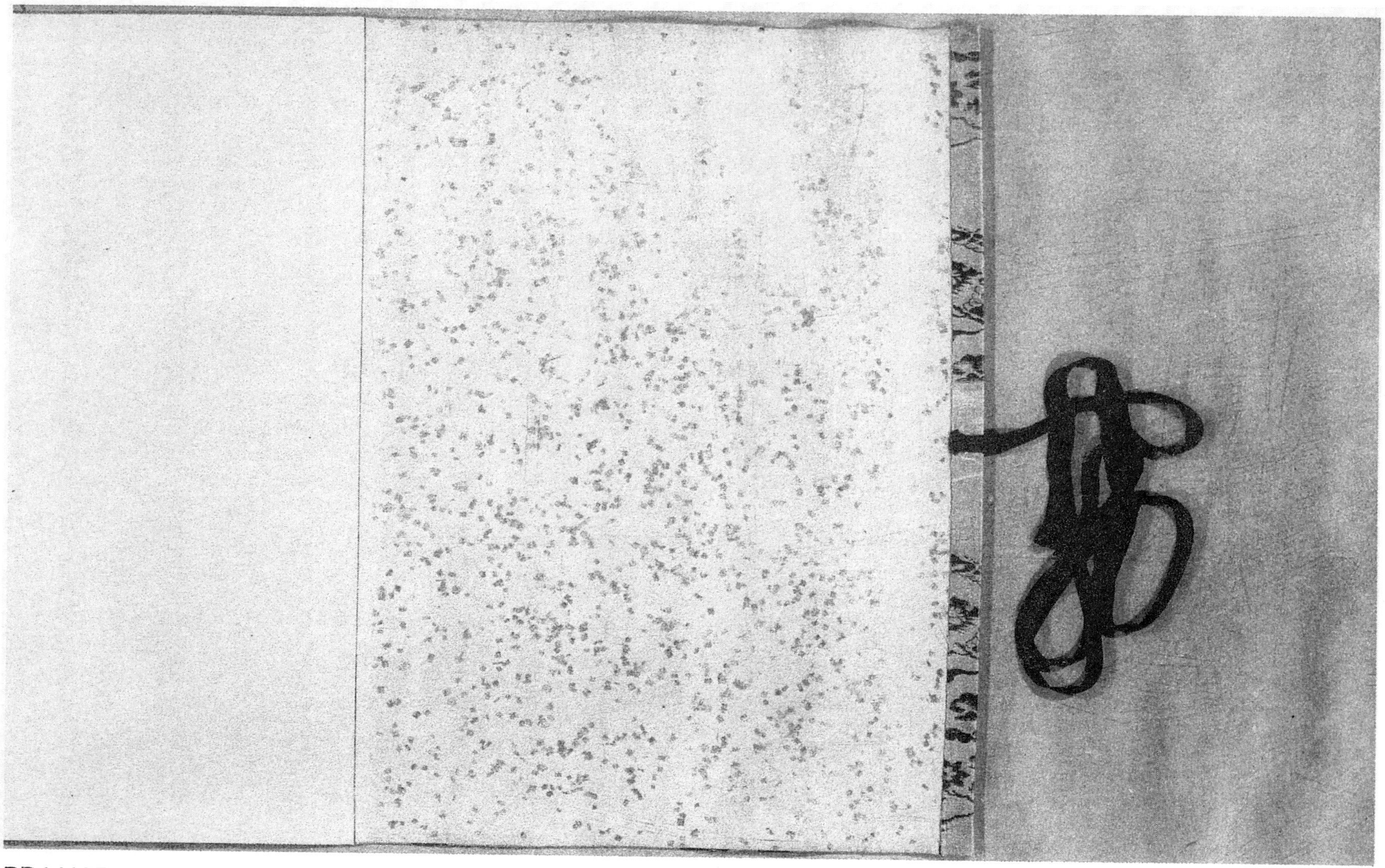

BD14105 號　無量壽宗要經

（8–1）

大乘无量壽宗要經
如是我聞一時薄伽梵在舍衛國祇樹給孤獨園與大苾芻僧千二百五十人大菩薩
摩訶薩衆俱同會坐尒時世尊告曼殊室利童子曼殊上方有世界名无量功德聚彼土有佛
号无量智決定王如來阿羅訶三藐三菩提現為衆生開示說法曼殊諦聽南閻浮提人皆短壽
大限百年於中夭枉橫死者衆曼殊如是无量壽如來功德名稱法要若有衆生得聞名号若自
書或使人書能為經卷受持讀誦者於宅舍所住之處以種種花鬘瓔珞塗香末香而為供
養如其命盡復得延年滿足百歲如是曼殊若有衆生得聞是无量壽智決定王如來一百八
名号者益其長壽若有衆生大命將盡憶念是如來名号更得增壽如是曼殊若有善男
子善女人欲求長壽於是无量壽如來一百八名号有得聞者或自書若使人書受持讀誦如是等

BD14105 號　無量壽宗要經

（8–2）

大限自手於中夭枉橫死者衆異殊如是无量壽如來功德名稱法要若有衆生得聞名号若自
書或使人書能為經卷受持讀誦若於宅舍所住之處以種種花鬘瓔珞塗香末香而為供
養如其命盡復得延年滿足百歲如是曼殊若有衆生得聞是无量壽智決定王如來一百八
名号者益其長壽若有衆生大命將盡憶念是如來名号更得增壽如是曼殊若有善男
子善女人欲求長壽於是无量壽如來一百八名号有得聞者或自書若使人書受持讀誦如是等
果報福德具足陁羅尼曰
南謨薄伽勃底一 阿波唎蜜哆二 阿喻紇硯娜三 須毗你志指陁四 囉佐耶五 怛他羯他耶五
怛姪他唵七 薩婆桑塞迦囉八 波唎輸底九 達磨底十 伽伽娜十一 娑訶莫持迦底十二
薩婆婆毗輸底十三 摩訶娜耶十四 波唎婆唎莎訶十五
若有自書或使人書為經卷受持讀誦如
是壽命盡復滿百年壽終此身後得往生无量福智世界无量壽淨土陁羅尼曰
南謨薄伽勃底一 阿波唎蜜哆二 阿喻紇硯娜三 須毗你志指陁四 囉佐耶五 怛他羯他耶六
怛姪他唵七 薩婆桑塞迦囉八 波唎輸底九 達磨底十 伽伽娜十一 娑訶莫持迦底十二
薩婆婆毗輸底十三 摩訶娜耶十四 波唎婆唎莎訶十五
尒時有九十九俱胝佛一時同聲說是无量壽宗要經陁羅尼曰
南謨薄伽勃底一 阿波唎蜜哆二 阿喻紇硯娜三 須毗你志指陁四 囉佐耶五 怛他羯他耶六
怛姪他唵七 薩婆桑塞迦囉八 波唎輸底九 達磨底十 伽伽娜十一 娑訶莫持迦底十二
薩婆婆毗輸底十三 摩訶娜耶十四 波唎婆唎莎訶十五
尒時復有一百四俱胝佛一時同聲說是无量壽宗要經陁羅尼曰
南謨薄伽勃底一 阿波唎蜜哆二 阿喻紇硯娜三 須毗你志指陁四 囉佐耶五 怛他羯他耶六
怛姪他唵七 薩婆桑塞迦囉八 波唎輸底九 達磨底十 伽伽娜十一 娑訶莫持迦底十二
薩婆婆毗輸底十三 摩訶娜耶十四 波唎婆唎莎訶十五
尒時有七俱胝佛一時同聲說是无量壽宗要經陁羅尼曰
南謨薄伽勃底一 阿波唎蜜哆二 阿喻紇硯娜三 須毗你志指陁四 囉佐耶五 怛他羯他耶六
怛姪他唵七 薩婆桑塞迦囉八 波唎輸底九 達磨底十 伽伽娜十一 娑訶莫持迦底十二
薩婆婆毗輸底十三 摩訶娜耶十四 波唎婆唎莎訶十五
尒時有七十五俱胝佛一時同聲說是无量壽宗要經陁羅尼曰
南謨薄伽勃底一 阿波唎蜜哆二 阿喻紇硯娜三 須毗你志指陁四 囉佐耶五 怛他羯他耶六
怛姪他唵七 薩婆桑塞迦囉八 波唎輸底九 達磨底十 伽伽娜十一 娑訶莫持迦底十二 薩
婆婆毗輸底十三 摩訶娜耶十四 波唎婆唎莎訶十五
尒時有六十五俱胝佛一時同聲說是无量壽宗要經陁羅尼曰

BD14105 號　無量壽宗要經　（8–3）

尒時有七十五俱胝佛一時同聲說是无量壽宗要經陁羅尼曰
南謨薄伽勃底一 阿波唎蜜哆二 阿喻紇硯娜三 須毗你志指陁四 囉佐耶五 怛他羯他耶六
怛姪他唵七 薩婆桑塞迦囉八 波唎輸底九 達磨底十 伽伽娜十一 娑訶莫持迦底十二 薩
婆婆毗輸底十三 摩訶娜耶十四 波唎婆唎莎訶十五
尒時有六十五俱胝佛一時同聲說是无量壽宗要經陁羅尼曰
南謨薄伽勃底一 阿波唎蜜哆二 阿喻紇硯娜三 須毗你志指陁四 囉佐耶五 怛他羯他耶六
怛姪他唵七 薩婆桑塞迦囉八 波唎輸底九 達磨底十 伽伽娜十一 娑訶莫持迦底十二
薩婆婆毗輸底十三 摩訶娜耶十四 波唎婆唎莎訶十五
尒時有五十五俱胝佛一時同聲說是无量壽宗要經陁羅尼曰
南謨薄伽勃底一 阿波唎蜜哆二 阿喻紇硯娜三 須毗你志指陁四 囉佐耶五 怛他羯他耶六
怛姪他唵七 薩婆桑塞迦囉八 波唎輸底九 達磨底十 伽伽娜十一 娑訶莫持迦底十二
薩婆婆毗輸底十三 摩訶娜耶十四 波唎婆唎莎訶十五
尒時有四十五俱胝佛一時同聲說是无量壽宗要經陁羅尼曰
南謨薄伽勃底一 阿波唎蜜哆二 阿喻紇硯娜三 須毗你志指陁四 囉佐耶五 怛他羯他耶六 怛姪他
唵七 薩婆桑塞迦囉八 波唎輸底九 達磨底十 伽伽娜十一 娑訶莫持迦底十二 薩婆
婆毗輸底十三 摩訶娜耶十四 波唎婆唎莎訶十五
尒時有三十六俱胝佛一時同聲說是无量壽宗要經陁羅尼曰
南謨薄伽勃底一 阿波唎蜜哆二 阿喻紇硯娜三 須毗你志指陁四 囉佐耶五 怛他羯他耶六
怛姪他唵七 薩婆桑塞迦囉八 波唎輸底九 達磨底十 伽伽娜十一 娑訶莫持迦底十二 薩
婆婆毗輸底十三 摩訶娜耶十四 波唎婆唎莎訶十五
尒時有二十五俱胝佛一時同聲說是无量壽宗要經陁羅尼曰
南謨薄伽勃底一 阿波唎蜜哆二 阿喻紇硯娜三 須毗你志指陁四 囉佐耶五 怛他羯他耶六 怛
姪他唵七 薩婆桑塞迦囉八 波唎輸底九 達磨底十 伽伽娜十一 娑訶莫持迦底十二 薩
婆婆毗輸底十三 摩訶娜耶十四 波唎婆唎莎訶十五
尒時有恒河沙俱胝佛一時同聲說是无量壽宗要經陁羅尼曰
南謨薄伽勃底一 阿波唎蜜哆二 阿喻紇硯娜三 須毗你志指陁四 囉佐耶五 怛他羯他耶六 怛姪
他唵七 薩婆桑塞迦囉八 波唎輸底九 達磨底十 伽伽娜十一 娑訶莫持迦底十二 薩婆婆
毗輸底十三 摩訶娜耶十四 波唎婆唎莎訶十五
若男子若有自書寫教人書寫是无量壽宗要經如其命盡復得長壽而滿百歲陁羅尼曰
南謨薄伽勃底一 阿波唎蜜哆二 阿喻紇硯娜三 須毗你志指陁四 囉佐耶五 怛他羯他耶六 怛姪
他唵七 薩婆桑塞迦囉八 波唎輸底九 達磨底十 伽伽娜十一 娑訶莫持迦底十二 薩婆婆毗輸

BD14105 號　無量壽宗要經　（8–4）

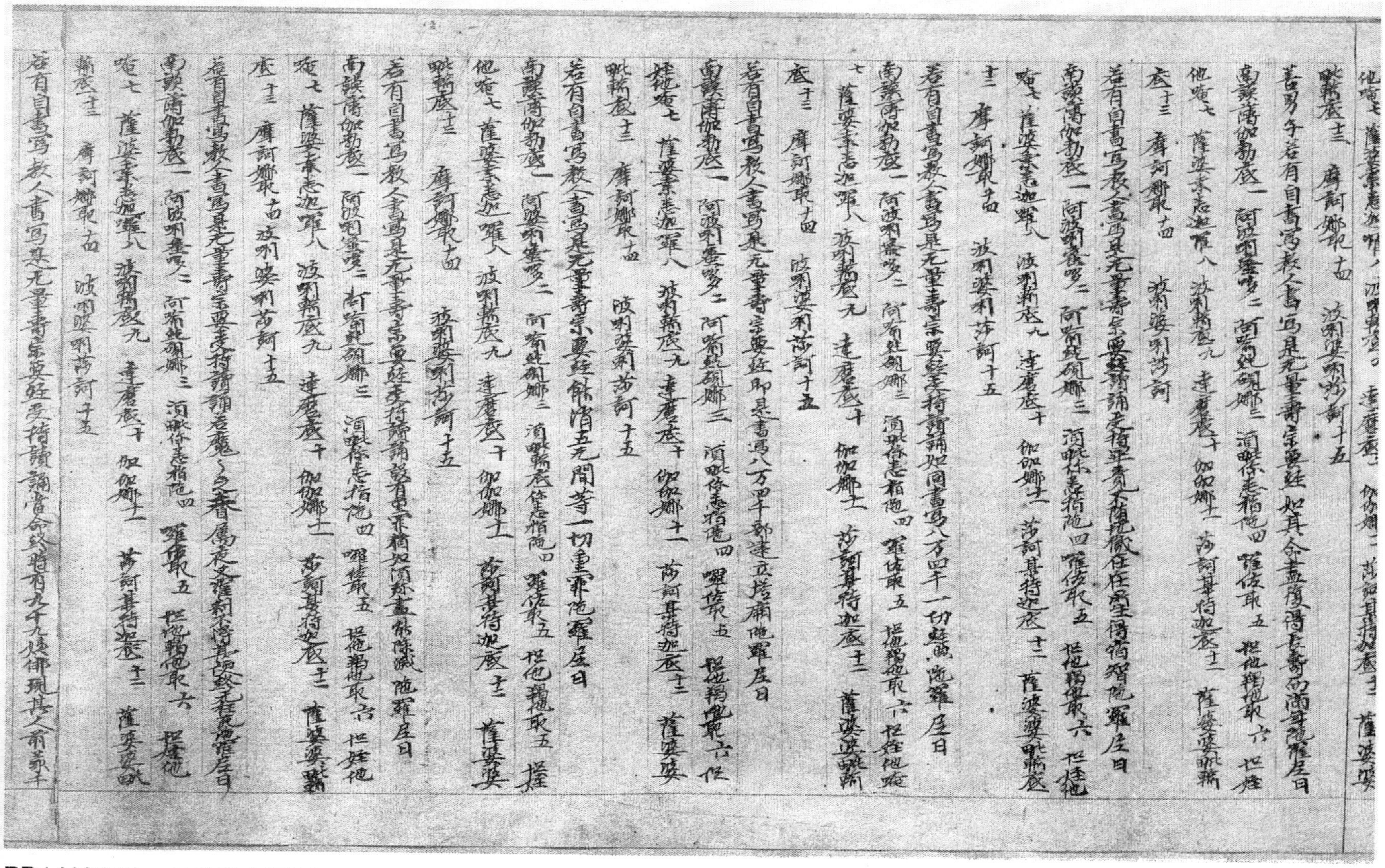
他喉七 薩婆桑悉迦囉八 波唎輸底九 達磨底十 伽伽娜十一 莎訶弩揭迦底十二 薩婆婆
毗輸底十三 摩訶娜耶十四 波唎婆唎莎訶十五
若男子若有自書寫教人書寫是无量壽宗要經 如其命盡復得長壽而滿百年陀羅尼曰
南謨薄伽勃底一 阿波唎蜜多二 阿喻紇硯娜三 須毗你悉指陀四 囉佐耶五 怛他羯他耶六 怛姪
他喉七 薩婆桑悉迦囉八 波唎輸底九 達磨底十 伽伽娜十一 莎訶弩揭迦底十二 薩婆婆毗輸
底十三 摩訶娜耶十四 波唎婆唎莎訶
若有自書寫教人書寫是无量壽宗要經受持讀誦是人畢竟不墮地獄畜生焰魔陀羅尼曰
南謨薄伽勃底一 阿波唎蜜多二 阿喻紇硯娜三 須毗你悉指陀四 囉佐耶五 怛他羯他耶六 怛姪他
喉七 薩婆桑悉迦囉八 波唎輸底九 達磨底十 伽伽娜十一 莎訶弩揭迦底十二 薩婆婆毗輸底
十三 摩訶娜耶十四 波唎婆唎莎訶十五
若有自書寫教人書寫是无量壽宗要經受持讀誦如同書寫八万四千一切經典陀羅尼曰
南謨薄伽勃底一 阿波唎蜜多二 阿喻紇硯娜三 須毗你悉指陀四 囉佐耶五 怛他羯他耶六 怛姪他喉
七 薩婆桑悉迦囉八 波唎輸底九 達磨底十 伽伽娜十一 莎訶弩揭迦底十二 薩婆婆毗輸
底十三 摩訶娜耶十四 波唎婆唎莎訶十五
若有自書寫教人書寫是无量壽宗要經 即是書寫八万四千部建立塔廟陀羅尼曰
南謨薄伽勃底一 阿波唎蜜多二 阿喻紇硯娜三 須毗你悉指陀四 囉佐耶五 怛他羯他耶六 怛
姪他喉七 薩婆桑悉迦囉八 波唎輸底九 達磨底十 伽伽娜十一 莎訶弩揭迦底十二 薩婆婆
毗輸底十三 摩訶娜耶十四 波唎婆唎莎訶十五
若有自書寫教人書寫是无量壽宗要經 能消五无間等一切重罪陀羅尼曰
南謨薄伽勃底一 阿波唎蜜多二 阿喻紇硯娜三 須毗你悉指陀四 囉佐耶五 怛他羯他耶六 怛姪
他喉七 薩婆桑悉迦囉八 波唎輸底九 達磨底十 伽伽娜十一 莎訶弩揭迦底十二 薩婆婆
毗輸底十三 摩訶娜耶十四 波唎婆唎莎訶十五
若有自書寫教人書寫是无量壽宗要經受持讀誦 所有罪業如須彌山盡能除滅陀羅尼曰
南謨薄伽勃底一 阿波唎蜜多二 阿喻紇硯娜三 須毗你悉指陀四 囉佐耶五 怛他羯他耶六 怛姪他
喉七 薩婆桑悉迦囉八 波唎輸底九 達磨底十 伽伽娜十一 莎訶弩揭迦底十二 薩婆婆毗
輸底十三 摩訶娜耶十四 波唎婆唎莎訶十五
若有自書寫教人書寫是无量壽宗要經受持讀誦 若魔魔之眷屬夜叉羅刹不能得其便陀羅尼曰
南謨薄伽勃底一 阿波唎蜜多二 阿喻紇硯娜三 須毗你悉指陀四 囉佐耶五 怛他羯他耶六 怛姪他
喉七 薩婆桑悉迦囉八 波唎輸底九 達磨底十 伽伽娜十一 莎訶弩揭迦底十二 薩婆婆毗
輸底十三 摩訶娜耶十四 波唎婆唎莎訶十五
若有自書寫教人書寫是无量壽宗要經受持讀誦 當命終時有九十九億佛現其人前來迎

BD14105 號　無量壽宗要經

（8–5）

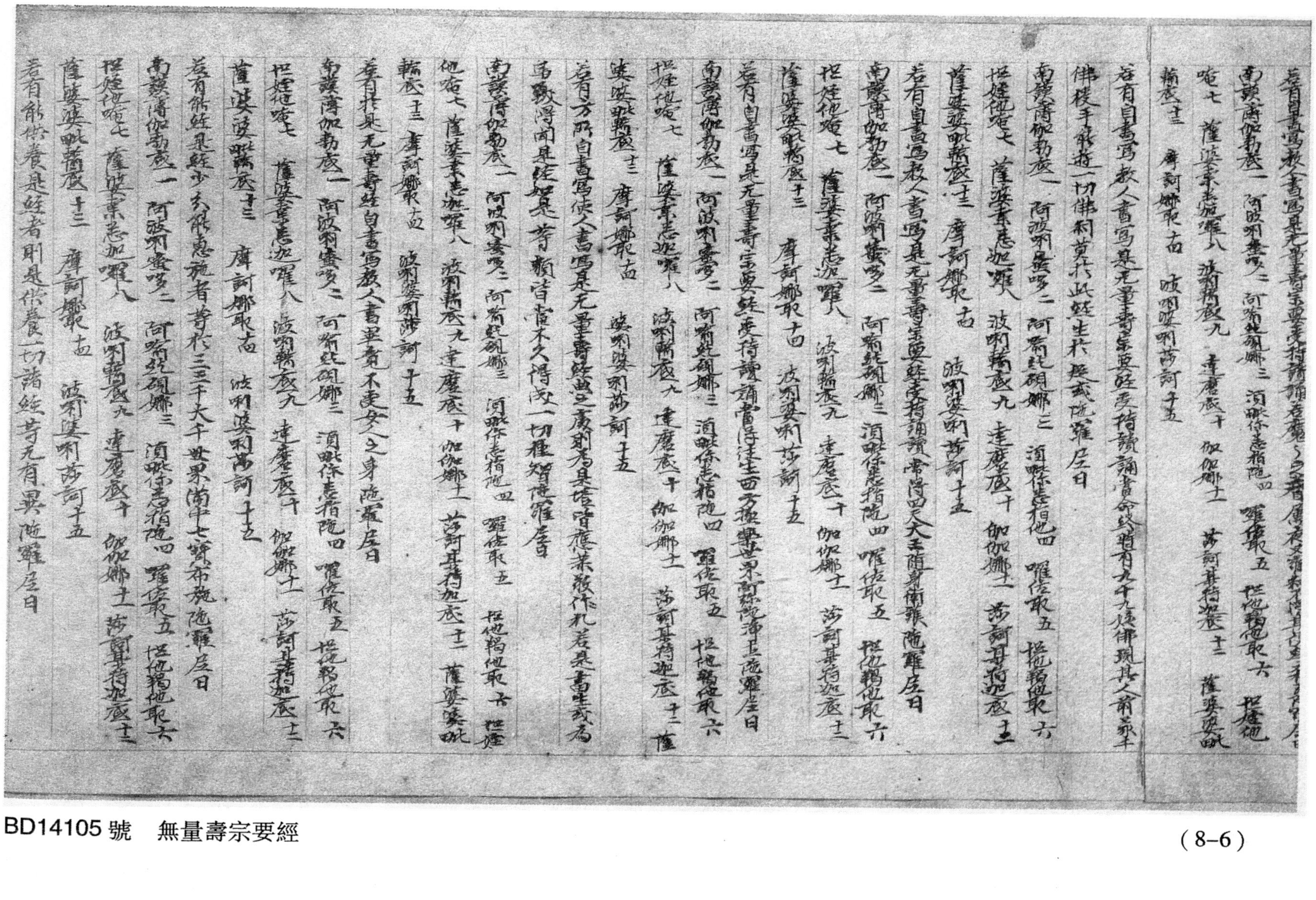
若有自書寫教人書寫是无量壽宗要經受持讀誦若魔魔之眷屬[illegible]
南謨薄伽勃底一 阿波唎蜜多二 阿喻紇硯娜三 須毗你悉指陀四 囉佐耶五 怛他羯他耶六 怛姪他
喉七 薩婆桑悉迦囉八 波唎輸底九 達磨底十 伽伽娜十一 莎訶弩揭迦底十二 薩婆婆毗
輸底十三 摩訶娜耶十四 波唎婆唎莎訶十五
若有自書寫教人書寫是无量壽宗要經受持讀誦 當命終時有九十九億佛現其人前
佛授手來迎一切佛刹莫於此經生於疑惑陀羅尼曰
南謨薄伽勃底一 阿波唎蜜多二 阿喻紇硯娜三 須毗你悉指陀四 囉佐耶五 怛他羯他耶六
怛姪他喉七 薩婆桑悉迦囉八 波唎輸底九 達磨底十 伽伽娜十一 莎訶弩揭迦底十二
薩婆婆毗輸底十三 摩訶娜耶十四 波唎婆唎莎訶十五
若有自書寫教人書寫是无量壽宗要經受持讀誦 當得四天大王隨身衛護陀羅尼曰
南謨薄伽勃底一 阿波唎蜜多二 阿喻紇硯娜三 須毗你悉指陀四 囉佐耶五 怛他羯他耶六
怛姪他喉七 薩婆桑悉迦囉八 波唎輸底九 達磨底十 伽伽娜十一 莎訶弩揭迦底十二
薩婆婆毗輸底十三 摩訶娜耶十四 波唎婆唎莎訶十五
若有自書寫是无量壽宗要經受持讀誦 當得往生西方極樂世界阿彌陀佛淨土陀羅尼曰
南謨薄伽勃底一 阿波唎蜜多二 阿喻紇硯娜三 須毗你悉指陀四 囉佐耶五 怛他羯他耶六
怛姪他喉七 薩婆桑悉迦囉八 波唎輸底九 達磨底十 伽伽娜十一 莎訶弩揭迦底十二
薩婆婆毗輸底十三 摩訶娜耶十四 波唎婆唎莎訶十五
若有方所自書寫使人書寫是无量壽經典之處則為是塔皆應恭敬作禮若是畜生或為
禽獸得聞是經如是等類皆當不久得成一切種智陀羅尼曰
南謨薄伽勃底一 阿波唎蜜多二 阿喻紇硯娜三 須毗你悉指陀四 囉佐耶五 怛他羯他耶六 怛姪
他喉七 薩婆桑悉迦囉八 波唎輸底九 達磨底十 伽伽娜十一 莎訶弩揭迦底十二 薩婆婆
毗輸底十三 摩訶娜耶十四 波唎婆唎莎訶十五
若有於是无量壽經自書寫教人書寫畢竟不受女人之身陀羅尼曰
南謨薄伽勃底一 阿波唎蜜多二 阿喻紇硯娜三 須毗你悉指陀四 囉佐耶五 怛他羯他耶六
怛姪他喉七 薩婆桑悉迦囉八 波唎輸底九 達磨底十 伽伽娜十一 莎訶弩揭迦底十二 薩
婆婆毗輸底十三 摩訶娜耶十四 波唎婆唎莎訶十五
若有能於是經少分布施者 等於三千大千世界滿中七寶布施陀羅尼曰
南謨薄伽勃底一 阿波唎蜜多二 阿喻紇硯娜三 須毗你悉指陀四 囉佐耶五 怛他羯他耶六
怛姪他喉七 薩婆桑悉迦囉八 波唎輸底九 達磨底十 伽伽娜十一 莎訶弩揭迦底十二
薩婆婆毗輸底十三 摩訶娜耶十四 波唎婆唎莎訶十五
若有能供養是經者則是供養一切諸經等无有異陀羅尼曰

BD14105 號　無量壽宗要經

（8–6）

若有能於是經少分布施者，等於三千大千世界滿中七寶布施

南謨薄伽勃底一　阿波唎蜜哆二　阿喻紇硯孃三　須毘你悉指陀四　囉佐耶五　怛他羯他耶六

怛姪他唵七　薩婆桑悉迦囉八　波唎輸底九　達磨底十　伽伽娜十一　莎訶弩揭迦底十二

薩婆婆毘輸底十三　摩訶娜耶十四　波唎婆唎莎訶十五

若有能供養是經者，則是供養一切諸經，等無有異。陁羅尼曰

南謨薄伽勃底一　阿波唎蜜哆二　阿喻紇硯孃三　須毘你悉指陀四　囉佐耶五　怛他羯他耶六

怛他羯他七　薩婆桑悉迦囉八　波唎輸底九　達磨底十　伽伽娜十一　莎訶弩揭迦底十二

薩婆婆毘輸底十三　摩訶娜耶十四　波唎婆唎莎訶十五

如是毘婆尸佛　尸棄佛　毘舍浮佛　俱留孫佛　俱那含牟尼佛　迦葉佛　釋迦牟尼佛

若有人以七寶供養如是七佛，其福有量；書寫是無量壽經，所有功德不可限量。陁羅尼曰

南謨薄伽勃底一　阿波唎蜜哆二　阿喻紇硯孃三　須毘你悉指陀四　囉佐耶五　怛他羯他耶六　怛姪他

唵七　薩婆桑悉迦囉八　波唎輸底九　達磨底十　伽伽娜十一　莎訶弩揭迦底十二　薩

婆毘輸底十三　摩訶娜耶十四　波唎婆唎莎訶十五

若有七寶等於須彌山用布施，其福上可知量；是無量壽經其福不可知數。陁羅尼曰

南謨薄伽勃底一　阿波唎蜜哆二　阿喻紇硯孃三　須毘你悉指陀四　囉佐耶五　怛他羯他耶六

怛姪他唵七　薩婆桑悉迦囉八　波唎輸底九　達磨底十　伽伽娜十一　莎訶弩揭迦底十二　薩

婆婆毘輸底十三　摩訶娜耶十四　波唎婆唎莎訶十五

如四大海水可知滴數，是無量壽經所生果報不可數量。陁羅尼曰

南謨薄伽勃底一　阿波唎蜜哆二　阿喻紇硯孃三　須毘你悉指陀四　囉佐耶五　怛他羯他耶六

怛姪他唵七　薩婆桑悉迦囉八　波唎輸底九　達磨底十　伽伽娜十一　莎訶弩揭迦底十二

薩婆婆毘輸底十三　摩訶娜耶十四　波唎婆唎莎訶十五

若有自書使人書寫是無量壽經典，受持恭敬供養，即如禮敬一切十方佛土如來，等無有別異。

陁羅尼曰

南謨薄伽勃底一　阿波唎蜜哆二　阿喻紇硯孃三　須毘你悉指陀四　囉佐耶五　怛他羯他耶六　怛

姪他唵七　薩婆桑悉迦囉八　波唎輸底九　達磨底十　伽伽娜十一　莎訶弩揭迦底十二

薩婆婆毘輸底十三　摩訶娜耶十四　波唎婆唎莎訶十五

布施力能成正覺　悟布施力人師子　布施力能聲普聞　慈悲階漸最能入

持戒力能成正覺　悟持戒力人師子　持戒力能聲普聞　慈悲階漸最能入

忍辱力能成正覺　悟忍辱力人師子　忍辱力能聲普聞　慈悲階漸最能入

精進力能成正覺　悟精進力人師子　精進力能聲普聞　慈悲階漸最能入

禪定力能成正覺　悟禪力人師子　禪定力能聲普聞　慈悲階漸最能入



南謨薄伽勃底一　阿波唎蜜哆二　阿喻紇硯孃三　須毘你悉指陀四　囉佐耶五　怛他羯他耶六

怛姪他唵七　薩婆桑悉迦囉八　波唎輸底九　達磨底十　伽伽娜十一　莎訶弩揭迦底十二

薩婆婆毘輸底十三　摩訶娜耶十四　波唎婆唎莎訶十五

布施力能成正覺　悟布施力人師子　布施力能聲普聞　慈悲階漸最能入

持戒力能成正覺　悟持戒力人師子　持戒力能聲普聞　慈悲階漸最能入

忍辱力能成正覺　悟忍辱力人師子　忍辱力能聲普聞　慈悲階漸最能入

精進力能成正覺　悟精進力人師子　精進力能聲普聞　慈悲階漸最能入

禪定力能成正覺　悟禪力人師子　禪定力能聲普聞　慈悲階漸最能入

智慧力能成正覺　悟智慧力人師子　智慧力能聲普聞　慈悲階漸最能入

尒時如來說是經已，一切世間天人阿脩羅揵闥婆等，聞佛所說，皆大歡喜，信

受奉行

佛說無量壽宗要經

張英深寫

BD14106 號背　現代護首　　　　（1–1）

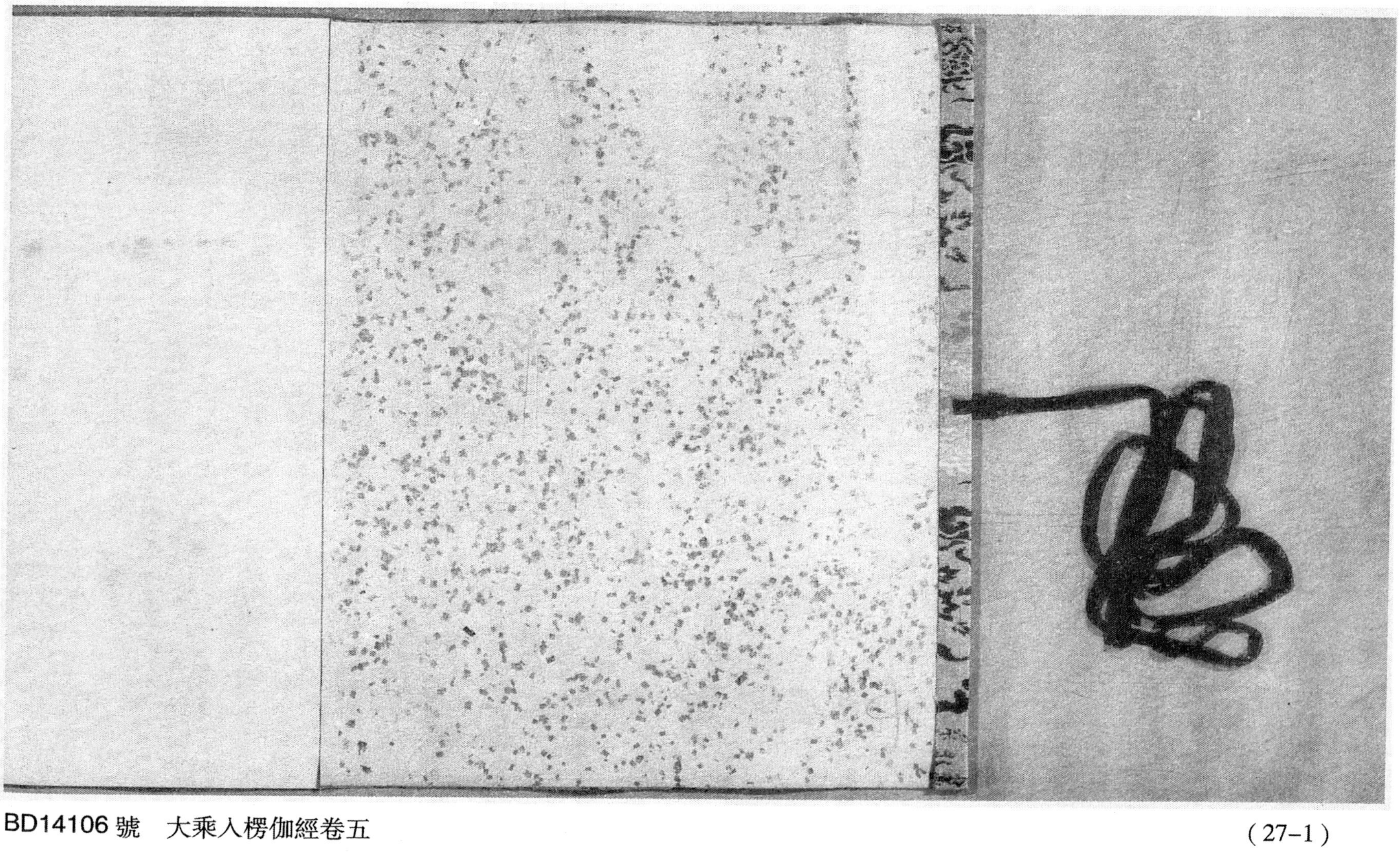

BD14106 號　大乘入楞伽經卷五　　　　（27–1）

……无有滅故
……空大……虛空非作非所作非作非所
故遠離攀緣遠離攀緣故出過一切諸戲
論法出過一切諸戲論法即是如來如來即
是正等覺體正等覺者永離一切諸根境
界尒時世尊重說頌言
出過諸根量　非果亦非因　相及所相等　如是悉皆離
蘊緣與正覺　一異莫能見　既无有見者　云何起分別
非作非非作　非因非非因　非蘊非不蘊　亦不離餘物
非有一法體　如彼分別見　亦復非是无　諸法性如是
待有故成无　待无故成有　无既不可取　有亦不應說
不了我无我　但著於語言　彼溺於二邊　自壞壞世間
若能見此法　則離一切過　是名為正觀　不毀大導師
尒時大慧菩薩摩訶薩復白佛言世尊如

BD14106 號　大乘入楞伽經卷五　（27–2）

待有故成无　待无故成有　无既不可取　有亦不應說
不了我无我　但著於語言　彼溺於二邊　自壞壞世間
若能見此法　則離一切過　是名為正觀　不毀大導師
尒時大慧菩薩摩訶薩復白佛言世尊如
佛經中分別攝取不生不滅言此即是如來異
名世尊願為我說不生不滅此則无法云何
說是如來異名如世尊說一切諸法不生不
滅當知此則墮有无見世尊若法不生則不
宜說无有少法誰是如來唯願世尊為我宣
說佛言諦聽當為汝說大慧我說如來非是
无法亦非攝取不生不滅亦不待緣亦非无
義我說无生即是如來意生法身別異之名
一切外道聲聞獨覺七地菩薩不了其義大
慧譬如帝釋地及虛空乃至手足隨一一物
各有多名非以名多而有多體亦非无體大
慧我亦如是於此娑婆世界有三阿僧祇百
千名号諸凡愚人雖聞雖說而不知是如來
異名其中或有知如來者知无師者知導師
者知勝導者知普導者知是佛者知牛王者
知梵王者知毗紐者知自在者知是勝者知迦
毗羅者知真實邊者知无盡者知瑞相者知
如風者知如火者知俱毗羅者知如月者知如
日者知如王者知如仙者知戍迦者知因陁
羅者知明星者知大力者知如水者知
无滅者知无生者知性空者知真如者知是

BD14106 號　大乘入楞伽經卷五　（27–3）

如風者知如火者知俱毗羅者知如月者知如
日者知如王者知如仙者知式迦者知因陁
陁羅者知明星者知大力者知如水者知
无滅者知无生者知性空者知真如者知是
諦者知實性者知實際者知法界者知涅
槃者知常住者知平等者知无二者知无相者
知寂滅者知具相者知因緣者知佛性者知
教導者知解脫者知道路者知一切智者知
最勝者知意成身者如是等滿足三阿僧祇
百千名号不增不減於此及餘諸世界中有
能知我如水中月不入不出但諸凡愚心沒
二邊不能解了然亦尊重承事供養而不善
解名字句義執著言教昧於真實謂无生
无滅是无體性不知是佛差別名号如因陁
羅釋揭羅等以信言教昧於真實於一切法如
言取義彼諸凡愚作如是言義如言說義无
異何以故義无體故是人不了言音自性謂
言即義无別義體大慧彼人愚癡不知言
說是生是滅義不生滅大慧一切言說墮於
文字義則不墮離有離无故无生无體故大
慧如來不說墮文字法文字有无不可得故
唯除不墮於文字者大慧若人說法墮文字
者是虛誑說何以故諸法自性離文字故是
故大慧我經中說我與諸佛及諸菩薩不說
一字不荅一字所以者何一切諸法離文字




唯除不墮於文字者大慧若人說法墮文字
者是虛誑說何以故諸法自性離文字故是
故大慧我經中說我與諸佛及諸菩薩不說
一字不荅一字所以者何一切諸法離文字
故非不隨義而分別說大慧若不說者教法
則斷教法斷者則无聲聞緣覺菩薩諸佛若
揔无者誰說為誰是故大慧菩薩摩訶薩
應不著文字隨宜說法我及諸佛皆隨眾生煩
惱解欲種種不同而為開演令知諸法自心所見
无外境界捨二分別轉心意識非為成立聖
自證處大慧菩薩摩訶薩應隨於義莫依
文字依文字者墮於惡見執著自宗而起言
說不能善了一切法相文字章句既自損壞
亦壞於他不能令人心得悟解若能善知一切
法相文辭句義悉皆通達則能令自身受
无相樂亦能令他安住大乘若能令他安住大
乘則得一切諸佛聲聞緣覺及諸菩薩之
所攝受若得諸佛聲聞緣覺及諸菩薩之
所攝受則能攝受一切眾生若能攝受一切眾
生則能攝受一切正法若能攝受一切正法
則不斷佛種若不斷佛種則得勝妙處大慧
菩薩摩訶薩生勝妙處欲令眾生安住大乘
以十自在力現眾色像隨其所宜演真實法真
實法者无異无別不來不去一切戲論悉
皆息滅是故大慧善男子善女人不應如言

菩薩摩訶薩生勝妙處欲令衆生安住大乘
以十自在力現衆色像隨其所宜演真實法真
實法者无異无別不來不去一切戲論悉
皆息滅是故大慧善男子善女人不應如言
執著於義何以故真實之法離文字故大慧
譬如有人以指指物小兒觀指不觀於物愚癡
凡夫亦復如是隨言說指而生執著乃至盡
命終不能捨文字之指取第一義大慧譬如嬰
兒應食熟食有人不解成熟方便而食生者
則發狂亂不生不滅亦復如是不方便脩則為
不善是故宜應善脩方便莫隨言說如觀指
端大慧實義者微妙寂靜是涅槃因言說者
與妄想合流轉生死大慧實義者從多聞得
多聞者謂善於義非善言說善義者不從一切
外道惡見身自不隨亦令他不隨是則名曰
於義多聞欲求義者應當親近與此相違著
文字者宜速捨離尒時大慧菩薩摩訶薩承
佛威力復白佛言世尊如來演說不生不滅非
為奇特何以故一切外道亦說作者不生不
滅世尊亦說虛空涅槃及非數滅不生不
滅外道亦說作者因緣生於世間世尊亦說
无明愛業生諸世間俱是因緣但名別
耳外物因緣亦復如是是故佛說與外道說
无有差別外道說言微塵勝妙自在衆生
等如是九物不生不滅世尊亦說一切諸法不
生不滅若有若无皆不可得世尊大種不壞



无明愛業生諸世間俱是因緣但名別
耳外物因緣亦復如是是故佛說與外道說
无有差別外道說言微塵勝妙自在衆生
等如是九物不生不滅世尊亦說一切諸法不
生不滅若有若无皆不可得世尊大種不壞
以其自相不生不滅周流諸趣不捨自性世尊
分別雖稍變異一切无非外道已說是故
佛法同於外道若有不同願佛為演有何所
以佛說為勝若无別異外道即佛以其亦說
不生不滅故世尊常說一切世界中无有多佛
俱出世者如向所說是則應有佛言大慧我
之所說不生不滅不同外道不生不滅不生无
常論何以故外道所說有實性相不生不
變我不如是墮有无品我所說法非有非无
離生離滅云何非无如夢幻色種種見故
云何非有色相自性非是有故見不見故
取不取故是故我說一切諸法非有非无
若覺唯是自心所見住於自性分別不生
世間所作悉皆永息分別者是凡愚事非
賢聖耳大慧妄心分別不實境界如乾闥
婆城幻所作人大慧譬如小兒見乾闥婆城
及以幻人商賈入出迷心分別言有實事
凡愚所見生與不生有為无為悉亦如是
如幻人生如幻人滅幻人其實不生不滅諸
法亦尒離於生滅大慧凡夫虛妄起生滅

及以幻人商賈入出迷心分別言有實事
凡愚所見生與不生有為无為悉亦如是
如幻人生如幻人滅幻人其實不生不滅諸
法亦尒離於生滅大慧凡夫虛妄起生滅
見非諸聖人言虛妄者不如法性起顛倒見
顛倒見者執法有性不見寂滅不見寂滅
故不能遠離虛妄分別是故大慧无相見
勝非是相見相是生因若无有相則无分別不
生不滅則是涅槃大慧言涅槃者見如實處
捨離分別心心所法獲於如來內證聖智我
說此是寂滅涅槃尒時世尊重說頌言
為除有生執　成立无生義　我說无因論　非愚所能了
一切法无生　亦非是无法　如乹城幻夢　雖有而无因
空无生无性　云何為我說　離諸和合緣　智慧不能見
以是故我說　空无生无性　一一緣和合　雖現而非有
分析无和合　非如外道見　幻夢及垂髮　野馬與乹城
无因而妄現　世事皆如是　折伏有因論　申暢无生旨
无生義若存　法眼恒不滅　我說无因論　外道咸驚怖
云何何所因　復以何故生　於何處和合　而作无因論
觀察有為法　非因非无因　彼生滅論者　所見從是滅
為无故不生　為待於衆緣　為有名无義　願為我宣說
非无法不生　亦非待衆緣　非有物而名　亦非名无義
一切諸外道　聲聞及緣覺　七住非所行　此是无生相
遠離諸因緣　无有能作者　唯心所建立　我說是无生
諸法非因生　非无亦非有　能所分別離　我說是无生



非无法不生　亦非待衆緣　非有物而名　亦非名无義
一切諸外道　聲聞及緣覺　七住非所行　此是无生相
遠離諸因緣　无有能作者　唯心所建立　我說是无生
諸法非因生　非无亦非有　能所分別離　我說是无生
唯心无所見　亦離於二性　如是轉所依　我說是无生
外物有非有　其心无所取　一切見咸斷　此是无生相
空无性等句　其義皆如是　非以空故空　无生故說空
因緣共集會　是故有生滅　分散於因緣　生滅則无有
若離於因緣　則更无有法　一性及異性　凡愚所分別
有无不生法　俱非亦復然　唯除衆緣會　於中見起滅
隨俗假言說　因緣遞鉤鎖　若離因緣鎖　生義不可得
我說唯鉤鎖　生无故不生　離諸外道過　非凡愚所了
若離緣鉤鎖　別有生法者　是則无因論　破壞鉤鎖義
如燈能顯物　鉤鎖現若然　此則離鉤鎖　別有於諸法
无生則无性　體相如虛空　離鉤鎖求法　愚夫所分別
復有餘无生　衆聖所得法　彼生无生者　是則无生忍
一切諸世間　无非是鉤鎖　若能如是解　此人心得定
无明與愛業　是則內鉤鎖　種子泥輪等　如是名為外
若言有他法　而從因緣生　離於鉤鎖義　此則非教理
生法若非有　彼為誰因緣　展轉而相生　此是因緣義
堅濕暖動等　凡愚所分別　但緣无有法　故說无自性
如醫療衆病　其論无差別　以病不同故　方藥種種殊
我為諸衆生　滅除煩惱病　知其根勝劣　演說諸法門
非煩惱根異　而有種種法　唯有一大乘　清淨八支道
尒時大慧菩薩摩訶薩復白佛言世尊一切

[illegible]
如醫療眾病　其論无差別　以病不同故　方藥種種殊
我為諸眾生　滅除煩惱病　知其根勝劣　演說諸法門
非煩惱根異　而有種種法　唯有一大乘　清涼八支道
尒時大慧菩薩摩訶薩復白佛言世尊一切
外道妄說无常世尊亦言諸行无常是生滅
法未知此說是邪是正所言无常復有幾種
佛言大慧外道說有七種无常非是我法何
等為七謂有說始起即捨是名无常生已不生
无常性故有說形處變壞是名无常有說色
即无常有說色之變異是名无常一切諸法
相續不斷能令變異自然歸滅猶如乳酪前
後變異雖不可見然在法中壞一切法有說
物无常有說物无物无常有說不生无常遍
住一切諸法之中其中物无物无常者謂能
造所造其相滅壞大種自性本来无起不生
无常者謂常與无常有无等法如是一切皆
无有起乃至分析至於微塵亦无所見以不起
故說名无生此是不生无常相若不了此
則墮外道生无常義有物无常者謂於非常
非无常處自生分別其義云何彼是无常自
不滅壞能壞諸法若无无常壞一切法法終
不滅成於无有杖捶瓦石能壞於物而自不壞
此亦如是大慧現見无常與一切法无有能
作所作差別云此是无常此是所作无差
別故能作所作應俱是常不見有因能令
[illegible]

BD14106 號　大乘入楞伽經卷五　（27–10）

不滅成於无有杖捶瓦石能壞於物而自不壞
此亦如是大慧現見无常與一切法无有能
作所作差別云此是无常此是所作无差
別故能作所作應俱是常不見有因能令
諸法成无故大慧諸法壞滅實亦有因但非
凡愚之所能了大慧異因不應生於異果若能
生者一切異法應並相生彼法此法能生所生
應无有別現見有別云何異因生於異果
大慧若无常性是有法者應同所作自是
无常自无常故所无常法皆應是常大慧
若无常性住諸法中應同諸法墮於三世與過
去色同時已滅未来不生現在俱壞一切外道
計四大種體性不壞色者即是大種差別大
種造色離異不異故其自性亦不壞滅大
慧三有之中能造所造莫不皆是生住滅
相豈更別有无常之性能生於物而不滅耶
始造即捨无常者非大種互造大種以各別
故非自相造以无異故非復共造以乖離故當
知非是始造无常形狀壞无常者此非能
造及所造壞但形狀壞其義云何謂分析色
乃至微塵但滅形狀長短等見不滅能造所
造色體此見墮在數論之中色即是无常
者謂此即是形狀无常非大種性若大種性亦
无常者則无世事无世事者當知則墮盧
迦耶見以見一切法自相生唯有言說故轉
變无常者謂色體變作諸大種譬如以金

BD14106 號　大乘入楞伽經卷五　（27–11）

造色體此與彼不異說之以色即是无常
者謂此即是形狀无常非大種性若大種性亦
无常者則无世事无世事者當知則墮盧
迦耶見以見一切法自相生唯有言說故轉
變无常者謂色體變非諸大種譬如以金
作莊嚴具嚴具有變而金无改此亦如是大
慧如是等種種外道虛妄分別見无常性彼
作是說火不能燒諸大自相但各分散若能
燒者能造所造則皆斷滅大慧我諸法說非
常无常何以故不取外法故三界唯心故不
說諸相故大種性處種種差別不生不滅故
非能造所造故能取所取二種體性一切皆
從分別起故如實而知二取性故了達唯是
自心現故離外有无二種見故離有无見則
不分別能所造故大慧世間出世間及出世
間上上諸法唯是自心非常非无常不能了
達墮於外道二邊惡見大慧一切外道不能
解了此三種法依自分別而起言說著无常
性大慧此三種法所有語言分別境界非諸
凡愚之所能知爾時世尊重說頌言
始造即便捨　形狀有轉變　色物等无常　外道妄分別
諸法无壞滅　諸大自性住　外道種種見　如是說无常
彼諸外道衆　皆說不生滅　諸大性自常　誰是无常法
能取及所取　一切唯是心　二種從心現　无有我我所
梵天等諸法　我說唯是心　若離於心者　一切不可得
佛說大乘入楞伽經現證品第四



彼諸外道衆　皆說不生滅　諸大性自常　誰是无常法
能取及所取　一切唯是心　二種從心現　无有我我所
梵天等諸法　我說唯是心　若離於心者　一切不可得
佛說大乘入楞伽經現證品第四
爾時大慧菩薩摩訶薩復白佛言世尊願為
我說一切聲聞緣覺入滅次第相續相令我
及諸菩薩摩訶薩善知此已於滅盡三昧樂
心无所惑不墮二乘及諸外道錯亂之中佛言
諦聽當為汝說大慧菩薩摩訶薩至于六
地及聲聞緣覺入於滅定七地菩薩念念恒入
離一切法自性相故非諸二乘二乘有作墮
能所取不得諸法无差別相了善不善自
相共相入於滅定是故不能念念恒入大慧
八地菩薩聲聞緣覺心意意識分別想滅始
從初地乃至六地觀察三界一切唯是心意
意識自分別起離我我所不見外法種種諸
相凡愚不知由无始來過惡熏習於自心內變
作能取所取之相而生執著大慧八地菩薩所
得三昧同諸聲聞緣覺涅槃以諸佛力所加持
故於三昧門不入涅槃若不持者便不化度一
切衆生不能滿足如來之地亦則斷絕如來種
姓是故諸佛為說如來不可思議諸大功德
令其究竟不入涅槃聲聞緣覺著三昧樂
是故於中生涅槃想大慧七地菩薩善
能觀察心意意識我我所執生法无我若
[illegible]

令其究竟不入涅槃聲聞緣覺著三昧樂
是故於中生涅槃想大慧七地菩薩善
能觀察心意意識我我所執生法无我若
生若滅自相共相四无礙辯善巧決定於三
昧門而得自在漸入諸地具菩提分法大
慧我恐諸菩薩不善了知自相共相不知諸地
相續次第墮於外道諸惡見中故如是說
大慧彼實无有若生若滅諸地次第三界
往來一切皆是自心所見而諸凡愚不能了
知以不知故我及諸佛為如是說大慧聲聞
緣覺至於菩薩第八地中為三昧樂之所昏
醉未能善了唯心所見自共相習纏覆其心
著二无我生涅槃覺非寂滅慧大慧諸菩薩
摩訶薩見於寂滅三昧樂門即便憶念本願
大悲具足脩行十无盡句是故不即入於涅
槃以入涅槃不生果故離能所取故了達唯
心故於一切法无分別故不墮心意及以意識
外法性相執著中故然非不起佛法正因
隨智慧行如是起故得於如來自證地故大
慧如人夢中方便度河未度便覺覺已思惟
向之所見為是真實為是虛妄復自念言非
實非妄如是但是見聞覺知曾所更事分別
習氣離有无念意識夢中之所現耳大慧菩
薩摩訶薩亦復如是始從初地而至七地乃至
增進入於第八得无分別見一切法皆如幻等
離能所見取心心所廣大力用勤脩佛法未證

BD14106號　大乘入楞伽經卷五　（27–14）

習氣離有无念意識夢中之所現耳大慧菩
薩摩訶薩亦復如是始從初地而至七地乃至
增進入於第八得无分別見一切法皆如幻等
離能所見取心心所廣大力用勤脩佛法未證
令證離心意意識妄分別想獲无生忍此
是菩薩所得涅槃非滅壞也大慧第一義中
无有次第亦无相續遠離一切境界分別此
則名為寂滅之法尒時世尊重說頌言
諸住及佛地　唯心无影像　此是去來今　諸佛之所說
七地是有心　八地无影像　此二地名住　餘則我所得
自證及清淨　此則是我地　摩醯首羅處　色究竟莊嚴
譬如大火聚　光焰熾然發　化現於三有　悅意而清涼
或有現寶花　或有先時化　於彼諸佛乘　皆是如來地
十地則為初　初則為八地　第九則為七　第七復為八
第二為第三　第四為第五　第三為第六　无相有何次
佛說大乘入楞伽經如來常无常品第五
尒時大慧菩薩摩訶薩復白佛言世尊如來
應正等覺為常无常佛言大慧如來應正
等覺非常非无常何以故俱有過故云何有
過大慧若如來常者有能作過一切外道說
能作常若无常者有所作過同於諸蘊為相
所相畢竟斷滅而成无有然佛如來實非斷
滅大慧一切所作如瓶衣等皆是无常是則
如來有无常過所脩福智悉空无益又諸作
法應是如來无異因故如來非常非无常

BD14106號　大乘入楞伽經卷五　（27–15）

能作常若无常者有所作過同於諸蘊為相
所相畢竟斷滅而成无有然佛如來實非斷
滅大慧一切所作如瓶衣等皆是无常是則
如來有无常過所脩福智悉空无益又諸作
法應是如來无異因故如來非常非无常
復次大慧如來非常若是常者應如虛空
不待因成大慧譬如虛空非常非无常何以
故離常无常若一若異俱不俱等諸過失故
復次大慧如來非常若是常者則是不生同
於兎馬魚蛇等角復次大慧以別義故亦得
言常何以故謂以現智證常法故證智是常
如來亦常大慧諸佛如來所證法性法住法
位如來出世若不出世常住不易在於一切二
乘外道所得法中非是空无然非凡愚之所
能知大慧夫者以清淨慧内證法性而得其
名非以心意意識蘊界處法妄習得名一切
三界皆是虛妄分別而生如來不從妄分別
生大慧若有於二有常无常如來无二證一
切法无生相故是故非常亦非无常大慧
乃至少有言說分別生即有常无常過是
故應除二分別覺勿令少在尒時世尊重說頌
言

遠離常无常　而現常无常　恒如是觀佛　不生於惡見
若常无常者　所集皆无益　為除分別覺　不說常无常
乃至有所立　一切皆錯亂　若見唯自心　是則无違諍

佛說大乘入楞伽經剎那品第六

BD14106 號　大乘入楞伽經卷五

(27-16)

言

遠離常无常　而現常无常　恒如是觀佛　不生於惡見
若常无常者　所集皆无益　為除分別覺　不說常无常
乃至有所立　一切皆錯亂　若見唯自心　是則无違諍

佛說大乘入楞伽經剎那品第六

尒時大慧菩薩摩訶薩復白佛言世尊唯願
為我說蘊界處生滅之相若无有我誰生誰
滅而諸凡夫依於生滅不求盡苦不證涅槃佛
言大慧諦聽諦聽當為汝說大慧如來藏
是善不善因能遍興造一切趣生譬如伎兒
變現諸趣離我我所以不覺故三緣和合而有
果生外道不知執為作者无始虛偽惡習所
熏名為藏識生於七識无明住地譬如大海
而有波浪其體相續恒住不斷本性清淨離
无常過離於我論其餘七識意意識等念
念生滅妄相為因境相為緣和合而生不了色
等自心所現計著名相起苦樂受名相纏縛
既從貪生復生於貪若因及所緣諸取根滅
不相續生自慧分別苦樂受者或得滅定或
得四禪或復善入諸諦解脫便妄生於得解
脫想而實未捨未轉如來藏中藏識之名若
无藏識七識則滅何以故因彼及所緣而得生
故然非一切外道二乘諸脩行者所知境界
以彼唯了人无我性於蘊界處取於自相
及共相故若見如來藏五法自性諸法无我
[illegible]

BD14106 號　大乘入楞伽經卷五

(27-17)

无藏識七識則滅何以故因彼及所緣而得生
故然非一切外道二乘諸修行者所知境界
以彼唯了人无我性於蘊界處取於自相
及共相故若見如來藏五法自性諸法无我
隨地次第而漸轉滅不爲外道惡見所動住
不動地得於十種三昧樂門爲三昧力諸佛所
持觀察不思議佛法及本願力不住實際
及三昧樂獲自證智不與二乘諸外道共
得十聖種姓道及意生智身離於諸行是故
大慧菩薩摩訶薩欲得勝法應淨如來藏
藏識之名大慧若无如來藏名藏識者則无生
滅然諸凡夫及以聖人悉有生滅是故一切諸
修行者雖見內境住現法樂而不捨於勇猛
精進大慧此如來藏藏識本性清淨客塵
所染而爲不淨一切二乘及諸外道臆度起
見不能現證如來於此分明現見如觀掌中
菴摩勒果大慧我爲勝鬘夫人及餘深妙淨
智菩薩說如來藏名藏識與七識俱起令諸
聲聞見法无我大慧爲勝鬘夫人說佛境界
非是外道二乘境界大慧此如來藏藏識是
佛境界與汝等比淨智菩薩隨順義者所行
之處非是一切執著文字外道二乘之所行
處是故汝等及諸菩薩摩訶薩於如來藏藏
當勤觀察莫但聞已便生足想尒時世尊
重說頌言



處是故汝等及諸菩薩摩訶薩於如來藏藏
當勤觀察莫但聞已便生足想尒時世尊
重說頌言
甚深如來藏　而與七識俱　執著二種生　了知則遠離
无始習所熏　如像現於心　若能如實觀　境相悉无有
如愚見指月　觀指不觀月　計著文字者　不見我真實
心如工伎兒　意如和伎者　五識爲伴侶　妄想觀伎衆
尒時大慧菩薩摩訶薩復白佛言世尊願爲
我說五法自性諸識无我差別之相我及諸
菩薩摩訶薩善知此已漸修諸地具諸佛法
至於如來自證之位佛言諦聽當爲汝說大
慧五法自性諸識无我所謂名相分別正智
如如若修行者觀察此法入於如來自證境
界遠離常斷有无等見得現法樂甚深三昧
大慧凡愚不了五法自性諸識无我於心所現
見有外物而起分別非諸聖人大慧白言
云何不了而起分別佛言大慧凡愚不知名
是假立心隨流動見種種相計我我所染著
於色覆障聖智起貪瞋癡造作諸業如蠶
作繭妄想自纏墮於諸趣生死大海如汲水輪
循環不絕不知諸法如幻如焰如水中月自心所
見妄分別起離能所取及生住滅謂從自在
時節微塵勝性而生隨名相流大慧此中相
者謂眼識所見名之爲色耳鼻舌身意識得
者名之爲聲香味觸法如是等我說爲相分

深不絶不知諸法如幻如犍如水中月自心所
見妄分別起離能所取及生住滅謂從自在
時節微塵勝性而生隨名相流大慧此中相
者謂眼識所見名之爲色耳鼻舌身意識得
者名之爲聲香味觸法如是等我說爲相分
別者施設衆名顯示諸相謂以象馬車步
男女等名而顯其相此事如是決定不異是
名分別正智者謂觀名相互爲其客識心
不起不斷不常不墮外道二乘之地是名正
智大慧菩薩摩訶薩以其正智觀察名相非
有非无遠離損益二邊惡見名相及識本來
不起我說此法名爲如如大慧菩薩摩訶薩
住如如已得无照現境界歡喜地離外道惡
趣入出世法法相淳熟知一切法猶如幻等證
自聖智所行之法離憶度見如是次第乃至
法雲至法雲已三昧諸力自在神通開敷
滿足成於如來成如來已爲衆生故如水中
月普現其身隨其欲樂而爲說法其身清淨
離心意識被弘誓甲具足成滿十无盡願是
名菩薩摩訶薩入於如如之所獲得
尒時大慧菩薩摩訶薩復白佛言世尊爲三
性入五法中爲各有自相佛言大慧三性八識
及二无我悉入五法其中名及相是妄計性
以依彼分別心心所法俱時而起如日與光
是緣起性正智如如不可壞故是圓成性

BD14106號　大乘入楞伽經卷五　（27-20）

尒時大慧菩薩摩訶薩復白佛言世尊爲三
性入五法中爲各有自相佛言大慧三性八識
及二无我悉入五法其中名及相是妄計性
以依彼分別心心所法俱時而起如日與光
是緣起性正智如如不可壞故是圓成性
大慧於自心所現生執著時有八種分別起
此差別相皆是不實唯妄計性若能捨離二
種我執二无我智即得生長大慧聲聞緣
覺菩薩如來自證聖智諸地位次一切佛法悉
皆攝入此五法中復次大慧五法者所謂相
名分別如如正智此中相者謂所見色等形
狀各別是名爲相依彼諸相立瓶等名此如
是此不異是名爲名施設衆名顯示諸相心
心所法是名分別彼名彼相畢竟无有但是
妄心展轉分別如是觀察乃至覺滅是名如
如大慧真實決定究竟根本自性可得如是
如相我及諸佛隨順證入如其實相開示演
說若能於此隨順悟解離斷離常不生分別
入自證處出於外道二乘境界是名正智大
慧此五種法三性八識及二无我一切佛法普
皆攝盡大慧於此法中汝應以自智善巧
通達亦勸他人令其通達通達此已心則決
定不隨他轉尒時世尊重說頌言
五法三自性　及與八種識　二種无我法　普攝於大乘
名相及分別　二種自性攝　正智與如如　是則圓成相
尒時大慧菩薩摩訶薩復白佛言世尊如

BD14106號　大乘入楞伽經卷五　（27-21）

定不隨他轉尒時世尊重說頌言
五法三自性 及與八種識 二種无我法 普攝於大乘
名相及分別 二種自性攝 正智與如如 是則圓成相
尒時大慧菩薩摩訶薩復白佛言世尊如
經中說過去未來現在諸佛如恒河沙此當
云何為如言而受為別有義佛告大慧勿如言
受大慧三世諸佛非如恒沙何以故如來最勝
超諸世間无與等者非喻所及唯以少分為
其喻耳我以凡愚諸外道等心恒執著常與
无常惡見增長生死輪迴令其厭離發勝希
望言佛易成易可逢值若言難遇如優曇華
彼便退怯不勤精進是故我說如恒河沙我
復有時觀受化者說佛難值如優曇花大慧
優曇華鉢无有曾見現見當見如來則有
已現當見大慧如是譬喻非說自法自法者內
證聖智所行境界世間无等過諸譬喻一切
凡愚不能信受大慧真實如來超心意意識
所見之相不可於中而立譬喻然亦有時而為
建立言恒沙等无有相違大慧譬如恒沙龜
魚象馬之所踐踏不生分別恒淨无垢如來
聖智如彼恒河力通自在以為其沙外道龜
魚競來擾亂而佛不起一念分別何以故如
來本願以三昧樂普安眾生如恒河沙无
有愛憎无分別故大慧譬如恒沙是地自性
劫盡燒時燒一切地而彼地大不捨本性恒與
火大俱時生故諸凡愚人謂地被燒而實不



來本願以三昧樂普安眾生如恒河沙无
有愛憎无分別故大慧譬如恒沙是地自性
劫盡燒時燒一切地而彼地大不捨本性恒與
火大俱時生故諸凡愚人謂地被燒而實不
燒火所因故如來法身亦復如是如恒河沙
終不壞滅大慧譬如恒沙无有限量如來
光明亦復如是為欲成就无量眾生普照一切
諸佛大會大慧譬如恒沙住沙自性不更改
變而作餘物如來亦尒於世間中不生不滅
諸有生因悉已斷故大慧譬如恒沙取不知
減投不見增諸佛亦尒以方便智成熟眾生
无減无增何以故如來法身无有身故大慧
以有身故而有滅壞法身无身故无滅壞大
慧譬如恒沙雖苦壓治欲求蘇油終不可得如
來亦尒雖為眾生眾苦所壓乃至蠢動未
盡涅槃欲令捨離於法界中深心願樂亦不
可得何以故具足成就大悲心故大慧譬如恒
沙隨水而流非无水也如來亦尒所有說法莫
不隨順涅槃之流以是說言諸佛如來如恒
河沙大慧如來說法不隨於趣趣是壞義生
死本際不可得知既不可知云何說趣大慧
趣義是斷凡愚莫知大慧菩薩復白佛言若
生死本際不可知者云何眾生在生死中而
得解脫佛言大慧无始虛偽過習因滅了知
外境自心所現分別轉依名為解脫非滅壞
也是故不得言无邊際大慧言无邊際者且

得解脫佛言大慧无始虛偽過習因滅了知
外境自心所現分別轉依名為解脫非滅壞
也是故不得言无邊際大慧无邊際者但
是分別異名大慧離分別心无別衆生以智
觀察内外諸法知與所知悉皆寂滅大慧一
切諸法唯是自心分別所見不了知故分別
心起了心則滅尒時世尊重說頌言
觀察諸導師 譬如恒河沙 不壞亦不趣 是人能見佛
譬如恒河沙 悉離一切過 而恒隨順流 佛體亦如是
尒時大慧菩薩摩訶薩復白佛言世尊願
為我說一切諸法刹那壞相何等諸法名有
刹那佛言諦聽當為汝說大慧一切法者所
謂善法不善法有為法无為法世間法出
世間法有漏法无漏法有受法无受法大慧
舉要言之五取蘊法以心意意識習氣為因
而得增長凡愚於此而生分別謂善不善聖人
現證三昧樂住是則名為善无漏法復次大
慧善不善者所謂八識何等為八謂如來藏
名藏識意及意識并五識身大慧彼五識身
與意識俱善不善相展轉差別相續不斷无
異體生生已即滅不了於境自心所現次第滅
時別識生起意識與彼五識共俱取於種種
差別形相刹那不住我說此等名刹那法大
慧如來藏名藏識所與意等諸習氣俱是刹
那法无漏習氣非刹那法此非凡愚刹那論

BD14106 號　大乘入楞伽經卷五

(27–24)

時別識生起意識與彼五識共俱取於種種
差別形相刹那不住我說此等名刹那法大
慧如來藏名藏識所與意等諸習氣俱是刹
那法无漏習氣非刹那法此非凡愚刹那論
者之所能知彼不能知一切諸法有是刹那非
刹那故彼計无為同諸法壞墮於斷見大慧
五識身非流轉不受苦樂非涅槃因如來藏
受苦樂與因俱有滅四種習氣之所迷覆
而諸凡愚分別熏心不能了知起刹那見大
慧如金金剛佛之舍利是奇特性終不損壞
若得證法有刹那者聖應非聖而彼聖人未
曾非聖如金金剛雖經劫住稱量不減云何
凡愚不解於我秘密之說於一切法作刹那想
大慧菩薩復白佛言世尊常說六波羅蜜
若得滿足便成正覺何者為六云何滿足佛言
大慧波羅蜜者差別有三所謂世間出世間
出世間上上大慧世間波羅蜜者謂諸凡愚
著我我所執取二邊求諸有身貪色等境如
是修行檀波羅蜜持戒忍辱精進禪定成就
神通生於梵世大慧出世間波羅蜜者謂聲
聞緣覺執著涅槃希求自樂如是修習諸波
羅蜜大慧出世間上上波羅蜜者謂菩薩摩
訶薩於自心二法了知唯是分別所現不起妄
想不生執著不取色相為欲利樂一切衆生
而恒修行檀波羅蜜於諸境界不起分別

BD14106 號　大乘入楞伽經卷五

(27–25)

聞緣覺執著涅槃希求自樂如是修習諸波
羅蜜大慧出世間上上波羅蜜者謂菩薩摩
訶薩於自心二法了知唯是分別所現不起妄
想不生執著不取色相為欲利樂一切衆生
而恒修行檀波羅蜜於諸境界不起分別
是則修行尸波羅蜜即於不起分別之時忍
知能取所取自性是則名為羼提波羅蜜初
中後夜勤修匪懈隨順實解不生分別是則
名為毗梨耶波羅蜜不生分別不起外道涅槃
之見是則名為禪那波羅蜜以智觀察心无
分別不墮二邊轉淨所依而不壞滅獲於聖智
內證境界是則名為般若波羅蜜尒時世
尊重說頌言

愚分別有為　空无常剎那　分別剎那義　如河燈種子
一切法不生　寂靜无所作　諸事性皆離　是我剎那義
生无間即滅　不為凡愚說　无間相續法　諸趣分別起
无明為其因　心則從彼生　未能了色來　中間何所住
无間相續滅　而有別心起　不住於色時　何所緣而生
若緣彼而起　其因則虛妄　因妄體不成　云何剎那滅
修行者正定　金剛佛舍利　及以光音宮　世間不壞事
如來圓滿智　及比丘證得　諸法性常住　云何見剎那
乾城幻等色　何故非剎那　大種无實性　云何說能造

大乘入楞伽經卷第五

BD14106號　大乘入楞伽經卷五　(27–26)

一切法不生　寂靜无所作　諸事性皆離　是我剎那義
生无間即滅　不為凡愚說　无間相續法　諸趣分別起
无明為其因　心則從彼生　未能了色來　中間何所住
无間相續滅　而有別心起　不住於色時　何所緣而生
若緣彼而起　其因則虛妄　因妄體不成　云何剎那滅
修行者正定　金剛佛舍利　及以光音宮　世間不壞事
如來圓滿智　及比丘證得　諸法性常住　云何見剎那
乾城幻等色　何故非剎那　大種无實性　云何說能造

大乘入楞伽經卷第五

BD14106號　大乘入楞伽經卷五　(27–27)

BD14107 號背　現代護首　　　　（1–1）

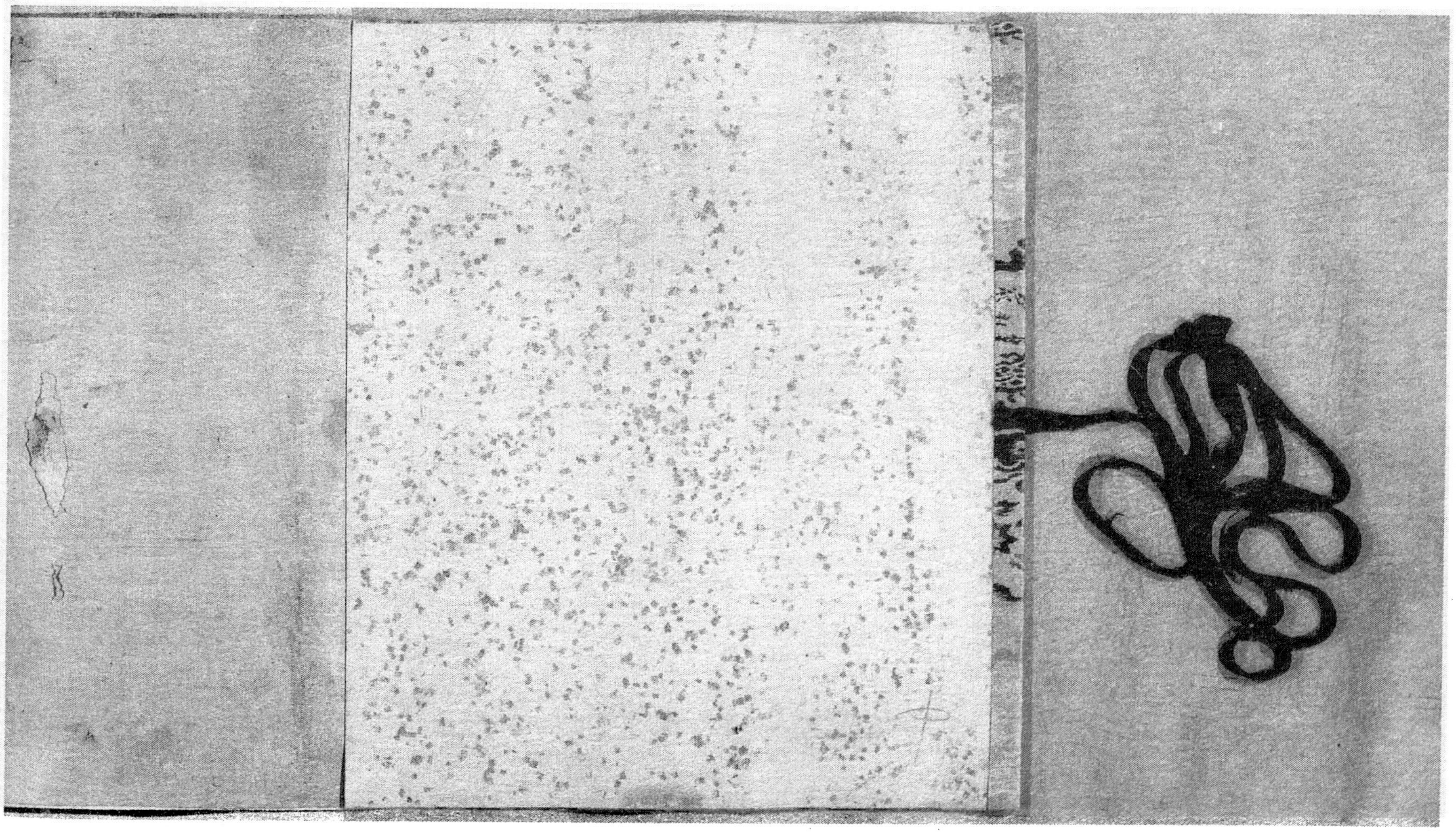

BD14107 號　大乘入楞伽經卷六　　　　（25–1）

大乘入楞伽經卷第六

大乘入楞伽經變化品弟七　卷六

尒時大慧菩薩摩訶薩復白佛言世尊如來何故授阿羅漢阿耨多羅三藐三菩提記何故復説无般涅槃法衆生得成佛道又何故説從初成佛至般涅槃於其中間不説一字又言如來常在於定无尋无伺又言佛事皆是化作又言諸識剎那變壞又言金剛神常隨衛護又言前際不可知而説有般涅槃又現有魔及以魔業又有餘報謂旃遮婆羅門女孫陀利外道女及空鉢而還等事世尊既有如是業障云何得成一切種智既已成於一切種智云何不離如是諸過佛言諦聽當為



現有魔及以魔業又有餘報謂旃遮婆羅門女孫陀利外道女及空鉢而還等事世尊既有如是業障云何得成一切種智既已成於一切種智云何不離如是諸過佛言諦聽當為汝説大慧我為无餘涅槃界故密勸令彼脩菩薩行此界他土有諸菩薩心樂求於聲聞涅槃令捨是心進脩大行故作是説又變化佛與化聲聞而授記別非法性佛大慧授聲聞記是秘密説大慧佛與二乘无差別者據斷惑障解脫一味非謂智障智障要見法无我性乃清淨煩惱障者見人无我意識捨離是時初斷藏識習滅法障解脫方得永淨大慧我依本法住作是密語非異前佛後更有説先具如是諸文字故大慧如來正知无有妄念不待思慮然後説法如來久已斷四種習離二種死除二種障大慧意及意識眼識等七習氣為因是剎那性離无漏善非流轉法大慧如來藏者生死流轉及是涅槃苦樂之因凡愚不知妄著於空大慧變化如來金剛力士常隨衛護非真實佛真實如來離諸根量二乘外道所不能知住現法樂成就智忍不假金剛力士所護一切化佛不從業生非即是佛亦非非佛譬如陶師衆事和合而有所作化佛亦尒衆相具足而演説法然不能説自證聖智所行之境復次大慧諸凡愚人

根量二乘外道所不能知住現法樂成就智忍
不假金剛力士所護一切化佛不從業生非
即是佛亦非非佛譬如陶師衆事和合而有
所作化佛亦尒衆相具足而演說法然不能
說自證聖智所行之境復次大慧諸凡愚人
見六識滅起於斷見不了藏識起於常見
大慧自心分別是其本際故不可得離此分
別即得解脫四種習斷離一切過尒時世尊
重說頌言
三乘及非乘　无有佛涅槃　悉授如來記　說離衆過惡
成就究竟智　及无餘涅槃　誘進怯劣人　依此密意說
諸佛所得智　演說如是道　唯此更非餘　故彼无涅槃
欲色有諸見　如是四種習　意識所從生　藏意亦在中
見意識眼等　无常故說斷　迷意藏起常　邪智謂涅槃
大乘入楞伽經斷食肉品第八
尒時大慧菩薩摩訶薩復白佛言世尊願爲
我說食不食肉功德過失我及諸菩薩摩訶
薩知其義已爲未來現在報習所熏食肉衆
生而演說之令捨肉味求於法味於一切衆
生起大慈心更相親愛如一子想住菩薩地
得阿耨多羅三藐三菩提或二乘地暫時止息
究竟當成无上正覺世尊路迦耶等諸外
道輩起有无見執著斷常尚有遮禁不聽食
肉何况如來應正等覺大悲含育世所依怙
而許自他俱食肉耶善哉世尊具大慈悲哀



究竟當成无上正覺世尊路迦耶等諸外
道輩起有无見執著斷常尚有遮禁不聽食
肉何况如來應正等覺大悲含育世所依怙
而許自他俱食肉耶善哉世尊具大慈悲哀
愍世間等觀衆生猶如一子願爲解說食肉
過惡不食功德令我及與諸菩薩等聞已奉
行廣爲他說尒時大慧菩薩重說頌言
菩薩摩訶薩　志求无上覺　酒肉及與葱　爲食爲不可
愚夫貪嗜肉　臭穢无名稱　與彼惡獸同　云何而可食
食者有何過　不食有何德　唯願最勝尊　爲我具開演
尒時佛告大慧菩薩摩訶薩言大慧諦聽諦
聽善思念之吾當爲汝分別解說大慧一切
諸肉有无量緣菩薩於中當生悲愍不應噉
食我今爲汝說其少分大慧一切衆生從无
始來在生死中輪迴不息靡不曾作父母兄
弟男女眷屬乃至朋友親愛侍使易生而受
鳥獸等身云何於中取之而食大慧菩薩摩
訶薩觀諸衆生同於己身念肉皆從有命中
來云何而食大慧諸羅刹等聞我此說尚應
斷肉况樂法人大慧菩薩摩訶薩在在生處
觀諸衆生皆是親屬乃至慈念如一子想是
故不應食一切肉大慧衢路市肆諸賣肉人
或將犬馬人牛等肉爲求利故而販鬻之如是
雜穢云何可食大慧一切諸肉皆是精血汙

觀諸衆生皆是親屬乃至慈念如一子想是
故不應食一切肉大慧衢路市肆諸賣肉人
或將犬馬人牛等肉為求利故而販鬻之如是
雜穢云何可食大慧一切諸肉皆是精血汙
穢所成求清淨人云何取食大慧食肉之
人衆生見之悉皆驚怖脩慈心者云何食肉
大慧譬如獵師及旃陁羅捕魚網鳥諸惡人
等狗見驚吠獸見奔走空飛水住一切衆生
若有見之咸作是念此人氣息猶如羅剎
令來至此必當煞我為護命故悉皆走避食
肉之人亦復如是是故菩薩為脩慈行不應食
肉大慧夫食肉者身體臭穢惡名流布賢聖
善人不用親狎是故菩薩不應食肉大慧夫
血肉者衆仙所棄群聖不食是故菩薩不
應食肉大慧菩薩為護衆生信心令於佛法
不生譏謗以慈愍故不應食肉大慧若我弟子
食噉於肉令諸世人悉懷譏謗而作是言云何
沙門脩淨行人棄捨天仙所食之味猶如惡
獸食肉滿腹遊行世間令諸衆生悉懷驚怖
壞清淨行失沙門道是故當知佛法之中无
調伏行菩薩慈愍為護衆生不令生於如
是之心不應食肉大慧如燒人肉其氣臭穢與
燒餘肉等无差別云何於中有食不食是故
一切樂清淨者不應食肉大慧諸善男女
冢間樹下阿蘭若處寂靜脩行或住慈心或

BD14107 號　大乘入楞伽經卷六　（25–6）

調伏行菩薩慈愍為護衆生不令生於如
是之心不應食肉大慧如燒人肉其氣臭穢與
燒餘肉等无差別云何於中有食不食是故
一切樂清淨者不應食肉大慧諸善男女
冢間樹下阿蘭若處寂靜脩行或住慈心或
持呪術或求解脫或趣大乘以食肉故一切
善法不得成就是故菩薩欲利自他不應食
肉大慧夫食肉者見其形色則已生於貪滋
味心菩薩慈念一切衆生猶如已身云何見
之而作食想是故菩薩不應食肉大慧夫食
肉者諸天遠離口氣常臭睡夢不安覺已憂
悚藥叉惡鬼奪其精氣心多驚怖食不知足
增長疾病易生瘡癬恒被諸蟲之所唼食不
能於食深生猒離大慧我常說言凡所食噉
作子肉想餘食尚然云何而聽弟子食肉大
慧肉非美好肉不清淨生諸罪惡敗諸功德
諸仙聖人之所棄捨云何而許弟子食耶若
言許食此人謗我大慧淨美食者應知則是
秔米粟米大小麥豆蘇油石蜜如是等類此
是過去諸佛所許我所稱說我種姓中諸善
男女心懷淨信久植善根於身命財不生貪
著慈愍一切猶如已身如是之人之所應食非
諸惡習虎狼性者心所愛重大慧過去有
王名師子蘇陁娑躭著肉味食種種肉如是不
已遂至食人臣民不堪悉皆離叛亡國失位受

BD14107 號　大乘入楞伽經卷六　（25–7）

男女心懷淨信久植善根於身命則不生貪
著慈愍一切猶如己身如是之人之所應食非
諸惡習虎狼性者心所愛重大慧過去有
王名師子蘇陀生耽著肉味食種種肉如是不
已遂至食人臣民不堪悉皆離叛亡國失位受
大苦惱大慧釋提桓因處天王位以於過去
食肉餘習變身為鷹而逐於鴿我時作王名
曰尸毗愍念其鴿自割身肉以代其命大慧
帝釋餘習尚惱衆生況餘無慚常食肉者當
知食肉自惱惱他是故菩薩不應食肉大慧
昔有一王乘馬遊獵馬驚奔逸入於山險既
無歸路又絕人居有牝師子與同遊處遂行
穢行生諸子息其最長者名曰班足後得作
王領七億家食肉餘習非肉不食初食禽獸
後乃至人所生男女悉是羅剎轉此身已復
生師子豺狼虎豹鵰鷲等中欲求人身終不
可得況出生死涅槃之道大慧夫食肉者有
如是等無量過失斷而不食獲大功德凡愚
不知如是損益是故我今為汝開演凡是肉
者悉不應食大慧凡殺生者多為人食人若
不食亦無殺事是故食肉與殺同罪奇哉世
間貪著肉味人身有肉尚取食之況於鳥獸
有不食者以貪味故廣設方便置羅網罟處
處安施水陸飛行皆被殺害設自不食為貪
價直而作是事大慧世復有人心無慈愍專



聞貪著肉味人身有肉尚取食之況於鳥獸
有不食者以貪味故廣設方便置羅網罟處
處安施水陸飛行皆被殺害設自不食為貪
價直而作是事大慧世復有人心無慈愍專
行慘暴猶如羅剎若見衆生其身充盛便生
肉想言此可食大慧世無有肉非是自然亦非
他殺心不疑殺而可食者以是義故我許聲
聞食如是肉大慧未來之世有愚癡人於
我法中而為出家妄說毗尼壞亂正法誹謗
於我言聽食肉亦自曾食大慧我若聽許
聲聞食肉我則非是住慈心者脩觀行者行頭
陀者趣大乘者云何而勸諸善男子及善女
人於諸衆生生一子想斷一切肉大慧我於
諸處說遮十種許三種者是漸禁斷令其脩
學今此經中自死他殺凡是肉者一切悉斷大
慧我不曾許弟子食肉亦不現許亦不當
許大慧凡是肉食於出家人悉是不淨大慧
若有癡人謗言如來聽許食肉亦自食者當
知是人惡業所纏必當永墮不饒益處大慧
我之所有諸聖弟子尚不食於凡夫段食況
食血肉不淨之食大慧聲聞緣覺及諸菩薩
尚唯法食豈況如來大慧如來法身非雜食
身大慧我已斷除一切煩惱我已浣滌一切
習氣我已善擇諸心智慧大悲平等普觀
衆生猶如一子云何而許聲聞弟子食於子

食血肉不淨之食大慧聲聞緣覺及諸菩薩
尚唯法食豈況如来大慧如来法身非雜食
身大慧我已斷除一切煩惱我已洗滌一切
習氣我已善擇諸心智慧大悲平等普觀
衆生猶如一子云何而許聲聞弟子食於子
肉何况自食作是說者无有是處尒時世尊
重說頌言
悉曾為親屬　衆穢所成長　恐怖諸含生　是故不應食
一切肉與葱　韭蒜及諸酒　如是不淨物　脩行者遠離
亦常離麻油　及諸穿孔牀　以彼諸細蟲　於中大驚怖
飲食生放逸　放逸生邪覺　從覺生於貪　是故不應食
邪覺生貪故　心為貪所醉　心醉長愛欲　生死不解脫
為利殺衆生　以財取諸肉　二俱是惡業　死墮叫喚獄
不想不敎求　此三種名淨　世无如是肉　食者我呵責
更互相食噉　死墮惡獸中　臭穢而癲狂　是故不應食
獵師旃荼羅　屠兒羅刹娑　此等種中生　斯皆食肉報
食已无慚愧　生生常癲狂　諸佛及菩薩　聲聞所嫌惡
象脇與大雲　涅槃央掘摩　及此楞伽經　我皆制斷肉
先說見聞疑　已斷一切肉　以其惡習故　愚者妄分別
如貪障解脫　肉等亦復然　若有食之者　不能入聖道
未来世衆生　於肉愚癡說　言此淨无罪　佛聽我等食
淨食尚如藥　猶如子肉想　是故脩行者　知量而行乞
食肉背解脫　及違聖表相　令衆生生怖　是故不應食
安住慈心者　我說常猒離　師子及虎狼　應共同遊止
若於酒肉等　一切皆不食　必生賢聖中　豐財及智慧

BD14107號　大乘入楞伽經卷六　（25–10）

淨食尚如藥　猶如子肉想　是故脩行者　知量而行乞
食肉背解脫　及違聖表相　令衆生生怖　是故不應食
安住慈心者　我說常猒離　師子及虎狼　應共同遊止
若於酒肉等　一切皆不食　必生賢聖中　豐財及智慧
大乘入楞伽經陁羅尼品第九
尒時佛告大慧菩薩摩訶薩言大慧過去未
来現在諸佛為欲擁護持此經者皆為演說
楞伽經呪我今亦說汝當受持即說呪曰
怛姪他一　都吒都吒都胅反下同二　杜吒杜吒三　鉢吒鉢吒四
葛吒葛吒五　阿麽鵌阿麽鵌六　毗麽鵌毗麽鵌七
你謎你謎八　呬謎呬謎九　縛壯可反謎縛謎十　葛
鵌葛鵌十一　揭囉葛鵌十二　阿吒末吒十三　折吒呫吒十四
耆若攘䋛反三合　吒薩耆二合　吒十五　葛地雅許反下同　賴地十六
鉢地十七　呬謎呬謎十八　苐謎苐謎十九　折鵌折鵌二十
鉢制鉢制廿一　畔苐畔苐廿二　桊制滿制廿三
黖胒戶反下同　荼去聲下同　鵌廿四　柱荼鵌廿五　鉢荼鵌廿六
遏計遏計廿七　末計末計廿八　斫結鵌斫結鵌二合廿九
地依字呼　謎地謎卅　呬謎呬謎卅一　黖黖黖黖卅二　楮苦姫反楮
楮楮卅三　柱柱柱柱卅四　杜虎二合杜虎杜虎卅五　莎婆訶卅六
大慧未来世中若有善男子善女人受持讀
誦為他解說此陁羅尼當知此人不為一切
人與非人諸鬼神等之所得便若復有人卒
中於惡為其誦念一百八遍即時惡鬼疾走而
去大慧我更為汝說陁羅尼即說呪曰
[illegible]

BD14107號　大乘入楞伽經卷六　（25–11）

誦為他解說此陀羅尼當知此人不為一切
人與非人諸鬼神等之所得便若復有人卒
中於惡為其誦念一百八遍即時惡鬼疾走而
去大慧我更為汝說陀羅尼即說呪曰
怛姪他一 鉢頭迷二 鉢頭摩苐鞞三去聲 醯去聲下同泥醯
祢醯泥四 主隸主羅主隸五 虎隸虎隸羅虎隸六
庾隸庾羅庾隸七 跛隸跛羅跛隸八 瞋上聲呼
苐瞋苐九 畔逝末苐十 鉢囉二合 末苐十一 尼羅
迦隸十二 莎婆訶十三
大慧若有善男子善女人受持讀誦為他
解說此陀羅尼不為一切天龍藥叉人非人等
諸惡鬼神之所得便我為禁止諸羅剎故說
此神呪若持此呪則為受持入楞伽經一切
文句悉已具足

大乘入楞伽經偈頌品苐十之一

尒時世尊欲重宣此脩多羅中諸廣義故而
說頌言

諸法不堅固　皆從分別生　以分別即空　所分別非有
由虛妄分別　是則有識生　八九識種種　如海衆波浪
習氣常增長　盤根堅固依　心隨境界流　如鐵於慈石
衆生所依性　遠離諸尋伺　及離智所知　轉依得解脫
得如幻三昧　超過於十地　觀見心王時　想識皆遠離
尒時心轉依　是則為常住　在於蓮花宮　幻境之所起
既住彼宮已　自在无功用　利益諸衆生　如衆色摩尼
无有為无為　唯除妄分別　愚夫迷執取　如石女夢子

BD14107 號　大乘入楞伽經卷六

(25-12)

衆生所依性　遠離諸尋伺　及離智所知　轉依得解脫
得如幻三昧　超過於十地　觀見心王時　想識皆遠離
尒時心轉依　是則為常住　在於蓮花宮　幻境之所起
既住彼宮已　自在无功用　利益諸衆生　如衆色摩尼
无有為无為　唯除妄分別　愚夫迷執取　如石女夢子
應知補伽羅　蘊界諸緣等　悉空无自性　无生有非有
我以方便說　而實无有相　愚夫妄執取　能相及所相
一切知非知　一切非一切　愚夫所分別　佛无覺自他
諸法如幻夢　无生无自性　以皆性空故　有无不可得
我唯說一性　離於妄尋伺　自性无有二　衆聖之所行
如四大不調　變吐見螢光　所見皆非有　世間亦如是
猶如幻所現　草木瓦礫等　彼幻无所有　諸法亦如是
非取非所取　非縛非所縛　如幻如陽焰　如夢亦如翳
若欲見真實　離諸分別取　應脩真實觀　見佛必无疑
世間等於夢　色資具亦尒　若能如是見　身為世所尊
三界由心起　迷惑妄所見　離妄无世間　知已轉染依
愚夫之所見　妄謂有生滅　智者如實觀　不生亦不滅
常行无分別　遠離心心法　住色究竟天　離諸過失處
於彼成正覺　具力通自在　及諸勝三昧　現化於此成
化身无量億　遍遊一切處　令愚夫得聞　如響難思法
遠離初中後　亦離於有无　非多而現多　不動而普遍
說衆生身中　所覆之真性　迷惑令幻有　非幻為迷惑
由心迷惑故　一切皆悉有　以此相繫縛　藏識起世間
如是諸世間　唯有假施設　諸見如暴流　行於人法中
若能如是知　是則轉所依　乃為我真子　成就隨順法

BD14107 號　大乘入楞伽經卷六

(25-13)

遠離初中後　亦離於有无　非多而現多　不動而普遍
諸衆生身中　所覆之真性　迷惑令幻有　非幻為迷惑
由心迷惑故　一切皆悉有　以此相繫縛　藏識起世間
如是諸世間　唯有假施設　諸見如暴流　行於人法中
若能如是知　是則轉所依　乃為我真子　成就隨順法
愚夫所分別　堅濕煖動法　假名无有實　亦无相所相
身形及諸根　皆以八物成　凡愚妄計色　迷惑身籠檻
凡愚妄分別　因緣和合生　不了真實相　流轉於三有
識中諸種子　能現心境界　愚夫起分別　妄計於二取
无明愛及業　諸心依彼生　以是我了知　為依他起性
妄分別有物　迷惑心所行　此分別都无　迷妄計為有
心為諸緣縛　生起於衆生　諸緣若遠離　我說无所見
已離於衆緣　自相所分別　身中不復起　我為无所行
衆生心所趣　能取及所取　所見皆无相　愚夫妄分別
顯示阿頼耶　殊勝之藏識　離於能所取　我說為真如
蘊中无有人　无我无衆生　生唯是識生　滅亦唯識滅
猶如畫高下　雖見无所有　諸法亦如是　雖見而非有
如乾闥婆城　亦如熱時焰　所見恒如是　智觀不可得
因緣及譬喻　以此而立宗　乾城夢火輪　陽焰日月光
火焰毛等喻　以此顯无生　世分別皆空　迷惑如幻夢
見諸有不生　三界无所依　内外亦如是　成就无生忍
得如幻三昧　及以意生身　種種諸神通　諸力及自在
諸法本无生　空无有自性　迷惑諸因緣　而謂有生滅
愚夫妄分別　以心而現心　及現於外色　而實无所有
如定力觀見　佛像與骨鏁　及分析大種　假施設世間



得如幻三昧　及以意生身　種種諸神通　諸力及自在
諸法本无生　空无有自性　迷惑諸因緣　而謂有生滅
愚夫妄分別　以心而現心　及現於外色　而實无所有
如定力觀見　佛像與骨鏁　及分析大種　假施設世間
身資及所住　此三為所取　意取及分別　此三為能取
迷惑妄計者　以能所分別　但隨文字境　而不見真實
行者以慧觀　諸法无自性　是時住无相　一切皆休息
如以墨塗雞　无智者妄取　實无有三乘　愚夫不能了
若見諸聲聞　及以辟支佛　皆大悲菩薩　變化之所現
三界唯是心　分別二自性　轉依離人法　是則為真如
日月燈光焰　大種及摩尼　无分別作用　諸佛亦如是
諸法如毛輪　遠離生住滅　亦離常无常　染淨亦如是
如著陁覩藥　見地作金色　而實彼地中　本无有金相
愚夫亦如是　无始迷亂心　妄取諸有實　如幻如陽焰
應觀一種子　與非種同印　一種一切種　是名心種種
淨種子為一　轉依為非種　平等同法印　悉皆无分別
種種諸種子　能感諸趣生　種種衆雜苦　名一切種子
觀諸法自性　迷惑不待遣　物性本无生　了知即解脫
定者觀世間　衆色由心起　无始心迷惑　實无色无心
如幻與乾城　毛輪及陽焰　非有而現有　諸法亦如是
一切法不生　唯迷惑所見　以從迷妄生　愚妄計著二
由種種習氣　生諸波浪心　若彼習斷時　心浪不復起
心緣諸境起　如畫依於壁　不尒虛空中　何不起於畫
若緣少分相　令心得生者　心既從緣起　唯心義不成
心生本清淨　猶若淨虛空　令心還取心　由習非異因

由種種習氣　生諸波浪心　若彼習斷時　心浪不復起
心緣諸境起　如畫依於壁　不尒虛空中　何不起於畫
若緣少分相　令心得生者　心既從緣起　唯心義不成
心性本清淨　猶若淨虛空　令心還取心　由習非異因
執著自心現　令心而得起　所見實非外　是故說唯心
藏識說名心　思量以為意　能了諸境界　是則名為識
心常為无記　意具二種行　現在識通具　善與不善等
證乃无變時　越地及諸剎　亦越於心量　而住无相果
所見有與无　及以種種相　皆是諸愚夫　顛倒所執著
智若離分別　物有則相違　由心故无色　是故无分別
諸根猶如幻　境界悉如夢　能作及所作　一切皆非有
世諦一切有　第一義則无　諸法无性性　說為第一義
於无自性中　因諸言說故　而有物起者　是名為俗諦
若无有言說　所起物亦无　世諦中无有　有言无事者
顛倒虛妄法　而實不可得　若倒是有者　則无无自性
以有无性故　而彼顛倒法　一切諸所有　是皆不可得
惡習熏於心　所現種種相　迷惑謂心外　妄取諸色像
分別无分別　分別是可斷　无分別能見　實性證真空
无明熏於心　所現諸眾生　如幻烏馬等　及樹葉為金
猶如翳目者　迷惑見毛輪　愚夫亦如是　妄取諸境界
分別所分別　及起分別者　轉所轉轉因　因此六解脫
由於妄計故　无地无諸諦　亦无諸剎土　化佛及二乘
心起一切法　一切處及身　心性實无相　无智取種種
分別迷惑相　是名依他起　相中所有名　是則為妄計
諸緣法和合　分別於名相　此等皆不生　是則圓成實



由於妄計故　无地无諸諦　亦无諸剎土　化佛及二乘
心起一切法　一切處及身　心性實无相　无智取種種
分別迷惑相　是名依他起　相中所有名　是則為妄計
諸緣法和合　分別於名相　此等皆不生　是則圓成實
十方諸剎土　眾生菩薩中　所有法報佛　化身及變化
皆從无量壽　極樂界中出　於方廣經中　應知密意說
所有佛子說　及諸導師說　悉是化身說　非是實報佛
諸法无有生　彼亦非非有　如幻亦如夢　如化如乾城
種種由心起　種種由心脫　心起更非餘　心滅亦如是
以眾生分別　所現虛妄相　唯心實无境　離分別解脫
由无始積集　分別諸戲論　惡習之所熏　起此虛妄境
妄計自性故　諸法皆无生　依止於緣起　眾生迷分別
分別不相應　依他即清淨　所住離分別　轉依即真如
勿妄計虛妄　妄計即无實　迷惑妄分別　取所取皆无
分別見外境　是計妄自性　由此虛妄計　緣起自性生
邪見諸外境　无境但是心　如理正觀察　能所取皆滅
如愚所分別　外境實非有　習氣擾濁心　似外境而轉
已滅二分別　智契於真如　起於无影像　難思聖所行
依父母和合　如蘇在於瓶　阿賴耶意俱　令赤白增長
閉尸及稠胞　穢業種種生　業風增四大　出生如菓熟
五與五及五　瘡竅有九種　爪甲齒毛具　滿足即便生
初生猶糞虫　亦如人睡覺　眼開見於色　分別漸增長
分別決了已　脣齶等和合　始發於語言　猶如鸚鵡等
隨眾生意樂　安立於大乘　非惡見行處　外道不能受

初生猶晝蟲　亦如人睡覺　眼開見於色　分別漸增長
分別決了已　脣齶等和合　始發於語言　猶如鸚鵡等
隨衆生意樂　安立於大乘　非惡見行處　外道不能受
自內所證乘　非計度所行　願說佛滅後　誰能受持此
大慧汝應知　善逝涅槃後　未來世當有　能持我法者
南天竺國中　大名德比丘　厥號為龍樹　能破有无宗
世間中顯我　无上大乘法　得初歡喜地　往生安樂國
衆緣所起義　有无俱不可　緣中妄計物　分別於有无
如是外道見　遠離於我法
一切法名字　生處常隨逐　已習及現習　展轉共分別
若不說於名　世間皆迷惑　為除迷惑故　是故立名言
愚分別諸法　迷惑於名字　及以諸緣生　是三種分別
以不生不滅　本性如虛空　自性无所有　是名妄計相
如幻影陽焰　鏡像夢火輪　如響及乾城　是則依他起
真如空不二　實際及法性　皆无有分別　我說是圓成
語言心所行　虛妄墮二邊　慧分別實諦　是慧无分別
於智者所現　於愚則不現　如是智所現　一切法无相
如假金瓔珞　非金愚謂金　諸法亦如是　外道妄計度
諸法无始終　住於真實相　世間皆无作　妄計不能了
過去所有法　未來及現在　如是一切法　皆悉是无生
諸緣和合故　是故說有法　若離於和合　不生亦不滅
而諸緣起法　一異不可得　略說以為生　廣說則為滅
一是不生空　一復是生空　不生空為勝　生空是滅壞
真如空實際　涅槃及法界　種種意生身　我說皆異名

BD14107 號　大乘入楞伽經卷六　（25–18）

而諸緣起法　一異不可得　略說以為生　廣說則為滅
一是不生空　一復是生空　不生空為勝　生空是滅壞
真如空實際　涅槃及法界　種種意生身　我說皆異名
於諸經律論　而起淨分別　若不了无我　依教不依義
衆生妄分別　所見如兔角　分別則迷惑　如渴獸逐焰
由於妄執著　而起於分別　若離妄執因　分別則不起
甚深大方廣　知諸剎自在　我為佛子說　非為諸聲聞
三有空无常　遠離我我所　我為諸聲聞　如是總相說
不著一切法　寂靜獨所行　思念辟支果　我為彼人說
身是依他起　迷惑不自見　分別外自性　而令心妄起
報得及加持　諸趣種類生　及夢中所得　是神通四種
夢中之所得　及以佛威力　諸趣種類等　皆非報得通
習氣熏於心　似物而影起　凡愚未能悟　是故說為生
隨於妄分別　外相幾時有　尒所時增妄　不見自心迷
何以說有生　而不說所見　无所見而見　為誰去何說
心體本自淨　意及諸識俱　習氣常熏故　而作諸濁亂
藏識捨於身　意乃求諸趣　識迷似境界　見已而貪取
所見唯自心　外境不可得　若修如是觀　捨妄念真如
諸定者境界　業及佛威力　此三不思議　難思智所行
過未補伽羅　虛空及涅槃　我隨世俗說　真諦離文字
二乘及外道　同依止諸見　迷惑於唯心　妄分別外境
羅漢辟支佛　及以佛菩提　種子堅成就　夢佛灌其頂
心幻趣寂靜　何為說有无　何處及為誰　何故願為說
迷惑於唯心　故說幻有无　生滅相相應　相所相平等

BD14107 號　大乘入楞伽經卷六　（25–19）

二乘及外道　同依止諸見　迷惑於唯心　妄分別外境
羅漢辟支佛　及以佛菩提　種子堅成就　夢佛灌其頂
心幻趣寂靜　何為說有无　何處及為誰　何故願為說
迷惑於唯心　故說幻有无　生滅相相應　相所相平等
分別名意識　及與五識俱　如影像暴流　從心種子起
若心及與意　諸識不起者　即得意生身　亦得於佛地
諸緣及蘊界　人法之自相　皆心假施設　如夢及毛輪
觀世如幻夢　依止於真實　真實離諸相　亦離因相應
聖者內所證　常住於无念　迷惑因相應　執世間為實
一切戲論滅　迷惑則不生　隨有迷分別　癡心常現起
諸法空无性　而是常无常　生論者所見　非是无生論
一異俱不俱　自然及自在　時微塵勝性　緣分別世間
識為生死種　有種故有生　如畫依於壁　了知即便滅
辟如見幻人　而有幻生死　凡愚亦如是　癡故起縛脫
內外二種法　及以彼因緣　脩行者觀察　皆住於无相
習氣不離心　亦不與心俱　雖為習所纏　心相无差別
心如白色衣　意識習為垢　垢習之所污　令心不顯現
我說如虛空　非有亦非无　藏識亦如是　有无皆遠離
意識若轉依　心則離濁亂　我說心為佛　覺了一切法
永斷三相續　亦離於四句　有无皆捨離　諸有恒如幻
前七地心起　故有二自性　餘地及佛地　悉是圓成實
欲色无色界　及以於涅槃　於彼一切身　皆是心境界
隨其有所得　是則迷惑起　若覺自心已　迷惑則不生
我立二種法　諸相及以證　以四種理趣　方便說成就
見種種名相　是迷惑分別　若離於名相　性淨聖所行



欲色无色界　及以於涅槃　於彼一切身　皆是心境界
隨其有所得　是則迷惑起　若覺自心已　迷惑則不生
我立二種法　諸相及以證　以四種理趣　方便說成就
見種種名相　是迷惑分別　若離於名相　性淨聖所行
隨能所分別　則有妄計相　若離彼分別　自性聖所行
心若解脫時　則常恒真實　種性及法性　真如離分別
以有清淨心　而有雜染現　无淨則无染　真淨聖所行
世間從緣生　增長於分別　觀彼如幻夢　是時即解脫
種種惡習氣　與心和合故　眾生見外境　不觀心法性
心性本清淨　不生諸迷惑　迷從惡習起　是故不見心
唯迷惑即真　真實非餘處　以諸行非行　非餘處見故
若觀諸有為　遠離相所相　以離眾相故　見世唯自心
安住於唯心　不分別外境　住真如所緣　超過於心量
若超過心量　亦超於无相　以住无相者　不見於大乘
行寂无功用　淨脩諸大願　及我最勝智　无相故不見
應觀心所行　亦觀智所行　觀見慧所行　於相无迷惑
心所行苦諦　智所行是集　餘二及佛地　皆是慧所行
得果與涅槃　及以八聖道　覺了一切法　是佛清淨智
眼根及色境　空明與作意　故令從藏識　眾生眼識生
取者能所取　名事俱无有　无因妄分別　是為无智者
名義平不生　若義別亦尒　計因无因生　不離於分別
妄謂住實諦　隨見施設說　一性五不成　捨離於諦義
戲論於有无　應起此等魔　以見无我故　不妄求諸有
計作者為常　呪術與諍論　實諦離言說　而見寂滅法

名義牢不生　名義別亦尒　計因无因生　不離於分別
妄謂住實諦　隨見施設說　一性五不成　捨離於諦義
戲論於有无　應越此等魔　以見无我故　不妄求諸有
計作者爲常　呪術與諍論　實諦離言說　而見寂滅法
依於識藏故　而得有意轉　心意爲依故　而有諸識生
虛妄所立法　及心性真如　定者如是觀　通達唯心性
觀意與相事　不念常无常　及以生不生　不分別二義
從於阿賴耶　生起於諸識　終不於一義　而生二種心
由見自心故　非空非言說　若不見自心　爲見網所轉
諸緣无有生　諸根无所有　无貪无蘊界　悉无諸有爲
本无諸業報　无作无有爲　執著本來无　无縛亦无脫
无有无記法　法非法皆无　非時非涅槃　法性不可得
非佛非真諦　非因亦非果　非倒非涅槃　非生亦非滅
亦无十二支　邊无邊非有　一切見皆斷　我說是唯心
煩惱業與身　及業所得果　皆如燄如夢　如乾闥婆城
以住唯心故　諸相皆捨離　以住唯心故　能見於斷常
涅槃无諸蘊　无我亦无相　以入於唯心　轉依得解脫
惡習爲因故　外現於大地　及以諸衆生　唯心无所見
身資主影像　衆生習所現　心非是有无　習氣令不顯
垢現於淨中　非淨現於垢　如雲翳虛空　心不現亦尒
妄計性爲有　於緣起則无　以妄計迷執　緣起无分別
非所造皆色　有色非所造　夢幻燄乾城　此等非所造
若於緣生法　謂實及不實　此人決定依　一異等諸見
聲聞有三種　願生與變化　及離貪瞋等　從於法所生
菩薩亦三種　未有諸佛相　思念於衆生　而現佛形像



妄計性爲有　於緣起則无　以妄計迷執　緣起无分別
非所造皆色　有色非所造　夢幻燄乾城　此等非所造
若於緣生法　謂實及不實　此人決定依　一異等諸見
聲聞有三種　願生與變化　及離貪瞋等　從於法所生
菩薩亦三種　未有諸佛相　思念於衆生　而現佛形像
衆生心所現　皆從習氣生　種種諸形像　如星雲日月
若大種是有　可有所造生　大種无性故　无能相所相
大種是能造　地等是所造　大種本无生　故无所造色
假實等諸色　及幻所起色　夢色乾城色　燄色爲第五
一闡提五種　種性五亦然　五乘及非乘　涅槃有六種
諸蘊二十四　諸色有八種　佛有二十四　佛子有二種
法門有百八　聲聞有三種　諸佛刹唯一　佛一亦復然
解脫有三種　心流注有四　无我有六種　所知亦有四
遠離於作者　及離諸見過　內自證不動　是无上大乘
生及與不生　有八種九種　一念與漸次　證得宗唯一
无色界八種　禪差別有六　辟支諸佛子　出離有七種
三世悉无有　常无常亦无　作業及果報　皆如夢中事
諸佛本不生　爲聲聞佛子　心恒不能見　如幻等法故
故於一切刹　從兜率入胎　初生及出家　不從生處生
爲流轉衆生　而說於涅槃　諸諦及諸刹　隨機令覺悟
世間洲樹林　无我外道行　禪乘阿賴耶　果境不思議
星宿月種類　諸王諸天種　乾闥夜叉種　皆因業愛生
不思議易死　猶與習氣俱　若死永盡時　煩惱網已斷
財穀與金銀　田宅及僮僕　象馬牛羊等　皆悉不應畜
不臥穿孔牀　亦不泥塗地　金銀銅鉢等　皆悉不應畜

无色界八種　禪差別有六　辟支諸佛子　出離有七種
三世悉无有　常无常亦无　作業及果報　皆如夢中事
諸佛本不生　為聲聞佛子　心恒不能見　如幻等法故
故於一切剎　從兜率入胎　初生及出家　不從生處生
為流轉衆生　而說於涅槃　諸諦及諸剎　隨機令覺悟
世間洲樹林　无我外道行　禪乘阿賴耶　果境不思議
星宿月種類　諸王諸天種　乾闥婆之種　皆因業愛生
不思議易死　猶與習氣俱　若死永盡時　煩惱網已斷
財穀與金銀　田宅及僮僕　象馬牛羊等　皆悉不應畜
不臥穿孔牀　亦不泥塗地　金銀銅鉢等　皆悉不應畜
土石及與鐵　螺及頗梨器　滿於摩竭量　隨鉢故聽畜
常以青等色　牛糞泥葉等　染白欽婆等　令作袈裟色
四指量刀子　刃如半月形　為以割截衣　脩行者聽畜
勿學工巧明　亦不應賣買　若須使淨人　此法我所說
常守護諸根　善解經律義　不狎諸俗人　是名脩行者
樹下及巖穴　野屋與冢間　草窟及露地　脩行者應住
冢間及餘處　三衣常隨身　若闕衣服時　來施者應受
乞食出遊行　前視一尋地　攝念而行乞　猶如蜂採花
丙衆所集處　衆雜比丘尼　法命與俗交　皆不應乞食
諸王及王子　大臣與長者　脩行者乞食　皆不應親近
生家及死家　親友所愛家　僧尼和雜處　脩行者不食
寺中煙不斷　常作種種食　及故為所造　脩行者不食
行者觀世間　能相與所相　皆悉離生滅　亦離於有无

BD14107 號　大乘入楞伽經卷六

（25–24）

勿學工巧明　亦不應賣買　若須使淨人　此法我所說
常守護諸根　善解經律義　不狎諸俗人　是名脩行者
樹下及巖穴　野屋與冢間　草窟及露地　脩行者應住
冢間及餘處　三衣常隨身　若闕衣服時　來施者應受
乞食出遊行　前視一尋地　攝念而行乞　猶如蜂採花
丙衆所集處　衆雜比丘尼　法命與俗交　皆不應乞食
諸王及王子　大臣與長者　脩行者乞食　皆不應親近
生家及死家　親友所愛家　僧尼和雜處　脩行者不食
寺中煙不斷　常作種種食　及故為所造　脩行者不食
行者觀世間　能相與所相　皆悉離生滅　亦離於有无

大乘入楞伽經卷第六

BD14107 號　大乘入楞伽經卷六

（25–25）

BD14108號背　現代護首　　　　（1–1）

BD14108號　無量壽宗要經　　　　（8–1）

大乘无量壽經
如是我聞一時薄伽梵在舍衛國祇樹給孤獨園與大苾芻僧千二百五十人大菩薩摩
訶薩衆俱會坐爾時世尊告曼殊室利童子曼殊上方有世界名无量功德聚
彼土有佛号无智决定王如來阿耨多羅三藐三菩提現為衆生開示說法曼殊諦聽
南閻浮提人皆短壽大限百年於中殀枉横死者衆曼殊如來无量壽功德名稱法要若
有衆生得聞名号若自書或使人書能為經卷受持讀誦若於舍宅所住之處以種種
花鬘瓔珞塗香末香而為供養如其命盡復得延年滿足百歲如是曼殊若有衆生
得是无量壽决定王如來一百八名号益其長壽若有衆生大命將盡憶念如來名号
便得增壽如是曼殊若有善男子善女人欲求長壽者是无量壽如來一百八名号有
得聞者或自書若使人書受持讀誦得如是等果報福德具足陁羅尼曰
南謨薄伽勃底一阿波唎蜜多二阿喻紇硯娜三須毗你悉指陁四囉佐耶五怛他羯他耶六
怛姪他唵七薩婆桑悉迦羅八波唎輸底九達磨底十伽迦娜十一莎訶某持迦底十二
薩婆莎毗輸底十三摩訶娜耶十四波唎婆唎莎訶十五
世尊復告曼殊室利如是如來一百八名号若有自書若使人書為經卷受持讀誦如壽命
盡復滿百年壽終此身後得往生无量福智世界无量壽淨土陁羅尼曰
南謨薄伽勃底一阿波唎蜜多二阿喻紇硯娜三須毗你悉指陁四囉佐耶五怛他羯他耶六
怛姪他唵七薩婆桑悉迦羅八波唎輸底九達磨底十伽迦娜十一莎訶某持迦底十二
[illegible]娜耶十四[illegible]莎訶十五

BD14108 號　無量壽宗要經

（8–2）

薩婆莎毗輸底十三摩訶娜耶十四波唎婆唎莎訶十五
世尊復告曼殊室利如是如來一百八名号若有自書若使人書為經卷受持讀誦如壽命
盡復滿百年壽終此身後得往生无量福智世界无量壽淨土陁羅尼曰
南謨薄伽勃底一阿波唎蜜多二阿喻紇硯娜三須毗你悉指陁四囉佐耶五怛他羯他耶六
怛姪他唵七薩婆桑悉迦羅八波唎輸底九達磨底十伽迦娜十一莎訶某持迦底十二
薩婆莎毗輸底十三摩訶娜耶十四波唎婆唎莎訶十五
尒時有九十九姟佛等一時同聲說是无量壽宗要經陁羅尼曰
南謨薄伽勃底一波阿唎蜜多二阿喻紇硯娜三須毗你悉指陁四囉佐耶五怛他羯他耶六
怛姪他唵七薩婆桑悉迦羅八波唎輸底九達磨底十伽迦娜十一莎訶某持迦底十二
薩婆莎毗輸底十三摩訶娜耶十四波唎婆唎莎訶十五　尒時復有一百四姟佛一時
同聲說是无量壽宗要經陁羅尼曰　南謨薄伽勃底一阿波唎蜜多二阿喻紇硯娜三
須毗你悉指陁四囉佐耶五怛他羯他耶六怛姪他唵七薩婆桑悉迦羅八波唎輸底九達
磨底十伽迦娜十一莎訶某持迦底十二薩婆莎毗輸底十三摩訶娜耶十四波唎婆唎莎訶十五
尒時復有七姟佛一時同聲是說无量壽宗要經陁羅尼曰
南謨薄伽勃底一阿波唎蜜多二阿喻紇硯娜三須毗你悉指陁四囉佐耶五怛他羯他耶六
怛姪他唵七薩婆桑悉迦羅八波唎輸底九達磨底十伽迦娜十一莎訶某持迦底十二
薩婆莎毗輸底十三摩訶娜耶十四波唎莎唎莎訶十五
尒時復有六十五姟佛一時同聲說是无量壽宗要經陁羅尼曰
南謨薄伽勃底一阿波唎蜜多二阿喻紇硯娜三須毗你悉指陁四囉佐耶五怛他羯他耶六
怛姪他唵七薩婆桑悉迦羅八波唎輸底九達磨底十伽迦娜十一莎訶某持迦底十二薩
婆莎毗輸底十三摩訶娜耶十四波唎婆唎莎訶十五　尒時復有五十五姟佛一時同聲說
是无量壽宗要經陁羅尼曰　南謨薄伽勃底一阿波唎蜜多二阿喻紇硯娜三須毗你悉
指陁四囉佐耶五怛他羯他耶六怛姪他唵七薩婆桑悉迦羅八波唎輸底九達磨底十伽
迦娜十一莎訶某持迦底十二薩婆莎毗輸底十三摩訶娜耶十四波唎婆唎莎訶十五
尒時復有四十五姟佛一時同聲說是无量壽宗要經陁羅尼曰
南謨薄伽勃底一阿波唎蜜多二阿喻紇硯娜三須毗你悉指陁四囉佐耶五怛他羯他耶六
怛姪他唵七薩婆桑悉迦羅八波唎輸底九達磨底十伽迦娜十一莎訶某持迦底十二薩婆
莎毗輸底十三摩訶娜耶十四波唎婆唎莎訶十五
尒時復有三十六姟佛一時同聲說是无量壽宗要經陁羅尼曰
南謨薄伽勃底一阿波唎蜜多二阿喻紇硯娜三須毗你悉指陁四囉佐耶五怛他羯他耶六
怛姪他唵七薩婆桑悉迦羅八波唎輸底九達磨底十伽迦娜十一莎訶某持迦底十二

BD14108 號　無量壽宗要經

（8–3）

怛姪他唵七 薩婆桑悉迦羅八 波唎輸底九 達磨底十 伽迦娜十一 莎訶某持迦底十二 薩婆
婆毗輸底十三 摩訶娜耶十四 波唎婆唎莎訶十五
爾時復有三十六姟佛一時同聲說是無量壽宗要經陀羅尼曰
南謨薄伽勃底一 阿波唎蜜多二 阿喻紇硯娜三 須毗你悉指陀四 羅佐耶五 怛他羯他耶六
怛姪他唵七 薩婆桑悉迦羅八 波唎輸底九 達磨底十 伽迦娜十一 莎訶某持迦底十二
薩婆婆毗輸底十三 摩訶娜耶十四 波唎婆唎莎訶十五
爾時復有二十五姟佛一時同聲說是無量壽宗要經陀羅尼曰
南謨薄伽勃底一 阿波唎蜜多二 阿喻紇硯娜三 須毗你悉指陀四 羅佐耶五 怛他羯他耶六
怛姪他唵七 薩婆桑悉迦羅八 波唎輸底九 達磨底十 伽迦娜十一 莎訶某持迦底十二
薩婆婆毗輸底十三 摩訶娜耶十四 波唎婆唎莎訶十五
爾時復有恒河沙姟佛一時同聲說是無量壽宗要經陀羅尼曰
南謨薄伽勃底一 阿波唎蜜多二 阿喻紇硯娜三 須毗你悉指陀四 羅佐耶五 怛他羯他耶六
怛姪他唵七 薩婆桑悉迦羅八 波唎輸底九 達磨底十 伽迦娜十一 莎訶某持迦底十二
薩婆婆毗輸底十三 摩訶娜耶十四 波唎婆唎莎訶十五 善男子若有自書寫教人書寫
是無量壽宗要經如其命盡復得長受而滿年陀羅尼曰 南謨薄伽勃底一 阿波唎蜜多
阿喻紇硯娜三 須毗你悉指陀四 羅佐耶五 怛他羯他耶六 怛姪他唵七 薩婆桑悉迦羅八 波唎輸
底九 達磨底十 伽迦娜十一 莎訶某持迦底十二 薩婆婆毗輸底十三 摩訶娜耶十四 波唎婆唎
莎訶十五 若有自書寫教人書寫是無量壽宗要經讀誦受持畢竟不墮地獄在在所生得宿命智陀羅尼曰
南謨薄伽勃底一 阿波唎蜜多二 阿喻紇硯娜三 須毗你悉指陀四 羅佐耶五 怛他羯他耶六 怛姪他唵七
薩婆桑悉迦羅八 波唎輸底九 達磨底十 伽迦娜十一 莎訶某持迦底十二 薩婆婆毗輸底十三 摩訶娜耶十四
波唎婆唎莎訶十五 若有自書寫教人書寫是無量壽宗要經受持讀誦如同書寫八万四千一切經典陀
羅尼曰 南謨薄伽勃底一 阿波唎蜜多二 阿喻紇硯娜三 須毗你悉指陀四 羅佐耶五 怛他羯他耶六
怛姪他唵七 薩婆桑悉迦羅八 波唎輸底九 達磨底十 伽迦娜十一 莎訶某持迦底十二 薩婆婆毗輸
底十三 摩訶娜耶十四 波唎婆唎莎訶 若有自書寫教人書寫是無量壽宗要經即是書寫八万
四千部建立塔廟陀羅尼曰 南謨薄伽勃底一 阿波唎蜜多二 阿喻紇硯娜三 須毗你悉指陀四
羅佐耶五 怛他羯他耶六 怛姪他唵七 薩婆桑悉迦羅八 波唎輸底九 達磨底十 伽迦娜十一 莎訶
某持迦底十二 薩婆婆毗輸底十三 摩訶娜耶十四 波唎婆唎莎訶十五
若有自書寫教人書寫是無量壽宗要經能消五無間等一切重罪陀羅尼曰
南謨薄伽勃底一 阿波唎蜜多二 阿喻紇硯娜三 須毗你悉指陀四 羅佐耶五 怛他羯他耶六
怛姪他唵七 薩婆桑悉迦羅八 波唎輸底九 達磨底十 伽迦娜十一 莎訶某持迦底十二 薩婆婆毗輸

BD14108 號　無量壽宗要經　（8–4）

羅佐耶五 怛他羯他耶六 怛姪他唵七 薩婆桑悉迦羅八 波唎輸底九 達磨底十 伽迦娜十一 莎訶
某持迦底十二 薩婆婆毗輸底十三 摩訶娜耶十四 波唎婆唎莎訶十五
若有自書寫教人書寫是無量壽宗要經能消五無間等一切重罪陀羅尼曰
南謨薄伽勃底一 阿波唎蜜多二 阿喻紇硯娜三 須毗你悉指陀四 羅佐耶五 怛他羯他耶六
怛姪他唵七 薩婆桑悉迦羅八 波唎輸底九 達磨底十 伽迦娜十一 莎訶某持迦底十二 薩婆婆毗輸
底十三 摩訶娜耶十四 波唎婆唎莎訶十五 若有自書寫教人書寫是無量壽宗要經受持讀誦設
有重罪猶如須弥盡能除滅陀羅尼曰 南謨薄伽勃底一 阿波唎蜜多二 阿喻紇硯娜三
須毗你悉指陀四 羅佐耶五 怛他羯他耶六 怛姪他唵七 薩婆桑悉迦羅八 波唎輸底九 達磨底
伽迦娜十一 莎訶某持迦底十二 薩婆婆毗輸底十三 摩訶娜耶十四 波唎婆唎莎訶十五
若有自書寫教人書寫是無量壽宗要經受持讀誦若魔魔之眷屬夜叉羅刹不得其
便終無枉死陀羅尼曰
南謨薄伽勃底一 阿波唎蜜多二 阿喻紇硯娜三 須毗你悉指陀四 羅佐耶五 怛他羯他耶六
怛姪他唵七 薩婆桑悉迦羅八 波唎輸底九 達磨底十 伽迦娜十一 莎訶某持迦底十二
薩婆婆毗輸底十三 摩訶娜耶十四 波唎婆唎莎訶十五
若有自書寫教人書寫是無量壽宗要經受持讀誦當命終時有九十九姟佛現其人前
來迎佛授手能遊一切佛刹莫於此經生於疑惑陀羅尼曰
南謨薄伽勃底一 阿波唎蜜多二 阿喻紇硯娜三 須毗你悉指陀四 羅佐耶五 怛他羯他耶六
怛姪他唵七 薩婆桑悉迦羅八 波唎輸底九 達磨底十 伽迦娜十一 莎訶某持迦底十二
薩婆婆毗輸底十三 摩訶娜耶十四 波唎婆唎莎訶十五
若有自書寫教人書寫是無量壽宗要經受持讀誦常得四大天王隨其衛護陀羅尼曰
南謨薄伽勃底一 阿波唎蜜多二 阿喻紇硯娜三 須毗你悉指陀四 羅佐耶五 怛他羯他耶六
怛姪他唵七 薩婆桑悉迦羅八 波唎輸底九 達磨底十 伽迦娜十一 莎訶某持迦底十二
薩婆婆毗輸底十三 摩訶娜耶十四 波唎婆唎莎訶十五
若有自書寫教人書寫是無量壽宗要經受持讀誦當得往生西方極樂世界阿弥陀
淨土陀羅尼曰
南謨薄伽勃底一 阿波唎蜜多二 阿喻紇硯娜三 須毗你悉指陀四 羅佐耶五 怛他羯他耶六
怛姪他唵七 薩婆桑悉迦羅八 波唎輸底九 達磨底十 伽迦娜十一 莎訶某持迦底十二
薩婆婆毗輸底十三 摩訶娜耶十四 波唎婆唎莎訶十五
若有方所自書寫使人書寫是無量壽經典之處則為是塔皆應恭敬作礼 若畜生
為禽獸得聞是經如是等類皆當不久得成一切種智陀羅尼曰
南謨薄伽勃底一 阿波唎蜜多二 阿喻紇硯娜三 須毗你悉指陀四 羅佐耶五 怛他羯他耶六

BD14108 號　無量壽宗要經　（8–5）

怛姪他唵七 薩婆桑塞迦羅八 波唎輸底九 達磨底十 伽迦娜十一 莎訶某持迦底十二
薩婆婆毗輸底十三 摩訶娜耶十四 波唎婆唎莎訶十五
若有方所自書寫使人書寫是无量壽經典之處則為是塔皆應恭敬作礼若畜生
烏禽獸得聞是經如是等類皆當不久得成一切種種智陁羅尼曰
南謨薄伽勃底一 阿波唎蜜多二 阿喻紇硯娜三 須毗你悉指陁四 羅佐耶五 怛他羯他耶六
怛姪他唵七 薩婆桑塞迦羅八 波唎輸底九 達磨底十 伽迦娜十一 莎訶某持迦底十二
薩婆婆毗輸底十三 摩訶娜耶十四 波唎婆唎莎訶十五
若有於是无量壽經自書寫若使人書寫畢竟不受女人之身陁羅尼曰
南謨薄伽勃底一 阿波唎蜜多二 阿喻紇硯娜三 須毗你悉指陁四 羅佐耶五 怛他羯他耶六
怛姪他唵七 薩婆桑塞迦羅八 波唎輸底九 達磨底十 伽迦娜十一 莎訶某持迦底十二
薩婆婆毗輸底十三 摩訶娜耶十四 波唎婆唎莎訶
若有能於是經少分能惠施者等於三千大千世界滿中七寶布施陁羅尼曰
南謨薄伽勃底一 阿波唎蜜多二 阿喻紇硯娜三 須毗你悉指陁四 羅佐耶五 怛他羯他耶六
怛姪他唵七 薩婆桑塞迦羅八 波唎輸底九 達磨底十 伽迦娜十一 莎訶某持迦底十二
薩婆婆毗輸底十三 摩訶娜耶十四 波唎婆唎莎訶十五
若有供養是經者則是供養一切諸經等无有別異陁羅尼曰
南謨薄伽勃底一 阿波唎蜜多二 阿喻紇硯娜三 須毗你悉指陁四 羅佐耶五 怛他羯他耶六
怛姪他唵七 薩婆桑塞迦羅八 波唎輸底九 達磨底十 伽迦娜十一 莎訶某持迦底十二
薩婆婆毗輸底十三 摩訶娜耶十四 波唎婆唎莎訶十五
如是毗婆尸佛 尸棄佛 毗舍浮佛 俱留孫佛 俱那含牟尼佛 加葉佛 釋迦牟尼佛
若有人以七寶供養如是七佛其福有限書寫受持是无量壽經所有功德不可限量陁羅尼曰
南謨薄伽勃底一 阿波唎蜜多二 阿喻紇硯娜三 須毗你悉指陁四 羅佐耶五 怛他羯他耶六
怛姪他唵七 薩婆桑塞迦羅八 波唎輸底九 達磨底十 伽迦娜十一 莎訶某持迦底十二
薩婆婆毗輸底十三 摩訶娜耶十四 波唎婆唎莎訶十五 若有七寶等於須彌以用布施其福
上能知其限量是无量壽經典其福不可知數陁羅尼曰 南謨薄伽勃底一 阿波唎蜜多二 阿
喻紇硯娜三 須毗你悉指陁四 羅佐耶五 怛他羯他耶六 怛姪他唵七 薩婆桑塞迦羅八 波唎輸底九
達磨底十 伽迦娜十一 莎訶某持迦底十二 薩婆婆毗輸底十三 摩訶娜耶十四 波唎婆唎莎訶十五
如是四大海水可知滴數是无量壽經典所生果報不可數量陁羅尼曰
南謨薄伽勃底一 阿波唎蜜多二 阿喻紇硯娜三 須毗你悉指陁四 羅佐耶五 怛他羯他耶六
怛姪他唵七 薩婆桑塞迦羅八 波唎輸底九 達磨底十 伽迦娜十一 莎訶某持迦底十二

BD14108號　無量壽宗要經　（8-6）

南謨薄伽勃底一 阿波唎蜜多二 阿喻紇硯娜三 須毗你悉指陁四 羅佐耶五 怛他羯他耶六
怛姪他唵七 薩婆桑塞迦羅八 波唎輸底九 達磨底十 伽迦娜十一 莎訶某持迦底十二
薩婆婆毗輸底十三 摩訶娜耶十四 波唎婆唎莎訶十五
若有供養是經者則是供養一切諸經等无有別異陁羅尼曰
南謨薄伽勃底一 阿波唎蜜多二 阿喻紇硯娜三 須毗你悉指陁四 羅佐耶五 怛他羯他耶六
怛姪他唵七 薩婆桑塞迦羅八 波唎輸底九 達磨底十 伽迦娜十一 莎訶某持迦底十二
薩婆婆毗輸底十三 摩訶娜耶十四 波唎婆唎莎訶十五
如是毗婆尸佛 尸棄佛 毗舍浮佛 俱留孫佛 俱那含牟尼佛 加葉佛 釋迦牟尼佛
若有人以七寶供養如是七佛其福有限書寫受持是无量壽經所有功德不可限量陁羅尼曰
南謨薄伽勃底一 阿波唎蜜多二 阿喻紇硯娜三 須毗你悉指陁四 羅佐耶五 怛他羯他耶六
怛姪他唵七 薩婆桑塞迦羅八 波唎輸底九 達磨底十 伽迦娜十一 莎訶某持迦底十二
薩婆婆毗輸底十三 摩訶娜耶十四 波唎婆唎莎訶十五 若有七寶等於須彌以用布施其福
上能知其限量是无量壽經典其福不可知數陁羅尼曰 南謨薄伽勃底一 阿波唎蜜多二 阿
喻紇硯娜三 須毗你悉指陁四 羅佐耶五 怛他羯他耶六 怛姪他唵七 薩婆桑塞迦羅八 波唎輸底九
達磨底十 伽迦娜十一 莎訶某持迦底十二 薩婆婆毗輸底十三 摩訶娜耶十四 波唎婆唎莎訶十五
如是四大海水可知滴數是无量壽經典所生果報不可數量陁羅尼曰
南謨薄伽勃底一 阿波唎蜜多二 阿喻紇硯娜三 須毗你悉指陁四 羅佐耶五 怛他羯他耶六
怛姪他唵七 薩婆桑塞迦羅八 波唎輸底九 達磨底十 伽迦娜十一 莎訶某持迦底十二
薩婆婆毗輸底十三 摩訶娜耶十四 波唎婆唎莎訶十五
若有人自書寫使人書寫是无量壽經典又能讀誦持供養即如恭敬供養一切十方佛
土如来无有別異陁羅尼曰
南謨薄伽勃底一 阿波唎蜜多二 阿喻紇硯娜三 須毗你悉指陁四 羅佐耶五 怛他羯他耶六
怛姪他唵七 薩婆桑塞迦羅八 波唎輸底九 達磨底十 伽迦娜十一 莎訶某持迦底十二
薩婆婆毗輸底十三 摩訶娜耶十四 波唎婆唎莎訶十五
布施力能成正覺 悟布施力人師子 布施力能聲善聞 慈悲階漸家能入
持戒力能成正覺 悟持戒力人師子 持戒力能聲善聞 慈悲階漸家能入
忍辱力能成正覺 悟忍辱力人師子 忍辱力能聲善聞 慈悲階漸家能入
精進力能成正覺 悟精進力人師子 精進力能聲善聞 慈悲階漸家能入
禪定力能成正覺 悟禪定力人師子 禪定力能聲善聞 慈悲階漸家能入
智慧力能成正覺 悟智慧力人師子 智慧力能聲善聞 慈悲階漸家能入
爾時如来說是經已一切世間天人阿脩羅揵闥婆聞佛所說皆大歡喜信

BD14108號　無量壽宗要經　（8-7）

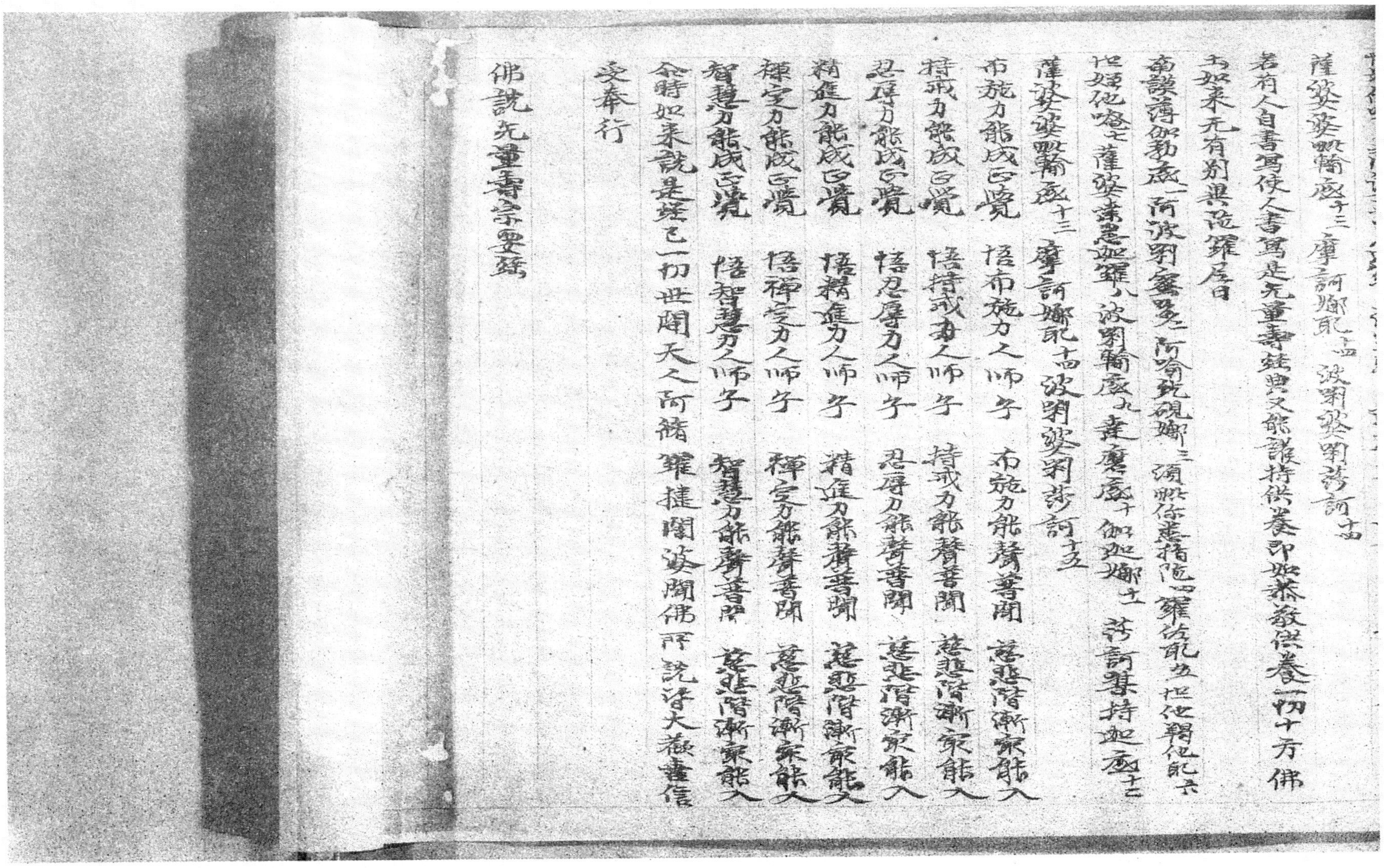


BD14108 號　無量壽宗要經　　（8–8）

BD14109 號背　現代護首　　（1–1）

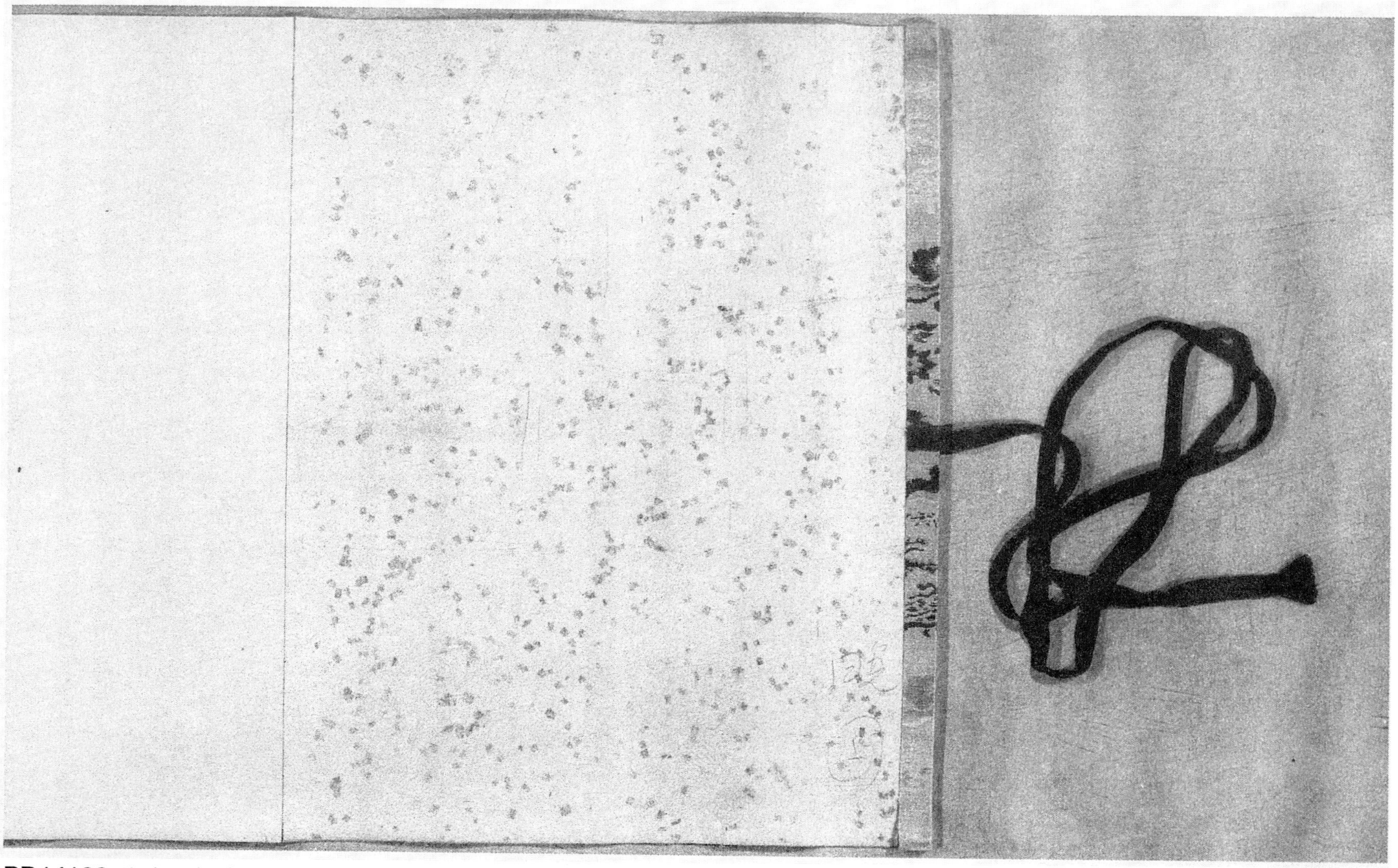

BD14109 號 1　大乘密嚴經（地婆訶羅本）卷上　（24–1）

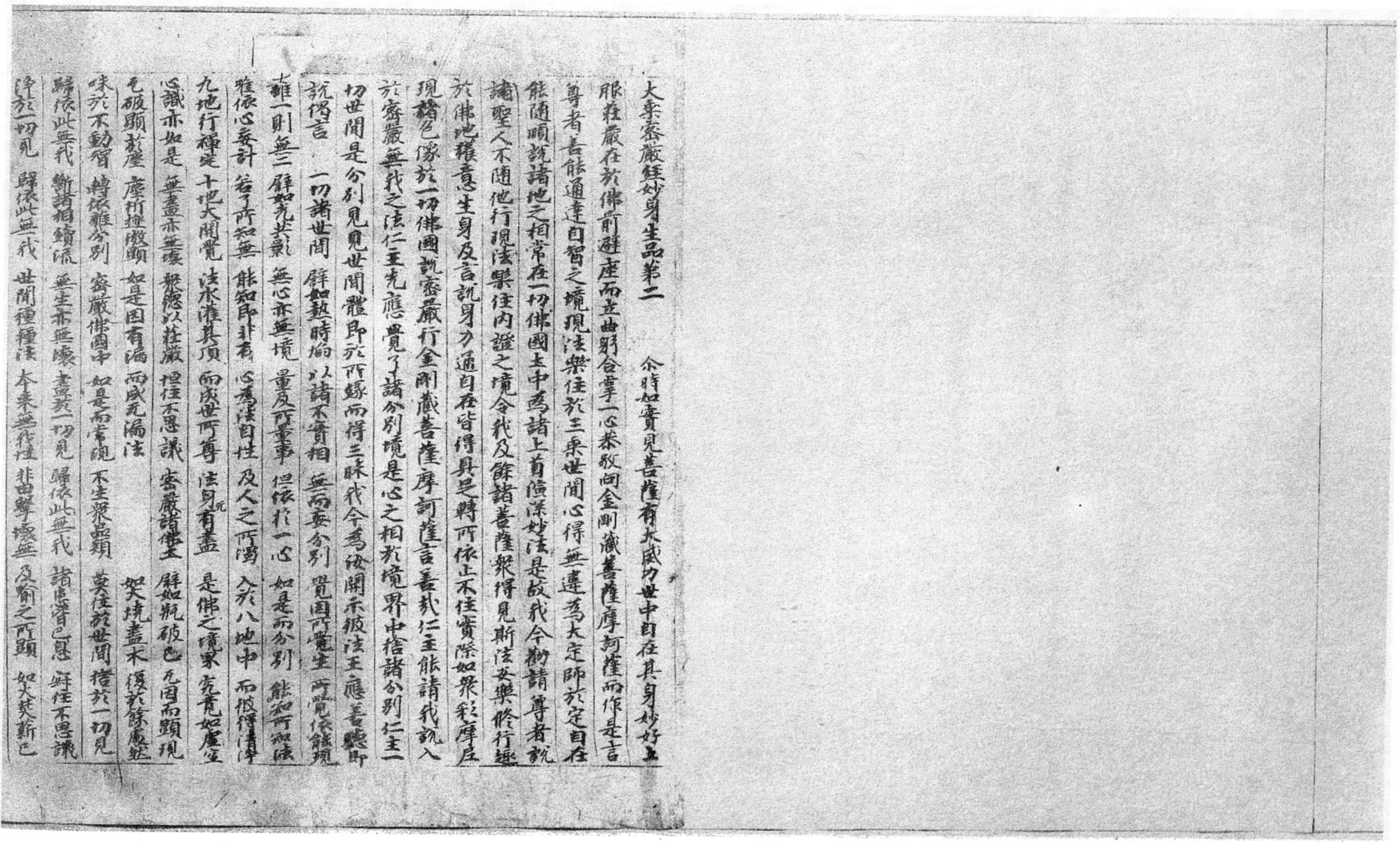

大乘密嚴經妙身生品第二　尒時如實見菩薩有大威力世中自在其身妙好五
眼莊嚴在於佛前避座而立曲躬合掌一心恭敬向金剛藏菩薩摩訶薩而作是言
尊者善能通達自智之境現法樂住於三乘世間心得無違為大定師於定自在
能隨順說諸地之相常在一切佛國土中為諸上首演深妙法是故我今勸請尊者說
諸聖人不隨他行現法樂住內證之境令我及餘諸菩薩衆得見斯法安樂修行趣
於佛地獲意生身及言說身力通自在皆得具足轉所依止不住實際如衆彩摩尼
現諸色像於一切佛國說密嚴行金剛藏菩薩摩訶薩言善哉仁主能請我說入
於密嚴無我之法仁主先應覺了諸分別境是心之相於境界中捨諸分別仁主一
切世間是分別見見世間體即於所緣而得三昧我今為汝開示破法王應善聽即
說偈言　一切諸世間　譬如熱時焰　以諸不實相　無而妄分別　覺因所覺生　所覺依能現
離一則無二　譬如光共影　無心亦無境　量及所量事　但依於一心　如是而分別　能知所知法
唯依心妄計　若了所知無　能知即非有　心為法自性　及人之所潤　入於八地中　而被得清淨
九地行禪定　十地大閑覺　法水灌其頂　而成世所尊　法身元有盡　是佛之境界　究竟如虛空
心識亦如是　無盡亦無壞　衆德以莊嚴　恒住不思議　密嚴諸佛土　譬如瓶破已　瓦㐲而顯現
瓦破顯於塵　塵析極微顯　如是因有漏　而感無漏法　契境盡未　復於餘處現
味於不動智　轉依離分別　密嚴佛國中　如是而常現　不生衆蟲類　莫住於世間　指於一切見
歸依此無我　斷諸相續流　無生亦無壞　盡焚一切見　歸依此無我　諸患皆已息　寂住不思議
淨於一切見　歸依此無我　世間種種法　本來無作性　非由壞無　及喻之所顯　如火焚薪已

BD14109 號 1　大乘密嚴經（地婆訶羅本）卷上　（24–2）

九地行禪定　十地大開覺　法水灌其頂　而成世所尊　法身无有盡　是佛之境界　究竟如虛空
心識亦如是　無盡亦無壞　衆德以莊嚴　恒住不思議　密嚴諸佛土　譬如瓶破已　无因而顯現
无破顯於塵　塵析極微顯　如是因有漏　而成无漏法　如火燒盡木　復於餘處然
味於不動智　轉依離分別　密嚴佛國中　如是而常現　不生衆品類　莫住於世間　捨於一切見
歸依此無我　斷諸相續流　無生亦無壞　盡於一切見　歸依此無我　諸患皆已息　寂住不思議
淨於一切見　歸依此無我　世間種種法　本來無我性　非由擊壞無　及喻之所顯　如火焚薪已
自於是處滅　觀察於三界　無我智亦然　是名現法樂　聖人自智境　依此入諸地　淨除無始惡
捨離世所依　出世而安住　其心轉清淨　恒居密嚴土　　尒時如寶見菩薩及諸王衆俱作
是言金剛自在我等今者咸欲歸依願示於我歸依之處於是金剛藏菩薩摩訶薩
以偈答曰　佛體非是有　亦非無有佛　蘊樹已焚燒　魔軍咸退殄　住於如來地　密嚴之妙國
所覺淨無垢　仁主可歸依　遠離諸分別　證於無處所　密嚴諸定者　仁主可歸依　密嚴勝淨剎
衆聖之依處　觀行者充滿　應歸此嚴國　　尒時金剛藏菩薩摩訶薩說是語已復告如
實見菩薩言仁主已得住地諸觀行者觀一切世間如繢像中而有高下如夢所見端
正女如石女人忽夢已身誕育於子如乾闥婆城內諸所施為如旋火成輪如空中垂髮如
幻化所作人馬等形樹林花果如浮雲之影如奔電之光皆是虛偽非真實有
分別所成猶工造器仁主世間衆生習氣覆心生種種戲論意與意識及餘諸
識相續而轉五法三性二種無我恒共相應譬如瀑流為風所擊起諸波浪浪起相尋
而流不息阿賴耶識在於世間亦復如是無始習氣猶如瀑流為境界風之所飄動起
諸識浪恒無斷絕仁主是八種心雖無如是若干體異而隨緣漸起或一時生心生之時
取諸境界亦有如是漸頓差別若於屋宅及諸星宿軍衆山林枝葉花果如是等
處多是一時或次第取若在眠夢見昔所更或想念初生至于老死及筭數衆
物尋思句義觀異文彩受好飲食於是境界次第了知或有一時頓取之者仁主
心性本淨不可思議是諸如來微妙之藏如金在礦意從心生餘六亦然如是多種於無差
中而為差別仁主阿賴耶識雖與能熏及諸心法乃至一切染淨種子而同止住性恒明
潔如來種姓應知亦然定不定別體常清淨如海常住波瀾轉移阿賴耶識亦復
如是諸地漸修下中上別捨諸雜染而得明現於是金剛藏菩薩摩訶薩復說偈言
善哉如寶見　於斯微妙法　從我已聽聞　心淨能開了　十方一切國　諸王衆會中　汝當隨所應
廣為其宣說　若人聞法已　漸淨阿賴耶　或作人中王　轉輪四天下　或復為帝釋　兜率須夜摩
乃至自在宮　而為欲天主　或為色界主　及生无色天　無想衆生中　受諸禪定樂　證真而不住
譬如師子吼　衆定皆自在　喜樂以相應　一心求密嚴　不染著三界　至於密嚴已　漸次而開覺
轉依獲安樂　寂靜常安住　無量諸佛子　圍遶以莊嚴　為法自在王　衆中之最上
非如外道說　壞滅為涅槃　壞應同有為　死有復生過　十乘上中下　三乘以出生　最上生密嚴
諸地轉增進　得解脫智慧　如來微妙身　云何說涅槃　是滅壞之法　涅槃若滅壞　衆生有終盡
衆生若有終　是亦有初際　應有非生法　而始作衆生　無有非衆生　而生衆生界　衆生界亂盡
佛無倫類法　是則無能覺　亦無有涅槃　妄計解脫者　而說於解脫　譬如種已焦　燈滅及薪盡
彼說解脫性　是壞有成無　於解脫妙樂　遠離不能證　遍處及諸禪　無色無想定　逆順而入出
力通皆自在　於彼不退還　亦不恒沉沒　審知諸法相　諸地得善巧　如是而莊嚴　而來密嚴國
若言解脫性　壞有已成無　斯生住諸有　畢竟不能出　亦壞三和合　因等四種緣　眼色內外緣

BD14109 號 1　大乘密嚴經（地婆訶羅本）卷上　（24–3）

非如外道說　壞滅為涅槃　壞應同有為　死有復生過　十乘上中下　三乘以出生　最上生密嚴
諸地轉增進　得解脫智慧　如來微妙身　云何說涅槃　是滅壞之法　涅槃若滅壞　衆生有終盡
衆生若有終　是亦有初際　應有非生法　而始作衆生　無有非衆生　而生衆生界　衆生界亂盡
佛無倫類法　是則無能覺　亦無有涅槃　妄計解脫者　而說於解脫　譬如種已焦　燈滅及薪盡
彼說解脫性　是壞有成無　於解脫妙樂　遠離不能證　遍處及諸禪　無色無想定　逆順而入出
力通皆自在　於彼不退還　亦不恒沉沒　審知諸法相　諸地得善巧　如是而莊嚴　而來密嚴國
若言解脫性　壞有已成無　斯生住諸有　畢竟不能出　亦壞三和合　因等四種緣　眼色內外緣
智所生識　世間內外法　手力以相生　如是等衆義　一切皆遍反　若知唯識現　離於心所緣
分別不現前　亦不住其性　是時擊縁離　寂然心無受　捨於世間中　所取能取見　轉依離塵垢
智慧不思議　十種意生身　衆妙為嚴好　作三界之主　而來密嚴國　　色心及心法
不相應無為　內外衆世間　諦觀無別異　如是諸智者　來於密嚴國　相名與分別　正智及如如
定者能明照　體性皆平等　入佛所讚揚　密嚴之淨國　　若壞三和合　及以四種緣
不固於自宗　同諸妄分別　惡習分別者　彼之五種論　譬喻不成立　諸義皆相違　五種悉成過
或亂於智眼　顛倒不顛倒　同異法斯壞　捨離於自宗　依止他宗法　初際等諸見　皆從滅壞生
大王應當知　衆生在諸有　如輪而運轉　初際不可得　如來以悲願　普應諸有緣　如淨月光明
無處不周遍　各順其根性　隨宜而說法　涅槃若壞滅　佛有何功利　乘上有三種　解脫亦復然
四諦及神足　念處無礙解　四緣無色住　根力及神通　覺支諸地等　有為無為法　乃至衆聖人
皆依識而有　　苦法苦觀智　及苦隨生智　集智三亦然　滅道亦如是　如是十二種
名之為現觀　　學人數有十　第八七返生　家家一往來　一間而滅度　中般與生般
有行及無行　上流於處處　然後般涅槃　如是一切種　諸智之品位　　修行觀行者
下中上不同　菩薩增上修　功業最殊勝　十一與十二　乃至於十六　此諸修定者　復斷滅於心
所盡非是心　亦非心共住　未來心未至　未至故非有　心緣不和合　非此非彼生
第四禪無心　有因不能害　有因謂諸識　意識及五種　妄想不自覺　猶如波浪生
定者觀賴耶　離能所分別　微妙無所有　轉依而不壞　在於密嚴中　如月恒明顯
密嚴諸智者　與佛常共俱　恒遊定境中　一味無差別　密嚴定者處　定力生於彼　是故應修習
相應妙定心　欲界有六天　梵摩十二處　無色及無想　一切諸地中　若生密嚴國　於彼為天主
欲求密嚴土　當修種智　法智隨生智　世俗知他心　及苦集滅道　盡智無生智
仁者真實見　舍君羅漢族　與甘蔗月王　種性無殊異　當求密嚴國　勿懷疑退心　如羊被牽執
喘懼而前卻　意在於身中　似幻獸而住　亦如幻為樹　阿中之[illegible]　聖戲園苑　運動諸身分
意及於意識　心心法共俱　譬如空中雲　共聚而無實　種子賴耶識　諸習所纏覆　譬如摩尼寶
隨緣現衆色　雖住衆生身　體淨而无垢　是決定種性　亦為大涅槃　名因於相生　相從因緣起
諸形相故　而起於分別　分別從二因　外相心習氣　第七末那識　應知亦復然　諸根意心等
從生於五識　心法共相應　如是身中住　無智常觀察　一切諸世間　從於如是因　而生彼諸果
真如非異此　諸法乎相生　與理相應心　明了而觀見　此即是諸法　究竟真實性　亦為妄所計
一切法不生　諸法性常空　非無亦非有　如幻及陽焰　乾城等衆物　種種諸形相　名句及文身
如是執著生　成於遍計性　根境意和合　熏習成於種　與心無別異　諸識從此生　資於手因力
是謂依他起　內證真實智　現前所住法　是即就圓成　衆聖之境界　佛及諸佛子　證此名聖人
若人證斯法　即見於真際　唱言生已盡　梵行皆已立　所作無不成　永離於諸有　解脫一切苦

BD14109 號 1　大乘密嚴經（地婆訶羅本）卷上　（24–4）

真如非異此　諸法不相生　與理相應心　明了而觀見　此即是諸法　究竟真實性　亦為妄所計
一切法不生　諸法性常空　非無亦非有　如幻及陽焰　乾城等衆物　種種諸形相　語句及支身
如是執著生　成於遍計性　根境意和合　熏習成於種　與心無別異　諸識從此生　資於手因力
是謂依他起　內證真實智　現前所住法　是即就圓成　衆聖之境界　佛及諸佛子　證此名聖人
若人證斯法　即見於真際　習言皆已盡　梵行皆已立　所作莫不成　永離於諸有　解脫一切苦
滅除衆怖畏　生法二無我　善能明了知　普燒諸習氣　永斷於分別　從於無始來　戲論而積聚
無量衆過惡　一切皆已除　譬如趣鐵圍　熱去鐵無損　解脫者亦尒　惑盡而清涼　入於無漏界
密嚴之妙土　此土最微妙　非餘所能及　佛與諸菩薩　清淨之所居　三昧樂現前
以此而為食　欲生斯土者　當修真實觀　復為諸有緣　如理廣宣說　名生本於相
相起復從緣　種種諸分別　皆因相而有　根境瓶衣等　區法所合成　分別從此生　了知而間異
若動若非動　一切諸世間　皆因癡闇生　愚真以為體　長短等諸色　音聲與香界　甘苦滑堅等
意識之所緣　善與不善性　有為無為法　乃至於涅槃　斯為智之境　念念常遷轉　皆依識以生
譬如慈石力　吸鐵令迴轉　末那於藏識　當知亦復然　如蛇有二頭　各別為其業　染意亦如是
執取向賴耶　能為我事業　增益於我所　復與意識俱　為依而轉謝　身中猛觸生　運動作諸業
飲食及衣服　隨事而受用　騰躍或哥舞　種種自歡娛　持諸衆生身　斯由意功力　於如夢翳等
一切諸境界　起種種分別　不知唯自心　如人在空中　走索以遊戲　飄危不安固　分別亦如是
分別無所依　但行於自境　譬如鏡中像　識種動而見　愚夫此迷惑　非諸明智者　仁主應當知
此三皆識現　於斯遠離處　是即名真實　　精進菩薩等　及聖自覺達　遍觀諸億剎
種種皆嚴好　於彼莊嚴中　此土最殊勝　　極樂及現喜　乃至於下方　無量億土中
諸佛所稱讚　皆言密嚴國　威德化自然　無始亦無終　本自如來地　出過於三有　寂靜無所為
自利及利他　一切業悉成滿　非不此成佛　欲中施佛事　要從於密嚴　化為無量億　常依於密定
遊戲諸神通　一切國土中　如月無不見　隨諸衆生類　所應而化益　　十地花嚴等
大樹與神通　勝鬘及餘經　皆從此經出　此經最殊勝　衆經莫能比　仁主及諸王　宜應盡恭敬
欲色無色界　無想等天宮　佛已超過彼　而依密嚴住　此土諸宮殿　如蓮備衆飾　是一切如來
淨智之妙相　佛及諸菩薩　常在於是中　　世尊恒住禪　寂靜最無上　依自難思定
現於衆妙色　色相無有邊　非餘所能見　　極樂莊嚴國　世尊無量壽　諸修觀行者
色相皆亦然　或見天中天　赫奕含衆彩　訶利占波色　真金明月光　孔雀素瑠璃　珊瑚蓮畫等
或見身廣減　輕肥復長短　或如千日光　處大蓮花上　　或見諸菩薩　頂飾龍王髻
或以帝王冠　莊嚴為寶鬘　或見螺幢文　白螺等衆相　或見光靡色　如蜺而施空　或見以弥須
置之於右掌　或持大海水　其狀如牛跡　或見作人王　寬服當軒宇　輔佐衆圍繞　共宣於國化
或見諸菩薩　乘上修行者　說於自境界　先佛所知法　或說於智定　迷轉於所依　得如幻之身
種種皆無礙　或示了於境　斷諸取著業　諸見皆以除　不受於諸有　譬如膏炷盡　燈滅而涅槃
或有示修行　一切波羅蜜　衍那之大會　周給無窮盡　若行持戒等　種種諸律則　極樂莊嚴國
人非胎藏生　身相如真金　光色常圓滿　瑜伽自在者　安樂及光明　斯人之境界　百分無其一
極樂中之人　自然隨念食　牟尼勝自在　定為甘露味　寶樹名如意　遊觀於其下　妙金為砂末
布地以莊嚴　池蓮及衆花　數葉而菡萏　如是具嚴飾　不可得為喻　若人有淨信　善巧行諸禪
受樂佛功德　專精以迴向　即於佛勝土　蓮花而化生　衆相以莊嚴　明鏡無塵垢

BD14109 號 1　大乘密嚴經（地婆訶羅本）卷上　　　（24–5）

種種皆無礙　或示了於境　斷諸取著業　諸見皆以除　不受於諸有　譬如膏炷盡　燈滅而涅槃
或有示修行　一切波羅蜜　衍那之大會　周給無窮盡　若行持戒等　種種諸律則　極樂莊嚴國
人非胎藏生　身相如真金　光色常圓滿　瑜伽自在者　安樂及光明　斯人之境界　百分無其一
極樂中之人　自然隨念食　牟尼勝自在　定為甘露味　寶樹名如意　遊觀於其下　妙金為砂末
布地以莊嚴　池蓮及衆花　數葉而菡萏　如是具嚴飾　不可得為喻　若人有淨信　善巧行諸禪
受樂佛功德　專精以迴向　即於佛勝土　蓮花而化生　衆相以莊嚴　明鏡無塵垢
尒時金剛藏菩薩摩訶薩說是偈已自現其身如一指節或如芥子乃至毫端百分之
一或現佛身或現獨覺身或現聲聞身及餘無量種種之形而說於法或說菩薩
入於諸地了知五法八識三性及二無我得如幻三昧隨意身自在神通力無所畏皆不退
轉淨所依止入於佛地無漏蘊界常無變易或說菩薩善能遊履如夢如像如水中
月諸觀行人所行之道得首楞嚴三昧十幻喻身諸究竟願莫不成滿遠于惡覺
坐妙蓮花諸佛子衆所共圍繞或說菩薩以願力故現種種形遊諸國土歷事諸佛是
諸菩薩其身微妙不在有無譬如天仙乾闥婆衆依須弥住或在虛空地行衆生所
不能觀彼諸菩薩亦復如是非觀行者不能得見或說菩薩得禪自在三昧力故於
十方國土蓮花之宮示現受生及般涅槃或說菩薩以三昧力轉於所依而不住實際於
一切有衆生處差別現身其心平等如地如水如日如月或說菩薩以大悲心愍諸衆生
輪轉生死孤窮下賤衆苦所逼譬如黑蜂依舩而往遊於大海隨舩飄蕩或一由旬乃至百
千無量由旬為說非我生死無常令知速滅刹那不住或說諸佛及諸菩薩見一切衆
生為愛迷亂為分別苦之所逼迫於無相法中而取於相虛妄計著有能所取是能所取
纏縛其心於生死海馳蕩不息貧窮孤露無有所依如大海中蛛螢之魶佛及菩薩
猶住舩人於諸衆生心生慈愍欲令解脫生死苦難隨其所應而為現身說布施等
種種諸行

大乘密嚴經卷上

大乘密嚴經妙身生品之餘　中天竺國沙門地婆訶羅奉　詔譯
尒時普賢衆色大光菩薩摩訶薩與諸同類持世菩薩持進菩薩文殊師利菩薩神
通王菩薩得大勢菩薩聖者月菩薩金剛齊菩薩大樹王菩薩虛空藏菩薩等
乃至摩尼寶殿無量諸天密嚴土中諸佛子衆并餘佛國來聽法者聞說密嚴微
妙功德於法尊重決定轉依恒居此土不生餘處皆悉念未來衆生皆欲為其而
作利益遂共同心白金剛藏菩薩摩訶薩言尊者願為我說一切世間若干色像誰
之所作如陶人埏埴而造瓶等世間衆像為如是作為不然耶又如伶人擊動絲竹匏木
之類繁會成音一切世間豈亦如是如隨一物有三自性世間衆物已成體相若未成者
此豈咸在一物中乎為夜摩天兜率陀天他自在天及以大樹緊那羅作為是善現色究
竟天螺髻梵王無色天作為是一切諸天主等同心勠力而共作耶為是此方及他方
中諸佛菩薩以變化力作是一切世間衆像而於此中起諸迷惑是迷惑見如陽焰火輪
如瓶處為德所依一切世間住於處者非諸德者繫屬於德亦非是德依於德者展
轉合故衆德集成如是世間若干色像為誰惑亂為有住耶或有言是大梵天王
那羅延天自在天作或謂力沙迦羿提耶劫比羅仙自力而作或有妄執從於勝性自
然及時無明愛業而得生起諸天仙等及餘一切修世定人悉懷疑惑為無有體如幻

BD14109 號 1　大乘密嚴經（地婆訶羅本）卷上　　　（24–6）
BD14109 號 2　大乘密嚴經（地婆訶羅本）卷中

[illegible]
中諸佛菩薩以變化力作是一切世間衆像而於此中起諸迷惑是迷惑見如陽焰水譬
如瓶處爲德所依一切世間住於處者非諸德者繫屬於德亦非是德依於德者展
轉合故衆德集成如是世間若干色像爲誰惑亂爲有住邪或有言是大梵天王
那羅延天自在天作或謂力沙迦拏提那劫比羅仙自力而作或有妄執從於勝性自
然及時無明愛業而得生起諸天仙等及餘一切修世定人悉懷疑惑爲無有體如幻
如夢如熱時焰如乾闥婆城無始分別有能所取如蛇二首如起屍行亦如木人因機動轉
空中垂髮旋火輪耶尒時金剛藏菩薩摩訶薩以偈答曰
世間衆色像　不從能作生　非是羯嚩羅　因陁羅等作　亦非大施會　祠祭之福果　此唯所說因
乎遍無定義　亦復非無有　能持世間因　所謂阿賴耶　第八丈夫識　運動於一切　如輪轉衆瓶
如油遍在麻　鹽中有鹹味　亦如無常性　普遍於諸色　沈麝等有香　日月光亦尒　非能作所作
非有亦非無　遠離諸外道　一異等衆見　非智所尋求　不可得分別　定心無礙者　內智之所證
若離阿賴耶　即無有餘識　譬如海波浪　與海雖不異　海靜波去來　亦不可言一
譬如修定者　內定清淨心　神通自在人　所有諸通慧　觀行者能見　非餘之所了　藏識亦如是
與轉識同行　佛及諸佛子　定者常觀見　藏識持於世　猶如線貫珠　亦如車有輪
隨於業風轉　陶師運輪杖　器成隨所用　藏識與諸界　共力無不成　內外諸世間　彌綸悉周遍
譬如衆星象　布列在虛空　風力之所持　運行常不息　如空中鳥跡　求之不可見
然鳥不離空　頡頏而進退　藏識亦如是　不離自他身　如海起波濤　如空含萬象
藏識亦如是　蘊藏諸習氣　譬如水中月　及以諸蓮花　與水不相離　不爲水所著　藏識亦復然
習氣莫能染　如目有童子　眼終不自見　藏識住於身　攝藏諸種子　遍持壽煖識
如雲覆世間　業用曾不停　衆生莫能見　世間妄分別　見牛等有角　不了角非有　因言兔角無
分析至微塵　求角無所有　要待於有法　而起於無見　有法本自無　無見何所待　若有若無法
展轉互相因　有無二法中　不應起分別　若離於所覺　能覺即不生　譬如旋火輪
翳幻等衆事　皆因少所見　而生是諸覺　若離於所因　此覺即無有　名想互相繫　習氣無有邊
一切諸分別　與意而俱起　縈於真實境　習氣心不生　從於無始來　流迷諸妄境
戲論而熏習　生於種種心　能取及所取　衆生心自性　執衣等諸相　離心無所有　一切唯有覺
所覺義皆無　能覺所覺性　自然如是轉　習氣擾濁心　凡愚不能見　如海風所擊
波浪無停止　心爲境風動　識浪生亦然　種種諸分別　自內而執取　如地無分別
庶物依以生　藏識亦復然　衆境之依處　如人以己手　還自摩捫身　亦如鼻以鼻　取水自霑沐
復以諸嬰兒　以口含其指　如是自心內　現境還自緣　是心之境界　普遍於三有　久修觀行者
而能善通達　內外諸世間　一切唯心現　　尒時金剛藏菩薩摩訶薩說此語竟默然
而坐住無處所微妙之禪遊法界門入諸佛境見有無量佛子當來此國住修行地
便從定起放大光明其光普照欲色無色無想天宮是光明中復現無量殊勝佛土有
無量佛相好莊嚴隨諸世間之所欲樂而爲利益皆使受持密嚴名号彼諸佛子手
相觀察而作是言密嚴佛土能淨衆福滅一切罪諸觀行人所往之處於諸佛國最上
無比我等聞名心咸悅樂可共俱往時諸佛子各從所住而來此國尒時淨居諸天與阿
迦尼吒螺髻梵王同會一處咸於此土佛及菩薩生希有心請梵王言天主我等今者
咸興是念何時當得陪侍天王詣密嚴土尒時梵王聞是語已與諸天衆遶即同行中

BD14109 號 2　大乘密嚴經（地婆訶羅本）卷中　　（24–7）

[illegible]
無量佛相好莊嚴隨諸世間之所欲樂而爲利益皆使受持密嚴名号彼諸佛子手
相觀察而作是言密嚴佛土能淨衆福滅一切罪諸觀行人所往之處於諸佛國最上
無比我等聞名心咸悅樂可共俱往時諸佛子各從所住而來此國尒時淨居諸天與阿
迦尼吒螺髻梵王同會一處咸於此土佛及菩薩生希有心請梵王言天主我等今者
咸興是念何時當得陪侍天王詣密嚴土尒時梵王聞是語已與諸天衆遶即同行中
路遲迴不知所適梵王先悟作是思惟密嚴佛國觀行之境若非其人何階可至非是
欲色無色諸天及外道神通所能往詣我今云何而來至此復自念言或天中天假吾
威力而能至往作是念已發聲歸命即時見有無量諸佛在於道中威光照曜時螺
髻梵王即白佛言世尊我等今者當何所作而能速詣密嚴佛土佛告之言汝可退
還所以者何密嚴佛國觀行之境得無定人之所住處於諸佛剎最勝無比非有色
者所能往詣時螺髻梵王聞佛語已與諸天衆尋還天宮尒時淨居諸天共相謂言
螺髻梵王有大威力而不能往當知此土最爲殊勝但是得如幻三昧諸觀行人所行
之境如是稱揚密嚴功德其聲展轉靡不傳聞尒時諸佛子衆來此會者聞是
語已並加欣敬白金剛藏菩薩摩訶薩言我等於法深懷渴慕惟願大明爲我宣說
金剛藏言佛所說法誰能具演唯除如來之所護念夫如來者於觀行中最勝自在
所有境界不可思議云何可爲非觀行人開示演說時持進菩薩及須夜摩諸佛
子等復共同聲請言速說尒時神通王菩薩文殊師利菩薩慈氏菩薩緊那羅
菩薩及餘無量諸菩薩衆復作是言善哉仁者願速爲說是時復有無量諸天於
虛空中作天妓樂同心勸請當尒之時螺髻梵王承佛威力而來此會向金剛藏菩
薩摩訶薩而說偈言　今此諸大會　嚴飾未曾有　悉是尊勝等　聰慧無等倫　宜於尊者處
渴仰而求法　我今猶未知　所問爲何等　爲問憍羅娑　勝慢及頂生　乃至年威馬　轉輪王所作
爲問甘蔗種　千弓持國王　欲色無色中　人天等之法　爲問菩薩行　獨覺及聲聞　乃至阿脩羅
星象等衆論　惟願如其事　次第而演說　我等及天人　一心咸聽受　　尒時金剛藏菩薩摩
訶薩告諸大衆汝豈不聞螺髻梵王淨居天衆及諸佛子勤心請法尒時解脫月菩薩
無盡意菩薩虛空王菩薩持世菩薩得大勢菩薩觀自在菩薩陁羅尼自在菩薩
寶髻菩薩天冠菩薩金剛手菩薩寂靜慧菩薩寶手菩薩及餘無量諸億土中與
來佛子咸共瞻仰金剛藏尊而說偈言　　過去及未來　如來清淨智　尊於佛親受
明了心不疑　此衆皆樂聞　願尊時演說　　尒時金剛藏三昧王普觀大衆以偈答曰
如來所說法　非我具能演　唯除佛菩薩　威神之所護　我今至心禮　自在清淨宮　摩尼寶藏嚴
佛及諸佛子　我以敬心說　如來清淨智　然隆佛種姓　汝等應聽受　非諸過量等　最勝諸王法
但示於密嚴　如來之種姓　佛智甚微妙　令居勝功德　無觀之所行　離諸心妄計　是故非我力
能演此甚深　但以佛威神　從佛而聽受　此智最微妙　是諸三昧花　佛在密嚴中　無受而開演
遠離諸言說　及以一切見　若有若無等　如是四種邊　是故名清淨　中道之妙理　密嚴諸定者
於此能觀察　離著無所依　速入如來地　　尒時會中諸佛子衆聞金剛藏菩薩摩訶
薩說是語已稽首恭敬而白之言我等於法深生愛樂如渴思漿求如蜂念蜜今此會中
諸佛子衆於深定智皆得自在有大神力王諸世界願聞如來所說之法唯願尊者
以是音詞因陁羅聲及以如來衆所說可樂遠之音演殊勝義令得明了金剛藏

BD14109 號 2　大乘密嚴經（地婆訶羅本）卷中　　（24–8）

遠離諸言說　及以一切見　若有若無等　如是四種邊　是名最清淨　中道之妙理　密嚴諸定者
於此能觀察　離者歸依　速入如來地　尒時會中諸佛子眾聞金剛藏菩薩摩訶
薩說是偈已稽首恭敬而白之言我等於法深生愛樂如渴思漿如蜂念蜜今此會中
諸佛子眾於深定智皆得自在有大神力王諸世界願聞如來所說之法唯願尊者
以甘音聲因陁羅聲及以如來眾所悅可深遠之音演殊勝義令得顯了金剛藏
菩薩言如來所說語義真實希有難見譬如空中無樹等物而見其影甚為希有
如來所說希有亦然如空中風及以鳥跡無能見者乎及所說種種義趣難可得見
亦復如是世間之法有智慧者能以譬喻分明顯說佛口所宣過諸譬喻非言所及
我之所見譬如夢境乾闥婆城今此會中諸觀行者有大智慧於真實義已得明了
我今云何能為是人說不思議諸佛境界雖然當承如來威神之力為眾宣述汝諸佛
子咸應諦聽如來所說文義相應出過心意非諭所及譬如妙花眾蜂競採先至之者取
其精粹後來至者但味其餘如是如來得法精粹我味其餘為眾說耳即說偈言
天中天境界　唯觀諸明智　非心口所能　度量分別說　為欲善降伏　世間憍慢心　示同生之形
佛相為嚴飾　圓光及輪輻　種種皆成就　遊處諸宮殿　生天具所瞻　如來四時中　常處密嚴住
而於諸世界　現生及涅槃　淳善少滅時　惡生及濁亂　隨諸眾生類　所應而利益　業用無暫停
密嚴恒不動　密嚴無垢處　觀行者所依　惡生濁亂時　顯示如來相　譬如淨滿月
影遍於眾水　如是諸色像　普現於世間　如來淨智境　智者所觀見　以諸眾生類　所樂不合同
佛以種種身　隨宜而應化　或見大自在　或見毗紐天　或見迦毗羅　住空而說法
或見毗陁者　或復見常行　或見娑亘那　鳩摩及尸棄　羅侯鞁部等　乃至緊那羅　甘蔗月種王
一切所瞻奉　金剛等眾寶　乃至於鉛錫　皆由佛威力　隨應而出生　天女及龍女　乾闥婆之女
冶容而進趣　不能惑其心　欲界中諸境　如來已降伏　色無色亦然　無有能迷動　無想諸定者
主離於惑纏　非女非清淨　退隨而流轉　有身者所生　非如密嚴國　密嚴微妙土　清淨福為嚴
解脫知見人　最勝之依處　十種大自在　力通三昧法　如佛而嚴飾　意生之妙身　修行於十地
施等波羅蜜　眾相以莊嚴　其身甚清淨　遠離於分別　亦非無覺了　無有我意根　慧根常抗樂
施等諸功德　淨業未圓滿　得佛勝所依　密嚴之淨國　此土最微妙　不以日為明　諸佛及菩薩
舒光而普照　其光甚威曜　逾於百千日　無有晝夜時　亦無老死患　密嚴最勝處　諸天所希仰
眾生修行者　地地而進修　了知一切法　皆以心為性　善說阿賴耶　三性法無我　其身轉清淨
而來生此國

大乘密嚴經胎生品第三

尒時金剛藏菩薩摩訶薩復告螺髻梵天王言天主當知眾生之身九物為性有為
眾相悍共遷動大種諸色微塵之聚以諸不淨精血合成為無量業常所纏覆譬如
毒樹扶疎翳薈貪恚及癡而共增長經於九月或十月餘業力駈馳生機運動從於產
門倒首而出煩寃逼迫受無量苦天主此諸眾生或從人中或從畜生餓鬼羅剎阿脩
羅等而來生此或有曾作轉輪聖王乃至天中威力自在或是持呪外道仙人并其眷
屬或修禪者退失禪定從如是等處而生此中既生之已諸根長大隨所親近宿習因
緣而造諸業復因此業輪迴諸趣若有智者遇善知識聞法思惟而得解悟不著文字
離諸分別入三脫門見法真理最上清淨而來往此密嚴佛國於無量億
諸佛土中隨宜應現天主如是生者永得解脫生死險趣名為丈夫名為智者亦復
說名天中之天諸佛子眾所共圍繞天主胎藏之身虛偽不實非自性生亦非無明



門倒首而出煩寃逼迫受無量苦天主此諸眾生或從人中或從畜生餓鬼羅剎阿脩
羅等而來生此或有曾作轉輪聖王乃至天中威力自在或是持呪外道仙人并其眷
屬或修禪者退失禪定從如是等處而生此中既生之已諸根長大隨所親近宿習因
緣而造諸業復因此業輪迴諸趣若有智者遇善知識聞法思惟而得解悟不著文字
離諸分別入三脫門見法真理最上上清淨而來往此密嚴佛國於無量億
諸佛土中隨宜應現天主如是生者永得解脫生死險趣名為丈夫名為智者亦復
說名天中之天諸佛子眾所共圍繞天主胎藏之身虛偽不實非自性生亦非無明
愛業所生何以故無明愛業因相而有若能了達悉滅無餘亦無名字及以分別斯人即
生密嚴佛土天主若諸定者住於三昧心有攀緣即為色縛之所纏惑而生取著不能
堅固此即名為散動之道是三昧力生於欲界及色無色乃至無想眾生之處是人即
為三昧所縛若住三昧善調其心離能所取離二取已心即不生是名真實觀行之者若
欲生於密嚴佛國常當住真此實三昧

大乘密嚴經顯示自作品第四

尒時金剛藏菩薩摩訶薩復告螺髻梵天王言天主心有八種或復有九與無明俱為世
間因世間悉是心心法現是心心法及以諸根生滅流轉為無明等之所變異其根本
心堅固不動天主世間因緣有十二分若根若境能生所生剎那壞滅從於梵世至非非
想皆因緣起唯有如來離諸因緣天主內外世間動不動法皆如瓶等壞滅為性天主諸
識微細遷流速疾是佛境界非諸世間仙人外道所能知見眾仙外道為受所纏不能了
知心相差別天主假使有人勉意勤懇行歌讚祠祀毗陁之法而祭於大梵於一月或滿四月如是
一歲至于千歲生於梵境終亦退還天主汝不知耶三毗陁行得之果譬如芭蕉性不堅固天
主密嚴佛土是諸如來解脫之處從智定得若樂解脫應善修行天主密嚴中人無有
眷屬生死之患其心不為諸業習氣之所染著如蓮花出水如虛空無塵如日月高升淨無
雲翳一切諸佛恒共稱愛沐淨戒流飲智慧液得真實解度生死岸天主眾生身中諸
界五蘊識等眾法皆無所有眼色為緣而生於識譬如因木火得熾然天主一切境界隨妄
識轉如識動移遂於惑惑又如陽焰乾闥婆城是諸渴癡愚幻所取此中無有能造等物但
是凡夫心之變異天主如乾城之中人眾往來馳鶩所作見而非實眾生之身進止去為亦
復如是如夢中所見寤即非有世間之人見蘊等法覺心明照本來寂靜天主地等和合
微塵之聚若離於心即無所得世間諸物可持舉等並非大種之所合成譬如風淚病
緣惑亂見種種物又如起屍無能作者世間諸法悉亦如是汝諸佛子應勤觀察天主
一切世間動植之物譬如水沫共聚成形亂衣等想同於陽焰苦樂諸受猶如浮泡行如芭
蕉中無有堅識如幻事虛偽不實天主三界之中動不動法同於夢境迷心所現亦如
幻事乾闥婆城但誑夫愚若諸佛子於如是法能無覺知心無所畏以智慧火焚燒一
切諸惑因緣即生妙樂密嚴之土天主一切世間皆無有相相為繫縛無相即解相是心
境心境不實真實之法是智境界遠離眾相非心所行天主一切諸相是三界法色等
法名之為相諸根境界一切眾生繫縛之因若能於相而不貪著眾縛悉除安樂自在
尒時寶髻菩薩摩訶薩在大眾中坐殊妙座向金剛藏菩薩摩訶薩而作是言尊者
於諸億佛國菩薩眾中最為上首成最上智了所知法無量悲禮皆已明見在瑜祇
眾能淨所疑善知眾生身之本起能於一劫或一劫餘以妙音詞演而不倦何故不為諸

切諸惑因緣即生妙尊密嚴之主天主一切世間皆無有相相為繫縛無相即解相是心
境心境不實真實之法是智境界遠離衆相非心所行天主一切諸相是三界法色聲等
法名之為相諸根境界一切衆生繫縛之因若能於相而不貪著衆縛悉除安樂自在
尒時寶髻菩薩摩訶薩在大衆中坐殊妙座向金剛藏菩薩摩訶薩而作是言尊者
於諸億佛國菩薩衆中最為上首成最上智了所知法無量悉檀皆已明見在瑜祇
衆能淨攸疑善知衆生身之本起能於一劫或一劫餘以妙音詞演而不倦何故不為諸
仁等說離諸違順似非似因真實之法令諸智者心淨無疑捨離因緣疾得解脫法與
非法是離因緣生於此身及後身故智能脫苦受為堅縛尊者衆生之心因色與明
作意等緣馳散於境其心速疾難可覺知明受業以之濁亂尊者衆生身中種種諸
法意為先導意最速疾意為殊勝隨所有法與意相應彼法皆以意為其性如摩
尼珠顯衆彩如是之義仁何不說又如衆色摩尼之寶隨所相應種種明現仁亦如是其
如來常住自在言諸佛子衆所共圍繞亦應如是隨宜說法
尒時金剛藏菩薩摩訶薩言密嚴佛土是最寂靜是大涅槃是妙解脫是淨法界
亦是智慧及以神通諸觀行者所止之處本來常住不壞不滅水不能濡風不能燥
非如瓶等勤力所成尋復破壞非諸似因及不似因之所成立何以故宗及諸分是不定法
諸宗及因各差別故密嚴佛土是轉依識超分別心非諸妄情所行之境密嚴佛土是
如來處無始無終非微塵生非自性生非樂欲生不從摩醯首羅而生亦非無明愛業
所生但是無功用智之所生起出過欲界及色無色無想天中闇寘之網密嚴佛土何
若悉檀非因明者所量境界亦非勝性自在聲論所隨如是等宗之所顯示乃至於資
糧位智慧之力不能證了唯是如來十地所修清淨智境諸仁者一切凡夫迷於業
非業我今當說業非業我令諸定者獲於安樂即說偈言
内外一切物　所見唯自心　衆生心二性　能取及所取　心體有二門　即心見衆物　凡夫性迷惑
於自不能了　所見衆境界　皆是自所為　說等相現前　求之悉無體　諸仙智微劣　不能明了知
捨於真實理　而行分別路　是心有二性　如鏡合衆像　亦如水現月　翳者見毛輪　毛輪瓔珞珠
此皆無所有　但從病翳眼　若斷而顯現　猶如皆自識　衆生亦復然　虛妄計著人　不知恒執取
衆生及瓶等　種種諸形相　内外雖不同　一切從心起　此密嚴妙定　非餘之所有　若有能修行
生於衆福地　或生欲自在　及以色界天　乃至無想宮　阿迦尼吒處　空識無所有　非想非非想
如是諸地中　漸次除貪欲　往彼非究竟　尋來生密嚴　佛子衆圍繞　自在而遊戲　汝應修此定
何為着親屬　眷屬相羈縛　輪迴生死因　男女相眺妄　精血共和合　如蟲生見涅　此中生亦尒
九月或十月　諸根漸成就　時至出母胎　譬如蟲蠕動　從此而長大　乃至心了知　我觀諸衆生
生生悉如此　父母無有數　妻子亦復然　一切諸世間　無處不周遍　譬如石女生　夢已忽生子
捧對方歡樂　尋又見其亡　悲哀不自勝　忽然從睡覺　不見有其子　初生及後終　又夢山川中
田野村城邑　人衆悉充滿　若營諸業務　彼此手相見　猶如世所為　及從於睡覺　一切皆非有
復有多欲人　夢婬於女色　婆容極姝麗　眼玩皆珍綺　在並盛歡娛　覺已即無見　一切世間事
當知悉如是　王位及軍旅　父母等宗親　但誑於凡夫　體性皆非實　汝於如是定　何故不勤修
無量諸聲聞　獨覺及菩薩　在於空閑處　山林恒寂靜　或住於乳海　及以摩羅延　須彌與贍陁
摩醯因陁羅　雞羅娑利師　乃至雪山等　或在劫波樹　波利耶多羅　拘鞞羅樹下　半拏娑羅上

BD14109 號 2　大乘密嚴經（地婆訶羅本）卷中　　（24–11）

田野村城邑　人衆悉充滿　若營諸業務　彼此手相見　猶如世所為　及從於睡覺　一切皆非有
復有多欲人　夢婬於女色　婆容極姝麗　眼玩皆珍綺　在並盛歡娛　覺已即無見　一切世間事
當知悉如是　王位及軍旅　父母等宗親　但誑於凡夫　體性皆非實　汝於如是定　何故不勤修
無量諸聲聞　獨覺及菩薩　在於空閑處　山林恒寂靜　或住於乳海　及以摩羅延　須彌與贍陁
摩醯因陁羅　雞羅娑利師　乃至雪山等　或在劫波樹　波利耶多羅　拘鞞羅樹下　半拏娑羅上
食閻浮果味　及諸不死食　具足諸神通　常修此觀　過去未來世　常生於蓮花　結跏身不動
無定恒觀察　諸根善調攝　不散於衆境　譬如鳥得鈎　離欲而三昧　世間若出世　一切諸定中
佛定淨无垢　貪愛皆除遣　遍處無色定　無想等禪中　見日月蓮花　水大虛空相
若離是分別　其心不動搖　即於三昧中　見無量諸佛　一時共舒手　以水灌其頂　如是入佛地
一切皆明覺　具足衆色身　隨宜而普現　力通諸自在　三昧陁羅尼　如是等功德　莫不皆成就
分析於諸色　乃至觀微塵　自性無所有　譬如兔角　無分無分者　蘊有蘊亦然　同於幻所作
一切皆如是　此中無業果　亦無作業人　無能作世間　設有非能作　能作持於作　何名能作人
此言成過失　說者非清淨　若謂云何有　水輪與地輪　及衆生世間　次第而安布　諸趣各差別
彼此年往來　離復作諸根　隨情取於境　此等皆分別　展轉而變異　同於乳酪蘇　如是生住滅
若業若非業　於斯生妄計　定者常觀此　如芭蕉乾城　衆生無始來　戲論所熏習　生起於分別
種種衆過咎　諸根猶如幻　境界同於夢　能作作及業　定者不分別　智慧微劣者　妄生諸惡見
計有於能作　作一切世間　或謂摩尼珠　金銀等衆礦　鳥獸色差別　剌鋒鐵以利　此等誰所為
當知無作者　世間非勝性　微塵等緣作　亦非無有因　自然而得有　惑亂妄計者
不知其體性　為業為非業　如是而分別　如毒入於乳　隨變與相應　諸法亦復然　分別常俱起
法性非是生　亦非是滅壞　惑者不能了　種種異分別　定者應觀察　世間唯積聚　若業若非業
於此勿思惟　諸趣年來往　譬如於日月　在空無所依　隨風而運轉　業性甚微隱　密嚴者能見
修行觀行人　不為其所縛　譬如大燒木　須臾作灰燼　智火焚業薪　當知亦如是　又如燈破闇
一念盡無餘　諸業之闇冥　多劫所熏聚　牟尼智燈照　剎那悉除滅
大乘密嚴經分別觀行品第五　尒時金剛藏菩薩摩訶薩復告大衆諸仁者譬如
有人在空閑地以泥瓦草木等之成宇既而諦觀一一物中無舍可得又如多柏共合成拳
離柏求拳即無所有軍徒車乘城邑山林衲衣等物一切皆是和合所成智者觀之悉如
夢事凡夫身宅亦復如是諸界積集譬如高山危脆不安同於朽屋不生不滅非自非他如乳
闥婆城如影如雲如陽焰如績像雖可現觀性常清淨遠離一切有無分別如盲與跛相假而
行無決定性乃至分析至於微塵但有空名都無實物若諸定者作是思惟即於色聲等
法不生覺念離覺念已心得休息泰然解脫不受諸有常樂修行甚深禪定諸天仙等端正女
人而來供養如觀夢事不生染着身雖在此諸仙外道持呪之人乃至梵天不能見頂是人不
久生摩尼寶藏宮殿之中遊戲神通具諸功德此觀行法是大心者所行境界仁應速發
廣大之心大心之人疾得生於光明宮殿離諸貪欲瞋恚愚癡乃至當詣密嚴佛土此土廣
博微妙寂靜無諸衰厄衰惱之患遠離衆相非識所行妄計之人所能得詣仁者此土清淨
觀行所居若懷希冀當勤修習斷貪瞋癡離我我所何以故貪等煩惱取諸境界若
取諸境界若取於境即二覺生如有女人端正可喜有多欲者見已生着欲心迷亂若行若
坐飲食睡眠專想思惟更無餘念彼女容相常現於心此心即為境界汙泥之所濁亂是
[illegible]

BD14109 號 2　大乘密嚴經（地婆訶羅本）卷中　　（24–12）

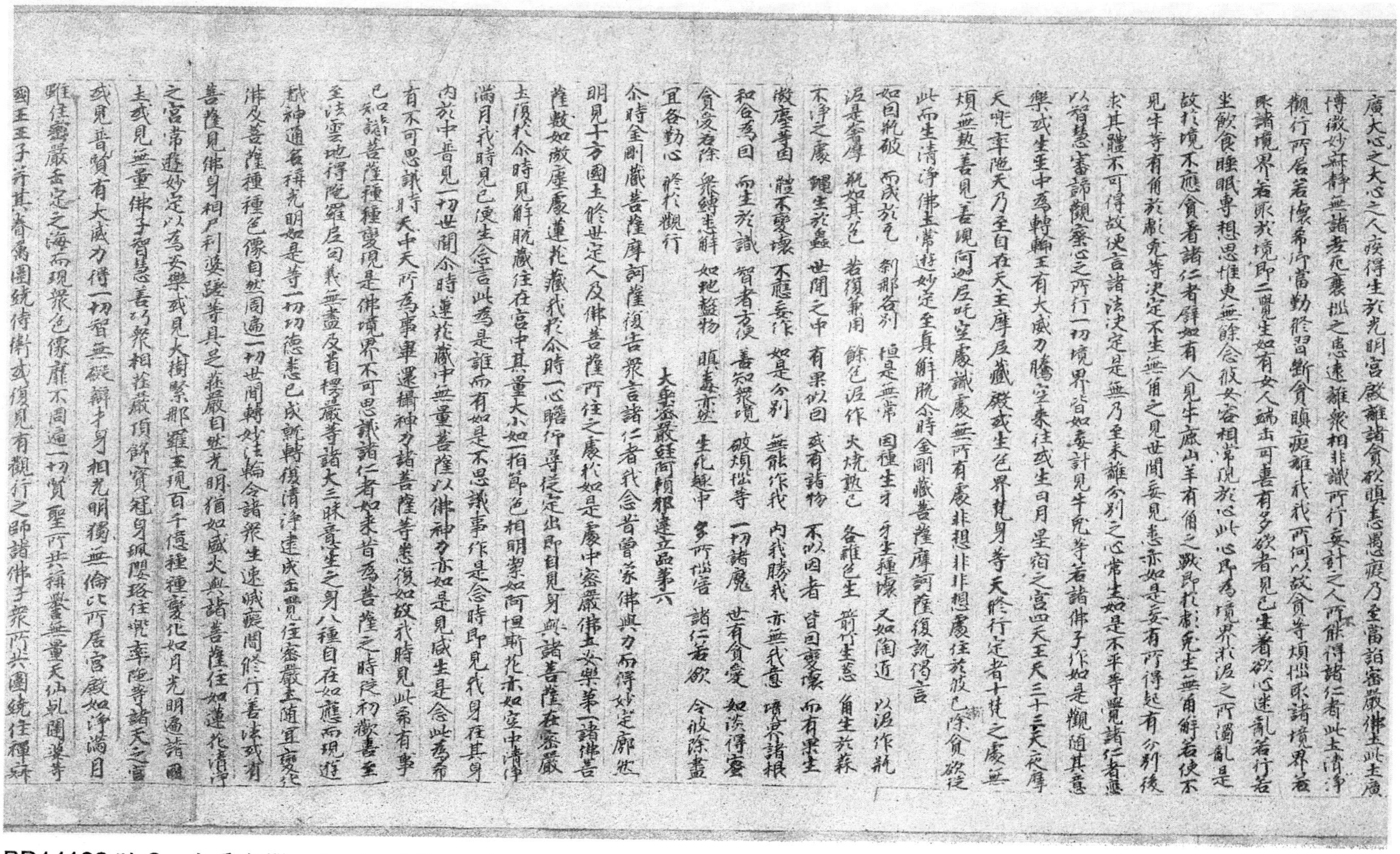

廣大心之大心之人疾得生於光明宮殿離諸貪欲瞋恚愚癡乃至當詣密嚴佛土此土廣
博微妙寂靜無諸老死衰惱之患遠離衆相非識所行妄計之人所能得諸仁者此土清淨
觀行所居若懷希求當勤修習斷貪瞋癡離我我所何以故貪等煩惱取諸境界若
取諸境界若取於境即三覺生如有女人端正可喜有多欲者見已生著欲心迷亂若行若
坐飲食睡眠專想思惟更無餘念彼女容相常現於心此心即為境界於過之所濁亂是
故於境不應貪著諸仁者譬如有人見牛羊山羊有角之獸即於彼兎生無角解若使不
見牛等有角於兎之等決定不生無角之見世間妄見悉亦如是妄有所得起有分別彼
求其體不可得故使言諸法決定是無乃至未離分別之心常生如是不平等覺諸仁者應
以智慧審諦觀察心之所行一切境界皆如妄計見牛兎等若諸佛子作如是觀隨其意
樂或生空中為轉輪王有大威力騰空來往或生日月星宿之宮四天王天三十三天夜摩
天兜率陁天乃至自在天王摩尼藏殿或生色界梵身等天修行定者十梵之處無
煩無熱善見善現阿迦尼吒空處識處無所有處非想非非想處住於彼已除貪欲從
此而生清淨佛土常遊妙定至真解脫尒時金剛藏菩薩摩訶薩復說偈言
如因瓶破　而成於瓦　剎那分別　恒是無常　因種生牙　牙生種壞　又如陶匠　以泥作瓶
泥是瓦摩　瓶如其色　若復餘用　餘色泥作　火燒熟已　各離色生　前行生慈　角生於森
微塵等因　體不變壞　不應妄作　如是分別　無能作我　內我勝我　亦無我意　境界諸根
不淨之處　蠅生於蟲　世間之中　有果似因　或有諸物　不似因者　皆因變壞　而有果生
和合為因　而生於識　智者方便　善知衆境　破煩惱等　一切諸魔　世有貪愛　如海得寶
貪愛若除　衆縛悉解　如地盤物　瞋毒亦然　生死趣中　多所惱害　諸仁若欲　令彼除盡
宜各勤心　修於觀行

大乘密嚴經阿賴耶建立品第六

尒時金剛藏菩薩摩訶薩復告衆言諸仁者我念昔曾承佛威力而得妙定廓然
明見十方國土修世定人及佛菩薩所住之處於如是處中密嚴佛土安樂第一諸佛菩
薩數如微塵處處蓮花藏我於尒時一心瞻仰尋從定出即自見身與諸菩薩在密嚴
土復於尒時見解脫藏住在宮中其量大小如一指節色相明潔如阿恒斯花亦如空中清淨
滿月我時見已便生念言此為是誰而有如是不思議事作是念時即見我身在其身
內於中普見一切世間尒時蓮花藏中無量菩薩以佛神力亦如是見咸生是念此為希
有不可思議時天中天所為事畢還攝神力諸菩薩等悉復如故我時見此希有事
已知諸菩薩種種變現是佛境界不可思議諸仁者如來昔為菩薩之時從初歡喜至
至法雲地得陁羅尼四無盡及首楞嚴等諸大三昧意生之身八種自在如應而現遊
戲神通為稱光明如是等一切功德悉已成就轉復清淨遠成正覺住密嚴土隨宜變化
佛及菩薩種種色像自然周遍一切世間轉妙法輪令諸衆生速賊癡闇修行善法或有
菩薩見佛身相尸利婆蹉等具足莊嚴自然光明猶如盛火與諸菩薩住如蓮花清淨
之宮常遊妙定以為娛樂或見大樹緊那羅王現百千億種種變化如月光明遍諸國
土或見無量佛子智慧善巧衆相莊嚴頂飾寶冠身佩瓔珞住兜率陁等諸天之宮
或見普賢有大威力得一切智無礙辯才身相光明獨無倫比所居宮殿如淨滿月
雖住密嚴甚定之海而現衆色像靡不周遍一切賢聖所共稱譽無量天仙乾闥婆等
國王王子并其眷屬圍繞侍衛或復見有觀行之師諸佛子衆所共圍繞住禪寂

BD14109 號 2　大乘密嚴經（地婆訶羅本）卷中

（24–13）

之宮常遊妙定以為娛樂或見大樹緊那羅王現百千億種種變化如月光明遍諸國
土或見無量佛子智慧善巧衆相莊嚴頂飾寶冠身佩瓔珞住兜率陁等諸天之宮
或見普賢有大威力得一切智無礙辯才身相光明獨無倫比所居宮殿如淨滿月
雖住密嚴甚定之海而現衆色像靡不周遍一切賢聖所共稱譽無量天仙乾闥婆等
國王王子并其眷屬圍繞侍衛或復見有觀行之師諸佛子衆所共圍繞住禪寂
靜猶如睡眠而離惛沈懈怠等過患曾侍奉無量諸佛或復有見為大導師降神
誕生出家苦行一心正定乃至涅槃於虛空中行住坐卧現諸神變令閻浮提至色究竟
諸天人等莫不瞻仰諸仁者諸佛體性唯佛所知佛之智慧最上無比如釋迦牟尼人中
師子之所已得汝諸佛子當得之是故仁等應生淨信信為佛體必當解脫斯人或作
轉輪聖王及諸小王乃至或生梵天等宮而為天主是諸佛子轉復精進於蓮花藏清
淨佛土與諸菩薩蓮花化生入一乘道離貪等習乃至降伏欲天魔天精者進志無
怯弱光隆佛家王諸國土諸仁者若欲作佛當淨佛種姓淨種姓已必為如來之所授記
成无上覺利益一切諸修行者譬如大地與諸衆生而作所依又如良醫善調衆藥周行
城邑普心救療佛亦如是平等救化心無分別設有衆生割截肌膚心亦不動諸仁者
內外境界心之所行皆唯是識惑亂而見此中無我亦無我所能害所害及害具一
切皆是意識境界依阿賴耶如是分別譬如有人置珠日中或因鑽燧而生於火非是珠
燧所生亦非人作心意識亦復如是根境意作和合而生此性非如陽焰夢幻迷惑所取
亦不同於龜毛之毛及以兎角如霹靂火為從水生為從雷生邪無能定知此從
從生如見陶師造於瓶等欲等心法與心共生亦復如是諸人者心之體性不可思議密嚴
中人善能知見諸仁者一切衆生阿賴耶識本來而有圓滿清淨出過於世同於涅槃譬如
明月現衆國土世間之人見有虧盈而月體性未嘗增減藏識亦尒普現一切衆生界中
性常圓潔不增不減無智之人妄生計著若有於此能正了知即得無漏轉依差別此差
別法得者甚難如月在雲中性恒明潔藏識亦尒於轉識境界習氣之中而常清淨如
河中有木隨流漂轉而木與流體相各別藏識亦尒諸識習氣雖常與俱不為所雜諸仁
者阿賴耶識恒與一切染淨之法而作所依是諸聖人現法樂住三昧之境人天等趣諸佛
國土悉以為因常與諸乘而作種姓若能了悟即成佛道諸仁者一切衆生有具功德威
力自在乃至有生險難之處阿賴耶識恒住其中作所依止此是衆生無始時界諸業習
氣能自增長亦能增長餘之七識由是凡夫執為所作能作內我諸仁者意在身中如
風速轉業風吹動遍在諸根七識同時如浪而起外道所計勝性微塵自在時等悉是
清淨阿賴耶識諸仁者阿賴耶識由先業力及愛為因成就世間若干品類妄計之人執
為作者此識體相微細難知未見真實心迷不了於根境意而生愛著尒時金剛藏菩
薩摩訶薩復說偈言　汝等諸佛子　云何不見聞　藏識體清淨　衆身所依止
或具三十二　佛相及輪王　或為種種形　世間皆悉見　譬如淨空月　衆星所環繞　諸識阿賴耶
如是身中住　譬如欲天主　侍衛遊寶宮　江海等諸神　水中而自在　藏識處於世　當知亦復然
如地生衆物　是心多所現　譬如日天子　赫奕乘寶宮　旋繞須彌山　周流照天下　諸天世人等
見之而敬禮　藏識佛地中　其相亦如是　十地行衆行　顯發大乘法　普與衆生樂　常讚於如來
在於菩薩身　是即名菩薩　佛與諸菩薩　皆是賴耶名　佛及諸佛子　已受當受記　廣大阿賴耶

BD14109 號 2　大乘密嚴經（地婆訶羅本）卷中

（24–14）

菩薩摩訶薩復說偈言
汝等諸佛子 云何不見聞 藏識體清淨 衆身所依止
或具三十二 佛相及輪王 或爲種種形 世間皆悉見 譬如淨空月 衆星所環遶 諸識阿賴耶
如是身中住 譬如欲天主 侍衛遊寶宮 江海等諸神 水中而自在 藏識處於世 當知亦復然
如地生衆物 是心多所現 譬如日天子 赫奕乘寶宮 旋繞須彌山 周流照天下 諸天世人等
見之而敬禮 藏識佛地中 其相亦如是 十地行衆行 顯發大乘法 普與衆生樂 常讚於如來
在於菩薩身 是即名菩薩 佛與諸菩薩 皆是賴耶名 佛及諸佛子 已受當受記 廣大阿賴耶
而成於正覺 密嚴諸定者 與妙定相應 能於阿賴耶 明了而觀見 佛及辟支佛 聲聞諸異道
見理無怯人 所觀皆此識 種種諸識境 皆從心所變 瓶衣等衆物 如是性皆無 悉依阿賴耶
衆生迷惑見 以諸習氣故 所取能取轉 此性非如幻 陽焰及毛輪 非生非不生 非空亦非有
譬如長短等 離一即皆無 智者觀幻事 此皆唯幻術 未曾有一物 與幻而同起
幻焰及毛輪 和合而可見 離一無和合 過未亦非有 幻事毛輪等 在在諸物相 此皆心變異
無體亦無名 世中迷惑生 其心不自在 妄說有能幻 幻成種種物 幻師乾城等 所作衆物類
動轉若去來 此見皆非實 如鐵因慈石 所向而轉移 藏識亦如是 隨於分別轉 一切諸世間
無處不周遍 如日摩尼寶 無思及分別 此識遍諸處 見之謂流轉 不死亦不生 本非流轉法
定者勤觀察 生死猶如夢 是時即轉依 說名爲解脫 此即是諸佛 最上之教理 審量一切法
如稱如明鏡 又如大明燈 亦如試金石 遠離於斷滅 正道之標相 修行妙定者 至解脫之因
永離諸雜染 轉依而顯現
大乘密嚴經卷中

大乘密嚴經自識境界品第七
爾時金剛藏菩薩摩訶薩遍觀十方從語珠中
放大光明其光普照一切國土及密嚴中諸菩薩衆放斯光已即告如實見菩薩言仁主雪
山之中有一惡獸名爲能害變詐百千以取諸獸殺之而食若見牝鹿有子之者便爲子聲
悲鳴呼喚若見牡鹿便現有角與其相似而往親附彼無驚懼殺而食之見牛馬等種種
諸獸悉同彼形而肆其惡仁主一切外道於阿賴耶所我見亦復如是如彼惡獸變種種形者
我之人所執我相各各差別乃至極小猶如微塵仁主是諸我執於何而住不住於餘但住自
識計我之人言我與意根境和合意等和合而有識生本無有我如衣與花和合而有香氣
未和合時無香可得是故當知但唯有識心及心法無別有我如盤中果如籠中燈如伊尼迦
文闍之草而可得者但以因緣心心法生此中無我亦無有生微妙一相本來寂靜是諸佛
菩薩觀行之人內證境界諸外道等不了唯識生於我見無知法習而强分別執着有無
若一若多我我所論如彼惡獸多所傷殺此亦如是令諸衆生於生死中馳往來不肯親近
佛及菩薩諸善知識展轉遠離無歸向時遠背聖道失於己利於三乘中乃至不得一乘之
法爲取所縛不見真諦不得預於密嚴之土乃至名字亦不得聞仁主諸觀行人賦於此識
淨除我見汝及諸菩薩摩訶薩亦應如是既自勤修復爲人說令其速入密嚴佛土
大乘密嚴經阿賴耶微密品第八　爾時衆中有菩薩名曰寶手白衆色最勝王言王
應請問金剛藏住三昧者一切世間所有衆法離諸分別及以名字不相應名相應之名
彼法自性於何而住此諸佛子專心願聞時衆色最勝王即隨其義而問之曰
名相等境界 一切世間法 爲唯是分別 爲離分別有 如其所立名 是名何所住 金剛自在者
願爲我宣說　爾時金剛藏菩薩摩訶薩以偈答曰　世間種種法 一切唯有名

BD14109 號 2　大乘密嚴經（地婆訶羅本）卷中

BD14109 號 3　大乘密嚴經（地婆訶羅本）卷下

（24–15）

淨除我見汝及諸菩薩摩訶薩亦應如是既自勤修復爲人說令其速入密嚴佛土
大乘密嚴經阿賴耶微密品第八　爾時衆中有菩薩名曰寶手白衆色最勝王言王
應請問金剛藏住三昧者一切世間所有衆法離諸分別及以名字不相應名相應之名
彼法自性於何而住此諸佛子專心願聞時衆色最勝王即隨其義而問之曰
名相等境界 一切世間法 爲唯是分別 爲離分別有 如其所立名 是名何所住 金剛自在者
願爲我宣說　爾時金剛藏菩薩摩訶薩以偈答曰　世間種種法 一切唯有名
但想所安立 離名無別義 四蘊唯名字 是故說爲名 如名摩納婆 但名無有體 佛及諸佛子
說名唯在相 離相而有名 不作是分別 是故依於相 分別種種名 譬如袜唌等 此皆無有實
凡夫所分別 莫不皆依相 是故世間法 離相即皆無 瓶衣車乘等 名言所分別 色相雖可說
體性無所有 世間衆色法 但相無有餘 唯依相立名 是名無實事 王應觀世法 離名無所有
但以分別心 而生於取著 若離於分別 取者即不生 無生即轉依 證於無盡法 是故大王等
常應觀想事 但是分別心 離此即無有 形相體增長 散壞覆與身 如是等衆名 皆唯色之想
相名及分別 體性本無異 隨於世俗說 建立而不同 若捨離名字 而求於物體 過去及未來
此皆無所得 能知諸識起 無有所知法 所知唯是名 世法悉如是 以名分別法 法不稱於名
諸法性如是 不住於分別 以法唯名故 想即無名體 想無名亦無 何處有分別 若得無分別
身心恒寂靜 如木火燒已 畢竟不復生 譬如人負擔 是人名擔者 隨其擔有殊 擔者相差別
名如所擔物 分別名擔者 以名種種故 分別各不同 如見杌爲人 見人以爲杌 人杌二分別
但有於名字 諸大和合中 分別以爲色 若離於諸大 色性即無有 如德依瓶處 瓶依名亦然
捨名而取瓶 瓶終不可得 瓶不住瓶體 名豈住於名 二合生分別 名量亦非有 住於如是定
其心不動搖 譬如金石等 本來無水相 與火共和合 若水而流動 藏識亦如是
體非流轉法 諸識共相應 與法同流轉 如鐵因慈石 周迴而轉移 二俱無有思 狀若有思覺
賴耶與七識 當知亦復然 習繩之所繫 無人而若有 普遍衆生身 周行諸險趣 如鐵與慈石
展轉不相知 或離諸險道 而得住諸地 神通自在力 如幻首楞嚴 乃至陀羅尼 莫不皆成滿
諸佛實功德 以之爲供養 或現無量身 一身無量手 肩頭口及舌 展轉皆無量 往詣十方國
供養諸如來 或雨衆妙花 寶衣及瓔珞 其積甚高廣 如須彌等山 供養於如來 及以諸菩薩
或作寶宮殿 如雲備衆彩 化現諸天女 遊處於其中 奴樂衆妙音 供養於諸佛
或與佛菩薩 遊止常共俱 一切衆魔怨 自在而降伏 得自證三昧 已轉於所依 闡揚五種法
八識及無我 相續無斷絕 一心而供養 或於自身中 普納諸世界 復以諸世界
無邊不可測 種種諸色相 以供奴養來 或現身爲小 其量如微塵 復現爲大身
量之於象手 大海爲牛跡 牛跡海亦然 是中諸衆生 身心無所嬈 一切所資用 平等而饒益
智月如地 如水及大風 又如大寶洲 亦如良妙藥 諸法不生滅 不斷亦不常
一與及乘出 如是悉無有 妄立種種名 是爲遍計性 諸法猶如幻 如夢與乾城 陽焰水中月
火輪雲電等 此中妄所取 是爲遍計性 種種諸名字 說於種種法 此皆無所有 是爲遍計性
一切世間法 不離於名色 斯皆但有名 離名無別義 如是遍計性 我說爲世間
眼色等爲緣 而起三和合 聲依待顯發 牙從地種生 宮殿及瓶衣 無非衆緣起 衆生妄諸法
皆悉依他性 若法是無漏 其義不可捨 證智所從生 此性名真實 諸法相差別 已說其自性

BD14109 號 3　大乘密嚴經（地婆訶羅本）卷下

（24–16）

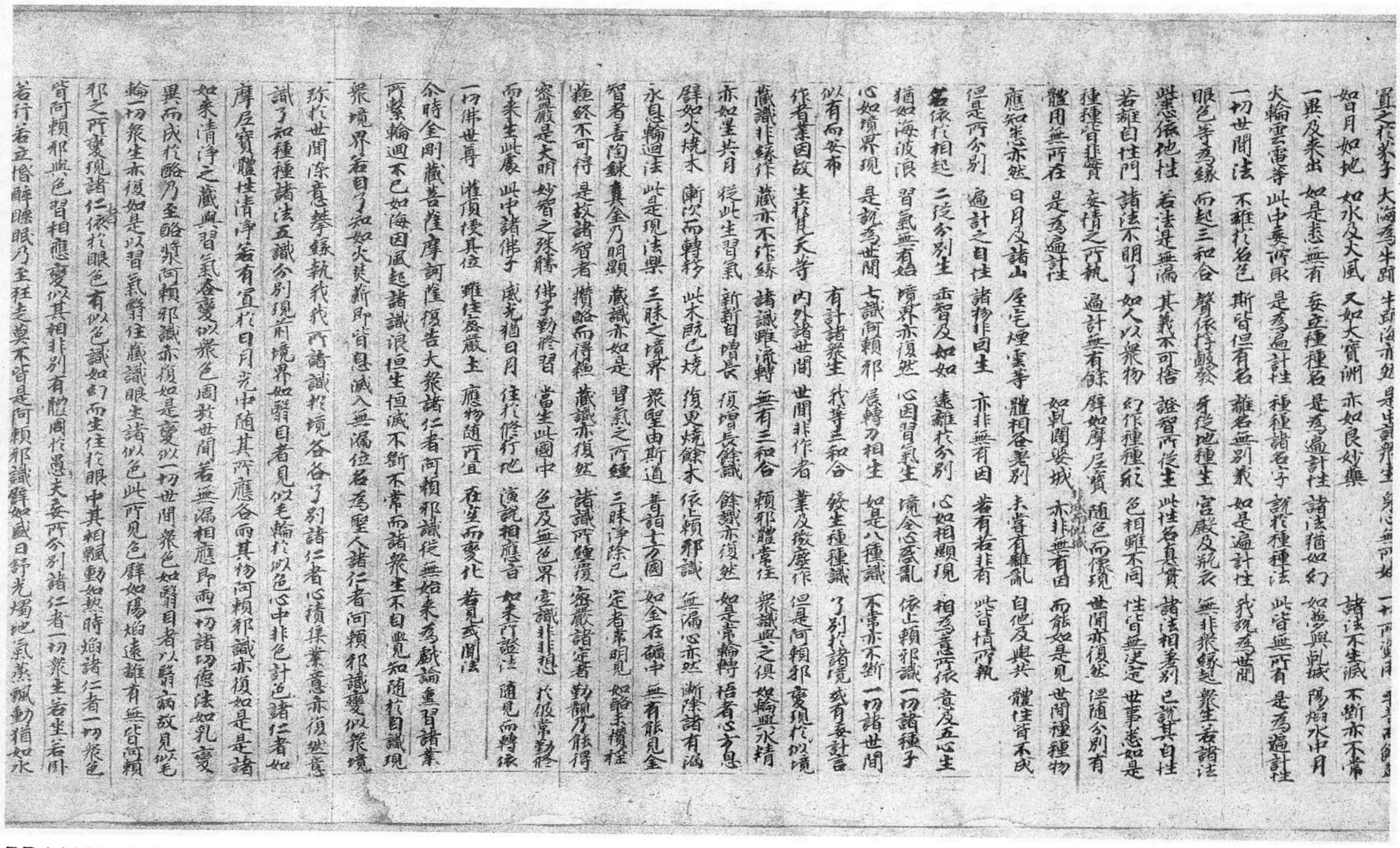
寘之於掌中　大海為牛跡　牛跡為大海　是中諸眾生　身心無所嬈
如日月如地　如水及火風　又如大寶洲　亦如良妙藥　諸法不生滅　不斷亦不常
一異及來去　如是悉無有　妄立種種名　是為遍計性　諸法猶如幻　如夢與乾城　陽焰水中月
火輪雲電等　此中無所取　是為遍計性　種種諸名字　說於種種法　此皆無所有　是為遍計性
一切世間法　不離於名色　斯皆但有名　離名無別義　如是遍計性　我說為世間
眼色等為緣　而起三和合　譬依於鑽燧　牙從地種生　宮殿及衣服　無非眾緣起　眾生若諸法
此悉依他性　若法是無漏　其義不可捨　證智所從生　此性名真實　諸法相差別　已說其自性
若離自性門　諸法不明了　如人以眾物　幻作種種形　色相雖不同　性皆無決定　世事悉如是
種種皆非實　妄情之所執　遍計無有餘　譬如摩尼寶　隨色而像現　世間亦復然　但隨分別有
體用無所在　是為遍計性　如乾闥婆城　亦非無有因　而能如是見　世間種種物
應知悉亦然　日月及諸山　屋宅煙雲等　體相各差別　未嘗有雜亂　自他及與共　體性皆不成
但是所分別　遍計之自性　諸物非因生　亦非無有因　若有若非有　此皆情所執
名依於相起　二從分別生　正智及如如　遠離於分別　心如相顯現　相為意所依　意及五心生
猶如海波浪　習氣無有始　境界亦復然　心因習氣生　境令心惑亂　依止賴耶識　一切諸種子
心如境界現　是說為世間　七識阿賴耶　展轉力相生　如是八種識　不常亦不斷　一切諸世間
似有而安布　有計諸眾生　我等三和合　發生種種識　了別於諸境　或有妄計言
作者業因故　生於梵天等　內外諸世間　世間非作者　業及微塵作　但是阿賴耶　變現於似境
藏識非緣作　藏亦不作緣　諸識雖流轉　無有三和合　賴耶體常住　眾識與之俱　如輪與水精
亦如星共月　從此生習氣　新新自增長　復增長餘識　餘識亦復然　如是常輪轉　悟者心方息
譬如火燒木　漸次而轉移　此木既已燒　復更燒餘木　依止賴耶識　無漏心亦然　斷除諸有漏
永息輪迴法　此是現法樂　三昧之境界　眾聖由斯道　普詣十方國　如金在礦中　無有能見金
智者善陶鍊　真金乃明顯　藏識亦如是　習氣之所纏　三昧淨除已　定者常明見　如酪未攢搖
蘇終不可得　是故諸智者　攢酪而得蘇　藏識亦復然　諸識所纏覆　密嚴諸定者　勤觀乃能得
密嚴是大明　妙智之殊勝　佛子勤修習　當生此國中　色及無色界　空識非非想　於彼常勤修
而來生此處　此中諸佛子　威光猶日月　住於修行地　演說相應言　如來所證法　隨見而轉依
一切佛世尊　誰復慢其位　雖住密嚴土　應物隨所宜　在生而變化　若見或聞法
爾時金剛藏菩薩摩訶薩復告大眾諸仁者阿賴耶識從無始來為戲論熏習諸業
所繫輪迴不已如海因風起諸識浪恒生恒滅不斷不常而諸眾生不自覺知隨於自識現
眾境界若自了知如火焚薪即皆息滅入無漏位名為聖人諸仁者阿賴耶識變似眾境
彌於世間染意執取我我所諸識於境各各了別諸仁者心積集業意亦復然意
識了知種種諸法五識分別現前境界如翳目者見似毛輪於似色心中非色計色諸仁者如
摩尼寶體性清淨若有置於日月光中隨其所應各雨其物阿賴耶識亦復如是是諸
如來清淨之藏與習氣合變似眾色周於世間若無漏相應即雨一切諸功德法如乳變
異而成於酪乃至酪漿阿賴耶識亦復如是變似一切世間眾色如翳目者以翳病故見似毛
輪一切眾生亦復如是以習氣翳住藏識眼生諸似色此所見色譬如陽焰遠離有無皆阿賴
耶之所變現諸仁依於眼色有似色識如幻而生住於眼中其相飄動如熱時焰諸仁者一切眾色
皆阿賴耶與色習相應變似其相非別有體同於愚夫妄所分別諸仁者一切眾生若坐若臥
若行若立惛醉睡眠乃至狂走莫不皆是阿賴耶識譬如盛日舒光燭地氣蒸飄動猶如水

BD14109 號 3　大乘密嚴經（地婆訶羅本）卷下　（24–17）

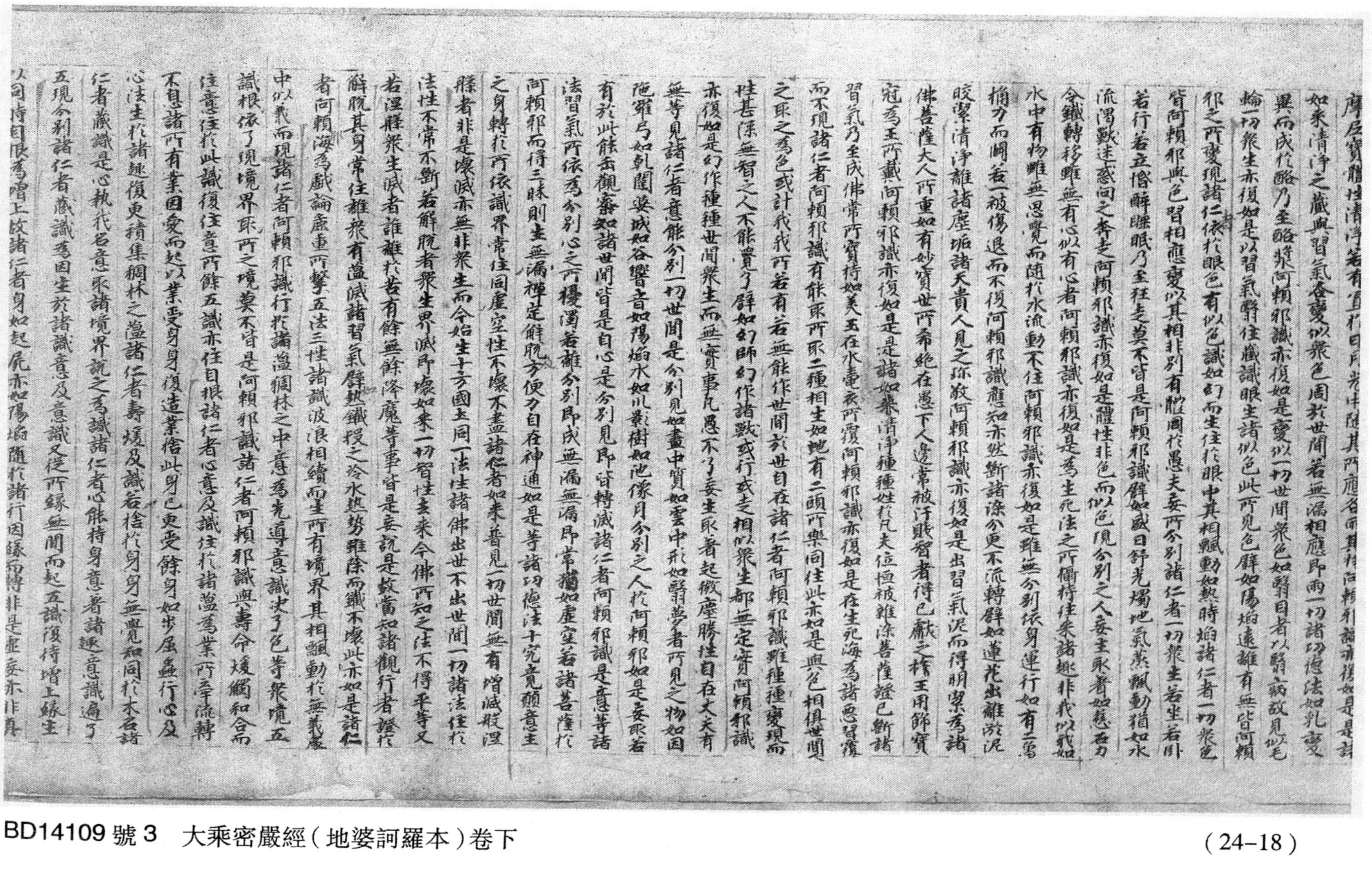
摩尼寶體性清淨若有置於日月光中隨其所應各雨其物阿賴耶識亦復如是是諸
如來清淨之藏與習氣合變似眾色周於世間若無漏相應即雨一切諸功德法如乳變
異而成於酪乃至酪漿阿賴耶識亦復如是變似一切世間眾色如翳目者以翳病故見似毛
輪一切眾生亦復如是以習氣翳住藏識眼生諸似色此所見色譬如陽焰遠離有無皆阿賴
耶之所變現諸仁依於眼色有似色識如幻而生住於眼中其相飄動如熱時焰諸仁者一切眾色
皆阿賴耶與色習相應變似其相非別有體同於愚夫妄所分別諸仁者一切眾生若坐若臥
若行若立惛醉睡眠乃至狂走莫不皆是阿賴耶識譬如盛日舒光燭地氣蒸飄動猶如水
流渴獸迷惑奔之而飲阿賴耶識亦復如是體性非色而似色現分別之人妄生取著如慈石力
令鐵轉移雖無有心似有心者阿賴耶識亦復如是為生死法之所攝持往來諸趣非我似我如
水中有物雖無思覺而隨於水流動不住阿賴耶識亦復如是雖無分別依身運行如有二象
捔力而鬪若一被傷退而不復阿賴耶識應知亦然斷諸染分更不流轉譬如蓮花出離淤泥
皎潔清淨離諸塵垢諸天貴人見之珍敬阿賴耶識亦復如是出習氣泥而得明潔為諸
佛菩薩大人所重如有妙寶世所希絕在愚下人邊常被汙賤智者得已獻之於王用飾寶
冠為王所戴阿賴耶識亦復如是是諸如來清淨種姓於凡夫位恒被雜染菩薩證已斷諸
習氣乃至成佛常所寶持如美玉在水苔衣所覆阿賴耶識亦復如是在生死海為諸惡習覆
而不現諸仁者阿賴耶識有能取所取二種相生如蛇有二頭所樂同往此亦如是與色相俱世間
之取之為色或計我我所若有若無能作世間於世自在諸仁者阿賴耶識雖種種變現而
性甚深無智之人不能覺了譬如幻師幻作諸獸或行或走相似眾生都無定實阿賴耶識
亦復如是幻作種種世間眾生而無實事凡愚不了妄生取著起微塵勝性自在大夫有
無等見諸仁者意能分別一切世間是分別見如畫中質如雲中形如翳夢者所見之物如因
陀羅弓如乾闥婆城如谷響音如陽焰水如水影樹如池像月分別之人於阿賴耶如是妄取若
有於此能善觀察如諸世間皆是自心是分別見即皆轉滅諸仁者阿賴耶識是意等諸
法習氣所依為分別心之所擾濁若離分別即成無漏無漏即常猶如虛空若諸菩薩於
阿賴耶而得三昧則生無漏禪定解脫方便力自在神通如是等諸功德法究竟顯意生
之身轉於所依識界常住同虛空性不壞不盡諸仁者如來普見一切世間無有增減般涅
槃者非是壞滅亦無非眾生而今始生十方國土同一法性諸佛出世不出世間一切諸法住於
法性不常不斷若解脫者眾生界滅即壞如來一切智性去來今佛所知之法不得平等又
若涅槃眾生滅者誰能於苦有餘無餘降魔等事皆是妄說是故當知諸觀行者證於
解脫其身常住離眾有蘊滅諸習氣譬如熱鐵投之冷水熱勢雖除而鐵不壞此亦如是諸仁
者阿賴耶為戲論熏所繫五法三性諸識波浪相續而生所有境界其相飄動於無義處
中以義而現諸仁者阿賴耶識行於諸蘊稠林之中意為先導意識決了色等眾境五
識根依了現境界取所之境莫不皆是阿賴耶識諸仁者阿賴耶識與壽命煖觸和合而
住意住於此識復住意所餘五識亦住自根諸仁者心意及識住於諸蘊為業所牽流轉
不息諸所有業因受而起以業受身身復造業捨此身已更受餘身如步屈蟲行心及
心法生於諸趣復更積集稠林之蘊諸仁者壽煖及識若捨於身身無覺知同於木石諸
仁者藏識是心執我名意取諸境界說之為識諸仁者心能持身意者諸趣意識遍了
五現分別諸仁者藏識為因生於諸識意及意識又從所緣無間而起五識復待增上緣生
以同時因根為增上故諸仁者身如起屍亦如陽焰隨於諸行因緣而轉非是虛妄亦非真

BD14109 號 3　大乘密嚴經（地婆訶羅本）卷下　（24–18）

住意住於此識復住意所餘五識亦住自根諸仁者心意及識住於諸蘊為業所牽流轉
不息諸所有業因愛而起以業受身身復造業捨此身已更受餘身如步屈蟲行心及
心法生於諸趣復更積集稠林之蘊諸仁者壽煖及識若捨於身身無覺知同於木石諸
仁者藏識是心執我名意取諸境界說之為識諸仁者心能持身意著諸趣意識遍了
五現分別諸仁者藏識為因生於諸識意及意識又從所緣無間而起五識復待增上緣生
以同時目根為增上故諸仁者身如起屍亦如陽焰隨於諸行因緣而轉非是虛妄亦非真
實為愛所牽性空無我諸仁者意等諸識與心共生五識復與意識同生如是恒時大
地俱轉諸仁者阿賴耶識為愛所熏而得增長自增長已復增餘識如輪不絕以諸識故衆
趣得生於諸趣中識復增長識與世間更互為因如河中流前後不斷如芽與種相續而生
各各差別分明顯現識行亦尒三和合已復更和合差別而生無有斷絕內外衆法因茲而
起一切凡夫不了自心汝諸佛子應勤觀察尒時衆色最勝王菩復向金剛藏菩薩摩
訶薩而作是言　金剛三昧藏　得無所畏者　善入於密嚴　能演一切法　佛及諸佛子
三昧常思惟　所見諸法相　微妙最無比　唯願大智者　為我等宣說　尊者恒安住
摩尼月藏宮　坐於師子座　菩薩衆圍繞　願為諸瑜祇　說密嚴定法　此是月幢佛　為衆而開演
彼衆皆集此　願說而無倦　尒時月幢世尊無量分身在於欲色諸天宮殿有無央數
菩薩及諸天等圍繞供養說密嚴中諸無畏者所修觀行實相之法彼諸菩薩聞說是已
得內證智相應三昧心不樂於本住之樂不住實際即於定中手相觀察心各念言其誰
已見證於實相觀行之首云何而得見斯人乎心生渴仰僉然而住彼諸佛子復更思惟何
者是定云何非定於何所定孰是其定所待之緣作是念已以三昧力見密嚴土中菩薩之
王首戴寶冠三十二相以為嚴飾彼諸菩薩便從定起者上好衣從他方無量佛國而來會
一心瞻仰金剛藏尊尒時金剛藏菩薩摩訶薩周顧四方見諸大衆便生覺念將欲說
法熙怡微笑發和雅音而說偈言　汝等諸佛子　咸應一心聽　定境難可思　非分別所了
定及於定者　定緣亦復然　離諸欲不善　而有於覺觀　寂靜生喜樂　是謂入初禪
如是漸次第　四八至于十　外道著我者　當修此諸定　一切聲聞衆　辟支佛亦然　了知於世間
諸法之自相　蘊處如空宅　此中無有我　無思無動作　如機關起屍　但有三和合　本無能作者
外道修定人　起於空性見　此人迷法相　壞於一切法　若有能修行　如來微妙定　善知無蘊我
諸見悉除滅　一切唯有識　諸法相皆無　無能相所相　無界亦無蘊　分析至微塵　此皆無所住
地水等衆物　皆從分別生　不知其性者　取於如是相　惡色與好色　似色餘亦然　譬如虛空中
雲現等衆象　思惟如實際　遍滿於世間　及遍處相觀　觀於諸大等　身有色無色　定者當諦思
若於緣一心　即緣說清淨　如其所分別　即彼成所緣　非定非定者　妄計以為定　定者在定中
了世皆藏識　法及諸法相　一切皆除遣　擢於勝定者　善說於諸定　破諸修定人　妄習所知法
若人生小智　取法及於我　自謂誠諦言　善巧說諸法　計著諸法相　自壞亦壞他　無能相所相
妄生差別見　甜性能除熱　若醋鹹止淡　辛物變於冷　鹹能止風疾　身中有淡熱　共生於癊病
或復但因風　或三和合起　以病各差別　良醫說衆方　石蜜等六分　庚除諸食等　能除衆生身
種種諸瘧病　若法有自性　及以諸相者　藥無除病能　病者不應差　云何世人見　服藥病除愈
定者觀世間　但是賴耶識　變異而流轉　譬如衆幻獸　無能相所相　蘊與於蘊者　亦無文分殊
及以有支分　世中無能作　而作於世間　[illegible]

BD14109 號 3　大乘密嚴經（地婆訶羅本）卷下　（24–19）

若人生小智　取法及於我　自謂誠諦言　善巧說諸法　計著諸法相　自壞亦壞他　無能相所相
妄生差別見　甜性能除熱　若醋鹹止淡　辛物變於冷　鹹能止風疾　身中有淡熱　共生於癊病
或復但因風　或三和合起　以病各差別　良醫說衆方　石蜜等六分　庚除諸食等　能除衆生身
種種諸瘧病　若法有自性　及以諸相者　藥無除病能　病者不應差　云何世人見　服藥病除愈
定者觀世間　但是賴耶識　變異而流轉　譬如衆幻獸　無能相所相　蘊與於蘊者　亦無文分殊
及以有支分　世中無能作　而作於世間　亦非最十方　微塵之所聚　非物最微細　漸次大如指
二指或復三　諸物轉和合　求那各差別　如是義皆無　非時非勝性　及三法所作　亦非無有因
自然而得有　　斯由業習氣　擾濁於內心　依心及眼根　種種妄分別　意與於意識
及以阿賴耶　普現於世間　如幻作衆物　執著於境界　悉以心為體　非執似執現　是故說為空
世間所有色　諸天宮殿等　皆是阿賴耶　變異而可見　衆生身所有　從頭至手足　頓生或漸次
無非阿賴耶　習氣濁於心　凡愚不能了　此性非是有　亦復非是空　如人以諸物
擊破於瓶等　物體若是空　即無能所破　譬如須彌量　我見未為惡　憍慢而著空
此惡過於彼　空性隨應說　不應演非處　若演於非處　甘露即為毒　一切諸衆生　生於種種見
欲令斷諸見　為說於空理　聞空執為實　不能斷諸見　此見不可除　如病醫所捨　譬如火燒木
木盡火不留　見木若已燒　空火亦應滅　生於智慧火　諸見得滅時　普燒諸惱煩　一切皆清淨
牟尼以此智　密嚴而解脫　不見以兔角　觸壞於大山　曾無石女兒　執箭射於物
未聞欲鬪戰　而求兔角弓　誰復須宮室　令石女兒造　一切法空性　與法常同體　始於胎藏時
色生便滅壞　離空無有色　離色無有空　如月與光明　始終恒不異　諸法亦如是　空性與之一
展轉無差別　所為皆得成　是身如死屍　本來無自性　恒為愛纏縛　境界所牽動　佛說於空理
為欲斷諸見　汝等有智人　宜應一心學　譬如工幻者　以諸呪術力　草木等衆像　隨意之所作
依於眼及愛　作意色與明　如是眼識生　如幻亦如焰　是識無來處　去亦無處所　諸識性如是
不應著有無　譬如石女兒　兔角毛輪等　本來無有體　妄立於名字　師子熊羆類　此皆無有角
何故不分別　唯言兔角無　善巧談論者　豈不能宣說　古先諸智人　但說兔無角　惑者妄分別
如瘖及聾瞽　斯人無現智　不能自證法　但隨他語轉　何用分別為　若離於分別　當生密嚴土
一心而定中　普現十方國　譬如天宮殿　衆星及日月　依止須彌山　風力所持運
七識亦如是　依於阿賴耶　習氣之所持　處處恒流轉　譬如依大地　發生種種物　一切諸含情
乃至衆珍寶　藏識亦如是　衆識之所依　譬如天宮殿　衆星及日月　依止須彌山
風力所持運　七識亦如是　依於阿賴耶　習氣之所持　處處恒流轉　譬如依大地　發生種種物
一切諸含情　乃至衆珍寶　藏識亦如是　衆識之所依　　譬如孔雀鳥　毛羽多光色
雄雌相愛樂　鼓舞共歡遊　定者觀賴耶　應知亦如是　種子及諸法　展轉相依住　譬如百川流
日夜歸大海　川流無有盡　海亦不分別　藏識亦如是　甚深無有涯　諸識之習氣　日夜常歸住
如地有衆寶　及餘種種物　給施諸衆生　隨其所受用　藏識亦如是　與諸分別俱　增長於生死
轉依成正覺　善行清淨行　出過於十地　入如來地中　十力皆圓滿　正住於真際　常恒不壞滅
如地無分別　應化無有窮　如春衆花發　人鳥皆愛玩　執持識亦然　定者多迷惑　如是諸佛子
無盡雖真實　於義不善知　妄言生妄定　非法雜聞語　誑惑於衆生　諸法別異住　而別起言說
譬如工幻師　善閑於呪術　於無花果處　現種種花果　如是佛菩薩　善巧方便智　世間別異住
刹土而安立　說種種文句　於海無際已　大定真解法　密嚴中顯現　六界與十八　十二處丈夫

BD14109 號 3　大乘密嚴經（地婆訶羅本）卷下　（24–20）

如地有衆寶 及餘種種物 給施諸衆生 隨其所資用 藏識亦如是 與諸分別俱 增長於生死
轉依成正覺 善行清淨行 出過於十地 入如來地中 十力皆圓滿 而住於真際 常恒不壞滅
如地無分別 應化無有窮 如春衆花發 人鳥皆悅翫 執持識亦然 定者之遊處 如是諸佛子
無慧離真實 於我不善知 妄言生決定 非法離聞誤 誑惑於衆生 諸法別異性 而別起言說
譬如工幻師 善用於呪術 於無花果處 現種種花果 如是佛菩薩 善巧方便智 世間別異性
別異而安立 說種種教門 諍論無終已 決定真實法 密嚴中顯現 六界與十八 十二處丈夫
意經之所牽 衆生以流轉 八識諸界處 共起而和合 從於意經轉 前身復後身 佛說此丈夫
隨世因流轉 是一切身者 續生無斷絕 尒時金剛藏菩薩摩訶薩說諸界處丈
夫義已 摩尼寶藏清淨宮中已得無畏諸大菩薩皆前頂禮 又有無量佛菩薩衆
從諸國土來此會者同聲讚曰 善哉善哉 衆中復有無量菩薩諸天及諸天女皆從
座起合掌而立 遞相瞻顧而說偈言 一切定者中 惟仁為上首 今為諸菩薩
說微妙丈夫 遠離於外道 着我等之論 如仁所宣示 六界淨丈夫 但是諸界合 隨因以流轉
譬如虛空中 有鳥跡明現 亦如離於木 而火得熾然 空中鳥跡現 離木而有火 我及諸世間
未曾見是事 鳥飛以羽翰 空中無有跡 仁者說丈夫 與鳥跡相似 云何於諸有 得有輪迴義
而說界丈夫 常流轉生死 受諸苦樂果 所作業無失 如農作夫業 未嘗不得果
此果成熟已 後果當復生 身者亦復然 往身修善行 前生後生處 恒受人天樂 或常修福德
資糧為佛因 解脫及諸度 速成於正覺 生天自在果 觀行見真我 若離丈夫 一切悉無有
有丈夫流轉 在於生死中 下從阿鼻獄 上至諸天處 是業必生果 所作不唐捐
若內外世間 手力而生起 此法似於彼 彼從於此生 雖離丈夫 得有輪迴者 如言石女子
威儀而進退 兔角有銛利 沙中能出油 尒時會中諸菩薩天及天女說是語已皆共供
養所應供者金剛藏尊并諸菩薩 供養畢已復共同心而說偈言
法眼具無缺 因喻皆莊嚴 能伏他人論 顯示自宗德 是故大精進 宜應速開演 此會天人等
一心皆願聞 尒時金剛藏菩薩摩訶薩以偈答曰 此法深難思 分別不能及
瑜伽清淨理 因喻所開敷 密嚴修定處 於中我宣說 汝等諸天人 咸應一心聽 尒時金剛
藏菩薩摩訶薩說是語已 復向大樹緊那羅王而說偈言 大樹緊那羅 汝應知法性
諸法云何住 住空無所有 如是見相應 於定不迷惑 如飯一粒熟 餘粒即可知 諸法亦復然
知一即知彼 譬如積聚者 喻之以指端 如是諸法性 可以一觀察 法性非是有 亦復非是空
藏識之所變 藏以空為相 尒時大樹緊那羅王以偈問曰 云何心量中 而有界丈夫
云何生諸界 堅濕及煖動 尒時金剛藏菩薩摩訶薩聞是語已偈答之言
善哉大樹王 汝今作是問 欲令修行者 其心諸真實 我今為汝說 琴師應善聽 汝昔乘宮殿
并諸眷屬俱 鼓樂從空下 而來詣佛所 汝手所鳴琴 瑠璃以為飾 撫奏聲和雅 悅動於衆心
無量諸聲聞 在佛所觀聽 不能持本志 各自起而舞 時天冠大士 告迦葉等言
汝等離欲人 云何而舞戲 是時大迦葉 白彼天冠士 菩薩有大力 譬如旋嵐風 聲聞無定智
如黑山搖動 雖離惑分別 尚滌習氣泯 彼捨諸習氣 心淨當成佛 汝於微細境
其心已通達 種種世論中 明了而決定 善於諸地相 及佛清淨法 汝在宮殿中 眷屬所圍繞
清淨而嚴好 譬如盛滿月 能於修觀行 自在之衆中 問我界丈夫 云何從心起 汝及諸佛子
咸應一心聽 如其諸界內 心名為丈夫 諸界因此生 是義我當說 津潤生於水 炎盛生於火

BD14109 號 3 大乘密嚴經（地婆訶羅本）卷下 （24–21）

無量諸聲聞 在佛所觀聽 不能持本志 各自起而舞
汝等離欲人 云何而舞戲 是時大迦葉 白彼天冠士 菩薩有大力 譬如旋嵐風 聲聞無定智
如黑山搖動 雖離惑分別 尚滌習氣泯 彼捨諸習氣 心淨當成佛 汝於微細境
其心已通達 種種世論中 明了而決定 善於諸地相 及佛清淨法 汝在宮殿中 眷屬所圍繞
清淨而嚴好 譬如盛滿月 能於修觀行 自在之衆中 問我界丈夫 云何從心起 汝及諸佛子
咸應一心聽 如其諸界內 心名為丈夫 諸界因此生 是義我當說 津潤生於水 炎盛生於火
動搖諸作業 因斯起風界 從於色分齊 有地及虛空 境界與諸習 識生而會聚 眼及於色等
相狀各不同 此為生廣門 諸有恒相續 尒時摩尼寶藏自在宮中特進菩薩與無量菩
薩俱從座而起 稽首作禮 持諸妙供而以供養金剛藏尊 復張寶網彌覆其上 同聲
讚曰 善哉善哉而說頌言 尊者住法雲 善入於佛地 能為諸菩薩 開示如來境
尒時大樹緊那羅王并諸婇女復持種種妙好供具以為供養 供養畢已偈讚之曰
善哉金剛藏 得無所畏者 為我等開演 如來微妙法 令此摩尼殿 清淨最吉祥
尒時聖者觀自在菩薩慈氏菩薩得大勢菩薩文殊師利菩薩寶髻菩薩天冠菩薩
總持王菩薩一切義成菩薩如是等菩薩摩訶薩及餘無量修觀行者皆是佛子有大
威德 善能開示觀行之心 悉從座起 互相觀察 同向金剛藏菩薩摩訶薩而說偈言
惟願金剛尊 顯示於法眼 尊者善地相 一切咸綜知 如來常合持 佛子所宗敬 今此大力衆
同心而勸請 瑜伽自在者 願示於密嚴 普令諸世間 得所未曾有 此法最清淨 遠離於言說
化佛諸菩薩 經中未開演 諸聖現法樂 見真無漏界 自覺智所行 清淨最無比 具足衆三昧
及以陀羅尼 諸自在解脫 意生身十種 嚴淨佛國土 不可思議數 及佛諸菩薩 身量如微塵
乃至如毛端 百分中之一 密嚴佛國土 諸土中最勝 如是觀行者 來生於是間 此皆何所因
佛子願宣說 尒時金剛藏菩薩摩訶薩三十二相八十種好莊嚴其身 為欲宣示無
分別離分別者佛法眼如師子王 普觀衆會 知其智力堪能聽受 即以梵聲迦陵伽聲
廣長舌相清美之聲 其聲決定 衆所悅可 無有麁獷 調柔簡暢 揵闥摩聲 烏枕多
聲 悉利多聲 雅沙婆聲 般遮摩聲 毗盧瑜伽度路等聲 皆悉具足 無量功德而共相
相應 不令聽者其心迷著 善能了達音聲之相 一切天人乾闥婆等莫不欣與金剛藏菩
薩摩訶薩口無言說 以本願力於其身上肩頸項鼻乃至肩膝猶如變化自然而出如是
之音 為諸大衆演說法眼 譬如鵝王羣鵝翼從在沙汀上 素潔嚴好 金剛藏大精進者住
於自在清淨之宮 諸佛子衆所共圍繞 嚴潔亦尒 如空中朗月光映衆星 金剛藏菩薩亦
復如是 處師子座 映蔽一切諸修行者 如月與光無有差別 佛與金剛菩薩亦復如是等
無有異 尒時如實見菩薩摩訶薩住修行地衆中上首 從座而起 合掌恭敬 觀諸菩薩
說是偈言 嗚呼大乘法 微妙不思議 如來之境界 佛子應頂禮 無思離諸法 希有甚難遇
一切國土中 諸佛所觀察 大乘真實義 清淨無垢倫 遠離諸分別 轉依之妙道 八種識境界
諸自性不同 五法及無我 差別而開示 五種習所纏 生諸惡分別 見此微妙法 清淨如真金
得於清淨者 即住佛種姓 如來姓微妙 非外道聲聞 一切國土中 密嚴為最上 種姓成就已
而來生此國 尊者金剛藏 已得何三昧 所說清淨法 是何三昧境 尒時會中有無量菩薩
衆稽首作禮而說偈言 大智金剛藏 願為我開演 住何三昧中 而能說是法 此諸佛子等
一切皆願聞 尒時金剛藏菩薩大無畏者普觀衆會 智慧之力為住聽受不思議法為

BD14109 號 3 大乘密嚴經（地婆訶羅本）卷下 （24–22）

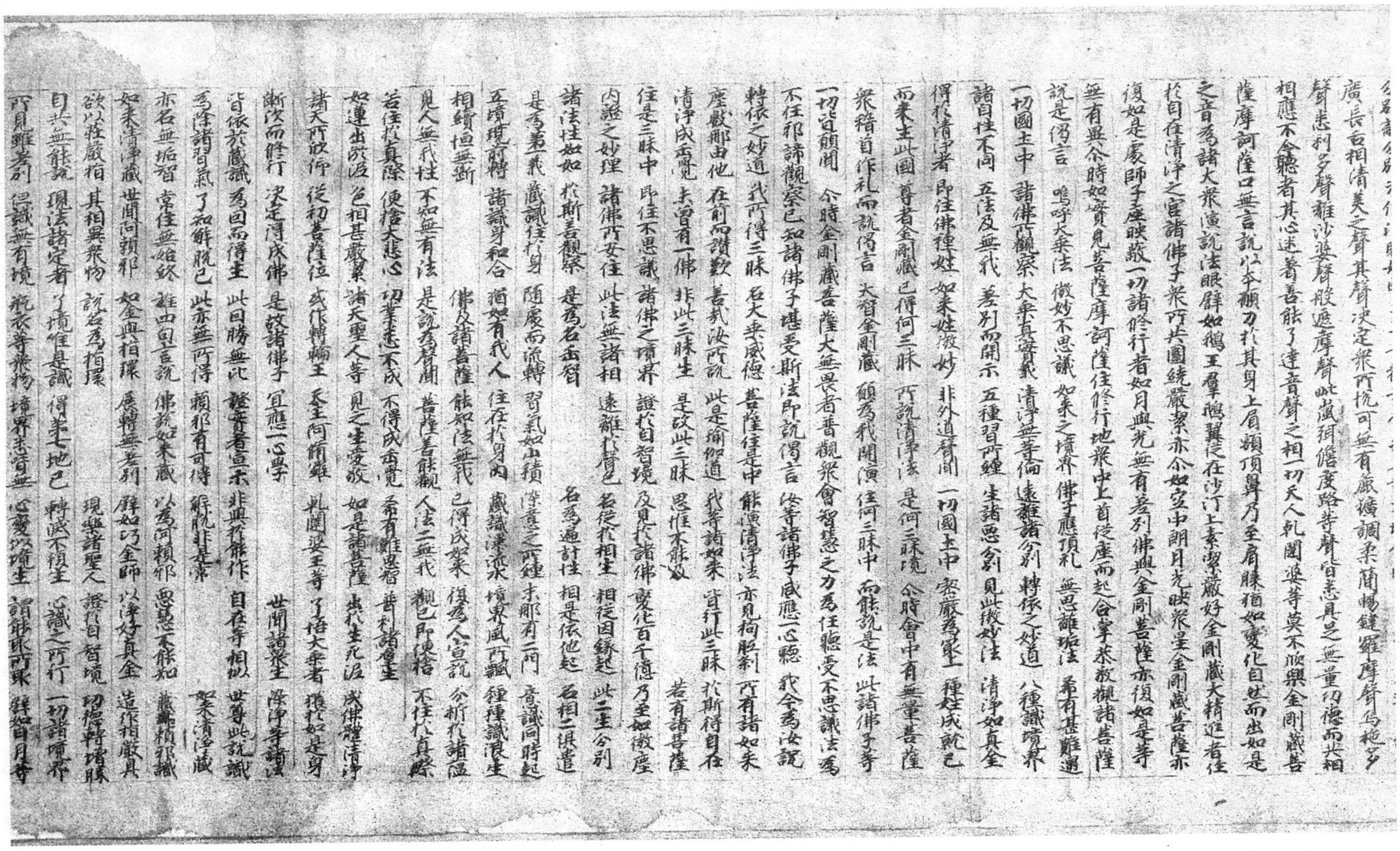

BD14109號 3　大乘密嚴經（地婆訶羅本）卷下　（24–23）

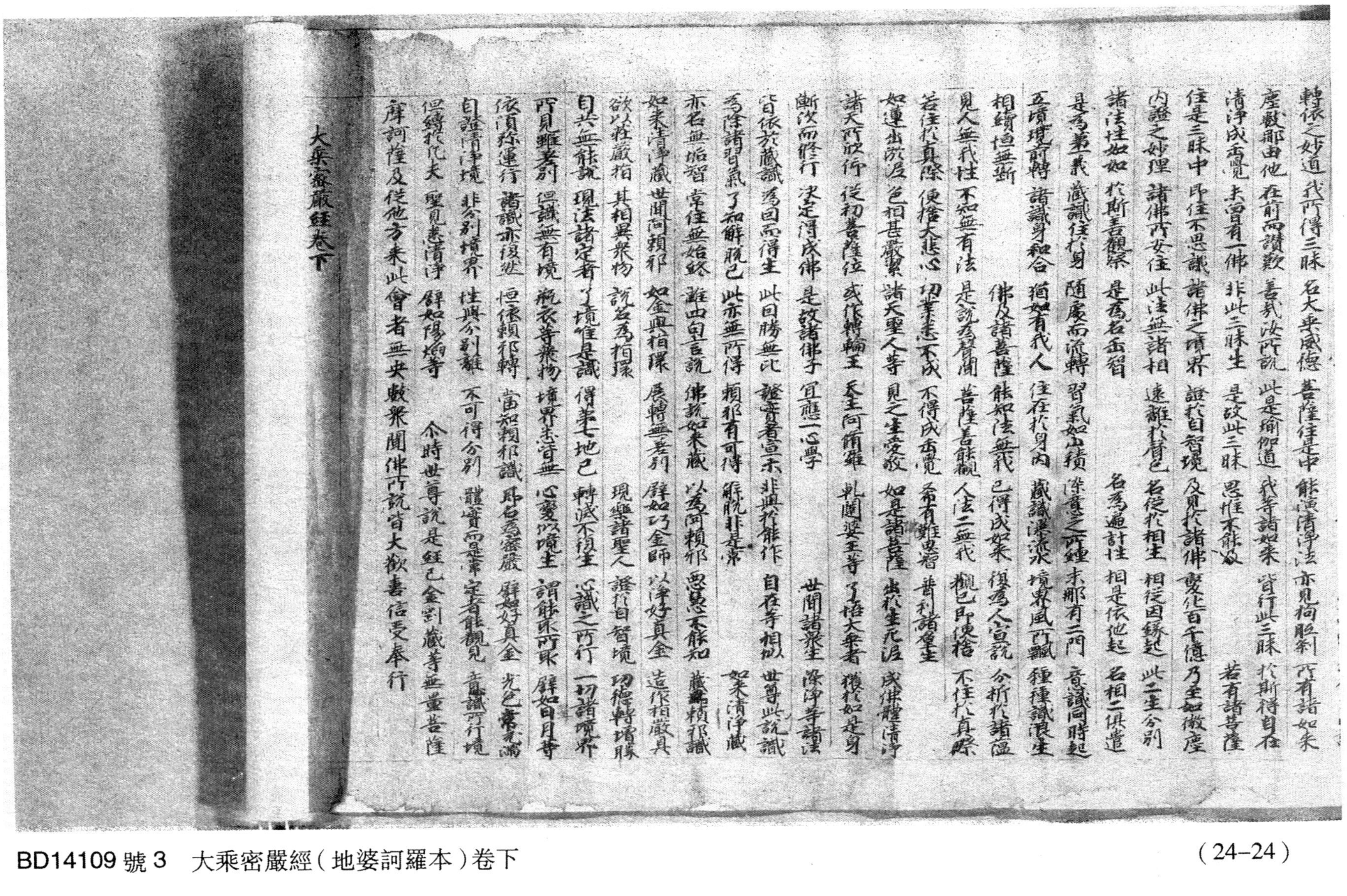

BD14109號 3　大乘密嚴經（地婆訶羅本）卷下　（24–24）

BD14110 號背　現代護首　　（1–1）

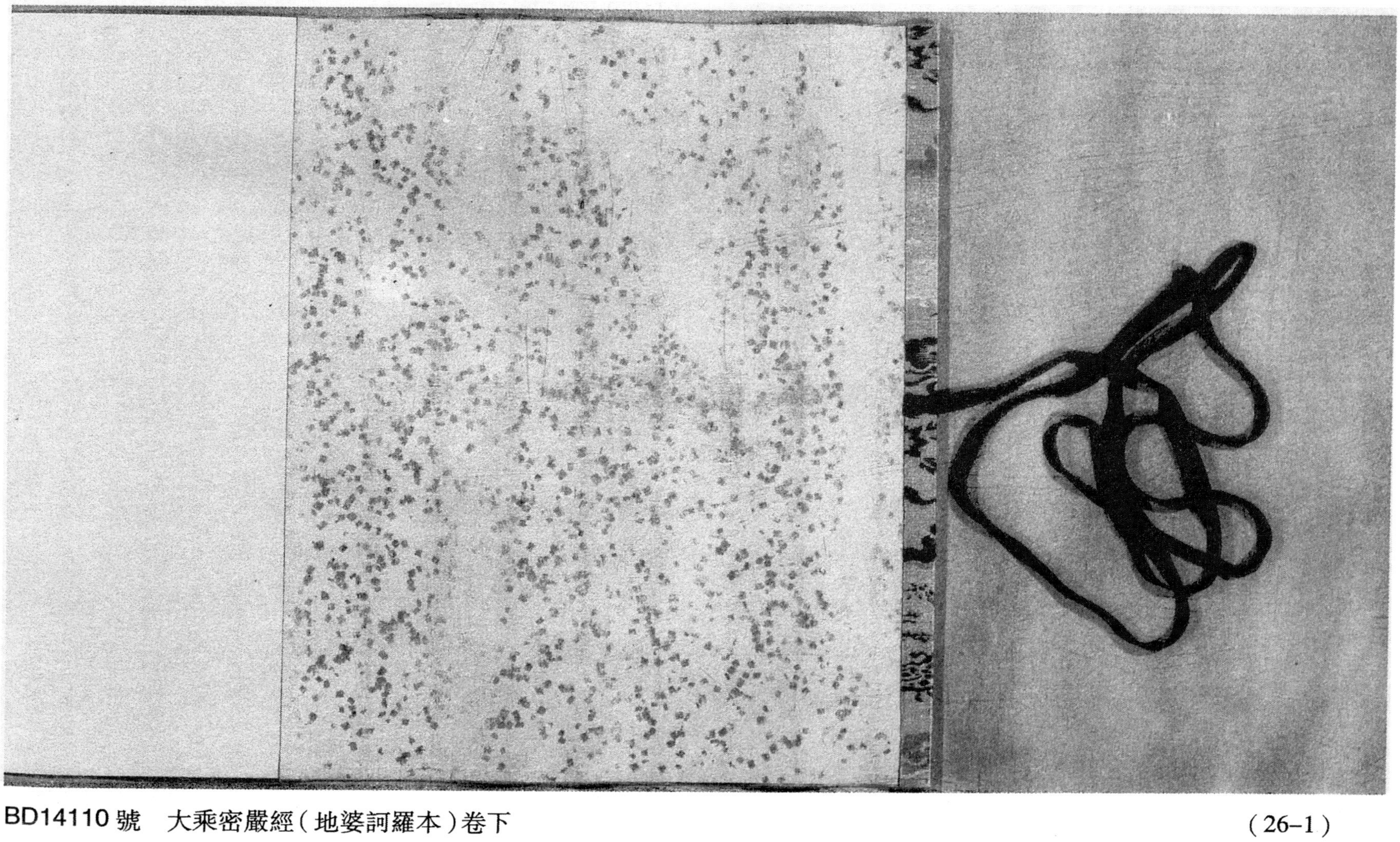

BD14110 號　大乘密嚴經（地婆訶羅本）卷下　　（26–1）

大乘密嚴經自識境界品第七　卷下
尒時金剛藏菩薩摩訶薩遍觀十方從髮珠
中放光明其光普照一切國及密嚴中諸
菩薩衆放斯光已即告如實見菩薩言仁
主雪山之中有一惡獸名爲能害變作百
千以取諸獸煞之而食若見北廂有子之者
便爲聲悲鳴相呼若見北廂便現有角與
其相似而往親附彼无驚懼煞而食之見牛
馬等種種諸獸悉同彼形而肆其惡仁主一
切外道於阿賴耶所生我見亦復如是如彼
惡獸變種種形著我之人所執我相各各差
別乃至微小由如微塵仁主是諸我執於阿
[illegible]住不住於餘但住自識計我之人計我[illegible]

BD14110 號　大乘密嚴經（地婆訶羅本）卷下　（26–2）

馬等種種諸獸悉同彼形而肆其惡仁主一
切外道於阿賴耶所生我見亦復如是如彼
惡獸變種種形著我之人所執我相各各差
別乃至微小由如微塵仁主是諸我執於阿
而住不住於餘但住自識計我之人計我與意
相境和合意等和合而有識生本无有我
如衣與花和合而有香氣未和合時无香
可得是故當知但唯有識心及心法无別
有我如篋中葉如籠中燈如伊尸迦文闍之
草而可得者但以因緣心心法生此中无我
亦无有生微妙一相本來寂靜是諸佛菩
薩觀行之人內證境界諸外道等不了唯
識生於我見无知法智而強分別執著有
无若一若多我我所論如彼惡獸多所傷
煞此亦如是令諸衆生於生死中馳鶩往
來不肯親近佛及菩薩諸善知識展轉
遠離无歸向時違背聖道失於己利於三
乘中乃至不得一乘之法焉取所縛不見
真諦不得預於密嚴之土乃至名字亦不
得聞仁主諸觀行人咸於此識淨除我見法及
諸菩薩摩訶薩亦應如是既自勤脩復爲人
說令其速入密嚴佛土
大乘密嚴經阿賴耶微密品第八
尒時衆中有菩薩名曰寶手白衆色最勝王
言王應請問金剛三昧藏住三昧者一切
世間所有衆法離諸分別及以名字不相
[illegible]

BD14110 號　大乘密嚴經（地婆訶羅本）卷下　（26–3）

大乘密嚴經阿賴耶微密品第八
尒時衆中有菩薩名曰寶手白衆色最勝王
言王應請問金剛三昧藏住三昧者一切
世間所有衆法離諸分別及以名字不相
應名相應之名彼法自住於何而住此諸
佛子專心顒聞時衆色最勝王即隨其
義而問之曰
名相等境界　一切世間法　爲唯是分別　爲離分別有
如其所立別　是名何所住　金剛自在者　願爲我宣說
尒時金剛藏菩薩摩訶薩以偈荅曰
世間種種法　一切唯有名　但想所安立　離名无別義
四蘊唯名字　是故說爲名　如名摩納婆　但名无有體
佛及諸佛子　說名唯在相　離相而有名　不作是分別
是故依於相　分別種種名　譬如袟上等　此皆无有實
凡夫所分別　莫不皆依相　是故世間法　離相即皆无
乳衣車乘等　名言可分別　色相雖可說　體性无所有
世間衆色法　但相无有餘　唯依相立名　是名无實事
王應觀世法　離名无所有　但以分別心　而生於取著
若離於分別　取著即不生　无生即轉依　證於无盡法
是故大王等　常應觀想事　但是分別心　離此即无有
形相體增長　散壞質與身　如是等衆名　皆唯色之想
相名及分別　體性分无異　隨於世俗義　建立而不同
若信離名字　而求於物體　過去及未來　此皆无所得
以名分別法　法不稱於名　諸法性如是　不住於分別
以法唯名故　相即无有體　相无名亦无　何處有分別
若得无分別　身心恒寂靜　如木火燒已　畢竟不復生

BD14110號　大乘密嚴經（地婆訶羅本）卷下　（26-4）

若信離名字　而求於物體　過去及未來　此皆无所得
以名分別法　法不稱於名　諸法性如是　不住於分別
以法唯名故　相即无有體　相无名亦无　何處有分別
若得无分別　身心恒寂靜　如木火燒已　畢竟不復生
能知諸識起　无有所知法　所知唯是名　世法悉如是
以名分別法　法不稱於名　諸法性如是
不住於分別　以法唯名故　相即无有體　相无名亦无
何處有分別　若得无分別　身心恒寂靜　如木火燒已
畢竟不復生　譬如人負擔　是人名擔者　隨其擔有殊
擔者相差別　名如所擔物　分別名擔者　以名種種故
分別各不同　如見杌爲人　見人以爲杌　人杌二分別
但有於名字　諸大和合中　分別以爲色　若離於諸大
色性即无有　如得依瓶處　瓶衣名亦然　捨名而取瓶
瓶終不可得　瓶不住瓶體　名豈住於名　二合生分別
名量亦非有　住於如是定　其心不動搖　譬如金石等
本來无水相　與火共和合　若水而流轉　藏識亦如是
體非流轉法　諸識共相應　與法同流轉　如鐵因慈石
周迴而轉移　二俱无有思　狀若有思覺　賴耶與七識
當知亦復然　習繩之所牽　无人而若有　普遍衆生身
周行諸險趣　如鐵與慈石　展轉不相知　或離於險道
而得住諸地　神通自在力　如幻首楞嚴　乃至陀羅尼
莫不皆成滿　讚佛實功德　以之爲供養　或現无量身
一身无量手　肩頭口及舌　展轉皆无量　往詣十方國
供養諸如來　或以衆妙花　寶衣及瓔珞　其積甚高廣
如須彌等山　供養於如來　及以諸菩薩　或作寶宮殿
如雲備衆彩　化現諸天女　遊處於其中　妓樂衆妙音
供養於諸佛　或與諸菩薩　遊止常共俱　一切衆觀心

BD14110號　大乘密嚴經（地婆訶羅本）卷下　（26-5）

一身無量手　無量口及舌　其數皆無量　稱讚十方國
供養諸如來　或以衆妙花　寶衣及瓔珞　其積甚高廣
如須彌等山　供養於如來　及以諸菩薩　或作寶宮殿
如雲備衆彩　化現諸天女　遊處於其中　妓樂衆妙音
供養於諸佛　或與諸菩薩　遊止常共俱　一切衆魔心
自在而降伏　得自證三昧　已轉於所依　闡揚五種法
八識及無我　相續無斷絕　一心而供養　或見身為小
其量如微塵　復現為大身　無邊不可測　種種諸色相
以供養如來　或於身身中　普納諸世界　復以諸世界
置之於芥子　大海為牛跡　牛跡海亦然　是中諸衆生
身心無所嬈　一切所資用　平等而饒益　如日月如地
如水及火風　又如大寶洲　亦如良妙藥　諸法不生滅
不斷亦不常　一異及來出　如是悉無有　妄立種種名
是為遍計性　諸法猶如幻　如夢與乾城　陽焰水中月
火龍雲電等　此中妄所取　是為遍計性　種種諸名字
說於種種法　此皆無所有　是為遍計性　一切世間法
不離於名色　斯皆但有名　離名無別義　如是遍計性
我說為世間　眼色等為緣　而起三和合　習依得熾發
是從他種生　宮殿及軌衣　無非衆緣起　衆生若諸法
此悉依他性　若法是無漏　其義不可捨　證智所從生
此性名真實　諸法相差別　已說其自性　諸法不明了
如人以衆物　幻作種種形　色相雖不同　性皆無決定
世事悉如是　種種皆非實　妄情之所執　遍計無有餘
譬如摩尼寶　隨色而像現　世間亦復然　但隨分別有
體用無所在　是為遍計性　如乾闥婆城　非城而似城
亦非無有因　而能如是見　世間種種物　應知悉亦然
日月及諸山　屋宅樓雲等　體相各差別　未曾有雜亂



譬如摩尼寶　隨色而像現　世間亦復然　但隨分別有
體用無所在　是為遍計性　如乾闥婆城　非城而似城
亦非無有因　而能如是見　世間種種物　應知悉亦然
日月及諸山　屋宅樓雲等　體相各差別　未曾有雜亂
自他及與共　體性皆不成　但是所分別　遍計之自性
諸物非因生　亦非無有因　若有若非有　此皆情所執
名依於相起　二從分別生　正智及如如　遠離於分別
心如相顯現　相為意所依　意及五心生　猶如海波浪
習氣無有始　境界亦復然　心因習氣生　境令心惑亂
依止賴耶識　一切諸種子　心如境界現　是說為世間
七識阿賴耶　展轉力相生　如是八種識　不常亦不斷
一切諸世間　似有而安布　有計諸衆生　我等三和合
發生種種識　了別於諸境　或有妄計言　作者業因故
生於梵天等　內外諸世間　世間非作者　業及微塵作
但是阿賴耶　變現似相境　藏識非緣作　藏亦不作緣
諸識雖流轉　無有二和合　賴耶體常住　衆識與之俱
如輪與水精　亦如星共月　從此生習氣　新新自增長
復增長餘識　餘識亦復然　如是常輪轉　悟者心方息
譬如火燒木　漸次而轉移　此木既已燒　復更燒餘木
依止賴耶識　無漏心亦然　漸除諸有漏　永息輪迴法
此是現法樂　三昧之境界　衆聖由斯道　普詣十方國
如金在礦中　無有能見金　智者善陶鍊　真金乃明顯
藏識亦如是　習氣之所纏　三昧淨除已　定者常明見
如酪未攢搖　蘇終不可見　是故諸智者　攢酪而得蘇
藏識亦復然　諸識所纏覆　密嚴諸定者　勤觀乃能得
密嚴是大明　妙智之殊勝　佛子勤修習　當生此國中

藏識亦如是　習氣之所纏　三昧淨除已　定者常明見
如酪未攢搖　蘇終不可見　是故諸智者　攢酪而得蘇
藏識亦復然　諸識所纏覆　密嚴諸定者　勤觀乃能得
密嚴是大明　妙智之殊勝　佛子勤修習　當生此國中
色及無色界　空識非非想　於彼常勤修　而來生此處
此中諸佛子　威光循日月　住於修行地　演說相應音
如來所證法　隨見而依轉　一切佛世尊　灌頂受其位
雖住密嚴土　應物隨所宜　在空而變化　若見或聞法
爾時金剛藏菩薩摩訶薩復告大衆諸
仁者阿賴耶識從無始已來為戲論熏習
諸業所計輪迴不息如海因風起諸識浪恒
生恒滅不斷不常而諸衆生不自覺知隨
於自識現衆境界若自了知如火焚薪即皆
息滅入無漏位名為聖人諸仁者阿賴耶識
變似衆境彌於世間染意挐緣執我我所
識於境各各了別諸仁者心積集業意亦
復然意識了知種種諸法五識分別現前境
界如翳目者見似毛輪於似色心中非色計
色諸仁者如摩尼寶體性清淨若有置於
日月光中隨其所應各雨其物阿賴耶識亦
復如是是諸如來清淨之藏與習氣合變似
衆色周於世間若無漏相應即雨一切諸
衆功德法如乳變異而成於酪乃至略漿阿
賴耶識亦復如是變似一切世間衆色如翳目
者以翳病故見似毛輪一切衆生亦復如是
以習氣翳住藏識眼生諸似色此所見色譬

BD14110 號　大乘密嚴經（地婆訶羅本）卷下　（26–8）

衆功德法如乳變異而成於酪乃至略漿阿
賴耶識亦復如是變似一切世間衆色如翳目
者以翳病故見似毛輪一切衆生亦復如是
以習氣翳住藏識眼生諸似色此所見色譬
如陽焰遠離有無皆阿賴耶之所變現諸仁
者依於眼色有似色識如幻而生住於眼中
其相飄動如熱時焰諸仁者一切衆色皆阿
賴耶與色習相應變似其相非別有體同
於愚夫妄所分別諸仁者一切衆生若坐若
卧若行若立惛醉睡眠乃至狂走莫不皆
是阿賴耶識譬如威日照光燭地地蒸飄
動猶如水流渴獸迷惑向之奔走阿賴耶
識亦復如是體性非色而似色現分別之人
妄生取著如慈石力令鐵動移雖無有心似
有心者阿賴耶識亦復如是為生死法之
所攝持往來諸趣非我似我如水中有物
雖無思覺而隨於水流動不住阿賴耶識
亦復如是雖無分別依身運行如有二烏捅
力而鬪若一被傷退而不復阿賴耶識應
知亦然斷諸染分更不流轉譬如蓮花出離
於泥皎潔清淨離諸塵垢諸天貴人見之
珍敬阿賴耶識亦復如是出習氣泥而得明
潔為諸佛菩薩大人所重如有妙寶世所
希絕在愚下人邊常被污賤智者得已屬
之於王用飾寶冠為王所戴阿賴耶
識亦復如是是諸如來清淨種性於凡夫

BD14110 號　大乘密嚴經（地婆訶羅本）卷下　（26–9）

潔爲諸佛菩薩大人所重如有妙寶世所
希絕在愚下人邊常被汚賤智者得已獻
之於王用飾寶冠爲王所戴阿賴耶
識亦復如是是諸如來清淨種性於凡夫
位恒被雜染菩薩證已斷諸習氣乃至
成佛常所寶持如美玉在水奩衣所覆阿
賴耶識亦復如是在生死海爲諸惡習覆
而不見諸仁者阿賴耶識有能取所取
二種相生如虵有二頭所樂同往此亦如是
與色相俱世間之取取之爲色計我我所
若有若无能作世間於世自在諸仁者阿
賴耶識雖種種變現而住甚深无智之人
不能覺了譬如幻師幻作諸獸或行或走
相似衆生都无定實阿賴耶識亦復如是
幻作種種世間衆生而无實事凡愚不
了妄生取着起微塵勝性自在丈夫有
无等見諸仁者意能分別一切世間是分
別見如畫中質如雲中形如瞖夢者所
見之物如旦陁羅弓如乾闥婆城如
谷響如陽燄水如爪影樹如池像月分
別之人於阿賴耶如是妄取若有於此
能正觀察知諸世間皆是自心是分別見
即皆轉滅諸仁者阿賴耶識是意等諸
法習氣所依爲分別心之所擾濁若離分
別即成无漏无漏即常猶如虛空若諸菩
薩於阿賴耶而得三昧則生无漏禪定



即皆轉滅諸仁者阿賴耶識是意等諸
法習氣所依爲分別心之所擾濁若離分
別即成无漏无漏即常猶如虛空若諸菩
薩於阿賴耶而得三昧則生无漏禪定
解脫及方便力自在神通如是等諸功
德法十究竟願意生之身轉於所依識
界常住同虛空住不壞不盡諸仁者如
來善見一切世間无有增減歆涅槃者非
是壞滅亦无非衆生而今始生十方國土
同一法性諸佛出世不出世間一切諸法住
於法性不常不斷若解脫者衆生界滅
即壞如來一切智性去來今佛所知之法
不得平等又若涅槃衆生滅者離於
苦有餘无餘降魔等事皆是妄說是故
當知諸觀行者證於解脫其身常住離
衆有蘊滅諸習氣譬如熱鐵投之冷水
熱勢雖除而鐵不壞此亦如是諸仁者阿
賴耶海爲戲論麁重所擊五法三性諸
識波浪相續而生所有境界其相飄動
於无義處中似義而現諸仁者阿賴耶
識行於諸蘊稠林之中意爲先導意識
決了色等衆境五識依根了現境界
所取之境莫不皆是阿賴耶識諸仁者
阿賴耶識與壽命煖觸和合而住意住
於此識復住意所餘五識亦住自根諸仁
者心意及識住於諸蘊爲業所牽流轉

所取之境莫不皆是阿賴耶識諸仁者
阿賴耶識與壽命煖觸和合而住意住
於此識復住意所餘五識亦住自根諸仁
者心意及識住於諸蘊為業所牽流轉
不自諸所有業因愛而起以業受身身
復造業捨此身已更受餘身如步屈蟲
行心及心法生於諸趣復更積集稠林
之蘊諸仁者壽煖及識若捨於身身無
覺知同於木石諸仁者藏識是心執我名
意取諸境界說之為識諸仁者心能持
身意者諸趣意識遍了五境分別諸仁者
藏識為因生於諸識意及意識又從所緣
無間而起五識復待增上緣生以同時自
根為增上故諸仁者身如起屍亦如湯[illegible]
隨於諸行因緣而轉非是虛妄亦非真
實為愛所牽住空無我諸仁者意等諸
識與心共生五識復與意識同生如是恒時
大地俱轉諸仁者阿賴耶識為愛所熏而
得增長自增長已復增餘識如輪不絕以
諸識故衆趣得生於諸趣中識復增長恒
與世間更互為因如河中流前後不斷如
牙與種相續而生各各差別分明顯現識行
亦尔三和合已復更和合差別而生無有
斷絶内外衆法因茲而起一切凡夫不了自
心佛諸弟子應勤觀察尔時衆色最
勝王等復向金剛藏菩薩摩訶薩而作

BD14110號　大乘密嚴經（地婆訶羅本）卷下　（26–12）

牙與種相續而生各各差別分明顯現識行
亦尔三和合已復更和合差別而生無有
斷絶内外衆法因茲而起一切凡夫不了自
心佛諸弟子應勤觀察尔時衆色最
勝王等復向金剛藏菩薩摩訶薩而作
是言
金剛三昧藏　得無所畏者　善入於密嚴　能演一切法
佛及諸佛子　三昧正思惟　所觀諸法相　微妙寂無比
惟願大智者　為我等宣說　尊者恒安住　摩尼月藏宮
坐於師子座　菩薩衆圍繞　願為諸瑜祇　說密嚴定法
此是月幢佛　為衆所開演　彼衆甫來此　願說而無倦
尔時月幢世尊無量分身在於欲色諸天
宮殿有無央數菩薩及諸天等圍遶供養
說密嚴中說無畏者所脩觀行實相之
相彼諸菩薩聞說是已得内證智相應
三昧心不樂於正位之樂不住實際即於
定中手相觀察心各念言其誰已見證於
實相觀行之首云何而得見斯人乎心生
渴仰僉然而住彼諸佛子復更思惟何者
是定云何非定於何所定孰是其定所
待之緣作是念已以三昧力見密嚴土中
菩薩之王首戴寶冠三十二相以為嚴
飾彼諸菩薩便從定起着上妙衣從
於他方無量佛國而來此會一心瞻仰金剛
藏菩薩摩訶薩周顧四方見諸大衆便
生覺念將欲說法熙怡微笑發和雅音
而說偈言

BD14110號　大乘密嚴經（地婆訶羅本）卷下　（26–13）

菩薩之王首戴寶冠三十二相以爲嚴
飾彼諸菩薩便從定起著上妙衣從
於他方无量佛國而來此會一心瞻仰金剛
藏菩薩摩訶薩周顧四方見諸大衆便
生覺念將欲說法熙怡微笑發和雅音
而說偈言
汝等諸佛子　咸應一心聽　定境難可思　非分別所了
定及於定者　定緣亦復然　離諸欲不善　而有於覺觀
寂靜生喜樂　是謂入初禪　如是漸次第　四八至于十
外道著我者　常修此諸定　一切聲聞衆　辟支佛亦然
了知於世間　諸法之自相　蘊處如空虛　此中无有我
无思无動作　如機關起處　但有三和合　本无能作者
外道修定人　起於空性見　此人迷法相　壞於一切法
若有能修行　如來微妙定　善知蘊无我　諸見悉除滅
一切唯有識　諸法相皆无　无能相所相　无果亦无蘊
分析至微塵　此皆无所住　地水等衆物　皆從分別生
不知其性者　取於如是相　惡色與好色　似色餘亦然
譬如虛空中　雲晚等衆彩　思惟如骨鏁　遍滿於世間
及遍處想觀　觀於諸大等　身有色无色　定者常諦思
若於緣一心　即緣說清淨　如其所分別　即彼成所緣
非定非定者　妄計以爲定　定者在定中　了世皆藏識
法及諸法相　一切皆除遣　獲於勝定者　善說於諸定
破諸修定人　妄智所習法　若人生小智　取法及於我
自謂成諦言　善巧說諸法　計著諸法相　自壞亦壞他
无能相所相　妄生差別見　相住能除熱　皆斷鹹心涘
辛物處於冷　鹹能風疾　身中有淡熱　共生於癰病
或復但因風　或三和合起　以病各差別　良醫就衆方

BD14110號　大乘密嚴經（地婆訶羅本）卷下　（26–14）

法及諸法相　一切皆除遣　獲於勝定者　善說於諸定
破諸修定人　妄智所習法　若人生小智　取法及於我
自謂成諦言　善巧說諸法　計著諸法相　自壞亦壞他
无能相所相　妄生差別見　相住能除熱　皆斷鹹心涘
辛物處於冷　鹹能風疾　身中有淡熱　共生於癰病
或復但因風　或三和合起　以病各差別　良醫就衆方
石蜜并六分　庚沙諸食等　能除衆生身　種種諸癰病
若法有自性　及以諸相者　藥无除病能　病者不應差
云何世人見　服藥病除愈　定者觀世間　但是賴耶識
變異而流見　譬如衆幻獸　无能相所相　蘊與於蘊者
亦无支分殊　及以有支分　世中无能作　而作於世間
亦非散十方　微塵之所聚　非初最微細　漸次大如宿
二相或復三　諸法轉和合　求那各差別　如是義皆无
非時非勝性　及三法所作　亦非无有因　自然而得有
斯由業習氣　積滴於內心　依心及眼根　種種妄分別
意與於意識　及以阿賴耶　青現於世間　如幻作衆物
瓶等衆境界　悉以心爲體　非瓶以瓶現　是故說爲空
世間所有色　諸天宮殿等　皆是阿賴耶　變異而可見
衆生身所有　從頭至手足　頓生或漸次　无非阿賴耶
習氣滴於心　凡愚不能了　此性非是有　亦復非是空
如人以諸物　擊破於瓶等　物體若是空　即无能所破
譬如稱稱量　我見未爲惡　憍慢而著空　此惡過於彼
空性隨應說　不應演非處　若演於非處　甘露即爲毒
一切諸衆生　生於種種見　爲說於空理　聞空執爲實
不能斷諸見　此見不可除　如病醫所捨　譬如火燒木
木盡火不留　見木若已燒　空火亦應滅　生於智慧火
諸見得滅時　[illegible]　一切皆清淨　[illegible]以此智

BD14110號　大乘密嚴經（地婆訶羅本）卷下　（26–15）

空性隨應說　不應演非處　若演於非處　甘露即為毒
一切諸衆生　生於種種見　為說於空理　聞空執為實
不能斷諸見　此見不可除　如病鑒所捨　譬如火燒木
木盡火不留　見木若已燒　空火亦應滅　生於智慧火
諸見得滅時　普燒諸煩惱　一切皆清淨　牟尼以此智
密嚴而解脫　不見以兎角　觸壞於太山　曾无石女兒
執箭射於物　未聞破闘戰　而求兎角弓　誰復須宮室
今石女兒造　一切法空性　與法常同體　始於胎藏時
色生便滅壞　離空无有色　離色无有空　如月與光明
始終恒不異　諸法亦如是　空性與之一　展轉无差別
所為皆得成　是身如死屍　本來无自性　恒為愛纏縛
境界所牽動　佛說於空理　為欲斷諸見　汝等有智人
宜應一心學　譬如工幻者　以諸呪術力　隨意之所作
依於眼及愛　作意色無明　如是眼識生　如幻亦如焰
是識无來處　去亦无處所　諸識性如是　不應著有无
譬如石女兒　兎角毛輪等　本來无有體　妄立於名字
師子熊羆類　此皆无有角　何故不分別　唯言兎角无
善巧談論者　豈不能宣說　古先諸智人　但說兎无角
惑者妄分別　如瘖及聾瞽　斯人无現智　不能自證法
但隨他語轉　何用分別為　若離於分別　當生密嚴土
一心正定中　普現十方國　譬如天宮殿　衆星及日月
依止須彌山　風力所持運　七識亦如是　依於何賴耶
習氣之所持　處處恒流轉　譬如依大地　發生種種物
一切諸含情　乃至衆珎寶　藏識亦如是　衆識之所依
譬如孔雀鳥　毛羽多光色　雄雌相愛樂　鼓舞共歡遊
定者觀賴耶　應知亦如是　種子及諸法　展轉相依住
譬如百川流　日夜歸大海　川流无有盡　海亦不分別

BD14110 號　大乘密嚴經（地婆訶羅本）卷下　（26–16）

習氣之所持　處處恒流轉　譬如依大地　發生種種物
一切諸含情　乃至衆珎寶　藏識亦如是　衆識之所依
譬如孔雀鳥　毛羽多光色　雄雌相愛樂　鼓舞共歡遊
定者觀賴耶　應知亦如是　種子及諸法　展轉相依住
譬如百川流　日夜歸大海　川流无有盡　海亦不分別
藏識亦如是　甚深无有涯　諸識之習氣　日夜常歸往
如地有衆寶　及餘種種物　給施諸衆生　隨其所貿用
藏識亦如是　與諸分別俱　增長於生死　轉依成正覺
善行清淨行　出過於十地　入如來地中　十力皆圓滿
正住於真際　常恒不壞滅　如地无分別　應化无有窮
如春衆花發　人鳥皆欣玩　執持諸識然　定者多進取
如是諸佛子　无慧離真實　於義不善知　妄言生決定
非法離間語　誑惑於衆生　諸法別異住　而別起言說
譬如工幻師　善用於呪術　於无花果處　現種種花果
如是佛菩薩　善巧方便智　世間別異住　別異而安立
說種種教門　誘誨无終已　決定真實法　密嚴中顯現
六界與十八　十二處丈夫　意纏之所牽　衆生以流轉
八識諸界處　共起而和合　從於意纏轉　前身復後身
佛說此丈夫　隨世間流轉　是一切身者　續生无斷絕
尒時金剛藏菩薩摩訶薩說諸界處丈夫
已，摩尼寶藏清淨宮中已得无畏諸大菩
薩皆前頂礼，又无量佛菩薩衆從諸國土
來此會者同聲讚曰：善哉善哉！衆中復有
无量菩薩、諸天及諸天女皆從座起，合掌
而立，遞相瞻顧而說偈言：
一切定中者　推仁為上首　今為諸菩薩　說彼妙丈夫

BD14110 號　大乘密嚴經（地婆訶羅本）卷下　（26–17）

薩皆前頂礼又无量佛菩薩衆從諸國土
来此會者同聲讚曰善哉善哉衆中復有
无量菩薩諸天及諸天女皆從座起合掌
而立遞相瞻顧而説偈言
一切定中者　惟仁爲上首　今爲諸菩薩　説彼妙丈夫
遠離於外道　著我等之論　如仁所宣示　六界淨丈夫
但是諸界合　随因以流轉　譬如虚空中　有鳥跡明現
亦如鑽於木　而火得熾然　空中鳥跡現　離木而有火
我及諸世間　未曾見是事　鳥飛以羽翮　空中无有跡
仁者説丈夫　與鳥跡相似　云何於諸有　得有輪迴義
而説界丈夫　常流轉生死　受諸苦樂果　所作業无失
如農夫作業　未曾不得果　此果成熟已　後果當復生
身者亦復然　往身脩善行　前生後生處　恒受人天樂
或常脩福德　資糧爲佛因　解脫及諸度　速成於正覺
生天自在果　觀行見真義　若離趣丈夫　一切悉无有
有丈夫流轉　在於生死中　下從阿鼻獄　上至諸天處
是業及生果　所作不唐捐　若内外世間　才力而生起
此法以於彼　彼從於此生　雖離趣丈夫　得有輪迴者
如言石女子　盛儀而進退　兎角有銛利　沙中能出油
尒時會中諸菩薩天及天女説是語已皆共
供養所應供者金剛藏尊并諸菩薩供
養畢已復共同心而説偈言
法眼具无缺　因喻皆莊嚴　能伏他人論　顯示自宗德
是故大精進　宜應速開演　此會天人等　一心皆願聞
尒時金剛藏菩薩摩訶薩以偈荅曰
此法深難思　分別不能及　瑜伽清淨理　因喻所開敷

BD14110 號　大乘密嚴經（地婆訶羅本）卷下　（26–18）

法眼具无缺　因喻皆莊嚴　能伏他人論　顯示自宗德
是故大精進　宜應速開演　此會天人等　一心皆願聞
尒時金剛藏菩薩摩訶薩以偈荅曰
此法深難思　分別不能及　瑜伽清淨理　因喻所開敷
密嚴脩定處　於中我宣説　汝等諸天人　咸應一心聽
尒時金剛藏菩薩摩訶薩説是語已復向
大大樹緊那羅王而説偈言
大樹緊那羅　汝應知法住　諸法云何住　住空无所有
如是見相應　於定不迷惑　如飲一莖熟　餘莖即可知
諸法亦復然　知一即知彼　譬如攢酪者　嘗之以指端
如是諸法性　可以一觀察　法性非是有　亦復非是空
藏識之所變　藏以空爲相
尒時大樹緊那羅王以偈問曰
云何心量中　而有界丈夫　云何生諸界　堅濕及煖動
尒時金剛藏菩薩摩訶薩聞是語已偈
荅之言
善哉大樹王　汝今作是問　欲令脩行者　其心諦真實
我今爲汝説　琴師於善聽　汝昔来宮殿　并諸眷屬俱
鼓樂從空下　而來詣佛所　汝手所鳴琴　瑠璃以爲飾
撫奏聲和雅　悦動於衆心　无量諸聲聞　在佛所觀聽
不能持今志　各自起而舞　時天冠大士　告迦葉等言
汝等離欲人　云何而舞戲　是時大迦葉　白彼天冠士
菩薩有大力　譬如旋嵐風　聲聞无定智　如黒山搖動
雖離或分別　尚染習氣泥　彼捨諸習氣　心淨當成佛
汝於微細境　其心已通達　種種世論中　明了而決定
善於諸地相　及佛清淨法　汝在宮殿中　眷屬所圍遶

BD14110 號　大乘密嚴經（地婆訶羅本）卷下　（26–19）

菩薩有大力　譬如旋嵐風　聲聞无定智　如黑山搖動
雖離或分別　尚染習氣泥　彼捨諸習氣　心淨當成佛
汝於微細境　其心已通達　種種世論中　明了而决定
善於諸地相　及佛清淨法　汝在宮殿中　眷屬所圍遶
清淨而嚴好　譬如盛滿月　能於脩觀行　自在之衆中
問我界丈夫　云何從心起　汝及諸佛子　咸應一心聽
如其諸界內　心名為丈夫　諸界因此生　是義我當說
津潤生於水　炎盛生於火　動搖諸作業　因斯起風界
從於色分齊　有地及虛空　境界與諸習　識生而會聚
眼及於色等　相狀各不同　此為生廣門　諸有恒相續
尒時摩尼寶藏自在宮中侍進菩薩與无量
菩薩俱從座而起稽首作禮持諸妙供而
以供養金剛藏尊復張寶網弥覆其上同
聲讚曰善哉善哉而說頌曰
尊者住法雲　善入於佛地　能為諸菩薩　開示如來境
尒時大樹緊那羅王并諸婇女復持種種
妙好供具以為供養供養畢已偈讚之曰
善哉金剛藏　得无所畏者　為我等開演　如來微妙法
令此摩尼殿　清淨最吉祥
尒時聖者觀自在菩薩慈氏菩薩得大勢
菩薩文殊師利菩薩寶髻菩薩天冠菩
薩總持王菩薩一切義成菩薩如是菩薩
摩訶薩及餘无量脩觀行者皆是佛子有
大威德善能開示觀行之心悉從座起手
相觀察向金剛藏菩薩摩訶薩而說偈言
惟願金剛尊　顯示於法眼　尊者善地相　一切咸綜知

BD14110號　大乘密嚴經（地婆訶羅本）卷下　（26–20）

摩訶薩及餘无量脩觀行者皆是佛子有
大威德善能開示觀行之心悉從座起手
相觀察向金剛藏菩薩摩訶薩而說偈言
惟願金剛尊　顯示於法眼　尊者善地相　一切咸綜知
如來常念持　佛子所宗敬　令此大力衆　同心而觀請
瑜伽自在者　願示於密嚴　普令諸世間　得所未曾有
此法最清淨　遠離於言說　化佛諸菩薩　經中未開演
諸聖現法樂　見真无漏界　自覺智所行　清淨最无比
具足衆三昧　及以陁羅尼　諸自在解脫　意生身十種
嚴淨佛國土　不可思議數　佛及諸菩薩　身量如微塵
乃至如毛端　百分中之一　密嚴佛國土　諸土中最勝
如是觀行者　來生於是間　此皆何所因　佛子願宣說
尒時金剛藏菩薩摩訶薩三十二相八十種
好莊嚴其身為欲宣示无分離分別光佛
法眼如師子王普觀衆會知其智力堪
能聽受即以梵聲迦陵迦聲廣長舌相
清美之聲其聲决定衆所悅可无有麁獷
調柔簡暢鏗摩聲烏隨多聲悉利多聲雜
沙婆聲般遮聲毗嵐御儞度路等聲皆
悉具足无量功德而共相應不令聽者其
心迷著善能了達音聲之相一切天人乾闥
婆等莫不欣樂金剛藏菩薩摩訶薩口
无言說以本願力於其身上眉額項鼻乃
至自膝猶如變化自然而出如是之音為諸
大衆演說法眼譬如鵝王群鵝翼從在沙
汀上素潔嚴好金剛藏大精進者住於自
在清淨之宮諸佛子衆所共圍遶嚴潔亦

BD14110號　大乘密嚴經（地婆訶羅本）卷下　（26–21）

无言說以本願力於其身上眉額頂鼻乃
至肩膝猶如變化自然而出如是之音為諸
大衆演說法眼譬如鵝王群鵝翼從在沙
汀上素潔嚴好金剛藏大精進者住於自
在清淨之宮諸佛子衆所共圍遶嚴潔亦
尒如空中朗月光歎衆星金剛藏菩薩亦
復如是處師子座瞙蔽一切諸脩行者如
月与光天有差別佛與金剛藏菩薩亦復
如是等无有異尒時如實見菩薩摩訶
薩住脩行地中上首從座而起合掌恭敬
觀諸菩薩說是偈言
嗚呼大乘法　微妙不思議　如來之境界　佛子應頂礼
无思離垢法　希有甚難遇　一切國土中　諸佛所觀察
大乘真實義　清淨无等倫　遠離諸分別　轉依之妙道
八種識境界　諸自性不同　五法及无我　差別而開示
五種習所纏　生諸惡分別　見此微妙法　清淨如真金
得於清淨者　即住佛種性　如來性微妙　非外道聲聞
一切國土中　密嚴為最上　種性成就已　而來生此國
尊者金剛藏　已得何三昧　所說清淨法　是何三昧境
尒時會中有无量菩薩衆稽首作礼而說
偈言
大智金剛藏　願為我開演　住何三昧中　而能說是法
此諸佛子等　一切皆願聞
尒時金剛藏菩薩大无畏者普觀衆會智
慧之力為住聽受不思議法為不住耶諦

BD14110號　大乘密嚴經（地婆訶羅本）卷下　（26–22）

大智金剛藏　願為我開演　住何三昧中　而能說是法
此諸佛子等　一切皆願聞
尒時金剛藏菩薩大无畏者普觀衆會智
慧之力為住聽受不思議法為不住耶諦
觀察已知諸佛子堪受斯法即說偈言
汝等諸佛子　咸應一心聽　我今為汝說　轉依之妙道
我所得三昧　名大乘威德　菩薩住是中　能演清淨法
亦見恒河刹　所有諸如來　塵數那由他　在前而讚歎
善哉汝所說　此是瑜伽道　我等諸如來　皆行此三昧
於斯得自在　清淨成正覺　未曾有一佛　非此三昧生
是故此三昧　思惟不能及　若有諸菩薩　住是三昧中
即住不思議　諸佛之境界　證於自智境　及見於諸佛
變化百千億　乃至如微塵　內證之妙理　諸佛所安住
此法无諸相　遠離於聲色　名從於相生　相從因緣起
此二生分別　諸法住如如　於斯善觀察　是名為正智
名為遍計性　相是依他起　名相二俱遣　是為第一義
藏識住於身　隨處而流轉　習氣如山積　深意之所纏
末那有二門　意識同時起　五境現前轉　諸識身和合
猶如有我人　住在於身內　藏識果流　境界風所飄
種種識浪生　相續恒无斷　佛及諸佛子　能知法无我
已得成如來　復為人宣說　分析於諸蘊　見人无我性
不知无有法　是說為聲聞　菩薩善能觀　人法二无我
觀已即便捨　不住於真際　若住於真際　便捨大悲心
功業悉不成　不得成正覺　希有難思智　普利諸群生

BD14110號　大乘密嚴經（地婆訶羅本）卷下　（26–23）

不知无有法　是說為聲聞　菩薩善能觀　人法二无我
觀已即便捨　不住於真際　若住於真際　便捨大悲心
切業悉不成　不得成正覺　布有難思智　普利諸群生
如蓮出於泥　色相甚嚴潔　諸天聖人等　見之生愛敬
如是佛菩薩　出於生死泥　成佛離清淨　諸天所欣仰
從初菩薩位　或作轉輪王　天主阿脩羅　乾闥婆王等
了悟大乘者　獲於如是身　漸次而脩行　決定得成佛
是故諸佛子　宜應一心學　世間諸衆生　染淨等諸法
皆依於藏識　為因而得生　此因勝无比　證實者宣示
非與於能作　自在等相似　世尊說此識　為除諸習氣
了知解脫已　此亦无所德　賴耶有可得　解脫非是常
如來清淨藏　亦名无垢智　常住无始終　離四句言說
佛說如來藏　以為阿賴耶　惡慧不能知　藏即賴耶識
如來清淨藏　世間阿賴耶　如金與指環　展轉无差別
譬如巧金師　以淨好真金　造作指嚴具　欲以莊嚴指
其相異衆物　說名為指環
現樂諸聖人　證於自智境　功德轉增勝　自共无能說
現法諸定者　了境唯是識　得第七地已　轉滅不復生
心識之所行　一切諸境界　所見雖差別　但識无有境
瓶衣等衆物　境界悉皆无　心變似境生　謂能取所取
譬如星月等　依須彌運行　諸識亦復然　恒依賴耶轉
常知賴耶識　即名為密嚴　譬如好真金　光色常无滿
自證清淨境　非分別境界　性與分別離　不可得分別
體實而是常　定者能觀見　意識所行境　但縛於凡夫

BD14110 號　大乘密嚴經（地婆訶羅本）卷下

（26–24）

佛說如來藏　以為阿賴耶　惡慧不能知　藏即賴耶識
如來清淨藏　世間阿賴耶　如金與指環　展轉无差別
譬如巧金師　以淨好真金　造作指嚴具　欲以莊嚴指
其相異衆物　說名為指環
現樂諸聖人　證於自智境　功德轉增勝　自共无能說
現法諸定者　了境唯是識　得第七地已　轉滅不復生
心識之所行　一切諸境界　所見雖差別　但識无有境
瓶衣等衆物　境界悉皆无　心變似境生　謂能取所取
譬如星月等　依須彌運行　諸識亦復然　恒依賴耶轉
常知賴耶識　即名為密嚴　譬如好真金　光色常无滿
自證清淨境　非分別境界　性與分別離　不可得分別
體實而是常　定者能觀見　意識所行境　但縛於凡夫
聖見悉清淨　譬如陽燄等
尒時世尊說是經已，金剛藏等无量菩薩
摩訶薩及從他方來此會者无央數衆
聞佛所說皆大歡喜信受奉行

大乘密嚴經卷下

BD14110 號　大乘密嚴經（地婆訶羅本）卷下

（26–25）

[illegible]月甚清淨　[illegible]如陽焰[illegible]

尒時世尊說是經已金剛藏等無量菩薩

摩訶薩及從他方來此會者無央數衆

聞佛所說皆大歡喜信受奉行

大乘密嚴經卷下

BD14110號　大乘密嚴經（地婆訶羅本）卷下　（26–26）

# 著　録　凡　例

本目錄採用條目式著錄法。諸條目意義如下：

1.1　著錄編號。用漢語拼音首字“BD”表示，意為“北京圖書館藏敦煌遺書”，簡稱“北敦號”。文獻寫在背面者，標註為“背”。一件遺書上抄有多個文獻者，用數字 1、2、3 等標示小號。一號中包括幾件遺書，且遺書形態各自獨立者，用字母 A、B、C 等區別。

1.2　著錄分類號。本條記目錄暫不分類，該項空缺。

1.3　著錄文獻的名稱、卷本、卷次。

1.4　著錄千字文編號。

1.5　著錄縮微膠卷號。

2.1　著錄遺書的總體數據。包括長度、寬度、紙數、正面抄寫總行數與每行字數、背面抄寫總行數與每行字數。如該遺書首尾有殘破，則對殘破部分單獨度量，用加號加在總長度上。凡屬這種情況，長度用括弧標註。

2.2　著錄每紙數據。包括每紙長度及抄寫行數或界欄數。

2.3　著錄遺書的外觀。包括：（1）裝幀形式。（2）首尾存況。（3）護首、軸、軸頭、天竿、縹帶，經名是書寫還是貼簽，有無經名號，扉頁、扉畫。（4）卷面殘破情況及其位置。（5）尾部情況。（6）有無附加物（蟲繭、油污、線繩及其他）。（7）有無裱補及其年代。（8）界欄。（9）修整。（10）其他需要交待的問題。

2.4　著錄一件遺書抄寫多個文獻的情況。

3.1　著錄文獻首部文字與對照本核對的結果。

3.2　著錄文獻尾部文字與對照本核對的結果。

3.3　著錄錄文。

3.4　著錄對文獻的說明。

4.1　著錄文獻首題。

4.2　著錄文獻尾題。

5　　著錄本文獻與對照本的不同之處。

6.1　著錄本遺書首部可與另一遺書綴接的編號。

6.2　著錄本遺書尾部可與另一遺書綴接的編號。

7.1　著錄題記、題名、勘記等。

7.2　著錄印章。

7.3　著錄雜寫。

7.4　著錄護首及扉頁的內容。

8　　著錄年代。

9.1　著錄字體。如有武周新字、合體字、避諱字等，予以說明。

9.2　著錄卷面二次加工的情況。包括句讀、點標、科分、間隔號、行間加行、行間加字、硃筆、墨塗、倒乙、刪除、兌廢等。

10　著錄敦煌遺書發現後，近現代人所加內容，裝裱、題記、印章等。

11　備註。著錄揭裱互見、圖版本出處及其他需要說明的問題。

上述諸條，有則著錄，無則空缺。

為避文繁，上述著錄中出現的各種參考、對照文獻，暫且不列版本說明。全目結束時，將統一編制本條記目錄出現的各種參考書目。

本條記目錄為農曆年份標註其公曆紀年時，未進行歲頭年末之換算，請讀者使用時注意自行換算。

# 條 記 目 錄

## BD14078—14110

1.1　BD14078 號
1.3　維摩詰所說經卷下
1.4　新 0278
2.1　783.6×25.7 厘米；17 紙；455 行，行 17～18 字。
2.2　01：47.0，27；　02：46.8，28；　03：46.8，28；
04：46.8，28；　05：47.0，28；　06：47.0，28；
07：47.0，28；　08：47.0，28；　09：47.5，28；
10：47.4，28；　11：47.3，28；　12：47.5，28；
13：47.3，28；　14：47.5，28；　15：47.2，28；
16：47.3，28；　17：29.2，08。
2.3　卷軸裝。首尾均全。本件裝裱後又黴爛。有烏絲欄。近代已托裱。
3.1　首全→大正 0475，14/0552A03。
3.2　尾全→大正 0475，14/0557B26。
4.1　維摩詰經香積佛品第十（首）。
4.2　維摩詰經卷下（尾）。
5　與《大正藏》本對照，本件卷尾多“作禮而去”4 字。
8　8～9 世紀。吐蕃統治時期寫本。
9.1　楷書。
10　此件原為日本大谷探險隊所得並通卷托裱。護首為黃底雲龍織錦。卷端有題簽“維摩詰經卷下”。並鈐有藍色長方形印章，2.4×3.4 厘米；印文為“圖書臺帳＼登錄番號 805”，數字係手寫。有千字文編號“誠”。尾有軸，人工水晶軸頭。下軸頭粘有紙簽，上書“類別 8，番號 282”。
本件護首及卷前部下端霉變。

1.1　BD14079 號
1.3　維摩詰所說經卷下
1.4　新 0279
2.1　464×25.5 厘米；11 紙；280 行，行 17 字。
2.2　01：46.5，28；　02：46.5，28；　03：46.5，28；
04：46.5，28；　05：46.3，28；　06：44.5，27；
07：37.5，23；　08：09.0，06；　09：47.0，28；
10：46.7，28；　11：47.0，28。
2.3　卷軸裝。首全尾脫。卷面有油污及污穢。有烏絲欄。近代已托裱。
3.1　首全→大正 0475，14/0552A03。
3.2　尾殘→大正 0475，14/0555B15。
4.1　維摩詰經香積佛品第十，卷下（首）。
8　9 世紀。歸義軍時期寫本。
9.1　楷書。
9.2　有刮改。
10　此件原為日本大谷探險隊所得並通卷托裱。護首為黃底雲龍織錦。卷端有題簽“維摩詰經卷下”。並鈐有藍色長方形印章，2.4×3.4 厘米；印文為“圖書臺帳＼登錄番號 814”，數字係手寫。有千字文編號“美”。尾有軸，人工水晶軸頭。下軸頭粘有紙簽，上書“8，283”。

1.1　BD14080 號
1.3　維摩詰所說經卷下
1.4　新 0280
2.1　699.8×26 厘米；15 紙；402 行，行 17 字。
2.2　01：47.2，28；　02：47.2，28；　03：47.0，28；
04：46.2，28；　05：47.0，28；　06：47.0，28；
07：47.3，28；　08：47.2，28；　09：47.1，28；
10：47.2，28；　11：47.1，28；　12：47.1，28；
13：47.4，28；　14：47.1，28；　15：40.7，10。
2.3　卷軸裝。首脫尾全。經黃打紙。卷尾上邊有等距離殘缺。有燕尾。有烏絲欄。近代已托裱。
3.1　首殘→大正 0475，14/0552C04。
3.2　尾全→大正 0475，14/0557B26。
4.2　維摩詰經卷下（尾）。
8　7～8 世紀。唐寫本。
9.1　楷書。
9.2　有硃筆斷句及行間校加字。卷尾有硃筆校加“作禮而去”4 字。

10　此件原為日本大谷探險隊所得並通卷托裱。護首為黄底雲龍織錦。卷端有題簽“維摩詰經卷下”。並鈐有藍色長方形印章，2.4×3.4 厘米；印文為“圖書臺帳\ 登錄番號 1191”，數字係手寫。有千字文編號“宜”。尾有軸，人工水晶軸頭。下軸頭粘有紙簽，上書“類別 8，番號 284”。

1.1　BD14081 號
1.3　大智度論卷三二
1.4　新 0281
2.1　837.2×25.7 厘米；18 紙；491 行，行 17 字。
2.2　01：47.8，28；　02：47.2，28；　03：46.8，28；
04：47.1，28；　05：47.2，28；　06：46.9，28；
07：47.1，28；　08：47.2，28；　09：46.8，28；
10：46.8，28；　11：47.0，28；　12：47.1，28；
13：47.0，28；　14：47.3，28；　15：47.0，28；
16：46.9，28；　17：46.8，28；　18：37.2，15。
2.3　卷軸裝。首脫尾全。經黄打紙；研光上蠟。有燕尾。有烏絲欄。近代已托裱。
3.1　首殘→大正 1509，25/0296C08。
3.2　尾全→大正 1509，25/0302C10。
4.2　大智論釋初品中四緣第卌，下訖三世佛功德，卷第卌二（尾）。
8　7～8 世紀。唐寫本。
9.1　楷書。
10　此件原為日本大谷探險隊所得並通卷托裱。護首為黄底雲龍織錦。卷端有題簽“大智度論卷第三十二”。並鈐有藍色長方形印章，2.4×3.4 厘米；印文為“圖書臺帳\ 登錄番號 1125”，數字係手寫。有千字文編號“離”。尾有軸，人工水晶軸頭。下軸頭粘有紙簽，上書“8，285”。

1.1　BD14082 號
1.3　大智度論卷五一
1.4　新 0282
2.1　938.8×25.2 厘米；20 紙；509 行，行 17 字。
2.2　01：51.3，28；　02：50.9，28；　03：51.0，28；
04：50.6，28；　05：51.3，28；　06：51.3，28；
07：51.2，28；　08：51.4，28；　09：51.3，28；
10：51.4，28；　11：51.4，28；　12：51.3，28；
13：51.2，28；　14：47.3，26；　15：51.0，28；
16：17.1，09；　17：32.1，18；　18：51.1，28；
19：51.5，28；　20：23.1，08
2.3　卷軸裝。首脫尾全。第 17 至尾紙有等距殘洞，殘損。有烏絲欄。近代已托裱。
3.1　首殘→大正 1509，25/0423B16。
3.2　尾全→大正 1509，25/0429B17。
4.2　大智論卷第五十一（尾）。
8　6 世紀。隋代寫本。
9.1　隸楷。
9.2　有刮改行間校加字。有倒乙。
10　此件原為日本大谷探險隊所得並通卷托裱。護首為黄底雲龍織錦。卷端有題簽“大智論卷第五十一”。並鈐有藍色長方形印章，2.4×3.4 厘米；印文為“圖書臺帳\ 登錄番號 1120”，數字係手寫。有千字文編號“義”。尾有軸，人工水晶軸頭。下軸頭粘有紙簽，上書“類別 8，番號 286”。

1.1　BD14083 號
1.3　大智度論卷五四
1.4　新 0283
2.1　215.2×26.2 厘米；5 紙；117 行，行 17 字。
2.2　01：50.0，27；　02：49.4，27；　03：49.2，27；
04：49.1，27；　05：17.5，09。
2.3　卷軸裝。首脫尾殘。前 4 紙有殘洞，下有殘缺、殘損。有烏絲欄。近代已托裱。
3.1　首殘→大正 1509，25/0442C02。
3.2　尾殘→大正 1509，25/0444A16。
8　5 世紀。南北朝寫本。
9.1　隸書。多古字。
9.2　有重文號。
10　此件原為日本大谷探險隊所得並通卷托裱。護首為黄底雲龍織錦。卷端有題簽“大智度論卷第五十四”。並鈐有藍色長方形印章，2.4×3.4 厘米；印文為“圖書臺帳\ 登錄番號 1128”，數字係手寫。有千字文編號“廉”。尾有軸，人工水晶軸頭。下軸頭粘有紙簽，上書“8，287”。

1.1　BD14084 號
1.3　大智度論卷五七
1.4　新 0284
2.1　92.8×26 厘米；3 紙；50 行，行 17 字。
2.2　01：33.5，18；　02：49.6，27；　03：09.7，05。
2.3　卷軸裝。首尾均殘。通卷下有殘損，尾紙內有 1 殘洞。有烏絲欄。近代已托裱。
3.1　首行中殘→大正 1509，25/0464A26～27。
3.2　尾殘→大正 1509，25/0464C18。
8　5 世紀。南北朝寫本。
9.1　隸書。
9.2　有行間校加字及重文符號。
10　此件原為日本大谷探險隊所得並通卷托裱。護首為黄底雲龍織錦。卷端有題簽“大智度論卷第五十七”。並鈐有藍色長方形印章，2.4×3.4 厘米；印文為“圖書臺帳\ 登錄番號 1123”，數字係手寫。有千字文編號“顛”。尾有軸，人工水晶軸頭。下軸頭粘有紙簽，上書“8，288”。

1.1　BD14085 號
1.3　大智度論卷五八

1.4　新 0285
2.1　776.9×25.7 厘米；17 紙；432 行，行 17 字。
2.2　01：28.8，16；　02：51.7，29；　03：51.7，29；
04：51.7，29；　05：51.8，29；　06：51.7，29；
07：51.8，29；　08：51.5，29；　09：51.6，29；
10：51.6，29；　11：28.3，16；　12：25.1，14；
13：51.5，29；　14：51.6，29；　15：51.7，29；
16：51.6，29；　17：23.2，09。
2.3　卷軸裝。首尾均殘。首紙有火燒殘洞；前 2 紙上邊有殘損；第 8 及以下各紙有等距離殘洞。有烏絲欄。近代已托裱。
3.1　首 3 行下殘→大正 1509，25/0470A08～12。
3.2　尾全→大正 1509，25/0475A22。
4.2　大智度論卷第五十八釋第卌三品，訖第卌五品（尾）。
7.1　卷尾有殘留題記三行："□…□歲次癸丑（593）四/□…□弟子李思賢敬/□…□養。"
8　593 年。隋寫本。
9.1　楷書。
10　此件原為日本大谷探險隊所得並通卷托裱。護首為黄底雲龍織錦。卷端有題簽"大智度論卷第五十八"。並鈐有藍色長方形印章，2.4×3.4 厘米；印文為"圖書臺帳 \ 登錄番號 1138"，數字係手寫。有千字文編號"沛"。尾有軸，人工水晶軸頭。下軸頭已脱落。

1.1　BD14086 號
1.3　大智度論（異卷）卷五一
1.4　新 0286
2.1　464.8×26 厘米；10 紙；257 行，行 17 字。
2.2　01：51.9，29；　02：50.7，29；　03：50.7，29；
04：50.7，29；　05：50.7，29；　06：50.9，29；
07：50.6，29；　08：50.6，29；　09：50.7，25；
10：07.3，00。
2.3　卷軸裝。首殘尾全。打紙；砑光上蠟。卷尾數紙有等距離殘洞。有烏絲欄。近代已托裱。
3.1　首殘→大正 1509，25/0336C20。
3.2　尾全→大正 1509，25/0340A11。
4.2　大智度經卷第五十一（尾）。
5　與《大正藏》本對照，分卷不同。此卷經文相當於《大正藏》本《大智度論》卷第三十八前半部。
8　6 世紀。隋寫本。
9.1　楷書。
10　此件原為日本大谷探險隊所得並通卷托裱。護首為黄底雲龍織錦。卷端有題簽"大智度經卷第五十一"。並鈐有藍色長方形印章，2.4×3.4 厘米；印文為"圖書臺帳 \ 登錄番號 1133"，數字係手寫。有千字文編號"節"。尾有軸，人工水晶軸頭。下軸頭粘有紙簽，上書"類別 8，番號 290"。

1.1　BD14087 號
1.3　大智度論卷九〇
1.4　新 0287
2.1　1089.7×25.6 厘米；22 紙；568 行，行 17 字。
2.2　01：15.5，護首；　02：49.7，26；　03：52.4，28；
04：52.2，28；　05：52.2，28；　06：52.4，28；
07：52.2，28；　08：52.4，28；　09：52.3，28；
10：52.3，28；　11：52.3，28；　12：52.4，28；
13：52.3，28；　14：52.4，28；　15：52.3，28；
16：52.3，28；　17：52.3，28；　18：52.3，28；
19：52.3，28；　20：52.5，28；　21：52.2，28；
22：30.5，10。
2.3　卷軸裝。首尾均全。原件有護首，已殘。有烏絲欄。近代已托裱。
3.1　首全→大正 1509，25/0692C11。
3.2　尾全→大正 1509，25/0699B24。
4.1　大智度經實際品下第八十釋論，有一段經文，卷第九十（首）。
4.2　大智度經釋論卷第九十（尾）。
8　6 世紀。南北朝寫本。
9.1　楷書。
9.2　有行間加行。
10　此件原為日本大谷探險隊所得並通卷托裱。護首為黄底雲龍織錦。卷端有題簽"大智度經釋論卷第九十"。並鈐有藍色長方形印章，2.4×3.4 厘米；印文為"圖書臺帳 \ 登錄番號 1132"，數字係手寫。有千字文編號"匪"。尾有軸，人工水晶軸頭。上軸頭粘有紙簽，上書"類別 8，番號 291"。下軸頭已脱落。

1.1　BD14088 號
1.3　思益梵天所問經卷一
1.4　新 0288
2.1　1020.6×26.5 厘米；21 紙；555 行，行 17 字。
2.2　01：49.2，25；　02：49.0，27；　03：48.9，27；
04：49.1，27；　05：49.2，27；　06：49.1，27；
07：49.2，27；　08：49.1，27；　09：49.1，27；
10：49.3，27；　11：49.1，27；　12：49.2，27；
13：49.3，27；　14：49.2，27；　15：49.2，27；
16：49.1，27；　17：49.2，27；　18：49.0，27；
19：49.0，27；　20：49.2，27；　21：37.9，17。
2.3　卷軸裝。首尾均全。卷面油污。有烏絲欄。近代已托裱。
3.1　首全→大正 0586，15/0033A22。
3.2　尾全→大正 0586，15/0040B20。
4.1　思益梵天所問經卷第一（首）。
4.2　思益經卷第一（尾）。
5　與《大正藏》本對照，本件經文不分品。
8　8～9 世紀。吐蕃統治時期寫本。
9.1　楷書。

10　此件原為日本大谷探險隊所得並通卷托裱。護首為黄底雲龍織錦。卷端有題簽“思益梵天所問經卷第一”。並鈐有藍色長方形印章，2.4×3.4厘米；印文為“圖書臺帳\登錄番號888”。有千字文編號“訓”。尾有軸，人工水晶軸頭。

1.1　BD14089號
1.3　思益梵天所問經（異卷）卷二
1.4　新0289
2.1　922.9×25.7厘米；20紙；528行，行17字。
2.2　01：12.9，護首；　02：45.6，26；　03：47.9，28；
04：47.9，28；　05：48.1，28；　06：48.1，28；
07：47.8，28；　08：48.1，28；　09：48.0，28；
10：47.9，28；　11：48.2，28；　12：48.2，28；
13：47.9，28；　14：48.2，28；　15：48.2，28；
16：47.8，28；　17：48.1，28；　18：48.1，28；
19：47.8，28；　20：48.1，26。
2.3　卷軸裝。首尾均全。原件有護首，已殘。有燕尾。有烏絲欄。近代已托裱。
3.1　首全→大正0586，15/0040B23。
3.2　尾全→大正0586，15/0047A01。
4.1　思益梵天所問經卷之二（首）。
4.2　思益經卷第二（尾）。
5　與《大正藏》本對照，分卷不同，且本件不分品。經文相當於《大正藏》本《思益梵天所問經》卷第三首起至該卷的尾部。
8　8世紀。唐寫本。
9.1　楷書。
10　此件原為日本大谷探險隊所得並通卷托裱。護首為黄底雲龍織錦。卷端有題簽“思益梵天所問經卷之二”。並鈐有藍色長方形印章，2.4×3.4厘米；印文為“圖書臺帳\登錄番號886”，數字係手寫。有千字文編號“人”。尾有軸，人工水晶軸頭。下軸頭粘有紙簽，上書“類別8，番號293”。

1.1　BD14090號
1.3　思益梵天所問經（異卷）卷三
1.4　新0290
2.1　885.1×25.1厘米；19紙；519行，行17字。
2.2　01：45.2，26；　02：46.4，28；　03：46.6，28；
04：46.8，28；　05：46.8，28；　06：46.4，28；
07：46.7，28；　08：46.6，28；　09：46.9，28；
10：46.7，28；　11：46.8，28；　12：47.1，28；
13：46.8，28；　14：46.6，28；　15：46.6，28；
16：46.6，28；　17：46.8，28；　18：46.6，28；
19：46.1，17。
2.3　卷軸裝。首尾均全。首紙有殘洞，上邊殘損。有烏絲欄。近代已托裱。
3.1　首全→大正0586，15/0047A22。
3.2　尾全→大正0586，15/0054B11。
4.1　思益梵天問經第三（首）。
4.2　思益經卷第三（尾）。
5　與《大正藏》本對照，分卷不同，且本號不分品。經文相當於《大正藏》本《思益梵天所問經》卷第三首起至該卷志大乘品第十的尾部。
7.1　卷尾有1行題記：“丑年六月十一日寫了，故記之也。”
8　8～9世紀。吐蕃統治時期寫本。
9.1　楷書。
10　此件原為日本大谷探險隊所得並通卷托裱。護首為黄底雲龍織錦。卷端有題簽“思益梵天問經第三”。並鈐有藍色長方形印章，2.4×3.4厘米；印文為“圖書臺帳\登錄番號1089”，數字係手寫。有千字文編號“奉”。尾有軸，人工水晶軸頭。下軸頭粘有紙簽，上書“8，294”。

1.1　BD14091號
1.3　淨名經關中釋批卷下
1.4　新0291
2.1　1033×29.3厘米；23紙；777行，行30～33字。
2.2　01：45.2，34；　02：44.9，34；　03：44.8，34；
04：45.0，34；　05：45.0，34；　06：45.0，34；
07：44.8，34；　08：45.0，34；　09：45.0，34；
10：44.9，34；　11：45.0，34；　12：45.0，34；
13：44.9，34；　14：44.8，34；　15：44.9，34；
16：45.0，34；　17：44.6，34；　18：44.9，34；
19：44.9，34；　20：44.8，34；　21：44.9，34；
22：45.0，34；　23：44.7，29。
2.3　卷軸裝。首尾均全。有烏絲欄。近代已托裱。
3.4　説明：
本文獻未為歷代大藏經所收。參見BD02102號、BD02300號。
4.1　淨名關中釋批卷上，淨名經關中釋批卷下，沙門道液述（首）。
4.2　淨名經關中抄第二（尾）。
7.1　本件原為上下卷連抄，現上卷脱落，但留有尾題“淨名關中釋批卷上”，在本件卷端上方。本件尾題後有1行硃筆題記：“蕃中甲戌年（794）四月七日勘訖，比丘惠照記。”
8　794年。吐蕃統治時期寫本。
9.1　楷書。
9.2　有硃筆科分、點去、校改及行間校加字。有墨筆行間校加字及重文號。
10　此件原為日本大谷探險隊所得並通卷托裱。護首為黄底雲龍織錦。卷端有題簽“淨名經關中釋批卷上”。並鈐有藍色長方形印章，2.4×3.4厘米；印文為“圖書臺帳\登錄番號841”，數字係手寫。有千字文編號“操”。尾有軸，人工水晶軸頭。下軸頭粘有紙簽，上書“類別8，番號295”。

1.1　BD14092 號
1.3　淨名經集解關中疏卷下
1.4　新 0292
2.1　2026.6×30.5 厘米；47 紙；1460 行，行 25～29 字。
2.2　01：29.2，22；　02：43.7，32；　03：43.1，32；
04：43.3，32；　05：43.3，32；　06：43.5，32；
07：43.2，32；　08：43.5，32；　09：43.6，32；
10：43.3，32；　11：43.4，32；　12：43.6，32；
13：43.2，32；　14：43.5，32；　15：43.4，32；
16：43.3，32；　17：43.2，32；　18：43.4，32；
19：42.8，31；　20：43.5，31；　21：43.3，31；
22：43.4，31；　23：43.6，31；　24：43.6，31；
25：43.6，31；　26：43.8，31；　27：43.5，31；
28：43.3，31；　29：43.6，31；　30：43.1，31；
31：43.7，31；　32：43.5，31；　33：43.4，31；
34：43.4，31；　35：43.4，31；　36：43.2，31；
37：43.5，31；　38：43.6，31；　39：43.6，31；
40：43.3，31；　41：43.4，31；　42：43.7，32；
43：43.6，32；　44：43.2，31；　45：43.6，31；
46：43.3，31；　47：43.4，24。
2.3　卷軸裝。首殘尾全。卷背有 3 行字，被托裱紙遮蓋。有烏絲欄。近代已托裱。
3.1　首 12 行下殘→《藏外佛教文獻》，03/0079A16～0081A01。
3.2　尾全→《藏外佛教文獻》，03/0214A13。
4.2　淨名經關中疏卷下（尾）。
7.3　卷背有 3 行字“言八◇者”云云，為托裱所覆蓋，字迹難辨。
8　8～9 世紀。吐蕃統治時期寫本。
9.1　楷書。
9.2　有硃筆科分、點標。有刮改、重文號及行間校加字。上邊有校改字，加行一直寫到下邊。
10　此件原為日本大谷探險隊所得並通卷托裱。護首為黄底雲龍織錦。卷端有題簽“淨名經關中疏卷下”。並鈐有藍色長方形印章，2.4×3.4 厘米；印文為“圖書臺帳＼登錄番號 843”，數字係手寫。有千字文編號“好”。尾有軸，人工水晶軸頭。下軸頭粘有紙簽，上書“8，296”。

1.1　BD14093 號
1.3　淨名經集解關中疏卷下
1.4　新 0293
2.1　2048.5×29.8 厘米；62 紙；1469 行，行 27～33 字。
2.2　01：23.6，護首；　02：27.2，19；　03：18.5，13；
04：25.9，18；　05：15.7，11；　06：12.6，09；
07：15.4，11；　08：31.8，22；　09：12.5，09；
10：17.2，12；　11：27.3，19；　12：18.8，13；
13：25.5，18；　14：28.8，20；　15：04.2，03；
16：10.9，08；　17：10.2，07；　18：34.2，24；
19：23.2，17；　20：21.3，16；　21：44.8，33；
22：35.4，26；　23：09.0，07；　24：44.8，33；
25：44.5，33；　26：17.4，13；　27：27.1，20；
28：44.8，32；　29：44.5，32；　30：22.7，17；
31：21.7，16；　32：44.5，33；　33：45.0，33；
34：44.5，33；　35：44.7，33；　36：44.4，33；
37：44.3，33；　38：44.6，33；　39：44.7，33；
40：44.7，33；　41：44.7，33；　42：16.1，12；
43：40.8，28；　44：33.9，25；　45：44.7，33；
46：44.6，33；　47：44.7，32；　48：44.8，33；
49：44.9，33；　50：44.6，32；　51：44.8，33；
52：44.9，33；　53：44.7，33；　54：44.8，33；
55：44.9，33；　56：44.7，33；　57：45.0，33；
58：44.9，33；　59：44.5，33；　60：18.6，14；
61：25.7，19；　62：34.3，17：。
2.3　卷軸裝。首尾均全。原卷有護首，被剪斷。扉頁有烏絲欄。近代已托裱。有烏絲欄，上下界欄為雙邊。
3.1　首全→《藏外佛教文獻》，03/0071A02。
3.2　尾全→《藏外佛教文獻》，03/0214A13。
4.1　淨名經集解關中疏卷下　資聖寺沙門道液述（首）。
4.2　淨名經關中疏卷下（尾）。
7.1　卷尾有二行題記：“癸卯年三月十日虚圖寺僧苾芻道廣故記之耳。癸年三月一日曹僧政和尚說經已，至 四月盡說了。”
8　8～9 世紀。吐蕃統治時期寫本。
9.1　楷書。
9.2　有硃筆科分、點標、校改、行間加行及行間校加字。有墨筆行間校加字、倒乙、重文號。有刮改。
10　此件原為日本大谷探險隊所得並通卷托裱。護首為黄底雲龍織錦。卷端有題簽“淨名經集解關中疏卷下”。並鈐有藍色長方形印章，2.4×3.4 厘米；印文為“圖書臺帳＼登錄番號 842”，數字係手寫。有千字文編號“爵”。尾有軸，人工水晶軸頭。粘有紙簽，上書“類別 8，番號 297”。

1.1　BD14094 號
1.3　楞伽阿跋多羅寶經卷一
1.4　新 0294
2.1　1084.8×26.3 厘米；26 紙；622 行，行 17 字。
2.2　01：41.6，24；　02：41.4，24；　03：41.4，24；
04：41.5，24；　05：41.5，24；　06：41.6，24；
07：42.0，24；　08：42.0，24；　09：41.8，24；
10：41.9，24；　11：42.1，24；　12：41.9，24；
13：41.6，24；　14：41.9，24；　15：42.2，24；
16：41.6，24；　17：41.6，24；　18：41.7，24；
19：41.8，24；　20：41.9，24；　21：41.6，24；
22：41.6，24；　23：41.5，24；　24：41.7，24；
25：41.6，24；　26：41.8，22。
2.3　卷軸裝。首脫尾全。尾紙上有 1 處殘損。有烏絲欄。近代

已托裱。
3.1　首殘→大正 0670，16/0480B19。
3.2　尾全→大正 0670，16/0489A18。
4.2　楞伽經卷第一（尾）。
8　7～8 世紀。唐寫本。
9.1　楷書。
9.2　有硃筆點祛、斷句、點標及校改。有硃、墨筆行間校加字。
10　此件原為日本大谷探險隊所得並通卷托裱。護首為黄底雲龍織錦。卷端有題簽“楞伽經卷第一”。並鈐有藍色長方形印章，2.4×3.4 厘米；印文為“圖書臺帳∖登錄番號 1115”，數字係手寫。有千字文編號“榮”。尾有軸，人工水晶軸頭。粘有紙簽，上書“類別 8，番號 298”。

1.1　BD14095 號
1.3　楞伽阿跋多羅寶經卷二
1.4　新 0295
2.1　1193.1×25.8 厘米；25 紙；647 行，行 17 字。
2.2　01：07.1，護首；　02：49.4，27；　03：50.8，28；
04：50.8，28；　05：50.6，28；　06：50.8，28；
07：50.9，28；　08：51.0，28；　09：50.9，28；
10：50.4，28；　11：51.0，28；　12：51.3，28；
13：51.2，28；　14：51.2，28；　15：51.1，28；
16：51.3，28；　17：50.9，28；　18：51.1，28；
19：51.2，28；　20：50.9，28；　21：50.6，28；
22：50.9，28；　23：51.2，28；　24：50.9，28；
25：15.6，04。
2.3　卷軸裝。首尾均全。原卷有護首，已剪斷。經黄打紙；研光上蠟。有燕尾。有烏絲欄。近代已托裱。
3.1　首全→大正 0670，16/0489A21。
3.2　尾全→大正 0670，16/0497C10。
4.1　楞伽阿跋多羅寶經一切佛語心品卷第二（首）。
4.2　楞伽經卷第二（尾）。
7.1　卷尾經題前有題記“楞伽阿跋多羅三萬六千偈中觀一切法品第一竟”。
8　7～8 世紀。唐寫本。
9.1　楷書。
9.2　有校改。
10　此件原為日本大谷探險隊所得並通卷托裱。護首為黄底雲龍織錦。卷端有題簽“楞伽經卷第二”。並鈐有藍色長方形印章，2.4×3.4 厘米；印文為“圖書臺帳∖登錄番號 1117”，數字係手寫。有千字文編號“業”。尾有軸，人工水晶軸頭。粘有紙簽，上書“類別 8，番號 299”。

1.1　BD14096 號
1.3　無量壽宗要經
1.4　新 0296
2.1　224×31.5 厘米；5 紙；137 行，行 30 餘字。
2.2　01：44.5，28；　02：45.0，30；　03：45.0，30；
04：44.5，29；　05：45.0，20。
2.3　卷軸裝。首尾均全。有烏絲欄。近代已托裱。
3.1　首全→大正 0936，19/0082A03。
3.2　尾全→大正 0936，19/0084C29。
4.1　大乘無量壽經（首）。
4.2　佛説無量壽宗要經（尾）。
7.1　尾題後有題名“孟郎子”。
8　8～9 世紀。吐蕃統治時期寫本。
9.1　楷書。
10　此件原為日本大谷探險隊所得並通卷托裱。護首為黄底雲龍織錦。卷端有題簽“大乘無量壽經”。並鈐有藍色長方形印章，2.4×3.4 厘米；印文為“圖書臺帳∖登錄番號 791”，數字係手寫。有千字文編號“兄”有天竿絲帶。尾軸和人工水晶軸頭。上軸頭粘有紙簽，上書“8300”。

1.1　BD14097 號
1.3　無量壽宗要經
1.4　新 0297
2.1　224.5×30.7 厘米；5 紙；142 行，行 30 餘字。
2.2　01：45.0，29；　02：45.0，30；　03：45.0，30；
04：45.0，30；　05：44.5，23。
2.3　卷軸裝。首尾均全。有烏絲欄。近代已托裱。
3.1　首全→大正 0936，19/0082A03。
3.2　尾全→大正 0936，19/0084C29。
4.1　大乘無量壽經（首）。
4.2　佛説無量壽宗要經（尾）。
7.1　尾題後有題名“田廣談”。
8　8～9 世紀。吐蕃統治時期寫本。
9.1　楷書。
10　此件原為日本大谷探險隊所得並通卷托裱。護首為黄底雲龍織錦。卷端有題簽“大乘無量壽經”。並鈐有藍色長方形印章，2.4×3.4 厘米；印文為“圖書臺帳∖登錄番號 794”，數字係手寫。有千字文編號“弟”。有天竿絲帶，尾軸有人工水晶軸頭。軸頭粘貼紙簽已壞，殘餘“901”。

1.1　BD14098 號
1.3　無量壽宗要經
1.4　新 0298
2.1　220.5×30.7 厘米；5 紙；123 行，行 30 餘字。
2.2　01：45.5，28；　02：45.0，30；　03：45.0，30；
04：45.0，30；　05：40.0，05。
2.3　卷軸裝。首尾均全。有烏絲欄。近代已托裱。
3.1　首全→大正 0936，19/0082A03。
3.2　尾全→大正 0936，19/0084C29。
4.1　大乘無量壽經（首）。
4.2　佛説無量壽宗要經（尾）。

7.1　尾題後有題名“馬豐”。
8　8～9世紀。吐蕃統治時期寫本。
9.1　楷書。
10　此件原為日本大谷探險隊所得並通卷托裱。護首為黄底雲龍織錦。卷端有題簽“大乘無量壽經”。並鈐有藍色長方形印章，2.4×3.4厘米；印文為“圖書臺帳＼登錄番號799”，數字係手寫。有千字文編號“同”。有天竿絲帶，尾軸和人工水晶軸頭。護首下端粘有紙簽，上書“類別8，番號302”。

1.1　BD14099號
1.3　無量壽宗要經
1.4　新0299
2.1　（13.5＋156.5）×30厘米；5紙；110行，行30餘字。
2.2　01：02.0，護首；　02：42.0，28；　03：42，29；
04：42.0，29；　05：42.0，24。
2.3　卷軸裝。首殘尾全。卷端上下邊有殘缺。有烏絲欄。近代已托裱。
3.1　首7行上下殘→大正0936，19/0082A03～20。
3.2　尾全→大正0936，19/0084C29。
4.1　大乘無量壽經（首）。
4.2　佛説無量壽宗要經（尾）。
7.1　尾題後有題名“張英環”。
8　8～9世紀。吐蕃統治時期寫本。
9.1　楷書。
10　此件原為日本大谷探險隊所得並通卷托裱。護首為黄底雲龍織錦。卷端有題簽“大乘無量壽經”。並鈐有藍色長方形印章，2.4×3.4厘米；印文為“圖書臺帳＼登錄番號790”，數字係手寫。有千字文編號“氣”。有天竿絲帶，尾軸和人工水晶軸頭。

1.1　BD14100號
1.3　無量壽宗要經
1.4　新0300
2.1　220.5×31.2厘米；5紙；143行，行30餘字。
2.2　01：44.5，27；　02：44.0，30；　03：44.0，29；
04：44.0，29；　05：44.0，38。
2.3　卷軸裝。首尾均全。有烏絲欄。近代已托裱。
3.1　首全→大正0936，19/0082A03。
3.2　尾全→大正0936，19/0084C29。
4.1　大乘無量壽經（首）。
4.2　佛説無量壽宗要經（尾）。
7.1　尾題後有題記“張良友寫”。
8　8～9世紀。吐蕃統治時期寫本。
9.1　楷書。
10　此件原為日本大谷探險隊所得並通卷托裱。護首為黄底雲龍織錦。卷端有題簽“大乘無量壽經”。並鈐有藍色長方形印章，2.4×3.4厘米；印文為“圖書臺帳＼登錄番號798”，數字係手寫。有千字文編號“連”。有天竿絲帶，尾軸和人工水晶軸頭。卷首粘有紙簽，上書“大乘無量壽經（為無量壽宗要經）”。護首下端粘有紙簽，上書“類别8，番號304”。

1.1　BD14101號
1.3　無量壽宗要經
1.4　新0301
2.1　212×30.7厘米；5紙；128行，行30餘字。
2.2　01：42.0，26；　02：42.5，28；　03：42.5，28；
04：42.5，28；　05：42.5，18。
2.3　卷軸裝。首尾均全。有烏絲欄。通卷近代托裱。
3.1　首全→大正0936，19/0082A03。
3.2　尾全→大正0936，19/0084C29。
4.1　大乘無量壽經（首）。
4.2　佛説無量壽宗要經（尾）。
7.1　尾題後有題記“唐文英寫”。
8　8～9世紀。吐蕃統治時期寫本。
9.1　楷書。
9.2　有刮改。
10　此件原為日本大谷探險隊所得並通卷托裱。護首為黄底雲龍織錦。護首有竹質天竿並有藍色縹帶。卷端有題簽，作“大乘無量壽經”。並鈐有藍色長方形印章，2.4×3.4厘米；印文：“圖書臺帳＼登錄番號800”，數字係手寫。有千字文編號“枝”。尾有軸，人工水晶軸頭。下軸頭粘有紙簽，上書“類别8，番號305”。卷端貼一簽條，上寫“大乘無量壽經（無量壽宗要經）”。

1.1　BD14102號
1.3　無量壽宗要經
1.4　新0302
2.1　175×31厘米；4紙；116行，行30餘字。
2.2　01：44.0，30；　02：44.0，30；　03：43.5，30；
04：43.5，26。
2.3　卷軸裝。首尾均全。有烏絲欄。通卷近代托裱。
3.1　首全→大正0936，19/0082A03。
3.2　尾全→大正0936，19/0084C29。
4.1　大乘無量壽經（首）。
4.2　佛説無量壽宗要經（尾）。
8　8～9世紀。吐蕃統治時期寫本。
9.1　行楷。
9.2　有行間加字。
10　此件原為日本大谷探險隊所得並通卷托裱。護首為黄底雲龍織錦。護首有竹質天竿並有藍色縹帶。卷端有題簽，作“大乘無量壽經”。並鈐有藍色長方形印章，2.4×3.4厘米；印文“圖書臺帳＼登錄番號797”，數字係手寫。有千字文編號“交”。尾有軸，人工水晶軸頭。護首粘有一簽，上書“類别8，番號306”。

1.1　BD14103號

1.3　無量壽宗要經
1.4　新 0303
2.1　173×31.2 厘米；4 紙；110 行，行 30 餘字。
2.2　01：43.5，28；　02：43.0，29；　03：43.0，29；
04：43.5，24。
2.3　卷軸裝。首尾均全。有烏絲欄。通卷近代托裱。
3.1　首全→大正 0936，19/0082A03。
3.2　尾全→大正 0936，19/0084C29。
4.1　大乘無量壽經（首）。
4.2　佛說無量壽宗要功德經一卷（尾）。
7.1　尾題後有題名"宋昇"。
8　8～9 世紀。吐蕃統治時期寫本。
9.1　行楷。
9.2　有行間加行。有刮改。有校改。
10　此件原為日本大谷探險隊所得並通卷托裱。護首為黃底雲龍織錦。護首有竹質天竿並有藍色縹帶。卷端有題簽，作"大乘無量壽經"。並鈐有藍色長方形印章，2.4×3.4 厘米；印文："圖書臺帳 \ 登錄番號 792"，數字係手寫。有千字文編號"投"。尾有軸，人工水晶軸頭。護首粘有一簽，上書"類別 8，番號 307"。

1.1　BD14104 號
1.3　無量壽宗要經
1.4　新 0304
2.1　178×30.5 厘米；5 紙；117 行，行 30 餘字。
2.2　01：27.0，17；　02：43.5，28；　03：45.0，31；
04：19.0，13；　05：43.5，28。
2.3　卷軸裝。首尾均全。有烏絲欄。通卷近代托裱。
3.1　首全→大正 0936，19/0082A03。
3.2　尾全→大正 0936，19/0084C29。
4.1　大乘無量壽經（首）。
4.2　佛說無量壽宗要功德經卷（尾）。
7.1　卷尾下方有題名"宋昇"。
8　8～9 世紀。吐蕃統治時期寫本。
9.1　行楷。
9.2　有刮改。
10　此件原為日本大谷探險隊所得並通卷托裱。護首為黃底雲龍織錦。護首有竹質天竿並有藍色縹帶。卷端有題簽，作"大乘無量壽經"。並鈐有藍色長方形印章，2.4×3.4 厘米；印文："圖書臺帳 \ 登錄番號 795"，數字係手寫。有千字文編號"分"。尾有軸，人工水晶軸頭。護首粘有一簽，上書"類別 8，番號 308"。

1.1　BD14105 號
1.3　無量壽宗要經
1.4　新 0305
2.1　215.5×31.2 厘米；5 紙；144 行，行 30 餘字。
2.2　01：43.5，28；　02：43.0，29；　03：43.0，29；
04：43.0，29；　05：43.0，29。
2.3　卷軸裝。首尾均全。有烏絲欄。通卷近代托裱。
3.1　首全→大正 0936，19/0082A03。
3.2　尾全→大正 0936，19/0084C29。
4.1　大乘無量壽宗要經（首）。
4.2　佛說無量壽宗要經（尾）。
7.1　尾題後有題記"張英環寫"。
8　8～9 世紀。吐蕃統治時期寫本。
9.1　行楷。
9.2　有刮改。
10　此件原為日本大谷探險隊所得並通卷托裱。護首為黃底雲龍織錦。護首有竹質天竿並有藍色縹帶。卷端有題簽，作"大乘無量壽宗要經"。並鈐有藍色長方形印章，2.4×3.4 厘米；印文："圖書臺帳 \ 登錄番號 796"，數字係手寫。有千字文編號"切"。尾有軸，人工水晶軸頭。護首粘有一簽，上書"類別 8，番號 309"。

1.1　BD14106 號
1.3　大乘入楞伽經卷五
1.4　新 0306
2.1　（6.8＋935.1）×25.7 厘米；21 紙；520 行，行 17 字。
2.2　01：27.1，14；　02：46.5，26；　03：46.6，26；
04：45.9，26；　05：46.1，26；　06：46.6，26；
07：45.7，26；　08：46.1，26；　09：46.2，26；
10：46.5，26；　11：46.7，26；　12：46.3，26；
13：46.5，26；　14：46.4，26；　15：46.3，26；
16：46.5，26；　17：46.6，26；　18：46.5，26；
19：46.4，26；　20：46.7，26；　21：33.7，12。
2.3　卷軸裝。首殘尾全。有烏絲欄。通卷近代托裱。
3.1　首 3 行上殘→大正 0672，16/0615A19～21。
3.2　尾全→大正 0672，16/0622B01。
4.2　大乘入楞伽經卷第五（尾）。
8　7～8 世紀。唐寫本。
9.1　楷書。
10　此件原為日本大谷探險隊所得並通卷托裱。護首為黃底雲龍織錦。護首有竹質天竿並有藍色縹帶。卷端有題簽，作"大乘入楞伽經卷第五"。並鈐有藍色長方形印章，2.4×3.4 厘米；印文："圖書臺帳 \ 登錄番號 1145"，數字係手寫。有千字文編號"無"。尾有軸，人工水晶軸頭。題簽尾部粘有紙簽，上書"類別 8，番號 310"。

1.1　BD14107 號
1.3　大乘入楞伽經卷六
1.4　新 0307
2.1　871.2×25.8 厘米；19 紙；457 行，行 17 字。
2.2　01：20.7，01；　02：49.2，26；　03：49.9，27；

04：49.9，27；　05：49.7，27；　06：49.9，27；
07：50.0，27；　08：49.7，27；　09：49.7，27；
10：49.8，27；　11：49.7，27；　12：49.8，27；
13：49.9，27；　14：49.6，27；　15：49.8，27；
16：49.7，27；　17：49.5，27；　18：49.8，25；
19：04.9，00。

2.3　卷軸裝。首尾均全。第2紙前方有殘洞。原卷有護首。近代裝裱時倒粘在卷首。有烏絲欄。通卷近代托裱。

3.1　首全→大正0672，16/0622B04。

3.2　尾全→大正0672，16/0630C27。

4.1　大乘入楞伽經變化品第七，卷六（首）。

4.2　大乘入楞伽經卷第六（尾）。

7.4　護首有經名"大乘入楞伽經卷第六"，上有經名號。

8　7~8世紀。唐寫本。

9.1　楷書。

10　此件原為日本大谷探險隊所得並通卷托裱。護首為黄底雲龍織錦。護首有竹質天竿並有藍色縹帶。卷端有題簽，作"大乘入楞伽經卷第六"。並鈐有藍色長方形印章，2.4×3.4厘米；印文："圖書臺帳＼登錄番號1139"，數字係手寫。有千字文編號"竟"。尾有軸，人工水晶軸頭。題簽尾部粘有紙簽，上書"類別8，番號311"。

1.1　BD14108號

1.3　無量壽宗要經

1.4　新0308

2.1　213×31.2厘米；5紙；134行，行30餘字。

2.2　01：44.0，29；　02：44.0，29；　03：43.5，29；
04：43.5，29；　05：38.0，18。

2.3　卷軸裝。首尾均全。有烏絲欄。通卷近代托裱。

3.1　首全→大正0936，19/0082A03。

3.2　尾全→大正0936，19/0084C29。

4.1　大乘無量壽經（首）。

4.2　佛說無量壽宗要經（尾）。

8　8~9世紀。吐蕃統治時期寫本。

9.1　楷書。

10　此件原為日本大谷探險隊所得並通卷托裱。護首為黄底雲龍織錦。護首有竹質天竿並有藍色縹帶。卷端有題簽，作"大乘無量壽經"。並鈐有藍色長方形印章，2.4×3.4厘米；印文："圖書臺帳＼登錄番號793"，數字係手寫。有千字文編號"友"。尾有軸，人工水晶軸頭。下軸頭粘有紙簽，上書"類別8，番號312"。

1.1　BD14109號1

1.3　大乘密嚴經（地婆訶羅本）卷上

1.4　新0309

2.1　823.8×27.4厘米；17紙；671行，行32~34字。

2.2　01：49.0，40；　02：49.0，41；　03：48.6，40；
04：49.0，40；　05：49.0，40；　06：49.0，40；
07：49.2，40；　08：48.8，40；　09：49.1，40；
10：49.3，40；　11：49.1，39；　12：49.1，40；
13：49.1，40；　14：49.0，40；　15：49.0，40；
16：49.3，40；　17：39.2，31。

2.3　卷軸裝。首殘尾全。小字合卷本。有烏絲欄。通卷近代托裱。

2.4　本遺書包括3個文獻：（一）《大乘密嚴經（地婆訶羅本）》卷上，129行，今編為BD14109號1。（二）《大乘密嚴經（地婆訶羅本）》卷中，280行，今編為BD14109號2。（三）《大乘密嚴經（地婆訶羅本）》卷下，262行，今編為BD14109號3。

3.1　首殘→大正0681，16/0726B15。

3.2　尾全→大正0681，16/0730C14。

4.2　大乘密嚴經卷上（尾）。

8　8~9世紀。吐蕃統治時期寫本。

9.1　楷書。

9.2　有硃筆行間校加字及墨筆校改。

10　此件原為日本大谷探險隊所得並通卷托裱。護首為黄底雲龍織錦。護首有竹質天竿並有藍色縹帶。卷端有題簽，作"大乘密嚴經卷下"。並鈐有藍色長方形印章，2.4×3.4厘米；印文："圖書臺帳＼登錄番號1193"，數字係手寫。有千字文編號"貴"。尾有軸，人工水晶軸頭。上軸頭貼有紙簽，上寫"8，318"。

1.1　BD14109號2

1.3　大乘密嚴經（地婆訶羅本）卷中

1.4　新0309

2.4　本遺書由3個文獻組成，本文獻為第2個，280行。餘參見BD14109號1之第2項。

3.1　首全→大正0681，16/0730C17。

3.2　尾全→大正0681，16/0738C16。

4.1　大乘密嚴經妙身生品之餘，中天竺國沙門地婆訶羅奉詔譯（首）。

4.2　大乘密嚴經卷中（尾）。

8　8~9世紀。吐蕃統治時期寫本。

9.1　楷書。

9.2　有硃筆行間校加字、點去及墨筆校改。

1.1　BD14109號3

1.3　大乘密嚴經（地婆訶羅本）卷下

1.4　新0309

2.4　本遺書由3個文獻組成，本文獻為第3個，262行。餘參見BD14109號1之第2項。

3.1　首全→大正0681，16/0738C19。

3.2　尾全→大正0681，16/0747B15。

4.1　大乘密嚴經自識境界品第七（首）。

4.2　大乘密嚴經卷下（尾）。

5　與《大正藏》本相比，《大正藏》作“目識境界品”。
8　8～9世紀。吐蕃統治時期寫本。
9.1　楷書。
9.2　有硃筆行間校加字及墨筆校改。

1.1　BD14110號
1.3　大乘密嚴經（地婆訶羅本）卷下
1.4　新0310
2.1　867.7×25.7厘米；18紙；494行，行15～18字。
2.2　01：48.1，27；　02：48.5，28；　03：48.0，28；
04：48.3，28；　05：48.3，28；　06：48.4，28；
07：48.3，28；　08：48.0，28；　09：48.3，28；
10：48.3，28；　11：48.2，28；　12：48.2，28；
13：48.5，28；　14：48.3，28；　15：48.0，28；
16：47.8，27；　17：48.3，26；　18：47.9，22。
2.3　卷軸裝。首尾均全。卷面多水漬。尾2紙烏絲欄上下錯劃為雙行。有烏絲欄。通卷近代托裱。
3.1　首全→大正0681，16/0738C19。
3.2　尾全→大正0681，16/0747B15。
4.1　大乘密嚴經自識境界品第七，卷下（首）。
4.2　大乘密嚴經卷下（尾）。
5　與《大正藏》本相比，《大正藏》作“目識境界品”。
8　7～8世紀。唐寫本。
9.1　楷書。
10　此件原為日本大谷探險隊所得並通卷托裱。護首為黃底雲龍織錦。護首有竹質天竿並有藍色縹帶。卷端有題簽，作“大乘密嚴經卷下”。並鈐有藍色長方形印章，2.4×3.4厘米；印文：“圖書臺帳\登錄番號958”，數字係手寫。有千字文編號“賤”。尾有軸，人工水晶軸頭。下軸頭貼有紙簽，上寫“類別8，番號314”。

# 新舊編號對照表

## 新字頭號與北敦號對照表

| 新字頭號 | 北敦號 |
|---|---|
| 新 0278 | BD14078 號 |
| 新 0279 | BD14079 號 |
| 新 0280 | BD14080 號 |
| 新 0281 | BD14081 號 |
| 新 0282 | BD14082 號 |
| 新 0283 | BD14083 號 |
| 新 0284 | BD14084 號 |
| 新 0285 | BD14085 號 |
| 新 0286 | BD14086 號 |
| 新 0287 | BD14087 號 |
| 新 0288 | BD14088 號 |
| 新 0289 | BD14089 號 |
| 新 0290 | BD14090 號 |
| 新 0291 | BD14091 號 |
| 新 0292 | BD14092 號 |
| 新 0293 | BD14093 號 |
| 新 0294 | BD14094 號 |
| 新 0295 | BD14095 號 |
| 新 0296 | BD14096 號 |
| 新 0297 | BD14097 號 |
| 新 0298 | BD14098 號 |
| 新 0299 | BD14099 號 |
| 新 0300 | BD14100 號 |
| 新 0301 | BD14101 號 |
| 新 0302 | BD14102 號 |
| 新 0303 | BD14103 號 |
| 新 0304 | BD14104 號 |
| 新 0305 | BD14105 號 |
| 新 0306 | BD14106 號 |
| 新 0307 | BD14107 號 |
| 新 0308 | BD14108 號 |
| 新 0309 | BD14109 號 1 |
| 新 0309 | BD14109 號 2 |
| 新 0309 | BD14109 號 3 |
| 新 0310 | BD14110 號 |